中国藏学年鉴

2017

《中国藏学年鉴》编辑委员会 编

中 国 藏 学 出 版 社

图书在版编目（CIP）数据

中国藏学年鉴 . 2017 ： 汉文、藏文 / 《 中国藏学年鉴 》
编辑委员会编 . -- 北京 ： 中国藏学出版社 , 2020.7
ISBN 978-7-5211-0235-2

Ⅰ . ①中… Ⅱ . ①中… Ⅲ . ①藏学 – 中国 – 2017 –
年鉴 汉、藏 Ⅳ . ① K281.4-54

中国版本图书馆 CIP 数据核字 (2020) 第 130393 号

责任编辑 / 杜冰梅
藏文审校 / 南加才让
封面设计 / 李建雄

ISBN 978-7-5211-0235-2

中国藏学年鉴 2017　　《中国藏学年鉴》编辑委员会 / 编

出版发行	中国藏学出版社
印　　刷	中国电影出版社印刷厂
开　　本	787 × 1092mm　1/16
印　　张	29.75
字　　数	534 千字
印　　次	2020 年 7 月第 1 版第 1 次印刷
书　　号	ISBN 978-7-5211-0235-2/K·583
定　　价	118.00 元

图书若有质量问题，请与本社联系
E-mail:dfhw64892902@126.com　　电话：010-64892902

《中国藏学年鉴 2017》编辑委员会

《中国藏学年鉴》编辑部

1月10日至20日，中国藏学研究中心“西藏、青海藏传佛教寺庙管理方式”调研组，分别走访了西藏拉萨、日喀则，青海海东、黄南、海南等地的十余座寺庙。图为赴青海调研组在隆务寺调研期间与寺院民管会僧人合影。

1月11日至17日，中国藏学研究中心藏医药研究所、社会经济所、北京藏医院组成调研组，赴四川省石渠县开展包虫病防治现状的调研。图为调研组在石渠县藏医院了解藏药对包虫病的效果。

1月24日，中共中央政治局委员、中央统战部部长孙春兰莅临中国藏学研究中心，看望慰问中心干部职工。中央统战部副部长巴特尔、张裔炯、林智敏等领导陪同看望慰问。

3 月 7 日至 15 日，中国藏学研究中心“甘南藏传佛教寺庙管理方式”调研组前往甘南州进行实地调研。图为调研组在拉卜楞寺调研时的合影。

3 月 8 日至 15 日，以中国藏学研究中心总干事郑堆为组长的专项调研组就西藏的宗教工作开展实地调研活动。图为调研组在西藏自治区社科院与专家学者座谈。

3 月 23 日，中国藏学研究中心举行以聚焦“西藏文化保护”为主题的中国记协境外记者活动中心第 104 期新闻茶座。

3 月 25 日，法国学者、作家索尼娅·布雷斯勒的法语新著《发现西藏》在第 37 届巴黎图书博览会上正式与读者见面。这是她继《深入西藏之旅》之后关于西藏的第二本著作。

3 月 27 日至 4 月 21 日，中国藏学研究中心举办由康噶·崔臣格桑教授主讲的“古籍文献的解读和研究方法——以青绛白央大师《俱舍论释》解读为例（续）”专题学术讲座。

4 月 20 日，中国藏学研究中心召开新一届学术委员会换届暨课题立项会议。

4 月 22 日至 23 日，“汉藏佛教艺术研讨会与公益讲座”在深圳博物馆举行。

4 月 25 日至 26 日，“藏区精准脱贫学术研讨会”在四川省凉山彝族自治州西昌市举行。

4 月 27 日至 5 月 15 日，中国藏学研究中心“滇川藏三省（区）结合部交通互联互通情况”调研课题组一行 9 人对云南迪庆州，四川甘孜州、凉山州，西藏昌都市交通互联互通情况进行调研。图为课题组途经在建的德巴路，与迪庆州交通局工作人员合影。

5 月 5 日，中央民族大学宗教研究院成立仪式在北京举行。图为黄泰岩校长、牟钟鉴教授、国家宗教局陈宗荣副局长、中央统战部二局马利怀局长为研究院成立揭牌。

5 月 8 日，“青海省少数民族古籍文献整理研究与人才培训基地揭牌仪式暨首届培训班开班典礼”在青海师范大学举行。

5 月 12 日，中国藏学研究中心与西南民族大学座谈交流会在西南民族大学举行。

5 月 14 日，第十三届高级学衔、第九届中级学衔班毕业典礼在中国藏语系高级佛学院举行。

5 月 14 日至 21 日，中国藏学研究中心藏学家代表团访问意大利和德国。

5 月 17 日，青海省社会科学院在西宁召开“青海宗教关系研究中心成立仪式暨选题征询会”。

5 月 17 日至 26 日，由中国藏学研究中心总干事郑堆任团长的中国藏文化交流团访问斯洛伐克、乌克兰、瑞典三国。图为交流团与乌克兰科学院哲学所专家学者合影。

6 月 3 日，中国藏学研究中心总干事郑堆、科研办主任李德成等一行四人在青海师范大学民族师范学院开展学术交流活动。

6月6日至11日，“中国西藏文化·加德满都论坛”在尼泊尔首都加德满都举行。图为参加开幕式的嘉宾，从左至右依次为：中国驻尼泊尔大使于红、中国藏学研究中心副总干事安七一、尼泊尔副总理兼财政部长马哈拉、尼泊尔前总理尼帕尔、尼泊尔阿尼哥协会主席塔姆。

参加“中国西藏文化·加德满都论坛”学者合影

7月6日，“‘一带一路’战略背景下西部少数民族非物质文化遗产传承与发展论坛”在兰州召开。

7月8日至9日，第三届藏传佛教教义新阐释研讨会在西藏佛学院举行。

7月15日，西藏自治区文联组织开展的“《西藏文学》创刊40周年系列文学活动”在拉萨举办。

7月18日至9月2日，由中国藏学研究中心副总干事柳应华任组长的专题调研组一行8人，赴西藏拉萨、日喀则、阿里、那曲、山南等地就高高海拔地区群众生存发展和搬迁、重大疾病现状、西藏产业发展等课题进行实地调研。图为调研组在那曲双湖县嘎措乡座谈。

7月19日，以“高原脑科学”为主题的“西藏大学第二届高原脑科学高峰论坛暨西藏大学－华南师范大学高原脑科学研究中心揭牌仪式”在拉萨举办。

7月21日至23日，蒙藏关系及蒙藏文化交流国际学术研讨会在青海省河南蒙古族自治县举行。

7月22日至23日，“第2届国际因明学术研讨会暨第13届全国因明学术研讨会”在杭州召开。

7月28日至8月15日，由中国藏学研究中心社会经济所、藏医药所科研人员组成的中国藏学研究中心课题组，赴西藏那曲市班戈县、日喀则市南木林县、山南市扎囊县、拉萨市曲水县进行调研。

7月20日、8月8日，西藏大学和西藏农牧学院分别获批创办《高原科学研究》和《高原农业》期刊，这将为高原科学学科的教学和研究提供新的展示交流平台。

8月1日至2日，中国故宫博物院藏传佛教文物研究所所长、研究员罗文华带队在四川甘孜州石渠县真达乡嘛达村嘛达寺内一座长期封闭的护法殿发现保存完整的明代壁画和泥塑雕像。

8月9日，“相由心生——唐卡艺术精品展”在中国国家博物馆举行开幕仪式。

8月12日至15日，“历史上新疆与西藏关系”学术讨论会在乌鲁木齐召开。

8 月 14 日至 23 日，以中国藏学研究中心宗教研究所所长周炜为团长的中国藏文化交流团先后访问蒙古国、俄罗斯和日本。图为交流团参观日本东京长泰禅寺，与日中禅文化交流协会大谷哲夫会长等合影。

8 月 18 日至 19 日，以“新时期、新阶段、青藏高原草牧业发展新思路”为主题的第三届青藏高原论坛在西南民族大学召开。

8 月 18 日至 21 日，第四届中国藏学研究珠峰奖评审会在中国藏学研究中心举办。

8 月 21 日，中国藏学研究中心藏文文献资源数据中心正式成立。

8 月 25 日，中国藏学研究中心接待中国共产党中央委员会对外联络部组织的奥地利自由党代表团一行 3 人。

8月28日至29日，“‘治边稳藏战略与西藏文化发展’学术研讨会”在拉萨举办。

8月28日至29日，“第五届西部边疆安全与发展研讨会”在成都召开。

9月1日，中国藏文化交流团在新西兰奥克兰市举办中国西藏文化主题展，以图片展结合文艺演出，多方位展示西藏自治区的自然景观、风土人情和经济发展情况。

9 月 8 日，“中国藏语系高级佛学院建院 30 周年纪念大会”在北京举行。

9 月 10 日，“第 17 届全国藏语媒体协作会议暨首届全国藏语媒体融合发展研讨会”在成都举办。

9 月 11 日至 13 日，“转型与治理：近代中国与西北边疆学术研讨会”在西宁召开。

9 月 22 日，驻印度孟买总领馆组织的印度耆那教代表团一行 8 人访问中国藏学研究中心。

10 月 6 日至 7 日，世界中联藏医药专业委员会第三届学术年会暨藏医心身医学学术研讨会在美国哈佛大学医学院 Joseph B. Martin 会议中心召开。

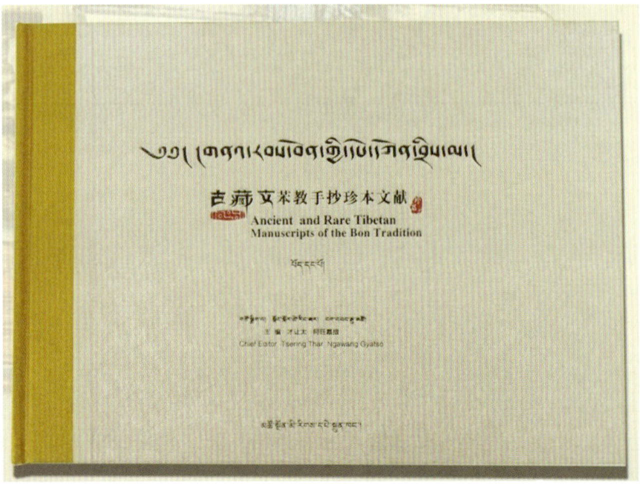

10 月 23 日，国内首部古藏文抄本文献注解本——《古藏文苯教手抄珍本文献》出版发行。

10 月 28 日至 29 日，“纪念凉州会谈 770 周年学术研讨会”在甘肃省武威市举行。

10 月 28 日至 30 日，“2017 年中国多民族《格萨尔》研讨会”在兰州举行。

11 月 3 日，“中国藏语系高级佛学院蒙古国僧人培训班开班仪式”在北京举行。

11 月 3 日至 8 日，第八届全国藏医药高级研修班在北京藏医院成功举办。本次研修班邀请青海省著名藏医当增老师讲授藏医《愈撅疗法》和《疫病学》。

11 月 4 日至 6 日，“第二届中国区域发展高层论坛——拉萨论坛”在拉萨举行。

11月6日至8日，以“知恩报恩”为主题的“第七届藏传佛教教义阐释研讨会”在中国藏语系高级佛学院举行。

11月7日至8日，“全国首届藏文古籍文献整理与研究高层论坛”在西宁举行。

11月11日至12日，“第五届全国藏学期刊协调会”在云南昆明召开。

11 月 23 日，“藏传佛教活佛转世专题展”在中国藏学研究中心西藏文化博物馆正式开展，班禅额尔德尼·确吉杰布和中国藏语系高级佛学院、雍和宫的 60 多位藏传佛教界人士应邀参观。

11 月 23 日，中国藏学研究中心青年藏学会成立仪式暨 2017 年青年学术沙龙活动开幕式在藏研中心举行。

11 月 23 日，“中国佛教协会西藏分会第二届藏传佛教教义阐释论坛”在拉萨举行。

11 月 24 日，中国佛教协会西藏分会在拉萨举办《藏传佛教活佛转世管理办法》颁布实施 10 周年座谈会。

11 月 26 日至 28 日，中国社会科学论坛暨“第 50 届国际汉藏语言暨语言学会议”在北京召开。

11 月 28 日至 12 月 1 日，第一期全国藏学研究机构联络员培训班在中国藏学研究中心举办。

11 月 29 日至 12 月 3 日，由中国藏学研究中心总干事郑堆任团长的中国藏学研究中心藏学家代表团访问日本。图为代表团团长郑堆与东京外国语大学亚非语言文化研究所所长饭塚正人签署合作协议。

12 月 4 日至 9 日，由中国藏学研究中心与中央社会主义学院共同举办的第三期涉藏理论政策研修班在中央社会主义学院举办。

12 月 13 日至 18 日，由中国藏学研究中心副总干事柳应华任团长的藏医学术出访团出访阿根廷布宜诺斯艾利斯。

前 言

藏学是以藏族社会的历史、现状和未来发展为研究对象，以哲学社会科学为主体，同时兼及自然科学部分领域的一门理论性和应用性较强的学科。

中国藏学源远流长。据文献记载，至少在1000多年前，藏、汉等民族学者就开始记录、研究藏族地区的社会、历史、文化等现象。反映藏族历史文化发生、发展过程的藏、汉、蒙古、满等文字的文献浩如烟海，构成了传统藏学的巨大宝库，为中国现代藏学奠定了基础。

近代以来，随着西方列强对中国的侵略，有识之士认识到祖国边疆危机四伏。19世纪的边政研究和20世纪抗日战争期间学者对西部边疆的研究促进了藏学的发展，充分体现了中国藏学的爱国主义传统和藏学工作者的拳拳爱国之心。

中国藏学经过漫长的发展历程，到20世纪中叶，以中华人民共和国的建立和西藏的和平解放为时代标志，走上了以马克思主义为指导的发展道路，形成了有别于传统藏学和国外藏学的现代中国藏学。新中国藏学事业大体上可以分为三个阶段。一是奠基、起步阶段，从1949年新中国成立到1965年“文化大革命”前的17年。在和平解放西藏的过程中，藏学工作者对西藏的历史和现实进行了广泛、深入的调查研究，为中央正确决策及时提供了重要参考依据。以后，无论是在执行和维护《十七条协议》的8年，还是在平息叛乱和民主改革的3年，以及在巩固民主改革成果、社会全面发展的5年时间里，藏学研究都为正确认识西藏、建设西藏发挥了作用。在涉藏工作重点省的革命和建设过程中，藏学研究也为正确认识这些地区社会实际，为党和政府制定正确的方针政策起到了应有作用。在这个时期，党和国家对传统藏学研究人员进行了马克思主义理论教育，成立了民族院校，开办了各种培训班，培养了大量以马克思主义为指导、掌握现代科学方法的藏学工作专门人才，建立起一支包括各民族人员在内的稳定的藏学工作者队伍，为藏学事业发展打下了良好基础。二是遭受严重挫折阶段，即“文化大革命”的10年。这一时期，中国藏学事业和全国其他事业一样，受到严重干扰和破坏。尽管如此，在极其困难的条件下，由于广大藏学工作者的努力，藏学研究还是为西藏的革命和建设事业作出了一定贡献。三是全面发展、繁荣阶段，从1978年年底改革开放以来。随着党的实事求是思想路线的重新确立，中国社会主义建设事业焕发了勃勃生机，进入了全面发展新时期。藏学事业也进入了全面发展、繁荣时期。专门研究机构相继成立，专业书刊大量出版，研究队伍不断壮大，研究领域得到广泛拓展，对外交流日益频繁，科研成果层出不穷。中国藏学充满生机和活力。

新中国成立60多年来，中国藏学事业的发展和所取得的成就主要表现为以下几个方面：1. 创立了以马克思主义为指导的中国现代藏学；2. 建立了比较系统、完备的藏学研究、出版和人才培养体系；3. 藏学研究队伍不断发展壮大；4. 科研、出版工作硕果累累；5. 国内外学术交流日益频繁。

中国藏学研究中心成立于1986年5月20日，是全国唯一的国家级综合性藏学学术机构。以为维护祖国统一、增强民族团结服务，为西藏与涉藏工作重点省的发展稳定和精神文明建设服务为宗旨，肩负着牵头协调全国藏学、开展研究工作、培养藏学人才、掌握研究动态的职责。现有社会经济研究所、历史研究所、宗教研究所、当代研究所和藏医药研究所等5个研究所，和图书资料馆、中国藏学出版社、中国藏学杂志社、西藏文化博物馆、中国藏学网、北京藏医院等业务部门与单位，形成了集研究、出版、资料、网络、展示、医疗功能于一体的载体和平台。30多年来，中国藏学研究中心围绕探索藏族社会发展的客观规律，围绕探索藏传佛教与社会主义社会相适应的规律，围绕西藏及其他涉藏工作重点省经济社会发展中的重大理论和实践问题，围绕保护和发展藏族优秀传统文化，围绕西藏社会制度的发展变迁，围绕西藏的对外开放，开展工作，取得了喜人成绩。

全面、准确、及时记录和反映藏学研究发展状况，是藏学学科建设的需要，也是藏学专家学者的要求。藏学界一直企盼编撰出版《中国藏学年鉴》。藏学学科的综合性、藏学与其他专门学科的交叉性特点则显示出这是一项颇为艰难的工作。2010年，乘着中央第五次西藏工作座谈会的东风，中国藏学研究中心知难而上，启动这项有利于藏学学科发展的工程，开始编撰2009年《中国藏学年鉴》，并以特稿的形式，把1949年至2008年的我国藏学研究内容陆续收入以后各年度的年鉴之中。在中央统战部和有关部门关心、支持下，在全国各藏学机构、专家学者的支持、帮助下，经过编委会和编辑部全体同仁的共同努力，于2011年完成了《中国藏学年鉴2009》的编撰、出版工作，2012年完成了《中国藏学年鉴2010》的编撰、出版工作，并于同年8月召开的第五届北京（国际）藏学研讨会上首发；2013年完成了《中国藏学年鉴2011》的编撰、出版工作，2014年先后完成了《中国藏学年鉴2012》《中国藏学年鉴2013》的编撰、出版工作。

2015年7月14日编辑部与《中国学术期刊》电子杂志社签订了《出版协议书》，将《中国藏学年鉴》编入《中国年鉴全文数据库》，现《中国藏学年鉴》（2009—2014）可在中国知网年鉴数据库进行全文检索。同年，编辑部完成了《中国藏学年鉴2014》的编撰工作，并于2016年5月正式出版。2017年完成了《中国藏学年鉴2015》的编撰、出版工作。2018 年完成了《中国藏学年鉴 2016》的编撰、出版工作。

2018 年，《中国藏学年鉴》编委会启动了《中国藏学年鉴 2017》的编纂工作，在中心科研办的统一协调和领导下，经过各方的积极努力，现在，这本《中国藏学年鉴 2017》即将正式出版了。

衷心希望越来越多的藏学机构、专家学者参与到《中国藏学年鉴》的编撰出版工作中来，共同推动我国藏学事业的进一步发展繁荣。

《中国藏学年鉴》编辑委员会

2019 年 11 月

目 录

◆ 研究综述 ◆

◆ 学界动态 ◆

◆ 人物介绍 ◆

◆ 社会科学基金 ◆

◆ 论著索引 ◆

研究综述

哲学宗教

汉 文 部 分

一、学术论文

2017 年，宗教哲学方面发表的学术论文，包括文献典籍研究、教义教规研究、藏传因明研究、藏传佛教的历史与现状研究、藏传佛教艺术研究、藏传佛教信仰与文化研究、苯教与民间宗教研究等。较之往年，除活佛转世制度方面的研究论文数量明显下降之外，其他领域与往年相比变化不大，但藏传佛教文献典籍研究的论文数量有所上升。

（一）文献典籍研究

继 2015 年度、2016 年度文献研究成为藏学研究中宗教哲学部分的主要研究方向之后，本年度，依然在论文数量和质量上保持着其强劲的研究势头，至少有十篇以上的关于文献典籍研究方面的学术论文面世，有些是延续性的成果，有些属于初次对某一经典的解读性研究成果。娘·尼玛沃色著、许渊钦译注的《〈娘氏教法源流〉的译注》（《中国藏学》第 1 期、第 4 期）本年度进入了第八和第九部分。《娘氏教法源流》是 12 世纪的重要宗教史籍，藏文原名《教法源流·花蜜精粹》，对这本重要的藏文历史文献进行译注，为藏传佛教发展历史的研究提供了基础性研究资料。

米玛次仁的《〈觉木隆教法史〉初探》（《中国藏学》第1期），对《觉木隆教法史》这部记载12—16世纪藏传佛教噶当派寺院觉木隆发展沿革的藏文历史文献进行了初步探析。这部文献的作者是哲蚌寺果芒扎仓第42任堪布霍尔·饶丹嘉措，其生活年代大约在18世纪。该史书叙述了觉木隆寺前20任堪布的生平事迹，为一部尚未完成之作。然而该书详细记载了觉木隆寺早期历史、巴尔蒂家族的来源和谱系以及元代觉木隆百户的册封等内容，具有重要的史料价值。

关于敦煌文献研究，牛宏发表了《P. T. 116中有关禅师语录的文献译注》（《中国藏学》第2期）。P. T. 116是敦煌藏文文献中篇幅较长、内容丰富的一部综合性文献，其中有3部分集中了诸位禅师的语录，第一部分引述8位禅师语录，第二部分专门有一段摩诃衍禅师的说教，第三部分集中了18位禅师之论。文章在前人研究、辑录藏文原文的基础上，首次汉译了该部分内容，并以注释形式指出了其内容与其他敦煌文献、佛教文献的关联性；同时与其他藏文禅宗文献进行比对，分析了该文献的特点。

关于苯教文献方面的研究，今年具有代表性的有两篇学术论文，其一是仇任前、洲塔的《苯教〈章格经〉与东巴教〈多格飒〉文献之比较研究》（《西藏大学学报》社科版第3期），认为纳西族东巴教和藏族苯教之间的关系特别紧密，民间苯教的《章格经》和东巴《多格飒》文献为两种宗教的同源异流关系提供了佐证，东巴文献中的“多格神”，其原型来自苯教神灵体系中的“章格”。其二是王雨的《宕昌家藏苯教古藏文写本来源探析》（《西藏研究》第5期），对近年来引起众多学者关注的甘肃省宕昌地区发现的大量家藏苯教古藏文写本的来源进行了探讨。作者在洲塔、韩雪梅等学者的整理和研究基础上，考证了宕昌地区苯教古藏文写本的来源，指出在吐蕃赤松德赞时期，吐蕃控制“唐蕃古道”，并占领宕昌在内的陇右地区，为达到“佛苯之争”后“兴佛抑苯”的目的，将大量苯教徒流放到宕昌地区。宕昌地区发现的大量家藏苯教古藏文写本，正是这一时期被流放的苯教徒所带来的，现今的宕昌地区苯教传承者也正是其后代。

德吉卓玛的《伏藏遗训〈十万嘛呢宝训集〉述略》（《青海师范大学民族师范学院学报》第1期）对集吐蕃历史、佛教义理于一体的吐蕃伏藏经典《十万嘛呢宝训集》进行了探讨。这部书讲述了关于观世音菩萨与雪域大地、藏族人种、吐蕃赞普松赞干布的渊源关系，内容以大悲观世音说教为主，确立吐蕃佛教观音信仰的主题。文中认为《十万嘛呢宝训集》作为松赞干布之宝训，它代表了公元7世纪以赞普松赞干布为中心的吐蕃社会之佛教信仰和思想潮流。

龙达瑞的《波兰亚盖隆大学藏万历版〈甘珠尔〉》（《西南民族大学学报》第1期）对德国人尤金·庞德收集的波兰亚盖隆大学所藏《甘珠尔》进行了说明。尤金·庞德于1881—1888年间在北京收集了大量的藏传佛教文物并运回柏林。二战期间，《甘珠尔》等文物被运到波兰克拉科夫，藏于亚盖隆大学图书馆，至今鲜有人问津。这部《甘珠尔》有108帙，每册均有永乐皇帝所制序言，包括了不同时期的印本。这个版本的《甘珠尔》目前在世界范围内存量极少，弥足珍贵，具有极高的宗教价值、文物价值、艺术价值和文献价值。

（二）教义教规研究

藏传佛教教义教规一直是藏学宗教哲学研究的主要研究领域。前几年，关于教义教规研究的学术论文数量曾一度明显下降，但本年度出现了一些可喜的景象，论文数量和质量比往年有所上升，对教义的研究采用了一些新的视角，如与现实社会相结合进行阐释的研究，仁增才郎、陈通的《菩提心思想与进化论道德观共性初探》（《中国藏学》第2期）一文比较典型。文中认为菩提心思想与进化论道德思想虽然有各自独特的理论渊源和发展进程，但二者间存在相似之处，均以各自对“人性”及“道德底线”的界定和阐释，系统诠释了各自的道德思想；二者均认为体现“人性”的道德具有可无限拓展、升华的必然性和可能性，但对具体路径有着不同的认识和阐释。

何杰峰、周润年的《达波拉杰大师的佛教教育思想及其对我国民族地区当代学校教育的启示》（《西藏大学学报》第3期）一文，认为藏传佛教达波噶举派创始人达波拉杰大师融通阿底峡尊者“三士道”的道次第思想以及噶举派先贤那若巴和米拉日巴传承的密宗“大手印”实修思想，结合自己的修证体证，在弘法宣教过程中对学习内外缘、修学次第的构建和实践方法的表述形成了自己系统的佛教教育思想，开创了藏传佛教达波噶举支系的佛教教育宗规。

才让的《P. T. 245号密宗超度仪轨之译解》（《中国藏学》第2期）一文对敦煌文献P. T. 245号进行探讨，认为P. T. 245号属于密宗超度仪轨，但未见于吐蕃时期编的《丹噶目录》《旁塘目录》及后世流传之文献中，故属藏外文献。经过文本比对，文章发现此仪轨的一些关键步骤或神灵亦见于藏传佛教宁玛派密典。文章初步认为该仪轨与后世宁玛派所传密典间有关联，具有较为明显的宁玛派教法特征，这为研究宁玛派密教文献的源流提供了一定的线索。

对教义思想的研究，有些是通过研究壁画等方式进行的，比如王瑞雷的《西藏常啼菩萨精进求法本生故事壁画思想意涵考述——以塔波寺杜康殿和托林寺白殿为中心》（《西藏大学学报》第4期）。常啼菩萨精进求取般若波罗蜜多经之本生故事在印度、尼泊尔、中亚以及我国中原地区皆有传存。在西藏，与此相关的壁画遗存不仅见之于西藏西部的塔波寺、托林寺以及后藏地区的白居寺，而且以彩绘形式表现该故事内容情节的抄本插画更是鲜见于西藏各大寺院所藏的大般若经书中。文章基于《般若经》在藏地的翻译、流布及常啼菩萨本生故事内容的考察，通过对不同时代、不同地域常啼菩萨本生故事壁画与经书插图之图像配置和表现形式的分析比对，从图像学的角度来探讨该故事在藏传佛教传承体系中的思想演变与功能意涵。

党措的《宗教学视野下的金刚手研究》（《西藏大学学报》第4期）一文以宗教学研究视角并结合出土文物及相关文献认为，金刚手是原始佛教时期的真实人物，部派佛教经典中开始被神化，密教中的金刚手地位越来越高，自瑜伽密教确立起其至尊地位。金刚手的形成和发展过程，实际上是金刚神众体系的建立过程的缩影。

德吉卓玛的《论吐蕃佛教戒律》（《西藏大学学报》第4期）一文认为，8世纪中叶吐蕃“七觉士”从印度高僧寂护受持戒律传承，即“说一切有部”之戒律，吐蕃佛教戒律由此肇始。与之相关的律藏或四分律经典，大部分在这一时期翻译成藏文，被吐蕃僧尼受持，以规范身、语、意，进而构建了吐蕃佛教戒律的理论依据和法脉体系。在早期剃度出家的僧伽中，出现的“十三觉士”“吐蕃藏地九之最者”之称的吐蕃杰出僧伽，在戒律方面具有“第一”或“之最”特征，体现出8世纪吐蕃僧伽的风尚和戒律之清净。印度高僧寂护本人作为吐蕃佛教传戒堪布或传戒师，开启了吐蕃佛教戒律最清净的上师传承，业已成为藏传佛教最根本的戒律师承，直至今日，传承不断。

本年度，关于宗喀巴大师佛学思想方面的研究论文有两篇，其中一篇是已故学者蒲文成的遗作，即《试谈宗喀巴大师对佛教空性理论及其实践的贡献》（《青海民族研究》第3期），在此文中总结了空性理论为佛教基本思想之一，源于佛陀的次转法轮，光大于龙树师徒，8世纪传入西藏地区后，虽为后来藏传佛教各派所共许，但因传承等多种原因，理解不尽相同。15世纪宗喀巴大师进行宗教改革，博览群籍，就佛教空性理论，从忠诚于本源、诸法皆为空、通达二无我、明中观胜法、空性为缘起、破除常断见、基位安二谛、善对治无明等方面予以正本清源，并就其实践，提出理破邪见、认识止观、止观结合、喻义观想、悲智双运、慧生功德、修奢摩他、次第悟空等修持方便，从而为规范学佛秩序作出了特殊贡献。

另外一篇关于宗喀巴佛学思想的研究论文是索南才让的《试析宗喀巴中观思想特点》（《西藏民族大学学报》第5期），文中认为宗喀巴是藏传佛教思想的集大成者，他继承寂护、莲花戒、阿底峡、仁达瓦等人的思想理路，运用因明学的“破遮”方法，对中观思想进行了认真的抉择，认为缘起、性空、中道、假名四位一体，二谛、空有、现空、止观是相对、相辅相成的关系，形成了他独特的中观思想。

萨迦果斡然降巴索南桑格是一位生活于15世纪、在萨迦派乃至藏传佛教史上占有重要地位的人物。关于他的佛学思想的研究，本年度也发表了两篇学术论文，其一是扎西朗甲、孙悟湖的《萨迦果然巴大师的生平和思想》（《西南民族大学学报》第4期），文中对果然巴大师的生平、著述及思想作出评介及初步的论述，对其著作作了简明编目，以明其历史贡献和历史地位。同时，还指出他思想新颖，观点独特，充满了锐利的批判精神和创新意识，与觉囊派和格鲁派进行交流对话，并发生了尖锐的思想交锋，由此而成为萨迦派的领军人物。其二是扎西郎甲的《果然巴大师的十二缘起思想》（《西北民族大学学报》第1期），文中提到十二缘起是佛教义理的核心，历来学者们对此义理见仁见智，各抒胸臆，为此发表了诸多论著。萨迦派学者果然巴的名著《缘起建立之轮涅极明论》便是其中的代表作。对果然巴所论述四宗派十二缘起思想的基本内容、主要特点以及理论渊源等作了梳理和总结，可以看出《缘起建立之轮涅极明论》是我们把握四宗派缘起观的必读书目。

（三）藏传因明研究

藏传因明研究是宗教哲学研究领域的一项重要内容。本年度，有几篇重要的藏传因明方面的学术论文发表，具体如下：

沈海波的《略论〈中国因明学史〉之学术特色》（《中国藏学》第4期），文中对郑堆研究员主编的《中国因明学史》的学术特色进行了论述，认为这本书对汉传、藏传、蒙古传三支因明学进行了较为均衡的研究和论述，值得关注。文中还提到因明学自唐代传入中国后，其发展轨迹较为多元，分为汉传与藏传两支，并由藏传衍生出蒙古传，其浸润之所及，广布汉地、藏地、内外蒙古地区及东亚诸国。还指出，学术界过去多集中于对汉传因明学史进行研究，而有关藏传、蒙古传因明学的研究则一直处于较为薄弱的状态。

方岚的《〈集量论·遣他品〉中的声明问题例释》（《西藏研究》第4期）中，围绕陈那的《集量论·遣他品》中所包含的声明问题进行了研究。文中提到陈那论师在《集量论·遣他品》中系统阐述了其语言哲学，于声明（即梵文语法）多有涉及。具体内容包括复合词（samūha）及其构成、状态名词的性质、词的原形与曲折、次生词缀 -ka 的“指小词”（diminutive）用法、直接宾语与间接宾语的区分、声总（śabdasāmānya）与义总（arthasāmānya）的关系、声总与声别（śabdaviśeṣa）的关系、谐音现象（saṃdhi）、异声同义词（paryāya）等。然而，一方面由于《集量论》自身极其精炼，惜墨如金，几乎不给语法问题任何解释的空间；另一方面也由于对于以梵语为母语的作者自身而言，语法知识属于常识，人所共知，无须费笔墨解释，可是一旦译介进入藏、汉语言文化圈，这些本属常识者就不可避免变成了难点。从现存两个藏译本中择取涉及上述声明问题的数处疑难，利用国内、国际最新资料，对勘梵、藏，参考汉、英诸译，进行分析、梳理和阐释，有助于研究者更加深入了解陈那的这一著述中的声明问题。

夏吾李加多年来研究藏传因明摄类学，成果丰硕，本年度他发表两篇相关学术论文。其中一篇是《藏族量理摄类学认识体略观》（《西藏大学学报》第2期），文章遴选塞氏·摄类学之认识体品为讨论的中心，追溯其背后的理论谱系，对于不同摄类义项的分类特征，参照各种版本进行了解析。通常摄类学把“体”的概念置于单独概念之范畴中，仅仅表示自体，丝毫不表示它的个体成分，谓“色”就是色之体，“瓶”就是瓶之体，由此种概念充当主词组成的单称判断。同时从言语习惯层面，尽管“体”可以分为自体、义体和依体三种，但并非从本质属性上划分。这三类中只有义体才是每个事物的本质属性，即事物各自的定义，故云“凡是性相皆为义体”。然而义体和依体也非体之本义，只是从诠声类门划分而已。所以“体”就是从同类事物与异类事物中遮回的所依者，意在强调认识每个事物各自之体的方法及其作用。另一篇是《藏族量理摄类学否定是与否定非略观》（《西南民族大学学报》第1期），文中以汉译《塞氏·摄类学》之否定是与否定非品为切入点，通过追溯其背后的理论谱系，对不同摄类义项的分类特征进行了较为全面而辩证的题解。其中针对概念的正、负两个层面确定观念中的概念所反映的对象事物是否具有其属性，进而增强认识客体实在物的正确性和精确度。特别在量理摄类学中连续重叠应用否定词语对于选定的概念否定再否定，屡次反复否定以后，预设认识对象的概念含义渐趋明朗化。并且，通过建构“倘若否定是，则为非；如若否定非，则为是”的思辨理路，开始抉择谛实有和谛实无为主的互排相违关系的破与立。这就是塞氏独辟蹊径，必须把握否定是与否定非独立设品的理论意义和学术价值。

（四）藏传佛教的历史与现状研究

完麻加、周拉的《宁玛派密咒师的起源与发展》（《西藏研究》第6期）认为藏传佛教宁玛派密咒师既是宗教人士，又是普通百姓。他们娶妻成家、生儿育女，平时从事农牧业生产劳动，在受邀时为民众举行各种宗教仪式。依据史料和田野调查，宁玛派密咒师跨越前弘期和后弘期两个时期，最初是以占卜打卦的形式出现的神职人员，后经过各个时期的发展、变迁，在不同时期都扮演着重要的社会角色。

钱光胜的《藏地朝圣五台山、鸡足山比较研究》（《西藏大学学报》第2期）依据史料，围绕藏地朝圣山西五台山、云南鸡足山这一文化现象，从缘起、时间和特征等方面进行了考述，认为藏地到五台山、鸡足山朝圣的发端，均可上溯到吐蕃时期，藏传佛教宁玛派对大理国影响甚大，而息解派祖师帕·丹巴桑杰对推动五台山、鸡足山成为藏地圣山起到了重要作用。

关于近代藏传佛教在不同区域的发展，本年度有两篇学术论文，一是邵逸舒、周润年、文厚泓的《近代云南藏传佛教发展初探》（《西藏研究》第6期），文中提出了如下观点：相比西藏、四川、青海与甘肃地区的藏传佛教，云南地区的藏传佛教发展相对较晚，近代是它重要的发展时期。主要表现在：民国政府加强了对云南藏传佛教的管理，保留了清代的优待政策，为其发展提供了稳定的政治环境；云南迪庆藏传佛教的社会地位与经济实力进一步增强；云南丽江地区藏传佛教进一步加强了与汉文化的联系，社会地位稳步提升；受西藏、西康等地“藏密东传”的感召，云南藏密由圣露活佛、督噶活佛等高僧首次传入昆明、南京、上海、重庆、成都等地，成为近代“藏密东传”最后一批进入内地的藏密力量。近代云南藏密促进了汉藏文化交流与西南地区民族关系的发展。

二是喜饶尼玛、文厚泓的《近代甘青藏传佛教状况探析》（《青海社会科学》第4期），文中提到，近代甘肃、青海社会环境相对和平，民国地方政府开始实施近代化管理，设立新式教育，着力佛学研究，甘青藏传佛教有了较稳固的社会基础，并得到了明显发展：首先是得到了中央政府的支持，新增不少寺院，九世班禅也曾长期在此弘法，喜饶嘉措创办现代性僧伽学校，这一时期该地区还先后出现了达赖、班禅两位最重要活佛的转世灵童。其次，甘青藏学界两次进入西藏学习、交流，成为内地与西藏关系的纽带。最后，这一时期汉藏佛教交流进一步深入，在藏密东传的背景下产生了融合汉藏佛法的“法幢宗”。近代甘青藏传佛教促进了汉藏文化的交流与汉藏关系的发展。

靳艳娥、谢热的《藏区宗教认同的形成及其历史表现特征》（《青海社会科学》第 6 期）一文提到宗教认同作为社会认同的一种标识，以共同的宗教信仰心理、宗教信仰行为以及宗教信仰氛围为纽带，把具有共同地域、共同宗教信仰和共同宗教文化心理的人们或族群无形地凝聚在一起，起着对内“求同”和对外“识别”的功能，影响个人和群体的社会心态及其社会身份的塑造与建构。本文运用宗教社会学相关理论，通过文献梳理和历史的纵向考察，客观阐述了藏族地区宗教认同的形成过程及其主要因素，正确分析归纳了其历史表现特征及重要作用、影响。

刘永文、齐玲玲、王令梅《大应法王札实巴考论》（《西藏大学学报》第 2 期）一文指出，明朝特别是明朝中期帝王多在北京册封、供养藏族僧人，并举行藏传佛教法事活动，为其建造塔寺，大批开度藏僧行童。个别皇帝亲自修习藏传佛教仪轨，参与诵经等活动，并自称法王，表现出对藏传佛教的极度崇奉。明朝帝王崇信藏传佛教，在一定范围内加剧了明朝政治的黑暗腐朽和明代中期以后的财政危机，消极影响较大。但是，它对加强民族团结、维护国家统一也有一定积极意义。朝廷“多封众建”，札实巴就是在这样的政治环境中，由承袭禅师开始，最后获得“大应法王”称号的。札实巴驻锡大慈恩寺并拥有下院广济寺。在京参与佛事活动，上奏章维修陕西弘化寺，乞请寺田佃户。生前待遇优渥，死后建塔厚葬。朝廷的政策、札实巴的待遇和行为在士大夫中引起了强烈的反响，很多书籍对札实巴都有记载。

（五）藏传佛教艺术研究

卢素文的《藏传佛教艺术中的十一面观音研究——兼论千手千眼观音》（《西藏研究》第 3 期）中提到，十一面观音是藏传佛教艺术中常见的观音题材，相关经典在吐蕃时期已流行于藏地，图像的传入则基本为 11 世纪以后，所依据的文本是由阿底峡和仁钦桑布译自梵文，现收录于《丹珠尔》。由于所依据文本的不同，十一面千手千眼观音和千手千眼观音分属不同的图像系统，在图像特征上有明显差异，这两种观音图像在15世纪以后开始对称出现。

王传播《夏鲁寺甘珠尔殿“释迦说法图”意蕴考释》（《中国藏学》第1期）一文指出，夏鲁寺甘珠尔殿北壁西侧绘有一幅精美的释迦牟尼说法图，学界对此幅说法图的理解多局限于“礼佛图”或“释迦牟尼说法图”等笼统概念，未作深入探究。文章首先以释读说法图榜题框内题记为线索，认为此段题记乃源自《金刚手甚妙慧大本续》，并结合题记内容论证此身“说法释迦”实为如来相金刚手菩萨，以此统筹观察“说法释迦”与两侧的金刚萨埵和双身大成就者实为表现金刚乘密法的传承谱系；同时以13—14世纪西藏早期绘画中的大成就者形象为依据，辨识出释迦牟尼身侧听法的双身大成就者为乌仗那国王因陀罗部底及其明妃——女性大成就者“罗什米伽罗”，最终考定此幅“说法图”场景实为假借释迦牟尼佛之形象来表现金刚乘佛教于人间赡部洲传布的渊源图景。

王怡潇的《藏传佛教图像与文本结合叙事方式的变迁——系列多罗那他祖师传记唐卡的单幅解读》（《西藏研究》第3期）中提到，多罗那他是藏传佛教觉囊派高僧，也是藏族历史上最著名的学者之一。多罗那他有详尽自传存世，四川阿坝县觉囊派赛贡巴寺收藏的一套19世纪的多罗那他传记唐卡，就是根据自传所绘。每幅作品都带有清晰详尽的藏文榜题。藏传佛教上师传记唐卡流传已久，而这一系列唐卡图像与榜题文字共同构成晚近藏族绘画史上一种新的叙事模式。通过对唐卡榜题文字和画面翻译释读，有助于我们了解产生这种绘画形式的背后的意义，即多罗那他的思想在艺术中的体现以及觉囊教法在藏东地区的延续。

顿珠卓玛《萨迦派“多吉普尔羌姆”仪式程式及象征解读——以若尔盖求吉寺为例》（《中国藏学》第4期）一文围绕“多吉普尔羌姆”展开讨论。文中提到若尔盖求吉寺的“多吉普尔羌姆”在原萨迦寺羌姆原型的基础上，融入本土文化，形成了风格独特的法舞仪式，在安多藏族地区有较大的影响。2006年求吉寺“多吉普尔羌姆”被列入四川省非物质文化遗产名录，该法舞仪式随之也得到了重视和保护。文章以若尔盖求吉寺为中心，将“多吉普尔羌姆”作为研究对象，以宗教学的视角，从仪式本体及内涵入手，重点解析仪式中的各类象征，揭示法舞所蕴含的文化内涵和象征意义。

孟瑜的《西藏夏鲁寺母虎本生壁画分析》（《中国藏学》第4期）中提到，西藏夏鲁寺一层回廊上绘有一幅母虎本生壁画，画面下方配有题记。然而该壁画图像和题记内容并不相符。作者在各种舍身饲虎本生版本的基础上，判断该壁画应当是依据《金光明经》梵文本或者藏文译本所创作，而非题记所依据的 Vyāghrījātaka（《母虎本生》）。在此基础上，作者对相关图像进行比较以进一步分析夏鲁寺的这幅壁画。

木仕华在《纳西东巴教神路图中的33首大象源流考》（《西藏民族大学学报》第5期）一文中指出，纳西东巴教神路图中有一头33首大象，以其独特的造型备受瞩目。为了理清东巴教神路图中33首大象形象的历史源流，通过比较纳西东巴经典、佛教经典、印度教经典《摩诃婆罗多》中有关33首大象的神话故事及记载，梳理33首大象传入纳西东巴教中的历史传播轨迹和造型特点及变异因素，重建其形象发展与传播的脉络。研究证明，纳西神路图中33首大象的原型是来自印度教中因陀罗坐骑33首大象（Airāvata）。印度教的33首大象 Airāvata 在宗教艺术作品中为了避开33首的繁密造型，常省略为3首大象形象。33首大象这一经典图像在纳西神路图中的留存，在一定程度上表明纳西东巴教艺术、神鬼谱系、教义教法诸层面深受印度教、耆那教、佛教等缘起于南亚区域的宗教传统的深刻影响。

（六）藏传佛教信仰与文化研究

作为藏传佛教的外围研究，藏传佛教信仰与文化方面的研究，近几年呈上升趋势，具体如下：

旺多《中国西藏与南亚地区宗教文化交流史——追寻“班智达”与“罗杂哇”的足迹》（《西藏大学学报》第1期）一文以“班智达”与“罗杂哇”作为个案，对中国西藏与南亚地区宗教文化交流进行了探讨。作者认为我国西藏与南亚各国的交流源远流长，已有1300多年的历史。千年来往返于我国西藏与南亚各地之间的“班智达”与“罗杂哇”络绎不绝，不计其数，成为文化传播与文化再造过程中的中坚力量，推动了中国文化多元化发展及我国与南亚各国人民的友好往来。文章以“一带一路”倡议为依托，展示中国与南亚各国人民文化交流史上浓墨重彩的一笔，以佛教为主的文化交流史，追寻前人足迹，挖掘南亚各地与我国西藏进一步交流合作的情感基础，使西藏更好地融入“一带一路”建设中。

龙珠多杰在《昆明官渡金刚宝座佛塔之文化解析》（《西藏大学学报》第2期）一文中提到，官渡金刚宝座佛塔是一座建于明代的藏传佛教佛塔，是藏传佛教传入昆明地区的建筑遗存和见证，也是国内现存最早的一座金刚宝座佛塔，与北京真觉寺、碧云寺、西黄寺和呼和浩特慈云寺金刚宝座塔齐名。全国具有藏传佛教覆钵式塔身特征的仅昆明官渡金刚塔一例，是明代佛塔建筑的实物，对藏传佛教建筑艺术研究和藏传佛教在昆明地区的传播研究具有一定意义。

贺延军在《炳灵寺第70窟无量寿经变辨识》（《西藏研究》第3期）一文中，对炳灵寺第70窟中的无量寿经变进行了考析。第70窟位于下寺石窟群中部，初凿于唐代，南壁壁画为无量寿经变画，依据《无量寿经》的情节绘制而成，展现的是《无量寿经》中描述的西方极乐世界。绘画采用汉地传统的线描法和沥粉贴金工艺，佛、菩萨样式依据藏传佛教造像仪轨。画师通壁巨构，运用细腻的笔触、淡雅的色彩、动静结合的手法，描绘了众菩萨弟子、亭台楼阁、花草树木、清流莲池、神禽异兽等，展现出了一个安静祥和、庄严神圣的西方极乐世界。

德吉卓玛《吐蕃时期的敦煌观音修行院之考》（《西藏研究》第4期）一文认为，100多年来，前辈学者以各自的专业为切入点，关于敦煌的研究成果硕果累累，但是这些科研成果对吐蕃时期敦煌石窟在吐蕃佛教中的地位及其关系至今尚未涉及。基于此，本文结合大量藏汉文史料，首次对吐蕃时期的敦煌石窟进行定位，可以得知敦煌石窟，即藏文史籍中的北方圣观世音石窟修行院，为吐蕃东、南、西、北四大石窟寺之一。从吐蕃佛教的整体角度为敦煌石窟在吐蕃佛教中的冠名正名，并深入探讨北方圣观世音石窟修行院的创建及其影响，是对以往从洞窟或壁画局部研究敦煌石窟的最大整合，从而可大大推进吐蕃时期的敦煌石窟研究且具有开创性的意义。

吴明娣、陈南在《冲突与调和——藏传佛教人骨法器在内地的流传及其影响》（《世界宗教研究》第5期）一文中提到，人骨法器源自印度，是藏传佛教最具有神秘色彩的法器种类，因材料的特殊性而备受争议。文章在厘清人骨法器源流的基础上，阐明人骨法器在内地流传较为广泛，因其所处的文化情境有别，冲突与调和始终存在，对帝王、文人士大夫及下层民众产生了不同程度的影响，反映了中华文化既具有排他性，又具有包容性。

（七）苯教与民间宗教研究

松芳《苯教象派创始人象帕及其影响刍议》（《西藏研究》第5期）一文认为，象帕·尼玛维色，简称象帕，是苯教象派创始人、苟象寺创建者、著名伏藏师，系11世纪在安多地区传播苯教的“三圣者”之一。文章以人类学的视野，对象帕的生平事迹、思想著作、世袭传承及其相关民间传说等进行了探讨，对象帕其人其事、民间对其人格的丰富传说和想象建构，对苯教在安多地区的发展与演变产生的深刻影响等方面进行分析、解读，从中可透视今川甘交界地区早期社会与文化形态、苯教象派文化圈内族群生境、人们对社会公平正义的理解，以及调适人与自然、人与人、人与社会关系的价值理念、生态伦理等文化传统。

才让太的《公元八世纪的苯佛关系及苯教新派的形成》（《中央民族大学学报》第2期）一文，通过对8世纪吐蕃赞普赤松德赞灭苯、詹巴南喀被强行改宗佛教并重新构建苯教新派等历史活动的叙述，解释了苯教新派产生的历史背景和条件，说明新派苯教的产生标志着青藏高原土著文化传统与印度外来文化传统开始相互吸收和融合，并为以后藏民族传统世界观和价值观的重新整合创造了条件。

施义的《德格地区苯教寺院历史与现状研究》（《宗教学研究》第2期）一文，从法会、供奉神系和组织管理等方面对德格地区现存苯教寺院历史和现状进行梳理，阐明德格苯教的基本情况和总体特征，从而揭示苯教长期影响德格社会的历史原因。本文对丁青寺被毁和重建的原因也进行了解读和思考。

杨黎浩的《苯教后弘期发展及雍仲苯教的形成》（《西藏民族大学学报》第5期）一文，考察了吐蕃时期特别是赤松德赞之后苯教发展的历史，认定苯教后弘期应该在吐蕃王朝灭亡之后，并以苯教伏藏首次发掘的913年为发端标志。苯教后弘期发端之时，政治环境、苯教自身基础以及佛教外部影响都为苯教再次发展（后弘）创造了条件。在这种历史背景之下，后弘期苯教徒在继承自身传统、吸纳佛教内容的基础上，开始塑造教祖、发掘伏藏、编撰经典、创建寺院等活动。经过后弘期一段时期的发展，约在公元15世纪，最终形成了新型苯教即佛教化的雍仲苯教。

二、学术专著和集刊类图书

2017年度，出版了31部关于藏传佛教的研究专著或译著、学术论文集，共有42部集刊类图书涉及宗教哲学部分的内容。其中，藏传佛教藏文经典文献的译注本出版的数量与往年基本持平，而单纯研究藏传佛教教义教规的专著数量较少，仅有的几部也是修订或再版图书，而专题性的研究基本集中在藏传佛教历史、寺院、人物等方面。集刊类图书中，有几部是藏传佛教的专题性刊物，收集了数量可观的学术研究论文。

藏传佛教藏文经典文献的译注方面，有以下几部：法尊译注的宗喀巴《菩萨戒品释》（青海人民出版社）、周润年译注的巴卧·祖拉陈瓦《贤者喜宴·噶玛岗仓史》（青海人民出版社）、黄颢与周润年译注的巴卧·祖拉陈瓦《贤者喜宴·吐蕃史》（青海人民出版社）、蒲文成译的《布顿佛教史》（青海人民出版社）、索南才让译的阿旺洛追扎巴所著《觉囊派教法史》（青海人民出版社）、光亮编译的《白话杂宝藏经》（西藏藏文古籍出版社）、光亮编译的《白话贤愚经》（西藏人民出版社）等。另外，2017 年出版了一些国外关于藏传佛教方面的专著译本，比如石泰安著、耿昇译的《喜马拉雅的社会与宗教》（中国藏学出版社）、雅克玲·泰夫奈著、耿昇译的《西来的喇嘛》（广东人民出版社）等。

藏传佛教历史方面，本年度有以下几部专著：

张生寅的《元代以来藏传佛教寺院管理研究》（青海人民出版社），详细论述了元代以来各个朝代对藏传佛教寺院的管理方式等方面。

尕藏加的《西藏宗教》（五洲传播出版社），是一部既简明扼要又全面介绍我国藏族地区宗教历史和现况的学术专著。首先，阐述了从整体上认识藏族地区宗教的路径。认为从整体上认识西藏宗教，应该从了解苯教开始，因为苯教是青藏高原固有的一种古老宗教，它带有浓郁的地域性文化特色。同时，产生于远古时代的苯教，经历了藏族古代社会所经过的一切历史演进过程，对早期藏族社会的文明进步起到了推动作用。佛教未传入青藏高原之前，苯教文化乃是藏族地区唯我独尊的正统宗教文化，也是藏族传统文化的重要组成部分。其次，考述了藏传佛教的来龙去脉、文化内涵和社会影响。认为藏传佛教的起源、形成和发展，与印度佛教的历史进程有着千丝万缕的联系。同时，也受到藏族传统文化，尤其是苯教的巨大影响，甚至在某些方面采取苯教文化的理论构架和思维方式，来接受或消化外来佛教文化。最后，讲述了鲜为人知的多元宗教现象。根据实地调研，藏族地区除了佛教和苯教以外，还有基督教和伊斯兰教，它们不但有自己的宗教活动场所和专职的神职人员，而且拥有一定数量的信徒。相对而言，基督教和伊斯兰教在藏族地区影响较小。多数藏族地区的宗教依然以藏传佛教为主，而部分藏族地区或较偏僻的村落里却呈现出多元宗教共存的文化风貌。

郑堆主编的《中国因明学史》（中国藏学出版社）一书，对汉传因明、藏传因明、蒙古传因明进行了较为均衡的研究和论述，值得关注。本书共分 3 个部分：汉传因明学史、藏传因明学史、蒙古传因明学史，各具特色。

另外，藏传佛教的区域性传播历史方面今年有三部著作问世，一是王佳的《东北藏传佛教历史源流和发展现状研究》（黑龙江教育出版社），二是胡雪峰主编的《元代北京汉藏佛教研究》（宗教文化出版社），三是沈卫荣的《藏传佛教在西域和中原的传播：〈大乘要道密集〉研究初编》（北京师范大学出版社）。

藏传佛教人物研究方面，出版了罗洪忠的《仓央嘉措故里》（西藏人民出版社）、阿旺泽仁扎西著《出走的生命：根敦群培的精神之旅》（中国藏学出版社）、德兰根迥编著的《遇见晋美林巴》（宗教文化出版社）等。

另外，中国藏学研究中心宗教研究所的“藏传佛教教义阐释系列论文集”，本年度出版了《藏传佛教教义阐释研究文集——藏传佛教友善思想研究专辑》，其中收录了16篇与友善有关的汉藏学术论文。

集刊类图书中，本年度在《中国佛学》（总第40期、42期）分别发表了何杰锋的两篇论文，一是《藏传佛教寺院教育与现代学校教育的组织体系比较研究》，文中认为藏传佛教寺院教育与现代学校教育在组织机构、学制学年、学习内容等组织体系上有各自的特征，这是两种教育思想理念在教育组织体系上的表现。认识它们的相似性和异质性，对加深关于两种教育类型的认识认知，探讨藏传佛教对现代学校教育的具体影响具有重要作用。二是《多罗那他对“宗义”思想的阐释——以〈中观他空思想要论〉为中心》，文中提到“宗义”思想是藏传佛教界以自己的价值判断来整理和组织印度佛教各宗派教义思想的一种判教认识。多罗那他《中观他空思想要论》在继承藏传佛教“四宗义”传统论说的同时，对“宗义”思想进行了自派理解的阐述，明确了觉囊派与外道的不同，安置了“四宗义”认知次第，肯定了自派见地“他空中观见”的了义性，区别了觉囊派与藏传佛教其他教派在教理思想上的不同，为藏传佛教觉囊派的中兴提供了理论基础和现实指导。

藏文部分

本年度藏文哲学宗教研究成果主要集中在藏传佛教和印度佛教哲学领域，按照文章内容可以分为教义研究、寺庙志研究、文献研究、宗教人物研究、现状研究、印度佛教与藏传佛教哲学、藏传因明研究和汉传因明经典研究等，成果数量不仅比往年增多。现选择代表性成果介绍如下。

一、教义研究、印度佛教与藏传佛教哲学研究

桑杰端智的《佛学基础原理》（སངས་རྒྱས་དོན་གྲུབ། དམ་ཆོས་སྟོང་ཐུན།）一书由民族出版社出版，该书作者在前人调查研究的基础上，通过系统而扎实的文本研究和田野调查，对藏传佛教原始思想结构模式及现状，特别是全球化影响下藏传佛教思想变迁的新趋势及其思想变迁的原因、思想变迁与其他文化之间的关系、藏传佛教思想的未来发展趋向等进行了全面系统的分析研究。

钦则·阿旺索巴嘉措编著的《宗喀巴大师依宗瑜伽汇编》（མཁྱེན་བརྩེ་ངག་དབང་བཟོད་པ་རྒྱ་མཚོ། ཁམས་གསུམ་ཆོས་ཀྱི་རྒྱལ་པོ་ཙོང་ཁ་པ་ཆེན་པོ་ལ་བརྟེན་པའི་བླ་མའི་རྣལ་འབྱོར་དཔེས་གྲུབ་ཀུན་འདུང་།）一书中收录了民间、寺院、个人手中搜集的孤本、绝本、手抄本等第一手资料，为研究佛教瑜伽方面的学者提供了有关瑜伽的仪轨、教义、释论、导引、注疏等方面的基本知识和教义教理。

小次多的《龙树因明巨著〈方便心论〉相关问题探讨》（ནར་ཚེ་རྡོར། འཕགས་པ་ཀླུ་སྒྲུབ་ཀྱིས་མཛད་པའི་གཏན་ཚིགས་རིག་པའི་གཞུང་སྤྱི་དང་ཁྱད་པར《ཐབས་ཀྱི་སྙིང་པོའི་སྐོར་》གྱི་གཞུང་དོན་རགས་དཔྱད།《西藏大学学报》第 2 期)，龙树大师论著《方便心论》早期没有藏译本（2013 年夏坝仁波切译)，但在藏传因明学界早已闻名。作者通过汉译本《方便心论》介绍了该文献撰写的时间和目的，尤其对该文本中的八种方便，即“譬喻”“随所执”“语善”“语失”“知因”“应时语”“似因”“随语难”等八种辩论方法作了详细介绍。

平措的《论述时轮金刚在印度和中国西藏地区的传播与发展》（སོངས་ཁང་ཕུན་ཚོགས་རྡོ་རྗེ། འཕགས་བོད་དུ་དཔལ་དུས་ཀྱི་འཁོར་ལོའི་ཆོས་བྱུང་བའི་སྐོར་གྱི་དཔྱད་གླེང་།《西藏大学学报》第 3 期）一文详细介绍了印度佛教和藏传佛教中的时轮金刚最初由释迦牟尼所宣说，后期产生的传入香巴拉传说，11 世纪时轮金刚传入藏族地区，并产生时轮历等。在传入藏族地区的过程中因为不同传承产生了觉译师派、卓译师派、热译师派等时轮金刚的派别。文章对将时轮引入藏族地区，且对弘扬时轮金刚有功的布顿大师、恰译师等作了详细研究。

二、文献研究

豆本加的《〈佛护中论注〉中的破四句生因诠释及其在因明学教学中的地位》（ཁ་སྣང་སྟག་འབུམ་རྒྱལ། 《འགྲེལ་པ་བུདྡྷ་པ་ལི་ཏ》ལས་མུ་བཞི་སྐྱེ་འགོག་གི་གཏན་ཚིགས་ཇི་ལྟར་འགྲེལ་ཚུལ་དང་དེའི་ནང་པའི་མཚན་ཉིད་སློབ་གཉེར་ཁྲོད་ཀྱི་གནས་བབས།《西藏研究》第 2 期）一文基于佛护的《中论注》，研究了印度佛教和藏传佛教中“破四句生因”的方法论，认为“破四句生因”方法论或理路是释迦牟尼佛在二转法论时期宣说，并由中观派开创者龙树大师详细解注，并由佛护论师广为宣说，成为破斥常断二边说的主要方法论，同时也提到了“破四句生因”如何运用于因明逻辑，以及其在印度佛教和藏传佛教哲学中的地位等。

旦木真的《法藏敦煌藏文文献〈金光鼓声〉研究》（ཏ་མགྲིན། ལྷ་རན་ཤེར་ཉར་བའི་ཏུན་ཧོང་ཡིག་རྙིང་ལས་བྱུང་བའི་གསེར་འོད་རྔ་སྒྲའི་ཤོག་དྲིལ་ལ་དཔྱད་པ།《中国藏学》第 2 期）一文首先梳理了法藏敦煌文献中的《金光鼓声》写卷以及写卷抄写者和校对人，对几个写卷的不同名称、纸张、字体、内容等作了详细考证，并与藏文《陀罗尼集经》中的《金光鼓声》文献进行比对，指出了写卷中的字词、章节、题记等的缺漏和出入问题，认为这些写卷是为练习字体和学习经典而抄录的。

闹日项旦的《敦煌古藏文文献中般若波罗摩多心经研究》（ནོར་བུ་དབང་ལྡན། ཏུན་ཧོང་བོད་ཡིག་ཡིག་རྙིང་ཁྲོད་བཞུགས་པའི་ཤེས་རབ་སྙིང་པོའི་ཤོག་དྲིལ་སྐོར་ལ་ཆེ་ལོང་དུ་དཔྱད་པ།《中国藏学》第 2 期）一文梳理了敦煌藏文文献中发现的不同《心经》写卷，对版本和译文、章节、篇幅、题记等进行详细考究，并同收录于藏文大藏经《甘珠尔》中的《心经》各版本及其论疏进行对比研究，指出了梵、藏、汉三种文字《心经》的异同，以及敦煌所藏吐蕃时期《心经》写卷的特点，藏文大藏经中收录的七篇《心经》的原典来源和版本等信息。

邓德多杰的《敦煌古藏文文献〈维摩诘所说经〉研究》（བདུད་འདུལ་རྡོ་རྗེ། ཏུན་ཧོང་ཡིག་རྙིང་ལས་འཕགས་པ་དྲི་མ་མེད་པར་གྲགས་པས་བསྟན་པའི་མདོ་ལ་དཔྱད་པ། 《中国藏学》第4期）一文对英藏敦煌文献中的7个《维摩诘所说经》的写卷和3个法藏写卷作了详细的梳理和介绍，对不同写卷进行对比研究，指出了各写卷之间的异同和关系，对藏译本的译者也作了详细介绍，认为该经是吐蕃赞普赤松德赞和赤德松赞父子时期由法戒译师（ཆོས་ཉིད་ཚུལ་ཁྲིམས་སམ་ཧྲསྭ་ཤཱིལ）所译。

尕藏卓玛的《藏文佛经文献〈楞严经〉评述》（སྐལ་བཟང་སྒྲོལ་མ། འཕགས་པ་ལང་ཀར་གཤེགས་པའི་མདོའི་སྐོར་རོབ་ཙམ་གླེང་བ། 《西藏大学学报》第1期）一文通过对藏、汉《楞严经》文献进行对比，并在国内外研究的基础上提出了该文献产生于公元3世纪，宣说该经的地点在斯里兰卡，并梳理了"观想对象、观想方法、观想之果、观想次第"等整部经典所表达的大乘佛教哲学思想。

三、人物和传记研究

吴玉的《卡地卡哇寺宗喀巴大师自制圣象的传说及弘法业绩》（དུ་བཞི་བསམ་པའི་དོན་གྲུབ། མདོ་སྨད་ཁ་ཏི་ཁ་བ་དགོན་གྱི་རྗེ་ཙ་ཐང་གཞན་ཕན་ཆེན་མོའི་ངག་རྒྱུན་དང་འབྲེལ་ནས་རྗེ་བླ་མའི་ཏེན་ཐང་གི་འཕྲིན་ལས་སྐོར་བརྗོད་པ། 《中国藏学》第1期）一文以安多民间广为流传的卡地卡哇寺所藏宗喀巴圣像是宗大师为思念母亲而绘制的传说为切入点，以《宗喀巴大师传记》《塔尔寺志》等文献为依据，考证了卡地卡哇寺和塔尔寺所藏宗喀巴大师圣像的来源，认为卡地卡哇寺所藏唐卡为宗喀巴大师晚年的画像，藏于塔尔寺的圣像才是宗喀巴大师因思念母亲而绘制的那幅唐卡，以及这些圣物对于教派和信众的特殊意义，在一定程度上纠正了民间传说中以讹传讹的现象。

完麻加的《论第二世古浪吴坚久智曲洋多杰的政教功绩》（པད་མ་རྒྱལ། དཀོར་ང་ཨོ་རྒྱན་འཇིགས་བྲལ་ཆོས་དབྱངས་རྡོ་རྗེ་མཆོག་གི་ཆོས་སྲིད་སྐོར་གྱི་མཛད་རྗེས་ལ་དཔྱད་པ། 《中国藏学》第1期）一文以第二世古浪仓传记和历史档案为依据，对其在宗教和政治方面的功绩作了详细研究。宗教方面，古浪仓在热贡、尖扎、贵德等地广收子弟，弘法利生；在政治方面，与北洋政府联系，到访北京、五台山等地，从内地带回谷物种植、花卉栽培、药物培育、印刷、镀金等技术，在青海地区传播。1919年同北洋政府代表团赴藏和谈，对祖国统一和民族团结作出了重要贡献。

扎西才让的《谈谈宗喀巴大师的两次巡回辩经》（བཀྲ་ཤིས་ཚེ་རིང་། རྗེ་ཙོང་ཁ་པ་ཆེན་པོའི་མཛད་འཕྲིན་ལས་གྲྭ་སྐོར་མཛད་རིམ་གཉིས་རགས་ཙམ་གླེང་བ། 《中国藏学》第4期）一文

以藏族寺院的传统教育和各大寺院巡回辩经的学习传统为切入点，对宗喀巴大师赴藏云游学习期间，两次到各大寺院辩经学习经历对其学术思想和人生所产生的影响以及两次巡回辩经学习的路线和具体时间作了考察。

四、寺庙志和现状研究

《青川甘滇四省藏区寺院山川名汉藏对照》（藏汉对照）（ཀྲུང་གོའི་མི་རིགས་ཡིག་སྒྱུར་ཅུས། ཞིང་ཆེན་བཞིའི་བོད་ཁུལ་གྱི་དགོན་སྡེ་དང་རི་ཆུའི་མིང་བོད་རྒྱ་ཤན་སྦྱར། 民族出版社）由中国民族语文翻译局编著，搜集、整理了青海、甘肃、四川、云南四省各寺院、山川名称约 14400 条，并用藏汉对照形式出版，在学术研究和社会用字方面对藏语地名翻译的准确性和统一规范具有十分重要的现实意义。

拉加多杰的《蒙藏关系史上的格鲁派寺院东科尔寺的历史与现状研究》（རེབ་ཚ་ལྷ་རྒྱལ་རྡོ་རྗེ། བོད་སོག་མཚོན་ཡོན་དབར་གྱི་དགེ་ལུགས་པའི་དགོན་སྡེ་གལ་ཆེན་ཐེ་ལེན་སྟོང་འཁོར་དགོན་གྱི་བྱུང་རབས་དང་གནས་བབས་སྐོར་རགས་ཙམ་བརྗོད་པ།《西藏研究》第 4 期）一文对位于青海省湟源县东科尔寺院的历史和现状进行研究，从清代蒙古汗王固始汗的支持下东科尔呼图克图建寺，康区东科尔寺与西宁东科尔寺的区别，东科尔寺兴盛时期的僧人和呼图克图人数，清代罗卜藏丹津叛乱和中华人民共和国成立后“文革”中寺院被毁坏的历史，东科尔寺院在蒙藏关系史上的地位和清代治理青海等地产生的积极作用，东科尔寺志所载寺院文物和现存状况等方面进行了详细研究。

五、因明研究

2017 年度因明研究成果丰硕，既有藏传因明研究，也有汉传因明经典研究，其中祁顺来教授编著的《藏传因明思想发展史》（བློ་བཟང་ཆོས་གྲགས་ཀྱིས་སྒྲིག་རྩོམ་བྱས། ཚད་མ་རིག་པ་བྱུང་འཕེལ་གྱི་ལོ་རྒྱུས།）一书梳理了古印度因明的起源和发展，对因明传入藏族地区，后弘期各教派研习《释量论》等因明经典的历史，尤其对俄洛丹译师和恰巴曲桑等在桑普寺开创因明辩论方式、广收弟子、传习因明，萨迦班钦和宗喀巴师徒等高僧大德撰写因明论著，各时期高僧大德对因明的贡献及因明学术思想进行了探析。

洛桑曲平的《浅析藏传因明学发展中的阶段性》（བློ་བཟང་ཆོས་འཕེལ། བོད་དུ་ཚད་མ་རིག་པ་དར་བའི་དུས་རིམ་དབྱེ་སྟངས་ལ་དཔྱད་པ།《中国藏学》第 3 期）一文依据因明

学主要内容、经典、思想、辩论形式等，对藏传因明学的发展历史进行了分期，分为引进阶段、本土化阶段、研究阶段等三个阶段。

旦增次仁和娘毛吉的《浅析因果所立法之不同见解——以〈能显解脱道〉为依据》（བསྟན་འཛིན་ཚེ་རིང་དང་སྙིང་མོ་སྐྱིད། 《ཐར་ལམ་གསལ་བྱེད་》གཞིར་བཟུང་ནས་འབྲས་རྟགས་ཡང་དག་གི་བསྒྲུབ་བྱའི་ཆོས་ངོས་འཛིན་ཚུལ་ལ་དཔྱད་པ། 《中国藏学》第 3 期）一文以贾曹杰的因明著作《释量论疏能显解脱道》为依据，对贾曹杰和克珠杰对因明学中因果所立法持有的不同见解进行对比，指出了产生分歧的原因，即因明在印度及传入藏族地区后，出现的不同传承和借用因明方法论阐述唯识宗哲学观点时产生的不同见地。

改玛本的《敦煌写本〈因明三十三过〉的藏译与研究》（ཀརྨ་འབུམ། རྒྱ་ཡིག་གི་ཏུན་ཧོང་གཏེར་ཡིག《གཏན་ཚིགས་རིག་པའི་བསྟན་བཅོས་ལྟར་སྣང་སོ་གསུམ་མ་》ཡི་བོད་འགྱུར་དང་ཐུན་དཔྱད། 《中国藏学》第 3 期）一文对法藏敦煌写本 P. 3024 号文献进行了深入的研究，将该文献与藏文大藏经《丹珠尔》收录的《正理门论》进行对比，认为藏译《正理门论》参考过该文献，作者通过藏汉译文对照形式对宗有九过、因十四过、喻有十过等进行对比研究，指出了译文中出现的错漏之处。

康噶·崔臣格桑先生的《以陈那和法称的因明学为例论述他们部分代表性观点》（ཁང་དཀར་ཚུལ་ཁྲིམས་སྐལ་བཟང་། རིགས་པའི་དབང་ཕྱུག་རྣམ་གཉིས་ཀྱི་ཚད་མ་རིག་པ་ལས་བརྩམས་ཏེ་ལྟ་གྲུབ་ཁྱད་ཆོས་ཚབ་མཆོན་ཁག་གཅིག་གླེང་བ། 《中国藏学》第 4 期）一文基于陈那论师的《集量论》和法称论师的《正理滴论》，考证了两位大论师对正因三相中的第二相“同品定有性、异品遍无性”的定义作修改而成立的因三相定义，并指出后期传承者一直沿用此定义。详细介绍陈那论师以因三相的定义和因明逻辑特点作为其代表性观点，法称论师对因明所量、现量、似现量等的定义作为其代表性观点等。

嘎藏陀美的《〈广释量论本颂〉藏译年代》（ཆ་རིས་སྐལ་བཟང་ཐོགས་མེད། བསྟན་བཅོས་ཚད་མ་རྣམ་འགྲེལ་གྱི་འགྱུར་བྱང་ལས་འཕྲོས་ཏེ་བསྟན་བཅོས་འདི་བོད་ལ་ཐོག་མར་དུས་ནམ་ཞིག་ཏུ་བསྒྱུར་བའི་སྐོར་གླེང་བ། 《中国藏学》第 4 期）一文通过各版《丹珠尔》所录的《广释量论本颂》的藏译本题记进行对比，探究译文的具体年代，认为译者玛·格唯罗追（རྨ་དགེ་བའི་བློ་གྲོས།）并非吐蕃时期的大译师，是与大译师仁青桑布同时期的人，因此，译本出现的年代应该为 10 世纪下半叶到 11 世纪上半叶。

更登的《汉藏〈大藏经〉中的量学经典及其互补研究》（སྐལ་བཟང་པ་དགེ་འདུན། རྒྱ་བོད་བཀའ་བསྟན་ལས་ཚད་མ་རིག་པའི་གཞུང་དང་དེའི་ཕན་ཚུན་ཁ་སྐོང་ཞིབ་འཇུག《中国藏学》

第 4 期）一文基于汉藏《大藏经》中的因明学或量学经典，梳理了梵译藏、汉译藏、藏译汉、梵译汉经典以及经典册数、原典作者、译者、年代等，重点分析了藏汉因明经典的互译互补问题。

夏吾太和达哇的《陈那论师“九句因”理论新探》（ཤ་བོ་ཐར་དང་ཟླ་བ། སློབ་དཔོན་ཕྱོགས་གླང་གི་ཕྱོགས་ཆོས་འཁོར་ལོ་དགུའི་གཏན་ཚིགས་ལ་གསར་དུ་དཔྱད་པ།《中国藏学》第 4 期）一文对陈那论师的“九句因”中因与同品和异品的关系进行分析，基于因明的矛盾理论对二十五种“宗因”关系作了分类，正因和不正因进行相互对比，探析了陈那论师如何定论“九句因”。

多杰扎西的《略谈“绛”冬季因明辩论会》（རྡོ་རྗེ་བཀྲ་ཤིས། ཚད་མའི་ཆོས་ཐོག་ཆེན་མོ་འཇང་དགུན་ཆོས་སྐོར་གླེང་བ།《中国藏学》第 1 期）一文基于文献研究和实地调查，对藏族地区“绛”冬季因明辩论法会产生的具体年代、法会举行的地域、功能、社会影响进行详细研究，认为绛冬季法会是藏族地区寺院教育的一大创举，促进了各大寺院的交流学习，尤其是加强了因明辩论方式深刻发掘佛教哲学思想的学习传统。

梵文研究

2017 年度梵文研究总体来看，延续了去年的研究态势，平稳推进。研究方向主要集中在梵文写本以及梵汉翻译、对勘、比较和梵文文学研究等方面。尤其是在梵文写本和梵汉对勘方面的研究有较为突出的表现，研究领域也有所拓展，但梵藏对勘、梵藏汉比较以及梵文文法等方面的研究仍然较为薄弱，有待加强。现将本年度的梵文研究状况概述如下。

一、梵文写本研究

梵文写本的整理研究是梵文研究中的难点和热点，本年度在这方面的研究取得了不菲的成绩。由霍斯特·拉斯科和李学竹主编的《Sanskrit Manuscripts in China II》一书是 2012 年北京国际藏学会梵文小组的论文集，该论文集共收有 9 篇文章，几乎都是基于西藏自治区所保存的梵文贝叶经写本的研究而取得的成果，通过这些研究成果可以了解中国对梵文贝叶经的保护和最新的研究状况，同时也可看出西藏所保存的梵文贝叶经写本的特殊意义和独特价值。北京外国语大学亚非学院的周利群发表在《文献》（第 2 期）上的《圣彼得堡藏西域梵文写本释读新进展》一文，详尽介绍了圣彼得堡所藏来自中亚的梵文残片有关情况以及研究新进展，同时集中讨论了其中《虎耳譬喻经》（*śārdūlakarṇāvadāna*）中有关星宿问题，并将此经的圣彼得堡梵本与汉、藏译本以及尼泊尔梵文校本进行比较研究，指出至少有三处不同，而且对尼泊尔校本作了多处修改。这充分说明了中亚写本在修订其他传本以及探明文本源流、廓清文本传播路径等诸多方面有其独特的价值。中国人民大学的张丽香发表在《西域研究》（第 3 期）上的《中国人民大学博物馆藏和田新出〈妙法莲华经〉梵文残片二叶》一文是对人民大学博物馆所收藏的来自和田的部分婆罗谜字体梵文写本残卷的研究，确定其中两叶属于《妙法莲华经》（*Saddharmapuṇḍarīkasūtra*）的残片，并指出其与同样出自和田地区的早先所谓“喀什本”《法华经》在内容和字体方面都相一致，可能是同一部经的不同残叶。作者还对该经的尼泊尔－吉尔吉特系统和新疆地区系统（即所谓“中亚”系统）两类传承的写本情况作了说明，最后将这两叶残片进行了拉丁转写，并与两种汉译《法华经》进行了比对。李学竹、褚俊杰、Eli Franco 联名发表在《中国藏学》英文版（第 1 期）上的《阎摩敌〈释量论庄严疏·极善清净释〉导论部分摹写本》（A Diplomatic Edition of the Introductory Section of Yamāri's *Pramāṇavārttikālaṅkā raṭīkā Supariśuddhā*——Folios 10a1-14b2）是对《释量论庄严疏成量品》开头部分拉丁转写的继续，这部分内容主要是对 Prajnñākaragupta 最初两首偈颂的解释。达哇群宗在《西藏贝叶经研究》（汉文版）上发表的《〈缘起法颂注〉梵文写本报告》是基于哲蚌寺收藏的梵文写本所作的研究，首先对此写本的概况和藏汉译本作了简单的介绍，其次，对文本作了初步的校勘，并翻译成汉文，在此基础上与藏译本进行对照研究。《缘起法颂》，又名缘起偈，由于常将此颂刻写于塔基、佛像台座等处，故又被称为法身偈。在许多梵文佛典写本末尾的题记前，也常写有此颂。然而，《缘起法颂》虽是佛教重要而常见的偈颂，但专为此颂进行注释的写本却极为少见，哲蚌寺的这个《缘起法颂注》梵本可能是首次发现，这对研究和理解佛教的缘起思想有重要的学术价值。达哇群宗的另一篇文章《贝叶经写本中的佛本生故事插图初步研究》（《西藏贝叶经研究》汉文版）则是对梵文贝叶经写本中的绘画插图所作的研究。文章选取了 14 幅与佛传和佛本生故事有关的插图作为研究对象，通过对构图艺术、人物面目特征、服饰、身材比例、体型、色彩以及装饰品等绘图技法的分析研究，初步判断这些插图属于印度波罗王朝时期的作品，同时对写本插图的作用、意义也作了阐述，指出插图作为写本的重要组成部分，对研究印度佛教艺术、深刻理解佛教教义可发挥重要作用，而且也增加了写本的直观性、启发性、趣味性和可读性。梵文贝叶经写本中虽有大量的插图，但此类的研究成果较为鲜见，本文的研究是一个重要的尝试，应给予重视。这里需要指出的是，所附 14 幅插图绘画应标明具体出处，这样可能更为规范一些。

此外，同样发表在《西藏贝叶经研究》（汉文版）上的叶少勇《北印度婆罗谜字体演化源流述要（一）》一文，对印度书写字体的起源，早期梵文字体之一的婆罗谜字体的演变，以及近代以来对印度古字体学的研究状况等作了较为翔实的介绍。印度字体学研究是一门专业性很强的学科，国内从事此类研究的学者极为少见。字体学的研究不仅有利于精确释读文本，还有助于判断写本的抄写年代、地域，以及其他隐藏的信息等。因此，本文的发表对我们了解和认识梵文字体的历史演变和书写习惯有极大帮助。

二、梵汉佛经对勘研究

梵汉佛经对勘是我国梵文研究的重要内容之一。近几年来，由中国社会科学院黄宝生先生主编的《梵汉佛经对勘丛书》陆续推出一批有分量、有价值、有影响的研究成果。今年该丛书又出版了两部大作，一部是《梵汉对勘唯识论三种》（中国社会科学出版社），另一部是《梵汉对勘究竟一乘宝性论》（中国社会科学出版社）。《梵汉对勘唯识论三种》选取了有“千部论主”之称的世亲论师三部重要论典，即《辩中边论》(*Madhyāntavibhāgakārikābhaṣya*)、《唯识二十论》（*Viṃśatikāvijñaptimātrtāsiddhiḥ*）、《唯识三十颂》（*Triṃśikāvijñaptikārikāḥ*）进行校勘、译注和研究。首先由黄宝生先生从梵文原文译成现代汉语，然后进行梵汉对勘，用于三书校勘的古代汉译本分别是真谛译《中边分别论》、玄奘译《辩中边论》、瞿昙般若流支译《唯识论》、真谛译《大乘唯识论》、玄奘译《唯识二十论》和《唯识三十颂》。其次，在梵汉对勘的基础上，再加以注释和研究。这三部论典对厘清唯识学派的核心概念，梳理唯识体系的纲要有极大的作用。《究竟一乘宝性论》梵文全称是*Ratnagotravibhāgo Mahāyānottaratantraśāstram*，依此可译为《宝性分别大乘至上论》，简称《宝性论》。对勘者首先把1950年琼思敦（E. H. Johnston）校勘出版的该论梵文原典翻译为现代汉语，然后与北魏·勒那摩提（Ratnamati）的汉译本进行比照对勘，并加以注释。此论属于如来藏系统的重要论典，有组织地阐述了佛性思想，是对如来藏思想的理论总结。全论以七个论题来构建如来藏的理论体系，并援引《如来藏经》《胜鬘经》《大乘涅槃经》《华严经》《大乘庄严经论》等经典来批判《般若经》的性空学说，强调“佛性”的存在。故该论不仅与唯识学说关系密切，对了解印度如来藏思想之发展也是极其珍贵的文献资料。

中国人民大学文学院的龙国富在《语言科学》（第87期）上发表的《从梵汉对勘看汉译佛经语言翻译的省略技巧》一文，是通过对《法华经》的梵汉对勘，发现汉译佛经语言翻译省略采用了替代省略和非替代省略两种技巧。前一技巧包括数词替代省略、代词替代省略和名词替代省略，后一技巧包括意译省略和文法省略。作者把这种翻译省略的原因归纳为三条：1. 受汉语和梵语表达规则的制约；2. 受佛经翻译理论思想的影响；3. 受归化与忠实观念的驱动。文章最后强调梵汉佛经对勘在佛经翻译史和佛经语言接触史研究中的学术价值不宜低估，只有利用梵汉佛经对勘研究，积累佛经翻译研究和佛经语言接触研究的实例和素材，才能把佛经翻译研究和佛经语言接触研究推向一个新的高度，并指出以梵汉佛经对勘研究为基础的佛经翻译史论和佛经语言接触史论研究成果，对世界翻译研究史理论和语言接触史理论研究的贡献不言而喻。

而北京外国语大学王继红发表的《从〈金刚经〉梵汉对勘看玄奘的翻译语法观念》（《外语教学与研究》第6期），则利用自建的《金刚经》梵汉平行语料库，包括《金刚经》（*vajracchedikā Prajñāpāramitā*）梵文原典与六种不同的《金刚经》汉译本进行对勘比较，着重讨论玄奘在从梵语到汉语的翻译过程中所体现的译者语法意识和语法观念。文章指出玄奘在翻译梵语多义词时，严格区分实词与虚词，虚词多采用音译的方法，并严格区分时体范畴与情态范畴，如“应”仅有情态用法，而“当”不仅有情态用法，而且可充当将来时标记，而且从梵语呼格语法范畴与玄奘汉译本句子成分的对应关系可推知玄奘对汉语句子成分、语法、语义功能的认识。因此，作者认为以翻译和语言学研究为目的的梵汉对勘、同经异译比较是玄奘翻译研究的重要方法。不过，从一部或几部梵文佛经中揭示的语言现象，尚不足以全面地展现佛经翻译特别是玄奘译经的所有特征，期待今后能够对更多的汉译佛典进行梵汉对勘和异译比较研究，形成规模，凭借充足的语言事实，这样才能逐步揭示玄奘汉译佛经的真相。

梵汉佛经对勘属于佛教思想史、佛经翻译史和佛经汉语研究的基础性工作，不仅有助于正确解读汉译佛经与梵文原典，而且开辟了佛经翻译史、思想史和佛教汉语研究的新视角，同时，对于彰显汉译佛经的价值，提升汉传佛教的地位，弘扬中国传统文化，有着广泛而深远的意义。

三、梵文文学研究

在梵文文学研究方面,今年有不少佳作问世,特别是由中西书局出版的黄宝生先生翻译的《六季杂咏》(*ṛtusaṃhāra*)诗歌和《十王子传》(*daśakumāracarita*)小说是本年度具有代表性的成果。《六季杂咏》是印度最伟大的古典梵语诗人、戏剧家迦梨陀娑（Kālidāsa，约5世纪）初露才华的早期作品。这部包含六组抒情短诗的诗集，共有六章，分别描绘了印度六季（夏季、雨季、秋季、霜季、寒季和春季）的自然景色以及男女欢爱和相思之情，兼具风景诗与爱情诗的特点。这部译著同时还翻译收录了《妙语宝库》中81首与六季相关的诗歌以及王顶（Rājaśekhara，9—10世纪）《诗论》（*kāvyamīmāmsa*）中的六季诗习惯用语。《妙语宝库》中的六季诗在情景描写的取材方面比迦梨陀娑的六季诗更为宽广，而《诗论》的诗人习惯用语则介绍了印度古代的时间观念和不少诗例。这两个附录可使读者对印度古代的六季诗有更全面的了解。

《十王子传》是印度古典文学作家和诗人檀丁（Daṇḍin，约7世纪）创作的富于传奇色彩又饱含现实主义精神的长篇小说。内容主要讲述了古代印度摩揭陀国和摩腊婆国发生战争的前后经过。摩揭陀国王先胜后败，避入山林。在那里，国王与四位大臣各得一子，并陆续收留了弥提罗王和三位大臣的五个孩子，合起来有十位王子。这十位王子在山林中长大成人，文武双全，摩揭陀国王遂派遣他们走出山林征服世界。十王子在路途中失散，遭遇种种艰难险阻乃至生命危险，但凭借自己的英勇、智慧和计谋，各自征服了自己的敌人，收获了功绩与爱情。最后，他们重新聚首，协助摩揭陀国王击败宿敌摩腊婆国王，并扶持国王之子继承王位，齐心协力统治天下。《十王子传》具有文学和史学的双重价值，虽是散文体，但不同于故事文学的散文体，而是大量使用冗长的句子和复合词，注重藻饰和修辞，使用谐音、双关、比喻、夸张、神话典故以及铺张的描写和成串的形容词等，除了诗歌韵律外，古典梵语叙事诗的一切修辞手段，它几乎都用上了。文字技巧令人惊叹，被称作无韵的叙事诗或散文叙事诗。黄先生的译文流畅明快，可读性强，为我国的梵语文学作品增添了新鲜血液。

中国社会科学院外国文学研究所于怀瑾的《论迦梨陀娑抒情诗的女性特质建构》（《国外文学》第148期），则通过考察当时笈多时期的社会背景、文化观念和心理机制来讨论迦梨陀娑抒情诗中女性特质的建构。作者认为迦梨陀娑塑造的女性形象也是笈多时期社会权利关系运作的表现，而迦梨陀娑对梵语诗坛的影响，不仅体现在基于女性题材形成的表达习惯和美学意趣上，还体现在男性视角渐次深入女性世界形成的文化观念和心理机制上。因此，迦梨陀娑抒情诗在描写女性美、展现女性情感生活、刻画女性化的自然等方面皆达到了前所未有的高度，成功实现了文学话语的女性特质建构。这一建构过程不仅是古代诗歌传统和时代审美意趣共同作用的结果，也是对父权制社会下男性意识和男性声色欲望或直接或曲折的表达。

四川大学尹锡南和雷昌秀的《印度古代诗学的民族特色》（《南亚研究季刊》第 168 期）是对印度古典诗学中民族性的考察，作者认为以梵语诗学为代表的印度古典诗学话语谱系具有非常鲜明的民族特性，并从依神演绎、依经立论、形式至上、情味中心等方面进行了详细的分析和深入的讨论，指出印度古典诗学是印度文化的本质反映，也是印度丰富深奥的宗教哲学思想的表达，如菩提树、法轮等宗教符号的象征性和坐姿、手势等舞蹈语言规则运用等程式化仪轨都带有明显的民族特色。

四、梵汉比较研究

在梵汉比较研究方面，也出现了不少高水平有分量的力作。复旦大学的施思和梁银峰的《中古汉译佛经中的“与 + NP + 俱”结构》(《语言研究》第 4 期)是梵汉语法的比较研究。该文通过对《妙法莲华经》(*Saddharmapuṇḍarīkasūtra*)和《维摩诘所说经》（*Vimalakīrtinirdeśa*）梵汉文本的对照比较，认为中古汉译佛经中频繁出现的“与 + NP + 俱”结构与佛经原典语言（梵文）有密切关系。这样的语法结构多数对应于梵文中名词的具格或者梵文名词具格与副词 sārdha（“与……共”）的组合形式，都是修饰谓语动词的伴随状语。那么缘何译师都喜欢用“与 + NP + 俱”、而不是“与 + NP + 共”来对译梵语中伴随义的具格呢？作者认为这与上古汉语中动词“俱”和“共”的句法、语义特点存在差异有关。在上古汉语中，“共”是及物动词，后面常带宾语，与之相对的“俱”，是不及物动词，不需要带宾语，显然后者更接近梵语原典语义的表达，所以后世的佛典文献便将它作为一个翻译的范式继承下来，只要遇到原典里有类似“伴随”义具格的用法，就很自然地使用“与 + NP + 俱”来对译。

浙江大学何欢欢发表的《“陈那”名讳考》（《文史》第1期）是对佛教因明学鼻祖陈那（Dignāga，5—6世纪）论师名讳的考释。在汉传文献中他的名字至少有陈那、域龙、童授、方象四种译法。该文通过对玄奘及其弟子所撰文献中有关“陈那”名讳材料的考析，并梳理比对梵、汉、藏史料中的相关记载，考察他的不同名讳各种可能原语及其相互关系，最后以图表的形式展现多种异名的演变路径与缘由，试图从“正解”与“误解”梵文的微观角度来一窥佛教汉化之宏观历史与过程。

北京藏医院刘英华的《药师心咒源流考》（《西藏贝叶经研究》汉文版），对现存藏译《增圣如来定力琉璃光陀罗尼》、汉译《药师经》以及吠陀医典《八支心要集》（*aṣṭāṅgahṛdayasaṃhitā*）与《八支集》（*aṣṭāṅgasaṅgraha*）梵文本等文献中的药师咒进行梳理比较，发现各文本之间差异较大，如咒语文字多寡不一、译本咒语发音不同等问题，但药师咒的基本框架是相同的，即皆由皈敬辞与咒文本体两部分组成。由此可见，药师咒在历史上至少有两种以上的不同梵本在流传，而古印度吠陀医典《八支心要集》和《八支集》的作者及成书年代都早于藏译《增圣如来定力琉璃光陀罗尼》和汉译《药师经》，而且在唐代义净以前所译的《药师经》中都不包括药师咒，因此义净汉译《药师经》中的药师咒，很可能是后来增补进去的。而吠陀医典中的药师咒保存着较早的原型，或许佛教经典中的药师咒很可能来源于吠陀医典。

此外，日本创价大学的辛岛静志的《试论梵语“chattra”、汉语“刹”、朝鲜语“tjer”以及日语“tera”之关系》（《佛学研究》第1期）一文，对汉语“刹”的来源进行考察，认为汉字“刹”在佛教传入中国之前的文献中从未出现过。像“塔”（专门为了音译犍陀罗语 thuba 或 thuva［梵语 stūpa］而造出的汉字）、“魔”（Māra）、“鬘”（mālā）等字一样，“刹”是专门为了音译印度梵语 kṣetra 而造出的汉字。kṣetra（刹）原义为“田地”，但为什么有寺院的意思呢？比如“名刹”“古刹”“巨刹”“金刹”“佛刹”“梵刹”“禅刹”等词中的“刹”皆指“寺院”。经作者考察，由梵语翻译成“刹”的词源，其实有两个，除 kṣetra 外，还有一个是 chattra，chattra 在中亚语言中经常变音为 kṣatra，如中亚出土的《金光明经》梵文残片中就有这样的例子。而 chattra 的原意是伞盖，古代印度佛教徒常在佛塔上挂有伞盖，以表尊敬。传到中国后，佛塔上的这种“刹（chattra）”就成为寺院的重要标志，故大寺院被称为“名刹”“巨刹”“梵刹”等，后来人们逐渐忘却“刹（chattra）”原指伞盖的含义，而把它等同于寺院的意思。由此该文认为朝鲜语的 tjer（寺）和日语的 tera（寺）也都是来源于汉语的“刹（chattra）”，对有些学者认为它们可能来源于阿拉米语 dayrā 的杜撰或来源于梵语 cetiyaṃ（支提，意为灵庙、祠堂）的臆测进行了批驳。

政治法律

一、政治研究

2017年涉藏政治研究整体上取得了很大程度的进展。第一，围绕党的十九大胜利召开以及习近平新时代中国特色社会主义思想的提出并成为党和国家的指导思想，对以习近平同志为核心的党中央在十八大以来提出的一系列涉藏战略思想和治藏方略的内涵、制定背景、对西藏工作的指导意义等研究取得重大进展。第二，关于西藏和涉藏工作重点省治理体系和治理能力现代化研究更加全面和多样，其中关于西藏和涉藏工作重点省公共服务能力提升、全面深化改革以及强化基层建设和党建工作是突出重点。第三，治藏政策研究有了全面进步，无论对历史上的中央政府治藏政策还是对改革开放以来中央治藏方略的研究均呈现不断深化的局面。第四，涉藏反分裂和社会稳定问题研究更加呈现学理化发展的特点，出现更多研究西藏和涉藏工作重点省社会稳定深层次规律的学术成果。第五，涉藏外事研究呈现较快发展态势，不仅更加注重研究国外对西藏的政策、态度、认知，而且更加关注西藏自身如何借助“一带一路”倡议提升自身在世界中的站位，彰显了西藏更加开放和自信的心态。第六，涉藏军事研究有了一定进展，出现一批分析历史上藏族地区军事制度、军事思想和重要战役的优秀成果。

（一）习近平总书记关于西藏工作的重要论述研究

2017年党的十九大胜利召开，提出习近平新时代中国特色社会主义思想这一党在新时代的指导思想。在党的十九大召开前后，藏学界对于习近平总书记关于西藏工作和治藏方略的研究呈现快速增长态势。这类研究的重点有两个：一是对以习近平同志为核心的党中央提出的宏观治藏方略的研究，特别是对习近平总书记“治边稳藏”重要战略思想的研究；二是对习近平总书记具体治藏原则和政策，如宗教治理、经济社会发展思想的研究。

毛奇《“治边稳藏”重要战略思想的哲学底蕴》（《西藏发展论坛》第2期）对党的十八大以来，以习近平同志为核心的党中央提出的“治边稳藏”重要战略思想进行了底层哲理剖析，分析了这一战略思想所蕴含的马克思主义哲学底蕴。该文提出，“治边稳藏”思想是在回应中华民族伟大复兴的现实需要中，解答了在新的历史条件下如何进一步推进西藏经济社会发展的时代性课题，充分体现了这一重要战略思想与现实紧密结合的理论自觉。它在“面向人民”的人文关怀和价值向度中，详细阐述了“为了谁，依靠谁，服务谁”的价值追求，把西藏工作定义为具有共同主体性的实践活动。它在立足发展中体现着马克思主义与时俱进的理论品格，是人民性、科学性、发展性、实践性相统一的重要战略思想，对西藏经济社会发展给予了实践总体性意义的理论范导。

王少明、普布次仁《论习近平“治国必治边、治边先稳藏”战略思想的科学内涵与重大意义》（《西藏大学学报》哲社版第4期）对习近平总书记提出的“治边稳藏”思想的内涵进行了分析，认为“治”是治理，而非统治；“边”是边疆，不仅包含地理意义，也隐喻关系对照；“稳”是稳定，是治理的表现而非治理的唯一目的。“治国必治边、治边先稳藏”战略思想的基本内涵可表述为：治理国家必须要治理边疆，治理边疆首先要治理西藏，治理西藏首先要确保西藏稳定，要在国家治理的视野和框架下做好西藏稳定工作。该文还论述了“治边稳藏”思想的重大理论和现实意义，提出这一思想是马克思主义国家学说的当代发展，是中国边疆治理思想的继承和创新，是推进国家治理体系和治理能力现代化的重大理论成果，是实现中华民族伟大复兴的新理念新思想新战略，也是指导西藏社会治理的重要遵循。

王海涛《全面把握习近平总书记“治边稳藏”重要战略思想》（《西藏发展论坛》第3期）研究了习近平总书记“治边稳藏”思想的时代背景、决定因素、科学内涵以及贯彻落实的策略思考。该文认为，“两个一百年”奋斗目标和全面建成小康社会宏伟蓝图是习近平总书记提出“治边稳藏”思想的时代背景，西藏特殊的地理位置、民族结构、社会矛盾特点以及习近平总书记对西藏工作的长期思考共同决定了“治边稳藏”思想的提出。该文提出，“治边稳藏”思想关键在“稳”，主要是社会局势、各族人心、干部队伍和边境地区的稳定。该文对如何贯彻落实“治边稳藏”思想进行了论述，提出应进一步提高认识、统一思想，细化措施、统一行动，健全机制、强化行动，落实政策、凝聚人心。

杨力源《习近平治藏方略的生成逻辑》（《西北民族大学学报》哲社版第4期）研究了习近平总书记治藏方略的历史逻辑、理论逻辑和现实逻辑。该文认为，和平解放以来党的西藏工作实践构成了当前治藏方略的历史逻辑，历代中央领导集体的治藏方略构成了习近平治藏方略的理论逻辑基础。习近平治藏方略涵盖六方面内容，即西藏工作的领导核心与基本制度保障、西藏工作的重大战略与重要原则、西藏面临的主要矛盾与特殊矛盾以及解决的方式、维护西藏稳定的方针政策、加快西藏发展的方针政策、巩固党在西藏的执政基础。该文还提出，习近平治藏方略的现实逻辑是回应西藏实际问题、关切干部群众利益的现实方案。

张兴堂《论习近平宗教工作思想在西藏的实践》（《西藏大学学报》社科版第2期）研究了习近平宗教工作思想产生、发展的历程以及对西藏宗教工作实践的指导意义。该文回顾了习近平总书记从担任福建省省长到召开全国宗教工作会议期间对宗教工作的论述，分析了其宗教工作思想一以贯之又逐步深化的历程，分析了深刻领会习近平宗教工作思想的重要性以及认识在西藏做好宗教工作的特殊重要性，认为宗教工作事关国家安全和边疆稳定、事关群众利益、事关西藏全面建成小康社会的大局。在此基础上，该文分析了确保西藏宗教工作正确发展方向的整体思路，即必须坚持宗教事务管理法治化原则、独立自主自办原则、政教分离原则、藏传佛教的中国化方向、揭露十四世达赖集团反宗教的本质，坚持党对宗教工作的领导。

卢怀科《习近平富民兴藏重要原则的理论内涵与实践思考》（《西藏发展论坛》第6期）研究了习近平总书记提出的“富民兴藏”重要原则的科学含义以及如何践行这一原则的有关思考。该文认为，“富民兴藏”重要原则是习近平治藏方略的重要内容，对谱写中国梦西藏篇章，实现西藏全面建成小康社会目标、维护祖国统一和民族团结、确保西藏长治久安和国家安全都具有重要现实意义。“富民兴藏”本质上体现了“以人民为中心”的发展理念，即尊重人民的主体地位、发挥人民首创精神、维护人民群众合法利益。该文提出，在实践中落实“富民兴藏”重要原则，关键要发挥干部的主体作用，即在宏观层面完善设计富民兴藏的经济发展路线、在中观层面有序推进精准扶贫以及开展“四讲四爱”主题教育实践活动、在微观层面践行群众路线工作方法。

（二）治理体系和治理能力现代化研究

2017 年关于西藏和涉藏工作重点省治理体系和治理能力现代化的研究取得了稳步进展。这部分研究重点主要有三个方面：一是西藏和涉藏工作重点省治理现代化的理论探讨，即从顶层设计的角度论述如何推进治理现代化；二是对西藏和涉藏工作重点省治理中各项技术性体制的探讨，如对西藏“放管服”改革、监管和容错体制的研究；三是对基层治理的探讨，主要围绕推进基层组织和政权建设、强基固本展开。

郑洲《西藏基本公共服务能力提升与民生改善研究》（社会科学文献出版社）采用一般与特殊相结合、文献研究与实地调查相结合、比较分析、系统分析、个案分析等研究方法，对西藏基本公共服务能力提升的理论框架、现状、提升路径等进行了系统论述。该书重点论述了四个领域的公共服务现状及存在的问题，及基础教育、医疗卫生、公共就业、社会保障。该书分析了提升西藏基本公共服务能力的一般性路径，包括加大中央财政支持力度、加大对口援藏帮扶力度、加强政府能力建设、加强管理制度设计创新等。

熊英《西藏政府治理能力现代化问题的思考》（《西藏发展论坛》第 6 期）对推进西藏治理体系和治理能力现代化面临的挑战和应对的思路进行了研究。该文认为，西藏治理体系和治理能力现代化工作面临处理一系列关系的挑战，如处理稳定、发展与民生之间的关系，政府与市场、社会的关系，“放管服”之间的关系等。该文据此提出提升西藏治理体系和治理能力的举措，包括理顺政府与市场的关系、政府与社会的关系，更好发挥政府宏观调控作用，处理好“放管服”的关系，以政府职能转变为重点推进行政体制改革，加强政府“大数据”信息化建设，推进政府决策咨询监督的科学化、民主化和法治化，依法治藏等。

王向文《嵌入能力：一个民族地区社会政治稳定的研究框架——以西藏自治区为例》（《西藏大学学报》社科版第 2 期）从提升国家治理体系和治理能力现代化的角度研究了维护西藏社会稳定的路径。该文提出了嵌入能力的研究框架，阐释了嵌入能力的内涵、维度与逻辑，从认知嵌入能力、文化嵌入能力、结构嵌入能力和政治嵌入能力四个维度对西藏实践进行了梳理和总结，认为西藏社会政治稳定的治理效果在社会认同、关系建构与治理体系现代化三个层面得到了体现，基于能力建设主体分析了影响稳定的应嵌、脱嵌与反嵌问题。

王彦智《“放管服”改革中提高西藏（地）市县（区）政府承接能力的思考》（《西藏民族大学学报》哲社版第5期）研究了西藏“放管服”改革面临的问题以及应对的思路。该文提出，西藏“放管服”改革中出现的主要问题是下级政府承接能力不足，且越往下承接能力越不足。具体体现在地市和县区政府权力清单和责任清单有待进一步审核完善、地市行政审批事项取消下放力度不够和不到位问题依然突出、地市和县区政府承接上级下放的审批事项存在困惑、一些新的监管难题逐渐出现。该文据此提出应着力推动地市和县区政府的承接能力有序提升。一是“放管服”改革需要与“四个全面”改革创新协调推进，二是西藏自治区审改办需要对“放管服”改革进行整体设计和操作流程设计，三是西藏自治区政府需要为地市县区的有效承接提供人财物资源的保障，四是应加强县乡基层政府建设，增强基层政府的公共服务功能。

陈敦山《试论西藏建立容错纠错机制的必要性及措施》（《西藏民族大学学报》哲社版第5期）分析了在西藏建立针对管理干部责任担当的容错和纠错机制的重要意义以及建立的思路举措。该文认为，党的十八大后随着干部管理工作日趋严谨，在党风政风日渐好转的同时，西藏也出现了一定范围的干部不愿担当和任事的现象。为扭转这种倾向，该文认为应探索建立针对管理干部的容错纠错机制。建立容错纠错机制是促进西藏经济社会发展的需要，是西藏管理干部队伍建设的需要，是保护西藏干部个人权益的需要。该文还分析了建立容错纠错机制的思路，如要明确区分可容之错和必究之罪，要建立较完善的容错纠错机制，特别是明确容错纠错的主体部门、畅通申诉渠道、明确相关程序、做到公开透明，同时也要营造良好的舆论氛围。

邱泽奇、许英康《“双联户”：西藏自治区基层组织形式的创新》（《中央社会主义学院学报》第1期）从基层组织发展的角度对西藏全区实行的“双联户”体制进行了研究。该文认为，“双联户”实际上是一种行政力量对基层社会的再组织和再接入，其目的是打通从基层政府到群众个人的一切关口。同时它把原来单纯依靠党政力量的单向管理转变为各种社会力量和普通民众共同参与的齐抓共管，把原来各种具体案例发生后的被动应对转变为主动介入、主动治理。“双联户”制度的产生源于中国“压力型体制”的下行驱动以及西藏独特的政治经济环境，其根本目标是组织重心下移以更好维护稳定、整合资源促进当地经济发展以及在稳定和发展基础上实现社会和谐。

次白《加强西藏寺庙管理委员会党建工作的几点思考》(《西藏发展论坛》第4期)分析了当前西藏寺管会党建工作存在的问题及应对思路。该文认为,当前西藏广大寺庙管理委员会党建工作普遍存在党员干部人数少以及无专职党务工作人员、党建工作制度和覆盖面有待完善、党组织生活不足等问题。并提出进一步推动寺管会党建工作的思路举措,包括坚定理想信念、扎实推进工作作风、完善相关制度、依法做好宗教工作、正确处理发展和稳定的关系、加强党员干部自身素质建设、关心爱护驻寺干部等。

陆豪、曹素芳《农村基层民主选举参与效果的影响因素与对策分析——以西藏林芝市朗县第八届村委会选举为例》(《西藏发展论坛》第4期)通过分析西藏林芝市朗县52个村委会共8届换届选举的官方资料和问卷调查数据,研究了西藏农村基层民主选举的现状、存在的问题、影响现状的因素以及相应的对策思路。该文认为,朗县农牧民高度认可换届选举,并积极参加选举活动,候选人的得票率普遍较高。然而在“多高”的背后却存在委托投票、被动式参与现象。深入调查发现,组织鼓动下的动员参与、农牧民的成本收益权衡、政治觉悟以及村庄整合与虫草纠纷等因素都会影响农牧民的政治参与效果。因此,有必要从端正宣传动机、提高农牧民政治参与意识、发挥乡村“精英”作用、宗教文化的引导功能、农牧民对村庄的认同感等方面完善基层民主选举工作。

王文令《西藏非公经济党建工作研究》(《西藏发展论坛》第6期)论述了西藏非公经济党建工作加强的必要性、现状、存在的问题以及相关应对思路。该文提出,西藏非公经济党建工作近年来取得了良好成效,但也存在党建工作开展缓慢、非公经济组织对建立党组织认识不到位、非公经济党组织建立难度较大、流动党员管理存在困难等问题。该文进一步提出,应合理有效建立非公经济党组织、加大非公党建工作宣传力度、加大非公党建工作投入力度、积极推进党员发展、加强党务工作者队伍建设、结合各地实际推进党组织建设等。

(三)治藏政策研究

治藏政策研究一如既往是涉藏政治研究中的重要组成部分。这部分研究主要围绕三方面内容展开,一是历史上历代中央王朝和中央政府的治理政策;二是各个重要历史时期中国共产党的涉藏政策和治理政策,其中和平解放、民主改革等时期的治理政策是探讨重点;三是改革开放以来中国共产党的治藏方略。

张云《元代吐蕃地方行政体制研究》（商务印书馆）系统研究了元代治理西藏的各项体制和政策。该书首先分析了元代治理西藏的权力基础，指出元代中央政府利用三股势力制约西藏地方行政，分别是分封与出镇的宗王、八思巴及历任帝师、恰那朵儿只与白兰王。介绍了元朝治理西藏的各级机构，包括中央政府层面的总制院、都功德使司、宣政院，以及地方层面的乌思藏宣慰司、乌斯藏地区十三万户、吐蕃等处宣慰司以及吐蕃等路宣慰司。此外，元朝中央政府还利用与各藏族地区相连的一些地区行政机构对西藏发挥影响，包括北庭都元帅府、甘肃、陕西、四川、云南行中书省。该书指出，元代是藏族历史发展上的一个重要阶段，西藏地方结束了四百余年的混战与分裂，正式纳入中央政府的直接行政管辖之下，成为元代中国行政版图不可分割的一部分。

李文萍《元明中央政府治藏宗教政策不同特点成因探析》（《西藏研究》第3期）通过比较元明两代治藏宗教政策的异同，探讨了通过宗教有效治理西藏的规律性认识。该文认为，西藏自元朝正式纳入中央政府直接管辖后，元明两朝中央政府都十分重视对这一地区的治理，特别在治藏宗教政策上，呈现出既有共性、又个性分明的特点。元朝主要采取“独依一派”“政教合一”的政策，而明朝则更多采纳“多封众建”“政教区分”的治藏宗教政策。该文提出，造成这种宗教政策不同的原因主要在于不同统治民族和统治思想造成的差异、边疆不同民族局势形成的差异、对藏传佛教作用的不同理解形成的差异。该文认为，元明两朝治藏宗教政策貌似背道而驰，但其结果却是殊途同归，实现了两代中央王朝对西藏地方的有效治理。

巴桑《历代中央政府治藏方略解析——以西藏地方摄政制度为例》（《西藏大学学报》社科版第2期）研究了西藏地方政府摄政制度的起源、内涵和主要作用。该文认为，西藏的摄政制度开始于第七世达赖喇嘛圆寂后。出现摄政制度的主要历史背景是清朝中央政府通过《二十九条章程》，确立了西藏政教合一的制度。该文指出，摄政的产生需要经过一系列程序，其中最为关键的是两个，即经噶伦推荐，驻藏大臣与噶伦协商，由驻藏大臣报中央政府以及皇帝亲自下发谕旨认定。这充分证明了中央政府对西藏拥有的主权。该文认为，摄政制度是西藏政教合一制度的有效辅助手段，对僧俗贵族权力起到了制衡作用；摄政制度有利于西藏地方政教事务的正常运行；历史证明摄政制度下产生的摄政绝大多数都是爱国爱教、切实维护祖国统一的。

周燕《危机与契机：清朝初期治藏政策演进动因探析》（《西藏大学学报》

社科版第4期）对清初治藏政策的演变及其原因进行了分析。该文提出，清朝初期治藏政策的演进往往与西藏重大危机相伴而生，如皇太极顺治时期西藏政教冲突催生清朝统一西藏、康熙时期蒙藏贵族冲突促进中央政府的间接通知、雍正时期西藏内乱推动治藏政策不断深化、雍正时期西藏内部叛乱和外敌入侵推动中央政府治理西藏体制的最终成型。该文认为，清朝迅速完成了治藏政策的成熟，原因在于清王朝的大一统观念突破了传统华夷观，更加注重对边疆的治理；清王朝对待危机的态度积极，并注重善后治理；清王朝善于调整治藏政策，注重兼顾西藏地方势力的利益。

次旦扎西、顿拉《试析民国中央政府管理西藏宗教事务基本经验》（《西藏研究》第3期）从宗教角度分析了民国中央政府管理西藏地方事务的主要政策。该文认为，民国中央政府为积极管理西藏各项事务，设置了蒙藏委员会；建立健全法规，通过加强藏传佛教事务管理，积极维护国家主权；尊崇九世班禅，积极恢复中央和西藏地方正常关系；妥善进行寻访十三世达赖喇嘛、九世班禅转世灵童的工作，维护中央政府权威；筹划推行西藏政教分离的改革目标，积极谋划“内政统一”的政治理想。该文指出，上述各项措施为维护主权、固边稳藏起到了一定作用，但由于国民政府未从根本上改变怀柔羁縻的传统，对西藏社会的现代化改造难以实现。

王少明、普布次仁《论以毛泽东同志为核心的第一代中央领导集体对中国共产党治藏方略形成的历史贡献》（《西藏研究》第6期）分析了中国共产党治藏方略的理论和政策源头。该文认为，以毛泽东同志为核心的第一代中央领导集体在西藏工作中，始终坚持中国共产党的领导，走社会主义道路，开创性实行民族区域自治，发展经济、改善民生，全面正确贯彻党的民族政策和宗教政策，巩固发展最广泛的爱国统一战线，注重加强民族干部队伍建设。这些举措是中国共产党治藏方略的理论来源和实践基础，为中国共产党治藏方略的形成提供了路径方向，经过了实践和历史检验的重要借鉴，必须始终予以牢牢坚持。

徐百永《中国共产党有关西藏政教制度的认知与政策研究》（《中国边疆史地研究》第4期）对中国共产党针对西藏政教制度的认知过程进行了历史考察，论述了西藏和平解放后中央政府与西藏地方统治阶层在政教合一制度存废问题上的博弈，以及最终实行民主改革，推行政教分离，建立西藏自治区的历史过程。该文认为，中国共产党对于西藏及涉藏工作重点省政教制度的了解和认知经历了一个长期的过程。在早期有关西藏的主张，一般是与新疆、蒙古相提并论。随着中国共产党影响范围的逐渐扩大和解放战争的不断推进，其对西藏政教制度的认知逐渐深化，所制订的政策也逐渐定格于推行政教分离，改变西藏政教合一制度，实行民族区域自治。

朱晓明《西藏改革开放的历史进程和实践特色》（《西部发展研究》第1期）将西藏改革开放纳入历史发展的长过程和全国改革开放的大背景之中，判定历史方位，勾勒实践进程，梳理时间特色，展望发展前景，从而为理解和把握西藏社会变迁发展的规律和走向提供指引。该文从西藏地方历史“三个高潮”“两个低谷”的视角，和西藏地方当代史“四个时期”“两大跨越”的视角，努力把握当代西藏所处的历史方位，并将西藏改革开放的历史进程和实践特色概括为“六个阶段”“两条线索”。该文以制约西藏发展的两个重要因素，即基础设施和人才建设所取得的改善和进步为切入点，论述西藏已站在新的历史起点上。

李玲艳《从援藏到建藏：入藏人才结构变迁》（《西北民族大学学报》哲社版第6期）分析了从1951年西藏和平解放以来到第六次西藏工作座谈会期间的干部建藏援藏工作。该文认为，既有的干部援藏模式存在一些突出的问题，包括援藏工作软硬件结合存在问题、民生问题难以根本性改善、西藏实用技术和管理水平难以得到真正提高。存在这些问题的原因在于西藏人口数量和质量都发生了根本性改变、西藏市场化过程中的人才流失问题、西藏教育体制中存在的宗教残余影响、现行干部援藏体制不利于人才向基层流动。据此，该文提出应吸纳志愿者办好基础教育、加大双语人才援藏力度、统筹软硬援藏资源、通过行政和市场双轨制配置援藏人才、加大对民生工作的智力和人才投入、增加科技干部援藏比重等。

徐志民《当代中国的长期建藏思想》（《中国社会科学》第7期）论述了西藏和平解放以来中央政府关于长期建藏的一系列思想和政策主张。该文认为，西藏和平解放以来，以毛泽东为核心的中央领导集体，将马克思主义的民族理论与中国西藏的具体实际相结合，逐渐确立了扎根西藏、边疆为家的长期建藏思想。改革开放后，随着国际国内形势的变化，中央提出“加快西藏发展”、推进西藏“跨越式发展”，逐渐探索出了“分片负责、对口支援、定期轮换”的对口援藏办法，这既是对长期建藏思想的丰富与补充，也是实现长期建藏目标的重要方式和途径。十八大以来，习近平总书记总结了60多年来党的治藏方略，提出西藏工作必须坚持“依法治藏、富民兴藏、长期建藏、凝聚人心、夯实基础”的重要原则，赋予长期建藏思想新的历史定位和时代含义。

喻永庆《我国内地西藏班（校）政策创办动因考察》（《西藏研究》第4期）对在内地建立西藏班（校）的历史和现实原因进行了分析考察。该文认为，我国有着长期在内地为边疆少数民族人员建立专门学校的传统，从唐朝以至民国，历代中央政府都采取了相关政策。该文提出，新中国成立以来中央人民政府在内地创建西藏班（校）主要基于政治、经济、文化教育等多方面动因，即在政治上维护祖国统一和边疆稳定、经济上培养亟须的各类技术人才、在教育水平上缩小边疆与内地的巨大差距。该文重点回顾了改革开放以来中央政府推动在内地创办和发展西藏班（校）的政策历程，分析了这些机构在促进西藏政治、经济、文化教育等方面作出的重大贡献。

郎维伟、赵书彬《中央治藏新方略研究述论》（《西藏研究》第4期）对目前学术界关于“依法治藏、富民兴藏、长期建藏、凝聚人心、夯实基础”重要原则的研究进行了整体梳理和评论。该文将相关研究分为关于治藏新方略形成的研究、治藏新方略发布前的研究、治藏新方略发布后的相关研究三类，并分别进行论述。该文提出，治藏新方略是从实践中总结出来的做好西藏工作的规律性认识，这些认识的理论意涵和依据需有系统的阐释，这是在今后的研究中还应不断总结和完善的研究选题。

（四）涉藏反分裂和社会稳定研究

近年来，随着西藏和涉藏工作重点省反分裂与维护社会稳定工作不断深化，长治久安局面不断得到巩固，对于西藏和涉藏工作重点省社会稳定问题研究中的短期性、应急性研究逐渐减少，对西藏和涉藏工作重点省社会稳定规律特别是对影响社会稳定深层次矛盾和因素的研究逐渐增多。

陈航行、刘伟光《2017年上半年涉藏网络舆情热点问题分析与发展态势研判》（《西藏民族大学学报》哲社版第5期）通过对国内中央级和自治区级涉藏媒体以及境外涉藏反华媒体的宣传报道进行分析，梳理了近期涉藏网络舆情热点的基本问题，对下一阶段涉藏舆情可能出现的热点进行预判，并分析进一步加强涉藏舆情引导可采取的策略和手段。该文认为，2017年上半年涉藏网络舆情热点集中在重要时政信息、与十四世达赖集团斗争、藏族地区民生问题、宗教事务和民俗文化、涉藏名人故事、境外藏胞生活状况、医疗卫生等组团式援藏项目等方面。针对涉藏舆情引导，该文提出，应了解新媒体传播特征，加强网络移动端和镜像技术监控，形成快速联动处置机制；尊重新闻传播规律，宗教问题报道逐步“脱敏”，重视新闻传播“两面说”的免疫效果；注意事实信息和意见信息的分离，保持客观冷静的理性；采取切实措施解决“隐藏在热点事件背后的现实问题”；建立涉藏网络舆情协同治理中心，实行网络舆情引导和社会治理的人机结合机制。

马成俊、羊中太、傅利平《藏区社会稳定的影响因素、评估维度与治理机制创新研究》（《西南民族大学学报》人文社科版第1期）通过梳理影响西藏和涉藏工作重点省社会稳定的诸项要素，创新发展社会治理所必需的地方性知识框架，倡导社会治理以传统社区为平台，由此探索维护社会稳定的治理途径。该文认为，影响西藏和涉藏工作重点省社会稳定的要素主要有宗教因素、文化因素、经济因素、公共服务因素、草山纠纷问题、教育与就业问题等。分析西藏和涉藏工作重点省社会治理需要将社区治理、藏传佛教文化和民族区域自治制度完善纳入综合考虑。该文据此提出，提升西藏和涉藏工作重点省社会治理水平应充分发挥地方政府的社会治理职能、设计以核心价值体系引导社区治理的制度框架、激发传统社会融入社会治理的整个环节之中。

马燕《当代青藏地区民族和谐交往与社会稳定之建构》（《青海师范大学学报》哲社版第4期）分析了当前青海和西藏地区民族关系中存在的影响社会稳定的因素，并提出应对思路。该文认为，青藏地区民族关系发展中有一些突出问题，突出表现为新时期民族意识的增强对民族关系产生消极影响、民族之间经济纠纷呈现多发趋势、宗教信仰影响民族关系、生态环境恶化和生态移民安置引发新问题、历史遗留问题造成一些民族隔阂、城镇化进程使民族关系更加复杂。该文提出，应着力加强一些工作的力度，以应对民族关系中出现的负面现象，如继续坚持和完善民族区域自治制度，加强青藏地区相关立法工作，促进民族团结；注重引导个体民族意识与民族国家整体政治认同感的协调与整合；在社会各个层面树立正确的民族观；依法加强宗教事务管理。

（五）涉藏外事研究

伴随国家整体对外开放水平的进一步提升以及西藏持续的发展稳定和改革开放，2017 年涉藏外事研究出现较大程度的推进，在各个分支领域都出现不少有深度的研究成果。涉藏外事研究主要围绕五方面开展：一是国外涉藏政策研究，主要是美国、印度等主要涉藏国家的相关政策；二是中国的涉藏周边外交研究，主要是中国与南亚国家关系中的涉藏因素研究；三是国外涉藏舆论斗争态势研究，主要是对国外主流媒体涉藏宣传报道的讨论；四是国外特别是西方人的西藏观研究，主要涉及西方人对西藏错误知觉及其来源；五是西藏主动对接“一带一路”相关研究。

温强《美国策划联合国首份涉藏决议过程中的印度因素》（《美国研究》第5期）以联合国首份涉藏决议的出台经过为例，将“西藏问题”置于中美印三边关系中进行考察。该文认为，印度在20世纪50年代中美关于“西藏问题”的博弈中发挥了一定的缓冲作用，而“西藏问题”也最终成为美国打入中印关系中的一个楔子。1959年西藏发生叛乱后，美国重新开始在联合国大会中推动涉藏决议的通过。为了顾及印度的态度，美国没有再决议中置入主权议题，而是以人权话语为主。该文指出，美国借此达到了一箭三雕的目的：树立起美国捍卫人权、自决权的形象；诋毁中国声誉，强化对华遏制孤立；在中印之间打入制造矛盾的楔子。这份决议是冷战时期影响中美印三国关系演变，以及西藏问题被国际化过程中的关键一环。

周振《毛泽东与“珠峰”归属问题的解决》（《西藏民族大学学报》哲社版第3期）从中国和尼泊尔边界谈判中关于珠穆朗玛峰归属问题的解决入手，分析了第一代中央领导集体的涉藏涉边政策以及周边外交方针。该文指出，珠峰归属问题涉及中尼两国民众的感情，是中尼边界谈判中最为复杂的问题。以毛泽东为代表的中国领导人为此付出大量精力，促使这一问题圆满解决。该文认为，珠峰归属问题的解决，体现了以毛泽东为代表的中国领导人的政治智慧，是中国一向倡导的通过和平谈判解决历史遗留问题的典范，是毛泽东心系西藏的情感体现，为中尼友好关系以至南亚的整体稳定提供了保障。

韩磊、郭永虎《近代英国媒体视野下英俄在西藏的“大博弈”——以〈泰晤士报〉为例》（《西南边疆民族研究》第22辑）通过梳理19世纪末、20世纪初英国《泰晤士报》对于俄国向西藏派遣“科学考察团”、德尔智使团访俄、英国第二次侵藏期间与俄国的博弈等一系列涉藏时间，研究了《泰晤士报》的涉藏立场。该文认为，英国将西藏看作势力范围，对俄国企图染指西藏保持高度戒惧。这一时期《泰晤士报》的涉藏报道并没有体现客观独立公正原则，相反为英国政府出谋划策、积极引导国内舆论、充当政府喉舌，体现鲜明的国家主义特点，其为英国国家利益服务的保守新闻价值观显而易见。

韩青玉《〈纽约时报〉涉藏新闻采写研究》（《新闻研究导刊》第17期）通过对《纽约时报》近30年来涉藏新闻稿源和稿源地进行分析，论证了《纽约时报》在涉藏新闻采写上的非专业性和非客观性，进而论证其涉藏新闻报道偏见的来源。该文认为，《纽约时报》近30年的稿源地主要是在美国，尤其是编辑部所在地；即使是发自中国的报道，稿源地也主要是北京，而非西藏和涉藏工作重点省。从信息来源看，大部分报道采纳的是海外支持“藏独”人士的来信，而非实地走访所得。该文指出，《纽约时报》这种“闭门造新闻”的不专业做法，致使涉藏误读消息一再播发，西方民众因而也难以看到西藏的真实面貌，大量歪曲西藏的消息致使民众对西藏的误读不断固化。

张皓《〈泰晤士报〉对中国西藏和平解放进程的关注和态度》（《青海民族研究》第2期）通过对《泰晤士报》在西藏和平解放前后的一系列报道进行分析，从侧面揭示了这一时期英国主流社会对于西藏和平解放以及中国人民解放军进军西藏等一系列历史事件的看法。该文提出，《泰晤士报》的报道态度分为三个阶段：一是昌都战役之前，关注西藏法律地位，声称西藏是“自治”的，指责人民解放军进军为“侵略”。二是昌都战役发起后，关注人民解放军进军、谈判举行和《十七条协议》的签订与实施。三是中央政府与西藏地方政府代表开始谈判后，支持西藏地方政府派遣代表赴京谈判，“条件是西藏自治得到尊重”。但是，不愿意看到中国共产党顺利恢复了治藏主权，因而宣称《十七条协议》是强加的。这一切反映了《泰晤士报》作为曾经是日不落帝国英国的主要喉舌在中国历史发展必然趋势面前的无可奈何。

杜永彬《当代美国藏学研究评论——以洛培兹为例》（《国外藏学研究集刊》第1辑）研究了美国当代藏学家唐纳德·洛培兹的学术经历及其对藏传佛教和更敦群培的研究。论述了二战结束以来美国藏学的整体发展历程，从地理方位的角度回顾了美国藏学整体发展变化情况。该文重点分析了洛培兹的佛教、藏传佛教研究以及更敦群培研究，对其藏传佛教研究成果进行述评，并从国内外更敦群培研究的进展、洛培兹与更敦群培结缘、洛培兹对更敦群培作品的翻译和研究三个视角分析了其对更敦群培研究的成果。该文认为，洛培兹的学术研究不仅奠定了密歇根大学在美国藏学界的地位，而且推动了美国藏学整体发展以及中美学术交流。

韩青玉《西藏涉藏“误读”现象解析》（《西藏民族大学学报》哲社版第1期）研究了西方社会对西藏的“误读”及其成因。该文认为，西方对西藏的“误读”，有“有意”和“无意”之分。大众传媒“物质层面”的技术限制和“人为层面”的“先前经验”和现实“利己因素”作用，导致了西方涉藏“误读”的不可避免性。该文指出，在面对西方对西藏的误读时，国人应避免过于情绪化的表达，而应在对西方涉藏误读现象深入、理性认识的基础上，积极主动发声，用中国的声音向世界讲述“人间”真实的西藏故事，以此消解西方对西藏的“误读”。

韦仁忠、朱金春《西藏融入“一带一路”倡议的定位、认知与路径探讨》（《西藏大学学报》社科版第3期）回顾了中央在“一带一路”倡议中对西藏地位和作用的逐步确立过程，分析了西藏在“一带一路”建设中的优势与短板，在深入调查的基础上梳理和总结了自治区政界、学界与企业界相关人士对西藏融入“一带一路”两个方向上的不同认知，在此基础上提出了推进西藏参与“一带一路”建设的路径。该文指出，西藏作为“我国面向南亚开放的重要通道”，具有中央重视和扶持、区位和资源优势、宗教文化影响力、旅游吸引力等优势，同时也受制于环境和交通制约、邻国消极态度、维稳和反分裂压力、人才瓶颈等短板。该文认为，应将西藏发展定位纳入国家层面；在保证国家安全的前提下扩大口岸对外开放力度；促进西藏文化与域外文化交流互鉴；着力发展西藏跨境旅游。

（六）涉藏军事研究

近年来，随着藏学历史学的整体推进以及藏学史料的不断发掘，关于涉藏军事的研究也有一定程度的发展。2017 年涉藏军事研究主要围绕三方面内容展开，一是历史上藏族地区的军事体制和军事文化；二是历史上藏族地区发生的重要战役；三是红军长征通过藏族地区的经过。

任小波《暗军考——吐蕃王朝军政体制探例》（《中国藏学》第2期）通过研究敦煌、新疆等地出土的藏文文献，分析了暗军这一吐蕃军队中的特殊兵种的内涵和相关问题。该文认为，所谓暗军，应该是指吐蕃军队中的先锋军或奇袭军。暗军由吐蕃军中精锐组成，善于刺探捕获敌情、迅速击溃目标。从民族构成看，暗军中既有藏族部队，也有被吐蕃征服并被编入部落体制的其他部族的兵士。从存在时间看，暗军最早见于673 年的藏文文献，直至吐蕃末期仍然比较活跃。该文提出，研究暗军的历史和构成可以帮助更好地了解吐蕃王朝军政体制的若干细部和断面。

布桑、拉巴次仁《大司徒绛曲坚赞军事思想探析》（《西藏大学学报》社科版第3期）基于对《郎氏家族史》等史料的分析，系统研究了西藏帕竹政权领导人绛曲坚赞的军事思想。该文认为，绛曲坚赞的军事思想可以归纳为修道保法，为不可胜；天下无道，为义而战；以诚动人，分化敌营；战而有果，胜而不美；施行诡诈，以奇制胜；虽求鬼神，更重人事等几方面。该文提出，绛曲坚赞作为西藏历史上伟大的政治家、军事家，他的军事思想对于今天的人们仍有一定的借鉴和启发价值。

赵心愚《清初康区的政治军事格局与世纪之交的“西炉之役”》（《中国藏学》第1期）从清朝康熙时期清军与和硕特蒙古军队在康区东部进行的“西炉战役”为切入点，分析了清初康区的政治军事格局，以及此次战役对清朝治藏政策和治理格局的影响。该文认为，清初和硕特蒙古势力进入康区东部打箭炉一带，引发了清朝中央政府的强烈反应和军事对抗。这次战役在康区历史上规模空前，双方都投入大量兵力。战役的结果为清军大获全胜。该文指出，这次战役使得清朝得以直接治理雅砻江以东的康区，直接改变了康区的政治军事格局。这一格局一直延续至今。

王川、朱晓舟《藏区社会30年代对红军长征的支持及其伟大意义》（《西藏大学学报》社科版第1期）论述了红军长征期间进入藏族地区后采取的一系列政策以及藏族地区群众对红军提供的支持。该文认为，中国共产党及其领导下的中国工农红军在克服艰苦自然环境、粮食物资短缺等困难的同时，广泛开展了对藏族地区社会、僧俗民众的宣传、统战工作，通过建构藏族民众的“认同”以及建立与藏族地区民族宗教上层人士的良好关系，红军得到了藏族地区社会在粮食物资支援、军事力量增强、政权建设推进等三方面的支持。30年代藏族地区社会对红军长征的支持为红军顺利完成长征提供了保障，同时也成功检验了中共的民族政策，并为中国革命的最终胜利打下了坚实的基础。

二、法律研究

2017年涉藏法律研究呈现以下特点：第一，藏族地区传统法制研究有所深化，但整体看仍相对单薄。第二，西藏和涉藏工作重点省现代法治研究成果较多，除通常的立法研究外，增加了一些关于依法治藏辅助性制度的研究。第三，藏族民间法制习俗研究一如既往是涉藏法律研究的重点内容，成果主要集中在对民间法制习俗的现代调适方面。

（一）藏族地区传统法制研究

2017年藏族地区传统法制研究成果数量和质量均有一定提升，研究内容主要是近代藏族地区法律制度和司法实践的分析。

高晓波《近代藏边民间司法职能探析——以甘青藏族聚居区为考察中心》（《青海民族研究》第2期）对近代甘肃、青海藏族地区社会司法主体及其互动关系进行了研究。该文认为，近代甘青藏族地区司法主体包括寺庙、头人和民间力量三种，其中民间力量主要指具有一定社会威望的老人、僧人和活佛等。司法权力在三者之间的配置是一个动态的过程，取决于三者的互动。该文指出，藏边民间主体对司法职能的争夺有着利益的驱动，司法权力的掌握对于司法主体来说能够获得直接的利益。寺院、土司的司法调解是其收入的重要来源。尤其是在社会纠纷调解与处理过程中，这些司法主体获利丰厚。这种利益链条形成了国家与民间司法权力的博弈，国家希望民间组织代行其司法职能，达到社会控制的需要。而鉴于司法权力能够带来直接的经济利益，民间司法主体不会轻易将其司法主权移交给国家，而是通过各种手段，甚至不惜制造各种纠纷案件。

宁珠达美《民国时期西藏宗教法制的政治学研究——以〈喇嘛转世办法〉为例》（《中国藏学》第 1 期）研究了国民政府时期制定的《喇嘛转世办法》及其背后的政治学含义。该文认为，《喇嘛转世办法》的出台有着长期的历史背景，从清朝一直到北洋政府时期，中央政府一直在酝酿。《喇嘛转世办法》作为一项制度设计，背后有着深厚的政治和法律考量，即维护祖国统一、确保中央政府权威，体现法律的普遍性、规范性和严谨性。《喇嘛转世办法》对于维护中央政府和西藏地方政府的关系具有积极的意义，对于涉藏宗教法规的制定具有一定的参考价值。

（二）西藏和涉藏工作重点省现代法治建设研究

在党中央依法治藏重要原则的指引下，关于西藏和涉藏工作重点省现代法治的研究近年来一直保持较快的进展速度。2017 年相关研究重点有三个：一是对进一步贯彻《民族区域自治法》的思考，二是对经济、社会、宗教、环境等具体领域的立法思考，三是对深化依法治藏相关工作的研究。

陈玮、张立群、谢热、李桂娥《〈民族区域自治法〉在青海藏区的实践：基本经验、问题及法治思路》（《青海社会科学》第 1 期）研究了《民族区域自治法》在青海藏族地区的实践经验、存在问题及进一步落实建议。该文认为，《民族区域自治法》充分保障了青海藏族地区少数民族合法权益，促进了经济社会发展和生态建设，但同时也存在重视不够、实施不平衡不一致、结合实际不够紧密、重形式轻落实、配套法规建设不足等问题，这主要由于认识不到位、长期以来经济自治权利和动力不足、一些宗教和社会力量的负面影响、贫困和生态问题的制约。该文据此提出，应加快制定配套规章、健全监督保障机制、加大宣传教育力度，同时应进一步修订《民族区域自治法》、推动一些成熟的经济社会政策法制化、中央加大对青海地方立法的指导。

柳杨《刍议西藏自治区法律援助制度建设》（《西藏大学学报》社科版第3期）探讨了西藏法律援助工作的现状和存在的问题，并提出提升法律援助制度水平的相关建议。该文认为，西藏法律援助工作存在法律援助队伍薄弱、经费短缺、基础设施建设滞后、宣传工作有待深化等问题。该文提出，西藏法律援助工作事关全面依法治国、治边稳藏和依法治藏等重要战略的实施，应站在政治的高度重视法律援助工作，加强机构队伍建设、完善经费保障体制、加强基础设施建设、强化法律援助宣传。

沈桂萍《国家关于藏传佛教事务的法律规制》（《青藏高原论坛》第2期）研究了改革开放后中国各级立法和行政机关关于藏传佛教事务的法律规制。这些法律法规内容涉及藏传佛教团体、寺院、佛事活动、僧人管理等方面。这些法律规制以“政治统一、信教自由、政教分离”为原则，以引导藏传佛教与社会主义社会相适应为目标，以改革传统藏传佛教在藏族地区政治、经济、文化教育等方面的特殊权力为特点，将藏传佛教整合到国家对宗教事务治理的总体框架内，在此基础上，建构藏传佛教与政治、经济、社会、文化教育等方面的新型关系。该文提出，这些制度化建设形塑了今天藏传佛教的面貌。

唐池《西藏冬虫夏草资源法律保护研究》（《西藏民族大学学报》哲社版第4期）研究了通过强化法治的方式保护西藏虫草资源的路径。该文认为，西藏虫草资源开发利用中存在重开发轻保护、乱采滥挖、虫草专项物权法律制度不完善、虫草经济暴利引发社会问题等一系列问题。该文据此提出进一步保护虫草资源相关建议，包括推进冬虫夏草自然资源保护区的建设和管理、完善冬虫夏草资源保护相关立法、挖掘整合西藏自治区民族环境保护法制习俗中的积极因素、强化冬虫夏草资源保护法律法规的执法效果、促进公众守法以及对虫草资源保护的参与热情。

（三）藏族民间法制习俗研究

藏族民间法制习俗研究一直是涉藏法律研究的重头，2017年也基本保持了这一状况，其中研究重点是刑事和民事法制习俗与现代社会的适应性、民间法制习俗与藏族地区社会文化之间的关系。

加央卓玛《藏族“赔命价”习惯法在刑事司法中的作用——以果洛藏族自治州为例》（《青藏高原论坛》第2期）研究了藏族社会“赔命价”法制习

俗的发展、与国家刑事司法的关系以及将“赔命价”法制习俗有效纳入刑事司法体系的思路。该文认为，“赔命价”法制习俗在一些藏族地区具有长期的历史，对当前藏族社会的影响仍然存在。“赔命价”法制习俗与国家刑事司法之间存在一定的冲突，有导致双重司法的可能性。但这一法制习俗的存在有其经济社会和文化的根基，短期内难以彻底消除，且有着方便补偿受害人的优势。因此可考虑将其纳入国家正式司法体系，在司法审判活动中弃其糟粕，正确引导藏族民间法制习俗在当地发挥作用。

青措加、多杰措《藏族婚姻习惯法司法适用研究——以西藏那曲尼玛县为例》（《西藏大学学报》社科版第 2 期）研究了藏族社会有关婚姻的民间法制习俗与国家婚姻法律之间的冲突和融合，提出藏族婚姻法制习俗的司法适用路径。该文认为，藏族民间婚姻法制习俗与国家正式的婚姻法之间同时存在冲突和一致的方面，同时也存在类似一妻多夫这样事实上默许存在的法制习俗。该文提出，民间法制习俗可一定程度上补充国家法的不足，因此为解决双方之间的不一致，提高民间法制习俗的适用，应补充《西藏自治区〈婚姻法〉变通条例》，确保有法可依；区别一妻多夫“离婚”案件，特事特办；保障非婚生子女权利，同时保护妇女隐私权等。

后宏伟《藏族习惯法回潮及其原因探析》（《甘肃政法学院学报》第 4 期）对近年来一些藏族地区民间法制习俗回潮背后的社会文化机理进行了研究。该文认为，近年来学界对藏族民间法制习俗的研究主要关注点在于其回潮之后对藏族地区经济社会发展所产生的实际影响，分析其与国家制定法之间的契合与冲突，在社会转型时期如何通过地方立法吸收其合理成分等方面，而对于其回潮原因深入分析并不多。该文提出，究其回潮原因，与藏族民间法制习俗的历史惯性、藏族地区经营方式转变、社会控制减弱、相关国家机关的迁就，以及群众对传统文化的认同心理、国家制定法的相对陌生和相关国家机关执法和司法行为的不完全信任等直接相关。

南杰·隆英强《青藏高原文化土壤与藏族本土法治文化的关系——从文化土壤与法治文化的关系谈起》（《青海社会科学》第 5 期）论述了藏族社会历史文化传统与本土法治文化之间的关系。该文认为，千百年来，藏民族在青藏高原上珍惜爱护高原生态环境，创造了与高原自然生态环境和谐相处的价值观念、生活方式与民族文化，并创造了与青藏高原文化土壤相适应的藏族习惯法文化。这种法治文化的传承距今为止已有几千年的历史，具有鲜明的特质，而且对社会稳定、经济发展以及规范人们行为等都产生过深刻的影响，尤其对青藏高原自然环境的保护和生态平衡以及尊崇世间一切生命物质方面，发挥了重要的作用。这种本土法治文化为保护和改善生态环境，防治各种环境污染和其他公害，进一步推进中国的生态文明建设，促进经济社会可持续发展与环境资源法治建设事业等方面都将会产生积极意义。

经济社会

2017 年共出版中国藏学之经济社会研究专著 30 余部，较 2016 年略有下降；共发表经济研究论文约 370 篇、社会研究论文约 201 篇，数量上较上年均有大幅增加。

研究人员、研究理论方法基本延续 2016 年的特点。从研究对象来分析，西藏自治区仍是学者关注的主要区域，云南藏族地区研究在过去的一年里发展迅速。从研究内容来分析，依然呈现紧跟国家宏观政策与社会热点的特点，经济部分比较关注西藏融入“一带一路”“孟中印缅经济走廊”建设、打通南亚大通道的理论探索与路径分析、精准扶贫、旅游业、经济转型研究等主题，社会部分持续关注民族与宗教、社会管理、社区研究等主题。

总体来说，2017 年中国藏学之经济社会部分成果丰富，成果质量稳定提升。

一、经济研究

（一）农牧业研究

白玛朗杰主编的《西藏农村发展报告：脱贫攻坚专题》（西藏藏文古籍出版社）一书，总报告 2 篇，专题研究报告、地市研究报告、典型案例报告各 7 篇。其中总报告包括《西藏打赢脱贫攻坚战推进全面建成小康社会》《西藏 2016 年脱贫攻坚首战告捷》，专题研究报告包括《产业精准脱贫政策与实践》

《异地搬迁脱贫政策与实践》《生态补偿脱贫政策与实践》《发展教育脱贫政策与实践》《转移就业脱贫政策与实践》《社会保障脱贫政策与实践》《金融精准扶贫政策与实践》。

于明潇的《草场承包及经营流转过程中的公正——以西藏那曲为例》（中国藏学出版社）一书，主要研究西藏对于草场这种特殊资源在由集体向个人让渡的过程中如何确定分配原则，该分配原则与牧民的习惯法出现冲突时如何调节，实行家庭承包责任制后，牧民如何从事牧业生产，会出现哪些形式的新的草场经营流转方式等问题。该书共9章，主要有草场承载力与草场承包、草场产权制度变迁、那曲及其草场情况简介、草场承包资格、草场承包的分配原则、草场承包后的经营流转方式；结论包括血缘和地缘关系共同决定承包资格，国家法和习惯法相互适应，草场经营流转方式多样，草场承包影响家庭内部生产资料分配。

曹佛宝、狄方耀等人的《西藏特色农产品高端品牌原型形成机制研究——基于供应链视角》（《中国藏学》第1期）一文，认为西藏特色农产品的发展出路在于走高端的品牌化经营。作者以供应链的视角，对西藏农产品的原产地形象、企业产品优良品质形象和商业形象的认知与塑造进行了初步的探讨，指出只有加强消费者对商品典型性的认知，才能形成高端产品形象和高端品牌原型，高端品牌原型反过来会通过类别化影响消费者的商品典型性认知。

邓亚净、方晓玲等人的《西藏环境资源型产业发展路径分析——以白朗县蔬菜产业为例》（《西藏研究》第6期）一文，认为蔬菜产业综合运作了白朗县资源、环境、经济、人口、社会文化等多种因素，成效显著。说明在西藏发展环境资源型产业应立足自身优势资源，以市场为导向，以科技为支撑，开发出具有高原经济特色、环境特色的商品型产业。

参木友、曲广鹏等人的《从帕里牦牛调查数据探讨西藏牦牛产业发展的现状》（《草学》第4期）一文，调查认为帕里牦牛主产区帕里镇主要采用“牧主”式经营模式，牦牛养殖是当地牧民的主要收入来源。分析认为，加快转变生产方式、培育新型牧民、适度控制养殖规模、建立适合产业化经营与发展的牦牛产业链环节是牦牛产业真正发展的突破口。

李文龙、余翠等人的《基于能值生态足迹模型的青藏高原东部高寒牧区可持续发展研究》（《草业学报》第4期）一文，基于能值理论，运用改进的能值生态足迹模型，对2005—2013年甘南州各县、市可持续发展状态进行定量研究。认为9年间，迭部县、玛曲县和碌曲县处于可持续发展状态；夏河县、卓尼县和舟曲县处于不可持续发展状态；合作市和临潭县处于严重不可持续发展状态。

（二）旅游业研究

把多勋、梁旺兵等人的《多元目标体系导向的西北民族地区旅游产业发展模式研究：以甘肃甘南藏族自治州为例》（中国社会科学出版社）一书共十章。认为民族地区单一经济价值引领的民族旅游发展产生了一系列负面效应，导致民族旅游产业与经济社会发展不可持续。试图建立一个引领我国民族旅游发展的新的价值体系和目标体系，反思并评价我国民族地区旅游产业发展的结果及影响，探索满足我国民族地区生态价值、社会价值、文化价值和人的价值同步发展并实现经济价值的民族旅游新型模式、运行机制、路径和实现方式，研究保障这一模式科学和有效运行的宏观政府层次、中观产业层次及微观经济主体层次的体制机制。

杨明洪、刘建霞的《旅游资源规模化开发与农牧民生计方式转换——基于西藏“国际旅游小镇”的案例研究》（《民族学刊》第3期）一文，认为在旅游资源规模化开发下，鲁朗农牧民生计方式转换较大，为此政府采取了保护性措施。但由于政府与当地农牧民的视角不同，在一些政策实施上，当地政府的实施愿望与当地农牧民想法产生了差异，故当地农牧民并不完全认同政府推行的一些政策。

杨涛的《西藏珠峰大本营旅游收益的共享机制研究》（《西藏研究》第3期）一文，认为珠峰大本营形成了行政与市场相结合的收益共享机制，但受金融资本门槛和牦牛数量的制约，贫困群体较难参与到旅游之中。因此，需优化收益共享机制，推进扶贫资本参与到帐篷租赁、牦牛托运、班车司机培训中，完善新建旅游服务设施与珠峰大本营的功能分工和利益关系。

赵剑波、杨雪丰等人的《基于旅行费用法的拉萨市主要旅游点游憩价值评估》（《干旱区资源与环境》第8期）一文，通过问卷调查得出：2014—2015年拉萨市主要旅游点游憩价值为875.67亿元，平均每人每次旅游可享有7766元的游憩价值；认为多目的地旅行的影响在特殊情况下可忽略不计，调查对象选择时也应根据实际情况进行。

向宝惠、曾瑜皙的《三江源国家公园体制试点区生态旅游系统构建与运行机制探讨》（《资源科学》第1期）一文，认为鉴于国家公园资源属性，将社会—生态系统理论运用于试点区生态旅游研究具有合理性与必要性；试点区生态旅游系统由管理、运营、社区参与和公众支持4个子系统有机构成，以实现四维目标；从系统变量间的相互作用关系出发，系统运行机制包含政府主导、分区利用、绿色运营、游客管理、环境教育、社区参与、公众支持7个方面。

李佳、田里等人的《连片特困民族地区旅游精准扶贫机制研究——以四川藏区为例》（《西南民族大学学报》社科版第6期）一文，剖析连片特困民族地区旅游精准扶贫的作用机理，提出了包容性可持续的旅游精准扶贫战略思路，构建包括启动激励、目标导向、参与共享、监测评估的旅游精准扶贫机制体系，明确了四川藏族地区旅游精准扶贫机制的优化方向。

（三）生产要素与企业发展研究

廖云路、汪凡智的《现代化转型下的西藏乡村资源分配研究——一种组织传播的视角》（《西藏大学学报》社科版第2期）一文，基于拉萨市曲水县R村的田野调查，认为组织传播不仅是信息的载体，还是资源分配的方式，对乡村行政、经济和文化等层面的资源分配产生了重要影响；组织传播如何合理配置资源，是西藏乡村社会现代化转型的关键。

张传庆、赵筱丽的《管理团队援藏模式在西藏国企推广的建议——以中国电建公司援助西藏天路公司为例》（《西藏研究》第6期）一文，认为管理团队援藏是央企以高层次管理人才援助方式，为西藏国企管理和发展带去新的管理经验，激发西藏国企活力；应优化管理团队援藏模式，积极推进西藏国企开放合作，全面推动“央企入藏”，创新援藏管理团队考核方式，进一步推进政企分开，为管理团队援藏模式在西藏国企推广创造条件。

于骥、郭超利等人的《西藏引导民间资本投资文化产业研究》（《西藏研究》第4期）一文，认为仅依靠国有资本投资将导致资源低效配置和创新不足等问题，西藏自治区政府应引导和吸引多元化主体投资西藏文化产业，对民间资本投资文化产业给予相关政策支持，优化投融资结构，是有效解决西藏文化产业发展瓶颈的重要途径。

陈书伟、韩丽的《青藏地区世居少数民族就业质量状况及影响因素分析——基于527名世居少数民族成员的调查》（《统计与信息论坛》第8期）一文，从民族特征、宗教信仰界定先赋因素，技能培训、教育提升和信息传播界定后致因素，回归分析了两因素对就业质量的影响。认为青藏地区世居少数民族就业质量总体水平较低，两因素对就业质量的影响总体比较显著；应进一步提高市场化程度，开发符合当地实际的产业，提高教育水平，完善培训机制。

（四）区域经济研究

余波、刘松等人的《基于主成分分析的西藏自治区城镇化空间分布类型》（《华南师范大学学报》自然科学版第6期）一文，认为（1）西藏自治区城镇化内容可归纳为七大主因子："援藏因子""消费因子""农业因子""自然因子""城建因子""二三产业因子""教育因子"。（2）2015年西藏自治区城镇化可划分为"中心地服务型""农牧业生产型""二三产业发展型""援助依赖型""帮扶援建型""自然环境限制型""自然环境依托型"7种类型。（3）西藏自治区城镇化模式不同于全国大部分地区，城镇化建设不能照搬其他地区经验。

高利伟、成升魁等人的《政策对城市餐饮业食物浪费变化特征的影响分析——以拉萨市为例》（《中国食物与营养》第3期）一文，分析政策因素对减少拉萨餐饮业食物浪费的干预效果及影响机制。认为政策因素在很大程度上遏制了餐饮食物浪费，干预效果明显；主要表现在大、中型餐馆，尤其是大型餐馆食物浪费总量、动物食品浪费总量以及植物食品浪费总量均显著下降；小型餐馆干预效果不明显，食物浪费数量与政策出台以前相比甚至有所增加，这可能受到除政策以外其他因素的影响。

刘妤、顾正刚的《新常态下区域物流与区域经济互动关系研究——基于西藏1995—2014年面板数据》（《西藏大学学报》社科版第1期）一文，以西藏1995—2014年货运量、周转量为区域物流能力指标、GDP为区域经济发展水平指标，采用格兰杰因果检验方法分析两者的作用关系，结果表明两者具有双向互动关系。在此基础上构建了多元线性回归模型，实证分析西藏区域物流对区域经济的拉动程度，对西藏现代物流产业发展提出了相应的建议。

樊杰、钟林生等人的《建设第三极国家公园群是西藏落实主体功能区大战略、走绿色发展之路的科学抉择》（《中国科学院院刊》第9期）一文，确定以第三极国家公园群建设规划方案为核心，规划前开展第三极国家公园群自然资源和人文遗产价值、旅游环境容量和山水林田湖系统提升潜力的基础研究，规划后开展第三极国家公园群资源监测技术与运营管理信息平台开发，为把第三极国家公园群建成全球最具影响力和吸引力的国家公园群提供系统的科技支撑。

林民旺的《中尼印经济走廊建设：战略价值及建设思路》（《现代国际关系》第2期）一文，探讨了建设中尼印经济走廊的现实必要性和可行性，建设内容和实施路径，初步分析潜在风险。认为中尼印经济走廊具备推进的现实可能，但要照顾印度的感受和需求，同时对接尼泊尔和中国西藏的发展需求，以期真正达到中尼印三方的发展对接。

沈茂英、徐知之的《自然保护区类社区脱贫响应及其可持续途径研究——以川滇连片特困藏区为例》（《四川林勘设计》第4期）一文，界定了自然保护区类社区概念及其基本特征，探讨自然保护区与保护区类社区的多维关系及自然保护区类社区脱贫实践，提出从自然保护区地理标识产品开发、建立市县级自然保护区社区发展基金、完善生态补偿制度以及设立自然保护区类科研特许制度等四个角度实现自然保护区类社区持续脱贫和发展的对策建议。

张淑芳的《社会分层视角下四川藏区贫困代际传递形成机理研究》（《民族学刊》第2期）一文，通过对四川藏族地区贫困代际传递进行中观和微观形成机理进行分析，发现不同区域的地理环境、经济发展水平和社会服务水平差距较大，受家庭因素和社会外部因素的影响，孩子受教育程度差异、贫困代际传递程度呈现农区、半农半牧区和牧区递增的情况。因此，应重点加强对牧区社会服务质量的提升，尤其是义务教育质量的提升。

（五）金融与财政

唐雨虹的《西藏金融发展的实证研究》（世界图书出版公司）一书，基于西藏金融发展、经济增长、城乡收入差距以及企业绩效等历史数据，从西藏金融改革发展历程、与经济增长的关系、与收入分配的关系、西藏未来金融发展路径等多个角度阐述研究的重要意义；从金融发展与经济增长、金融发展与城乡收入差距等多个视角实证探讨了西藏金融发展的相关问题。全书共8章。

秦君玲、郑家兴的《财政支出、TFP增长率与经济增长的实证研究——以西藏自治区为例》（《西藏大学学报》社科版第1期）一文，认为西藏的TFP增长率普遍较低，存在资本深化现象；公共财政预算支出对于TFP增长率有一定的促进作用；行政管理支出、教育和科技支出对于TFP增长率有一定的影响。提高财政统筹效率，优化财政支出结构，合理控制行政管理支出，增加教育和科技支出的效益，对于提高西藏TFP增长率、实现经济可持续发展具有重要意义。

达瓦萨珍、王发莉等人的《“一带一路”背景下中国西藏与尼泊尔金融合作研究——基于跨境人民币业务视角》（《西藏大学学报》社科版第 4 期）一文，就推进中国西藏与尼泊尔金融合作、加大人民币跨境使用等方面提出了对策建议；认为由于特殊的地域环境和边贸条件制约，跨境人民币业务还有巨大的拓展空间，加强中尼金融合作还需从金融机构设置和基础设施等各方面推进。

李俊功的《民族地区通货膨胀持续性分析——以西藏为例》（《民族论坛》第 2 期）一文，通过实证分析得出，民族地区通货膨胀具有线性特征，这与我国通货膨胀的非线性特征相悖；通货膨胀持续期水平略高于全国水平；在 8 个分类价格指数中，波动幅度最大的居住类的通货膨胀持续性水平反而最低且不显著。

西绕甲措的《西藏金融业供给侧结构性改革的必要性及路径选择》（《西藏大学学报》社科版第 3 期）一文，认为西藏金融业单纯靠“量”的做大已经无法满足全区实体经济多层次、多元化的金融需求，“量”的过度、粗放扩张还会导致经济结构不均衡的加剧、引发潜在金融风险隐患。因此，推进金融业供给侧改革，改善金融供给结构，优化金融资源配置效率，提升有效金融供给对于推动西藏经济供给侧改革取得实质性进展至关重要。

严小军、来怡琴的《对甘南州民间投资情况的调查与思考》（《甘肃金融》第 1 期）一文，认为当前民间投资存在进入公共服务领域不多、投融资渠道不畅、规模及总量偏小、短期投资行为相对明显、发展环境不宽松等问题，提出进一步拓宽民间投资的领域和范围、加强民间投资的服务指导和规范管理、加强民间投资信息平台建设等对策建议。

刘尚荣的《青海藏区普惠金融发展与农牧民增收问题研究》（中国经济出版社）一书，认为目前青海藏族地区金融发展滞后，农牧民特别是贫困农牧户和小微企业难以获得正常金融服务，农牧业生产和农牧民增收普遍面临“融资难、融资贵”的问题，农牧业现代化进程缓慢，农牧民增收困难。因此，需探索青海藏族地区农（牧）区普惠金融的发展路径，不断加大金融对“三农”的支持力度，满足农牧民特别是贫困及低收入群体的金融需求，借助金融的力量，努力改善低收入群体的经济状况及收入水平，提高农牧民的生活质量和消费水平，实现农（牧）区的和谐发展。全书共 8 部分。

（六）经济转型与可持续发展

王文令的《西藏非公有制经济发展及其扶持政策研究》（西藏藏文古籍出

版社）一书，从思想观念、基础设施资源配置、非公融资、企业自身、科技创新、专业技术人才引进、民族交流交往交融、非公党建、相关配套扶持政策等方面进行专题研究，分析西藏非公有制经济发展中存在的问题，提出支持非公有制经济发展的配套扶持政策，如强化生态保护观念引导非公有制经济可持续发展，优化土地资源扶持政策，加大财税优惠扶持政策，建立社会效果评价制度，注入工商联力量，倡导实施全民创业工程。全书共12章。

图登克珠主编的《西藏经济增长问题研究》（科学出版社）一书，分析了西藏经济发展现状及存在问题，并提出对策措施。全书分为综合篇、要素篇、产业篇、政策篇，收录26篇论文。主要包括庞洪伟、巩艳红的《西藏经济包容性增长的实证研究》，贡秋扎西的《西藏经济增长中的全要素生产率分析》，杨阿维、张建伟的《基于SCM下西藏民族手工业成本抑制分析研究》，顾正纲的《西藏提前退休政策的影响分析》等。

魏刚的《西藏农牧民安居工程的效益评价及后续问题研究》（科学出版社）一书，以西藏社会主义新农村建设为背景，基于农牧民满意度，通过对安居工程进行效益评价，揭示定居后续问题，设计解决问题的理论方案，让藏族地区广大农牧民切实享受到这项工程带来的实质利益。全书共9章，主要内容包括对西藏农牧民安居工程进行经济属性阐释，对安居工程实施效益进行实证分析，对农牧民安居工程后续产业发展问题、增收问题、社区治理问题及如何实现西藏城乡统筹发展等问题进行理论研究。

胡洁的《西藏城乡一体化的发展：探索与思考》（光明日报出版社）一书，从西藏城乡一体化问题提出的选题背景出发，回顾了国内外与城乡一体化有关的理论和文献，通过对西藏城乡一体化水平现状进行量化测度，并选取具有相对代表性的拉萨市、山南市、日喀则市进行深入的案例研究，找出西藏城乡一体化发展进程中存在的主要问题并进行分析，为形成西藏城乡一体化发展新格局提出政策建议。

张体伟的《发达地区对口援藏与云南藏区提升自我发展能力研究》（中国社会科学出版社）一书，从对口支援内涵、理论、提出的历史背景及其内涵特征入手，概述国内外对口援藏与藏族地区提升自我发展能力的研究概况。以西藏为例，阐述发达地区对口援藏政策效应突出，对藏族地区自我发展能力提升较为显著，对口援藏已成为东西部协作的一大品牌。重点阐述了上海对口支援云南藏族地区历程、举措、主要成效及经验，结合问卷回归统计和调研实证分析，辅以专题和案例研究，分析了发达地区对口援藏与藏族地区提升自我发展能力面临的突出问题及困难，提出新思路新举措。全书分为上中下三篇，共20章。

段小力的《政府与市场：双向建构西藏地区新型社区建设长效机制》（《西藏研究》第3期）一文，基于西藏社会文化情境，从政府和市场角度出发，提出充分发挥西藏政府、社区、民间组织、社区居民等建设主体的积极性，培育和建设以“人的城镇化”为核心的新型社区，建构产城互动、生态宜居、集约节约、环境友好、和谐发展的西藏新型社区建设的长效机制。

徐伍达的《西藏全面建成小康社会的路径选择分析》（《西藏研究》第5期）一文，认为西藏正处在打赢脱贫攻坚战、实现全面小康的决战决胜阶段，发展不平衡不充分是满足人民日益增长的美好生活需要的主要制约因素。以推进供给侧结构性改革作为建设小康社会的路径选择，统筹推进经济建设、政治建设、文化建设、社会建设、生态文明建设，确保西藏与全国一道实现全面建成小康社会。

（七）反贫困研究

王文长的《贫困遗存的可能状态及治理方式》（《中国藏学》第2期）一文，认为对于贫困遗存的治理，一要转变对贫困的思维认识；二要形成常规的脱贫攻坚治理形式；三要转变机构职能；四要加强贫困痕迹的跟踪和归类；五要形成“专项”与“统筹”相结合的治理体制；六应从国家国防角度给予边境贫困地区支持和帮扶。

格桑卓玛的《从生计资本角度分析西藏牧区贫困成因——以班戈县为例》（《中国藏学》第2期）一文，通过实地调研数据，从生计资本视角分析藏北牧区贫困成因，并提出注重个体扶贫和整体脱贫的结合，完善基础设施建设规划；发挥好牧区经济合作组织的作用；从扶贫对象出发创新教育、就业、产业脱贫联动模式；破解资金投入瓶颈，提高扶贫资金实效等对策。

王茹、周璇等人的《西藏县域多维贫困度测定及贫困空间分布特征研究》（《西藏研究》第1期）一文，认为西藏贫困县（区）“全域大分散、局部大集中”，7地（市）的空间分布呈“竖向连片分割、横向边缘集中”聚集特征，昌都市、日喀则市、那曲地区是西藏扶贫攻坚的三大主战场，物质、人力、社会三种资本匮乏是西藏全域贫困的主要成因。应高度重视区域贫困差异，更加注重扶智扶志，大力开展特色资源开发、旅游扶贫等内源式扶贫。

袁晓文、陈东的《辨证施治：四川藏区农牧民致贫原因的实证调查与分析》（《中国藏学》第2期）一文，通过对四川阿坝州小金县、甘孜州色达县等藏族农牧区的田野调查，发现藏族地区普遍将农牧民致贫原因归结为因学、因病、缺技能、缺劳动力等。该文认为对这些原因要辨证看待，只有精准辨证才能精准施治，并着重对因学致贫以及藏族地区农牧民的宗教信仰消费、贫富观等对精准脱贫工作的影响进行了分析。

卢冲、耿宝江等人的《藏区贫困农牧民参与旅游扶贫的意愿及行为研究——基于四川藏区23县（市）1320户的调查》（《旅游学刊》第1期）一文，认为四川藏族地区男性贫困农牧民及拥有草场、牦牛或房屋较好的贫困农牧民参与旅游扶贫的意愿较强；贫困农牧民参与旅游扶贫的行为态度、重要他人支持度、个人胜任/控制力对其参与旅游扶贫的意愿及行为都有显著正向影响；参与意愿对贫困农牧民参与行为的中介效应只存在于旅游资源一般和较丰富县（市）。

丁赛、完玛冷智等人的《甘青川藏四省交界藏区的贫困现状与发展困境——基于青海班玛县达卡乡的家庭调查》（《青海民族研究》第2期）一文，认为当地发展的三个主要困境是生态保护政策与均衡发展缺乏良好衔接，基础教育尚未普及，人力资本投入不足，经济发展所需的基础设施严重滞后。提出区域居民发展机会的不均等，将在差距扩大的同时延展到经济之外的政治和社会领域，加剧当地社会问题的复杂性，而包容性发展是推进当地各项工作的有效途径。

钟海燕、郑长德《川甘青结合部藏族聚居区绿色包容性发展研究》（《西南民族大学学报》社科版第6期）一文，就构建绿色包容性发展分析框架，提出以绿色包容性发展理念促进该区域民生改善，建议增加经济机会，提高经济参与度；确保经济机会均等，共享经济增长成果；社会包容多样性，关注生活幸福感；提升自我发展能力；充分考虑环境容量和生态承载力，建设生态文明试验区，实现共享式绿色发展。

周晓露、李雪萍的《互异与共融：民间组织参与藏区贫困治理的能力比较与路径探究——基于社会资本理论的视角》（《江汉论坛》第3期）一文，认为应借力外来民间组织的开放性、异质性关系网络及公益规范的特点，实现资源获取与资源传递的最大化，同时发挥本土民间组织社会相似性信任度高、组织动员能力强的特点，使本土与外来民间组织相互影响、互为补充，实现民间组织参与藏族地区贫困治理的良好效应。

（八）公共产品供给与基础设施研究

程晓明等人的《西藏基本医疗与公共卫生服务能力研究》（社会科学文献出版社）一书，从西藏自治区社会经济与人口、财政收支、城乡居民收支与医疗保障情况，医疗、预防和保健机构，设备和卫生人力配置，基本医疗与基本公共卫生服务等方面，对西藏自治区的基本医疗卫生服务能力进行研究。通过对西藏自治区基本医疗卫生服务能力现况的调查研究，阐述了西藏在基本医疗卫生服务能力方面取得的进展、存在和面临的问题及其影响因素，为提高西藏自治区基本医疗卫生服务能力、保障城乡居民基本医疗卫生服务和政府决策提供参考。全书共6章。

李雪萍的《公共产品供给促进反脆弱发展：甘孜藏区发展策略研究》（中国社会科学出版社）一书，在脆弱性理论视角下，以甘孜藏族地区为个案，研究藏族地区反脆弱发展。藏族地区的脆弱性区域特质，表现在自然环境、产业结构、财政结构、基础设施、农牧民生计等方面。通过公共产品供给，实现制度与结构的转换，突破陷阱，既可促进区域复合生态系统的良性耦合，也可提升农牧民可行能力，改善农牧民生计。全书分上中下三篇，共10章。

李凤荣主编的《和谐社会视角下的青海藏区农（牧）区最低生活保障问题研究》（中国经济出版社）一书，以最低生活保障理论为出发点，在分析青海藏族地区农（牧）区经济、社会发展及贫困特征的基础上，分析了青海藏族地区农（牧）区最低生活保障制度的演变、运行过程、实施效果，对最低生活保障标准、最低生活保障资金、最低生活保障制度与扶贫开发有效衔接进行专题研究；在实地调研最低生活保障制度实施情况的基础上，对比分析西方国家最低生活保障制度，找出青海藏族地区农（牧）区最低生活保障制度的主要问题，并提出改革和完善青海藏族地区农（牧）区最低生活保障制度的思路和建议。全书共9章。

扎洛的《西藏农村的用水制度研究——囊色林村、柳务村的案例分析》（《西藏民族大学学报》哲社版第4期）一文，认为两村都有较为成熟的用水制度，且能够根据社会环境的变化而作出灵活调整，保证了水资源利用的公平和效率。近年来的农田水利建设着力增加水资源供给，缓解了用水紧张。但投资巨大的囊色林提灌站的运行困境，反映了利用国家财政支持和兄弟省市援助的水利建设在决策上存在脱离当地经济社会发展实际的现象。

朱新林的《城乡一体化背景下西藏农牧区公共服务供给研究》（《西藏民

族大学学报》哲社版第3期）一文，认为要解决好西藏的“三农”问题，需要将城市和农牧区统筹起来考虑，处理好城市发展和提高农牧区基本公共服务能力的关系。加快西藏城镇化建设步伐，建立农牧区公共服务多元供给机制，加强公共服务供给力度，完善公共服务监管制度，推动公共服务向农牧区延伸，实现西藏城乡一体化发展。

周勇的《西藏南亚通道由“物理通道”向“跨越式通道”转变的关键是开放型本地化产业链构建》（《西藏民族大学学报》哲社版第4期）一文，认为西藏实施经济通道战略的关键是构建好恰当的产业链，包括本地化产业链、与内地特别是援助省份对接的产业链、与南亚各国或者地区对接的产业链；并适应产业链发展规律，培育好包括人才链、资本链、技术链等在内的要素链、产品链和供求链。

陈爱东、张文博的《多层面视角下西藏自治区政府采购制度存在的问题及优化路径》（《阿坝师范高等专科学校学报》第2期）一文，认为政府采购制度的实施提高了西藏公共财政支出的效益，但从多年运行实践看，无论是采购层面还是监管层面等都还存在不同层次的问题，需要进一步实施互联网采购制度，建立政府采购与资产管理相衔接、采购与审计监管相衔接的管理新机制。

吴寅姗、陈家熙等人的《流动性视角下的入藏火车旅行研究：体验、实践、意义》（《旅游学刊》第12期）一文，认为入藏火车旅行是一种“流动的仪式”，尝试联合情感体验、物质和社会关系3个维度进行流动性研究，并分析三者的相互关联。将旅途过程本身而不是旅游目的地作为研究的出发点。在实用层面上指出目的地特殊性、流动的物质景观、物质设施和物质文化、社会关系4种非经济因素也是影响游客旅游决策的重要内容。

（九）产业研究

唐亚军、汪丽的《西藏藏毯产业动态演进及政策研究》（《西藏研究》第4期）一文，认为西藏藏毯产业经历了数量增长、质量提升、研发和品牌创新、产业整合4个发展阶段。当前产业层面在采购、订单、价格标准三方面问题突出，为实现西藏藏毯产业持续发展，必须充分发挥政府和协会引领作用，增强现有资产利用效率，细化产业园区功能，借助“一带一路”机遇，依托“互联网+藏毯”战略思想实现藏毯产业供给侧改革，以“工匠精神”打造藏毯精品。

刘玉的《民族特色产业政策视域下西藏扎囊县氆氇手工业发展路径研究》（《西藏大学学报》社科版第3期）一文，认为制约扎囊县氆氇手工业发展的瓶颈，主要集中在资金力量薄弱、产业化程度低、产品质量参差不齐、工艺保护及产品创新均有待加强、品牌及知识产权意识淡薄、人力资源匮乏以及生态环境污染等问题，并提出相关对策建议。

冯雪红、王玉强的《畜牧业的式微与石刻业的兴盛——青海和日村藏族生态移民后续产业民族志》（《西北民族研究》第2期）一文，认为和日村生态移民迁出牧区，靠近城镇，其生计方式已由牧业为主向手工业——石刻业转变；实现传统产业的顺利转型，需要在充分考察藏族文化传统优势的基础上，与其他形式互联，探索符合实际需求的生态移民后续产业发展出路。

韩达斌、刘学良等人的《青海省藏药生产企业新修订药品GMP认证检查缺陷项目分析与对策研究》（《中国药事》第1期）一文，通过对青海省内13家藏药生产企业GMP认证现场检查所发现的质量保证方面的缺陷进行统计分析，指出绝大多数药品生产企业对于新修订的药品GMP理解不够充分，执行不到位；应进一步完善相应的质量管理体系，更有效地控制产品潜在的风险，保证药品质量。

二、社会研究

（一）社会变迁与制度转型研究

中根千枝、尕藏杰的《藏族社会结构初探——以果洛牧民社会分析为例》（《青海民族研究》第4期）一文，通过分析果洛地区牧民共同体社会的形成过程，考察藏族牧民的历史和社会，描绘藏族社会的重要特色，明确果洛头人的系谱图；叙述果洛头人与相邻地域头人间的频繁联姻，果洛地区寺院与甘肃南部、青海东南部、四川北部等农牧民地域的寺院关系等，归纳出在多康地区寺院与寺院的关系、寺院与头人的关系、头人与头人的关系是连接整个社会的重要机能的特点。

王铭铭、翟淑平的《松潘、巴塘、中甸——记三个西部城镇的研究》（《西北民族研究》第2期）一文，以区域地理、历史、族群文化为背景，考察了三个城镇的形成变化历程，从这一区域既有的空间“节点”入手，分析了城镇化过程中文化格局的变迁。研究认为贯穿“藏彝走廊”南北的三个城镇，在历史上以不同方式共同作为跨文化关系的纽带存在着，而过去的一个世纪，这些曾经在相对漫长的历史过程中沿着不同路径缓缓而行的城镇，经历了一系列“求同”意义上的转变。

徐君、姚勇的《喜马拉雅区域经验与知识谱系构建》（《中国藏学》第3期）一文，认为首先应厘清区域研究全貌与体系，建构喜马拉雅区域文化领域的知识图谱，形成对话基础；其次，搭建对话平台，推动研究信息分享与交换；促进相关学科资源整合，营造对话语境，在人文社会科学领域形成与西方话语体系充分对话的基础上，形成中国语境下的喜马拉雅区域研究理论。

刘新利、梁亚鹏的《手机媒体对西藏乡村民主政治生活影响的民族志观察——以拉萨市曲水县才纳乡协荣村为例》（《西藏民族大学学报》哲社版第2期）一文，认为手机媒体使乡村的政治面貌得以改变，村民的民主政治意识有所提高，手机成为政务信息的发布者。针对村民在使用手机中存在的问题，必须提高村民的汉语水平，加强网络信息体系建设和完善农村基础网络设备。

杨雅妮的《神判之遗：藏族“吃咒”的文化解读及其当代价值——以甘南藏族自治州为例》（《宗教学研究》第3期）一文，认为作为一种宗教色彩鲜明的传统习惯，“吃咒”既反映了当地藏族群众对“超自然力”的信仰，又是一种具有“神灵祭献”特点的“过渡礼仪”。从藏族“吃咒”的当代实践来看，它除了继续保持争议事实认定、特定纠纷解决等传统功能以外，还在紧张结构的舒缓、社会风气净化及纠纷预防等方面具有重要价值。

王晓的《权力运作与关系建构——藏边天主教传播实践的历史人类学研究》（《西南边疆民族研究》第2期）一文，认为藏边天主教在经历了两次大溃败后仍能重新崛起，顽强地生存于藏文化圈的包围之中，主要得益于其在传播实践中的权力运作及其关系建构。提供政治庇护、调解民间纠纷、给予经济帮扶和实施医疗救助成为传教会最经常使用且效果最好的手段。传教会还利用了一系列正式的和非正式的说教方式将自身的价值观潜移默化地影响及人，重塑人们的行为。

（二）民族与宗教研究

李锦的《家屋与嘉绒藏族社会结构》（社会科学文献出版社）一书，是一篇关于嘉绒藏族社会结构的民族志。该书以家屋的名号“房名”研究为切入点，讨论了嘉绒藏族的社会结构，以此展现作为一个不同文化中的社会，嘉绒藏族社会结构呈现何种特殊性。全书共6章，主要内容包括硗碛的地理环境与历史面貌，土地制度与房名的获得，婚姻、居处与房名的继承，家屋中的社会关系，山神信仰：家屋整合的纽带，家屋与村落：地域性的社会结合；结论认为家屋、房名、家人是嘉绒藏族家屋社会的三个要素，家屋与村落是一种地域性的社会结合，而社会变迁中的家屋社会呈现变革与延续的特点。

马尚林、罗凉昭的《藏彝走廊中的回藏和谐民族关系研究》（民族出版社）一书，以回藏两个社会群体及其文化为研究对象，主要观点为（1）在藏彝走廊复杂的民族关系中，回藏关系是其中十分重要的组成部分，具有典型研究价值。（2）回藏民族关系总体上是和谐的，这是中华民族大家庭各民族关系的真实缩影，印证中华民族多元一体的历史特点和各民族之间相互离不开的规律。（3）回藏两民族在经济、政治、文化、社会生活等各方面形成了互补互动的共生发展机制，为和谐民族关系提供动力和源泉。（4）回藏和谐民族关系的形成离不开藏彝走廊复杂特殊的自然生态环境和人文社会环境。（5）伊斯兰教与藏传佛教之间的交流交融对促进民族关系起到积极作用。（6）经济利益分割与文化冲突问题始终存在，是影响民族关系的重要因素。全书共7章。

李旭的《茶马古道各民族商号及其互动关系》（社会科学文献出版社）一书，对近代以来活跃在藏族地区尤其是滇藏间各民族商号的生成兴起、主要人物的经历、经营路线、范围和特点以及兴衰变化进行了研究，在此基础上，对各民族商号之间形成的商业经济、手工艺及技术、人口及婚姻、习俗、宗教关系以及情感、观念和意识认同等互动关系进行了梳理和分析，并对诸种互动关系的作用和机制乃至困境进行了探讨。全书分上下篇。

杨晓纯的《西藏卡契（ཁ་ཆེ）、"藏回"辨析》（《青海民族研究》第4期）一文，运用文献资料与第一手访谈资料，说明西藏穆斯林纷杂的族称如卡契（ཁ་ཆེ）、"藏回"等等，是源于不同历史时期汉藏双重语境中对西藏穆斯林族群身份定义与语言表述的差异。卡契、"藏回"二词本身具有多重含义，所指具体族群的边界也不断发生变化，因而具有争议，增加了西藏穆斯林族群身份的社会定义与自我认同的复杂性。

苏发祥、李继群等人的《木里民族关系现状调查》（《青海民族大学学报》社科版第4期）一文，认为近年来木里社会稳定、经济发展、宗教和顺，和谐的民族关系是主要原因之一。文章结合田野调查资料，从民族分布和通婚等方面论述了木里藏族自治县的民族关系及其特点，认为木里构建和谐民族关系的经验对促进我国各民族交流交往交融具有借鉴意义。

缑红霞、周晓涛的《从民族认同走向国家认同的路径构建研究——以甘南州为例》（《中国发展》第6期）一文，认为在社会转型背景下如何增强国家认同，必须把国家认同放在高于民族认同的地位，通过共同的文化联系建构每个成员对中华民族多元一体化的共同体意识，并通过人口的流动来促进民族间的交流和文化的融合，增强民族间的互动。要将促进民族地区区域经济均衡发展作为主要任务，同时在政策导向和法律支持下，强化各民族公民的国家认同。

李姝睿的《断裂、复兴与变迁——一个活佛的修行故事》（《宗教人类学》第7辑）一文，认为僧人命运的变革是藏传佛教传播圈中文化传承变化的表象，也是佛教文化在中华文化系统中地位变化的体现。文中讲述的囊活佛幼年出家，1952年后被迫还俗，接受劳动改造、成为普通人和老年后再出家的故事，是传统宗教修行在经历巨大的世俗文化变迁后发生的适应性变化。

李志农、顿云的《云南藏区和谐民族关系构建内源性动力研究——以迪庆藏民族发展演变为分析视角》（《思想战线》第5期）一文，认为一个民族内部在族群演变进程中嵌入交融、多元汇聚的内部关系结构，就能实现交融、开放和多民族文化的共享。这些结构性因素的基础性、限定性作用，是云南藏族地区和谐民族关系构建的内源性动力，实现内源性动力和外源性动力的相互聚合并一致作用，能够更好地促进民族地区经济文化的全面发展和社会的持续稳定。

吴银玲的《"自我"与"他者"的区分和混融——以香格里拉的族群关系为例》（《西南民族大学学报》社科版第5期）一文，以实地调查表明香格里拉地区的族群关系具有两面性，一面是他们彼此之间在社会生活中表现出的混融，另一面则是不同族群在某些特殊情况下展现"自我"与"他者"的区分，而在更大的仪式场景下会整体呈现族群之间这种辩证的关联。文章试图以香格里拉的族群关系为例来审视既有的族群理论以及族群性讨论。

杨宇亮、速绍华等人的《历史地理视野下的云南民族格局——基于GIS的藏彝走廊与汉族走廊研究》（《贵州民族研究》第11期）一文，认为云南特殊的地理环境与相对区位，造就了贯穿时间尺度的藏彝走廊与汉族走廊，深刻影响了云南的历史进程。以GIS的技术方法对藏彝走廊与汉族走廊的民族格局展开研究，不仅可以描述二者与地理空间的关联性，还可以反映出民族的迁徙过程。

叶远飘的《民族、婚姻、伙有共耕与上帝：基督教嵌入藏区傈僳族社会之阐释——以滇西北德钦县霞若乡为例》（《广西民族研究》第4期）一文，指出傈僳族信仰基督教是身处碎片化、原子化社会结构中的族群面对周边民族的歧视与物质资料和人口再生产的重重压力下做出的无奈选择；提出“婚姻—家庭—土地—民族”是基督教在傈僳族社会传播的网络，这一模式可以解释为什么基督教在傈僳族社会传播呈现出民族性特征。

（三）人口与健康

高利伟、徐增让等人的《西藏农村居民食物消费结构及膳食营养特征分析》（《资源科学》第1期）一文，认为虽然西藏农村居民膳食结构有所改善，但是其消费结构仍需完善，食物消费仍以本地消费为主，未来在加强西藏农村居民营养干预中，应该增加市场肉蛋奶等多种类食物供应量，扩大西藏农村地区食物的可达性，尤其是牧区，充分挖掘市场在当地农村居民膳食结构改善中所发挥的作用。

敖俊梅、次旦央吉的《西藏籍藏族大学生就业准备状况调查研究》（《民族教育研究》第2期）一文，认为西藏籍藏族大学生已形成主动就业意识并展开积极就业准备，但存在择业取向相对单一、就业准备不充分、就业竞争力欠佳等问题。究其成因在于就业扶持措施的双重社会效应、社会文化适应状况影响就业资本的获得、高等教育结构性失衡间接影响就业竞争力、高校教育过程中不平等对就业准备和能力的重要影响。

景芳、王士勇等人的《青海地区藏族民营企业家群体的形成与特点》（《中国民族学》第1期）一文，分析了青藏地区藏族民营企业家群体的形成及其不同于发达地区企业家群体的显著特点，特点包括受教育程度不同导致企业家人力资本的差异；产品单一且具有鲜明的藏文化特征；企业家“大权在握”，企业制度竞争力弱；市场开拓能力普遍不强；落后的生产力决定着企业家群体较低的社会流动率；企业家群体的社会关系折射出体制机制的弊端；藏族民营企业家群体是有着虔诚宗教信仰的群体。

马得汶的《西部民族地区患者择医的文化因素探析——基于青海省藏医院的医学人类学调查》（《西北师大学报》社科版第1期）一文，认为着眼藏族宗教民俗对患者择医的重要影响，可以加深对藏族医疗文化及地方实践的理解。藏族患者的择医行为就受到传统文化的深刻影响。通过藏族患者择医文化因素及其个体间差异表现的深入分析，对揭示西部少数民族医疗文化与疾病治疗的互动、患者的疾病认知与行动逻辑以及对民族地区医患关系的认识和改善都有较高的参考价值。

（四）教育与妇女儿童发展研究

沈茂英、龙涛的《牧区农村藏族妇女家庭分工与生态建设能力提升研究——来自川西北牧区的个案调查》（《西藏研究》第3期）一文，认为藏族妇女是家庭生产的主要承担者、孩子和老人的主要照料者、家庭食物和家庭能源的主要准备者，但却是家庭资产管理的旁观者。建议在生态建设项目、可持续生态资源利用、生态扶贫项目、教育培训以及社会公共管理等领域引入性别意识，提升藏族妇女参与生态建设与保护的能力。

陈玮、谢热等人的《青海省青南地区藏传佛教寺院青少年入寺问题研究》（《青海社会科学》第5期）一文，指出解决青少年入寺问题，需进一步提升藏区基础教育水平；完善寺院管理，继续加快推进藏传佛教寺院社会化治理；摸清现有入寺青少年底数，综合施策；拓宽藏族地区就业渠道，加快精准脱贫步伐；加强对家长的教育引导；建设文化高地，使社会主义核心价值观深入人心。

（五）社区研究

胡洁的《西藏多民族嵌入式社区的实证研究（上下）》（《西藏研究》第2、3期）一文，认为西藏经济社会发展虽然已取得较大成就，但是一些方面仍需改善；城乡间经济发展不平衡，人均收入水平较低；多民族社区建设有良好的群众基础，各民族居民交流较多；民族团结教育工作取得很大进展，但仍需努力；多民族社区居民受教育水平较低，居民素质有待提升；社区文化生活单一，社区基础设施建设有待加强。

刘中一的《居边生息：西藏边境地区家庭发展状况》（《西藏民族大学学报》哲社版第6期）一文，认为在边境地区家庭发展状况不仅关系个人的生活水平，也直接影响着国家的边境安全。近年来，西藏边境地区家庭发展状况发生了很大变化，对传统固边守土方式也产生了积极影响。为了推进反分裂、反蚕食、反渗透等国家行动，必须提高当地家庭发展能力，实施支持家庭发展的战略。

曾颉、梁天戈的《五明佛学院所在镇的规划探索》（《城乡建设》第10期）一文，认为色达县洛若镇因喇荣寺五明佛学院坐落于此而知名，宗教特殊性和敏感性使洛若镇的规划建设不同寻常。四川省政府将洛若镇列入四川省重点旅游城镇，提出将洛若镇建设成为我国高原藏族地区特色文化旅游名镇。文章提出应通过规划探索，深入研究藏传佛教等文化的发展历史，研究洛若镇与佛学院的发展关系，达到和谐共处共同发展的目的。

卢叶炅、赵开元《成都武侯祠藏族聚居区城市空间现状调查与分析》（《四川建筑》第4期）一文，试图探究民族聚集区的内在活力及其对城市空间发展的影响。文章认为武侯祠藏族聚居区存在原有活动空间被压缩、缺少大型活动场所、街道空间混乱、街道界面不统一、公共服务设施不完善等问题，应该从聚居区的历史发展、文化特征、人口流动、居民需求等多角度出发，结合各方面影响因素改善聚居区的城市空间现状。

王丽萍、周智生《滇藏川毗连地区族际文化互动的空间特性研究》（《西南民族大学学报》社科版第8期）一文，从地理空间层面分析此区域内族际文化的互动发展，概括出该地区交往空间的特性，包括交往空间的时空分异性、同一空间内多条文化带的叠加和文化因子传播的地域差异性；通过对地理环境因素的分析初步阐释这些空间特性的形成及其与这一地区特定地理环境间的耦合机理。

华热·多杰、达哇才让的《互嵌式居住模式在构建和谐民族社区中的积极作用——基于青海省农牧区多民族互嵌式居住状况的调研》（《青海师范大学学报》哲社版第2期）一文，认为各民族之间经过长期的接触和交往，文化的一致性逐渐增长，差异性慢慢缩小，文化一体化成了杂居村落中民族文化发展的基本价值走向。同时，杂居村落中文化的差异性依然存在。指出民族互嵌式社会结构和互嵌式社会环境的营造，一要循序渐进，不能急于求成；二要加强政策引导和国家法律的保障。

（六）区域发展研究

张海云、张兴年编著的《西藏、青海牧区社会经济文化调查与区域发展研究》（青海人民出版社）一书，以专题报告的形式展示了近年来西藏边境县域和青海游牧社会在边贸经济、藏族地区治理、青南商贸、畜牧合作、藏族地区教育、社会保障、扶贫开发、公共服务、宗教文化等方面的发展状况，探讨“一带一路”倡议背景下，西藏和青海基于文化、地理、宗教、生态渊源而共同面临的社会发展与治理创新问题。全书共9个专题。

周毓华、冉永忠等人的《西藏高校毕业生就业问题与对策研究》（《西藏民族大学学报》哲社版第6期）一文，指出西藏高校毕业生就业仍存在公职岗位投放量较大，选择公职岗位就业的毕业生比例高；市场消化毕业生及毕业生自主就业能力相对较低的问题。提出了大力发展经济，从根本上创造市场就业机会；加强政府宏观调控，提高就业服务能力和水平；建立适应市场就业的教育、培训模式；积极将鼓励大学生创新与创业落到实处等措施。

方晓玲的《西藏城郊失地农民市民化研究》(《西藏研究》第1期）一文，认为西藏现有失地农民已经发展成为一个不可忽略的群体，应构建具有职业生涯规划视角的教育培训体系，使具备就业能力的失地农民获得一份事业；应强化安置社区的养老等服务功能，使居民在贴心的服务中享受健康文明的社区文化熏陶；应构建全方位的社会保障机制，为失地农民解决后顾之忧。

孙前路、孙自保的《在藏农民工的落户意愿选择的影响因素分析——基于林芝市586户调查数据的实证分析》(《干旱区资源与环境》第12期）一文，调研得出在林芝务工的农民工整体落户意愿较强。文化程度较高的农民工有较强的落户意愿；工资、集体消费比重、生活习惯、市民交流和政策认知对农民工落户有显著的正向影响；相对于汉族，藏族农民工落户意愿较弱。

孙海芳、王东等人的《城市化进程与西藏流动人口居留意愿关联性研究——以第六次全国人口普查数据为依据》(《安多研究》第14辑）一文，从流入地、性别年龄、受教育程度、职业构成等方面分析了西藏流动人口现状，梳理了西藏流动人口的显著特征以及影响流动人口居留意愿的因素，提出加大政府扶持力度、加快基础设施建设，走合力解决之道，提升流动人口幸福感，增加流入人口的经济和心理黏性等对策。

（七）社会管理与社会稳定研究

王丹莉、武力的《干部驻村：西藏乡村基层治理方式再透视——基于西藏六地一市干部驻村的问卷调查》(《河北学刊》第3期）一文，认为大量干部驻村工作加强了基层的组织建设，使乡村基层出现了多元治理的局面，为基层治理注入了新的活力。但从长远来看，如何增强广大农牧区村级组织与村干部自身的号召力及执行力，而不是用政府之手接管其工作，仍是改善乡村基层治理过程中不容忽视的重要问题。

刘小三的《“自媒体”环境下西藏地区的舆情呈现及其应对》(《西藏民族大学学报》哲社版第1期）一文，认为涉藏舆情呈现出以下新特点：境外负面信息的“倒灌”现象；涉藏网络“意见领袖”影响力的增强；草根阶层在涉藏舆情“生产”中角色凸显；“两微一端”等新媒体对涉藏舆情的产生和走向的影响显著；涉藏负面舆情呈现出更多的隐蔽性；涉藏舆情呈现与其他四省藏族地区联动、合流的现象。

桑森垚的《基于拉萨藏族居民对游客消极态度的整合威胁分析》（《西藏研究》第6期）一文，认为现有研究忽视了影响本地居民对游客群体消极态度的形成要素。文章以拉萨藏族居民为研究对象，从整合威胁理论的视角质性，分析了形成其感知现实威胁、象征威胁、群际焦虑和消极刻板印象的次级主题，进而比较基于拉萨藏族居民身份差异的威胁感知程度差异及其应对威胁所产生消极态度的处理策略。

江涛、袁斌等人的《基于多特征的藏文微博情感倾向性分析》（《中文信息学报》第3期）一文，认为若只针对藏文内容或中文内容进行情感倾向性分析会造成情感信息丢失，文章提出基于多特征的情感倾向性分析算法，使用情感词、词性序列、句式信息和表情符号作为特征，并针对藏文微博常出现中文表述的情况，将中文的情感信息也作为特征进行情感计算，利用双语情感特征有效提高了情感倾向性分析的效果。

朱鹏的《海外藏胞跨境迁移的历程和走向》（《西南民族大学学报》社科版第9期）一文，认为在过去近60年里，海外藏胞经历三个阶段由国内藏族地区向外迁移，总量有较大幅度的增长；随着其不断的再迁移，分布范围也由早期的南亚四国扩展到全球40多个国家和地区。另一方面，改革开放后，海外藏胞归国探亲、参观、定居逐渐形成一种潮流。指出当前海外藏胞群体正面临着许多不确定因素，随时可能再次出现较大规模的跨境迁移。

束锡红、聂君等人的《三江源藏族生态移民社会融入实证研究——以青海省泽库县和日村为个案》（《中南民族大学学报》社科版第4期）一文，认为藏族移民经济生活融入程度、文化接纳程度和社会行为融入程度是依次递减的。在诸多影响藏族移民社会融入的因素中，最根本的就是就业与收入，需要从促进移民就业、产业转型等方面推动藏族移民社会融入进程。

（八）综述与书评

陈静静的《从藏彝走廊、茶马古道到“路学”——晚近康区学术话语的空间嬗变》（《西北民族大学学报》哲社版第4期）一文，认为传统的“边地”叙事以政治或统治为主线的分析思路，重在阐释汉藏的横向拉锯空间。藏彝走廊和茶马古道的提出，新近汉藏“路学”的倡导，在某种意义上体现了晚近学术话语对于重新界定康区之空间意涵的理论取向。藏彝走廊概念的提出，将原有的汉藏的“边缘”空间重新界定为多民族迁徙交融的“中心”空间，置换了原有权力关系的互动主体；“茶马古道”的再发现，引入了民间交往的向度，进一步撼动了原有的、以汉藏政治权力关系格局为主导的解读框架。

岳天明的《论李安宅的边疆社会工作思想——兼及中国社会工作的学术史意识》（《西藏大学学报》社科版第1期）一文，认为李安宅是在以地形为基础而偏重文化的意义上理解和使用“边疆”概念的，他非常精练地分析了边疆和内地之间唇齿相依的关系，这是他倡导并实际投身于边疆研究的信念来源。他的边疆社会工作要义大体包括：边疆社会工作及其紧迫性和必要性、主要路径，边疆社会工作的困难和准备条件以及对边疆社会工作的展望等。

付海鸿的《英语文献中的三江源生态移民研究述评》（《凯里学院学报》第1期）一文，认为英文文献对此问题的研究集中在生态移民与合作管理、从牧民视角重新审视生态移民政策、生态移民的社会适应与文化变迁三个方面。了解西方学者如何看待三江源生态移民问题，不仅能为中国的生态保护与经济发展提供新的观察视野，还能够从其提供的个案实践中，获得另一种可能的解决途径。

生态环境

2017 年涉及西藏及涉藏工作重点省生态环境保护领域的研究成果丰富，其中代表性论文 92 篇，专著 4 部；相对于 2016 年的 66 篇论文来讲，数量有显著增长。

生态环境保护研究成果主要分布于三个领域：生态环境现状变化及其引发的影响、影响生态环境的因素及其机制、生态环境的评估及保护政策。2017 年生态环境现状变化及引发的影响研究主要集中在草地土壤、湿地农田、植被森林、河流湖泊、气候空气、生物多样性和生态系统功能等领域。影响生态环境的因素及其机制研究主要集中在气候变化、放牧围栏、道路建设、产业发展和文化习俗等方面。生态环境监测及保护政策研究则主要集中在生态评估、防治技术和政府管理等领域。

2017 年生态环境现状变化及其引发的影响类成果的代表性文献包括 47 篇论文，影响生态环境的因素及其机制类成果的代表性文献包括 21 篇论文，生态环境评估及保护政策类成果的代表性文献包括 24 篇论文，此外还有 4 部相关著作。具体分布如表 1。

表 1　相关研究成果的领域分布及数量

	领　域	论　文	著　作
生态环境现状变化及其引发的影响	草地与土壤	9	1
	湿地与农田	5	
	植被与森林	4	

续表

生态环境现状变化及其引发的影响	河流与湖泊	13	
	气候与空气	1	
	生物多样性	8	
	生态系统与功能	7	
	小计	47	1
影响生态环境的因素及其机制	气候变化	2	1
	放牧围栏	7	
	道路建设	5	
	产业开发	2	
	文化习俗	5	
	小计	21	1
生态环境监测及其保护政策	生态评估	7	2
	防治技术	4	
	政府管理	13	
	小计	24	2
	总计	92	4

2017 年西藏及涉藏工作重点省的生态环境保护研究文献显示，除了传统上的草地土壤、流河湖泊等生态类型持续受关注之外，生物多样性和生态系统功能的议题越来越受到关注，共有 15 篇文献。放牧始终是影响生态环境的重要因素，除此生产活动因素之外，文化习俗因素对生态环境保护的作用也越来越显著，2017 年从文化习俗来分析西藏生态环境保护的文献共有 5 篇。在应对生态环境变化过程中，除了政府角度的产权、立法等定性措施之外，数量化方法不断应用到生态评估之中，共有 7 篇文献。

一、生态环境现状变化及其引发的影响

关于生态环境现状变化及其引发影响的研究文献，主要涉及草地土壤、湿地农田、植被森林、河流湖泊、气候空气、生物多样性和生态系统功能等七个领域。

（一）草地与土壤

张翔等的《青藏高原三江源区人工草地能量平衡的变化特征》（《生态学报》第 15 期）一文，基于涡度相关和微气象系统的观测数据，分析人工草地能量收支及其各分量的变化特征。结果表明：虽然三江源区接收的太阳总辐射较强，但 Rn/Rs 相对较低；生态系统能量平衡中各分项的变化主要受植被、土壤含水量以及净辐射的控制；在退化草地恢复过程中，由于建植人工草地增加了植被覆盖度，进而改变了能量收支过程及能量平衡各分项。

徐梦珍等的《三江源风沙活动区沙漠化风险与风动沙含量关系》（《清华大学学报》自然科学版第 4 期）一文基于三江源多个典型风沙活动区的沙土颗粒成分和表征区域发生沙漠化的风蚀风险指数，评估多种类型的土地沙漠化风险。结果表明：风蚀风险指数与风动沙百分含量直接相关，当区域内风动沙百分含量低于 50% 时，发生沙漠化的风险极低；当风动沙百分含量超过 60% 时，沙漠化风险随风动沙百分含量的增加而显著增长。因此，可通过判定风动沙百分含量，预警该区域在一定时期内发生沙漠化的风险。

徐新良等的《三江源生态工程实施以来草地恢复态势及现状分析》（《地球信息科学》第 1 期）一文，基于 2004 年和 2012 年遥感影像和退化草地变化态势数据，分析退化草地的恢复态势和草地退化现状的空间格局。结果表明：三江源生态工程实施以后，该地区草地退化呈现不同程度的减缓态势，而且局部地区草地状况明显好转；三江源地区各县草地退化趋势基本得到控制，退化草地变化以好转为主，退化发生和退化加剧现象仅发生在极少数县；黄河源和长江源草地退化的形势依然严峻，玛多县、曲麻莱县、称多县北部和治多县东南部草地退化最为明显。

许茜等的《三江源土地利用变化特征及因素分析》（《生态环境学报》第 11 期）一文，基于三江源地区 1980 年、1990 年、1995 年、2000 年、2005 年、2010 年、2015 年的 1∶10 万土地利用数据，运用 Arcgis10.0 空间统计分析与数理统计方法，分析土地利用变化特征、规律及趋势。结果表明：2015 年三江源土地利用类型以草地、林地和水域为主；低覆盖度草地主要分布在西北部，中高覆盖度草地以及林地集中分布在东南部，水域在整个三江源区都有分布；35 年间三江源土地利用类型之间的转变主要以低中高覆盖度草地、未利用土地与水域之间的转化为主；从土地利用变化来看，建设用地增加最快；人口、经济结构变化及政策是土地利用变化的主要驱动机制。

康惠惠等的《生态退化与恢复对三江源区土壤保持功能的影响》（《水土保持通报》第3期）一文，基于土地覆被状况，分析生态系统变化对土壤保持功能的影响。结果表明：三江源地区2000—2010年的生态系统经历了显著的退化和恢复过程。不同覆被类型下土壤保持能力依次为林地 > 耕地 > 高覆盖度草地 > 中覆盖度草地 > 低覆盖度草地 > 湿地 > 未利用土地；生态恢复过程中，三江源区高覆盖度草地及湿地面积增加，从一定程度上减轻了生态系统退化的趋势；土地覆被类型及植被覆盖程度对土壤保持功能有重要影响。

张鹏等的《西藏"一江两河"地区土壤侵蚀现状及分布特征》（《水土保持研究》第1期）一文，基于土壤侵蚀遥感调查数据，分析西藏"一江两河"地区土壤侵蚀现状及分布特征。结果表明：侵蚀类型以冻融侵蚀为主，面积达2.2万km^2、占总侵蚀面积的47.19%，水力侵蚀、风力侵蚀次之，分别占45.57%、7.24%；土壤侵蚀强度以中度侵蚀为主，占42.65%，中度及以上侵蚀面积占80.36%；土壤侵蚀面积广，空间分布差异明显，多种侵蚀形态相互交错，潜在危害大；土壤侵蚀现状及特征是环境气候及人为活动共同影响下形成的，其中人为活动影响较弱，恶劣的自然条件是土壤侵蚀的主导因素。

蒋冲等的《1956—2010年三江源区水土流失状况演变》（《环境科学研究》第1期）一文，基于1956—2010年三江源区水文、气象观测资料以及遥感数据，利用Mann-Kendall趋势检验法，分析输沙量的年际变化及成因。结果表明：三江源区输沙量表现为黄河源区 > 长江源区 > 澜沧江源区，输沙量最大值均出现在6—8月，最小值均出现在12月至翌年1月；各流域输沙量的年际变化较大，均以20世纪80年代为最大；引起水土流失状况变化的原因主要包括气候变化和生态工程两个因素。

党晓鹏、东雨的《青海省三江源区沙化土地变化动态研究》（《内蒙古林业调查设计》第6期）一文，基于国家和地方荒漠化沙化监测，采用高分辨率遥感数据与地面调查相结合的技术方法，分析2009年、2014年两个阶段沙化类型、沙化程度、植被等变化。结果表明：整体上沙化程度减轻向好。

何明月、蔡春祥、马松增等的《西藏美曲藏布流域水土流失特点及分区防治对策》（《中国水土保持》第1期）一文，基于流域的水土流失程度，分析水土保持类型。结果表明：西藏美曲藏布流域生态环境脆弱，可划分为三个水土保持类型区，即流域上游高原预防保护区、流域中游河谷生态修复区、流域下游宽谷盆地综合治理区。

秦卫华等的《生机勃勃的荒漠——青海柴达木梭梭林国家级自然保护区

考察记》(《生命世界》第3期)一文，认为保护区内常住人口的生活和放牧活动，包括放牧骆驼、羊等牲畜，盗挖肉苁蓉、黑果枸杞等资源植物活动对保护区内生态环境和植物资源造成影响；高速公路、高压输电等一些建设项目在选址选线时没有进行避让，对野生动物造成一定程度的阻隔。

赵景波、曹军骥的《青海湖流域土壤水与土壤水库研究》(科学出版社)一书，通过对青海湖流域草原土壤大量钻孔取样和对土壤含水量、土壤入渗率、粒度成分和孔隙度的测定与分析，研究了该区不同降水年土壤水动态变化、土壤水运移、土壤干层、水循环、水分平衡、土壤水库的特点、荒漠化发生原因和适宜发展的植被；揭示了土壤含水量的剖面分布特点和季节变化；认识了土壤水分运移规律、滞留性和土壤水库的蓄水及调控能力；确定了土壤干层发育的等级、分布特点和土壤水分循环特点。

(二) 湿地与农田

甄硕等的《2007年和2016年若尔盖高原沼泽湿地景观格局及变化》(《湿地科学》第4期)一文，基于2007年和2016年landsat TM/OLI影像数据，采用景观格局指数，分析沼泽湿地的景观格局变化。结果表明：与2007年相比，2016年研究区沼泽湿地的总面积减少16588hm^2；与2007年相比，2016年沼泽化草甸的质心向西南偏移了15.13km，沼泽质心向东北偏移了14.88km；沼泽化草甸景观趋于破碎，沼泽分布趋向于大块的集中分布。

吴维维等的《西藏拉鲁湿地硅藻植物的分类研究》(《西北植物学报》第3期)一文，基于2015年7月对拉鲁湿地不同生境的藻类的标本采集数据，分析西藏拉鲁湿地硅藻植物的分类。结果表明：西藏拉鲁湿地的硅藻植物共133个分类单位，包括54属122种11变种，分别隶属于3纲12目54属，其中6种为中国新记录，分别为多罗弗里克短缝藻、嫌钙异极藻、坎普登斯异极藻、三角舟形藻、相似弯肋藻、兰格伯泰勒特桥弯藻。

郝兆等的《西藏拉鲁湿地土壤酵母菌多样性及产胞外酶活性菌株分布特性研究》(《广东农业科学》第4期)一文，基于2015年10月份在拉鲁湿地的10个采样点的数据，分析拉鲁湿地土壤酵母菌多样性及产胞外酶活性菌株分布。结果表明：拉鲁湿地土壤酵母菌总体种类较丰富，但每个样点的种类相对单一；湿地生境或人为活动影响到生态环境酵母菌的种群分布。

次仁旺珍等的《西藏米林农场水果农药污染现状及防治对策》[《中国农业信息》第2期(下)]一文，基于2008年春、夏、秋三季对米林农场果园水果的采样数据，分析农场水果农药污染与防治。结果表明：多年来大量连续使用化学农药，使得水果病虫害对化学农药产生了抗药性，果农只能加大农药的使用量，由此农药使用和依赖程度呈现出恶性循环状态。

拉巴次仁等的《西藏尼洋河水环境重金属元素水平与风险评估》（《环境监测管理与技术》第4期）一文，基于西藏尼洋河流域的13个代表性采样点水样，运用综合指数评价法和Pearson相关性分析法，评价尼洋河水环境质量状况。结果表明：尼洋河水样的pH值为8.10—8.80，呈碱性至弱碱性；元素含量基本达到《地表水环境质量标准》（GB3838－2002）Ⅰ类标准；13个采样点中有11个采样点的WQI＜1，表明尼洋河水环境质量良好，尚未受到重金属明显影响。

（三）植被与森林

张强的《2010—2015年甘南州夏河县草地植被动态变化分析》（《环境研究与监测》第2期）一文，基于地面实测样点数据和MODIS植被指数数据，模拟分析2010—2015年甘南州夏河县草地生长季期间植被生物量和覆盖度的时空变化。结果表明：夏河县2015年全县草地生物量最小，而2012年全县草地盖度最大。

马维伟等的《甘南尕海湿地退化过程中植被生物量变化及其季节动态》（《生态学报》第15期）一文，基于2013—2014年5—9月对泥炭沼泽植物地上和地下生物量的采样，2013—2015年5—9月对沼泽化草甸的采样，分析尕海湿地退化过程中植被生物量变化规律。结果表明：随着湿地退化演替，两类湿地植被地上生物量逐渐减小；地下生物量随退化程度加剧显著减小；地下生物量季节变化均表现出愈接近生长季始末值愈大，地下生物量由土壤表层向深层显著下降总体呈“T”形分布；尕海高寒湿地5—9月平均根冠比均表现未退化高于退化，根冠比季节动态为越接近生长季始末值越大，生长旺盛季值越小。

李妍妍、郑国强的《西藏天然林保护区景观格局分析》（《山东建筑大学学报》第5期）一文，基于2000年和2010年遥感影像，分析保护区景观格局的动态变化。结果表明：天然林保护工程实施后，保护区土地利用类型变化明显，植被覆盖度增加到84.5%，土地类型空间分布存在差异；景观格局斑块个数减少但依旧较多，景观最大斑块指数和平均斑块面积增加；景观异质性降低，破碎度较大。

陈振雄等的《西藏自治区森林资源连续清查优化调查方案探讨》（《中南林业调查规划》第1期）一文，基于2006和2011年森林清查数据，在梳理现有清查体系的基础上，分析清查体系的优化调查背景、调查原则、调查内容、调查方法。结果表明：森林资源类型不会有明显变化，但是森林覆盖率、人工林资源相比前期清查会有所提高；灌木林、人工林资源量占国土面积的比例很低，对总体结果不会造成较大变动。

（四）河流与湖泊

赵琳等的《放牧背景下青藏高原若尔盖盆地非流动性地表水的质量特征》（《西南民族大学学报》自然科学版第3期）一文，基于2016年对若尔盖的禁牧草场、夏秋放牧草场和冬春放牧草的采样数据，分析青藏高原若尔盖盆地放牧背景下非流动性地表水的质量特征。结果表明：长期过牧的背景下，草场非流动性地表水质量下降，冬春草场下降较夏秋草场严重；草场非流动性地表水质量存在潜在风险，放牧应避开流动性小的地表水。

朱立平、郭允的《青藏高原湖泊沉积记录与环境变化研究》（《科技导报》第6期）一文，基于青藏高原大范围现代花粉数据，建立孢粉—气候因子的转换函数，分析青藏高原环境变化。结果表明：总体来说，青藏高原冰消期时段记录仍然较为缺乏，主要集中在东北部地区；而高原其他地区急需展开更长时间尺度的环境变化记录研究，以了解末次冰消期青藏高原整体环境变化及其影响因素；高原大部分湖泊都表现出早中全新世湿润，晚全新世干旱的特点，而在高原东北部地区却出现不同的变化趋势，这是由于区域地形或者温度升高引起的局地蒸发加强导致的。

闫立娟、郑绵平、齐路晶的《青藏高原湖泊湖面变迁及影响因素》（《科技导报》第6期）一文，基于20世纪70年代、90年代、2000年前后和2010年的Landsat遥感影像数据和青藏高原47个气象台站的年平均气温和年降雨量资料，分析青藏高原湖泊湖面变迁及其影响因素。结果表明：1973—2010年，青藏高原湖泊个数和总面积呈显著增加的趋势；青藏高原湖泊湖面变迁主要受气温升高、降雨量增加和蒸发量减少的影响；影响青藏高原湖泊湖面动态变化的因素还有冰川分布、人类活动、湖盆形状、补给和排泄区等。

朱立平等的《青藏高原湖泊水量与水质变化的新认知》（《自然杂志》第3期）一文，基于近5年在青藏高原地区开展的湖泊基础调查，分析湖泊面积、水量变化的时空差异及其对气候变化的响应。结果表明：青藏高原的湖泊在1976—1990年经历了普遍退缩，1990年以后出现普遍扩张，而在2000—2005年出现快速扩张的趋势，目前仍然处在持续扩张的状态；东北部和南部的一些湖泊也出现退缩现象，藏南地区降水减少以及蒸发增强是羊卓雍错湖泊退缩的主要原因，强烈的蒸发以及低的降水量也使得玛旁雍错不断退缩；青藏高原内陆湖泊的扩张很可能主要是由于外来降水增多导致；青藏高原地区湖泊水色受到电导率、深度的影响较大；叶绿素对青藏高原地区水色影响很小。

杨珂含等的《青藏高原湖泊面积动态监测》（《地球信息科学学报》第7期）一文，基于环境减灾卫星和Landsat系列卫星影像数据，利用半自动湖泊提取算法，分析127个湖泊在2009—2014年湖泊面积的时空变化特征。结果表明：湖泊整体呈现显著扩张趋势，但6年间湖泊面积扩张速率有所减缓；不同区域湖泊面积变化具有明显差异，主要表现为东部及北部大部分区域湖泊扩张，南部地区大部分湖泊面积稳定，萎缩湖泊主要分布于研究区四周；存在冰川融水补给的湖泊面积变化率远大于不存在冰川融水补给的湖泊；冰川融水的增加是促进青藏高原内流流域湖泊扩张的主要因素之一。

邢宇等的《青藏高原湖泊与气候变化的GRA空间响应》（《干旱区资源与环境》第3期）一文，基于地形图、MSS、TM、ETM和CBERS数据以及青藏高原气温和降水数据，分析气候变化与湖泊之间的关系。结果表明：青藏高原在2006年，面积大于0.1km^2的湖泊有45693.37km^2，整体减少1190.52km^2，1990年后持续增加了6429.18km^2，37年净增加了5238.66km^2；在青藏高原北、西、南边缘地带的大多地区气温升高对湖泊增加的影响比降水大，在青藏高原腹部地区降水对湖泊变化的关联度较高。

马芳等的《青海湖环湖区水污染现状及法律对策研究》（《青藏高原论坛》第3期）一文，基于旅游统计数据和现场观察方法，介绍青海湖水污染问题。结果表明：随着经济的发展，游客的显著增加，青海湖湖区水污染问题日益严重。因此，要在湖区水污染治理上取得更大的成效，必须加强对当地农牧民及游客的环保宣传，强化青海湖景区相关部门在水体保护方面统一有效的规划，加大环保执法力度，进一步健全和完善青海湖环湖区水环境保护与水污染防治的地方立法。

蒋冲等的《1956—2012年三江源区河流流量变化及成因》（《环境科学研究》第1期）一文，基于1956—2012年水文气象资料，分析三江源区河流流量变化及其可能成因。结果表明：近57年来澜沧江源区和长江源区的年均流量均呈增加趋势，黄河干流流量轻微减少；黄河源区高流量和低流量都减少，长江源区高流量和低流量均增加，而澜沧江源区高流量减小、低流量增加；气温和降水的共同作用导致河流流量的年内分布呈双峰型或单峰型的特点；黄河源区和澜沧江源区流量主要受东亚季风和西风控制，而长江源区流量主要受到青藏高原季风和东亚季风的影响；三江源区0℃等温层高度和积温均呈显著增加趋势，在区域快速增温背景下，冰川和积雪消融给河流流量造成的短期增加效应不可持续，由此对水源涵养功能构成严重威胁。

范月君、侯向阳的《三江源区黄河水塔功能影响机制及驱动分析的研究及展望》（《青海畜牧兽医杂志》第4期）一文，基于他人既有研究成果，综述三江源区黄河水塔功能影响机制及驱动因素。结果表明：总体来说，气温上升改变了流域的水循环过程，从而使流域产汇流条件恶化，减少了地表径流的形成；但是诸多研究表明气温虽然对径流量的部分周期波动变化有一定的影响，但不如降水的影响明显。

张岩等的《三江源区径流长期变化趋势对降水响应的空间差异》（《环境科学研究》第1期）一文，基于1957—2012年三江源区气象站和水文站观测数据，分析三江源区降水和径流的变化趋势以及径流对降水响应关系的空间差异。结果表明：1957—2012年三江源区有67.1%的区域年降水量呈显著增加趋势；47.3%的区域径流深变化趋势不显著，45.4%的区域显著增加；其余7.3%的区域内降水变化不显著但径流深显著减少；长江源区绝大部分区域降水量和径流量都显著增加，澜沧江源区在降水显著增加或变化不显著的情况下，径流深无显著变化或显著减少，黄河源区内部差异很大，降水呈增加或无显著变化趋势，径流深则呈无显著变化或显著减少趋势；除澜沧江源子曲外，三江源区年径流深和降水量呈显著线性正相关。

杜甫义等的《西藏地区不同湿地植物配置对污水的净化效果》（《环境工程》第1期）一文，基于2015年5—12月对拉鲁湿地三种湿地植物的试验数据，分析不同湿地植物配置对污水的净化效果。结果表明：植物覆盖系统中湿地植物生长良好，且对污水去除效果均显著优于无植物覆盖系统；其中水葱、黑三棱和芦苇的植物混合套种系统综合了植物根系分布的优势，延长了优势根区反应时间，综合去污效果及其稳定性最佳。

宗永臣的《西藏地区自然环境对污水处理效果的影响初探》（《市政技术》第3期）一文，基于西藏七地市的海拔、温差、紫外线和污水数据，分析高海拔、大温差、强紫外线对污水处理效果的影响。结果表明：海拔对污水处理效果的影响主要通过气压、溶解氧实现；水温主要通过对微生物生长过程、微生物降解速率、微生物酶促反应速度、脱氮除磷、污泥性能等的影响来对污水处理效果产生影响；紫外线对污水处理效果是抑制还是增效尚待进一步研究确定。

董江伟等的《西藏尼洋河水系水质污染特征及污染来源分析》（《水力发电》第5期）一文，基于尼洋河水系2016年6月—7月、11月—12月的15个水质监测数据，分析尼洋河水系水质污染特征及污染来源。结果表明：尼洋河流域水体大多数监测断面氮污染指标高于Ⅲ类水体的标准值，河流水体基本上处于氮污染状态；尼洋河水系污染来源总的来说农业面源污染最大，畜禽养殖污染次之，生活污水污染最小。

（五）气候与空气

钟茂宁等的《为缓解热岛效应大中型城市通风廊道的设计——以拉萨为例》（《劳动保障世界》第3期）一文，基于高原热岛效应理论，分析拉萨市通风廊道的设计。结果表明：拉萨可以采用地形、河流以及风的走向来缓解拉萨的高原热岛效应；增加空气引导通道可以改善拉萨市作用空间的空气质量，减少拉萨的污染，缓解拉萨市旅游旺季的交通压力。

（六）生物多样性

张玉波等的《青藏高原生态系统发育与生物多样性》（《科技导报》第12期）一文，基于青藏高原的地貌形成过程和气候条件，对青藏高原的生态系统与生物多样性进行基本判断。结果表明：在气候变化背景下，应当建立涵盖青藏高原全境的生态监测体系、构建天地一体化监测体系和信息平台、生态建设项目的监测与评估；从而提高青藏高原地区生态系统和生物多样性应对全球气候变化的能力。

闻丞等的《青海可可西里世界遗产地生物多样性价值的空间界定》（《遗产与保护研究》第2期）一文，基于物种分布模型和实地调研，分析可可西里世界遗产地生物多样性价值的空间。结果表明：秋冬季节，藏羚分布主要在整个分布区的外缘，如可可西里东部和三江源极西部、阿尔金山南部、羌塘南部西部；春夏季节，藏羚分布向分布区腹地延伸，融合成相连的一大片。藏羚分布范围在春夏季和秋冬季之间的这种变化，正是藏羚的季节性迁徙；在秋冬季节，青藏公路沿线从不冻泉保护站以南至五道梁镇以北两侧约50千米范围是哺乳动物种类最为集中的区域，尤其是藏羚、藏原羚、野牦牛和藏野驴四种大型草原有蹄类动物；而在青藏公路以西、可可西里山以南的广袤范围内，哺乳动物种类较为稀少。春夏季节，昆仑山沿线、可可西里山两翼和位于昆仑山、可可西里山之间的五雪峰等地，以及库赛湖、卓乃湖、可可西里湖沿岸等地是哺乳动物最为集中的区域。

梁健超等的《青海三江源国家级自然保护区麦秀分区鸟类多样性空间格局及热点区域研究》（《生物多样性》第3期）一文，基于三江源国家级自然保护区麦秀分区鸟类资源调查数据，分析鸟类丰富度的空间分布格局与热点区域。结果表明：调查期间共记录鸟类89种，隶属10目29科57属，其中列入《国家重点保护野生动物名录》的12种，列入《濒危野生动植物种国际贸易公约（CITES）》附录Ⅰ、Ⅱ的11种；不同环境梯度间鸟类群落组成差异显著，低海拔的森林生境物种多样性要明显高于高海拔的草原草甸生境；鸟类丰富度的空间格局表现为从东北部的峡谷林区分别往西北、东南部冰川雪山递减；濒危保护鸟类的热点区域集中分布在西南部高山草甸，与全部鸟类的热点区域之间存在明显差异；麦秀分区核心区范围与全部鸟类的多样性热点区域的分布一致，但未能覆盖濒危保护鸟类的热点区域，可能不利于濒危鸟类的保护。

张洪峰等的《青海三江源自然保护区马麝栖息地适宜性评价》（《西北农业学报》第8期）一文，基于2008年6—9月青海三江源自然保护区马麝栖息地调查数据，采用地理信息系统技术和栖息地适宜性指数，评价青海三江源自然保护区马麝栖息地适宜性。结果表明：青海三江源自然保护区马麝适宜栖息地面积为6089.63km^2，较适宜栖息地面积为5204.44km^2，不适宜栖息地面积为141047.93km^2；从空间分布情况来看，适宜栖息地主要分布于保护区东部果洛州以及南部玉树州生境条件较好且人为活动干扰较低的区域，不适宜栖息地主要分布于保护区中部的人为活动干扰较高区域及西部荒漠区；适宜生境的破碎是限制三江源自然保护区马麝种群恢复的重要因素。

蒋政权等的《若尔盖湿地保护区黑颈鹤巢期及影响因子》（《生态学报》第3期）一文，基于2013—2014年3—7月在若尔盖湿地保护区及周边55对繁殖黑颈鹤的营巢时长调查数据，分析若尔盖湿地保护区黑颈鹤巢期及影响因子。结果表明：黑颈鹤的营巢时长在0.5—40天之间，平均巢期为（6.7±9.3）天；巢期长短依次为泥堆巢＞草堆巢＞草墩巢＞岛地巢；巢期与巢址生境显著相关，湖泊生境＞沼泽生境＞河流生境；从不同营巢月份看，巢期与筑巢月份显著相关，巢期长短依次为4月份巢＞5月份巢＞6月份巢；巢期与巢体积大小具有显著相关性，即营巢时间越长巢体积越大；黑颈鹤的营巢时间长短主要受营巢生境、月份和做巢类型的影响。

马洪波等的《探索三江源生态保护与发展的新路径——三江源生物多样性保护项目的启示》（《青海社会科学》第1期）一文，基于联合国开发计划署、全球环境基金会和青海省人民政府联合支持的三江源生物多样性保护项目，分析三江源生态保护与发展的路径。结果表明：只有找到政府、社区、市场、道德、法律、科学和技术等多种力量的有机结合点，才能形成三江源生态保护与发展“多元共治”的良好局面。

尹志坚等的《西藏察隅慈巴沟国家级自然保护区物种多样性及区系特征》（《林业建设》第2期）一文，基于对野外采集的2100余号标本的鉴定数据和相关文献资料，分析西藏察隅慈巴沟国家级自然保护区物种多样性及区系特征。结果表明：察隅县新记录植物195种（包括慈巴沟花楸一新种），西藏新记录植物31种，新记录植物属6属及西藏、察隅两栖动物新记录1种（贡山齿突蟾）；察隅县在中国植物区系区划中属于东亚植物区，中国—喜马拉雅森林植物亚区，东喜马拉雅地区，藏东南亚地区；慈巴沟自然保护区在动物地理区划上属东洋界西南区，同时保留了种类较多的古北界物种，其动物区系呈现出多区系成分交汇的特点。

李海东等的《西藏山坡流动沙地物种多样性恢复及影响因素》（《农业环境科学学报》第9期）一文，基于2008年建立的雅鲁藏布江中游的山坡流动沙地植被恢复试验数据，分析物种丰富度、α多样性和β多样性随微地形改变的变化特征。结果表明：2011年山坡流动沙地恢复植被共有14个种，隶属9个科、12个属；Shannon-Wiener指数在不同调查样带之间的变化较大，Simpson指数和Pielou均匀度指数的变化较小，α多样性指数总体上表现为随物种丰富度的增大而增加；丘间地的群落相似性大于迎风坡，在群落梯度上丘间地的物种多样性恢复效果较好；局部微地形、恢复植物种的选择是影响山坡流动沙地物种多样性恢复的主要因素。

（七）生态系统功能

任小丽等的《2001—2010年三江源区草地净生态系统生产力估算》（《环境科学研究》第1期）一文，基于2001—2010年青藏高原10个通量观测站点的观测数据，分析三江源区草地生态系统生产力。结果表明：2001—2010年三江源区草地生态系统多年平均NEP空间分布具有明显的空间异质性，大部分地区表现为碳汇，NEP平均值为41.8g/（m^2·a）；三江源区草地生态系统

NEP 呈波动增加趋势，从 2001 年的 20.0g/（m^2·a）增至 2010 年的 82.5g/（m^2·a）；除 2002 年表现为弱碳源外，其余年份均表现为碳汇，并以 2010 年碳汇能力为最强；2001—2010 年三江源区草地生态系统 NEP 平均年增长率为 5.4g/m^2；NEP 年际变化率空间分布显示，大部分地区 NEP 呈增加趋势，仅有东南部和中部部分区域 NEP 呈下降趋势；并且由于气候的暖湿化，碳汇强度总体表现为增强。

苏军虎等的《甘南草原主要草食动物的食性及其生态位特征》（《动物学杂志》第 3 期）一文，基于 2014 年甘南藏族自治州碌曲县拉仁关乡则岔进行的采样数据，分析甘南草原 4 种主要草食动物牦牛、藏羊、喜马拉雅旱獭和高原鼢鼠秋季的食性及食物生态位重叠程度。结果表明：4 种动物的食物资源谱存有较大差异，禾草科的发草和莎草科的扁穗草是藏羊和牦牛食物结构的主体，喜马拉雅旱獭的食谱中绝大部分是鹅绒委陵菜和克氏针茅，高原鼢鼠采食具有发达根茎的美丽风毛菊、鹅绒委陵菜、蒲公英及垂穗披碱草；牦牛和藏羊的食物生态位宽度显著高于喜马拉雅旱獭和高原鼢鼠；食物生态位重叠度以藏羊和牦牛高，其次为喜马拉雅旱獭和高原鼢鼠，重叠度低的是藏羊和高原鼢鼠。

高艳妮等的《基于能值理论的三江源区生态系统服务物质当量研究》一文（《环境科学研究》第 1 期），基于三江源 2000—2010 年的植被数据，采用能值理论与方法，分析三江源地区生态系统服务的物质当量。结果表明：三江源区主导生态系统服务（包括水源涵养、土壤保持和生态系统固碳）所具有的能值量为 2.74×1022sej/a，标准物质当量（即物质当量单位）的能值基准值为 1.58×1017sej/（km^2·a），由此估算的物质当量为 173618.8 当量/a，单位面积物质当量为 0.56 当量/（km^2·a），其中水源涵养、土壤保持和生态系统固碳服务的物质当量所占比例分别为 52.72%、28.14% 和 19.14%；三江源区主导生态系统服务物质当量的空间分布特征表现为从东南向西北逐渐递减的变化趋势；分县估算的主导生态系统服务物质当量的空间分布与其单位面积物质当量存在较大差异，前者的高值区主要位于治多县、曲麻莱县和杂多县，后者则主要位于尖扎县、同仁县、久治县和班玛县。

税伟等的《若尔盖沙化草地恢复过程中土壤特性及水源涵养功能》（《生态学报》第 1 期）一文，基于 1995 年、2007 年、2009 年、2010 年、2011 年的治理区，2012 年正常放牧区和 2012 年无治理区的采样数据，分析沙化草地在恢复重建过程中水源涵养功能的变化及其影响因素。结果表明：若尔盖草地在恢复重建过程中，土壤质地发生变化，由紧砂土逐渐恢复成砂壤土，保水能力及保肥性都得到显著提高；土壤容重随着治理时间的增加而降低；土壤 pH 值随着治理时间的增加而逐渐降低，土壤总体上为中性土，适宜植被生长；土壤有机质变化相对不明显，但治理区的有机质远低于正常放牧区的土壤有机质，呈缓慢上升趋势；土壤含水量呈“V”形变化趋势，在治理初期，土壤含水量先减小，但到了治理后期，土壤的含水量开始增加；土壤含水量和有机质、土壤质地、土壤 pH 值、生物量以及土壤碳含量呈显著相关关系，其中含水量与有机质、土壤质地以及土壤碳含量呈极显著正相关，而与 pH 值呈显著负相关。

张妹婷等的《三江源区草地生态系统质量及其动态变化》(《环境科学研究》第 1 期) 一文，基于 2000—2010 年的 MODISNDVI 产品数据和植被类型、气温和降水量数据，分析三江源区草地生态系统的时间变化特征和空间分布规律。结果表明：2000—2010 年三江源区草地年均植被覆盖度为 26. 89%，年均 NPP 为 34. 35g/m^2，11 年间二者均呈增加趋势；三江源区草地质量具有明显的季节性变化特征，呈南高北低、东高西低的空间分布格局；从 11 年的平均结果来看，三江源区草地植被覆盖度在 8 月达到最大值，约为 59. 19%；而草地 NPP 在 7 月达到最大值，为 98. 53g/m^2；气温是三江源区草地植被覆盖度变化的主要影响因子，而雨热不同期则造成三江源区草地 NPP 的年际波动变化；植被覆盖变化是气候变化和人类活动共同作用的结果。

蒋冲等的《三江源区生态系统状况变化及其成因》(《环境科学研究》第 1 期) 一文，基于 2000—2013 年间三江源区的气象、水文、遥感影像、样地观测和社会经济数据，评估 2000 年以来三江源区生态系统构成、质量和服务功能变化。结果表明：2000—2010 年三江源区生态系统结构基本稳定，草地退化状况轻微好转，产草量和生产力微弱增加；2005—2010 年局部重点生态工程区的水土流失状况轻微好转，但区域整体好转趋势不明显；2000—2013 年地表水、地下水资源量和土壤湿度均呈明显增加趋势，水质稳定在 GB3838 –2002《地表水环境质量标准》划定的 Ⅰ – Ⅱ类；降水量和冰川积雪融水量增加导致径流量增大，气候变暖引起的冻土退化导致地下水库枯水季径流调节作用增强；生态工程实施后，生物栖息地的生境退化状况轻微改善，野生动物的分布范围和种群数量都有了较为明显的增加。

姜云鹏、乔玉的《雅鲁藏布江支流流域生态特征与生物资源保护研究：以尼木玛曲流域为例》(《水利水电技术》第 10 期) 一文，基于实地调查方法、走访当地部门居民、获取河中的捕捞记录，评价陆生脊椎动物物种多样性及水生生态环境。结果表明：调查区域内陆生植被 Shannon-wiener 指数为 0—2，表明陆生植物种类单一；调查区域内浮游藻类 Margalef 丰富度指数为 2.5—3.92，浮游动物 Margalef 丰富度指数为 2.3—3.9，藻类物种比较丰富；尼木玛曲流域范围内主要陆生生物种类单一，群落稳定性差，生态系统相对脆弱；水生生态物种丰富，群落结构稳定，水生态环境良好。

二、生态环境影响因素及其机制

2017 年关于生态环境影响因素及其机制的研究文献，主要涉及气候变化、放牧围栏、道路建设、产业发展和文化习俗等方面。

（一）气候变化

白晓兰、魏加华、解宏伟的《三江源区干湿变化特征及其影响》（《生态学报》第 24 期）一文，基于 1957—2014 年的水文气象数据，采用霍尔德里奇潜在蒸散率代表干燥度，用累计距平、Pettitt 突变点检测及逆距离加权法研究基于 PER 的三江源区干湿变化特征和分布，分析气候变化背景下各气象要素变化对干湿变化带来的可能影响。结果表明：时间序列上，三江源区整体 PER 值表现出上升趋势，且在 1997 年发生突变，干旱化有增加趋势；空间分布上，PER 呈现自东南向西北递增的变化格局，大部分站点的 PER 增加趋势显著；通过相关性分析，PER 与降水及相对湿度呈显著的负相关，与气温和日照显著正相关；气温是三江源暖干化的主要因素。

李磊磊等的《西藏自治区植被与气候变化的关系》（《山地学报》第 1 期）一文，基于 2001—2013 年 MODIS 卫星 16 天时间序列数据和同期的降雨卫星 TRMM 数据，采用线性回归和相关性分析法，分析西藏地区植被、地表温度和降雨量的时空特征及相关性。结果表明：2001—2013 年间，西藏地区植被与地表温度、降雨量在时间波动和空间分布上具有一致性。植被 NDVI 逐年增大，植被状况逐渐改善，地表温度总体呈上升趋势，降雨量整体无明显变化；13 年来植被 NDVI、地表温度和降雨量的变化区域差异性较大，在西藏中部和东部变化明显；植被 NDVI 的变化与气候变化密切相关，受降雨明显影响的区域分布在西藏中部，受地表温度明显影响的区域分布在西藏东部和西部。

（二）放牧围栏

周文昌等的《放牧对若尔盖高原湿地 CH_4 排放的影响》（《生态学报》第3期）一文，基于2013—2014年若尔盖湿地3个静态箱的试验数据，分析放牧对四川省若尔盖高原湿地 CH_4 排放的影响。结果表明：放牧样地和围栏内样地生长季 CH_4 排放量为（31.32 ± 19.57）g/m^2 和（30.31 ± 23.46）g/m^2，它们之间无显著差异；但是集中放牧期间，放牧样地（21.01 ± 12.35）g/m^2 较围栏内样地显著增加，CH_4 排放量为54.3%；放牧或者刈割减少地表植物生物量，降低植物高度，缩短了 CH_4 排放的路径距离。

付刚、沈振西的《放牧改变了藏北高原高寒草甸土壤微生物群落》（《草业学报》第10期）一文，基于2013年8月3个配对的围栏样地内外的采样数据，分析藏北高原高寒草甸土壤微生物群落组成对放牧的响应。结果表明：冬季放牧显著降低了高寒草原化草甸的土壤真菌、革兰氏阴性细菌、放线菌和原生动物。夏季放牧显著降低了典型高寒草甸的土壤总PFLA、真菌、细菌、革兰氏阳性细菌、革兰氏阴性细菌、放线菌、丛枝菌根真菌和原生动物；土壤无机氮和水溶性有机氮显著影响着高寒草原化草甸冬季牧场的土壤微生物群落组成，而硝态氮和水溶性有机碳显著影响着高寒草原化草甸夏季牧场和典型高寒草甸夏季牧场的土壤微生物群落组成。

初晓辉等的《放牧和封育对青藏高原南缘亚高山草甸群落结构及物种多样性的影响》（《草地学报》第5期）一文，基于2015年7月中旬香格里拉县小中甸镇植物种类、总盖度、各物种密度等数据，分析放牧和封育管理措施下亚高山草甸群落结构及物种多样性的影响。结果表明：与自由放牧相比，封育措施均可增加滇西北退化亚高山草甸优良牧草的优势度，促进退化亚高山草甸植被的恢复，但封育后因群落中单个或少数物种在群落中的优势地位大大增加，草地中伴生种消失，物种丰富度和多样性降低。

高英志、景馨、王新宇的《放牧和刈割对草原地下净生产力和根系周转的影响》（《西南民族大学学报》自然科学版第2期）一文，基于既有相关研究文献提供的数据，分析放牧和刈割对草原地下净生产力和根系周转的影响。结果表明：北方干旱、半干旱草原在重度放牧下，地下净生产力、地下生物量会显著下降，地下碳分配减少；放牧也通常会加快根系周转；牛单牧条件下细根的年周转率最高。

吴建波、王小丹的《围封年限对藏北退化高寒草原植物群落特征和生物量的影响》（《草地学报》第2期）一文，基于申扎高寒草原与湿地生态系统观测试验站数据，采用样线法和样方法，分析围封8年、围封4年和自由放牧的藏北高寒草原群落特征和生物量。结果表明：自由放牧样地经过围封后，群落结构由杂类草矮火绒草和昆仑蒿转变为多年生禾草紫花针茅和青藏苔草，为优势种的植物群落，植被高度、盖度、丰富度和多样性均增加；但是围封后地上生物量却呈降低趋势。

白玛玉珍等的《围栏封育对西藏甲玛湿地植物多样性影响分析》[《黑龙江畜牧兽医》第5期（上）]一文，基于2010年西藏墨竹工卡县甲玛湿地围栏内外25个样本点数据，分析甲玛湿地植物群落对围栏封育的响应。结果表明：围栏内有13科26属33种植物，围栏外有13科27属33种植物，物种组成及优势种差异很大，且围栏内以禾本科麦蕒草及菊科小球花蒿为优势种，围栏外以莎草科芒尖苔草及粗壮嵩为优势种；围栏内的生物量、高度、盖度、丰富度与优势度高于围栏外，而多样性指数与均匀度低于围栏外；围栏内外植物群落的相似度较高。

杨振安等的《青藏高原高寒草甸植被和土壤对短期禁牧的响应》（《生态学报》第23期）一文，基于红原县境中国科学院若尔盖湿地生态系统定位站监测数据，通过冬季自由放牧和短期（2年）禁牧的对比试验，分析青藏高原高寒草甸对短期禁牧的响应。结果表明：短期禁牧显著改变高寒草甸植被盖度、地上生物量、根冠比、植被全磷含量和N:P，以及土壤全磷含量；禁牧后土壤全碳含量与植被地上全碳含量呈显著相关性，自由放牧后土壤全碳和全氮含量分别与植被地下部分全碳和全氮含量呈显著相关性；不同的草原管理措施（禁牧、放牧）会改变高寒草甸植被与土壤养分分配及其平衡关系，植被与表层土壤主要养分含量之间的关联性仅存在于部分植物器官与部分营养元素之间。

（三）道路建设

罗运武等的《川藏铁路雅安至康定段环保选线研究》（《铁道工程学报》第8期）一文，认为选择的线路方案坚持依法合规原则；综合考虑各方面因素，开展多方案比选，推荐环境影响最小的方案；重大敏感区先期开展论证及专家咨询，征求主管部门意见；工程形式、大临工程选址以及施工组织要得当，降低对环境的影响；环保选线研究成果可为后续其他铁路项目提供借鉴。

郭长宝等的《川藏铁路沿线及邻区环境工程地质问题概论》（《现代地质》

第5期）一文，基于野外地质调查、钻探、地应力测量和室内测试数据，分析川藏铁路规划建设中可能遇到的活动断裂、高地应力、高地温、岩爆和地质灾害等主要环境工程地质问题。结果表明：川藏铁路沿线及邻区发育有54条区域活动断裂，其中对铁路有直接重要影响的全新世活动断裂有17条；研究区内地震活动频繁，约有50%的规划线路位于地震动峰值加速度＞0.2g地区，部分地段＞0.4g，潜在地震风险大；铁路沿线主要的地质灾害类型为崩塌、滑坡和泥石流，地质灾害受活动断裂影响强烈，部分地段发育有高速远程滑坡；川藏铁路沿线构造应力场和地热场复杂，深埋隧道工程建设时容易发生岩爆、软岩大变形和高温热害等工程地质问题。

许佑顶、姚令侃的《川藏铁路沿线特殊环境地质问题的认识与思考》（《铁道工程学报》第1期）一文，认为川藏铁路穿越三大缝合带地区，影响最大的是雅鲁藏布江蛇绿岩缝合带，需重视发生在喜马拉雅弧上的大地震对川藏铁路的影响；对海洋型冰川覆盖区的冰湖溃决、冰川泥石流等问题，应加强形成机理、运动特征等基础理论和沿河线走高线位绕避沟谷灾害链等减灾选线策略研究。

李延森、周金星、吴秀芹的《青藏铁路（格拉段）修建对沿线植被生态系统及其弹性的影响》（《地理研究》第11期）一文，基于1995—2014年覆盖青藏铁路沿线10km范围的212景Landsat TM/ETM＋影像数据，分析10km区域的NDVI时空演变、稳态转变以及各植被生态系统弹性特征。结果表明：20年间青藏铁路沿线10km范围内NDVI“稳中有升”，与青藏高原NDVI变化相符，空间上呈“南高北低”的分布特征；北部区域NDVI变化相对稳定，NDVI下降区域集中在那曲—当雄；铁路修建及附属设施占地对植被的破坏作用最明显，集中在青藏铁路两侧100m内，并对青藏铁路沿线1km范围内的植被生长有抑制作用，作用程度与铁路距离成反比；城市及周边、河谷和牧区等人类活动较多的区域NDVI稳态转变最剧烈；各生态系统弹性大小依次为裸地＞荒漠＞高山植被＞草原＞草甸＞灌丛＞湿地＞农田。湿地是最易受外界干扰而改变的类型，是保护的重点类型，而荒漠和裸地生态系统弹性最高，最不易改变。

张亚宾、吕晓星的《青藏铁路风沙灾害及其治理措施研究》（《中国建材科技》第3期）一文，基于既有文献提供的数据资料，分析青藏铁路沙害现象、危害及其产生原因。结果表明：沙化草甸和草地是青藏铁路产生沙害重要风沙来源；青藏铁路采用的治沙措施主要有阻沙措施与固沙措施，阻沙措施普遍存在造价较高、施工难度大、清沙难度大等问题。固沙措施中最为理想的是植草固沙，既可根治沙害又可改善生态环境。

（四）产业开发

张华国的《试论新时期西藏“一江两河”农业生产开发和经济发展的生态环境问题及对策》（《西藏农业科技》第2期）一文，认为当地生态环境面临诸多问题，包括农业资源利用不合理，农业生态环境日趋恶化，草地、草场的超载；耕地供养失调，水肥严重不足，土壤生产力衰退；已经开发的矿产资源、地热资源局部造成流域外围生态环境的不断破坏。

王婧等的《西藏昌都地区环境硒分布特征及其与大骨节病的关系》（《地理研究》第3期）一文，基于2014年6—7月在昌都八宿县和洛隆县大骨节病情和饮用水、土壤、粮食和食物等样品数据，分析环境硒水平的差异及其与病情的关系。结果表明：大骨节病病情分布与当地环境因素特别是主粮青稞和糌粑关系密切；居民对自产粮食的依赖是大骨节病持续活跃的重要原因；长期施用化肥或有机肥促进了硒在土壤中的累积，从而提高土壤全硒含量。

（五）生态文化

丁燕的《藏传佛教的生态内涵：以郭雪波的生态小说为例》（《贵州民族研究》第2期）一文，认为作家郭雪波将藏传佛教基本教义的生态文明理念渗透到其生态文学作品之中，不断地向广大读者传递“尊重生命”“与自然和谐共处”等生态思想内涵；并自觉地从宗教文化出发去追寻生态意识并寻找救赎之路。

郭海青、贾伟的《藏区地方话语结构与生态保护实践研究：以青海藏区S村为研究个案》（《青海民族研究》第2期）一文，认为藏族地区地方话语体系蕴含着地方朴素的生态系统观，在生态保护中具有广泛的行动能力，这在当前生态文明的建设中具有不可估量的价值。

常丽霞、袁峥嵘的《藏族生态伦理观的当代变迁：生态习惯法文化的视角》（《西南民族大学学报》人文社科版第6期）一文，认为当代藏民族的生态伦理观发生了急剧的变迁；社会转型期构建藏族地区生态法治，应当以生态文明为导向，防止维系区域生态和谐的传统习惯法文化发生扭曲；将生态环境保护的目标纳入藏族地区经济、社会的发展决策之中，缓冲市场经济对于以生态伦理观为重要内容的地方性知识的冲击和扰动。

张辉的《地方性生态知识与生态保护：以滇西北藏区奔子栏镇神山崇拜为例》（《原生态民族文化学刊》第1期）一文，认为地方性生态知识依靠其特有的生态观、认知体系、技术实践和社区组织管理体制，去实现其生态环境的功能；滇西北藏族地区普遍存在着神山崇拜的社会事实，对于维护藏族地区的生态环境始终发挥着关键性的作用。

刘培勇等的《在雪域大地慈悲地栖居：关于藏族传统生态伦理的当代价值思考》（《西藏发展论坛》第2期）一文，认为藏族的生态伦理奇迹就是人间的净土，悲悯情怀是藏族生态伦理的生命态度，知行合一是藏族生态伦理的实践智慧；同时藏族生态伦理面临着社会发展进步、现代化和全球化带来的挑战。

三、生态环境评估及其保护政策

2017关于生态环境评估及其保护政策的研究文献，主要涉及生态评估、防治技术和政府管理等领域。

（一）生态评估

王小丹等的《西藏生态安全屏障保护与建设成效评估》（《中国科学院院刊》第1期）一文，基于中科院与西藏自治区科技合作座谈会精神和中科院"西部行动"计划和"战略性先导科技专项"支持下的调研监测，评估西藏生态安全屏障保护与建设一期工程成效。结果表明：一期工程进展顺利，完成了阶段目标；高寒生态系统结构整体稳定，生态格局变化率低于0.15%；生态系统服务稳中略增，增幅3%—5%；同时生态环境脆弱，筑牢屏障任务依然艰巨。

范建容等的《西藏自治区水土保持监测的任务与策略》（《中国水土保持》第3期）一文，认为水土保持监测工作存在监测队伍不稳定、宏观监测不足、动态监测数据缺乏、微观监测站点稀少等问题。因此，主要监测任务包括查清全区水土流失情况，对重点区域开展周期性监测；加强人为新增水土流失监测，更好地服务于监管；开展水土流失治理与水土保持措施效益监测，为水土流失防治提供科学依据；建设水土保持生态监测网络体系。

窦瑞平、张秋慧、郭银菊的《甘南州部分县市畜禽养殖场周边土壤环境质量监测与评价》（《环境研究与监测》第1期）一文，基于临潭县新城镇华新养殖场、临潭县城关镇金洮养殖场和夏河县桑科乡羊吉牧民专业合作社的土壤环境质量监测数据，评价畜禽养殖场周边土壤环境质量。结果表明：甘南州畜禽养殖场周边土壤未受到污染，当地应结合实地情况大力发展绿色生态农业，促进生态与经济的可持续发展。

郝韵等的《青海玉树藏族自治州生态承载力空间分异研究》（《国土与自然资源研究》第3期）一文，基于遥感影像图和实地调查和社会经济等数据，综合评价玉树州各市县2000—2015年的生态承载能力。结果表明：玉树州各县的生态承载力排序为治多县 > 曲麻莱县 > 称多县 > 杂多县 > 玉树市 > 囊谦县；北部地区各县排序较为靠前、处于完全可载状态，而位于南部的杂多县、玉树市和囊谦县则处于可载和严重超载状态。

蒲玉琳等的《若尔盖沙化草地不同生态恢复模式土壤活性有机碳及碳库管理指数变化》（《生态学报》第2期）一文，基于野外实地踏勘结合遥感影像图数据，分析若尔盖沙化草地不同生态恢复模式土壤有机碳组分及碳库管理指数变化。结果表明：若尔盖沙化草地的生态恢复模式有灌草间作模式Ⅰ（SGI）、灌草间作模式Ⅱ（SGⅡ）、沙障+灌草模式（SBSG），三种模式都能提高土壤有机碳及其活性组分含量；SGI模式的全剖面土壤微生物量碳、溶解性有机碳、易氧化有机碳、颗粒有机碳含量分别增加36.6%、139%、89.4%、130.9%；SGⅡ模式的分别增加2.7%、-43.9%、15%、49.7%；SBSG模式的分别增加82.4%、21.8%、56.2%、170.3%；三种生态恢复模式土壤碳库管理指数均大于100%，能不同程度地提升土壤质量，其效应大小为SG > SGⅡ > SBSG。

张佩佩等的《甘南藏族自治州生态足迹与生态承载力分析》（《生态科学》第2期）一文，基于2000—2015年间《甘肃统计年鉴》《甘南州统计年鉴》《甘南州土地统计台账》数据，分析南藏族自治州生态足迹与生态承载力。结果表明：2000—2015年甘南州人均生态足迹由1.2（$hm^2 \cdot cap^{-1}$）上升到2.2（$hm^2 \cdot cap^{-1}$），万元GDP生态足迹逐年下降，人均生态承载力变化较小，呈微减趋势；整体上处于生态盈余状态，但盈余在逐年递减；生态足迹多样性指数在0.63—0.71间平稳波动，生态经济系统发展能力指数呈快速上升趋势；生态环境由2000年的生态很安全强可持续性状态逐渐变2015年的较安全弱可持续性状态；预测显示甘南2018年开始出现生态赤字，发展趋势不容乐观。

西藏自治区农牧厅所编《西藏自治区草原资源与生态统计资料》（中国农业出版社）一书，在外业调查和内业遥感解译、制图与数据库属性数据处理及计算基础上，对西藏自治区草原资源与生态进行了统计，具体包括草原类型面积及生产力统计资料、草原等级统计资料、草原退化（含沙化、盐渍化）和草原保护区资源统计资料。

（二）防治技术

赵新全等的《三江源区草地生态恢复及可持续管理技术创新和应用》（《青海科技》第1期）一文，提出系统研发和集成退化草地生态恢复重建技术应当以植被恢复为主线，以生态—生产—生活系统集成为核心内容，科学认知气候变化及人类活动对草地生态系统的影响及其响应。

韩波等的《三江源区高寒草地地上生物量遥感反演模型研究》（《环境科学研究》第1期）一文，基于2006—2014年7—8月三江源区高寒草地70个采样点地上生物量数据与同期MODIS - NDVI和MODIS - EVI数据，分析三江源区高寒草地地上生物量的时空格局。结果表明：基于EVI建立的乘幂模型对三江源区高寒草地地上生物量的拟合效果最好，其判定系数最大；2005—2014年三江源区高寒草地地上生物量空间特征基本一致，总体表现为从东南到西北逐渐减少的变化趋势，这与该区域的降水量、气温、海拔和植被类型等因素有关；2005—2014年三江源区高寒草地地上生物量平均值为169.25t/a，最高值为2010年、最低值为2008年；年际变化趋势表现为2005—2008年逐年下降、2008—2014年则在波动中逐年有所上升。

侯伟等的《西藏天保工程区森林抚育技术探讨》（《林业建设》第3期）一文，根据西藏天保工程区森林抚育实施情况，分析天保工程区森林抚育技术。结果表明：天保工程区可采取的措施主要有修枝、割灌除草、卫生伐、补植、人工促进天然更新、疏伐、定株等措施；天保工程区抚育地块坡度相对陡，施工困难，不宜采用机械，而要以人工实施森林抚育工作为主。

闫莉等的《玉树州三江源区水资源三维电子沙盘技术与架构》（《中国水利》第17期）一文，基于现代信息处理及软件平台构建技术，分析玉树州三江源区水资源。结果表明：玉树州三江源区水资源三维电子沙盘系统，应当包括系统集数据管理、信息展示、空间分析、可视化模拟仿真、业务管理、辅助决策等功能。

（三）政府管理

杨荣金等的《柴达木盆地生态环境保护战略与对策》（《科技导报》第6

期）一文，认为柴达木循环经济试验区总体规划实施进一步增大了生态环境的系统压力；柴达木盆地应当实施“生态保护优先”“产业绿色发展”和“科技创新驱动”的区域生态环境保护战略。

李忠鹏等的《从多中心治理的视角看生态保护：以三江源国家公园试点为例》（《价值工程》第29期）一文，认为政府、企业、公民社会三者应当合力推进国家公园体制试点；要以市场化方式促进三江源国家公园试点管理；推动公民社会积极参与三江源国家公园试点管理。

四川省社会科学院课题组的《建设若尔盖国家级生态特区战略研究》（《当代县域经济》第3期）一文，认为若尔盖地区是集自然环境恶劣、生态系统脆弱、经济发展缓慢、民族和宗教问题复杂为一体的省际交界区；应借鉴三江源生态保护综合试验区经验，设立国家级生态特区，通过体制机制创新，统筹各种相关政策，形成较为强劲合力。

于涵等的《青海可可西里世界自然遗产保护管理规划研究与实践》（《遗产与保护研究》第7期）一文，认为根据青海可可西里世界自然遗产突出普遍价值要素组成和分布，应当采取普遍价值保护、分区规划和管理、监测与管理评估、管理能力建设、公众参与和社区可持续发展、遗产展示和教育等一系列支撑措施。

付梦娣等的《三江源国家公园功能分区与目标管理》（《生物多样性》第3期）一文，基于土地、气候及人口牲畜数量，分析三江源国家公园功能分区。结果表明：国家公园具有自然资源保护、科研监测、访客体验、解说教育、社区发展等多重功能，应采用合适的分区模式是实现国家公园科学管理、有效提升其功能的关键。

高静宇的《三江源生态安全的战略思考》（《中国党政干部论坛》第3期）一文，认为三江源生态安全体制机制保障不完善，缺乏明确的法治体系为生态护航，经济和民生发展滞后成为生态保护与治理的重要障碍；因此要完善生态安全制度体系，统筹协调生态安全与民计民生。

赖虹宇、杨继文的《异质的治理：四川藏区农村环境问题的法律应对》（《贵州民族研究》第2期）一文，认为四川藏族地区的农村环境问题与全国农村环境问题相比，具有相当的异质性；在全国范围内来看，城市污染转移、农业面源污染、农村生活垃圾处理等问题较为突出，治理权重上体现为“环境污染重于生态破坏”；而四川藏族地区则面临工矿企业开采、牧业草畜矛盾、旅游业开发等压力，治理权重上表现为“生态破坏重于环境污染”；四川藏族地区经济社会发展水平、藏族地区宗教信仰与民族风俗等要素是导致异质性的影响要素。因此，应当发挥地方“双重立法权”的层次互动作用，注重立法与司法、国家法与习惯法的交叉互动关系，加强环境行政执法，加强藏族地区环境教育。

刘艳、胡玉洪的《云南省青藏高原区域生态建设与环境保护策略》（《环境科学导论》第5期）一文，认为云南省青藏高原区域山高坡陡、土壤瘠薄，植被恢复困难、演替过程缓慢，生态环境脆弱，多数物种的种群数量小。因此，应当加强生态环境保护，开展生态修复与治理，深化环境保护与污染防治，创新机制体制。

王星怡、方江平等的《西藏高原沙化土地研究进展及问题对策》（《西藏科技》第10期）一文，基于近年来西藏高原沙化土地研究进展，分析西藏高原沙化土地研究的不足。结果表明：有必要加强沙化土地基础理论研究，建立完整的土地沙化研究体系，解决民生工程沿线沙化土地防治问题，通过效益带动沙化土地防治实用技术推广上的积极性。

张佳宁、张靖庚的《青藏高原高寒草甸资源可持续利用的放牧对策及建议》（《中国草食动物科学》第6期）一文，认为由于人口的增加以及不合理的放牧活动，高寒草甸生态系统的退化趋势愈来愈严重。因此，应当采用适宜于青藏高原草地资源可持续利用的实用放牧技术，为基层草地管理部门以及牧民群众提供技术指导。

文化教育

汉文部分

一、文化

本年度，藏族文化方面的研究成果数量上比去年略有增加，共发表论文170余篇，出版图书11部。论文仍以个案研究为主，图书多以宏观研究为主。与往年一样，研究成果仍以传统文化、民俗文化为主，传统文化方面的论文多侧重对传统文化的保护与传承问题的研究；民俗文化方面的论文多侧重对节庆、服饰、民居的研究；文化传播与出版、生态文化、公共文化、非物质文化遗产的研究论文与去年基本持平。

（一）传统文化

更敦阿错的《云南藏区藏语地名与地域文化》（《西藏研究》第2期）一文，从云南藏族地区藏语地名与生态文化、族群交往、藏族宗教、游牧文化、农耕文化、崇尚安定幸福的心理六个方面探讨了云南藏族地区藏语地名与地域文化的关系。指出云南藏族地区藏语地名具有明显的地域特色，很多地名与农耕定居生活方式有关，研究云南藏族地区藏语地名与地域文化的关系，对藏语方言和地域文化研究具有一定的学术价值和现实意义。

李文勇、何花、王娜的《时空视角的少数民族传统社区文化变迁研究——以甲居和甘堡藏寨“建房换工”习俗为个案》（《西藏大学学报》社科版第4期）一文，运用索绪尔的时态理论，从社区文化变迁的理论与实践、田野调查对象、不同时空形态中藏族社区换工习俗的变迁三个方面，分析比较了甘孜藏族自治州甲居藏寨和阿坝藏族羌族自治州甘堡藏寨两个典型藏族社区的建房换工习俗，认为建房换工习俗虽然是一个小事件，但它的适当恢复会唤醒根植于民族居民内心的传统文化基因，激发民族自信和民族自觉意识，无论民族传统社区文化如何变迁发展，始终能维系文化的根本特质。

李绪稳、丁玲辉的《对西藏舞狮文化的探讨》（《西藏民族大学学报》哲社版第3期）一文，从舞狮源于藏族崇狮习俗、民间舞狮习俗与西藏宗教文化、西藏舞狮与汉族崇狮习俗有一定的渊源、舞狮是西藏民间传统的娱乐活动四个方面论述了西藏舞狮文化。认为西藏的舞狮习俗与宗教信仰、民俗风情有着密切的联系，加强舞狮文化的研究，对我们从另一种角度阐释历史上汉藏文化的交流融合，对西藏民族文化的保护与传承具有重要意义。

崔延哲的《西藏优秀传统文化的特点及发展前景研究》（《鄂州大学学报》第3期）一文，从中国传统文化的内涵出发，对比研究西藏传统文化与中国传统文化，分析两者之间的共性和西藏文化的独特个性，从西藏传统文化应发挥中国文化的基石作用、西藏传统文化应建立创新机制、西藏传统文化面临的机遇和挑战、西藏传统文化应“取其精华，弃其糟粕”四个方面指出了西藏传统文化的发展前景。

商海博、更智才让的《西方人眼中的藏族文化魅力——以藏传佛教为例》（《牡丹江大学学报》第10期）一文，介绍了藏族文化的表现及内涵、藏传佛教的独特之处，从西方人对藏族文化的探索、西方人对藏传佛教的推崇、藏传佛教与西方思想的相似之处三个方面分析了西方人眼中的藏族文化。指出西方人认为藏传佛教具有独特的魅力，是世人不可缺少的精神食粮，同时藏传佛教的科学性及对西方人追求幸福的现实意义也是值得思考的一个问题。

王春英的《藏族原始计量方法探析》（《自然科学史研究》第1期）一文，在查阅文献资料、走访和调研的基础上，梳理了藏族计量发展的历史，归纳和分析了藏族原始的长度、面积、容积和重量的计量方法及其发展，并对度制混乱、复杂的原因进行了探讨。认为这些计量方法是藏族社会生产力方式、社会制度、文化融合、市场经济发展过程中早期阶段的产物，尽管不成熟且处于不断提高的过程中，但在一定程度上推进了社会的发展和进步。

林青的《西藏“打阿嘎”传统技艺》（《寻根》第1期）一文，从传统悠久的“打阿嘎”、阿嘎打夯的特殊建筑工艺技术、“打阿嘎”的文化内涵和传承价值三个方面介绍了拉萨市非物质文化遗产“打阿嘎”，指出“打阿嘎”是西藏特有的一种体力劳动，是一种独特的、与体力劳动巧妙融合的民间艺术形式，反映了西藏民众独特的乐观心态和文化风貌。

尕的木草的《谈〈格萨尔〉谚语的教育功能》（《汉字文化》第6期）一文，从哲理思想、法律、军事三个方面分析论述了《格萨尔》谚语的教育功能，指出《格萨尔》史诗中的谚语是藏族人民文化的结晶，具有教育人民、鼓舞人民分清是非、弃恶扬善的作用，推动着藏族地区的精神文明建设，也对现代教育产生了深远影响。

（二）民俗文化

张淑萍的《巫术干预与生殖崇拜——白马藏族十字三角服饰纹探源》（《西藏研究》第4期）一文，从巫术干预下的十字纹之流变、白马藏族与十字纹、生殖崇拜下的三角纹之流变、白马藏族与三角纹四个方面对白马藏族十字三角服饰纹进行了探讨分析，指出白马藏族女性百褶衣背部的经典纹饰——四个端头各顶一个等腰三角形的十字纹，其原型为火崇拜与太阳崇拜的合一，是巫术法器的符号之一，三角纹是生育神祇鱼纹的最简化图案。十字纹与三角纹组合，形成该民族融巫术干预与生殖崇拜为一体的巫术灵物，将巫术灵物背在女性身上，是希冀她们无时无刻不在生育神祇的保护之中，护佑其多孕、多产。

张冀震、李晓丽的《西藏民居文化研究——基于西藏四种经济形态民居民俗的调查》（《青海民族研究》第1期）一文，针对西藏地区四种经济形态区：农区、半农半牧区、半林半农区、牧区，分别以山南昌珠村、拉萨堆龙德庆县加木村、林芝八一镇巴结村、那曲安多县祖乡为例，对这四种经济形态区的民居民俗进行详细的描述与分析，并从宗教文化、生态环境、社会与经济文化、藏族审美观几个维度对西藏民居文化的影响因素进行了分析与探讨。

郝凌云、贾文毓的《基于GIS的西藏自治区地名文化景观特征及其成因分析》（《山西师范大学学报》自然科学版第3期）一文，采用分类统计法和GIS技术对西藏自治区2171个地名进行了分析，对西藏自治区各行政级别的地名文化景观特征与成因进行研究，揭示地名命名规律，对研究西藏的历史与文化具有一定的借鉴意义。文章认为，地名在一定程度上客观地反映了西藏自治区的自然类和人文类地名景观的特征，反映地形、方位和动物的地名与当地的地形地貌、文化特征和产业结构具有一定的吻合性，而人文类的地名可以从地名景观上反映当地的文化特征。

马知远、蹇莉的《民俗文化保护与发展的辨证分析——以川甘白马藏族地区为例》（《中华文化论坛》第4期）一文，以川甘白马藏族地区为例，从民俗保留与文化变革的对立统一、非遗记忆与生活传承的保护举措、市场开发与民俗为本的发展理念三个方面，探讨了民俗文化保护与发展的辩证关系。文章认为，少数民族文化的保护与发展进程中，不排斥正常的民俗变迁与变化，但要尽量保留完整的优秀民俗文化体系，民俗文化的资源化、商品化必须以有利于民俗文化的保护与发展为前提。

张月恒的《分析西藏民俗文化与旅游业可持续发展研究——以林芝地区八一镇为例》（《旅游纵览》行业版第4期）一文，以林芝地区八一镇为例，在介绍民俗文化旅游内涵、旅游业可持续发展原则的基础上，分析了八一镇现状与发展条件，指出了八一镇旅游业开发中存在的问题，并从强调民族文化保护、突出当地工布特色、思考和周边环境的配合、对旅游项目的建设保持谨慎、制定政策和法规、培养公众意识、有效的提高规划管理水平等八个方面提出了八一镇旅游城镇开发规划的具体措施。

（三）现代文化

阿贵、达瓦的《藏文文献典籍传承、保护及其数字化现状综述》（《西藏研究》第4期）一文，根据文献记载，系统地考察、梳理了世界30多个国家和地区的文献收藏机构，高校研究机构的图书馆、资料室及寺院等收藏的藏文文献典籍的数量和种类，以及传承、保护和数字化加工情况，分析了以西藏大学为主的国内藏文文献数字化工作的受众面及其所发挥的作用，并从藏文文献数字化加工现有成果使用率的角度，探讨了民族文献数字化工作的建设前景及对相关学科的发展、人才培养等所具有的现实意义。

方晓玲的《拉萨新农村文化建设存在的问题及建议》（《西藏发展论坛》第2期）一文，在对拉萨市辖区内三个以农业为主乡村实地调研的基础上，针对拉萨现有农村文化建设中存在的对新农村文化建设的重视度不够、主体认识模糊、缺乏组织机制化及形式多样化、对传统与现代辩证关系认识不足等问题，从以社会主义核心价值体系引领新农村文化建设方向、加强农村公共文化服务体系建设、促进乡村文化站点发挥实质性作用、保护与开发农村传统文化资源四个方面提出了具体的建议。

魏伟、万彬、夏俊楠的《西藏历史文化名城空间要素的文化价值与保护》（《规划师》第3期）一文，以拉萨、日喀则、江孜三座西藏历史文化名城为研究对象，分析了西藏历史文化名城的城市边界、城市分区、城市街道三个空间要素，探讨了空间要素所蕴含的思想内涵及文化价值，城市边界的文化价值—生态伦理和社会伦理、城市分区的文化价值——宇宙观的变迁、城市街道空间的文化价值——宇宙观的二重表达，并结合西藏历史文化名城空间保护现状，提出整体保护“双极”格局、控制建筑高度及制定“竖向紫线”、保护山水格局及外围转经道、保护传统建筑格局的规划策略。文章指出，只有让西藏历史文化名城的空间要素得以保存，西藏的传统思想文化的延续才有了实质性的载体，宝贵的历史财富才不会被现代化建设浪潮所湮没。

（四）文化传播出版

孙文娟、林敏、杨念黎的《藏文报刊的传播功能与特点探析》（《西藏艺术研究》第2期）一文，论述了藏文报刊的传播功能，指出藏文报刊的创办，是我国不同历史时期政治制度的文化体现、是我国开展民族工作的需要、是我国藏民族自身发展的需要、是我国对外宣传战略的重要组成，分析了藏文报刊的传播特点，即我国的藏文报刊进入了空前的繁荣阶段、构建了种类齐全的民族语言传播框架、具备历史上最完整的政治和法理基础、藏汉双语机制全面构建、政治传统依然坚定而醒目、覆盖国家政治中心和整个藏族自治地方。认为作为大众传媒的藏文报刊初步构建了藏文平面传播媒介的体系，在西藏自治区和西部的社会经济发展中扮演了重要角色，在促进和维护国家统一、民族团结中扮演了重要角色。

李清的《浅论“民文”图书市场面临的现实困境——以藏文图书市场境况为例》（《青海师范大学民族师范学院学报》第1期）一文，以藏文图书市场为例，就民族文字出版物市场面临的故步自封、市场需求与供给脱节，制度缺失、无序竞争带来的安全隐患，鱼龙混杂、非法出版物大行其道等现实困境进行了论述。指出解决这一困难的途径，只能是国家和地方合力为之，采取行业主管和地方政府双向负责制，加大政府投入力度，部门层层落实，提升监管力度，强化退出机制，净化市场环境。

李媛的《点亮心灵港湾的灯塔——西藏电台〈驻村夜话〉栏目分析》（《中国广播电视学刊》第1期）一文，从科学定位，坚持创新打造品牌效应；大力宣传“强基惠民”工程；点亮心灵港湾，以挖掘动人情节和感人细节为主线，增强感染力和可听性；办好《驻村夜话》，讲好中国梦西藏故事四个方面分析了西藏电台《驻村夜话》栏目取得成功的原因。西藏人民广播电台访谈类专栏《驻村夜话》荣获第25届中国新闻奖新闻名专栏一等奖，这是西藏电台自创办专栏以来首次获得中国新闻奖一等奖殊荣，也是西藏电台创新思路、开拓进取、创新形式、充分发挥广播优势等方面取得的突破性进展的标志。

陈航行、王旭瑞的《"互联网+"背景下"国家认同"报道模式的突破——基于中国西藏网新闻报道改革的考察》（《新闻知识》第3期）一文，以中国西藏网新闻报道改革的考察为例，分析了传统媒体"国家认同"报道模式及其弊端，认为传统大众媒体"国家认同"报道的程式化、刻板化做法，造成了种种弊端，已经难以适应时代发展的需要；论述了中国西藏网"国家认同"报道模式在四个方面的突破，即中国西藏网推行以"国家认同"报道创新为主的新闻报道改革、坚持以受众为导向、打破敏感话题的报道禁忌、主动设置议题，这些改革举措在主流媒体中具有开创性意义，它的优劣得失值得我们从新闻传播理论方面进行分析和探讨。并提出了"国家认同"报道创新应注意的几个问题，即防止一味迎合受众，争取受众本位与舆论引导的统一；鼓励记者现场采访，增加原创内容和独家新闻；注意事实信息与意见信息的分离，保持客观冷静的理性；重视深度报道，写出有厚度的作品。

（五）非物质文化遗产

冯云的《西藏自治区非物质文化遗产传承人口述史数据库建设探讨》（《西藏研究》第6期）一文，结合当前西藏自治区非物质文化遗产传承人口述史的现状，从非遗保护的数字化出发，分析了西藏自治区非遗传承人口述史数据库建设的基本问题，提出了在数字化语境下构建西藏自治区非物质文化遗产传承人口述史数据库抢救口述文化记忆的设想，即传承人口述史数据库资源的采集、传承人口述史数据库资源的存储、传承人口述史数据库资源的管理、传承人口述史数据库资源的检索与利用、传承人口述史数据库知识产权考量，并就数据库资源的采集、存储、管理、检索与利用以及所涉及的知识产权等问题进行了探讨。文章认为，传承人口述史数据库为西藏自治区非遗文化的传承与保护提供了新的途径，但此数据库的建立是一项长期而复杂的过程，需要图书馆与非遗保护部门、档案馆、博物馆以及其他机构进行广泛合作，以促进传承人口述史资源的共建共享。

马宁的《夏尔巴人非物质文化遗产“芒羌”鸡爪谷酒酿制技艺的人类学探析》（《西藏民族大学学报》哲社版第4期）一文，在介绍了陈塘镇夏尔巴人概况和夏尔巴人“芒羌”鸡爪谷酒酿制技艺的基础上，探讨了“芒羌”鸡爪谷酒的使用及其内涵，认为“芒羌”鸡爪谷酒是夏尔巴人的象征物，是夏尔巴男性独特生活方式的体现物，是夏尔巴妇女的“淘金”宝库，并提出了夏尔巴人“芒羌”鸡爪谷酒酿制技艺的保护路径，即对陈塘沟进行整体性保护，使夏尔巴人的传统生计方式得以延续，对鸡爪谷酒饮用方式进行改良，使其成为陈塘镇的重要旅游体验物，扩大其社会影响力。

杨娅的《西藏山南藏族非物质文化遗产研究》（《西藏民族大学学报》哲社版第6期）一文，介绍了山南藏族非物质文化遗产的分类，论述了山南藏族非物质文化遗产的现状，针对山南藏族非物质文化遗产存在的问题，从政府科学管理宏观指导、全面宣传教育提高全民保护意识、广开财源加大资金投入、重视专家和专业人才作用、多种营销模式助力产品推广等五个方面提出了相应的保护对策与建议。

二、教育

本年度，藏族教育方面的研究成果数量上比去年增加不少，共发表各类论文230余篇，出版图书10部。研究范围更为广泛，涉及语言、法律、信息技术、远程教育、心理健康教育、思想政治、职业教育、特殊教育、学前教育、家庭教育等各个方面，以高等教育研究的成果最多。体育方面的研究成果比去年有所增加，多侧重于对传统体育的研究。下面从不同研究视角和领域分别予以介绍。

（一）传统教育与基础教育

王靖、杨若愚的《西藏地区基础教育公共服务均等化现状与评价——基于东、中、西三省的对比分析》（《西藏民族大学学报》哲社版第3期）一文，在文献综述的基础上，对东（江苏）、中（河南）、西（西藏）三省预算内经费、办学条件、教育事业费的水平差异进行了对比分析，通过对比分析三地基础教育公共服务的发展现状，选定9个评价指标通过相关计算，了解和评价西藏自治区的基础教育公共服务的发展均衡性，并指出了西藏地区基础教育公共服务均等化存在的问题，即近年来西藏地区的教育预算经费规模提升，但公共服务质量不高；西藏地区基础教育发展水平不均衡，资金利用效率较低；西藏地区的基础教育公共服务均衡发展程度低于中、东部教育发达省份，并提出了一些对策建议，以促进未来西藏地区基础教育公共服务的均等化发展。

王思远的《推行区域“微教研”促进西藏义务教育均衡化发展——以林芝市为例》（《西藏教育》第3期）一文，以林芝市为例，分析了林芝市教学研究面临的困境，介绍了区域“微教研”及其优势，指出了开展区域“微教研”的基础，探讨了推行区域“微教研”应把握的几个要点，展望了区域“微教研”的前景。文章指出，区域“微教研”可以使教师通过网络突破地域限制实现异地教研，有效打破目前林芝市在教学、教研上的困境，并把成功经验推广至整个西藏自治区，真正实现促进西藏义务教育均衡化发展。

杨万穗的《西藏初中生流失现状调查及对策研究——以林芝市八一中学为例》（《西藏教育》第7期）一文，以林芝市八一中学各年级为研究对象，通过问卷调查，分析了林芝市初中生流失现状，对林芝市初中生流失的特点及原因进行了分析。针对林芝市初中生流失现象，从提升学生内在的学校认同感、恰当的归属感，继续加大政府对林芝市中小学教育的扶持力度，师资队伍完善匹配建设、增进教师的职业情感，教学课程设置要更新等四个方面提出了对策建议。

喻永庆的《内地西藏班（校）：中国教育发展史上的壮举》（《河北师范大学学报》教育科学版第5期）一文，回顾了我国内地办学的发展历程，内地西藏班（校）的创办的过程，分析了内地西藏班（校）在管理、经费、举办地点、招生、办学类型方面的特点，探讨了内地西藏班（校）办学的时代影响，即有效维护了国家的统一与民族间的团结；为西藏培养了数以万计的各类专业技术人员，推动着西藏经济的发展；是沟通内地与西藏区内教育的一座重要桥梁；为边疆民族地区办学提供了范本。

顾华宁、胡雅娟的《精准扶贫视域下的四川藏区教育发展探析》（《广西社会主义学院学报》第5期）一文，从藏传佛教的寺院教育、清末民初的川边教育、红军长征期间在藏族地区的教育活动、新中国成立后四川藏族地区教育发展四个阶段论述了四川藏族地区教育的发展历史。文章指出，要做好四川藏族地区的精准扶贫工作，关键是要扎实做好藏族地区教育工作，把教育作为阻断贫困代际传递的治本之策，促进藏族地区群众转变观念，逐步走上积极主动脱贫致富的道路。

（二）高等教育

李静、李新房、孙淑文的《MOOC 背景下西藏高校在线课程建设问题分析及优化建议研究》（《西藏研究》第 3 期）一文，采用内容分析法，对 MOOC 平台 Coursera、西藏高等院校（西藏大学、西藏民族大学、西藏藏医学院、拉萨师范高等专科学校、西藏警官高等专科学校、西藏职业技术学院、西藏农牧学院）的在线课程进行比较、分析与评价。文章认为，MOOC 的出现，在教育界产生了巨大的“冲击”，推动了高等教育教学模式的变革与发展，尤其对高等院校在线课程的发展起到了立竿见影的效果。并对西藏高校在线课程建设存在的问题，从宏观、中观、微观层面提出了对策建议。

刘婷的《“中国梦”视域下西藏高校爱国主义教育研究》（《宿州教育学院学报》第 4 期）一文，论述了“中国梦”与爱国主义的辩证关系，指出爱国主义是实现“中国梦”的时代要求和内在动力，“中国梦”赋予爱国主义新的时代内涵与历史使命，“中国梦”中融入了爱国主义教育的价值。提出了在西藏高校开展爱国主义教育的对策，即重视挖掘“老西藏精神”的时代价值、提升马克思主义“四观”“两论”教育实效、加强信息网络建设占领网络育人阵地、积极引导学生树立正确的“宗教观”。文章指出，西藏特殊的区情决定了西藏高校应把大力宣讲“中国梦”作为思想政治工作的切入点，通过深入挖掘“老西藏”精神所蕴含的时代价值，不断创新爱国主义理论研究，积极探索网络新媒体的育人机制，发挥宗教在构建和谐社会方面的积极作用，不断激发学生的爱国主义情感。

付娇娇、程东亚的《“一带一路”背景下的西藏高校教师队伍建设研究》（《民族教育研究》第 5 期）一文，基于“一带一路”倡议背景下西藏高校教师队伍建设的要求，对西藏高校教师数量、学历、职称、学术水平等进行了对比分析，针对存在的问题，从建立健全各类型高水平人才引聘机制、鼓励教师参加短期培训与学历继续教育、提升教师职业责任感和民族认同感、稳定教师队伍等三个方面提出了对策建议。

吉蕊蕊、李倩、黄胜的《依法治藏视域下的“西藏青少年法治意识培养”的研究——以西藏大学为例》（《法制与社会》第 15 期）一文，以西藏大学为例，通过问卷调查的方式，对大学生法治意识现状进行了分析，进而提出培养大学生法治意识的途径，即培养大学生的权利意识、加强大学生的法治教育、培养大学生的法律权威意识。文章认为，通过培养大学生的法律意识，既可以使其认识到法律的本质内涵，树立法律权，又可以让法律成为指导社会生活的准则。

（三）职业教育与特殊教育

王毅的《本土协同：西藏中等职业教育发展路径审思》（《西藏民族大学学报》哲社版第3期）一文，论述了中等职业教育在西藏社会经济发展不同时期的发展特点，并对其自身的实践逻辑进行剖析，探讨了其自身发展困境产生的原因，进而提出了西藏中等职业教育发展的路径，即以培养应用型人才为导向，构建中高等职业教育一体化；以民生事业改善为导向，适度调整普职之间的招生比例；以特色产业发展为导向，全面探索西藏现代化“学徒制”。

李明金、艾敬敬的《胜任力视角下中职教师职业成熟度现状及影响因素分析——山南市S中职学校为例》（《西藏教育》第9期）一文，以山南市S中职学校为例，运用文献梳理、问卷调查及关键事件访谈法，基于胜任力视角，对中职教师职业成熟度的共性特质：民族学生观、教学素养、职业道德、管理能力、个人特质和专业素质进行探讨分析。指出S中职学校教师总体职业成熟度处于“较成熟”水平，仍有提升空间；绩效组与普通组教师总体职业成熟度呈现出显著性差异；教师职业成熟度受学历、教龄、职称影响较大，从教的前五年是教师职业成熟度提升的关键期。改善教师职业成熟度的影响因素有助于提升岗位适应能力，并从四个方面提出了对策建议。

翟瑜的《西藏特殊教育发展的问题及对策分析》（《西藏科技》第4期）一文，在介绍西藏特殊教育现状的基础上，分析了西藏特殊教育在特殊教育学校覆盖面、师资、办学条件方面存在的问题，并从提高发展特殊教育重要性的认识、营造良好的政策环境并监督落实、积极开展随班就读、加强特殊教育师资队伍建设提高师资队伍专业化水平、改善特殊教育办学条件、加大经费投入六个方面提出了相关的对策建议。

教育方面的图书，以周润年、塔娜著《西藏教育六十年》（甘肃教育出版社）较有代表性。全书共39万字，分教育事业概述、基础教育、中等专业教育、高等教育、成人教育、双语教育、内地开办的西藏中学和西藏班、西藏教育的可持续发展8章，全面梳理了西藏现代教育从无到有、从弱到强的发展过程，以翔实的史料，介绍了和平解放60年（1951—2011）来西藏教育发生的翻天覆地的变化。书中关于西藏教育的经验总结、存在问题的分析以及对其可持续发展的思考，对于进一步深化西藏的教育改革、促进西藏教育的发展具有一定的借鉴意义。

（四）体育

陈波的《西藏古代休闲体育文化研究》（《西藏大学学报》社科版第3期）一文，利用藏史文献和岩画资料，对西藏史前时期、吐蕃时期、元朝至清朝时期的休闲体育文化进行了研究。文章认为，西藏古代的休闲体育源于史前时期，随着吐蕃至清朝时期经济文化的发展，与周边各民族文化的相互融合，西藏古代休闲体育得到了一定发展，形成了独具特色的休闲体育文化活动，丰富了西藏古代社会的民俗内容与民众的生活情趣，凸显了娱乐健身的价值。强对西藏古代休闲体育价值的认识，对弘扬藏民族传统文化、拓宽西藏民族文化的研究，提高民族文化自觉具有重要意义。

杨阳、李新的《西藏自治区小学生体育现状——以拉萨市为例》（《西藏科技》第6期）一文，以拉萨市为例，运用文献资料法与实地调查法，对拉萨市实验小学、城关区海城小学等8所小学的体育课时与上课情况进行调查，分析了拉萨市学校体育开展落后与缓慢的原因，进而提出了解决现实问题的建议，即提高学校对体育教育重要性的认知、正确认识内地西藏班对学生的影响、提高教师数量、体育教学大纲的完善和评估体系。

宋友林、陈波的《社会变迁视域下藏族传统体育文化的美育审视》（《四川民族学院学报》第1期）一文，采用文献资料法、逻辑推理法等研究方法，论述了藏族体育文化蕴藏的美育元素：民族精神、运动美、服饰美，探讨了藏族体育文化中美育元素的传承和发展问题，提出了构建藏族体育文化与美育融合的平台，即利用传媒，加大对藏族体育文化的宣传；藏族体育文化应融入校园体育文化；通过表演、竞赛等途径搭建共同发展平台；藏族体育文化融入全民健身中，娱教身心；与其他行业协同谋发展。

赵富学、程传银、格桑卓玛的《“体育援藏”进程中西藏体育产业结构综合定量与优化研究》（《西安体育学院学报》第1期）一文，以资料法、实地调查法和数据分析法，运用专业化率、结构多样化指数、比较劳动生产率等经济学分析工具，对西藏体育产业结构的整体变化情况进行综合定量分析，并从五个方面提出了西藏体育产业结构优化策略，以促进西藏体育产业结构协调有序发展。文章指出，要调动社会各界的积极力量，探索促进西藏体育产业发展的多元化形式，开发具有区域特色的体育产业和经营新兴体育产业，促进西藏体育产业结构的不断优化与完善，进而实现西藏体育产业协调共赢和跨越式发展。

曾伟、宋友林等的《藏族传统体育文化资源调查研究》（《体育文化导刊》第9期）一文，采用田野调查等方法，介绍了藏族传统体育文化资源的类型划分与地区分布，分析了藏族传统体育文化资源的生存困境，指出藏族传统体育文化资源具有数量多、分布广、不均衡、代表性项目不尽相同等特征，其生存困境主要是生长的原生态环境恶化，现代化进程的冲击导致功能被弱化，区域间发展不平衡、缺乏资源共享意识，专业人才不足、制度保障缺位或失位，认知不足、缺乏文化自觉意识。并从加快藏族传统体育文化资源的建设和开发、有序推进藏族传统体育文化资源的传承和人才队伍的建设等三个方面提出了对策建议。

耿献伟、郭慧芳的《和谐社会视野下藏族传统体育文化功能及传承发展研究》（《四川体育科学》第4期）一文，介绍了藏族传统体育及其起源，认为其源于生产生活、战争和宗教；分析了藏族传统体育在丰富广大藏族群众的精神文化生活、促进西藏地区藏民族传统文化的传承等五个方面的文化功能；进而提出了藏族传统体育文化的传承发展的路径，即加强政府部门对藏族传统体育的扶持与指导、繁荣全民健身事业发展模式、文化创意产业发展规模、加强农牧区传统体育场地建设、加强藏族传统体育的挖掘整理研究。

藏文部分

一、文化

利格吉的《基于藏语的语言与文化关系探析》（ལེ་གུ་སྐྱིད། བོད་ཀྱི་རིག་གནས་དང་འབྲེལ་ཏེ་རིག་གནས་དང་སྐད་ཆའི་ལྟ་བའི་སྐོར་གྱི་དཔྱད་ཞིབ།《雪域文化》第3期）一文，从藏族传统文化中文化的含义和文化语言学中文化的概念，以及文化学与文化人类学中“文化”一词的定义进行了探讨。文中指出文化有以下特点：超越自然性、符号性、合并性、变异性、民族性与地域性。并进一步探讨了语言与世界观、语言与文化、语言差异与文化差异等问题。

诺日才让的《藏族鼓文化及其相关思考》（ནོར་བུ་ཚེ་རིང་། བོད་ཀྱི་རྔའི་རིག་གནས་དང་དེའི་སྐོར་གྱི་བསམ་གཞིག《中国藏学》第 4 期）一文，不仅翔实地叙述了藏族鼓文化在民间佛苯信仰中的运用、种类、功能等，而且将藏族鼓文化与早期印度及汉地鼓文化渊源等进行了比较，并评析了其在各地区文化交流中的相互吸收和影响。该文中还谈到民族间相互影响而产生鼓文化的几个因素：（1）各民族间发生战争而促进了鼓文化；（2）各民族间宗教的相互影响产生了鼓文化；（3）各民族间文化交流而产生了鼓文化；（4）相邻民族间相互融合而产生了鼓文化。

米玛拉姆的《藏族酒文化略述》（མིག་དམར་ལྷ་མོ། ཆང་ལས་འཕྲོས་པའི་བོད་ཀྱི་དམངས་སྲོལ་རིག་གནས་སྐོར་གྱི་དཔྱད་གླེང་།《西藏研究》第 4 期）一文，谈到酒作为一种特殊的文化形态，在不同的文化有着不同的呈现。酒文化在藏地源远流长，已然成为藏族人民社会生活中不可或缺的必需品。文章围绕藏地有关酒的产生、分类、材料、酿酒工序、酒器、酒歌、酒赞、禁忌、饮酒利弊等以酒为主题的九项内容，通过查阅历史文献，了解藏地酒文化的基础上，反驳了酒在藏地属于外来品一说，论证了酒为一种藏地本土的产物。同时也论述了藏地酿酒工艺的长远历史和本土化特点等。

尖·扎布的《藏族盟誓文化略述》（གཅན་ཚ་བཀྲ་རྡོ། བོད་ཀྱི་མནའ་སྲོལ་རིག་གནས་སྐོར་ཐུང་ཙམ་གླེང་བ།《青海民族大学学报》第 4 期）一文中谈到，藏族的盟誓风俗由来已久，其内涵和形式十分丰富，该风俗主要是指人们以惩恶扬善、去伪存真为初衷而通过一系列的仪式和言行对某一行为作出承诺的风俗习惯。文章主要论述了藏族盟誓文化的性质、定义、缘起、凭证、器物、誓词、禁忌、补救，以及如何起誓与起誓的社会功能等内容。作为在藏族的物质文化与精神文化两方面均起到引领、制约和规范作用的盟誓制度，文章运用分析、比较和归纳的方法，论述了盟誓制度作为法的约束作用，宗教信仰层面的表征意义，以及所包含的藏族禁忌文化。

巴顿·才项多杰的《关于藏族图腾文化认识的几点质疑》（འབའ་སྟོད་ཚེ་དབང་རྡོ་རྗེ། བོད་ཀྱི་ཐོའུ་ཐེན་དང་མོས་རིག་གནས་སྐོར་གྱི་དོགས་དཔྱོད།《青海民族大学学报》第 1 期）一文，就藏学界关于藏族图腾文化有着不同的认识与表述。在归纳与梳理古今中外学者们所提出的图腾崇拜理论的基础上，对琼鸟、猴、犬、野牦牛等作为藏族图腾之物的几项观点提出了质疑。并以相关理论为据，论述了自然崇拜、动物崇拜、生殖崇拜等与图腾崇拜之间的差异。根据藏民族形成的历史发展脉络，分析了古代藏族社会生活中图腾文化的共性与个性之间的关系。最后针对何物应为藏族图腾作出了相应的回答，并对如何进行藏族图腾文化研究提出了几点建设性的意见。

才洛加的《藏族古典文学中的云文化意象解读》（ཚེ་ལོ་རྒྱལ། བོད་ཀྱི་གནའ་རབས་རྩོམ་རིག་ལས་སྤྲིན་དང་འབྲེལ་བའི་རིག་གནས་ཀྱི་སྣང་ཚུལ་ལ་དཔྱད་པ།《青海民族大学学报》第1期）一文，首先对云文化的意象在藏族古典文学中如何体现的问题进行了分析，并对藏族古典文学中云的叙述方式作出了分类与归纳。在此基础上，探讨了云最初通过人们的生产生活出现在各自的文化当中。其次，藏族先贤们把这种自然现象结合于道法之律和个人经验，将其融于文学作品中。最后，受印度文化的影响云在藏族文学作品中成为主流的叙述手段，以此解读了云如何广泛应用于文学作品的问题。

吉太加的《浅谈电视在藏族文化中的作用》（སྒྲགས་ཐར་རྒྱལ། བོད་ཀྱི་རིག་གནས་དང་བརྙན་འཕྲིན་ཀྱི་ནུས་པ་རགས་ཙམ་གླེང་བ།《攀登》第4期）一文，将电视作为研究对象，用社会生活变迁及电视媒介接触经验，讨论大众电视在藏族“抵御”现代化冲击波中发挥的“文化修补”作用。“电视文化”加速了藏族社会现代化进程，接触了很多新生事物之后，一方面，产生了文化自觉的藏族利用电视对本民族的传统文化进行“修补”，通过大众媒介空间对欠缺的传统文化进行再次“修补”。另一方面，大众媒介充当“文化修补”的工具，通过记录和再现使得传统文化得以存续，整合各个亚文化群体的文化，弥补了在世代相传和现代化进程中逐渐遗失、残缺的文化，一定程度上修补和完善着整个藏族的文化体系。

二、教育

（一）基础教育

杂巴·更藏多杰的《藏族幼儿教育之我见》（ཙག་པ་ཀུན་བཟང་རྡོ་རྗེ། བོད་ཀྱི་བྱིས་སྐྱོང་སློབ་གསོའི་སྐོར་གྱི་བསམ་གཞིག《青海民族大学学报》第2期）一文，认为藏族传统文化中有很多独特的幼儿教育知识，这主要体现在传统谚语、格言、故事、歌谣等方面。此文引用了藏族传统文化中有利于促进幼儿启蒙教育的例子，对其进行了深入的探讨和分析。特别是传统幼儿教育知识在当代学校幼儿教育中如何运用和实践方面提出了自己的独到见解，认为当代幼儿教育和藏族传统幼儿教育应有效结合起来，视幼儿不同年龄阶段有选择性地引入藏族传统启蒙教育中的精华部分并加以有效利用。

华毛吉、多多的《浅析城区藏族学生藏语文基础薄弱之因》（དཔལ་མོ་སྐྱིད་དང་རྡོ་རྡོ། གྲོང་ཁྱེར་གྱི་བོད་རིགས་ཐྱིས་པ་རྣམས་རང་གི་སྐད་ཡིག་ལ་དང་ཞེ་ཆུང་བའི་རྒྱུ་རྐྱེན་སྐོར་གླེང་བ།《西藏教育》第2期）一文，认为民族教育是我国教育事业的重要组成部分，传承和发扬民族传统优秀教育符合党和国家的相关政策，有利于促进民族地区的繁荣发展，维护民族地区的社会稳定和长治久安。而促进和发展民族教育事业，首要任务是培养民族地区学生对母语学习的兴趣。此文主要从四个方面探讨了城区藏族孩子对藏文学习兴趣不高的问题。首先，分析了城区藏族孩子成长的社会环境情况；其次，探讨生活在城区的藏族学生对藏文学习兴趣不高的原因；再次，对怎样提高城区藏族学生的藏文学习兴趣提出了四点解决对策；最后，重申了城区藏族学生从小开始学习本民族语言的重要性，并呼吁城区藏族家长要重视培养孩子的藏文学习兴趣。该论文还通过五个省区教材编写组所编6本藏语文教材所录16篇译作中存在的诸如误译、术语翻译不准确、动词时态差异不清、译词搭配不当、区分格和虚词的误用以及名词不统一等问题逐一作了详细剖析。认为这类教材还将长期使用势必影响学生的理解能力和学习兴趣。

索南扎西的《关于提高藏文少儿图书编校质量问题探析》（བསོད་ནམས་བཀྲ་ཤིས། བོད་ཀྱི་ན་ཆུང་བྱིས་པའི་དཔེ་ཆའི་རྩོམ་ཞུས་སྤུས་ཀ་མཐོར་འདེགས་གཏོང་ཐབས་སྐོར་གླེང་བ།《攀登》第4期）一文，认为藏文少儿图书对于少儿的教育和成长至关重要，且影响也很大。就目前而言，在全国具备出版藏文图书资质的八家出版社中，无一家是专门出版藏文少儿读物的专业出版社。少儿图书编校工作的优劣却直接影响着少儿图书的质量问题，将质量低劣的少儿图书推向市场，对少儿的健康成长、知识的积累、教育教学等方面直接或间接地起着极大的负面影响。作者结合现实生活和工作实际，对藏族少儿图书中存在的编校质量问题进行了广泛调查和深入研究，并针对存在的相关问题加以评析，就如何提高少儿读物编校质量方面提出了相应的改进措施。

（二）教育理论

确生（松）的《略谈化学学科术语标准统一的重要性》（མཆོག་གསུམ། རྫས་འགྱུར་རིག་པའི་བརྡ་ཆད་གཅིག་གྱུར་དང་ཚད་ལྡན་དུ་གཏོང་དགོས་པའི་སྐོར་གླེང་བ།《青海师范大学学

报》第 2 期）一文，对藏语文化学学科术语标准统一的必要性、存在的问题、翻译中应注意的事项等三个方面的问题进行探讨。作者认为随着社会的全面发展，藏语文化学学科术语已成为完善当代藏语系统最基础性的工作，尤其是随着科技的迅速发展，化学学科已成为其他诸多科技的基础性学科，因而加强藏语文化学学科术语的统一和标准化工作迫在眉睫。现如今虽然在这方面有所发展，但在总体发展规划、人才培养和资金支持等方面尚存在不足之处。同时提出了在翻译化学术语过程中应注意的几个问题：为了避免产生歧义应坚持一词一义性；为了便于学习和记忆应坚持含义的准确性；为了避免译名冗长应坚持译名的浓缩性等。

增太加的《藏传佛教“四摄法”含义及其教育价值探析》（བཙན་ཐར་རྒྱལ། བསྡུ་བའི་དངོས་པོ་བཞིའི་གོ་དོན་དང་སློབ་གསོའི་རིན་ཐང་སྐོར་རགས་ཙམ་གླེང་བ།《西藏研究》第 2 期）一文，谈到藏传佛教中的四摄法是基于利他的一种重要方法论，分别为布施、爱语、利行和同事。从一定意义上讲，藏传佛教是一方面教育人们提升精神境界、另一面开发智慧和提高道德素质的一种教育系统。本文以藏传佛教中四摄法宗旨的阐述为前提，结合大乘菩萨巧妙度化和利益众生的方便法门，着重探讨了四摄法对现代教育的重要性，并将藏传佛教的四摄法与现代教师职业准则进行对比，重点探析四摄法所含的方便善巧对现代教育理念的启示，进一步阐述了它在整个教育系统实践过程中的重要作用和借鉴意义。

（三）高等教育

仁青拉毛的《电磁学对人类生活的影响》（རིན་ཆེན་ལྷ་མོ། གློག་སྟོབས་རིག་པས་མིའི་རིགས་ཀྱི་འཚོ་བར་བཏོན་པའི་ཤུགས་རྐྱེན།《青海师范大学学报》第 2 期）一文，描述了人类早期已注意电和磁的存在，从 18 世纪到 19 世纪电磁学迅速发展，英国物理学家詹姆斯 · 麦克斯韦在 19 世纪建立的一组描述电场、磁场与电荷密度、电流密度之间关系的偏微分方程，叫麦克斯韦方程组。麦克斯韦方程组和洛伦兹力方程是经典电磁学的基础方程。由这些基础方程的相关理论，研发出现代的电力科技与电子科技。作者进而叙述了电灶和电磁炉、电子信息、广播电视、GPS 等现代科技带来的巨大便利。文中通过现代科技与传统生活方式进行比较，论述了电磁学对改善人类生活作出的巨大贡献。

类似的论文还有周毛措的《空间的物理学解析》（འབྲུག་མོ་འཚོ། མཁའ་དབྱིངས་ཀྱི་ཡོན་ཏན་ལ་དངོས་ལུགས་རིག་པས་དཔྱད་པ།《青海师范大学学报》第 2 期），该文从空气和能量场（ཤུགས་ར）两个方面阐述了能量场对空间的作用，具体涉及电场、磁场和万有引力等内容，并引用藏文典籍《俱舍论疏 · 义明》为例，探讨了与万有引力有关的问题。旦增切太的《从宏微观方面谈热力学中的熵与负熵的物理含义》（བསྟན་འཛིན་ཚེས་དར། ཕྲ་རགས་གཉིས་ཀྱི་མཐོང་སྣེ་ལས་ཚ་ཤུགས་རིག་པའི་ཁྲིབ་དང་ལྡོག་ཁྲིབ་ཀྱི་ངོས་ལུགས་མཚོན་དོན་བརྗོད་པ།《青海师范大学学报》第 2 期）一文，从熵的定义及其重要性、熵在热力学中的物理含义和负熵的物理含义三个方面详细地阐释了熵与负熵在物理学发展中起到的重要作用。

语言文字

汉文部分

2017 年度藏语文本体研究的成果比较少，汉藏语比较研究的成果亦不多。涉及藏语文应用领域的成果很多，主要包含计算语言学、藏语文信息化和自然语言处理、藏语实验语音学等诸多领域；同时涉及藏语文教学、翻译等研究领域的成果也不少。涉及藏文文献研究的成果数量多且质量高。下面分别从藏语文本体研究与汉藏语比较研究、计算语言学、实验语音学、社会语言学、文化语言学以及藏文文献研究等几个方面分类说明。

一、藏语文本体研究和汉藏语比较研究

（一）藏语文本体研究

2017 年度涉及藏语文本体研究的论著虽然不多，但学术质量都很高。相关的研究成果涉及语音方面的有：

王振的《清代“西番译语”记音式藏文对藏语历史语音研究的价值——以〈白马译语〉藏文注音为例》（《中央民族大学学报》哲社版第 5 期）一文考察发现，《白马译语》藏文音系与康方言关系最为密切，可以揭示 18 世纪中期康方言的某些语音面貌。该研究对认识译语藏文注音的音系特点及藏汉对音规律，对于研究其记录的民族语的历史语音也是有益的。周瓜克、拉郎草的

《藏语拉达克话的几个语音特征》（《西藏研究》第3期）一文，介绍了藏语拉达克话的语音系统，指出藏文的前加字、上加字、下加字、后加字及再后加字在拉达克话中还保留着读音。

与藏语密切接触的扎话和五屯话的研究有助于学界对藏语的进一步认识。宗晓哲、刘洁、李大勤的《松古扎话的语音特点》（《语言研究》第4期）一文，认为扎话是混合语，其语音系统比此前李大勤、江荻（2001）报道过的拉丁扎话更复杂，也更有代表性。而声韵结构中存在的卷舌特征、复杂韵尾、长音现象等各种伴随特征也为我们认识扎话的历史层次、推断其发展机制提供了富有价值的线索。意西微萨·阿错、向洵的《五屯话的重音》（《民族语文》第1期）一文，通过对五屯话重音的性质、功能及其与声调关系的研究，说明重音在多音节词变调中所起的制约作用，认为五屯话是有声调的汉语与无声调有轻重音的藏语等语言深度接触的结果。

词汇方面的研究成果有：仁增、傅利平、桑杰的《略论藏文藻饰词》（《中国藏学》第1期）一文，在前人研究的基础上，对藏文藻饰词的含义、类型、特点等进行了进一步的探讨，认为藏文藻饰词反映了藏民族丰富的想象力、深邃的观察力、高度的概括力以及独特的语言表达方式。

语法和句法方面的成果有：瞿霭堂、劲松的《语言与环境：嘉戎语动词的方位指向》（《民族语文》第5期）一文，从语法学、语义学、认知语言学的角度探讨嘉戎语的方向范畴，研究方向范畴的形成和发展，进一步探讨方位概念的语法化和词汇化，特别是方位词语义的泛化及其与动词语义的搭配理据，并论述方向范畴的发展和变化。高扬、饶敏的《木雅语的趋向前缀》（《中央民族大学学报》哲社版第6期）一文，认为木雅语共有7个表示不同方向的趋向前缀，每个趋向前缀存在多个不同的表层形态，这些表层形态均是从同一种底层形态演变而来的，RTR（舌根后缩）元音和谐现象以及具有语法功能的前缀 -i 或 -u 的存在，是其主要变体条件。其中，前缀 -i 为使动前缀； -u 为第三人称施者论元标记（3A），或为木雅语另一个使动前缀。李大勤、宋成的《格曼语连动结构的类型及相关生成机制初探》（《百色学院学报》第1期）一文，从结构类型和生成机制两个角度就格曼语的连动结构展开了探讨，认为格曼语的连动结构句可以分为两类，有形式标记的连动结构句和无形式标记的连动结构句；无形式标记连动结构句中的动词大都是生成过程中的一个独立投射阶段；有形式标记连动结构走的是一条将多动词句尽力压缩为小句的途径，将其中一个动词确立为定式动词，其他的动词则处理为非定式动词，其生成机制是将非定式动词的最大投射嫁接到 XP 上。刘沛江的《藏缅语形容词的类型特征》（《语言研究》第 2 期）一文，认为藏缅语存在开放性的形容词词类。仁增多杰、洛桑嘎登的《藏语动词的配价及句子生成初探》（《电脑知识与技术》第 26 期）一文，认为藏语动词是整个句子的核心，藏语动词配价中的“价”一般会涉及三个层面的因素，即句法、语义、语用，在该文中不考虑语用因素，对实质存在的句子进行了分析。

（二）汉藏语比较研究

汉藏语的比较研究一直是藏语文研究的重要组成部分。本年度的成果主要涉及汉藏语的词汇和句型研究。相关的研究成果有：

李玉的《汉语“青”词族研究——兼论汉藏语历史比较研究与原始汉语**st－型复声母的构拟》（《语言研究》第 3 期）一文，主要用音系法系联出汉语“青”词族，并由此推求出其“语核”为原始汉语复辅音声母**sth－。同时还利用现代汉语粤方言的反映形式以及亲属语言同源词的相同或相近的声母形式，运用历史比较法进行汉藏语历史比较研究，对原始汉语及上古汉语**st－型复声母的构拟加以印证。王艳春的《杨福绵汉藏语同源词声母对应比较研究》（《宁夏社会科学》第 4 期）一文，对杨福绵论著中收录的 322 对汉藏语同源词的声母对应关系加以比较研究。多杰东智的《现代藏语方言中汉语借词的应用及其语言场景研究——以西藏、青海藏语方言为例》（《西藏大学学报》社科版第 1 期）一文，主要从西藏日喀则、青海同仁、循化使用的藏语方言中古今汉语借词的应用、汉语新词应用情况及语言场景等三个方面分析现代藏语中汉语新词的特点及其应用情况。

范丽君的《从藏缅语因果复句的特点反观汉语》（《语言研究》第 4 期）一文，从共时特征和历时演变来看，藏缅语和汉语因果复句都有无标记因果复句和有标记因果复句、说明性和推论性因果复句的区分，并且藏缅语和汉语因果关联标记都经历了从少到多、由单音节形式向多音节形式发展的历程；都有由单一模式向多样模式发展的倾向。范丽君的《藏缅语目的复句特征分析——兼与汉语比较》（《黔南民族师范学院学报》第 2 期）一文，通过对 28 种藏缅语目的复句的比较发现：藏缅语目的复句中目的句句尾—行为句的模式占优势，藏缅语目的复句表达以突出目的为目标，注重目标的实现。与汉语相比藏缅语目的复句关联标记模式类型多，而表目的关系的关联标记数量少。藏缅语目的复句标记兼做因果复句的标记佐证了因果复句和目的复句之间的内在关系。

冯蒸的《大师的启迪：忆俞敏先生教我音韵学和汉藏比较——回忆俞敏先生对我的教诲》（《汉字文化》第 1 期）一文，对俞敏先生的学术成就进行了评介。

二、计算语言学

标注、分词及其算法是计算语言学关注的重点，是藏文信息处理的基础性问题，也是藏文信息化建设的关键因素。相关的研究成果有：

郑亚楠、珠杰的《基于词向量的藏文词性标注方法研究》（《中文信息学报》第 1 期）一文，提出一种基于词向量模型的词性标注方法和相应算法。该方法首先利用词向量的语义近似计算功能，扩展标注词典；其次，结合语义近似计算和标注词典，完成词性标注。实验结果表明，该方法能够快速有效地扩大标注词典规模，并能取得较好的标注结果。龙从军、刘汇丹、吴健的《藏语音节标注研究》（《中文信息学报》第 4 期）一文，对藏语音节的定义进行了界定，提出音节的性质分类及标注原则，利用统计模型，在约 24 万个音节的中小学语文教材语料库中进行实验，音节性质标注的正确率为 93.5208%。在此基础上，把音节性质标注信息用到词性标注中。实验结果表明：即使在音节性质标注存在一定错误的情况下，词性标注的正确率也提高到 94.1967%；如果在保证音节性质标注完全正确的情况下，词性标注的正确率可以提高到 97.7754%，这说明音节性质标注信息对词性标注有帮助。羊毛卓么的《基于 HMM 藏文词性标注的研究》（《信息系统工程》第 10 期）一文，以藏语语料为切入点，运用现代化 Viterbi 算法来展开对藏文信息中词性的注释的系统研究。结合研究结果发现，基于数据统计模式展开的词性标注模式，可以切实有效提升其正确率，为实践推广产生了良好的参考价值。李亚超、加羊吉、江静、何向真、于洪志的《融合无监督特征的藏文分词方法研究》（《中文信息学报》第 2 期）一文，从无标注语料中抽取边界熵特征、邻接变化数特征、无监督间隔标注等无监督特征，并将之融合到基于序列标注的分词系统中。从实验结果可以看出，与基线藏文分词系统相比，分词 F 值提高了 0.97%，并且未登录词识别结果也有较大的提高。拉巴顿珠、欧珠、赵栋材等的《藏文自动分词系统中虚词识别算法研究》（《计算机应用与软件》第 9 期）一文根据传统藏文文法，描述了藏文虚词在文本中不同的表现形式，用规则和统计相结合的方法，建立了较为全面的虚词知识库和规则库，并给出切分用虚词分块算法，该方法对不同领域的3200个较典型的藏文句子进行了测试，结果表明，该方法的虚词识别率高达98%以上。江涛、袁斌、于洪志、加羊吉等的《基于多特征的藏文微博情感倾向性分析》（《中文信息学报》第3期）一文，提出了基于多特征的情感倾向性分析算法，算法使用情感词、词性序列、句式信息和表情符号作为特征，并针对藏文微博常出现中文表述的情况，将中文的情感信息也作为特征进行情感计算，利用双语情感特征有效提高了情感倾向性分析的效果。实验显示，该方法对纯藏文表述的微博情感倾向性分析正确率可达79.8%，针对藏汉双语表述的微博在加入中文情感词、中文标点符号等特征后，正确率能够达到82.8%。徐涛、蓝传锜的《基于卡方统计量的藏文新闻网页关键词提取方法》（《电脑知识与技术》第26期）一文，该文将卡方统计量进行改进，运用词与词推荐的思想进行关键词抽取。通过藏文新闻网页实验结果表明，该文的方法优于融入位置信息的TF/IDF。春燕、曲珍、许宁的《面向藏文基本集编码的单模式匹配算法研究》（《西藏科技》第3期）一文提出一种改进的针对藏文编码的BMT（Boyer Moore Tibet）模式匹配算法。官却多杰、关白的《计算机识别藏文音节构件的方法研究》（《现代电子技术》第10期）一文依据藏文字性组织法规定的音节组合规则和组合结构，提出先确定藏文音节中作为核心构件的基字，再依据基字判断出其他构件的算法，结合此算法对藏文中出现的其他特殊音节进行了特殊的构件识别处理。通过测试验证算法的可行性，测试结果表明，该算法能够正确识别符合组合规则和结构的藏文音节，对特殊音节也有较好的识别能力。李加才让、安见才让的《一种用于藏英文混合文本压缩的改进LZW算法》（《软件工程》第6期）一文根据藏文文本的特点，提出两种改进的LZW数据压缩算法对藏英文混合文本进行数据压缩并无损解压。通过实验结果表明，该算法是一个适应于不同场合的文本压缩技术。普次仁、侯佳林、刘月、翟东海等的《深度学习算法在藏文情感分析中的应用研究》（《计算机科学与探索》第7期）一文，将深度学习领域内的递归自编码算法引入藏文情感分析中，以更深层次提取语义情感信息。实验表明，在最佳参数组合下，所提算法准确度比传统机器学习算法中性能较好的语义空间模型高约8.6%。艾金勇的《融合语义知识的藏文网页关键词提取方法研究》（《图书馆学研究》第3期）和《结合语义知识的藏文网页主题句抽取算法研究》（《图书馆理论与实践》第8期）两文，归纳整理了藏文网页的结构特征，在借鉴中英文关键词和主题句抽取方法的基础上，设计实现了融合语义知识的藏文网页关键词抽取算法。该算法利用藏文文本特征实现了网页内容模块的智能识别，在对识别的文本块进行自动分词后，采用改进的 TF－IDF 算法得到基础词集，然后根据词向量特征进行基础词的语义扩展构建候选关键词集，最后利用候选关键词之间的语义相关度值，确立藏文网页的关键词。

实用软件的开发同样是藏语文信息化建设的重要组成部分。相关的研究成果有：李自清的《基于 ssi 框架藏语/汉语在线教育系统的设计与实现》（《软件》第 4 期）一文，设计和完成了基于 spring + spring MVC + iBatis 藏语/汉语远程教育系统的在线学习平台，介绍了在 Eclipse 开发平台下，利用 spring、spring MVC、iBatis 技术开发该平台。主要讨论了系统所涉及的相关技术，设计的思想以及系统各功能模块的设计与实现。陈小莹的《藏文百科知识问答系统的设计与研究》（《智能计算机与应用》第 4 期）一文参照中英文知识问答系统的设计方法，建立藏文百科知识库，在句法分析的基础上，设计藏文百科知识的自动问答系统。山发、富春燕、李婷、旦增多吉、李凌的《基于 Android 平台的藏文驾考软件》（《智库时代》第 8 期）一文，介绍了针对藏族地区群众需求而设计的一款 Android 平台下的藏语驾考 APP。

相关的研究还有：陈小莹的《现代藏文中黏着语的规范化处理》（《电脑与信息技术》第 1 期）一文，对黏着语产生的背景和意义进行介绍，按照黏着语不同的形成原因进行分类处理，最终实现黏着语的规范化处理。孟雯、江荻的《藏文词典排序原理与查词典的方法》（《西北民族大学学报》哲社版第 3 期）一文，详细叙述了藏文词典的检索方法，并配以案例加以说明。这些内容对于学习者和使用者都具有一定的实用价值。仁青东主、安见才让的《藏文字母的信息熵》（《电子技术与软件工程》第 15 期）一文，用扩大容量的方法统计了藏文字母的信息熵，并用 zipf 定律进行了理论上的说明。王维兰、卢小宝、蔡正琦、沈文韬、付吉、才科扎西的《基于部件组合的联机手写“藏文—梵文”样本生成》（《中文信息学报》第 5 期）一文，提供了一种基于部件组合的“藏文—梵文”手写样本生成方法，主要包括：（1）确定“藏文—梵文”字符集和部件集；（2）获取“藏文—梵文”字丁的部件位置信息；（3）采集联机手写“藏文—梵文”部件的样本；（4）生成联机手写“藏文—梵文”字符集样本库。该文为联机手写“藏文—梵文”识别的研究提供字符训练样本库和测试样本库，提高了手写梵音藏文样本采集效率，解决了样本数量及多样性问题，降低了样本采集成本，为进一步联机手写梵音藏文识别的研究与系统开发奠定了基础。多杰才让、才智杰的《藏文辅音字母的动词构成能力分析》（《西北民族大学学报》自然科学版第3期）一文，对藏文动词词典中收录的所有藏语动词进行了统计，发现30个藏文字母因其性（即阳性、中性、阴性）不同，在所构成动词的及物性上也出现明显区别。完么扎西、尼玛扎西的《藏文的信息熵与输入法键盘设计》（《北京大学学报》自然科学版第3期）一文，在研究和分析藏文拼写文法的基础上，对计算机藏文快速输入法键盘键位布局进行形式化描述，推导计算机藏文键盘键位布局规则及方法。安见才让、拉毛措、孙琦龙的《互联网藏文信息舆情分析系统设计》（《微处理机》第2期）一文，介绍了研究互联网藏文信息舆情分析的必要性、重点及难点，详细介绍了藏文舆情分析的关键技术，最后说明了藏文舆情分析系统的设计和实现框架。刘汇丹、洪锦玲、诺明花、吴健的《基于大规模网络语料的藏文音节拼写错误统计与分析》（《中文信息学报》第2期）一文，针对从互联网获取的一份包含19万藏文网页，总计427万句、9328万音节字的藏文文本语料，按照预定的规则对其中的藏文音节拼写错误情况进行了统计与分析。文章还详细统计了各种不同表现形式的错误音节所占比重，并分析了导致拼写错误的四个主要原因：一是输入了多余的元音符号；二是音节点或句尾空格缺失；三是同一字丁/字符存在多种表达形式；四是错误地使用了相似字符。艾金勇的《面向信息处理的藏文文本规范化方法研究》（《西北师范大学学报》自然科学版第2期）一文，针对藏文信息处理的需求，提出了一套层次化、基于规则的藏文文本规范化处理方案。首先分析整理了藏文文本中的不规范文本类型，然后根据藏文文本中不同类型的不规范文本特征，分别设计文本规范化算法，并用程序实现了藏文文本的规范化。最后对该方法进行了实验测试，测试结果表明该方法能较好地实现藏文文本的规范化。才让叁智、关白的《基于规则的现代藏文音节字检错研究》（《西藏大学学报》自然科学版第1期）一文，通过分析现代藏文音节字，将藏文音节字分为规则音节字（遵循组件组合规则的藏文音节字）和不规则音节字（不遵循组件组合规则的音节字）两种。对规则音节字采用了音节字组件组合规则进行检错，对非规则音节字采用建立梵源藏文词典、音译藏文词典和本体非规则音节字词典进行检错。实验表明，文章提出的藏文音节字检错方法对报纸类藏文的检错率为100%。张云洋的《藏文网页搜索关键技术研究》（《计算机时代》第6期）一文，通过分析藏文网站中藏文字符的编码特点，对藏文网页的URL处理技术、限定爬虫、藏文网页倒排索引的建立、网页的检索和结果排序等进行了详细阐述，提出了较完整的藏文网页搜索方法，对于藏文网页信息的搜索和利用有一定的实用价值。

三、实验语音学

实验语音学的成果为自然语言的处理提供了强有力的支持。相关的成果有：夏吾措的《基于PAS6600的藏语送气/不送气辅音气流信号研究》（《西北民族大学学报》自然科学版第3期）一文，以藏文字母中七组送气与不送气辅音为研究对象，利用语音空气动力学PAS6600提取各个辅音的气流信号参数，从呼气时长、平均呼气速度、呼出气流量等三项参数，分析相同辅音的各项参数在不同性别间存在的差异，即男性的呼出气流量比女性的呼出气流量要大，这主要跟其生理特征有直接的关系。王庆楠、郭武、解传栋的《基于端到端技术的藏语语音识别》（《模式识别与人工智能》第4期）一文，提出将已有的语言学知识结合至端到端的声学建模中，采用绑定的三音子作为建模单元，解决建模单元的稀疏性问题，大幅提高声学建模的区分度和鲁棒性。在藏语测试集上，通过实验证明文中方法提高基于链接时序分类技术的声学模型的识别率，并验证语言学知识和基于端到端声学建模技术结合的有效性。代龙翔、李冠宇、马宁的《基于谱减法语音增强效果研究》（《西北民族大学学报》自然科学版第2期）一文，介绍了语音增强的发展历程以及面向藏语语音的研究现状。文章选择经典的谱减法作为语音增强方法，并介绍了谱减法原理，同时设计实验方案，实验语料使用纯净语音和噪音混合成的带噪语音，按照不同信噪比进行语音测试，得出结论：使用谱减法能够明显提升语音质量，提升效果随着噪音语音相关度的多少而变化。曲珍、扎西加、春燕的《最大熵软决策树HMM最大似然藏语音合成》（《计算机工程与设计》第4期）一文，针对传统的硬决策树藏语音合成系统存在泛化性能不强的问题，设计改进一种二进制软决策树算法，实现基于语境因子的藏语音合成模型参数估计。内部节点根据子代节点隶属度进行选取，每个节点可视为基于语境依赖隶属度的模糊集合，将每个语境分配给几个重叠的叶节点，提高模型概括和函数逼近性能；采用最大熵平滑分布进行局部一阶矩和全局二阶矩特征捕捉，实现隐式马尔可夫（HMM）输出概率分布的软决策参数最大似然估计。仿真验证结果表明，所提算法在满足应用实时性要求的前提下，可有效提高藏语音合成效果。才让卓玛、才智杰的《基于语料库的藏语语音合成单元选择算法》（《中文信息学报》

第5期）一文，针对藏语言文字的特点，提出以基本构件、组合构件、字、词及句单元相融合的混合单元语音合成策略，并提出了藏语语音合成混合单元选择算法。主观评价与客观评测数据表明该策略与算法有效和合理，各类合成单元在开放语料上的覆盖率与语音合成效果均达到预期的目标。

四、社会语言学

语言教学是社会语言学的重要组成部分。成果主要涉及教学实践和理论探索两个部分。

涉及教学实践的成果有：卓玛的《母语对藏族学生学习英语语音的干扰及对策研究》（《青海师范大学民族师范学院学报》第1期），该文对藏族学生学习英语语音过程中母语干扰问题进行了探讨。虎技能的《藏汉双语“一类模式”课程跨专业任教的现象分析与思考——基于G州民族类中学藏语文教师的口述实录》（《民族教育研究》第2期）一文，对民族类中学藏汉双语“一类模式”的教学成效进行了讨论。罗绒曲批的《试论中职院校母语教学实施的现状——以四川民院五年制初等教育专业为例》（《四川民族学院学报》第3期）一文，以四川民院五年制初等教育专业为例，详述母语教育教学的实施现状，就发现的问题作分析并提出相应的思考和建议。周加当知的《运用多媒体教学促进藏语文教学的方法》（《文学教育（上）》第12期）运用多媒体辅助藏为主类学校藏语文课堂教学，能激发藏族学生学习藏语文的兴趣，营造良好的课堂氛围；增加课堂容量，扩大藏族学生的藏语文知识面，提高藏语文教学的实效性。多媒体教学的运用，能更好地帮助藏语文教师解决藏族学生在藏语文学习中的主要困难，提高藏语文课堂效率，促进藏语文教学的发展。

涉及理论探索的成果有：马锦卫、马尔体的《民汉双语教育是促进我国多元文化和谐发展的根基》（《民族高等教育研究》第5期）一文，该文以我国各民族多元文化融合互助历史悠久、民汉双语教育是多元文化和谐发展的基础、和谐社会的建设需要培养大批“民汉兼通”的双语人才为内容，提出通过开展民汉双语教育，培养“民汉兼通”的双语人才是实现和谐中国梦的基础和保障，阐明了民汉双语及其多元文化教育的重要意义。王文玲的《基于初中藏语文教材语料库浅层句法分析》（《西北民族大学学报》自然科学版第2期）一文，针对初中藏语文教材语料库的特点和现代藏语中组块的语序规则，提出了6种藏语组块类型，并从组块的类型、频率等分布情况的统计和组块间同现关系的统计，对初中藏语文教材的结构构成和内容构成进行了直观的评价，借助组块的分布状况体现组块的价值，通过研究组块分析达到了简化句子结构、提高机器翻译系统整体性能的目的，为客观评价藏语文教材提供了思路，也为今后更好地提高初中藏语文教材编写质量奠定了一定的基础。王天成、代钦的《基于聚类的双语背景下学科成绩相关性研究》（《内蒙古师范大学学报》教育科学版第4期）一文，对青海省实施藏汉双语教学的几所典型学校学科成绩进行相关性分析，总结了不同类型学生在采取的教学模式下语文水平对理科课程的影响程度，进一步诠释实行藏汉双语教学的学校民族语文和汉语文同等重要。

此外，相关的成果还有：才旺伦珠的《小学藏语文有效教学策略初探》（《西藏科技》第6期），庄园、仲丹丹的《藏族谚语的语文课程资源价值及其开发利用——以中小学语文课程为例》（《西藏教育》第10期），格桑罗布的《论开放式小学藏语文课堂教学》（《西部素质教育》第10期），次仁德吉的《拉萨市多媒体技术与小学三年级藏文课程整合现状与对策研究》（《读与写》教育教学刊第9期），刀杰旦主的《提升藏文课堂教学有效性的策略》（《西部素质教育》第11期）等。

五、藏文文献研究

本年度藏文文献的研究成果水平都很高，涉及的主要是敦煌时期的古藏文文献研究。代表性的成果有：陈践的《敦煌藏文文献〈古太公家教〉译释（上）》（《西藏民族大学学报》哲社版第2期）、《敦煌藏文文献〈古太公家教〉译释（下）》（《西藏民族大学学报》哲社版第3期）、《法藏敦煌藏文文献P. T. 55（4）号梦兆禳解译释》（《西藏民族大学学报》哲社版第1期）、《英藏敦煌藏文文献IOL Tib J 506号时日宜忌文书译释》（《西藏民族大学学报》哲社版第4期），陈于柱、张福慧的《敦煌古藏文写本P. T. 1055 + IOL Tib J 744〈十二钱卜法〉研究——敦煌汉、藏文术数书的比较历史学研究之三》（《兰州大学学报》社科版第5期），陆离的《敦煌藏文文书〈吐蕃官吏呈请状〉所记陆（ལུག）、岸（ངན）》（《西藏研究》第1期）、《关于发放堪布土登口粮契约的几个问题——以三件英藏敦煌藏文文书为例》（《青海民族大学学报》社科版第2期），刘英华的《敦煌本P. 3288 3555A V°藏文星占文书研究之一——九曜和二十八宿名表释读》（《西藏民族大学学报》哲社版第5期）等。

陈践的《敦煌藏文文献〈古太公家教〉译释（上）》《敦煌藏文文献〈古太公家教〉译释（下）》二文，对日本东京台东区立书道博物馆藏中村不折旧藏敦煌西域文献中的一件敦煌藏文写本《古太公家教》进行录文、汉译和比较研究。该文献首尾全，163行，抄写中有明显的分段分节标记。字迹基本清晰，容易辨识，仅在最后部分汉文墨迹已浸至藏文一面，两相重叠，导致部分藏文识读困难。文章分上下两期刊发，上半部分对《古太公家教》前1—61行进行录文、翻译，并刊布该文献首、尾的影印件。后半部分则就《古太公家教》62—163行进行录文、翻译，并与其他译者的汉译本、敦煌汉文写本《太公家教》进行比对研究。陈践的《法藏敦煌藏文文献P. T. 55（4）号梦兆禳解译释》一文，对法藏敦煌藏文文献P. T. 55号分解题、藏文拉丁字母转写、汉译及注释。陈践的《英藏敦煌藏文文献IOL Tib J 506号时日宜忌文书译释》一文，认为敦煌藏文占卜文献中有一类时日宜忌类文书，目前所知仅有两篇，IOL Tib J 506号即为其中之一。文书中提及的沐浴宜忌恐非吐蕃人之习俗，而是当地唐人之习俗。通过与P. T. 127号（背面2）的相关内容比较，此文书有可能是吐蕃人译自相关的汉文文书。

陈于柱、张福慧的《敦煌古藏文写本P. T. 1055 + IOL Tib J 744〈十二钱卜法〉研究——敦煌汉、藏文术数书的比较历史学研究之三》一文，认为分藏于法国与英国的敦煌古藏文写卷P. T. 1055、IOLTib J 744属一卷之裂，可以直接缀合。缀合后的P. T. 1055 + IOL Tib J 744《十二钱卜法》是以汉文本为底本、根据吐蕃传统社会习俗编译而成的，其成书时间为吐蕃统治敦煌时期。敦煌汉、藏文《十二钱卜法》的综合分析与比较研究，不仅有助于建构吐蕃统治时期苯教与佛教共存于敦煌吐蕃移民社会生活之中的真实历史面向，改变学界以往多关注敦煌吐蕃移民佛教信仰的片面性，而且能够有力展明该时期的敦煌汉、蕃关系已产生了紧密联系和文化融合，从而为进入归义军时代的敦煌蕃、汉族群最终走向民族融合奠定了坚实的社会文化基础。陆离的《敦煌藏文文书〈吐蕃官吏呈请状〉所记陆（ལུག）、岸（ངན）》一文，认为敦煌藏文文书P. T. 1089号《吐蕃官吏呈请状》中出现的陆、岸（ལུག་ངན）二部落（སྡེ་གཉིས）是两个党项羌人部落，位于今青海果洛地区，宋代该地有卢甘国、卢甘羌、泸戎，ལུག་ངན的谐音即卢甘，卢甘国、卢甘羌、泸戎即由陆、岸（ལུག་ངན）两部落演变而来。吐蕃政权的黄河节度衙（མ་གྲོམ）也设在该地，到了明代，该地称为果洛玛冲（འགོ་ལོག་རྨ་ཁྲོམ）。陆、岸（ལུག་ངན）两部落（སྡེ་

ག་ཉིས）当是果洛藏族的先民之一，清代、民国时期青海地区藏族日安（拉安）千户部落也很可能是其后裔。陆离的《关于发放堪布土登口粮契约的几个问题——以三件英藏敦煌藏文文书为例》一文，认为英藏敦煌藏文文书 IJT844、IJT914、IJT1397 三件关于吐蕃瓜州官府给堪布土登（mkhan po thub brtan）发放口粮的契约中出现的土登应该是位吐蕃高级僧官，卢彼赞（lo byi btsan）则是瓜州都仓曹（spyi tshogs gyi stsang mngan），总管瓜州节度使辖区的粮食征收，沙州则有仓曹（stsang mngan），亦称为官仓小财务官（khab sovi mngan chung），负责当地粮食征收。吐蕃瓜、沙等地官府和寺院粮仓向部落民户、寺户无息借贷粮食与吐蕃王朝在全国实施寺院属民制度和养僧制度有关。刘英华的《敦煌本 P. 3288 3555A V°藏文星占文书研究之一——九曜和二十八宿名表释读》一文，认为敦煌本 P. 3288 3555A V°中包含发热藏文文献，是星占择吉堪舆文书会抄，其中记载了 28 宿和 9 曜藏文名及其梵文名称。文章对曜宿名这部分做转录、注释和翻译，并结合 P. 3531（P. T. 849）等其他敦煌文书以及相关梵藏汉文献，对敦煌本曜宿名表做初步研究。

此外相关的研究还有：聂鸿音的《〈英藏黑水城藏文文献〉读后》（《西夏研究》第 1 期）一文，认为武内绍人和井内真帆的一部新著首次全面公布了英国国家图书馆所藏斯坦因在黑水城遗址和额济纳河三角洲获得的藏文文献，并提供了前者的详细描述和后者的基本信息。作者参照存世的藏文大藏经对部分残片做了出色的性质鉴定，但与西夏文佛教作品勘同的尝试不大成功，其原因是西夏学界对佛教文献的研究严重滞后，目前还不能为藏学界提供足够的参考。曲珍的《康巴藏文文献搜集整理浅议》（《四川图书馆学报》第 5 期）以甘孜州图书馆藏文文献资料搜集为例，从工作实践中遇到的问题出发，阐述了康巴地区藏文文献收集、整理的现状及意义。提出对康巴地区藏文文献搜集整理的思路。萨尔吉、萨仁高娃的《敦煌藏文儒家格言读物研究——以中村不折旧藏本〈古太公教〉为中心》一文，以日本台东区立书道博物馆藏中村不折旧藏敦煌西域文献中一件藏文写本为中心，结合法藏敦煌藏文文献 P. T. 987、P. T. 988 号，对该件中村不折旧藏本全卷以及 P. T. 988 号的后半部分予以转录、翻译，并探讨 3 篇藏文文献的价值、翻译风格以及与《太公家教》等敦煌汉文写本童蒙读物的关系。杨铭、贡保扎西的《丝绸之路沿线所出古藏文契约文书概说》（《西南民族大学学报》人文社科版第 7 期）一文，系统梳理了丝绸之路沿线所出古藏文契约文书的刊布与研究情况，讨论了这些契约的编号、数量、主要内容，以及国内外学术界具有代表性的成果，古藏文契约文书与丝绸之路上其他民族文字的契约文献，是研究中国历史上多民族的经济、文化及其互相影响的实物资料。王伟光的《建国以来国内藏文文献目录研究综述》（《四川民族学院学报》第3期）一文，提到目录学是历史文献学最重要的分支学科之一，不仅能够反映一个时期图书典籍的基本面貌，同时对人们了解文献的分类与内容具有重要作用。藏文目录学作为我国目录学的重要组成部分，有着自身独特的特点，其产生和发展与藏传佛教典籍有着紧密的关系。了解藏文目录及其目录学的主要内容、发展脉络、基本特点等，对于我们研究与运用藏文文献具有重要的指导意义。本文仅就新中国成立以来国内学界对藏文文献目录学研究现状做一个归纳、整理，展现当今学界对于藏文文献目录学的研究动态和特点，为学界的研究提供合理的参考和依据。南小民、巴桑的《论汉文“吐蕃”的注音原则——基于藏文文献里的“吐蕃”拼读》（《西藏大学学报》社科版第3期）一文，通过对藏文文献尤其是藏文史籍的梳理，发现汉文“吐蕃”在藏文文献里有三类对应拼读形式，文章讨论了三类“吐蕃”注音原则的得失，明确所谓“名从主人原则”不能成立，不可取；“尊史从古原则”和“自然音变原则”各有其合理性和局限性。最后文章建议汉文辞书可考虑同时遵循“尊史从古原则”和“自然音变原则”来给“吐蕃”一词注音，只不过不同注音的“吐蕃”使用场合宜各有分工。相关研究还有李辉的《甘肃藏藏文古籍及其保护工作的多样性——以玛曲县藏文古籍普查为例》（《盐城师范学院学报》人文社科版第3期）等。

藏文文献信息化建设随着新技术手段的应用逐渐提上日程。相关的研究成果有：王丽英、次仁普赤的《基于信息检索的藏文文献计算机编目创新研究》（《图书馆学刊》第5期）一文，运用信息检索相关专业知识及《中国文献编目规则》，结合实际编目工作经验，分析藏文文献计算机编目中存在的问题。在探讨CNMARC格式下民族文献具体编目方式、字段特殊处理等问题的同时，指出藏文文献编目工作的未来发展趋势。阿贵的《西藏大学藏文文献数据库建设及其意义》（《西藏科技》第3期）一文，介绍了西藏大学藏文文献数据库建设现状，目前藏文文献主要分布于我国及其30余个欧美国家和地区，并在数字化加工方面取得了可喜的成就。同时，国内在传承、保护藏文典籍方面成绩斐然，数字化工作也有了一定起色，显示出勃勃生机。华林、石敏、李帅等的《基于数字档案馆建设理念的西藏藏文档案文献遗产数字化资源共建研究》（《西藏大学学报》社科版第1期）一文，阐释多元属性下西藏民族档案文献遗产资源共建的学理依据，分析现有优势，提出其数字化资源共建的理念与实现策略。高飞、沈淑涛的《基于藏文古籍传播图像信息自动分类方法研究》（《科技传播》第22期）一文，通过对藏文古籍传播图像信息进行预处理提取出具有明显特点的图像传播信息，利用文本表示法表示出不同的图像信息，从而完成整个分类，借助检测仪计算分类的召回率和准确率，判断分类准确性。刘芳、胡志杰的《基于关联规则的藏文文献流通特征研究——以西藏大学图书馆为例》（《西藏大学学报》自然科学版第1期）一文，在分析书目数据库存储结构的基础上，提取了西藏大学图书馆馆藏藏文文献的流通数据，提出了Apriori的改进算法，并使用改进后的关联规则算法分析了藏文文献流通数据，挖掘出流通事务数据中隐含的关联规则。高飞、沈淑涛的《藏文古籍图像信息自适应补偿二值化算法研究》（《电子制作》第20期）一文，认为传统的图像自适应方法存在图像分辨率低等不足，提出一种基于自适应二值化算法的图像恢复算法研究实现对藏文古籍图像自适应补偿。实验结果表明：改进的二值化算法效果明显优于传统算法，能够在很大程度上提高图像的识别率。阿贵、达瓦的《藏文文献典籍传承、保护及其数字化现状综述》（《西藏研究》第4期）一文，根据文献记载，系统地考察、梳理了世界30余个国家和地区的文献收藏机构，高校研究机构的图书馆、资料室及寺院等收藏的藏文文献典籍的数量和种类，以及传承、保护和数字化加工情况；进而评估总结了以西藏大学为主的国内藏文文献数字化工作的受众面以及所发挥的具体成效；最后，从藏文文献数字化加工现有成果的使用率及其意义的角度，探讨了民族文献数字化工作的建设前景，以及对相关学科的发展、人才培养等方面所具有的现实意义。

藏文部分

2017年度，语言文字藏文部分成果丰硕，据统计，相关成果有30多篇论文、3部著作，主要涉及藏文文法理论、文字、语言、方言、词汇、语音、经典文献等研究。归纳起来有四个方面的特点：第一，学者们深入挖掘传统文法理论，利用语言学理论方法从具体语言学问题出发，对语言问题从语言学理论层面给予科学规范的阐释。第二，传统经典著作和梵藏文法的比较研究有了进一步的升华，这对文法研究的传承保护与传播将会大有裨益。第三，语言问题的研究结合历史文献进行解释，发现了更多传统语法自身的规律与特点。第四，学者从纵向角度梳理和总结了文法理论的历史脉络及现状。第五，理论方法论上呈交叉学科特点，语言研究重视第一手资料，强调“参与观察”与“深度访谈”走访调查语言文化圈，以鲜活的语言案例解除了诸多文献中的疑惑。下面根据相关成果予以分别介绍。

一、藏语言文字著作

今年，藏语言文字著作中代表性的专著有三本，均由中国藏学出版社出版，分别是格桑居冕之《格桑居冕文集》（སྐལ་བཟང་འགྱུར་མེད། སྐལ་བཟང་འགྱུར་མེད་ཀྱི་གསུང་འབུམ།），公保拉旦、卓玛草编著的《科学术语翻译理论与实践》（མགོན་པོ་ལྷག་བསྟན་དང་སྒྲོལ་མ་འཚོ་གཉིས་ཀྱིས་སྒྲིག་རྩོམ་བྱས། ཚན་རིག་བརྡ་ཆད་ཡིག་སྒྱུར་གྱི་གཞུང་ལུགས།），格桑阿旺当曲著的《妙音声明论注疏》（སྐལ་བཟང་ངག་དབང་དམ་ཆོས། དབྱངས་ཅན་བརྡ་སྤྲོད་ཀྱི་རྒྱས་འགྲེལ་ཉིན་བྱེད་སྣང་བ་ཞེས་བྱ་བ་བཞུགས་སོ། །）。

《格桑居冕文集》为藏族现代藏语言、文法学家格桑居冕的遗作文集。所选大部分文章已在各类学术刊物上发表，或在国际藏学研讨会上宣读过。文集由藏、汉、英三个语种的作品构成。其中，藏语语音学和文法学方面的学术论文有《藏语动词的使动范畴》《藏语复句的形式》等；汉译藏的有《1929 年版〈艾奇逊条约集〉第 14 卷何以有两种不同版本》；藏译汉的有《Bod 一词的由来》；藏文名著改写为口语作品的有《卓哇桑姆》等。共 12 篇文章。本书作者是一位掌握现代语言学知识，并应用它来分析传统藏文文法和藏语方言的学者，因此其学术论文有不少独到见解，有较高的学术价值，在国内外藏学界具有一定的学术声誉。

公保拉旦、卓玛草编著的《科学术语翻译理论与实践》是一部比较系统地阐述科学术语汉藏翻译的理论性编著，全书共分 12 章，书中对有关科学术语翻译方面的各种问题作了系统的研究和探讨，全书既有宏观的论述，也有微观的研究。由于本书具备论述精细、系统性强、材料丰富、布局新颖等特点，对于科技翻译有很大的实用价值。

格桑阿旺当曲著的《妙音声明论注疏》对《妙音声明论》的内容进行全面研究和分析的基础上作了详尽的注释，尤其是对梵语语音系统及语音的组合规律、梵语词汇系统及构词规律、梵语语法常规及其语法手段等方面作了进一步的解释，并提出了许多独到的见解。《妙音声明论》是古印度声明学十大论之一，由阿努菩提所著。是研究介绍梵文文字的专门理论著作。

二、文法理论研究

当字加的《藏传佛教四宗派之三时理论与藏语语法中三时区别》（ཉིང་འཛིན་རྒྱལ། ནང་པའི་གྲུབ་མཐའ་བཞིའི་དུས་གསུམ་གྱི་དགོངས་པ་དང་བརྡ་སྤྲོད་གཞུང་།《中国藏学》第4期），佛教在藏族地区的传播是文法三时理论萌芽发展的历史背景，此理论是藏传佛教认识论之中观续部派之因类学的研习内容之一，也是藏语语法之音势论的主要内容。佛教与印度外道对三时理论的定义与理论分析方法各持不同的见解，作者认为，对事实分析（དངོས་པོའི་དུས་གསུམ།）应从佛教有部派、唯识派、中观派到具体藏语语法事件（བྱ་བའི་དུས་གསུམ།）做系统的分类与论述。

干木滚的《论〈语法明悦〉的要义及特点》（ཁ་ཐུག བརྡ་སྤྲོད་བློ་གསལ་དགའ་སྟོན་གྱི་བརྗོད་སྙིང་དང་ཁྱད་ཆོས་རགས་ཙམ་གླེང་བ།《西藏大学学报》第 3 期），藏族传统学者对大小五明经典传承极为重视，经典研习方面的师徒传承理念扎根于藏族文化的土壤中，没有师徒传承的经典就如失去阳光和雨水呵护的干草。藏文《语法明悦》恰是在传承藏族传统学者的智慧结晶基础上完成的一部藏文文法理论经典，文章中对此经典进行了系统的介绍，并总结了此理论对传统藏文文法理论的贡献，客观评价了 20 世纪六七十年代对传统藏文文法理论的谬论之说，文章主要从经典创作的缘起、文法理论与文字产生的关系、名与词的区别、格、缩略词、功能虚词、重叠虚词、语义格、字体等 15 个语法属性进行了分析。

诺章吾坚的《藏文字的发展及其相关问题研究》（ནོར་བྲང་ཨོ་རྒྱན། འཇུ་མི་ཕམ་གྱི་གསུང་ལས་འཕྲོས་ཏེ་བོད་ཡིག་གི་སྐོར་ལ་དཔྱད་པ་བདུད་རྩིའི་རྒྱན་བཟང་།《西藏大学学报》第 4 期），语言文字的发展具有长期性、渐进性，任何一种具有生命力的语言，必然拥有一部规范发展史。居・米旁大师之著作《常用工巧明之经箧》中从宏观层面谈到阅读与写作掌握一切善知的基础，微观至对笔者如何以正确的方式书写藏文字体从握笔法、坐姿、竹笔的选材以及对传统藏墨的类别及选择至传统秘书、天书、风书的功能类别做了详细的介绍，对金汁、银汁、铜汁写本的特殊历史功能及对写本中的金、银、铜的详细制作工艺做了系统介绍。语言文字发展史部分以堪钦・次臣罗哲著作《世界语言文字的发展简明史》作为主要理论依据，主要从人类学和考古学角度对文化的定义和世界语言文字的历史发展脉络以大篇幅进行了论述，介绍了现代语言学谱系表及世界上语言及文字的使用人数，对濒临消失的语言从性质、过程、原因、特征、结果、措施等方面做了介绍，强调了民族语言对族群文化认同的重要性。

才让东智的《浅谈藏语语法理论的演进》（ཚེ་རིང་དོན་གྲུབ། བོད་ཀྱི་བརྡ་སྤྲོད་རིག་པའི་འཕེལ་འགྱུར་སྐོར་མདོ་ཙམ་བརྗོད་པ།《青海民族大学学报》第 1 期），把四个鲜明的社会历史发展阶段作为历史背景详细介绍了藏语语法理论的产生过程，对前弘时期产生语法理论的历史渊源从公元 7 世纪前有无文字之说，至 7 世纪后吞弥・桑布扎创制了符合藏语语言属性的文字，8 世纪末赤松德赞时期从本土和印度请来了诸多有名的译师，通过他们的努力，这一时期翻译和创作了诸多佛法经典和语法著作，这一时期最著名的语法理论被称为《八大位》（གནས་བརྒྱད་ཆེན་མོ།），此理论的翻译足以证明，本土学者开始研究梵语和藏语语法问题。后弘时期（10 世纪中叶）大译师仁青桑布掀起了研究梵佛语法问题的热潮，这一时期以语法理论《语门文法概要》为标志，从研究语言细节问题上充实了藏语语法理论。萨迦政权时期至甘丹颇章时期也就是从 16 世纪至 20 世纪，藏族本土学者对传统经典语法理论进行了再创作与理论升华，出现了大量的语法著作。新中国成立至今，藏语语言学研究以科学的理论与方法适应了时代发展的步伐，出现了大批既懂传统理论之精华又掌握现代学科研究方法的藏族本土学者，通过他们著书立说，藏语语言理论得到了再次升华。

桑杰次仁的《噶焦二译师之作〈正字法入门〉释析》（སངས་རྒྱས་ཚེ་རིང་། སྐ་ཅོག་རྣམ་གཉིས་ཀྱིས་བརྩམས་པར་གྲགས་པའི་《བརྡ་དག་གི་ལྡེ་མིག》ཅེས་པར་དཔྱད་པ།《西藏研究》第 4 期），赤松德赞时期赞普以开放包容的态度大力发展藏传佛教，从印度请来了很多德才兼备的大译师，他们从梵文翻译了大量的佛教经典，为大、小乘及密宗理论的成形奠定了坚实的基础，新发现的手抄本《正字法入门》是一部很具有代表性的藏文常用字字典，字典中对 259 个藏文同音、同形字词条从辅助、联想等方法对词条给予了解释。

干木滚的《邦译师・洛追登巴〈字、词、句三身简明论〉中的“八格”及梵、藏语之比较研究》（ཁུ་བྱུག དཔང་ལོ་ཙཱ་བ་བློ་གྲོས་བརྟན་པའི་《ཚིགས་གསུམ་གསལ་བ》ཞེས་པ་ལས་འཕྲོས་པའི་རྣམ་དབྱེ་བརྒྱད་ཀྱི་སྐོར་རགས་ཙམ་གླེང་བ།《西藏研究》第 4 期）一文，介绍了邦译师・洛追登巴《字、词、句三身简明论》中的“八格”，提出梵语和藏语在语义表达过程中，藏语在句法上有使用功能虚词的特殊现象，与梵语有差别，并结合具体例子论述了梵藏语言实践中的单复数词缀，最后评议了历代藏族语法学家们对“八格”的学术观点。

普片多的《藏文元音数量问题再探——与益西桑布先生商榷》（ཕུར་བུ་ཕན་རྡོགས། དབྱངས་ཀྱི་གྲངས་ངེས་སྐོར་ལ་བསྐྱར་དུ་དཔྱད་པ།《西藏研究》第 2 期），对赛多（色多）文法理论阴阳字母（ཕོ་ཡིག་དང་མོ་ཡིག）之阴性字母应理解为十个后加字的提法、把后加字འ理解为元音等错误提法，从阐明定义、区分元音与元音形式等分析中，客观地反驳了藏文元音四分法，以充实的论点论证了藏文元音五分法。

泽旺仁真、米玛次仁的《刍议藏文格律学说中的词语格律学》（ཚེ་དབང་རིག་འཛིན་དང་མིག་དམར་ཚེ་རིང་། བོད་ཀྱི་ཡི་གེའི་སྙེབ་སྦྱོར་ལས་ཚིག་གི་སྙེབ་སྦྱོར་སྐོར་རོབ་ཙམ་གླེང་བ།《西藏大学学报》第 3 期），藏文词的韵律是藏语言文字韵律学的根本学，文本中藏文字和词的韵律是否协调或悦耳和音的高低、音色等有密切的关系，语言的本体是韵律学的主要研究内容之一。词是在句法中能够独立运用并能表达分别意义的语法单位，作者从传统语法理论《正字法》结合新发现的敦煌文献和藏文文本中的大量例句，客观分析了藏语传统八格中的施事格、受事格等的韵律学问题，提到了藏语功能虚词对藏语句法语义指向的关键性。

斗格才让的《从〈藏语声律学创新〉一书谈藏语声律学若干问题——访当代著名藏族学者马进武教授》（གདུགས་དཀར་ཚེ་རིང་།《སྙེབ་སྦྱོར་རིག་པའི་སྲོལ་འབྱེད་ཀྱི་བསྟན་བཅོས་དབྱངས་ཅན་ངག་གི་རོལ་མཚོ》དང་འབྲེལ་བའི་གཏམ།《西藏研究》第 4 期），构型访谈对选择访谈对象的标准和方法、访谈中提出的问题、提问的方式和顺序、被访问者的回答方式、访谈记录的方式都有统一的要求，对问题的剖析具有专一性和透彻性，文章以马进武教授的著作《藏语声律学创新》作为切入点，对诗歌与声律学的关系、声律学是否用之于白话文等语言学问题进行了阐述，系统分析了梵语声律学的基本架构，提出藏语著作中的修辞具有藏语自身的声律规律与特点。指出藏语声律学的理论源泉是传统语法理论《正字法》，最后主要从创作实践中如何形成藏语声律学理论等问题进行了客观答复与评价。

三、语言研究

格桑益西与洛桑次仁的《〈西藏的语言和社会〉一书对当代藏族语言使用情况曲解辨析》（སྐལ་བཟང་ཡེ་ཤེས་དང་བློ་བཟང་ཚེ་རིང་།《བོད་ལྗོངས་ཀྱི་སྐད་དང་སྤྱི་ཚོགས་》ཞེས་པ་མཚན་གཞིར་བཟུང་ནས་བོད་མིའི་སྐད་རིགས་བེད་སྤྱོད་བྱེད་ཚུལ་ལ་ལོག་འགྲེལ་བྱས་པའི་སྐོར་ལ་དཔྱད་པ།《西藏研究》第 4 期）一文，指出国民经济基础的提升丰富了人们的精神世界，

多元文化的发展满足了人们的精神追求与求知欲望。藏语言文字的研究理论与方法的借鉴从传统到现代在逐渐过渡中，实现过渡的道路往往是曲折的。文章从社会学与方言学理论角度清晰地区分了“双语现象”与“语言混用”（སྐད་ར་མ་ལུག）现象的区别，批判了《西藏的语言和社会》一书中对关键术语“双语现象”的误读现象而导致的不客观的社会语言调查结论。

仲克才让的《语音学概述》（སྒྲོལ་དཀར་ཚེ་རིང་། སྐད་གདངས་རིག་པ་མདོ་ཙམ་གླེང་བ། 《攀登》第2期），简要介绍了语音学理论的起源与语音学分支学科等领域，提到语音学是语言学的一个分支。主要研究语言的发音机制，语音特性和在言谈中的变化规律。由于它的研究内容关系到发音动作（生理现象），语声特性（物理现象）以及听感（心理作用），而人类的不同语言集体各有自己的语音特点，因此现代语音学的研究需同时具备自然科学和社会科学的知识作为基础。

东主才让的《现代藏语书面语和方言语法比较研究》（གསུམ་རྫ་དོན་གྲུབ་ཚེ་རིང་། དེང་རབས་བོད་ཀྱི་ཡུལ་སྐད་དང་ཡིག་སྐད་སོ་སོའི་བརྡ་སྤྲོད་ཀྱི་སྣང་ཚུལ་ཞིབ་ཏུ་བསྡུར་ནས་དཔྱད་པ། 《中国藏学》第2期），解读丰富多彩的言语现象必须认识到言语背后的语言（语法），文章以共时比较法从藏语三大方言，即卫藏方言、安多方言、康方言的书面语和方言的语法理论与实践角度讨论了三大方言之虚词所指、构词规律、句法结构的特点，结合例句详细论述了传统虚词所指内容与语法理论之间的差别现象，探讨了三大方言的构词规律，提出了语言学研究要重视总结语言规律的建议。

李先的《安多方言与书面语语音比较》（ཀུན་ཁྱབ་བློ་བྱམས། ཨ་མདོའི་ཁ་སྐད་དང་ཡིག་སྐད་གཉིས་ཀྱི་སྒྲ་གདངས་ཀྱི་ཁྱད་པར་སྐོར་གླེང་བ། 《中国藏学》第2期），从自然语言层面安多方言与书面语语音两者的呼应关系脱离了传统语法理论范畴，作者把安多方言与书面语语音的差别现象作为研究导向，充分利用田野调查法，赴青海、甘肃、四川省的共十多个属于安多语言圈的县区进行了走访调研，以丰富翔实的例证从十三个语法范畴论证了方言语音变化规律，其中作者提到在自然语言运用中基字的变形、前加字和后加字变化、基字互换、个别后加字的互换、虚词变化等语言调查结果是安多方言与书面语语音变化的重要的理论依据与方言变化规律。

普片多的《西藏山南恩巴地区的方言特征》（ཕུར་བུ་ཕན་ཐོགས། ཨེ་པའི་ཡུལ་སྐད་ཀྱི་ཁྱད་ཆོས་ལ་རགས་ཙམ་དཔྱད་པ། 《西藏大学学报》第2期），文章通过文本资料与实地调研结合，对属于西藏山南“俄”地区所指地理范围结合史料进行了地域考证并对什么是“方言”（ཡུལ་སྐད）给予了清晰的定义，比较分析了“俄”地区语言特殊语音现象，提到“俄”地区方言与卫藏地区方言相比其基字声调具有尖和细的特点，声调具有拖长和འ་སྒྲ་音明显等现象，而且从书面语角度分析了方言特殊词汇的构词特点及、特殊动词及后加字互换等语言现象。

关却乎尖措的《藏语语言学术语规范化方面的几点建议》（དཀོན་མཆོག་རྒྱ་མཚོ། བོད་སྐད་ཀྱི་སྐད་བརྡ་རིག་པའི་བརྡ་ཆད་གཅིག་འགྱུར་བྱེད་དགོས།《西北民族大学学报》第 1 期），术语标准化实际上是一种对术语的质量控制与规范的过程，它包含着术语的使用者能够就某一个已知的术语或尚未确定的术语在待定情景中或者在特定领域中的使用，达成权威的、公认的统一看法。文章针对藏语语言学领域术语不统一的现象提出了建立藏语语言学标准委员会的设想。

拉杰的《试论藏语中的外来词》（ལྷག་རྒྱལ། བོད་སྐད་ཁོད་ཀྱི་ཟུར་ཆག་སྐད་དོད་ཀྱི་སྐོར་རྩོམ་གླེང་བ།《西藏大学学报》第 2 期），外来词或借词是语言系统中的一个重要成员，它是文化交流的产物，并且还蕴含着丰富的文化内涵。它产生在语言与文化的碰撞之中，并且也反映着语言与文化的关系。汉语借词翻译方法分为音译法、半音半义法、音译为主义译为辅法、相似字形互用法，文章在借鉴汉语借词分析法的基础上对藏语中的借词按借用地域的不同，罗列了不同的借词，主要从文化交流的角度讨论了借词的定义和借词产生的历史渊源，清晰地区分了语言（口语）操作中使用符合语言习惯、不符合语言习惯和语法规则的借词（口语）现象。

东主才让的《藏语方言语法的性质、成因及特点》（སྲུམ་ལྷ་དོན་གྲུབ་ཚེ་རིང་། ངེད་རང་བོད་ཀྱི་ཡུལ་སྐད་དག་གི་བརྡ་སྤྲོད་ཀྱི་ངོ་བོ་དང་། འགྲུབ་རྒྱུ། ཁྱད་ཆོས་སྐོར་མདོ་ཙམ་བརྗོད་པ།《青海民族大学学报》第 2 期），文章对什么是方言理论，对方言理论的构成因素和方言理论的特点等方面进行了阐述，其中对藏语方言理论的构成因素从语音系统、字音系统、词汇差异和词汇系统、构词和语言词序等方面论证了藏语方言学理论的独立性，并提到这种理论具有系统性、规律性、不变性等特点。

完德加的《藏东培米方言初探》（པན་དེ་སྐྱབས། བོད་ཡུལ་ཤར་མཐའི་ཕྲུམ་མིའི་ཡུལ་སྐད་ལ་ཐོག་མར་དཔྱད་པ།《青海民族大学学报》第 2 期），生活在我国西南地区青藏高原和川滇原交界处，自称“培米”或“仲米”的藏族群体，成为国内学者多年研究的对象。普米族和四川西南的部分群落是该方言的使用族群，从民族组成的因素和现代语言学等理论角度该方言在语言学界被称为“培米话”，文章在充分借鉴前人研究成果的基础上，从培米话的语言、词汇、语法等方面论证了培米话与古藏文之间的特殊关系。

久西杰的《达孜方言的语音特点》（འཇིགས་བྱེད་སྐྱབས། སྟོད་སྟོངས་སྟག་རྩེ་སྐད་ཀྱི་སྒྲ་གདངས་སྐོར་ལ་རོབ་ཙམ་དཔྱད་པ།《青海民族大学学报》第2期），达孜县城距拉萨市20公里，素有拉萨“东大门”之称，县境内共有寺庙、日追拉康14座，其中始建于公元15世纪初、已有600多年历史的格鲁派六大寺之首的甘丹寺，在宗教、建筑、艺术等方面都占有重要的地位，达孜方言是卫藏之拉萨方言圈的重要组成部分，但是达孜方言具有基字字形无双重拼法、无单个基字形表多义、基字前加字上加字不出声等特点，与拉萨方言有区别，文章体统地分析了达孜方言的基字、单复元音、音高、音色等的拼法特点，总结了区别于拉萨方言的特殊语言规律。

四、文字研究

中普琼的《现代藏语助词体系的理论框架》（དུད་བླ་ཕུ་ཆུང་། བོད་སྐད་ཚིག་ཕྲད་ཀྱི་གཞུང་དོན་སྤྱི་ཁོག་གཏན་ལ་འབེབ་པ་སྐད་ཀྱི་དེ་ཉིད་གསལ་བྱེད་ལེགས་བཤད་གསེར་གྱི་མེ་ལོང་།《西藏大学学报》第1期），文章以结构主义语言学方法对藏文传统语法理论《三十颂》之虚词的句法功能与结构在分析藏文传统语法理论基础上进行了深入的细化与批判，在充分理解句法功能的基础上把功能虚词分为“格”虚词（རྣམ་དབྱེའི་ཚིག་ཕྲད）和“非格”虚词（རྣམ་དབྱེ་མ་ཡིན་པའི་ཚིག་ཕྲད），并对传统藏语格的“七分法”和“八分法”从句法功能角度提出了“六分法”，对传统分类法进行了创新性阐释。

冷本扎西的《试析知识建库构建中的藏语名物类同义词》（གླུ་འབུམ་བཀྲ་ཤིས། བོད་ཡིག་རིག་མཛོད་ལས་སྒྲུབ་ཁྲོད་ཀྱི་དོན་མཐུན་དངོས་པའི་མིང་མདོ་ཙམ་གླེང་བ།《西北民族大学学报》第1期），自然语言理解中知识库的构建是语言信息处理的关键，语言知识库的建立和语言信息处理中的文本自动识别、自动分词、机器翻译、搜索引擎、语义分析等领域有密切的关系。文章通过对藏语语言知识库计算机统计而得出，名词类词语占所有藏语词类的百分之五十，作者以计算语言学之模糊算法理论为分析方法，定义了藏语名物类同义词，把文本自动识别问题作为重点，对如何从名物类同义词词库中提取词类等方法做了详细的论述。

格日杰布的《从语法结构分析藏语句子的构成》（ཀུ་རུ་སྐྱབས། བར་སྐོར་ཀྱི་སྒྲིག་གཞིའི་ངོས་ནས་བོད་སྐད་ཀྱི་ཚིག་གི་གྲུབ་ཚུལ་དཔྱད་པ།《攀登》第1期），运用语言学理论方法之句法成分分析法对藏文句子中的6个语法成分进行了清晰的分析，从语言实践中总结细化了每个句法成分下的句法模型。提到此种分法能够清晰勾勒出藏语句子的语法结构并对语言教学有借鉴指导作用，作者也客观地阐述了句法成分分析法对功能词汇在句法链接等语法研究中的不足。

桑达多吉的《藏文语法中几种常见问题的探讨》（རྡོ་དགོན་གསང་བདག་རྡོ་རྗེ། མ་དག་རྒྱུན་འབྱམས་སུ་འགྲོ་ཉེན་ཆེ་བའི་མིང་དང་ཚིག་གྲོགས་འགའ་ཞིག་གི་སྐོར་བཤད་པ།《西藏大学学报》第 4 期），经济的高速发展使新事物不断涌入，从传统到现代的社会变迁是我们必须接受的挑战，同一族群之间的文化推拉现象是研究社会文化变迁的重要内容。这种过渡与变迁首先体现在族群语言的变化中，族群语言文字的变迁要遵循文化自身的特点与规律。文章从语法理论与语言实践角度对现代白话文著作中对滥用藏文同音字等语法现象进行了客观的评价，指出同音字的使用必须遵循正字法原则，否则文章语义会出现南辕北辙的现象。

索南项秀的《藏族人名中 དབྱངས 与 གཡང 的区别》（བསོད་ནམས་དབང་ཕྱུག བོད་མིའི་མིང་འདོགས་ཀྱི་ཡི་གེ་དབྱངས་དང་གཡང་གཉིས་ཀྱི་སྤྱོད་སྟངས་གླེང་བ།《青海民族大学学报》第 1 期），在藏语自然语言运用中很多同音词汇具有不同的意义，书面语的写法必须以语法理论为依据，简化前后语素会造成语义的歪曲。作者以安多方言中人名 དབྱངས 与 གཡང 的区别为切入点，提到在两个语素的背后深藏着对本土文化的理解，从大量的苯教文献可以得知 གཡང 与苯教思想有关联，对人名的选择根据藏族传统阴阳八卦理论确定。而人名中的 དབྱངས 与藏传佛教仪式等思想有密切的联系。

中普琼的《藏文缩写字体的特征及其演变和分类问题考释》（ཧྲུད་བླ་བུ་ཆུང་། བོད་ཀྱི་ཡི་གེའི་སྐུང་ཡིག་གི་རྣམ་བཞག་ལས་སྐུང་ཡིག་གི་ངོ་བོ་དང་བྱུང་འཕེལ། དབྱེ་བའི་རྣམ་གྲངས་སྐོར་བཤད་པ།《西藏研究》第 1 期），语法理论是从各种语言现象中总结出来的，反映了语言的本质，对人们的语言实践起着指导的作用。藏文缩写词是为了表示常用名或词而对语言成分进行缩略的特殊语法现象，这种缩略是根据语言自身的特点和文本的上下语境而实践的。文章把这一特殊的语法现象放置于藏族社会历史中，把藏文缩略词现象分为早期藏文缩略词（སྐུང་ཡིག་སྔ་དར།）、中期藏文缩略词（སྐུང་ཡིག་བར་དར།）晚期、藏文缩略词（སྐུང་ཡིག་ཕྱི་དར།），并对各个时期的藏文缩略词结合敦煌出土的藏文文本，对缩略词的特点、性质、分类做了系统的论述。作者指出，早期藏文缩略词是指产生于 9 世纪上半叶的藏文缩略词，中期藏文缩略词是指 9 世纪下半叶至 15 世纪上半叶，晚期藏文缩略词是指 15 世纪上半叶，即 1426 年（藏文木刻印刷发展期）至今。

洛桑平措的《再探藏文“ཕ”字的字体与音的构成》（བློ་བཟང་ཕུན་ཚོགས། ཕ་ཡིག་གི་གཟུགས་དང་སྒྲའི་གྲུབ་ཚུལ་ལ་དཔྱད་པ།《西藏研究》第 3 期），传统语法学者对藏文

“ཡ” 字和ཡ་ཟུར་（下加符）的演进关系从藏文书法历史和语言学角度进行了很多次讨论。文章以藏语三大方言中特殊语言现象作为例句，对“ཡ”字由字符“འ”དང་“བ”构成之说进行了再分析，作者提出了“ཡ”字是在创制文字时对“འ”字进行语素下加时产生的说法。

当子加的《藏文“ཤད”格式与演变过程初探》（ཉིང་འཛིན་རྒྱལ། ཤད་ཀྱི་རྣམ་གཞག་དང་འཕེལ་རིམ་ལ་དཔྱད་པ།《西藏研究》第 4 期），对藏文“ཤད”的定义、分类、语法功能、句法位置等进行了论述。作者以历史语言学的角度梳理和分析了藏族历代先贤文法著作中提及的关于藏文“ཤད”的相关论断，提到藏文“ཤད”的文法理论成形于历史后弘期，在历代萨迦派与格鲁派的学者著作中广为提及，随着 13 世纪藏族印刷业的蓬勃发展相关藏文“ཤད”的文法理论进一步得到了充实。

文　学

汉文部分

本年度用汉文撰写的藏族文学研究论文与著作，整体上看，数量与往年相差无几；但从著作质量上来看，呈现可喜的上升趋势。特别是当代文学方面，众多的汉族评论者开始反思到底什么样的作品才是真正的藏族文学？藏族作家的汉文创作到底属于什么文学？汉文创作是一种什么概念？等等。古代文学方面，由于受到藏译汉的作品数量的限制，论文数量呈逐年现减少趋势。但一批受过良好藏汉文双语教育的藏族学者逐渐成长起来，开始用汉文撰写研究成果，逐步将优秀的传统文学介绍到了汉文读者世界。此外，民间文学的搜集与研究数量虽有所减少，但研究深度方面与《格萨尔》史诗的研究相仿，开始逐渐呈现出稳健上升的发展态势。

下面分古代文学研究、当代文学评论、民间文学研究和《格萨尔》研究几个方面进行概述。

一、古代文学评论

本年度藏族古典文学的研究依旧比较薄弱，发表的汉文论文与著作不是很多。即便如此，依旧有一些汉族学者比较热心关注《仓央嘉措情歌》的研究与推介工作。此外，一些掌握藏汉语文两种文字的藏族学者，对藏文文献《国王修身论》《罗摩衍那》等古代著作作了介绍与研究。下面选择几篇论文予以介绍其主要观点。

仁欠卓玛的《论象雄·曲旺扎巴的长篇叙事诗〈罗摩衍那〉》（《西藏艺术研究》第2期）一文，简要介绍了15世纪藏族诗人象雄·曲旺扎巴创作的长诗《罗摩衍那》的情况。作者指出，这篇长诗创作的目的在于著者从《诗镜》中学到的诗词理论运用到创造当中，也就是说“罗摩故事”，是运用《诗镜》理论创作的一部文学作品。《罗摩衍那》整个诗作围绕着罗刹王劫掠悉多和罗摩结盟猴王拯救悉多的古代史诗故事，但在形式上却一改原史诗具有的质朴笔锋的风格，并在诗词表达上通过多种修饰语和词句的反复雕饰，达到了词句优美、文风华丽的效果。运用多种修辞格与藻饰极尽表达华丽之能事。

仁欠卓玛的《藏族传统修辞理论〈诗镜〉中的罗摩故事研究》（《西藏大学学报》第2期），是另一篇介绍《诗镜》中“罗摩衍那故事”的文章。该文将藏族诗学理论的奠基作《诗镜》第二章“义庄严”中的第22类“高贵”义庄严的三首诗，即第301、302与303首诗作了译介。依据米旁·格勒南杰与珠·康珠旦增曲吉尼玛的注释，进一步介绍了前二首诗中表达的罗摩杀死十首罗刹楞伽王，以及神猴哈努曼在楞伽岛上辨认出罗刹王的故事。同时，作者对比早期敦煌文献中翻译的“罗摩故事”中提到悉多被流放后又得到哈努曼的帮助携子返回王宫的故事，指出两个故事有着不同的故事来源。

以上观点，是值得肯定的研究成果。但是所引用这三首诗的译文（藏译汉），却是值得商榷的。毋庸置疑，翻译者翻译作品是一次再创造的过程，译文多少会反映作者个人的特性。但是，翻译内容的正确性却是每个翻译者都需遵守的基本前提。这里笔者认为译者对原诗的理解有不准确的地方，具体可参考黄宝生的译文。当然，由于藏族诗学理论在翻译中的实际困难以及类似的汉文著作文章很少，加上对于诗学理论的翻译近期才开启，而且也是近年来才开始翻译，因此术语尚没有未达成统一，这也为汉译者正确理解原文并译为汉文造成了困难。尤其是修辞格本身的翻译是个极其复杂的诗学问题，比如就此第22类修辞格来说，到底是“宏壮修饰”还是“高贵庄严”呢？仍需要进一步的讨论。

杨毛措的《居米旁大师的王权学说——〈国王修身论〉释读》（《中国藏学》第3期）介绍了这部由居米旁降央南杰嘉措创作的“格言”著作《国王修身论》的产生背景，以及创作时间和作品所反映的内容等等问题。首先作者考证该著的“后记”，指出该著是在德格土司昂翁降白仁青的劝请下完成的，并指出该著创作于德格伦珠顶宫殿，于藏历木羊年正月初十四即1896年开始写作，于1897年完成。居米旁大师当时大约50岁，正值其学术巅峰。

从其体例与内容来看，《国王修身论》全书共21章1000多首诗，从不同领域和方面讨论了如何因地制宜地实践权力的问题，分门别类地阐述了当权者的施政纲领、处事原则、用人之道、道德规范、习得行为等问题，尤其对德格土司应该怎样处理君臣关系、政教关系、师徒关系等问题提出了具体的意见和措施。在创作基础方面，该作题跋忠实地记录了居米旁大师参考借鉴的一些文本，强调了这部经典是在参考印度的《金光明经》等各类佛祖教诲、龙树大师的格言著作以及《萨迦格言》和藏族历代法王各类遗著等哲理著作的基础上完成的。

此外，尚有不少讨论《仓央嘉措情歌》的诗学特点以及几种汉英译文差异的文章，由于讨论内容与往年比较相似，在此不作赘述。

二、当代文学评论

本年度，当代汉文创作的评论方面，大量的文章依旧讨论阿来的《尘埃落定》及其其他小说创作。不过令人耳目一新的是，对于汉文诗歌创作的关注也开始呈现增加趋势。此外，也有人关注次仁罗布最新的长篇小说以及江洋才让和扎西达娃的小说特点。以下简要介绍几篇有特色的评论文章与著作。

徐寅的《边界的想象——试论藏族汉语诗歌的嬗变》（《名作欣赏：评论版（中旬）》第11期）一文概括剖析了藏族当代汉语诗歌创作的成因以及创作特色。作者认为当代汉语诗歌的创作者承袭了传统藏族诗歌的特点源泉，即口头歌谣、传统文人创作以及长篇史诗《格萨尔》等的内容与手法，同时也继承了新中国成立后汉语诗歌创作前辈的创作特点，如初期的擦珠·阿旺洛桑、桑热嘉措、恰白·次旦平措等人。他们的作品多为反映西藏和平解放后的新生活，以及表达对党以及毛主席感恩爱戴之情的诗作。20世纪50年代成长起来的一批诗人，像伊丹才让、饶阶巴桑、格桑多杰、丹真贡布等，也都在汉语诗歌写作方面进行了有益的实验实践与探索。

正是基于如上传承，20世纪80年代成长起来的新一代诗人如阿来、列美平措、班果、桑丹、唯色、梅卓等为代表涌现出的藏族汉语诗人，真正使藏族诗歌具有更广泛的表意与抒情功能。他们接触到西方浪漫主义、现实主义、现代主义等各种文艺思潮，自觉尝试运用这些文学手法来进行汉语诗歌的写作，同时，站在整个中国历史文化的高度，反思族裔传统与文化，思考族裔未来的发展。这些都为藏族汉语诗歌的发展带来全新活力，藏族诗坛出现一个全新的局面。这些诗人的创作彻底摆脱颂歌的模式和“言志”的激情，利用传统藏族诗歌写作中重“隐喻”的特征，借助特殊意象如“牦牛”“石头”“群峰和大山”“草原”“雄鹰”的选择，建立起了全新的诗歌审美。

安少龙的《大夏河畔：有一个世界叫桑多——扎西才让诗集〈大夏河畔〉的“地域性”意义》（《兰州文理学院学报》第6期）评析了2016年新出版的青年诗人扎西才让的汉文诗集《大夏河畔》的特色。作者指出，作品分为“大夏河”“桑多山”“桑多镇”“桑多人”“桑多魂”五辑。首先，每一辑中的作品表面上看来都有统一的主题，从中可以窥见这是一个地域性诗歌文本的写作风格。同时，它也体现了一个诗人的文化自觉以及对于“地域性”的诗歌意义上的担当。其次，诗人以桑多地方的“河”“山”“镇”“人”“魂”五大意象作为地域生活中不可或缺的物质基础，被赋予了丰富的文化和精神内涵。其中的精神与物质层面水乳交融，循环往复，构成了一个地方的生命史。但事实上，在突破诗人自我个体意义上，它又反映出了超越地域性的特色。

此外，这部诗集还以神圣与世俗、历史与现实以及故乡与乡愁等作为歌颂的主题，传达出了诗人非凡瑰丽的创作才华。其语言具有个性鲜明的风格：箴言体的句式，或祷词与颂辞风格。诗句简洁有力，庄严、晓畅，对事物的陈述果决明了，不容争辩，如同祭司的宣示。总之，其诗歌营造出了“桑多”这一特殊的地域性文化主题。

祁发慧的《第三代藏族汉语诗歌写作主题论析》（《贵州民族大学学报》第5期）一文，以20世纪八九十年代以来的扎西才让、阿顿·华多太、曹有云、江洋才让、那萨、德乾旺姆、嘎代才让、德乾恒美、白玛娜珍等第三代汉语诗人的诗作为对象，讨论了他们的写作生态和精神内涵。作者从他们诗歌中捕捉到的三个主题意象即风景流变、高原生命与神圣性空间出发，评析了这一代用汉语创作的诗人的心灵体验与感受。

剖析各种原因，作者认为，第三代藏族汉语诗人的经验构成因时代语境的变化而略显复杂，他们始终行走于两种或更多的文化传统、地理和人文景观之间的相互参照之中，他们的写作主题也随之在扩散和多元化。特别是工业化进程对中国乡土生活的冲击，使得藏族地区传统的乡土社会受到了来自汉语社会和全球化本身的双重冲击，这样的冲击大大触动了藏族知识分子对原乡的追思和对传统文化断裂的哀伤之情，这些情绪中伤痛之情也成为第三代写作者的创作基石。而作为他们的生存环境高原，是个体生命产生的本源与根基，也是生命为之寻找的目标，更重要的是，它包括了一种家族性与亲缘性。因此藏族诗人与高原风物的关系是互动的，它们既是诗歌内部必不可少的元素与诗人情感的图腾，也是对藏族传统文化的展示和对自我、对社会以及人类生存处境的省察。最后，藏族诗人笔下的土地总是伴随着一种宗教遐想和自我指认。正是这样的一些因素，造就了这一代诗人们创作的汉语诗歌的魅力。

小说评论方面，如上所述，一如既往呈现出比较热闹的景象。在此限于篇幅，仅介绍近年才受到关注的小说家江洋才让作品的评论与次仁罗布最新长篇《祭语风中》的评论。

雷庆锐《生命个体的孤独存在——论江洋才让〈灰飞〉中的孤独意识》（《青海师范大学学报》第2期）认为，江洋才让是中国当代文坛一位卓尔不群的藏族作家，无论是他的诗歌、散文，抑或是小说，都致力于对人类内心世界的关注和对人性的挖掘。在长篇小说《灰飞》中，江洋才让通过精致的意象设置和多元的修辞手法书写了人类存在的孤独感，渗透着一种命定的宿命观。江洋才让在《灰飞》中关于孤独意识有意或无意的诉说，为我们深刻地理解人性、社会及时代提供了完美的素材，他从孤独中折射出无穷丰富的人生内容，演化出异彩纷呈的人生悲喜剧。

作者认为，江洋才让长篇小说《灰飞》中深刻表现的人类存在的孤独意识，不同于萨特的“他人即地狱”，也绝非尼采的“人生苦难说”，更没有其他作家笔下孤独者的放逐、死亡与焦虑，他把孤独看作是生命的常态，以平和的心境坦然地面对孤独、接受孤独、守望孤独，试图在孤独中获得自我救赎的人生存在。他将藏民族的文化融合于新的时代观念与自身的生命体验当中，将孤独意识渗透到文本当中，使形而上的生存思考具化为鲜活的生命个体，从而透现出他对人类真实的生存状态的理性思考。

冯清贵的《藏地叙事的民族审美建构——论次仁罗布的长篇小说〈祭语风中〉》（《民族文学研究》第2期）认为，次仁罗布的《祭语风中》是一部具有藏地民族志风格的长篇小说，也是作者对地方性知识、族群记忆的深度描写。作品既有根植于民间传说、宗教仪式、口头歌谣的精神原乡呈现，又有藏地现代化过程中的民族心理嬗变、社会改革及文化变迁描述。小说通过本土信仰的深描与还原、传统文化的复魅与寻思、族群历史的自述与呈现、民族身份的固守与超越，书写出独具地方性知识的精神空间与多元文化的共生谱系，传达出信仰与救赎、坚韧与包容、悲悯与正义、耐劳与和谐等人类的高贵品质，在文化趋同化和精神碎片化的时代背景下，提供了治疗现代性精神危机的族群叙事。

其他如林瑞艳的《宗教时空观与扎西达娃新时期小说叙事》(《内蒙古民族大学学报》第4期)、李尊云的《次仁罗布小说女性形象分析》(《淮海工学院学报》第7期)等也是具有特点的评论文章，由于限于篇幅，在此不赘述。此外，在著作方面，有以下成绩。

徐琴的《文化身份的建构与书写——当代藏族女性文学研究》(中山大学出版社)一书，以女性作家在创作中突出的民族身份意识为基点，讨论了几位藏族女作家央珍、格央、白玛娜珍、梅卓、尼玛潘多、亮炯·朗萨等人的小说；塔热·次仁玉珍、格央、白玛娜珍、梅卓等人的散文；以及唯色、白玛娜珍、梅卓、桑丹、德乾旺姆、完玛央金等人的诗歌创作。

作者从20世纪80年代"西藏文学"(西藏自治区藏汉作家的汉语创作)和藏族传统社会中女性身份与地位出发，讨论了当代藏族女性作家的汉语创作中所具有的女性身份的觉醒意识，以及在现代化多元语境中当代藏族女性作家汉语创作中表现出的困境、忧思、民族文化的张显与多元情感的表达。

于宏、胡沛萍的《当代藏族小说中的女性形象研究》(四川大学出版社)一书，从当代藏族作家的汉语创作中分类并列举出六种女性形象，即"受难—反抗形象""天使形象""尼姑形象""地母形象""知识女性形象"和"打工女性形象"。作者认为这些形象实际上源自藏族传统文化中的三类女性形象：神女、圣女形象，忠贞、善良的平凡女性形象，具有反抗意识和叛逆精神的女性形象。此外，她们的出现还与当代藏族社会的变迁不无关系。比如"受难—反抗形象"中的女性角色，除了受到了传统小说如《勋努达美》中女性特点的影响以外，还与西藏的解放历史及社会的变迁联系紧密，等等，著者逐一分析了这些女性形象的文化内涵。

三、民间文学研究

本年度，用汉文著作的民间文学的论文与论著不是很多，但从研究深度方面来看，取得了一定的成绩。

卓泽加的《论藏族煨桑文的分类与文体特征》(《中央民族大学学报》第5期)是一篇讨论藏族煨桑文化的重要文章。虽然该文中谈到的"煨桑文"绝大多数来源于古代藏族作家的创作，但是由于"煨桑"作为一种藏族的民俗文化以及古代作家的创作基本遵循着煨桑文化的传统，因此在这里将其列入民间文学中给予重点介绍。

该文首先讨论了煨桑文化的起源问题，目前学术界认为有三种起源：印度教、佛教和斯巴苯教。作者认为前两种观点有诸多的不合理性，后一种观点即斯巴苯教的源起说具有历史合理性。其次，作者介绍了煨桑文作为煨桑文化中的重要内容，在其历史发展过程中经历了斯巴苯教、前弘期佛教、后弘期佛教以及雍仲苯教等不同文体的演变特征。特别是五世达赖喇嘛依据早期佛教煨桑文与《诗镜》诗学原理创作的煨桑文，对后世煨桑文的创作产生了深远影响。

栗军的《藏族神话批评中的症候式分析——以“猕猴变人”神话为中心兼论其他》（《石河子大学学报》第 3 期）采用一种称作“症候分析”的新理论分析了“猕猴变人”和“青稞种子由来”两则神话并批评了前人对这两则神话的研究。据作者介绍，这种理论是从精神分析理论中衍生出来的文学批评方法——“症候分析”，即认为作家无意识地创作了作品，因此，分析作品须采取“仔细问询病人（作品）”的方式进行研究。

作者认为“猕猴变人”神话的当代研究由于受到进化论的影响，众多研究者从这一理论解释了这则神话，并将这种解释合理化而成为一种客观真理。正如作者所指出的，这些著述对于“猕猴变人”神话都有不同程度的“症候”：都不约而同地使用了生物进化论的思想来慨叹“为藏族先民这种天才的科学想象而叹服”！大多数的著作中都带有著者的主观性，在阐述神话故事时，较为随意地去掉了其带有宗教内容的情节；在分析时，依据唯物主义思想进行分析，虽然部分著作分析也较为客观，有一定的论据支撑，有些引用了古典典籍类的引文，但都带有现代的评判意味。先入为主的唯物论思想，让进化论、劳动思想、社会发展史都进入藏族神话的解释当中，却忽略了一些藏族族源神话最本质的东西。人类从哪里来，又将到哪里去，神话究竟带给人类怎样生命“超验”体验？而事实是，细读这则神话，可以看到它所表现的是一种初民认识世界的观点，这种观点不仅藏族具有，即使与其为邻的其他民族如羌族、纳西族中也存在类似的神话。运用同样的方法，作者还对“青稞种子由来”神话作了相同观点的解读。

莫超的《白马人文化研究述评》（《甘肃社会科学》第 2 期）一文，介绍了 1980—2016 年间国内关于白马藏族文化的研究成果。作者从白马人的民族属性、语言特点、民俗文化、文学艺术等几方面作了总结。从民族族属方面看，主要有四种观点：氐人说、藏族说、羌氐融合说以及不定说等。以上四说各有其理论支持，但就产生的影响方面来看，“氐族说”和“藏族说”一度成为主流争论的两个观点，而近来的“源于氐而化于藏”的“民族融合说”在一定程度上反映出了新的研究走向，并有取得上风之势。

从白马人的文学研究来看，学者们大多关注其民间文学的记录与研究。尤其对于其民间文学的搜集记录取得了一定的成绩，尽管这些作品是大多翻译为汉文发表的。此外，白马人的民间文学研究，从2010年后才陆续有著述出现，研究内容主要为民间故事母题研究、民间故事类型及特征研究、民间文学功能及流传形式等方面。其中对于白马藏族神话的研究取得了一定的成绩，比如有学者对其作了分类研究后指出，其中的代表作《阿尼嘎萨》流传千余年，长达十余万言，堪比蒙古、藏等族的《格萨尔》，展现了白马藏族民间故事和口传活态文化的最高成就，值得学界重视；白马藏族神话表现出独到的述说特征；整体表现为口头传承过程由“信以为真”向信众逐步散失的转变与题材的不规则演化，述说体系虽零散杂乱且缺乏整一严谨性，但又有其独特之处。

王远明等所著《康巴藏族民间故事研究》（四川大学出版社）一书，讨论了康巴地区藏族民间故事的传承现状，各种故事类型比如“人神婚”“机智人物”“英雄战争”的特点，以及动物故事中比如以兔子、狗为中心的文化内涵。同时讨论了某些故事比如“文成公主入藏”的多个异文本的特色。并且综合民间文学理论与一般文学理论方法，讨论了康巴地区传承的民间故事所具有的民族特色。进而反思了某些理论及研究方法本身的问题，比如“母题研究”等。同时，作者还讨论了故事传承中讲述人及文化地域对其影响，比如因讲述人记忆衰退而造成各故事间不同情节交错的现象，方言对故事传播的限制和民族语言的衰退造成故事传承的断代等现象，这是令当下全体研究者值得深思的地方。

陈辉、朱婷、佐世容的《藏羌原生民歌的创新研究与应用》（四川大学出版社）一书，首先举例介绍了藏族与羌族两个民族中不同地区民歌的种类与音乐方面的特色，认为两个民族的民歌具有非常重要的价值。但是，作者通过调查研究发现，随着时代变迁两个民族的民歌传承方面出现了困境。分析认为其原因主要来自“生存空间”与“文化空间”的变迁、新事物的冲击以及受众群体的变化等方面。其次，作者提出了各种保护建议，比如提高本民族的自觉保护意识、运用现代科技记录、利用非遗保护机制保护民歌传承人、民歌进课堂和培养人才以及制定保护的法律法规和政府支持等。

沈德康的《中国藏缅语族文化起源神话研究》（中国社会科学出版社）一书，讨论了藏缅语族内多个民族如羌、彝、白、纳西、普米、藏等民族中的

“图腾神话”“生死起源神话”“火起源神话”“谷种起源神话”。作者主要依据汉文文献资料与汉语口头记录资料，将以上几种神话类型依据各民族情形进行了分类分析。进而讨论了各民族神话中的文化内涵，比如羌族中的“毒药猫”的社会意义，也涉及这些神话类型在各民族之间的相互关系等方面的问题。

四、《格萨尔》研究

本年度《格萨尔》研究方面有几部著作出版和多篇论文发表。著作方面有：李连荣编《〈格萨尔〉手抄本、木刻本解题目录1958—2000》（中国社会科学出版社）、王沂暖著《格萨尔研究论集》（中国藏学出版社）、杨恩洪著《民间诗神：格萨尔艺人研究（增订本）》（中国社会科学出版社）、角巴东主的《格萨尔神秘文化全解》（青海民族出版社）和臧学运《碰撞·融合·发展——〈格萨尔〉的文化变迁研究》（吉林大学出版社）。

《〈格萨尔〉手抄本、木刻本解题目录1958—2000》一书，是一部介绍1958—2000年间国内搜集并保存于青海《格萨尔》研究所、西藏社会科学院《格萨尔》研究中心、云南社会科学院民族所、云南迪庆藏学研究院、中国社会科学院民族文学所、中央民族大学图书馆、中央民族图书馆、四川民委民族研究所《格萨尔》办公室、西北民族大学图书馆等处的100多部400多册《格萨尔》手抄本与木刻本的解题目录，是研究《格萨尔》史诗早期文本的门径与指南。

王沂暖先生的著作收录了15篇论文，由其弟子、已故《格萨尔》学者岗·坚赞才让等人编辑。这些论文是中国《格萨尔》史诗研究的奠基性研究成果，将对有志于《格萨尔》研究的学者有重要启发意义。特别是王先生对于“最长史诗”“藏蒙《格萨尔》的关系”“分章本与分部本”等观点的提出与论述，在学界影响深远。杨恩洪的专著自20世纪90年代中期出版以来，一直受到好评。该书呈现了20世纪中国境内发现的数十名各民族《格萨尔》艺人的调研成绩，并着重分析了藏族艺人的传承形态与特点等，是近百年来《格萨尔》艺人研究方面的重要著作。该书出版后近20年内，作者持续跟踪调查国内《格萨尔》艺人。该“增订本”对原书做了进一步的补充与修订，特别是对每位老艺人近况做了附记，记录了这些艺人的人生轨迹和艺术成就，给他们的史诗演述生涯画上了圆满的句号。

角巴东主的《格萨尔神秘文化全解》（青海民族出版社）首先讨论了《格萨尔》与其他史诗不同的总体特点：比世界五部古老史诗的总和还要长、流传地域宽广、活形态等特点。其次，依据传统研究成果，论证史诗中的主要角色格萨尔是诞生于11世纪的历史人物。进而讨论了《诞生篇》《四方降魔》与《安定三界》等史诗篇章的主要内容、岭国主要人物、各地遗迹传说。再次，讨论了艺人的类型：神授、撰写、圆光、吟诵、闻知、传承、掘藏等，尤其分析了神授艺人的梦境特点，并介绍了几位著名艺人才让旺堆、格日尖参、达娃扎巴、才让索南等。最后，概括介绍了史诗的语言艺术、宗教内容及戏剧表演方式的特点。附录有青海地区《格萨尔》工作大事记。此著是著者20世纪90年代出版的《格萨尔新论》（藏文）一书的补充与增订后的新研究成果。

臧学运的《碰撞·融合·发展——〈格萨尔〉的文化变迁研究》（吉林大学出版社）一书，以果洛地区的调查研究为基础，讨论了《格萨尔》中的宗教信仰文化的特点以及“活态”传承中的艺人、民俗文化及艺术特色。另外，此著还讨论了史诗对藏族当代文学的影响及史诗当下的多种传播形式，比如影视、戏剧等。

本年度发表的汉文《格萨尔》论文约有50多篇。这些论文主要集中讨论了《格萨尔》史诗的传承与保护、史诗的历史文化内涵、史诗本体特征以及学术史等方面的问题。以下简要介绍重点论文及重要观点。

首先，一些研究关注了《格萨尔》作为一种非遗项目的传承与保护特点，比如诺布旺丹的《格萨尔史诗的集体记忆及其现代性阐释》（《西北民族研究》第3期）、丹珍草《格萨尔史诗的当代传承及其文化表现形式的多样性》（《西北民族研究》第3期）、桑子文的《基于“功能—情境—角色”理论的格萨尔文化生态保护研究》（《四川戏剧》第8期）等。其中诺布旺丹的论文认为，在《格萨尔》史诗产生的早期阶段，作为一种集体记忆，其建构和传承由全体部落成员共同完成。职业或半职业化的《格萨尔》艺人的出现，当是后来藏族地区社会文化生态变迁的产物。

其次，大多研究讨论了《格萨尔》史诗本身问题。比如杨士宏、杨峰《白马藏区阿尼格萨研究》（《中央民族大学学报》第4期）、李连荣《格萨尔手抄本和木刻本的传承与文本特点》（《中国藏学》第1期）、甲央齐珍《德格格萨尔艺人迪琼·巴吉说唱艺术浅析》（《文化学刊》第1期）、徐美恒《论格萨尔王全传中的滑稽人物晁通》（《西部学刊》第9期）。杨士宏、杨峰的论文讨论了近年来颇受关注的白马藏族与其中传承的《格萨尔》的情况。作者通过调查甘肃省文县铁楼藏族乡“阿尼格萨”故事讲述人曹付元的说唱，从诞生、求婚、征战三个方面介绍了当地传承的《格萨尔》史诗的“独特内容”，并与其他藏族地区特别是文本传承的《格萨尔》作了比较，充分论证了白马藏族文化与其他藏族地区文化的一脉相承性。

第三，也有一些论文讨论了《格萨尔》史诗的历史文化内涵，比如吴平《达那寺格萨尔文物及其历史渊源初探》（《三江源报》8月11日第3版），伦珠旺姆、胡学炜《格萨尔对“层累说”的补充价值》（《西北民族研究》第1期）。吴平的论文详细介绍了位于青海省玉树州囊谦县的达那寺的历史概况以及其与《格萨尔》史诗的关系。特别对于达那寺内保存的格萨尔王时期的文物的介绍，是至今比较齐全的资料，为学界提供了重要学术资料。

最后，也有论文讨论了《格萨尔》学术研究特点。比如意娜《论当代格萨尔研究的局限与超越》（《西北民族研究》第3期）、李连荣《百年格萨尔学的发展历程》（《西北民族研究》第3期）等。意娜的论文选取了我国立项的“格萨尔”研究相关课题的特点，分析认为我国《格萨尔》研究的总体脉络相对固化，主题相对单一，国际交流缺乏，特别缺乏明确的问题意识和革故鼎新的进取精神。今后应推动《格萨尔》研究范式转换和学理性思考的超越。

五、小结

总体上来看，本年度的藏族文学研究也具有其鲜明的特征。古代文学方面，年轻一代懂藏汉两种文字的学者用汉文介绍了《罗摩衍那》《国王修身论》等重要著作，尽管呈现出开创时期所具有的推介性文章的特点，但这种研究为未来的进一步深入探索打下了基础。当代文学评论方面，特别关注了新一代藏族诗人的汉文诗歌创作和新近出版长篇小说的评论，这是前所未有的成绩。相比较而言，民间文学与《格萨尔》的研究逐渐成熟起来，取得了一定的成绩。

藏文部分

一、古典文学研究

恰嘎旦正的《论噶丹颇章时期的小说创作及其主要经验》（ཆབ་འགག་རྟ་མགྲིན། དགའ་ལྡན་ཕོ་བྲང་དུས་སྐབས་སུ་བོད་ལ་སྒྲུང་གཏམ་བྱུང་ཚུལ་དང་དེ་ལས་ཐོན་པའི་ཉམས་མྱོང་བཤད་པ།《中国藏学》第3期）一文，提到在噶丹颇章时期藏族地区古代小说体裁出现了前所未有的发展，并丰富了当时藏族社会的文化生活，但这些作品是如何创作方面做研究的相对较少。因此，作者运用文学理论和文学比较方法从不同角度对作品进行了较为深入的研究，并提出这些文学作品大多是《佛本生传》等古印度诸多故事和当时藏族社会生活中所见所闻适当结合而成的观点。比如，《诺桑王子》是17世纪末至18世纪初由后藏顶青次仁旺堆创作的，其故事原型来自大藏经《甘珠尔》律部的《诺桑王本生传》，原型故事中描述了诺桑王历时12年的祭祀经历，而《诺桑王子》中却对诺桑王子为了消除贫困进行布施一笔带过；原型故事中描述大咒师时只提了他是个持咒者，而《诺桑王子》中大咒师的能力方面多有细节描述。且作者对《赤美更登》《顿月顿珠》等与原型故事进行了比较。此外，作者通过比较研究发现，如《勋努达美的故事》（གཞོན་ནུ་ཟླ་མེད་ཀྱི་གཏམ་རྒྱུད）、《智恩达哇的传奇》（ཁྲ་མགྲིན་སྟོན་ཟླ་བའི་རྟོགས་བརྗོད）等部分故事均是按《佛本生传》的框架和人物形象创作的。本文作者通过这些作品归纳了六种小说创作经验，比如，通过大量阅读主题相关的传记书籍和故事，创作成适应所处社会生活的作品；参考或运用其他民族的故事时，在创作过程中将其加工成符合本民族的社会生活、习俗、心理、人生观、审美观等的作品，突出其民族特点；通过再创作将其加工成符合读者的阅读需求和习惯的作品；塑造人物形象时可参考相关故事并加以灵活运用；等等。

多杰的《浅谈藏族〈茶酒仙女经〉的艺术特点》（རྡོ་རྗེ། ཇ་ཆང་ལྷ་མོའི་བསྟན་བཅོས་ཀྱི་སྒྱུ་རྩལ་ཁྱད་ཆོས་སྐོར་རགས་ཙམ་གླེང་བ།《安多研究》第13辑）一文，依据《颇罗

肅传》和《东噶藏学大辞典》，以及古今文人的研究成果和民间传说，认为悬而未决的《茶酒仙女经》作者是笨仲巴次旦益西，其出生于日喀则地区。认为该作品有以下艺术特点：一是通过茶酒之间的争论反映当时的社会生活；二是塑造的人物形象和性格别具一格；三是引用诸多谚语和神话引人入胜；四是以诗文杂体形式的写法赋予作品特殊的艺术感染力。最后，作者认为此作品是作家文学和民间文学相结合而产生的一部虚拟文学作品，并且引证了当时虚拟文学作品的创作方法趋于成熟并独立的现象。

同类文章还有昆·贡保加的《略谈吐蕃分裂时期道歌的发展历史及特点》(འཁོན་མགོན་པོ་སྐྱབས། བོད་སིལ་བུའི་སྐབས་ཀྱི་རྣམ་མགུར་གྱི་བྱུང་འཕེལ་དང་ཁྱད་ཆོས་ལ་དཔྱད་པ།《安多研究》第13辑)。

二、当代文学及民间文学研究

扎巴的《小说起笔方式研究》（བཀྲ་ཧྲ། སྒྲུང་གཏམ་གྱི་རྩོམ་མགོ་འཛིན་ལུགས་གླེང་བ།《中国藏学》第3期）一文，提出创作小说时通过构思确定主题和人物后，首先要通过确定故事线索来找到小说的切入点。如通过人物为线索，或者事件为线索，或者事物为线索等。其次，通过确定表述方式来找寻小说的切入点。如采用顺叙或倒叙形式。确定以上两点之后，再来确定小说的引入方式。如引入人物开始起笔，或者引入背景开始起笔，或者介绍事件开始起笔，又或者通过叙述一种感受开始起笔等。文章较为详细地介绍了小说起笔方式，对初次小说创作者来说具有很好的参考价值。同一作者的《论小说的分类》（བཀྲ་ཧྲ། སྒྲུང་གཏམ་གྱི་དབྱེ་བ་གླེང་བའི་གཏམ།《贡嘎山》第4期）一文，谈到根据小说的主题及其篇幅大小，可分为百字小说（类似微型小说）、短篇小说、中篇小说和长篇小说；从艺术表现形式上可分为故事发展为主、人物性格为主和人物心理为主（描写故事情节为主和塑造人物形象为主）。作者在此论文中通过举例详细地论述了以上各类小说的写作特点和要领。

巴麦·加洛才让的《藏族当代诗歌价值评述》（འབའ་སྨད་རྒྱལ་ལོ་ཚེ་རིང་། བོད་ཀྱི་དུས་རབས་གསར་པའི་སྙན་ངག་གི་རིན་ཐང་སྣང་ཚུལ་ཐད་ཀྱི་མཐའ་དཔྱོད།《中国藏学》第2期）一文，通过涉猎阅读藏族当代诗歌作品，并结合部分《岗尖梅朵》期刊获奖作品的价值分析，以及其对读者的影响程度等情况入手，评述了藏族当代诗歌的现状，同时提出创造诗歌过程中诗人应当注意诗歌主题内容的真实性，其真实性直接反映其价值，如今的诸多诗歌在考虑价值方面尚存欠缺。同时还指出，创作诗歌时不应该把诗歌仅仅作为一种文字的游戏或个人思绪的输出，而应当考虑诗歌意境中的喜怒哀乐能深入到更多人的心里或者指引人们思考未来。因此，作者认为创作诗歌时我们应当摒弃表述中晦涩的词语堆砌，而是用词做到言简意赅，这对指引诗歌创作未来的走向是非常重要的。

贡去合扎西的《藏族中篇小说〈热老〉与〈阿Q正传〉的比较研究》（དཀོན་མཆོག་བཀྲ་ཤིས། བརྩམས་སྒྲུང་ར་ལོ་དང་ཨ་ཁིའི་དངོས་བྲིས་གཉིས་བསྡུར་ནས་དཔྱད་པ།《安多研究》第13辑）一文，包括引言与结语共分五个部分：第一部分是比较《热老》与《阿Q正传》的历史进程，其中包括进行比较研究的必要性、论《阿Q正传》不同译名及两个作品的创作背景；第二部分是两部作品的内容比较；第三部分是两部作品的架构（结构）比较，其中包括主人公热老和阿Q的性格比较、分析主人公的性格成因和作品的艺术性比较。这种跨文化的文学作品比较研究实属难得，但比较过程中也应当注意不同文化与民族间的特殊性。

卓钦巴·旦知加在《论电影〈塔洛〉及其电影剧本的改编手段》（ཟོ་ཆེན་པ་རྟ་མགྲིན་རྒྱལ། སྒྲིག་བརྙན་ཐར་ལོ་དང་འབྲེལ་ཏེ་སྒྲིག་བརྙན་འཁྲབ་གཞུང་བཅོས་སྒྲིག་བྱེད་སྟངས་ལ་རགས་ཙམ་དཔྱད་པ།）一文中，结合由小说改编的电影《塔洛》，探讨了原创小说与这部电影的区别、关系以及改编影视剧的方法和难点。《塔洛》是由藏族作家万玛才旦用汉文创作的一篇短篇小说，作者认为，对藏族而言，藏族影视改编剧尚处在初级阶段，观众的欣赏水平有限，缺乏影视评论人员。文中作者回顾了影视的简短历史，进而详谈了小说和电影剧本的关系和区别；影视改编的缘由、原则、剧情的变化；改编过程中的各种手法和策略；人物变化和难点及得失等。

德俄·才旦多杰的《民间文学中“协巴”的语言特点及其用法》（ལྡེའུ་ཚེ་བརྟན་རྡོ་རྗེ། བཤད་པ་ཞེས་པའི་ངག་རྩོམ་གྱི་རྩོམ་རིག་སྐད་ཆའི་ཁྱད་ཆོས་དང་རྗོད་སྟངས་གླེང་བ།《雪域文化》第1期）一文，谈及“协巴”这一题材的民间文学产生于藏族民间、流传于藏族民间、发扬于藏族民间。承载着藏族悠久的历史传统和浓郁的民族特色以及极其丰富的文化内涵，展现了很多不为人知的藏族文化资源。而这些古老的文化资源，只有通过这种载体才能保存下来。若它失传了，这些极其珍贵的文化资源也随之消失。在语言与表达上它可同时掺杂藏族其他民间文学，诸如谚语、谜语、故事等，可以称其为藏族多种民间文学的复合体。故文章紧紧围绕藏族民间文学“协巴”，对其语言特点和表达方式进行了深入研究、系统归纳和总结。同时强调了藏族口头文学“协巴”的传承、保护价值和意义。

贡巴扎西、巴顿·白玛项加的《浅谈藏族民间故事的分类及其特点》（སྒོམ་པ་བཀྲ་ཤིས་དང་འབའ་སྟོད་པདྨ་དབང་རྒྱལ། བོད་ཀྱི་དམངས་སྒྲུང་གི་རིགས་དབྱེ་དང་དེའི་ཁྱད་ཆོས་སྐོར་

གླིང་བ།《藏族民俗文化》第 1 期）一文中谈到，民间故事作为一种以口头表达为主的文学体裁，记录和反映了本民族在每个历史时期的生存状态和总体价值取向。藏族民间故事在长期的发展过程中形成了自己民族性、地域性较强的特色；民间故事作为一种普遍的民间文学，更是潜移默化地影响着人们的日常生活，主要体现在文化认同、思想道德教育和认知、语言教育方面。文章在参考藏族各种民间故事集的基础上，将藏族民间故事从内容和形式上大致分为五大类，并以其独具之特点逐一进行了评析。

琼达的《浅析后藏民间童谣》（ཆུང་བདག གཙང་ཁུལ་གྱི་དམངས་ཁྲོད་བྱིས་པའི་སྐོར་ལ་རགས་ཙམ་གླེང་བ།《邦锦美朵》第 2 期）一文中谈到，儿歌是一种以口头流传为主、专为儿童所作的短诗，强调格律和押韵。是儿童认知世界的重要载体，其内容包含了生活技能、思维方式以及行为准则，对孩子品德教育、提升智能发挥着重要作用。后藏地区的民间童谣也是如此。因此，文章在田野调查和研究相关作品的基础上，简要评析了后藏地区童谣之语言浅显、明快、通俗易懂、有节奏感、便于幼儿吟唱等特点，以及儿歌对儿童认识自然、认识社会生活、开发智力、启迪思维和想象力等所起的作用，同时对后藏地区的童谣进行了科学分类和归纳。

艺　术

汉文部分

一、造像

霍巍的《青海玉树大日如来佛堂的考古调查与新发现》（《青海民族研究》第1期）一文，对青海玉树大日如来佛堂进行了新的考古学分析，认为佛堂西侧崖壁“狗年题记”为大日如来佛堂摩崖石刻提供了准确的断代证据；“狗年题记”系藏汉工匠题刻，佛堂东侧崖壁梵藏汉三种文字题刻的《摩诃般若波罗蜜多心经》，佛堂外西侧崖壁线刻佛像的装饰采用汉式宫殿顶部，佛堂外西侧崖壁古藏文题记与敦煌版《普贤行愿王经》更接近，凸显玉树贝纳沟强烈的“汉藏合璧”的文化特征。通过分析指出：与贝纳沟同期的大日如来和八大菩萨造像题材在川、甘、青、藏等汉藏交界地区均有发现，这些造像可能系赤德松赞时唐蕃会盟吐蕃高僧益西央携汉藏工匠所刻，为广造佛像祈愿汉藏友好的历史见证。最后，文章对大日如来佛堂中大日如来与八大菩萨造像的雕刻工艺、原始面貌与后期修葺等问题作了论述。

张长虹的《藏东地区吐蕃时期大日如来图像研究》（《青海民族研究》第1期）一文，对四川石渠、青海玉树和西藏昌都等地区发现的大日如来造像组合形式进行分类，分成单尊、三尊和九尊组合三种组合样式。文章认为，大日如来单尊造像主要出现在四川石渠地区，年代较早；大日如来、观音菩萨和金刚手三尊组合的造像最迟在赤松德赞时期已经出现，并在各个地区都有流行；大日如来和八大菩萨的组合主要流行于昌都和玉树地区，年代大致为8世纪晚期至9世纪上半叶。八大菩萨有多种配置方式，系汉地对藏传佛教艺术影响的结果。

余小洪、岳燕的《论西藏考古新发现的吐蕃石狮及其造型艺术特征》（《西藏大学学报》社科版第1期）一文，对西藏拉孜扎西岗和墨竹工卡切卡寺新发现的两对四尊石狮的造型样式和特征进行分析研究。文章指出，四尊石狮均为花岗岩整石圆雕，造型独特，头低垂，口张无舌、齿，前肢粗短，呈半蹲踞状。对比吐蕃各期石狮，新发现的石狮特征与拉孜查木钦吐蕃晚期墓的石狮特征相似。对比吐蕃早中期石狮雕刻精美、威武等特征，作者推测此四尊系吐蕃晚期社会动荡无力雕刻而致。

龙忠的《嘉峪关黑山岩画中的塔形图研究》（《西藏研究》第4期）一文，以甘肃嘉峪关黑山岩画调查报告和相关论文为研究基础，首先，详细介绍黑山岩画塔形图的内容，并对黑山岩画塔形图进行分类。文章指出，第一类简单样式和第二类四层台阶式覆钵塔样式，其中第二类则细分成两型，Ⅰ型素面塔样式和Ⅱ型有佛像样式，后者伴有古藏文题记、“卍”符及人骑马图像等。文章在借鉴以往学者观点基础上，经过对比分析后提出，黑山岩画塔形图宗教属性中既有苯教因素也有佛教因素，黑山岩画第一类M3塔形图为早期苯教祭坛塔；第二类Ⅱ型中的经幡、按逆时针旋转的“卍”符、羊头、人骑马图皆属苯教符号，与第二类中的6幅佛塔图有别，且年代上可能偏早，也可能属于后期补刻，第二类佛塔图的年代作者判定为中晚唐至宋元时期，因此，黑山岩画兼有苯佛二重属性，为不同时期不同信仰人群的文化遗存。

陕西省考古研究院、西藏自治区文物保护研究所的《西藏芒康县扎金玛尼石刻造像与达琼摩崖造像调查报告》（《西藏研究》第1期）一文，对位于西藏自治区昌都市芒康县邦达乡然堆村的扎金玛尼石刻造像与达琼摩崖造像的题材内容和艺术风格进行了调查分析。报告认为，该处佛教造像雕凿手法稚拙古朴，为凿点阴线或连续阴线刻。造像题材有显密两宗，包括密教毗卢遮那，显教佛、菩萨等。造像的服饰特征多为三叶冠、缠头、三角翻领阔袖左衽袍服等，具有明显吐蕃本土风格，应为赤松德赞时期推行佛教吐蕃化之后的作品，时代为8世纪晚期。

陈为的《第穆琍玛造像初步研究》（《西藏艺术研究》第1期）一文，简要概述第穆活佛世系及兴衰，并对作者自己收集的四尊带有铭文的第穆琍玛造像风格特征、铸造方式、材质及铭文进行研究，对造像的年代、风格样式、产地等问题进行初步分析和判断。作者指出，第穆琍玛是一个新的概念，研究尚处于开始阶段，这对认识西藏传统造像分类体系有重要意义。

二、绘画

熊文彬、廖旸的《哲蚌寺措钦大殿内转经道壁画的年代、题材与风格初探》（《中国藏学》第3期）一文，对哲蚌寺措钦大殿内转经道壁画进行研究。哲蚌寺措钦大殿始建于1416年，而内转经道在15世纪末至16世纪初之间因殿堂改建而废弃，而内转经道西段与北段保存的文殊菩萨、白伞盖佛母曼陀罗和善逝八塔、药师佛曼陀罗等壁画，不仅配置独特，而且在保留元代风格特征的同时，吸收了内地汉式童子等母题和堆金沥粉等技法。文章指出，这些壁画对于元明之际西藏佛教艺术的题材、图像配置及其含义、风格和汉藏文化交流的研究，提供了弥足珍贵的材料。

杨清凡的《阿閦佛东方净土图像及往生信仰》（《青海民族研究》第1期）一文，梳理了阿閦佛净土经典及其宗教思想，着重对于阿閦佛净土的图像题材与特征进行了研究，讨论了阿閦佛东方净土在藏族地区出现的背景，对于阿閦佛题材相关的往生信仰习俗进行了深入分析。

王瑞雷的《西藏常啼菩萨精进求法本生故事壁画思想意涵考述——以塔波寺杜康殿和托林寺白殿为中心》（《西藏大学学报》社科版第4期）一文，通过对《般若经》在藏地的翻译、流布及常啼菩萨本生故事内容等问题的考察，探讨了不同时代、不同地域常啼菩萨本生故事壁画、经书插图的图像配置及表现形式。文章指出，常啼菩萨精进求法的本生故事宣扬了消除罪孽、救度亡灵的大乘佛教教义。15世纪以后，该本生故事壁画的图像配置及意涵相比前期发生改变，延续了早期宣说内容，同时强调了对祖师的尊敬和师徒传承的重要性。

王传播的《夏鲁寺甘珠尔殿“释迦说法图”意蕴考释》（《中国藏学》第1期）一文，主要对夏鲁寺甘珠尔殿北壁西侧一铺精美的释迦牟尼说法图进行了图像学分析。文章认为，学界对此铺说法图的理解多局限于“礼佛图”或“释迦牟尼说法图”等笼统概念，而未做深入研究。文章以释读说法图榜题框内题记为线索，认为此段题记源自《金刚手甚妙慧大本续》，题记内容论证此身“说法释迦”实为如来相金刚手菩萨，以此统筹观察“说法释迦”与两侧的金刚萨埵和双身大成就者实为表现金刚乘密法的传承谱系；同时以13—14世纪西藏早期绘画中的大成就者形象为依据，辨识出释迦牟尼身侧听法的双身大成就者为乌仗那国王因陀罗部底及其明妃——女性大成就者“罗什米伽罗”，最终考定此铺“说法图”场景实为假借释迦牟尼佛之形象来表现金刚乘佛教于人间瞻部洲传布的渊源图景。

孟瑜的《西藏夏鲁寺母虎本生壁画分析》（《中国藏学》第4期）一文，作者通过对壁画图像经典文本的比较研究，提出了西藏夏鲁寺一层回廊上绘有一幅母虎本生壁画与画面下方配有题记内容并不相符观点。通过对各种舍身饲虎本生版本进行对比研究发现，该壁画应当是依据《金光明经》梵文本或者藏文译本而创作。作者还对相关图像问题进行了进一步分析。

王怡潇的《藏传佛教图像与文本结合叙事方式的变迁——系列多罗那他祖师传记唐卡的单幅解读》（《西藏研究》第3期）一文，首先梳理了藏传佛教觉囊派在西藏和多康地区的发展史，对觉囊派大师多罗那他传记系列唐卡的内容、布局、榜题及绘制风格等问题进行分析。文章认为，唐卡内容描绘多罗那他从出生以后各个时期的事迹，唐卡带有详细的藏文榜题，内容大多根据自传所写。唐卡整体图像布局为主要人物多罗那他居于画面中央，他的历代转世及释迦牟尼、第悉彭措南杰、第悉桑杰嘉措分列在其左右，单幅故事顺序自画面右下角开始，呈不规整“之”字形上升，最后在靠近右上角处结束。文章还对唐卡榜题进行编号、抄录，并用了较大篇幅对题记内容进行释读，也是本文较为出彩之处。作者认为，此套唐卡有别于噶玛噶赤，受到后藏彭措林寺绘画传统的影响，且多模仿佛传故事绘画形式。最后，作者结合赛贡巴寺发展史进行了大胆推测，认为这套唐卡可能是为庆贺新的赛贡巴寺合并而作，间接反映了觉囊派宗教地位。

卢素文的《藏传佛教艺术中的十一面观音研究——兼论千眼千手观音》（《西藏研究》第3期）一文。梳理了阿里及拉达克地区几处遗址及《三百佛像集》《诸佛、菩萨圣像赞》等资料中十一面观音图像，然后与藏文经文中的文本描述进行比对。指出十一面观音图像最初依据阿底峡和仁钦桑布所译《圣十一面观音经》绘制，其图像经过了一个不断发展的过程，主要表现在持物和面色排列方面，到了明清时期形成了固定的粉本，即面相呈三三三一一式排列的十一面八臂和十一面千手千眼观音。作者认为，从图像和文本上看，十一面千手千眼观音和千手千眼观音属于不同的图像系统。

刘冬梅的《法度中的创造：西藏唐卡画师对造像量度的艺术实践》（《民

族艺术》第2期）一文，对西藏唐卡画师在艺术实践过程中如何理解好运用造像量度进行创作作了详细分析。作者认为，造像量度是藏传佛教造像严格依据的身量比例与审美标准，从西藏画师的主观视角来看，虽然佛经中以数据和象征语言对唐卡的造像量度进行了详细的规范，但是在绘画实践中，画师需要有选择地使用忒康、勉昂与昂忒等各种量度线提高造型的生动性，决定是否增减造像的身量比例以解决因特殊尺寸而产生的视觉差，思考如何调整动态线以优化造像的体态与身姿，以及通过面部细节的微妙关系处理表达出各自对佛之相貌与神态的不同理解。

李博的《青海年都乎寺壁画制作材料与绘制工艺研究》（《中国藏学》第2期）一文，对青海黄南年都乎寺壁画的材料和工艺进行了探讨。通过对壁画材料进行取样分析，研究了壁画绘制工艺，为进一步研究修缮壁画提供了依据。文章认为，年都乎寺壁画是热贡艺术最早的实物遗存，通过分析发现，年都乎寺壁画绿色颜料为氯铜矿、蓝色为石青、黄色为雌黄、黑色为炭黑，白色和红色颜料因殿堂级别不同，使用材质为铅白和白垩、朱砂和铅丹。年都乎寺壁画结构与藏族传统工艺相符合。

三、歌舞

格桑曲杰的《再探藏族“囊玛”艺术的起源与称谓——西藏聂拉木县充堆民间音乐实地考察与分析》（《西藏大学学报》社科版第1期）一文，作者通过实地考察、分析相关历史文献和民间囊玛艺术家有关囊玛艺术溯源的传说及当地民间艺术家口述材料，结合当地地域环境与音乐文化语境，多维分析了囊玛的起源和称谓。文章指出，囊玛形成于今日喀则聂拉木充堆一带，由当地“柴鲁”“羌谐”等民歌演变而成；囊玛的称谓与当地特殊的地域环境、音乐语境直接关联；“囊玛”一词是“聂囊玛益谐”的简称；囊玛并非外来而是西藏本土的艺术等观点。

贡布多加的《试论藏族弦子舞被冠以“古道神韵”的历史由来》（《西藏艺术研究》第2期）一文，对藏族弦子舞被冠以“古道神韵”的历史渊源以及与茶马古道的关系进行梳理，认为藏族弦子歌舞文化传播与茶马古道经济贸易活动之间存在内在共生关系。

银珠桑毛的《萨班〈乐论〉所体现的音乐知识体系和审美特征研究》（《西藏研究》第5期）一文，认为萨迦班智达·贡嘎坚赞撰写的《乐论》是一部迄今发现最早的藏族音乐理论著作，《乐论》对俱声乐作了重点论述：一方面对词和曲进行了基于规律和特性两方面的分析；另一方面对词曲创作提出了基于内容和形式两方面的要求，同时对表演和欣赏提供了基于审美和习俗两方面的标准，呈现出较为完整的音乐知识体系和审美特征。

更敦阿错的《云南藏区藏族民间说唱艺术祝赞词初探》（《青藏高原论坛》第1期）一文，主要探讨了云南藏族地区藏族婚礼祝赞词。文章认为，云南藏族婚礼祝赞词内容包括了赞颂田地、牲畜、房舍、长辈、客人和长辈对新人祝福与教诲等，按照仪式程序分为缘起颂、神灵颂、招财纳福颂、哈达颂、训诫颂等五种。祝赞词的形成与藏民族信仰、民俗、仪式、节日息息相关。

觉嘎的《论阿吉拉姆戏剧艺术的象征手法与类型技法》（《西藏大学学报》社科版第1期）一文，认为阿吉拉姆戏剧已经形成了由“顿”“雄”“扎西”，即开场、正戏、结尾三个部分组成的完整的表演程式。阿吉拉姆戏剧艺术的象征手法主要表现在戏剧角色、服饰道具及表演程式的象征性三个方面，而其艺术类型技法主要体现在表演动作、音乐织体以及歌舞节目的类型化三个方面。文章对藏族表演艺术进行了实践总结和理论概括。

四、雕刻

黄勇的《藏族天珠图纹体系研究及其他》（上、下）（《中国藏学》第2、4期）一文，对藏族至纯天珠的图纹体系进行了系统论述。作者在十数年的田野调查、大量的标本收集和留存影像资料的基础上，通过比对分析等方法，发现了至纯天珠上蚀花部分的图纹中所有线纹的本质特征，将其归纳为口线、腰带、隔线、主体图纹四大类别，并解读其各自功能。进而将蚀花图纹解析为各种图形元素的组合，建立起一套以隔线体系为主的天珠图谱，在尽可能穷尽图纹的前提下使之系统化、完整化，并且从中得出一些规律性变化的认识，充分体现出至纯天珠图纹系统的规范性和丰富性，解析了古代天珠制作者的构图方法。同时，据此建立起一个以几何图形为核心元素的、兼顾藏族传统认识的天珠命名体系。

宋卫哲的《“琢骨为衣”——青海清代藏传佛教骨雕服饰艺术与文化探略》（《青藏高原论坛》第2期）一文，以青海省博物馆藏的清代骨雕服饰为研究对象，探讨了骨雕服饰艺术文化渊源，分析了有关骨雕纹饰的纹饰，进而对其艺术特点及文化内涵进行阐释。

五、影视

郁丹著、刘冬梅译《万玛才旦电影中的佛教景观》（《中国藏学》第1期）一文，以当代中国藏族电影导演万玛才旦的系列电影作品为例，探讨了当代藏族影片如何对全球化和现代化与佛教价值观之间的张力进行表述的问题，对其电影的国际化创作过程进行阐释，同时也探讨了当代藏族电影的跨族制作过程。

六、其他

高燕宏的《乾隆时期的藏传织绣佛像》（《西藏艺术研究》第3期）一文，以乾隆时期宫廷收藏的藏传织绣佛像为切入点，通过查阅文献档案记载和实物遗存，探究乾隆时期藏传织绣佛像的基本面貌、制作过程，以及乾隆时期的民族政策等问题。

杨鸿蛟、王瑞雷的《夏鲁寺文化艺术研究现状综述》（《西藏艺术研究》第3期）一文，论述了夏鲁寺对西藏元代历史和艺术史研究的重要性，以及引起国内外藏学家和艺术史家高度关注的原因。文章主要从考古、艺术史、历史与语音学等多学科角度对其文化艺术研究进行综述。

藏文部分

夏吾端智的《尼泊尔绘画风格初传西藏时期探讨》（ཡ་ཆེ་ཤ་བོ་དོན་གྲུབ། བལ་བྲིས་བོད་ལ་ཐོག་མར་དར་བའི་དུས་སྐབས་ལ་གསར་དུ་དཔྱད་པ།《西藏艺术研究》第2期）一文。认为尼泊尔绘画风格是藏传佛教后弘期盛行的一种绘画风格，据藏文文献记载，该风格画派在13世纪萨迦派统治西藏地方时形成，而事实上，12世纪以前的一些唐卡，具有明显尼泊尔画派的特点，因此，尼泊尔绘画风格在西藏产生的时间也许早于 12 世纪。

拉旦的《浅谈安多热贡年都乎寺壁画》（རབ་བརྟན། མདོ་སྨད་རེབ་གོང་གཉན་ཐོག་བཀྲ་ཤིས་དར་རྒྱས་གླིང་གི་ལྡེབས་རིས་སྐོར་རགས་ཙམ་གླེང་བ།《西藏艺术研究》第 2 期）一文，主要对青海黄南同仁县年都乎寺弥勒佛殿与祈愿殿壁画进行图像学研究，并对壁画作者、年代、内容及特点等问题进行了初步探讨。

布琼、索朗曲杰、项智多杰的《拉萨娘热沟觉布日追及其周边石刻佛像》（བུ་ཆུང། བདེ་ཁང་བསོད་ནམས་ཆོས་རྒྱལ། དོ་རྒྱ་དབང་དྲག་རྡོ་རྗེ། ལྷ་སའི་ཉང་བྲན་འཛོག་པོ་རི་ཁྲོད་དང་དེ་ཁུལ་གྱི་རྡོ་བརྐོས་ལྷ་སྐུའི་སྐོར་གླེང་བ།《西藏研究》第 1 期）一文，通过实地调查、阅读相关文献，对拉萨觉布日追佛像石刻进行了研究。文章认为，拉萨觉布日追于 18 世纪末由戈隆（དགེ་སློང་ངག་དབང་བསྟན་འཛིན་ཕྲིན་ལས།）创建。并该对寺院历史沿革进行介绍，着重对寺院周边石刻佛像进行了图像学研究。

历史考古地理文献

汉文部分

本年度的历史考古地理文献研究，整体上仍呈现出论著数量多、涉及范围广、讨论角度新等特点，保持了藏史研究长期以来的高水平。当然，与以往相比，本年度的研究状况，在一些领域也出现了新变化，值得学界关注。以下就按历史、考古、地理和文献专题对本年度的研究成果做个回顾。

一、历史

在历史考古地理文献专题方面，历史类成果最多，涉及面也最广。本年度，历史研究在断代史研究方面有了一定的变化。

（一）总论

从古至今通论不同时期西藏历史的著作，体现出了藏史研究的系统性，也是学界关注的重点。尽管本年度没有大部头的通史著作，但总论性藏史研究也成果喜人。首先是中华民族史和西藏地方史研究，主要体现在著作方面。比如张云的《多元一体国家中的西藏》（中国藏学出版社），作为西藏历史研究丛书之一，该著以西藏地方在中国历史、中华民族、中国文化发展史上的地位和作用为基础，分中西哲学理念和文化传统的差异、西藏：中国不可分割的土地与人民、藏族是多元一体中华民族大家庭中的重要成员、国际法中西藏是中国的一部分、西藏文化是中华民族特色文化中的一块瑰宝、翻开西藏历史新纪元和开创民族文化新篇章等部分，深入探析了中国统一多民族国家形成的理论和发展规律。可以说，全书通过考察各民族共创中国历史和文化的历史实践，阐明了西藏自古是中国一部分的理论依据，揭示各民族开展相互交往交流交融的丰富内涵和重大意义，具有重要的学术价值和现实意义。

另外一部具有总论性地方史著作是车明怀的《中华民族历史背景下藏事论衡》（中国社会科学出版社）。该书分别梳理了明末清初的天下大势、清朝初期的藏事管理、驻藏大臣的责任意识历史比较、民国藏事乱局留给后人的启示及当代西藏历史与中国共产党人的边疆治理意识，并将这些历史置于中华民族大历史背景下进行解读。论证了中国统一历史格局形成的文化、经济、地理因素及其必然性，旗帜鲜明地阐述了西藏地方史应遵循的政治取向和历史观。

其次是对外交往史研究，主要体现在论文方面。本年度，由于我国西南边境的洞朗事件，关于历史上西藏地方与西南国家的关系研究也成为研究热点。曾皓的《中印边界锡金段的历史由来与法律依据——兼议印度非法越界行为的国际法律责任》（《中国藏学》第 3 期）一文，利用大量史料和文献，从中印边界锡金段的历史由来和法律依据两个方面论证了印度越界行为的非法性。文章指出，印军的非法越界军事行动，不但严重侵犯了我国的领土主权，还违反了《联合国宪章》和国际法的基本原则，违背了相关国际条约，破坏了国际和平与安全，印度必须承担相应的国家责任。而且，作为受害国，我国有权采取适当的措施以敦促印度履行国家责任，以有效维护我国的领土主权。

不丹是我国的西南邻国，在历史上和西藏有长期的密切交往，包括双方之间的贸易关系。扎洛和敖见的《中国西藏与不丹之间传统贸易的三种模式》（《中国边疆史地研究》第 4 期）一文，利用藏汉文历史档案，以不丹帕里、萨布（隆东）、拉康三地的贸易为例，指出历史上中国西藏与三个地方边境贸易根据地理特征、交通条件、双边社区间距离等因素形成了不同的模式：帕里的特点是“飞鸟归巢”，使不丹商户与帕里居民结成固定关系；萨布（隆东）则以定期集市为特征；而拉康则形成了一定规模的代理贸易。文章认为，1959 年之前跨喜马拉雅山的商业贸易主要依靠人背畜驮，在萨布、拉康等地以货易货还很常见，与今天的贸易规模、交易方式迥然有别。但是，这些传统贸易不仅满足了两边居民的生活需要，还对离边境更远地方的经济产生辐射效应。当前“一带一路”倡议中西藏的定位是打造“面向南亚开放的大通道”，借鉴历史上跨喜马拉雅山的商业贸易经验，制定灵活而富有当地特色的贸易策略，对于促进双边贸易、造福各国人民有着积极的意义。

最后是民族和地区关系史研究，主要体现在会议方面。比如8月12—15日，由新疆维吾尔自治区社会科学院主办的“历史上新疆与西藏关系”学术讨论会在乌鲁木齐召开，来自新疆、北京、四川、陕西、甘肃等地50余位专家学者围绕历史上新疆与西藏的政治、经济、军事、文化等各个方面进行了深入交流，可以说是对新疆与西藏历史文化关系一次集中的回顾和总结，为推动接下来的相关研究打下了重要的基础。会议除了少数专门研究新疆和西藏地方史的发言外，大多数论题都涉及历史上新疆与西藏的关系，比如涉及历史上新疆西藏关系发展的，有张云《历史上新疆与西藏关系中几个问题》、王欣《西藏与新疆的整体性考察》等；专论唐代新疆西藏关系的有周伟洲《唐代吐蕃与西域》、葛承雍《吐蕃在西域的统治认定与民族认同》、陆离《论萨毗地区的吐蕃势力及其与归义军政权的关系》、张延清《吐蕃对丝绸之路的管控》、刘广丰《唐代沙陀与吐蕃关系探析》等。涉及新疆西藏文化关系的有霍巍《吐蕃考古中的西域文化因素》、才吾加甫《新疆与西藏的佛教》、张长虹《西藏阿里佛教壁画中的中亚影响》、班玛更珠《历史上西藏与新疆的文化交流——以佛教文化为中心》等。关于文献研究的有杨铭和李仲良《丝绸之路沿线所出古藏文契约文书概说》等。关于近代历史的，有王明前《新疆和西藏和平解放后中国共产党经济政策之比较》、何立波《人民解放军1950—1951年挺进与解放阿里的特点和历史经验》等。

（二）吐蕃、宋

与往年不同，本年度吐蕃史研究的论文减少，但却有好几部著作问世，可以说本就是研究强势领域，今年更是百尺竿头更进一步。

1. 吐蕃

首先来看涉及前吐蕃时期的相关研究。这个时期的研究，这几年似有萎缩迹象，本年度的研究主要涉及早期部族和小邦研究。

叶拉太在《前吐蕃时期多康藏区藏系部族》（《青海民族大学学报》第4期）一文中，对公元7世纪吐蕃王朝未建立之前多康藏族地区藏系部族人群进行了研究，认为汉文史书记载中的羌人部落多为多康藏族地区藏系部族人群。文章指出，根据文献记载，隋末唐初多康藏族地区广泛地分布着党项、白兰、女国、附国、多弥、西山八国、吐谷浑、白狼、苏毗等部族，他们互不统属，各领其地，实际上是前吐蕃时期多康藏族地区先民的分布情况。作者认为，这些被称为“外族”的部族与藏族先民有或多或少的族源关系，或多为藏系部族，跟藏族先民有种种亲缘关系。

吐蕃史研究成果较丰，集中体现在几部高质量的著作上。首推张云的《上古西藏与波斯文明》。该书自2005年出版以来，受到学界普遍关注和高度评价，早在出版之前就以打印版的形式在民间流传，出版之后便迅速售罄。经过作者长时间的补充和修订，《上古西藏与波斯文明（修订版）》今年由中国藏学出版社出版，其中补充了很多新的内容，特别是基于最近考古新发现对上古西藏与波斯文明的再讨论，进一步深化了相关认识。全书依据大量藏文、汉文、波斯文等文字资料，系统和深入地探讨了上古时期西藏与中亚、西亚地区波斯文明之间的关系，特别关注西藏苯教与波斯祆教之间的联系，对我们认识、了解上古西藏的历史有着积极的意义。

除了《上古西藏与波斯文明（修订版）》，本年度张云还有另一部重要著作出版，即《吐蕃丝绸之路》（江苏人民出版社）。这部著作是1995年浙江人民出版社《丝路文化·吐蕃卷》的修订版，全书以吐蕃参与丝绸之路的历史过程为经，通过大量文献和史实，论述了吐蕃与周边地区和民族的文化关系。作者认为，吐蕃丝路文化是在吐蕃丝路不断发展的过程中形成的，并且成为吐蕃丝路的灵魂。吐蕃丝绸之路不仅连接着中原与青藏高原，为高原文明的发展兴旺提供充足的能量，也在中原地区文明与南亚文明、中亚西亚文明的交流中发挥了纽带作用。不唯吐蕃王朝的崛起受益于丝绸之路，象雄文明的繁荣与丝绸之路息息相关，在高原地区称雄一时的吐谷浑、党项等政权，其崛起壮大无不与高原丝绸之路的发展存在紧密联系。吐蕃丝绸之路后来为茶马之路所取代，但是其所扮演的中原地区与青藏高原地区之间桥梁纽带作用丝毫未减，在中华民族形成与发展史上起到十分重要的积极作用。

关于吐蕃与丝绸之路的研究，还有杨铭、李锋的《丝瓷之路博览：丝绸之路与吐蕃文明》（商务印书馆）一书。全书从吐蕃崛起与经略西北，吐蕃与丝路交通，丝绸之路上的蕃汉文化交流，吐蕃文化与内陆文明的交流，阿拉伯、波斯文献记载的吐蕃文明等几个方面，描述了吐蕃进出敦煌、统治敦煌的历史，着重突出吐蕃制度文明、物质文明在敦煌宝库中留下的精华部分以及历史影响。指出吐蕃通过这些丝路通道，将自己的部落建制、告身制度、驿递方式、佛教文化、香料等，带到了西域乃至更远的地方，同时也把西域的文字、佛经、建筑技术，唐朝的工艺、音乐、美术，突厥的法律制度，于阗的玉石等，带回了吐蕃。这些制度、技术、文化艺术、宗教、习俗促进了吐蕃与周边民族的交流。

本年度杨铭还有《汉藏文献与西陲古族》（民族出版社）一书出版，其中对古代历史上的西陲古族进行了研究，下编“隋唐的吐蕃与羌、胡”主要介绍了隋唐时期的西陲诸羌及其地理位置，其中涉及吐蕃、羊同（象雄）、苏毗（孙波）、多弥（南国）、蛮貊（于阗）以及文献记载的藏、羌望族诸如羊同贵胄没庐氏、苏毗王族末氏、吐蕃的“九大尚论”、咀末的氏族与职官等。

本年度关于吐蕃史研究的另一部重要著作是朱悦梅的《吐蕃王朝历史军事地理研究》（中国社会科学出版社）。全书以唐代吐蕃政权（629—846）的军事地理为主体研究对象，以吐蕃军事扩张的时间和空间过程为线索，探讨吐蕃王朝与周边区域的军事地理关系及其特征。全书从历史军事地理的视角，从西域、河湟、河西、关陇、剑南西川、西洱河、吐蕃南部疆域等七个地理区域，对吐蕃王朝的军事活动做了详细梳理和描述；以吐蕃势力军事扩张的时间过程和空间结构为线索，进一步考证吐蕃王朝在不同时期军事建制的演变，既丰富了人们对历史时期吐蕃民族社会发展的认识，也填补了以少数民族政权为主体的历史军事地理研究空白。

从论文来看，唐蕃关系研究方面，王庆昱在《新见唐崔汉衡墓志与唐蕃关系考论》（《青海民族大学学报》第 4 期）一文中，以《洛阳流散唐代墓志汇编》所收录的唐崔汉衡墓志为依据，在梳理崔汉衡生平和家族史的基础上，对墓志涉及的中唐时期唐蕃关系做了必要的分析。崔汉衡在安史之乱期间开始在地方任职，到贞元十一年（795）去世于晋慈隰观察使任上。他在近 40 年的仕宦生涯中，数次出使吐蕃，并且在平定“奉天之乱”时引吐蕃军队助唐平乱，平凉会盟，吐蕃背盟，崔汉衡被俘。崔汉衡的仕宦生涯是中唐时期唐与吐蕃关系发展变化的一个缩影，而从崔汉衡墓志的出土，可以看到中唐时期，唐在与吐蕃的交往中处于下风，崔汉衡墓志的记载反映了当时的唐与吐蕃关系的发展变化。

天宝十四载（755），唐朝爆发了安史之乱。为了对付叛军，唐中央抽调了部分西北边兵到内地平乱，吐蕃乘机兴兵攻占了唐西北的陇右、河西地区，继而控制了西域。郑红翔的《唐安史乱后河陇陷蕃问题再探》（《敦煌学辑刊》第 4 期）一文认为，当时陇右、河西地区相继被吐蕃攻陷的原因不仅仅是“边防空虚”一个原因，更为重要的是边地各州、军在抵御吐蕃的过程中各自为守，相互间缺乏援助和协作，边将试图观望局势，还有个别将领趁机谋乱。

河西、陇右唐军中的外族部落兵也在这时候大批脱离唐朝的控制。而这一切，都是安史乱后唐中央对西北边地控制力减弱的产物。

历史人物研究方面，吐蕃末年，拉隆·贝吉多杰弑杀吐蕃末代赞普达玛·邬都赞，直接导致了吐蕃走向崩溃，因此关于拉隆·贝吉多杰的研究也是成果颇丰。扎西龙主的《拉隆·贝吉多杰生平事迹考述》（《中央民族大学学报》第6期）一文，通过对相关藏文史料的对比研究，对拉隆·贝吉多杰的生地及生年、出家为僧、弑杀赞普、喜逢三贤人的生平事迹进行了梳理，厘清了部分史料及民间传说的真伪。

在藏汉译经史上，法成之名众人皆知，但均与敦煌的吴和尚法成无关。敦煌藏经洞的开启，使吴和尚法成其人其事昭显于世，引起了学者们极大的兴趣。徐键的《吐蕃高僧吴法成生平三题》（《敦煌学辑刊》第1期）一文，在以往研究的基础上，就法成在河西的三个阶段、法成卒年、法成僧衔等三个问题进行了考证，认为法成在河西的第一阶段是法成初到沙州的时期，在813—838年之间；第二阶段为法成居于甘州的时期，在838年十一月至842年四月之间的某个时间，法成从沙州移居甘州；第三阶段为法成重返沙州的时期，始于851年前后。法成的卒年应是在辛巳年（861）三月六日至咸通三年六月之间。尽管法成多以“大德三藏法师”留名，但作者通过文献判定其担任过吐蕃都僧统一职。

2. 宋

宋代吐蕃史研究相对较少，内容主要涉及唃厮啰政权。

唃厮啰家族自宋朝初年进入西北地区之后，历经宋、元、明、清直至民国，其政治身份随朝代的更迭不断嬗变。齐德舜的《从赞普到土司：唃厮啰家族家国之间的政治嬗变研究》（《中国藏学》第3期）一文，梳理了宋朝时期唃厮啰担任河湟吐蕃政权的首任赞普；金统治河湟地区时赵世昌担任忠翊校尉；元朝时期赵阿哥潘父子分别担任临洮府达鲁花赤；明清时期唃厮啰家族世袭临洮卫指挥使；民国时期，世袭土司职位被取消，赵天乙开始担任官堡镇保安队长等职的过程。文章认为，在政治身份不断嬗变的同时，唃厮啰家族始终坚守着自己部落首领的政治身份，这种在近千年的历史长河中政治身份的坚守与嬗变是宋金以降诸多西北吐蕃部落的一个缩影，是国家、民族、家族互动所产生的必然结果。

青唐吐蕃政权的建立者唃厮啰，盛名曾经威震一时，其后裔传记在其后的相关正史中也都有记载，比如结什角。结什角为唃厮啰四世孙，赵世昌之子，最初在陇南地区被推举为木波、陇逋、庬拜、丙离四族长。后在金人的扶持下，结什角建立地方政权，这是唃厮啰家族后裔在青唐吐蕃政权崩溃之后建立的唯一地方政权。结什角后来被西夏人所害，其职位由其侄赵师古担任。齐德舜的《〈金史·结什角传〉笺证》（《西藏研究》第2期）一文对《金史》中的《结什角传》做了详细的笺证，有益于相关研究的进一步推进。

（三）元明清

本年度的元明清藏史研究，因元代研究增多和清代研究减少而呈现出不同于以往的新特点。

1. 元

1247年，阔端与萨班在凉州举行会谈，之后萨班发表《萨迦班智达致蕃人书》，促成了西藏归附，从此，西藏地方正式纳入中央政府的行政管辖。2017年是凉州会谈770周年，为了纪念这个中华民族史上的盛事，2017年10月，由中国西藏文化保护与发展协会、中国藏学研究中心联合主办，中国藏学研究中心历史研究所、甘肃省武威市人民政府联合承办的“纪念凉州会谈770周年学术研讨会”在甘肃省武威市举行。来自北京、江苏、西藏、甘肃、四川、陕西等地30余名专家学者围绕“凉州会谈的历史及意义”“元朝中央政府治理西藏”“蒙藏关系史研究”“武威地区相关历史、事件和人物研究”等主题进行了深入讨论，相关成果也陆续发表，推进了元代藏史研究的进展。

张云在《凉州会谈及其历史意义》（《中国藏学》第4期）一文中，从阔端对西藏的经营方略、萨迦班智达的个人禀赋与精心准备、萨班伯侄的行程与活动内容、萨班与阔端的密切互动等几个方面回顾了凉州会谈的来龙去脉，并就其中一些问题进行了深入的探讨。文章对凉州会谈多方面的历史意义和深远影响进行了总结，认为凉州会谈是一个具有重大现实意义和深远影响的历史事件，其意义主要表现在：首先是西藏地方纳入大蒙古国暨元朝中央王朝行政管辖之下；其次是对中国西北部地区各民族文化交流的深刻影响；第三是凉州会谈成为蒙藏民族关系的历史开端；最后是藏传佛教萨迦派北传的重要一步。

李德成的《从萨迦班智达〈致蕃人书〉到忽必烈〈优礼僧人诏书〉》（《中国藏学》第4期）一文，深入解读了凉州会谈后萨迦班智达所撰《致蕃人书》和其后忽必烈颁赐给八思巴的《优礼僧人诏书》，并从前后呼应，在实现统一的历史大业中发挥了各自的历史作用；前后相继，确定了当时历史条件下萨迦派在西藏各教派中的领导地位；前后助力，推动形成了元代中央政府的治藏策略；前后规诫，推动形成了元代中央政府管理藏传佛教的政策；前后贯通，推进了蒙藏民族关系发展，促进了藏族与我国其他民族的交往交流交融；前后接力，推动形成了藏传佛教爱国主义的光荣传统等六个方面探讨了“书信”与“诏书”的重要意义，指出这两部重要文献一脉相承，关联互动，顺应祖国统一之大势，顺应安居乐业之民心，共同为实现和维护祖国统一发挥了重要作用。

在13世纪蒙古推进统一的过程中，萨迦班智达·贡嘎坚赞应蒙古汗王阔端召请到凉州会谈，促成了西藏和平归入中央政府的行政管辖。班玛更珠的《论萨迦班智达的家国情怀——再读〈致蕃人书〉和〈萨迦格言〉》（《中国藏学》第4期）一文以萨迦班智达历史性的《致蕃人书》及脍炙人口的代表作《萨迦格言》为例，尝试性地从作为政治家的高瞻远瞩、作为地方领袖的担当精神、作为谋略家的招抚艺术、作为代理人的实践意识等方面分析了《萨迦班智达致蕃人书》中的家国天下，从赞仁君、贬暴政，轻徭役、薄赋税，选贤才、任能人等几个方面探讨了《萨迦格言》中的政治思想，指出萨迦班智达在其中展现出来的家国情怀和历史担当，使他在关键的历史时期作出了伟大的选择。

元代，中央政府曾赐予西藏众多僧俗首领各种称号与代表其相应权利地位的各式印章，每一枚印章后面都有一段历史。谢光典在《“统领释教大元国师”印考释》（《中国藏学》第4期）一文中，就保存于西藏博物馆的两枚“统领释教大元国师”青玉印进行了研究。通过版本校勘与审音勘同，文章认为，元廷赐给噶玛噶举黑帽第四世活佛若贝多吉、萨迦细脱拉章的贡嘎仁钦，以及拉康拉章曲吉坚赞贝桑波的印，三者都应释读为“统领释教大元国师”印，因此不一定像蔡美彪与照那斯图所说该印非八思巴与其弟亦怜真莫属，反而若贝多吉等三人更有可能。文章最后认为，“大元国师”是“统领释教大元国师”的简称，其地位应比“灌顶国师”“靖国公”至少高一级，仅次于帝师。从人数来看，元朝授予西藏高等僧侣阶层的“大元国师”之号绝大多数都来自萨迦款氏家族成员。

元朝时期，南宋末代皇帝赵显被遣送到西藏萨迦寺，这一历史凸显了西藏地方萨迦政权在统一全国进程中的作用及宋元时期各民族之间交往交流交融的历史。车明怀在《南宋末代皇帝赵显在西藏活动的历史及其影响》（《中国藏学》第4期）一文中，对赵显在西藏学经、译经及其历史贡献进行了介绍，指出由于元代特殊的民族和政治关系，赵显的事迹在汉文文献中却非常少见。

与此文主题相近的是帕毛多日杰的《“合尊法宝”的身份及其作品考辨》（《西藏研究》第3期），该文对南宋少帝赵显，即合尊法宝的身份及其作品进行了考辨。文章在梳理合尊法宝的身世经历的基础上，指出当前学界考辩证实的合尊法宝的译著主要有《因明入正理论》和《百法明入论》两种，被列为藏地192名译师的名录之中以贻后世。

2. **明清**

本年度涉及明清时期有一部著作与大家见面，即邹立波的《明清时期嘉绒藏族土司关系研究》（中国社会科学出版社）。该书在综合中央政府与土司地方视角的同时，主要从嘉绒藏族的本土视野出发，围绕嘉绒藏族土司之间的关系，从多层面深入剖析了明清时期嘉绒藏族土司关系。全书既重新审视和探讨了明清时期中央政府治理西南边疆土司区域的策略、嘉绒藏族土司关系的特点及其演变趋势，又揭示出两者间复杂的内在互动关系，为土司问题的研究开拓出新的思路和空间。

明代研究方面，主题涉及明代治藏方略和茶马互市等经济文化关系方面。从研究状况来看，这个时期的研究论文相对较少。刘永文、齐玲玲、王令梅的《大应法王札实巴考论》（《西藏大学学报》第2期）一文就涉及明代治藏方略的实施。由于明朝“多封众建”的治藏政策，使得诸多藏族地区首领有明一代接受册封，有了“法王”的名号，其中大应法王就是一例。文章对大应法王札实巴的生平和相关事迹进行了考述，指出出身安多藏族地区珍珠族的札实巴，为洪武间被授为都纲的珍珠族僧人端月坚藏的三世传人，师从札巴坚参，成化四年九月由承袭禅师“加以法王名号”，成为“大应法王”。札实巴驻锡大慈恩寺并拥有下院广济寺，在京参与佛事活动，上奏章维修陕西弘化寺，乞请寺田佃户。生前待遇优渥，死后建塔厚葬。文章认为，朝廷的政策、札实巴的待遇和行为虽然在士大夫中引起了强烈的反响，但从另一个角度看，明朝统治者充分考虑国家军事、经济实力的具体情况，充分发挥佛教僧人和宗教领袖在藏族地区社会中特殊的地位和影响，通过优礼笼络藏僧和宗教领袖强化对藏族地区的管理，此方略是切实可行的。

清代藏史研究方面，主要是清中央治藏和西藏政局变化，同时有专门研究亚东关的论著。

清初，康区东部打箭炉一带在归附清朝后又被蒙古和硕特部控制，当地政治军事格局又发生了新的变化。在这种情况下，康熙皇帝及清中央政府改变以往对和硕特部的策略及态度，决定在打箭炉一带采取军事行动，此即世纪之交的“西炉之役”。赵心愚的《清初康区的政治军事格局与世纪之交的“西炉之役”》（《中国藏学》第1期）一文，讨论了“西炉之役”前后当地政治军事格局的变化，指出经“西炉之役”，清军大获全胜，从此直接治理雅砻江以东地区，清治藏策略亦出现重大调整。

清雍正时期，在平息策妄阿拉布坦叛乱和罗卜藏丹津叛乱后，清中央政府认识到西藏僧人干预政治、政权与教权相结合的种种危害，于是将西藏地方行政权高度集中于地方上层贵族颇罗鼐手中，并设置驻藏大臣监督颇罗鼐和西藏宗教活动，同时迁离达赖喇嘛以剥夺其世俗政治权力，尝试政教大权的分离。李永强的《试探清雍正时期对西藏政教分离的尝试》（《四川民族学院学报》第4期）一文对这次尝试的前因后果进行了阐述和分析，认为由于行政权力高度集中使整个政治权力结构中缺乏有效的制衡力量，以及对藏政教分离、两头并立的举措缺乏远虑和配套政策，最终导致了这种政治制度的尝试最终失败。

关于驻藏大臣的研究相对较多，成果也较为突出，但是其中也有一些不足的地方，一些大臣容易被忽视。康欣平的《整饬、因循与苟且：驻藏大臣讷钦筹藏探论》（《西藏研究》第1期）和《晚清驻藏大臣文海筹藏析论》（《西藏民族大学学报》第2期）就对讷钦和文海在任期间的筹藏情况进行了介绍，指出讷钦和文海筹藏主要还是以因循守旧为主旨。文章认为，讷钦筹藏，一方面颇想有所作为，进行了整饬弊政、树立新风的努力，但另一方面在筹藏中亦表现出因循守旧甚至苟且的一面。而文海反对在德格等土司进行改土归流，强调不能由朝廷开启整顿藏务而生事端，对第穆案时坚持因循旧例，对博窝案的处理显示出的强硬主张等事例，说明文海筹藏时的因循守旧维护了朝廷的权威。

晚清政府在四川招募、训练驻藏新军，哥老会成员大量参军，后经发展，势力遍布军中。刘丽玲的《哥老会与晚清西藏变局》（《西藏大学学报》第3期）一文对晚清西藏变局中哥老会的所作所为进行了分析，认为其最初利用军队欠饷问题，组织、煽动各地驻军哗变。其后又打起革命的大旗，全面掌握西藏军政大权。而哥老会及其裹挟的军队，不仅大肆抢掠公私商民财物，更公然围攻色拉寺，致藏汉两军开战，西藏当局借机全面驱逐汉族军民，给西藏政局带来长久不良影响。作者认为，将西藏局势溃烂的主要责任全部推到哥老会身上是片面的，但作为引发清末西藏乱局的始作俑者，哥老会对动乱带来的灾难，乃至对西藏与中央政府的长期割裂、失和，均负有不可推卸的责任。

亚东关研究。近代中国是一个半殖民地半封建社会，由外国人控制下的中国海关管理体系正是这一社会进程的缩影，也是中国近代屈辱历史的真实写照。梁俊艳的《清末民初亚东关税务司研究》（中国藏学出版社）一书在梳理亚东关的开埠和清廷对亚东关的管理的基础上，以戴乐尔、好博逊、孟国美、韩德森、巴尔、张玉堂、汪曲策忍等历任税务司的作为为研究对象，探讨了亚东税务司在特定历史时期的作用和局限。作者认为，中国西藏亚东关税务司的身份、角色决定了他们的双重性，既有为外国主子掌控中国海关贸易、殖民和掠夺中国服务的一面，也有履行职责、服务中国对外贸易和对外交流的一面。这后一点在晚清中国封建社会衰落、边疆危机加重的情况下，有一定的积极作用。

张永攀的《从帕里到噶伦堡：清末西藏亚东关初建与近代西藏关贸肇始》（《青海民族研究》第3期）一文，指出西藏亚东关从一开始就和英帝国与清王朝结合在一起，其命运也与清英双方及西藏地方政府的相互博弈中沉浮。开关伊始，清王朝希望通过亚东关加强对西藏地方的治理，而西藏地方则始终不乐意在传统商路上增加这一近代关贸管理机构。英帝国则希望通过亚东关向西藏渗透经济和政治利益，更深程度上侵略中国边疆。亚东关从1894年设关通商后，戴乐尔成为首任税务司，其在亚东关贸的发展中扮演了极其重要的角色。“卓木人”基本垄断了从帕里到噶伦堡的商贸之路，但是由于种种原因，亚东开关起初商贸量极少，关贸凋敝。

（四）民国及当代

本年度的民国藏史研究主要从中央政府与西藏地方的关系、西藏地方的政治制度与文化交流、西方列强干涉西藏事务、红军长征等几个方面展开。

中央政府与西藏地方的关系。魏少辉的《黄慕松与九世班禅返藏研究》（《西北民族大学学报》第5期）一文，就黄慕松在九世班禅返藏问题中扮演的角色进行了分析，认为其在这个特殊时期扮演了重要角色。在达赖喇嘛圆寂和各方呼吁班禅返藏的历史时期，作为国民政府大员的黄慕松为与噶厦会谈创造条件，最初力主九世班禅暂缓返藏。而在入藏之行未能解决西藏问题后，出于借重班禅力量解决藏事的考量，黄慕松开始积极筹备班禅返藏的各项事宜，并推动确立了和平宗旨下，派专使和卫队护送班禅返藏的政策。随后，秉承此一政策，黄慕松开始力促班禅返藏，但由于英国的干涉和噶厦的反对，加之国民政府缺乏应对的实力，黄慕松的努力未能奏效。

1940年吴忠信作为中央政府大员主持十四世达赖坐床仪式，成功在抗战的艰难岁月里宣示了中国在藏的主权。冯翔的《旁观者之眼：外媒视角下的吴忠信主持十四世达赖坐床》（《西藏研究》第5期）一文，利用立场各异的多家外国媒体对此事件的报道，辅以中英两国档案，对当时外界的反映进行了相对全面的梳理，指出诸多外国媒体对吴忠信主持达赖坐床的报道，不仅成为反驳贝尔、古德等侵藏官员之流的客观证据，更是向全世界传递和宣示中国在藏主权的有力武器。

五世热振活佛是我国西藏地方政权在民国时期维护国家统一的关键人物，在第十三世和第十四世达赖喇嘛两个历史阶段发挥了承上启下的重要作用，却在1947年5月8日被西藏分裂分子毒死，引起了色拉寺和热振寺的大规模反抗。杨克林、王小彬、依苏的《“热振事件”再审视——热振大师殉国和西藏两寺起义70周年祭》（《中国藏学》第3期）一文，利用新发现的史料，对“热振事件”进行深入的再研究。文章认为，“热振事件”主要包括三个主要事件：即原西藏地方亲英的旧政府非法逮捕中央要员热振并将其迫害致死，以及色拉寺起义和热振寺起义。“热振事件”实质上是一场震惊世界的、典型的分裂与反分裂的斗争，它具有许多鲜明的特征，是西藏爱国者武装反抗亲英叛国集团而惨遭残酷镇压的起义，和民国中央政府有密切的关联，英帝国主义分子直接参与了镇压“热振事件”。文章指出，辛亥革命后西藏地方与中央政府的政治关系出现了一系列的困难和曲折，但西藏地方从来没有从中国分离出去。特别是以热振活佛为代表的爱国力量倾心内向，拥护中央、支持内地抗战，密切和改善了西藏地方与中央政府的关系。

裴儒弟的《试论民国前期康区“土流并置”的成效》（《西藏民族大学学报》第2期）一文，通过对民国前期康区“土流并置”的梳理和分析，对民国康区土司和流官共同治理状况和成效进行了分析。文章指出，这种“土流并置”措施是由当时特定的社会背景决定的，尽管在收粮、催差和维持治安等方面起到积极作用，但与此同时，也存在负面影响，土司继续在康区当差、服役、纳粮中享受特权，康区百姓依然处于双重被剥削的状态，生活十分凄苦。作者认为，民国前期康区实施的“土流并置”，客观上有利于汉藏民族关系的缓和，有利于康区政治的稳定，但是地方政府一旦施政不利，其成效就大打折扣。比如康南十几年来，政府尚未有大的治理成绩，数县时常出现失治状态，土司对于政府只有敷衍的情况，百姓时而出现抗粮、抗差现象。

西藏地方的政治制度与文化交流。译仓是藏传佛教格鲁派统治时期“甘丹颇章政权”中的一个僧官机构，在清代至民国时期的西藏职官制度史上有着重要的地位。郑舒心、喜饶尼玛的《关于旧西藏译仓的几个问题》（《西藏民族大学学报》第3期）一文通过对译仓汉语释义、人员编制、成立时间以及具体职能的再分析，指出在历史发展过程中，其职能曾经不断扩大，超出了通常意义上的文书整理职能，涉及了西藏地方政府的政治、宗教、财政、军事等领域。文章认为，译仓的重要性与地位，随着西藏地方政教合一制度的发展变得愈加重要，凸显了藏传佛教在西藏地方政府中的独特地位与影响。

宗与豀卡是西藏噶厦中出现较早、持续时间最长、职能最多的基层行政组织，也是推动其下属各基层机构正常运作的重要保证。刘永花在《浅谈民国时期西藏的宗和豀卡》（《四川民族学院学报》第3期）一文中，通过梳理宗豀制度的形成及历史沿革，对民国时期西藏的宗豀及其宗本、豀堆的任命、品级、主要职责，以及宗豀内主要管理人员的构成等进行了介绍。文章认为，宗与豀卡制度经过数个世纪的发展，至民国时期，其内部完全形成了一套稳定有序、行之有效的管理体系，为推动地方各机构的正常运转起到了重要的作用，但与此同时，由于古已有之的西藏封建土地所有制和农奴对农奴主的依附关系，它又是广大人民群众背上最大的负担，必将为新的制度所取代。

20世纪初，藏尼间的政治关系因边界争端、贸易纠纷等原因造成长期的冲突与矛盾，而两者间原有的宗教、文化及民间社会的联系仍绵延不断，为双方关系的保持与调整提供了多维的渠道。邱熠华的《1918—1921年西藏协助尼泊尔修缮斯瓦扬布佛塔——兼论近代西藏与尼泊尔的文化交流》（《中国藏学》第3期）一文，利用西藏地方和尼泊尔两方面的史料，通过介绍西藏协助尼泊尔修缮斯瓦扬布佛塔的史事，呈现了近代西藏地方与尼泊尔在政治、经济、社会文化、宗教文化等方面的密切关系。

西方列强干涉西藏事务。1914年，西藏地方亲英派与英国代表麦克马洪在西姆拉会议期间，秘密换文私划的印藏边界“红线”，即所谓的“麦克马洪线”，以换取英帝对“藏独”和西藏与四川等地划界的支持。随着中国政府拒绝在条约上正式签字，西姆拉会议最终流产，但英属印政府一直惦记着这条非法的边界线，并乘日本开始全面侵华、中国政府无暇西顾之际，图谋占领传统习惯线以北、“麦克马洪线”以南地区。西藏地方政府（噶厦）坚决抵制英印非法领土索求，开始了长期的抗争。张发贤和陈立明在《决心与行动：抗战前后西藏反对英印侵略门隅的斗争》（《西藏民族大学学报》第5期）一文中，梳理了在英印侵略者通过派遣军队和勘探队、对西藏地方政府进行利诱与威胁，对门隅地区进行紧锣密鼓的扩张行动的背景下，西藏地方政府毅然通过抵制英印政府的非法领土要求，循序渐进地对祖国固有领域门隅的户籍人口、清查土地、征收赋税、整顿吏治的过程，指出西藏通过这一系列行动一步步加强了对门隅的治理，为维护国家主权和领土完整作出了重大贡献。

以往关于西藏的反侵略、反渗透研究，主要与英国、俄国和美国有关，这也符合近代帝国主义在中国的扩张实际。但是在西方国家掀起的瓜分中国的图谋中，其他国家并不是置身事外的，他们也从各自的角度努力争取在中国的权益扩大化。赵光锐的《20世纪初德国的涉藏活动和西藏政策考析》（《中国边疆史地研究》第3期）一文，通过梳理20世纪初德国频繁对西藏及周边藏族地区的考察和探险，揭露了德国企图干涉西藏的图谋，比如以斯文·赫定和威廉·菲尔希讷为代表的探险家和传教士多次深入到西藏和周边藏族地区，埃米尔·施拉君特怀特经过多种渠道试图与达赖喇嘛建立直接联系，甚至企图在拉萨设置一名德国代表等。文章还指出，在与英、俄交涉中，德国也明确宣示了德国的西藏政策，即“我们一贯承认西藏，像其他中国外围地区一样，是中国的一部分，因此必须坚持，即中国通过一八六一年九月二日商约第四十条所给与我们无限制的最惠国待遇权利，现在像过去一样，也适用于西藏。关于蒙古，我们去年十一月对俄国政府也采取了同样的立场。此外，一九〇七年八月三十一日的俄英协定明白地承认中国在西藏的宗主权”。显然，威廉二世时期，德国对于西藏和蒙古持相同的政策，即明确承认是中国的一部分，反对英、俄使它们脱离中国，但是其根本目的还是为了与英、俄对抗和实现在华利益的最大化。

赵艾东的《情报搜集与外交推进：1913—1922年英帝国在康定设领事馆之用意及启示》（《西藏大学学报》第2期）一文，梳理了19世纪中叶至民国初期英帝国在中国及中国西南边疆侵略、扩张的历史脉络，分析了1913—1922年英帝国在康定所设领事馆分馆的缘由与用意及其三位领事金路易、郭立实、台克满的活动。指出该时期英国采用通过实地考察搜集大量情报与外交推进紧密配合的方式来一步步达到侵略和控制西藏以及整个中国西南边疆的最终目的。在此过程中，英国在康定设领事分馆主要是为了长期经营康藏地区，充分发挥其领事馆身处藏地的前沿优势，以便进一步搜集所需情报和采取相应的外交手段，是英帝国侵略西藏以及整个西南边疆的关键性环节。

红军长征。在红军长征胜利80周年之际，在四川省金川县召开了“红军长征在藏区学术研讨会”，纪念和研究红军长征经过藏族地区，重温当年党领导藏族地区各族人民求解放，红军将士不屈不挠求胜利的伟大历史，具有特别重要的意义。黄维忠主编的《红军长征在藏区学术研讨会论文集》（中国藏学出版社）一书为此次研讨会专家学者提交的论文，包括《藏族各界人士对红军长征胜利的贡献》《论红军在云南藏区实施的民族与宗教政策》《长征期间甘孜藏区僧众对红军长征贡献管窥》《1936年红军长征在康区白玉的历程及其意义》《红军长征在康区的“扩红”宣传及其成功原因试探》《从长征文物看红军对藏区的宣传——基于中国国家博物馆长征文物收藏的考察》《长征时期汉藏民族关系的深化发展及其对藏区社会的影响研究——以四川藏区为例》《从民国川西北土司头人的几件控状档案看蒋介石对“剿赤军”军纪问题的处置》等，从不同方面介绍和研究了红军长征经过藏族地区时的情况。

1935年4月，红军长征进入藏族地区。王川、朱晓舟的《藏区社会30年代对红军长征的支持及其伟大意义》（《西藏大学学报》第1期）一文，通过梳理红军经过藏族地区时与藏族僧俗群众和上层的交往方式，阐述了红军在克服艰苦自然环境、粮食物资短缺等困难的同时，广泛开展了对藏族地区社会、僧俗民众的宣传、统战工作。文章认为，通过建构藏族民众的“认同”以及建立与藏族地区民族宗教上层人士的良好关系，红军得到了藏族地区社会在粮食物资支援、军事力量增强、政权建设推进等三方面的支持。藏族地区社会对红军长征的支持，一方面标志着中共民族政策的成功实践，为以后中华人民共和国民族政策积累了历史经验；另一方面也显示出汉藏间民族感情、民族关系的进一步缓和与加深。

二、考古

本年度考古方面的成果喜人，特别是关于相关遗址的发掘和讨论体现出高水平，而且在数量方面也相对可观。

首先是考古新发现方面。据相关文献记载，兴起于雅砻河谷的吐蕃王朝最先将宫殿建在青瓦达孜山上，共修建了六所宫殿，分别为达孜、桂孜、扬孜、赤孜、孜母琼结、赤则崩都，总称为青瓦达孜宫。随着吐蕃王朝的灭亡，这些宫殿逐渐毁弃，并在不同历史时期有过多次建设活动，年代延续时间长。由杨锋、李帅、夏吾卡先、强巴次仁执笔的《西藏琼结县青瓦达孜遗址的调查与试掘》（《考古》第3期）一文是应山南地区文物管理局要求，以四川大学中国藏学研究所、考古学系为主体的藏王陵考古队于2012年7月对该遗址进行全面测绘和调查，并选择一处堡形建筑遗迹和廊道局部进行试掘后的调查报告。报告分遗址的调查、D1 和 L1 的试掘、出土遗物等三个方面对整个青瓦达孜遗址的基本情况和试掘成果进行了介绍，指出该遗址上的建筑遗迹分为三期。第一期建筑仅有山脊中部的夯土堆，在建筑类型、材料及技术等方面均与遗址上其他建筑不同，且覆盖于土石建筑之下，应早于其他建筑遗迹。第二期建筑遗迹是青瓦达孜遗址的主体，包括土石廊道、碉堡、石墙和深沟，它们的建筑材料、技术等都基本相同，且相互关联构成一个整体，可以归属为同一时期。第二期建筑从类型和结构来看，都具有明显的军事防御特征。出土的写经纸、擦擦、佛像、灯盏以及茶叶、动物骨骼等，又表明在这些建筑内兼有一定的佛事和日常活动。因此，从第二期建筑的功能来看，它们应当属于西藏传统的宗堡建筑，因此推测第二期建筑的年代上限应为明代，下限可到近代，建筑整体属明清时期，但一直沿用至近代。青瓦达孜遗址上的第二期建筑遗迹，无论是年代还是性质，都与文献记载的琼结宗相符，因此可以推定，青瓦达孜山脊上残存的廊道、碉堡、石墙和深沟等当为修建于明清时期的琼结宗的相关建筑。第三期建筑为夯土堆顶部的房址，是在夯土堆上的土石碉堡废弃之后建造的，时代应属近现代。

霍巍的《青瓦达孜遗址考古侧记》（《中国藏学》第 2 期）一文也根据这次新发现，对青瓦达孜遗址的布局、功能、各期建筑的演变发展提出了一些新的认识。文章认为，文献所记载的吐蕃时期始建的青瓦达孜城堡与宫殿，其遗址就在现今山南琼结县的青瓦达孜山体上，而并非有些专家所推测的“建在达孜山下，位于琼结河之河西”。如吐蕃时期七代吐蕃赞普都居住过的“青瓦六宫”，可能均建在青瓦达孜山上，而并非另择有新址，只是这些新旧宫殿之间是连续发展的，后来的建筑可能多利用了原来的建筑加以改建、修葺而成。青瓦达孜山体上现存的考古遗址中，真正属于吐蕃时期的遗存目前仅发现小面积的第一期建筑，即残存于山体中腰部的夯土堆；第二期建筑年代可能在明代以后，此期建筑充分利用了吐蕃时期的第一期建筑，在此基础上修葺、改造，或完全废弃，在原址重建。作者指出，文献和考古两方面的线索表明，由于和后期的建筑融为一体，西藏古代史上素负盛名的青瓦达孜遗址早期的全貌已经难再寻觅和复原。

其次是石刻造像研究。青海玉树通天河流域赛康岩画点是近年来新发现的岩画点，王永军、黄亚琪的《玉树通天河流域赛康岩画调查与研究》（《青海民族大学学报》第 3 期）一文通过实地考察，对赛康岩画的题材内容和时间进行了分析和考证。文章指出，赛康岩画共有 1 处，分布在一块较大的基岩上，共有16个图像，内容有鹿、牦牛、岩羊、犬等，岩画图像的制作手法多为凿刻法。赛康岩画的题材内容以鹿图像为主，兼具牦牛图像，通过对鹿图像和牦牛图像的风格解析，作者认为赛康岩画的年代距今约2700—2500年，即春秋中晚期至战国早期，其创作的族属应为活动在这一区域或者曾经经过这一区域的古羌人。

夏格旺堆的《西藏阿里普兰观音碑考略》（《西藏大学学报》第3期）一文，对迄今所知阿里地区境内年代最早的一通石碑——普兰观音碑进行了研究。文章在对这通石碑基本情况、研究概况、形制特征进行简要介绍的基础上，重点对石碑索克图像和文字进行了分析，指出目前学界对立碑时间有不同看法，作者倾向于火马年即公元826或土马838年。从石碑形式讲，普兰观音碑是一通典型的“造像碑”，尽管这种形式的石碑仅有一座，但它证实了吐蕃政权晚期，在西藏西部阿里开始出现了具有佛教造像的纪念碑，对于探讨西藏上部阿里历史文化和佛教艺术具有重要的参考价值。

近年来，随着吐蕃考古工作的不断开展，吐蕃境内发现的石狮日益增多。至2016年底，共发现了8处成对出现的吐蕃石狮，主要分布在吐蕃墓地、寺庙及疑似墓地周围。夏吾卡先的《吐蕃石狮子考古调查及相关文化研究》（《西藏研究》第2期）一文对目前发现的石狮进行了简要的介绍，并对其文化意义进行了尝试性的探讨。文章认为，狮子文化在西藏的大规模传播和根植与佛教文明的东传不无关联，但在佛教东传之前或之后的漫长时间内，吐蕃政权广泛接受了周边地区的石狮子文化并逐步本土化，致使吐蕃狮子无论在形态上还是功能上，均遗留了多元文明共存乃至互相交融的印记。

再次是基于考古发现的古文明研究。在敦煌文献等古藏文史料中，都有关于苯教丧葬习俗的记载，但要进一步探讨这些习俗的真实性及相关特点，仍需更多考古资料的佐证。余小洪的《前吐蕃时代西藏西部丧葬习俗的考古发现及其特征》（《西北民族大学学报》第1期）一文，根据近二十余年来在西藏西部日土县阿垄沟墓地、札达县卡尔普墓地、皮央·东嘎墓群、曲踏墓地、泽蚌墓地、噶尔县故如甲木墓地等发现的考古材料，对西藏西部前吐蕃时期的葬俗及其特点进行了研究。文章认为，西藏西部前吐蕃时期的葬俗包括了涂丹“尚红”“覆面”“结发”、动物殉葬、分区而葬等特点，主要体现在重视墓室营建、盛行墓葬祭祀、擅长对遗体的处理三个方面。综合而言，这些考古发现可以印证相关藏文文献的记载，也说明后世文献关于吐蕃时期苯教丧葬习俗受到来自西部象雄等地影响的记载是基本可信的。

近年来，西藏高原的史前考古学吸引了诸多学者的注意，相关争论也由此而起，目前争论焦点主要聚焦于“人类何时拓殖青藏高原”“人类何时永久定居青藏高原”与“青藏高原最早的农业证据”。吕红亮的《拓殖高原、永久定居、麦作传入：对当前青藏高原史前考古重大争论的回应》（《青海民族研究》第1期）一文，针对上述三个问题进行了思考，在对这三个问题的述评之后，提出了自己的观点。文章认为，在多数讨论中，我们实际上面对的是一个巨大的没有共识的青藏高原，所以有必要厘清青藏高原概念的使用，青海河湟地区、四川青藏高原东缘与雅鲁藏布江中游和西部的象泉河流域存在巨大的差别，不能简单因为海拔把它们混为一谈，不同的生态环境在今天也必然在过去塑造了青藏高原多元的文化景观。为了更好理解人类在青藏高原早期活动的历史以及与环境的互动关系，作者提倡在未来的研究中谨慎或有限定地使用“青藏高原”这个地理概念，并重视考古遗存背景的重要性，不能仅依赖于剖面采样或者“生态模拟模型”的研究策略。

三、地理

本年度，历史地理方面的研究主要集中在交通和地理方面。

古代交通方面。霍川、霍巍的《汉晋时期藏西“高原丝绸之路”的开通及其历史意义》（《西藏大学学报》第1期）一文指出，从西藏的相关考古新发现来看，西藏西部地区早在汉晋时代其文明发展的程度便已经较高，绝非后世文献所描述的“蛮荒之地”。它在当时已经成为一个与西域新疆、中亚、南亚次大陆等地有着密切联系的区域性政治、文化、商贸中心，不仅可在当地“酋豪”所掌握的地方性资源（如黄金、羊毛、盐、香料等）和上述地区进行广泛的交流与贸易，而且还可以推测这一区域还已经和中央政府建立起了某种朝贡关系，可以直接得到中央政府的赏赐。茶叶、丝绸、黄金面具等高级的奢侈品已经通过各种渠道输入当地以供“酋豪”们享用。而这一切都显示出，汉代开通的陆上丝绸之路，几乎在同一时期或稍晚（汉晋时代）也已经和西藏西部相连接，成为从西域新疆通向阿里高原的一条重要支线，形成丝绸之路不可或缺的一个重要组成部分。到了吐蕃时期，这条道路被纳入更为广阔的对外交流网络之中，成为吐蕃出入中亚、南亚地区的重要交通枢纽，在物质交流、宗教传播、人员往来等方面起到重要的作用。

唐蕃古道是连接中原唐朝与西藏高原吐蕃政权的交通要道，根据《新唐书》等历史文献，我们可以大致勾勒出唐蕃古道主干道，而根据考古发现，还可勾勒出南、北两条次干道以及各条支线。余小洪、席琳在《唐蕃古道路网结构的考古发现与重构》（《西藏民族大学学报》第6期）一文中依据考古发现和文献记载，构建了唐蕃古道的路网：由主干道、次干道、各条支线共同组成的一个四通八达的交通网络。文章指出，唐蕃古道主干道，即文献记载的官道，沿途建有驿站等设施。其大致线路为：长安（西安市）—凤翔（凤翔县）—陇州（陇县）—秦州（天水市）—渭州（陇西县）—临州（临洮县）—兰州（兰州市）/河州（临夏市）—鄯州（西宁）—赤岭（湟源日月山）—大非川（共和县）—众龙驿（称多县）—截支桥（玉树市）—野马驿（聂荣县）—合川驿（那曲县）—农歌驿（拉萨羊八井）到达逻些（拉萨市）。北干线，指鄯州（西宁）到沙州（敦煌）的道路，包括两条支线，其一，鄯州（西宁）—甘州扁都口（张掖民乐）、肃南—肃州（酒泉市）—瓜州（酒泉市）—到沙州（敦煌）；其二，鄯城（西宁）—赤岭（湟源日月山）—吐谷浑伏俟城—都兰—沙州（敦煌）。南干线，指玉树经藏东到拉萨的线路。大致线路为：玉树—四川石渠、炉霍、道孚—昌都察雅、芒康—工布江达—林芝—拉萨。包括三条支线：其一，逻些（拉萨）—吐谷浑或党项（甘青川交界地区）—白兰（青海玉树/果洛、四川阿坝）—松州（四川松潘）；其二，逻些（拉萨）—“多康六岗”（西藏昌都）—截支桥（青海玉树）—“邓”（四川石渠）—炉霍（四川炉霍）—道孚城堡（四川道孚）地区；其三，逻些（拉萨）—林芝—工布江达—西藏察雅、芒康—江达—四川石渠—青海玉树。作者还根据唐蕃古道的线路变迁将其概括为早中晚三期，认为唐蕃古道线路的组成与变迁，深刻反映了唐、吐蕃之间的政治、军事、文化交流。

唐蕃关系中，除了相互之间的军事征伐，同时也有常年的友好往来，其中多次会盟为彼此之间的了解、交流打下了坚实的基础。王蕾、刘满的《刘元鼎入蕃路线河陇段考》（《敦煌学辑刊》第2期）一文，就821年唐使刘元鼎与吐蕃使者论讷罗结盟于京师西郊后，又与其同赴吐蕃就盟的路线进行了考析。文章根据两《唐书·吐蕃传》中刘元鼎入蕃路线的记载，展现了河陇地区沟通中原与吐蕃之间的路线图，在此基础上对刘元鼎从兰州至河州过黄河的地点和路线进行深入探讨，认为刘元鼎是从今小川渡口过黄河至左南城再前往龙支城；最后又讨论刘元鼎两次渡过湟水的地点，分别是在小晋兴城与白水军、绥戎城即今湟源县，以及具体的经行路线。文章最后归纳了刘元鼎使入吐蕃的路线，即从长安出发经成纪→武川→临州→兰州→广武梁→小川渡→左南城→龙支县→鄯州→鄯城县→临蕃城→白水军、绥戎城→定戎城→天威军、石堡城、振武军→赤岭这一条河陇地区的唐蕃古道。

历史上内地与西藏之间的交通，自唐以来主要有青藏道和川藏道，不同时期所倚重者也有不同。到了明朝，前期使臣入藏以青藏道为主，中后期则以川藏为主。李淮东的《明代汉藏交通的兴衰演变——以明朝使臣入藏活动为中心的探讨》（《中国边疆史地研究》第 2 期）一文指出，尽管古代交通中地理环境是重要因素之一，但明代汉藏交通的发展似乎体现出地理环境因素对汉藏交通的形塑作用在不断减弱，分析发现，当时汉藏交通的兴衰演变主要受政治、经济因素的制约，军事活动、藏传佛教的传播也影响了道路的兴废，由此形成了青藏道和川藏道的不同命运。而西域道和滇藏道，只在特定使臣入藏活动中体现出来，没有被明朝政府长期使用。作者认为，明代汉藏交通道路的兴衰演变是历史发展的结果，这种变化为后世汉藏交通奠定了基础并产生了深远影响。

古代地理方面。崔永红在《唐代青海若干疑难历史地理问题考证》（《青海民族大学学报》第 3 期）一文中，对唐代大非川驿、大非岭、威戎军、安人军、白水军等的现今位置作了初步的考证。作者首先通过实地考察，指出兴海县子科滩镇大河坝村的赛日涌（一作赛日云）滩上的大河坝营盘古城即唐代的大非川驿站，大河坝河上源一带（班禅玉池附近）的小山可能是大非川之战中薛仁贵让郭待封驻守辎重的地方，而大非川战场的位置则在大河坝河上游地区。关于青海省境内唐威戎军、安人军、白水军的所在地，文章认为将威戎军确定在今门源县境较为适宜，不过其址不在今县城，而应在县城北约 20 里处北山乡的金巴台古城。另外，安人军址应在今海晏县三角城，白水军驻扎今湟源县。

悉立是喜马拉雅地区比较古老的地名，在藏文文献中被称作“སེ་རིབ”，早在敦煌藏文文献中就已经出现：705 年悉立背叛吐蕃，709 年悉立王被擒。达瓦次仁的《悉立考》（《西藏研究》第 4 期）一文通过梳理相关历史文献，认为古代悉立位于今天尼泊尔木斯塘下部（南部）。今天的洛门塘主要由上部和下部组成，其中上部洛域是指中尼边境至凯麦（ཀད་སྨད）地域，主要由洛措顿构成；凯麦以下至塔克（ཐག）是下部洛域，主要由宇卡纠尼（ཡུལ་ཁ་བཅུ་གཉིས）和宇卡额（ཡུལ་ཁ་ལྔ）构成，其中前者是古代悉立的政治中心，后者即古代悉立的南部地区。

在藏族传统的地理文化中，素有“卫藏法区、朵堆人区、朵麦马区”的说法，石颂、刘欢在《康区被称作“人区”考——兼对藏文史籍中“黑头人”概念的考察》（《中国藏学》第4期）一文中认为，康区之所以被称作“人区”，和藏文文献中的“黑头矮人”概念及“四氏族”“六氏族”起源传说密切相关。文章先后梳理了藏文文献中三种有关“黑头人”的记载，在此基础上指出传说中的“四氏族”“六氏族”大多分布于康区。而康区被作为“黑头人区”的说法，也反映出了13—14世纪藏地三区在文化整合及民族和地域认同上已达到一个新的阶段。

四、文献

本年度，文献的整理、翻译和研究推进幅度仍然较大，既有一直以来的长篇连载性文献翻译，亦有对新文献的发掘和利用。

（一）历史文献

首先是藏文史籍的译注。《娘氏教法源流》藏文原名为《教法源流·花蜜精粹》，成书于12世纪，属于较早出现的藏文史籍之一，主要讲述了佛教在印度的发展及传入吐蕃后的发展情况，一直写到后弘期开始宁玛派的发展，其中详细记载了吐蕃政权的历史，具有重要的文献价值。作者娘·尼玛沃色出生于今山南市洛扎县，是当地的政教领袖，为当时宁玛派的传承和发展作出了重要贡献。本年度《中国藏学》继续连载许渊钦的《〈娘氏教法源流〉译注》，其中《〈娘氏教法源流〉译注（八）》（第1期）是第三章“宣说吐蕃”中第十一节赤松德赞与堪布、阿阇黎的事迹与第十二节白若杂纳的历史。《〈娘氏教法源流〉译注（九）》（第4期）是“宣说吐蕃”中第十三节，阿阇黎莲花生从吐蕃至罗刹国的历史。

坚贝却吉单增赤列的《世界广说：大赡部洲广说情器普明镜》一书是青海省大通县广惠寺藏传佛教活佛敏珠尔呼图克图第四世赞普·丹增赤列所撰的世界地理著作，其中集中体现了藏族传统社会的世界地理观，具有独特的史料价值。关于《世界广说》，一直以来被学者所关注，相关研究也在逐渐推进，本年度由西藏人民出版社出版了古格·其美多吉译注的《世界广说：大赡部洲广说情器普明镜》，是对这部珍贵文献的最新研究。

噶让活佛是青海卓仓藏族部落噶让拉康的寺主活佛，也是清代河湟名刹瞿昙寺性相学院卓仓寺的著名高僧，迄今已历八代。甘肃拉卜楞寺高僧阿莽·贡却坚赞所著《善巧至尊历辈夏尔·噶让噶居传——云中天雷》（扎洛、敖见译注，《青海民族研究》第2期）一书主要介绍了第一至第四辈噶让活佛的生平。全书涉及第一辈彭措南杰、第二辈阿旺彭措隆智、第三辈阿旺嘉木样、第四辈贡却丹贝坚参等四辈夏尔·噶让噶居活佛修学弘法、利益众生的事迹和功绩，其中第一辈噶让活佛学识精深，曾任新建成的佑宁寺堪布，在多麦地区声名卓著，其生平记述较为详细。第二、三辈噶让活佛的生平由于资料缺乏记载而甚为简略。第四辈噶让活佛与本著作者同出拉卜楞寺大善巧师多然巴茨程僧格门下，因而记述有颇多细节。尽管该传篇幅不长，但是对后世其他著述却产生了直接影响，土观·却吉尼玛《佑宁寺志》、智观巴·贡却丹巴饶杰《安多政教史》等有关内容都取材于本著，可以说为研究瞿昙寺的历史文化及清代青海历史提供了重要史料。

《哲孟雄王统史》是有关哲孟雄王国历史的权威史籍，完成于1908年，大约在1910年噶箕达瓦桑珠有一个不很规范的英文编译本作为英国印度事务部的内部文件保存。2003年（甘托克）南杰藏学研究所正式出版了藏文本。该著署名作者为图道南杰（哲孟雄第九代法王）及王后益希卓玛，实际上是由国王及大臣们合作编撰完成的。《哲孟雄王统史》以哲孟雄历代国王为线索，系统记述了哲孟雄王国的历史，特别是大量利用了哲孟雄的官方档案文献，不仅具有很高的权威性，而且提供了其他史著中鲜见的细节和史实。图道南杰所撰的《法王图道南杰（一）——〈哲孟雄王统史〉译注节选》（扎洛、敖见译注，《中国藏学》第3期）是对《哲孟雄王统史》第15章“法王图道南杰”部分的译注，内容主要是第九代法王图道南杰的历史。该章对其经历、遭遇记述甚详，档案资料引用尤其丰富，真实而生动地展示了19世纪70年代以来哲孟雄王国的历史演进过程。本文节选内容讲述的是英国自1861年后逐步从廓尔喀等地向哲孟雄移民，引起当地僧侣集团及菩提亚群体的抵制而发生冲突，国王图道南杰年岁尚幼，深受支持移民的颇当喇嘛等影响，私下给予其接受移民的特权，违背了民众意愿，哲孟雄内部的隔阂矛盾进一步加剧的过程。

其次是汉文文献的整理。被誉为“清末民初康藏边地一支史笔”的刘赞廷，以自己“历边十四年”之经历，纂成图志数十种，为川藏的地方文献收集和方志事业发展作出了贡献。四川省地方志编纂委员会编《刘赞廷编康区图志36种点校》（四川民族出版社）以重庆市图书馆所藏刘赞廷手稿为蓝本，与1960年民族文化宫图书馆油印本互为参照进行点校。所选36种图志中，现属四川甘孜19种、西藏17种，排版以民国三十八年（1949）西康省划分的行政督察区顺序为序。内容涉及历史、社会、自然、物产、经济、文化等诸多方面，为读者了解清末民初康藏边地风情提供了丰富的第一手资料。

本年度，《西藏民族大学学报》继续整理发表了近代涉藏的相关汉文历史文献，其中第1—6期继续连载了欧阳无畏的《藏尼游记》（五至十，韩敬山整理）。内容涉及欧阳无畏在尼泊尔国境的纪程及以亲历者的视界写下尼泊尔社会的政治经济生活和宗教神祇，回到西藏途中的所见所闻及在后藏地区的亲历见闻，以及欧阳无畏每日孜孜不倦书写的《藏尼日记》的相关内容等。民国时期欧阳无畏曾两次入藏，前后达9年时间。第一次在藏期间，欧阳无畏于1937年7月至1938年1月自拉萨经日喀则前往尼泊尔，历时192天，详尽记述沿途风土源流，尤其是目击清中央政府在藏各类机构今昔景况，对清末驻藏大臣以及十三世达赖喇嘛、九世班禅返藏、亟待中央政府强力治藏均作了深入研析，撰成约10万字的《藏尼游记》。文中他强烈呼吁汉藏佛教界要密切沟通交流，同时希望中央政府树立底线思维，提出治藏之要在于教育，最终使藏族等边疆民族逐渐融入国家整体民族的理念。整理者全文照录了原文并重新标点，对其中相关问题作了必要的注释，具有重要的资料价值。

相对于西藏及康区在清康熙末至乾隆初年始有方志而言，嘉绒藏族地区的志书编纂可谓是源远流长，历代编成的志书不仅种类多，数量亦属不少。曾现江在《嘉绒藏族地区的旧方志编纂》（《西藏研究》第1期）一文中指出，上从唐宋时期的图经到下至民国时期多种体例近似方志的“概况”性图书，嘉绒藏族地区的方志编纂与内地的方志发展史基本上是同步的，而在体裁（如厅志、屯志）与内容（如土司志、民族志方面）等方面又呈现出一定的民族及地域特色。粗略统计，1949年以前的嘉绒地区方志，有37种之多，其中流传至今者，无不是清乾隆初年以来所编成者，而之前编修的19部（包括唐宋图经9种、州县志10种）都早已失传，但仍有多寡不一而弥足珍贵的佚文可辑。

再次是外语文献的翻译。英国学者阿拉斯泰尔·兰姆在充分利用各种档案、通信集、文集、蓝皮书和地图等资料的基础上，对中印涉藏关系史进行了深入的研究，相关主要成果由梁俊艳翻译成中文，于本年度由社会科学文献出版社出版。《中印涉藏关系史（1904—1914）——以“麦克马洪线”问题为中心》一书叙述了1904—1914年的中印涉藏关系史，分析了在此期间中、英两国采取的对藏政策及其贯彻实施情况，重点研究了西姆拉会议的召开及《西姆拉条约》的签订，以及所谓麦克马洪线的出台过程。《中印涉藏关系史（1914—1950）：以英帝国外交史为中心》一书通过分析英帝国的外交政策，从中英关系的角度考察“西藏问题”，为读者提供了英国政府看待“西藏问题”的历史渊源和视角，也为我们了解当今英国对藏政策提供了依据。本书对中印边界冲突等敏感问题的研究，对于我们理解今天的中印边界问题具有一定的参考价值。

（二）档案文献

陈春华编译的《俄国与西藏：俄国档案文件汇编（1893—1914）》（社会科学文献出版社）一书，是在翻译别洛夫、绍米扬和斯维亚捷茨卡娅合编俄国档案汇编《俄国与西藏——俄国档案文件汇编（1900－1914）》（2005年出版）的基础上，将巴德玛耶夫档案汇编《在沙皇制度幕后》中涉及中国藏蒙的19件、收录在《帝国主义时代国际关系》一书中涉藏档案32件等全部收入并进行汉译的档案汇编，对于研究这一时段西藏、蒙古地区历史，俄国侵华史乃至英俄列强在华角逐等问题，都有重要的参考价值。《中国藏学》杂志之前曾连载过同译者《俄国与西藏——俄国档案文件汇编（1900－1914）》的内容，经此扩大搜集范围，使该译著成为目前俄国涉藏档案中最完整的版本。

英国《外交部涉藏事务档案》全宗第535号，“Correspondence Respecting the Affairs of Tibet（1903－1923）”，“F. O. 535，T. 1－27.”是英国政府有关中国西藏事务机密函电汇编，共27卷。1911年中国辛亥革命后，其中并有一些函电涉及中国外蒙古问题。此“汇编”收藏于英国伦敦图书馆。该函电翔实地记录了20世纪20年代英俄两大帝国主义争霸世界、侵略殖民地和半殖民地的历史，其中有关中国西藏事务的机密函电，涉及非常广泛；有英国外交部与英国印度事务部往来函电，有英国印度事务部与英属印度政府往来函电，有英国与俄国等国政府及外交官员的往来函电；有英国政府、俄国政府等与中国清政府等往来函电等。另外还有英、俄两国政府在争夺世界霸权中，几次以中国西藏进行政治交易，如1904年英俄两国政府在埃及问题和西藏问题上的政治交易的来函电；又如1905—1907英俄两国政府在波斯问题、阿富汗问题和西藏问题上长期谈判，进行一揽子政治交易，1907签订《英俄协约》，其中有背着主权国中国政府签订的《西藏协定》；再如，英俄两国以修订《西藏协定》为中心，在西藏、外蒙古、阿富汗等问题的政治交易，英国承认外蒙古为俄国的势力范围，保证俄国在阿富汗北部的经济利益。英国政府进而在

1913—1914 年，向俄国政府提出修订《西藏协定》，取消《协定》中对英国的限制，争取俄国支持“西姆拉条约”；而俄国则要求英国承认北满、外蒙古等为俄国的势力范围。继去年之后，本年度的《西藏民族大学学报》第 1—6 期继续连载了王远大翻译的《英国外交部有关中国西藏档案 F. O. 535（1903 - 1908）》（六至十一），具有重要的史料价值。

中国第一历史档案馆、内蒙古大学蒙古学学院合编的《清内阁蒙古堂档》（共 22 册），收录有自康熙十年至六十年间清朝与西藏和蒙古各部之间的往来文书，其中包括噶尔丹事务档、策妄阿喇布坦事务档等专题档案，具有重要的史料价值。本年度，《中国藏学》继续连载了《〈清内阁蒙古堂档〉中与西藏有关档案目录编译》（四、五，第 1—2 期），由彩虹整理。连载（四）节选自《清内阁蒙古堂档》第十五册至第十六册，内容主要涉及康熙三十六年至四十年间，清中央政府发往西藏地方、达赖喇嘛、班禅、第巴等的谕告、文书，以及第巴将达赖喇嘛圆寂之事匿而不宣、往召班禅等事件、打箭炉地方纠纷、厄鲁特策妄阿喇布坦、青海台吉上呈清中央政府及地方官员的奏文。文章整理摘编与西藏历史相关的档案文书目录共 132 条。连载（五）节选自第十七册至第二十一册，内容主要涉及康熙四十年至六十年间，清中央政府发往西藏地方、达赖喇嘛、班禅、第巴、拉藏汗等的谕告、文书，以及厄鲁特策妄阿喇布坦、青海台吉上呈清中央政府及地方官员的奏文。文章整理摘编与西藏历史相关的档案文书目录共 147 条。

王川的《西康建省“划界”的争论——以 1939 年前后四川靖化县绰斯甲一地是否划入西康省为中心的历史文献》（《中国藏学》第 3 期）一文，以当时四川省政府与西康建省委员会往来公文及四川省等地收藏的历史档案的相关记载为基础，对当时绰斯甲土司之地没有划入新建西康省而循旧归属四川省的曲折过程进行了介绍。

（三）敦煌文献

敦煌古藏文文书 P. T. 1287 号《赞普传记》中收录有一首象雄王妃、松赞干布之妹赛玛噶之歌，对了解当时吐蕃和象雄的关系具有重要的史料价值。朱丽双的《赞蒙赛玛噶之歌》（《中国藏学》第 2 期）一文对此文献做了重新译注，指出赛玛噶之歌共有 4 首，其中第 408—412 行为第一首歌，描述赞蒙在象雄的凄苦生活；第 412—416 行为第二首歌，赞蒙以围猎野牦牛为比喻，暗示其兄赞普应联合与吐蕃结盟的各个氏族部落，对象雄发起进攻；第 416—

419 行为第三首歌，赞蒙以钓鱼为比喻，暗示赞普莫错过时机，尽快去消灭象雄；第 419—424 行为第四首歌，表达了赞蒙对故乡的思念之情。

法藏敦煌藏文文书 P. T. 1089 号《吐蕃官吏呈请状》是一件非常著名的文书，它以详细记载了 9 世纪前期吐蕃政权统治敦煌、凉州等地的职官设置而著称。

德吉卓玛的《敦煌文本 P. T. 993 吐蕃寺院稽考》（《西藏研究》第 1 期）一文，对敦煌吐蕃文本 P. T. 993 所绘制的吐蕃寺院进行了研究，认为依据该文书所绘寺院残图及藏文题书，结合相关文献的记载，该寺院当为 9 世纪吐蕃 42 代赞普赤祖德赞时期在沙洲建立的千佛寺，其位置即今莫高窟城城湾遗址。

陆离的《关于发放堪布土登口粮契约的几个问题——以三件英藏敦煌藏文文书为例》（《青海民族大学学报》第 2 期）一文，根据英藏敦煌藏文文书 IJT844、IJT914、IJT1397 三件关于吐蕃瓜州官府给堪布土登发放口粮的契约文书，在给出 3 件文书汉译文的基础上，就其中出现的都仓曹及其下属，将军、节儿的具体所指，僧人土登的身份、关于官府粮仓向部落民户无息借贷粮食等问题进行了分析和讨论，指出这里的土登应该是位吐蕃高级僧官，汉文文书中记为触坚，故得到瓜州节度使的特别关照，他还曾担任吐蕃佛教宗师——天下僧统。契约中出现的将军即指吐蕃瓜州节度使，节儿应该是沙州节儿论万户长州内权限者或节儿监军，卢彼赞则是瓜州都仓曹，总管瓜州节度使辖区的粮食征收，沙州则有仓曹，亦称为官仓小财务官，负责当地粮食征收。吐蕃瓜、沙等地官府和寺院粮仓向部落民户、寺户无息借贷粮食与吐蕃王朝在全国实施寺院属民制度和养僧制度有关。

（四）金石文献

吐蕃名相禄东赞后裔仕唐后立有功勋者多人，《唐书》等正史中亦见论氏有传者，甚至有相关碑文和墓志可资研究。李宗俊的《唐论惟贞墓志及论氏家族源流事迹再考》（《中国藏学》第 3 期）一文以论惟贞墓志为基础，进一步探讨了论惟贞的事迹及论氏家族源流。论惟贞为论弓仁之孙，论诚节之子。文章指出，根据其墓志可知论氏家族与吐蕃王族有密切的姻亲关系，而并非王族。其墓志多处可补《元和姓纂》《古今姓氏书辩证》等史籍之阙；史书碑铭对其家族多位成员之官爵记载不一的原因，是他们生前或逝后，因论氏子弟功勋再著而家族不断得到新的封赏和追赠的缘故；志主个人的发迹与其家族在历史上的二次光显，是在安史之乱爆发之际，该家族又以勠力勤王、效忠王室而再振家声。另外，志文对论惟贞及其家族的勤王平叛事迹亦多有补正。

察雅县仁达大日如来殿堂内的吐蕃摩崖石刻自1986年公布以来就引起了学界的关注，相关造像艺术特点、石刻录文的订正和题记解读、人物和地名考证、历史人物益西央身份认证等研究有所推进。巴桑旺堆在《关于仁达吐蕃摩崖石刻的几个问题——仁达吐蕃摩崖石刻实地考察心得》（《中国藏学》第2期）一文中根据实地考察，对相关问题提出了一些新的观点，指出以往学界将其称作“丹玛”摩崖石刻是以讹传讹，并对刻题记中讹误文字进行了订正和翻译，就题记第二部分涉及的相关内容进行了深入的考证。作者还对石刻涉及的历史人物益西央的身份进行了考证，指出学界众说纷纭的布·益西央与巴廓·益西央绝非同一人。

华青道尔杰的《吐蕃高僧益西央考辨》（《青海民族研究》第1期）一文，根据近年来陆续发现和公布的一批吐蕃时期摩崖石刻，就相关题记中频繁出现的吐蕃高僧益西央进行了研究。文章根据目前集中在青藏高原东麓一线的弧形边缘地带发现的这批石刻文献，特别是最新发现的西藏昌都芒康县的摩崖题刻的内容，与藏文古籍中的相关内容进行比较，指出益西央与南喀宁波是吐蕃禅宗的代表人物，且人生轨迹相同，而文献记载中益西央的卒年与摩崖石刻所记相同，说明文献中的巴·益西央、布·益西央和巴廓·益西央等实为一人。

（五）文献研究

夏吾李加、还格吉的《玉树地区藏文文献遗产整理保护初探》（民族出版社）一书，对青海玉树州所存古籍文献及其整理保护情况进行了初步研究。玉树地区所存文献遗产包括吐蕃摩崖、嘛呢石刻、石碑文献等石刻文献遗产，梵夹版文献、历史档案、当代出版物等纸质文献遗产，民间文学、民间歌舞、英雄史诗等口传文献遗产，以及数量众多的历代学者个人文集。全书最后在对文献保护状况和地震灾区文献遗产受灾现状调查的基础上，就文献遗产整理任务与保护措施进行了探讨。

米玛次仁的《〈钦氏史〉史料价值探微》（《西藏大学学报》第1期）一文对藏于哲蚌寺的珍贵藏文历史文献《钦氏史》的文本、作者身份和成书年代等内容进行了解析，指出《钦氏史》是由钦·囊喀扎口述、斯乌·扎巴喜饶抄录而成，成书时间为1283年，即钦·囊喀扎圆寂前第二年。文章认为《钦氏史》的史料价值，主要表现在梳理了11—13世纪钦氏家族谱系，钦氏家族从工布、波密一带迁往后藏地区之原因及《俱舍论》在钦氏家族中的传承，以及后弘期西藏中部地区的佛教发展状况等内容。

阿音娜的《清代进藏西方人笔下的扎什伦布》（《西藏民族大学学报》第1期）一文，就18—20世纪初一些进藏西方人对后藏的相关记录进行了介绍。文章就乔治·波格尔及其《乔治·波格尔出访西藏纪事（1774）》、特纳及其《西藏扎什伦布寺访问记》（1783年）、崔比科夫及其《佛教香客在圣地西藏》（1900年）、斯文赫定及其《失踪雪域750天》（1907年）中关于扎什伦布寺，六世、七世、九世班禅额尔德尼的描述等做了梳理，认为进藏西方人笔下的扎什伦布为我们展现了不同时代该寺的特点，而他们对班禅额尔德尼的相貌、举止及其主持的宗教活动如法会上的驱魔、辩经等活动的生动记载，也是补充正史之缺的一种生动资料。

德倩旺姆的《藏文手抄本琼史文献与琼氏部落的起源》（《青海民族研究》第4期）一文，根据《琼波世系金盒》《琼之王绿松石宝座之传承》《扎琼噶尔布世系史格言宝串》《琼坡王统白琉璃之镜》《扎噶尔琼布世系史春雷福音》等5部藏文手抄本琼史文献，对古象雄东迁部族琼氏部落的起源做了探讨，内容涉及琼鸟降临象雄的传说、琼氏部落产生的历史年代、琼氏部落起源的地理位置、琼氏部落的分支等。文章认为，琼氏起源的地点“卡佑”很可能在以琼隆银城为中心的一个较大的区域内，即今西藏自治区阿里地区噶尔县和札达县所属境内。琼部落的起源与古象雄的琼鸟信仰有着不可分割的历史文化联系，成为琼氏部落最重要的有关族源的历史文化符号。至少距今2100多年前，青藏高原东部的嘉绒地区已经有了琼鸟信仰，如果加上琼鸟从青藏高原西部传播到东部的嘉绒地区所需要的时间段，这个历史年代应该更早。

契约文书是研究经济学、社会学、方志学、家谱学等学科的重要原始资料，对了解不同历史时期的政治、经济和文化都有不小的帮助。黄清华的《阿坝州文管所藏小金清代至民国契约文书考析》（《西藏研究》第2期）一文，对阿坝州文管所保存的清至民国时期的小金契约文书进行了介绍。这批契约文书包含借据、欠条、收条、当票、抵佃文书五类，时间跨度从清乾隆五十八年（1793）至中华民国三十八年（1949），涉及乾隆、嘉庆、同治、光绪、民国五个时段，时长达156年。可以说这些文书从多侧面记录了小金清代至民国时期农村的经济活动，总体上反映了乡民与乡民间、乡民与官府间的经济关系，保留着鲜活的民俗史料，反映着区域社会的历史文化特色。

综上所述，本年度的历史考古地理文献研究取得了明显进展，各专题的研究状况也体现出不同特点：

历史研究方面，吐蕃研究出现了新的变化，在高质量专著增多的同时，论文数量相对减少。得益于纪念凉州会谈，本年度关于元代的研究显著增多，为近年来少见。清代和民国研究成果较多，但主题相对集中，而史前、宋、明、当代时期的研究仍然薄弱。

考古研究方面，藏学考古队伍在本年度集体出动，一系列考古文章得以发表，其中一些新发现和新讨论值得关注。

地理研究方面，有一定数量涉及古代交通的文章发表，其中路线的探讨比较详细。另外，历史地理方面的考证也有特点。

文献研究方面，藏文文献的翻译和汉文文献的整理成果喜人，外文文献翻译也颇具分量。档案文献、敦煌文献和金石文献的整理、翻译和研究正在进一步深入中。

藏文部分

2017年，历史和文献研究方面的论著数量相对较多，一些新领域的探索和新材料的发掘体现出了较高水平。与此同时，考古地理研究也扎实推进，尽管数量较少，但整体水平都在平稳提升当中。

一、历史

（一）吐蕃

和往年一样，本年度的吐蕃史在断代史研究中仍然分量最重，不仅数量占据绝对优势，文章质量也可圈可点。整体来看，吐蕃史研究涉及的时间长、主题广、材料多、分析足，体现了藏史研究藏文成果的较高水平。

从吐蕃史研究的基本特点来看，本年度仍然围绕吐蕃制度、文化、人物及重大事件的研究展开。吐蕃制度研究方面，涉及王位继承制度、法律制度、联姻制度等方面的讨论。

在吐蕃历史上，自赞普仲西列开始执行一种独具特色的王位继承制度，规定某王子即位为赞普后，他的其他兄弟就降为“唐参”（ཐང་མཚམས），杜绝其觊觎王位的机会。多杰的《藏族历史上的“ཐང་མཚམས”一词考略》（རྡོ་རྗེ། བོད་ཀྱི་ལོ་རྒྱུས་སྟེང་གི་ཐང་མཚམས་ལ་དཔྱད་པ།《中国藏学》第2期）一文，对吐蕃历史上的“唐参制度”进行了研究，通过梳理唐参制度的由来、历代降为唐参的王子及其命运等，分析了唐参制度的社会功能，指出这种制度从根本上防止了统治阶层的分裂，为巩固赞普政权、保障领土安定、团结属下民众发挥了重要作用。文章认为，正是唐参制度的中断，直接造成了统一的吐蕃王朝的分裂和最终的灭亡。与之相对的是索朗次仁和达娃拉姆的《藏文史籍所载古藏文“ཐང་མཚམས”一词含义新考》（ཟུར་ཆུང་བསོད་ནམས་ཚེ་རིང་དང་ཟླ་བ་ལྷ་མོ། བོད་ཀྱི་ལོ་རྒྱུས་ཡིག་ཚང་ཁྲོད་ཀྱི“ཐང་མཚམས”ཞེས་པའི་བརྡ་རྙིང་ལ་དཔྱད་པ།《西藏研究》第1期）。该文对“ཐང་མཚམས”一词的含义进行了新探讨，在回顾学界对“ཐང་མཚམས”一词的理解和研究的基础上，提出从《弟吾教法史》手抄本来看，该词原文似为“ཐད་མཚམས”而非“ཐང་མཚམས”，前者通常专指王族。作者认为，吐蕃王系中降为“ཐད་མཚམས”者，既不是贬为庶民，也不是流放边地，他们仍有一人之下、万人之上的政治地位，积极参与国政，生活在赞普政权的中心地带，死后亦入葬雅隆河谷的藏王墓。

本年度有几篇讨论吐蕃法律的文章，比如尼玛才让在《达日聂瑟时期法律形式考略》（འབེ་བཟའ་ཉི་མ་ཚེ་རིང་། སྟག་རི་གཉན་གཟིགས་དུས་སྐབས་ཀྱི་བཅའ་ཁྲིམས་ཀྱི་རྣམ་པར་རགས་ཙམ་དཔྱད་པ།《西北民族大学学报》第1期）一文中对吐蕃赞普达日聂瑟时期的法律形式做了介绍，包括民事纠纷、刑事犯罪、赔偿办法和奖惩制度的实行及其特征。夏吾拉旦的《吐蕃时期诛族之法考》（ཤ་བོ་རབ་བརྟན། བོད་བཙན་པོའི་དུས་སྐབས་ཀྱི་རབས་བཅད་ཚུལ་ལ་རགས་ཙམ་དཔྱད་པ།《西北民族大学学报》第1期）一文，根据见诸敦煌文献的吐蕃“诛族”重罪记载，梳理了“诛族”罪在吐蕃王朝时期的实行及其在不同时期的发展，认为从最初用来严惩造反、谋逆等重犯到后来亦用于重大刑事犯罪，吐蕃的“诛族”之法有其鲜明的时代特色。

娘其才让的《浅析钦氏族与吐蕃王朝的联婚关系》（སྙིང་ཕྱུགས་ཚེ་རིང་། གདུང་རྒྱུད་མཆིམས་དང་བཙན་པོའི་རྒྱལ་རབས་བར་གྱི་གཉེན་འབྲེལ་སྐོར་རགས་ཙམ་གླེང་བ།《攀登》第3期）一文，在分析吐蕃社会性质的基础上，简要地回顾了吐蕃豪族钦氏与王廷的联姻关系，认为五次联姻充分说明了钦氏在吐蕃王朝的历史地位。

吐蕃文化研究，涉及氏族、地域文化和佛苯之争。比如郑堆的《藏族早期姓氏的特点及价值评述》（དགྲ་འདུལ། བོད་པའི་རུས་མིང་གི་ཐོག་མའི་ཁྱད་ཆོས་དང་དེའི་རིན་ཐང་སྐོར་གྱི་དཔྱད་པ།《西藏大学学报》第 2 期）一文，以藏文史籍和民间传说中早期姓氏为题，通过分析考证，指出了这些姓氏的基本特点，比如母系和骨系的痕迹明显，体貌特征和颜色等容易分辨的词语相对多见等。文章认为，通过研究藏族早期姓氏，有助于我们了解西藏早期社会的意识形态和文化特征。

吉美的《吐蕃时期怒氏兴盛成因之考究》（འགྱུར་མེད། བོད་ཀྱི་ཞོ་རྒྱུས་སྙིང་གི་ཡབ་འབངས་རུས་དྲུག་ཁྲོད་ཀྱི་སྐར་མ་འོད་ཆེན་ཞིག——ཆོས་སྲིད་གཉིས་ཀྱི་ཐད་ནས་སྤུ་རྒྱལ་བཙན་པོའི་སྐབས་སུ་ཞྭབས་རུས་ཀྱི་དར་ཚུལ་དང་དར་རྐྱེན་སྐོར་གླེང་བ།《西藏研究》第 2 期）一文，对吐蕃氏族怒氏的发展历程进行了梳理，并对该氏族在吐蕃时期的兴衰原因做了探讨。怒氏属于雅隆悉补野王统的核心力量——父系六族之一，按照文献记载，早在聂赤赞普被拥立为王之前就已具备一定实力。聂赤赞普称王之后，多有怒氏参政议政、立功受赐的记载，可以说其门人才辈出，在政治和宗教两个领域都取得了显著的成就，从而奠定了前期怒氏、中期噶尔氏、后期没庐和韦氏扶持朝政的吐蕃政治格局。文章同时对怒氏保持长盛的原因进行了分析，认为该氏族人自强不息且多能审时度势是主要原因。赤松德赞之后，怒氏势力渐微，最终有一支远迁朵麦。

完代贡的《吐蕃迎娶文成公主前藏地古有的饮酒习俗》（འབོ་ར་བན་དེ་སྒྲོམ། རྒྱ་བཟའི་ཡར་སྔོན་ནས་བོད་ཡུལ་ན་ཆང་རག་དར་ཡོད་ཚུལ་ལ་རགས་ཙམ་དཔྱད་པ།《攀登》第 1 期）一文认为，由于相关史书记载文成公主入藏带去了诸多酿酒师，学界通常认为西藏酿酒始于文成公主进藏时期，经认真分析，这一点完全立不住脚。作者通过对文献的解读，认为朗日松赞乃至更早的拉托托日年赞时期，美酒就用来供奉和饮宴，酿酒师入藏并不能说明之前没有酿酒之术。文章指出，吐蕃时期流行四种酒，除了本土的青稞酒，还有葡萄酒、米酒和蜂蜜酒，是吐蕃与周边大唐、天竺和大食进行文化交流的结果。

人物与重大事件研究方面，主要是吐蕃赞普及其施政研究。比如杨毛措的《藏族王室印度徙入说之茹巴底及迦尔纳故事略考》（གཡང་མོ་མཚོ། རྒྱལ་རབས་གསང་བ་ཆོས་ལུགས་དང་འབྲེལ་ཏེ་རུ་པ་ཏིའི་གཏམ་རྒྱུད་དང་ཀརྞའི་བྱུང་རབས་ལ་དཔྱད་པ།《中国藏学》第 1 期）一文，以对比研究的手法探讨了藏文文献中第一代吐蕃赞普聂赤赞普的来源问题。关于聂赤赞普的来历，后弘期以来的大部分史籍都记载其来源于印度王族，因战争等多种原因乔装改扮逃到吐蕃，后由雅隆部落拥戴为王。尽管不同史籍对这种西藏王统源于“印度说”的记载在细节上略有区别，但以“茹巴底”的故事为核心框架的本质没有变化。作者在文中通过对比茹巴底和印度著名史诗《摩诃婆罗多》中王子迦尔纳的故事，认为从基本思路或者故事结构来分析，藏文文献中茹巴底的故事原型应该是来自《摩诃婆罗多》中迦尔纳的故事，不过在传播过程中做了一系列的改编，从而使其更加符合西藏本土文化。

扎西加的《重析牟尼赞普“三次平富”及其相关问题》（བཀྲ་ཤིས་རྒྱལ། མུ་ནེ་བཙན་པོས་དབུལ་ཕྱུག་ལན་གསུམ་བསྙམས་ཞེས་པའི་འབྲེལ་ཡོད་གནད་དོན་འགར་དཔྱད་པ།《青海师范大学学报》第 1 期）一文认为，所谓的牟尼赞普三均财富，是在一段时间内有计划地先后三次颁布平均财富的旨意，旨在缓解当时社会的各种矛盾，包括上层阶级和平民、旧贵族和新贵族、佛教和苯教等之间的矛盾。实际上，三均财富只停留在颁布层面，并没有得到全面实践。

卓么加的《从朗达玛生前时局看其灭教原因》（སྒྲོལ་མ་རྒྱལ། ཁུ་དུམ་བཙན་པོའི་དུས་ཀྱི་སྲི་ཚོགས་གནས་བབ་དང་འབྲེལ་ཏེ་ཁོང་གིས་ཆོས་བསྣུབས་པའི་རྒྱུ་རྐྱེན་སྐོར་གླེང་བ།《青海民族大学学报》第 4 期）一文，通过对吐蕃末年政治、经济和文化状况的分析，认为当时佛教的发展已经影响到了吐蕃的方方面面。朗达玛作为统治者，他更关注政治稳定而非佛教发展，当佛教发展影响到吐蕃的政权和社会发展时，便毫不犹豫地实施了灭佛运动。

（二）宋

根据宋代藏族史研究的基本特点，往年重点关注青唐唃厮啰政权和分裂割据地方文化研究，本年度的研究重点仍在前者。

岗措的《敦煌文献中的大小宗喀》（གངས་འཚོ། ཏུན་ཧོང་ཡིག་རྙིང་ལས་བྱུང་བའི་ཙོང་ཀ་ཆེ་ཆུང་སྐོར་གྱི་དོགས་དཔྱད།《青海民族大学学报》第 2 期）一文对文献中常见的大小宗喀之地进行了分析，认为所谓的大宗喀，即汉文历史上的西平郡，后来又称为鄯州、宗哥城、宗奇城等，宋代唃厮啰政权便建都于此，其址在今乐都县境内。小宗喀即历史上的廓州，其址在今化隆县境内。文章在考析大小宗喀地址的基础上，还就吐蕃和唐朝双方在大小宗喀的长年竞逐进行了探讨。

才旦多杰的《宗喀王朝时期政教文化形态》（ཚེ་བརྟན་རྡོ་རྗེ། ཙོང་ཁ་རྒྱལ་རབས་སྐབས་ཀྱི་ཆོས་སྲིད་རིག་གནས་སྣང་ཚུལ།《中国藏学》第 1 期）一文，对宋代河湟地区的宗喀政权，即唃厮啰政权的政教文化进行了分析，内容涉及制度文化中的行政区域、基层组织、王廷典章、议事盟誓、法制，以及精神文化领域的宗教信仰，包括修建寺院、成立僧团、建立佛殿、优待僧人。文章认为，唃厮啰政权的政教文化适应当时的社会发展，这也是该政权能够一度能和宋、西夏三足鼎立的根本原因。而当时的佛教，已经开始进入民间，为佛教的本土化奠定了基础。

另外，尼旦的《桂·曲珠译师生平事迹再考》（ཉི་བསྟན། ལོ་ཙཱ་བ་འགོས་ཆོས་གྲུབ་ཀྱི་མཛད་འཕྲིན་ལ་བསྐྱར་དུ་དཔྱད་པ།《西藏大学学报》第 4 期）一文，对吐蕃末年的著名译师桂·曲珠的生平事迹进行了讨论，认为其出生于 778 年，卒于 869 年，享年 82 岁。译师的出生地当为今日喀则南木林和谢通门县范围，早年勤学佛法，后到敦煌地区从事佛经翻译，从此青史留名，为藏汉佛教文化交流作出了巨大贡献。

（三）元

以往元代藏史研究相对较少，本年度这一方面的改变比较明显。从内容看，主要是元代西藏的政教文化研究。比如伦珠坚参的《萨迦统治时期“达仓宗卡”兴衰初探》（ལྷུན་གྲུབ་རྒྱལ་མཚན། ས་སྐྱ་པའི་སྐབས་སུ་བྱུང་བའི་སྟག་ཚང་རྫོང་ཁའི་དར་རྒུད་ལ་ཐོག་མར་དཔྱད་པ།《中国藏学》第 1 期）一文，结合文献记载和实地考察，对见诸元代文献中的达仓宗卡这个宗的具体地望、宗名由来、兴衰历程、撤宗改寺及其消亡的过程进行了梳理。文章认为，该宗最初是作为奖赏达仓译师的祖父的战功而建，后由萨迦派主掌，本钦贡嘎桑布曾长期管理。萨迦分为四大喇章后，该宗成为都却喇章的属下，其后逐渐改建成寺，直到公元 15 世纪时逐渐衰败。

扎果的《略谈元朝时期帝师——以噶玛巴希与八思巴为例》（བཀྲ་གོ། ཡོན་རྒྱལ་རབས་སྐབས་ཀྱི་དབུ་བླར་དཔྱད་པ——ཀརྨ་པ་དང་འགྲོ་མགོན་འཕགས་པ་གཉིས་དམིགས་སུ་བཟུང་ནས་བཤད་པ།《西藏研究》第 1 期）一文，阐述了君主和宗教在历史上相互扶持的关系，认为从人类历史来看，一个统治者身边通常有一些类似能够解释超自然现象的人物，比如巫师、占卜师、宗教导师等，而这种君主和宗教导师相互联合的模式在以后的发展过程中得到了进一步完善，元朝统治者封给八思巴等人的国师、帝师等职，也是这种联系的一种体现。文章认为，蒙古统治者通过封给噶玛拔希与八思巴等人国师、帝师等职，实现了加强统治的目的，而这些宗教导师通过亲近君王，也实现了弘法传教、利乐有情以及为本教派谋利益的目的，总体上看起到了积极作用。

噶玛坚赞的《三世噶玛巴奉命在蒙古地区弘扬佛法的历史功绩》（ཀརྨ་རྒྱལ་མཚན། དཔལ་ཀརྨ་པ་སྐུ་ཕྲེང་གསུམ་པ་རང་བྱུང་རྡོ་རྗེ་ཧོར་ཡུལ་དུ་ལན་གཉིས་ཕེབས་ཏེ་རྒྱལ་བློན་འཁོར་དང་བཅས་ལ་དབང་བསྐུར་དང་མཐར་ཧོར་ཡུལ་དུ་སྐུ་མྱ་ངན་ལས་འདས་ཚུལ།《青海师范大学学报》第 4 期）一文，对第三世噶玛巴攘迥多吉两次赴元廷开展宗教活动的过程和历史功绩进

行了阐述，介绍了噶玛巴赴京的过程，在京为君臣诸人举办的法事活动，并最终在异乡圆寂的历史。

值得注意的是，今年是凉州会盟 770 周年。1247 年，阔端与萨迦班智达在凉州成功举行了“凉州会盟”，从此西藏正式纳入中央政府的行政管辖，两人也因此青史留名。格桑达尔基的《藏文史籍中“阔端”名称的各种译法及称谓考》（སྐལ་བཟང་དར་རྒྱས། བོད་ཀྱི་ཆོས་འབྱུང་ལོ་རྒྱུས་ཁག་ཏུ་འཁོད་པའི་གོ་དན་གྱི་མཚན་གྱི་བསྒྱུར་ལུགས་དང་མཚན་གྱི་རྣམ་གྲངས་ལ་དཔྱད་པ།《中国藏学》第 4 期）一文，就针对藏文史书中“阔端”名称的各种译法及称谓进行了梳理。文章指出，从较早的《红史》将“阔端”藏译为“གོ་དན”开始，之后的多数史籍大多都用“གོ་དན”两字并一直沿用至今。但部分史书亦有不同写法，诸如“གོ་སྟོན”“གོ་ཏན”“ཀུན་ཏན”“ཀླུན་ཏན”“ཀུ་ཏན”“གོ་ཐན”等亦见诸史端，甚至有的史书前后名称用字亦有差异。关于阔端的称谓，有王兄、王弟、王子、王等多种，名字前后加缀的现象也比较突出，典型者如“གོ་དན་ཨ་ཀ”“ཨེ་ཆེན་གོ་སྟོན”“བྱང་ངོས་གོ་དན”“ཨེན་ཅེན་གོ་ཐན”“གོ་དན་ཁྲང”等。在此基础上，作者还结合阔端身份的变化分析了藏文史书之所以出现这种不同记载的原因。

切排、仁青卓玛、卢雅雅等人的《试探安多甘南地区部落历史形成特征》（རྒྱ་ཡེ་ཆོས་འཕེལ། རིན་ཆེན་སྒྲོལ་མ། ལུའུ་ཡ་ཡ། མདོ་སྨད་ཀན་ལྷོ་ཡུལ་གྱི་ཚོ་བའི་ལོ་རྒྱུས་དང་ཁྱད་ཆོས་སྐོར་གྱི་བསམ་ཚུལ་འགའ་གླེང་བ།《西北民族大学学报》第 1 期）一文，对甘南藏族地区部落的发展历史和特点进行了研究，认为甘南藏族部落具有骨系地域、部落民族、政治宗教等相交相融的特点。文章指出，不同于其他地方，这些地区自始至终没有产生一个统一的地方政权，各部落因俗而治，使得藏族地区部落形态和政教历史体现出多元性特点。

（四）明

明代藏史研究相对较少，主要集中在宗教人物研究方面。1413 年，永乐皇帝下诏邀请宗喀巴大师赴京，但大师以身体原因推辞，其后才有弟子释迦也失赴京被封大慈法王事。才项多杰的《明成祖召宗喀巴大师书及其复书》（ཚེ་རིང་སྟག་སྒྲོན་བཟང་དར་རྒྱས། ཤར་ཕྱོགས་རྒྱ་ནག་རྒྱལ་པོས་རྗེ་ཙོང་ཁ་པར་ཆབ་ཤོག་ཕུལ་བའི་ཞལ་བཞུགས་དང་འཇམ་མགོན་ཙོང་ཁ་པ་ཆེན་པོས་གོང་མ་ཏཱ་མིང་རྒྱལ་པོར་སྩལ་བའི་ཆབ་ཤོག་གཉིས་ཀྱི་སྐོར་རགས་ཙམ་གླེང་བ།《西藏大学学报》第 2 期）一文，通过对明成祖召宗喀巴大师书和宗喀巴大师复书的分析，指出宗喀巴大师之所以未能遵旨赴京，除了身体原因，尚有甘丹寺刚刚奠基亟待建设、重要著作正在加紧写作、以及拉萨传昭法会刚刚开始需要组织等多方面的原因。

伦珠坚赞的《达仓译师·西绕仁青年谱》（ལྷུན་གྲུབ་རྒྱལ་མཚན། སྟག་ཚང་ལོ་ཙཱ་བ་ཤེས་རབ་རིན་ཆེན་མཛད་རྣམ་ཐར་ཆགས་སུ་བཀོད་པ་བཞུགས་སོ། 《青海师范大学学报》第 4 期）一文，根据 1470 年达仓译师所撰自传以及达仓译师文集中的相关内容，梳理了达仓译师的生平和主要功绩。达仓译师是后弘期藏传佛教著名译师，不仅译作等身，而且授徒传法，为藏传佛教的发展做出了重要贡献。

（五）清

清代藏史研究的重点在格鲁派势力的兴起和扩张方面。比如在西藏地方蒙藏联合政权研究方面，罗布先后发表了三篇文章。《十七世纪前蒙藏关系发展史事述要》（ནོར་བུ་བསམ་འཕེལ། དུས་རབས་བཅུ་བདུན་པའི་སྔ་ཕྱིའི་བོད་སོག་འབྲེལ་བའི་འཕེལ་རིམ་སྐོར་སྤྱི་བབ་ཙམ་གླེང་བ། 《西藏大学学报》第 3 期）一文以蒙古势力对西藏政局的影响为切入点，将 17 世纪前蒙藏关系的发展分为三个阶段：土默特俺答汗与三世达赖喇嘛时期、和硕特固始汗和五世达赖喇嘛时期、准噶尔部扰藏时期，并对三个阶段的不同特点和历史影响进行了分析。《清初蒙藏联合势力对康区南部地区的征服》（དགེ་སོག་མཉམ་འབྲེལ་སྟོབས་ཤུགས་ཀྱིས་བར་ཁམས་ལྷོ་རྒྱུད་དབང་དུ་བསྡུ་ཚུལ་སྐོར་ལ་རགས་ཙམ་དཔྱད་པ། 《西藏研究》第 3 期）一文对西藏噶丹颇章蒙藏联合势力的东扩进行了梳理。清初固始汗带兵进藏后，之前的藏巴汗政权受到沉重打击，噶玛噶举派势力因此也暂时退出西藏的中心舞台而东迁康区南部，即近云南西北部地区。当时的康区南部属云南木土司治下，历史上一直和噶玛噶举派保持着密切的关系。西藏蒙藏联合势力为进一步巩固统治，旋即派兵东进，先是用武力占据地盘，后以扩大格鲁派规模的办法进行文治，最终实现了对康区南部的征服。另外，文章在梳理历史事件的过程中，对西藏蒙藏联合势力、云南木土司势力、噶玛噶举派、清廷中央、平西王吴三桂等多方势力的博弈进行了较为深入的探讨。《五世达赖时期西藏经济制度的构建》（རྒྱལ་དབང་ལྔ་པ་སྐབས་བོད་ཀྱི་དཔལ་འབྱོར་ལམ་ལུགས་ལ་བཅོས་སྒྲིག་བསྒྱུར་འགོད་གནང་ཚུལ་སྐོར་རགས་ཙམ་གླེང་བ། 《西北民族大学学报》第 2 期）一文指出，五世达赖喇嘛时期，西藏经济制度进一步调整和完善，最终形成了独具特色的庄园经济模式。这种模式符合政教合一的封建农奴制制度，但客观上阻碍了庄园之间的联系，从长远来看起到了消极作用。

而在格鲁派的发展史方面，拉加多杰的《蒙藏关系史上的格鲁派寺院东科尔寺的历史与现状研究》（རབ་ཚ་ལྷ་རྒྱལ་རྡོ་རྗེ། བོད་སོག་མཚོད་ཡོན་དབར་གྱི་དགེ་ལུགས་པའི་དགོན་སྡེ་གྲལ་ཆེན་ཟེ་ཞིང་སྟོང་འཁོར་དགོན་གྱི་བྱུང་རབས་དང་གནས་བབས་སྐོར་རགས་ཙམ་བརྗོད་པ། 《西藏

研究》第 4 期）根据藏汉蒙文史料，结合实地调研对青海东科尔寺的历史进行了梳理。东科尔寺建立于 1648 年，是第四世东科尔活佛多吉嘉措根据五世达赖喇嘛和固始汗的吩咐建立的，一直以来在加强清廷和青海藏族地区的关系、维护蒙藏友谊方面发挥了重要作用。在罗卜藏丹津之乱中，东科尔寺受到牵连，毁坏严重，但其后又迅速得到重建，规模亦进一步扩大。寺主东科尔活佛在历史上备受清朝皇帝尊崇，位列驻京八大呼图克图之一。文章还对东科尔寺的现状做了全面介绍。

阿贵和达瓦的《从两份民间文告及达杰寺寺规谈察瓦龙达杰寺与桑普寺的关系》（ཚེ་བར་ཁ་ངག་དཀོན་དང་ཟླ་བ། དམངས་ཁྲོད་ཀྱི་བཀའ་གཏན་ཡི་གེ་དང་བཅའ་ཡིག་ལས་གསལ་བའི་ཚ་བ་རོང་སྨན་ཤུངས་དར་རྒྱས་དགོན་དང་གསང་ཕུ་ནེའི་ཐོག་གི་ལོ་རྒྱུས་འབྲེལ་བ།《西藏研究》第 3 期）一文根据三部新发现的文献，对历史上察瓦龙寺及其与桑普寺的关系进行了介绍。从西藏地方政府颁布的两部文告和达杰寺寺规文书来看，达杰寺是 1721 年，察哇噶局班丹达瓦在擦绒定本阿公的资助下的建立的，最初为格鲁派寺院，后期改宗萨迦派。该寺的资助者擦绒定本阿公的家族属当地望族，家境殷实，曾资助桑普寺新建佛典和维修工程。正是擦绒家族的关系，桑普寺与达杰寺在历史上有了密切关系，达杰寺寺规就是这种关系的见证。文章附有这三部新发现文书的原文，可资有兴趣者参考。

另外，本年度亦有文章谈到清代西藏与周边地区的关系。比如敖见、扎洛的《哲孟雄王祖普南杰求赏事及 19 世纪初清朝与哲孟雄的关系》（ཨོ་རྒྱན་དང་བཀྲ་ཤིས། འབྲས་ལྗོངས་རྒྱལ་པོ་གཙུག་ཕུད་རྣམ་རྒྱལ་གྱིས་གསོལ་རས་བསླངས་པ་ལས་འཕྲོས་ཏེ་དུས་རབས་༡༩པའི་དུས་སྟོད་ཀྱི་ཆིང་རྒྱལ་རབས་དང་འབྲས་ལྗོངས་བར་གྱི་འབྲེལ་བར་དཔྱད་པ།《中国藏学》第 2 期）以 19 世纪初哲孟雄王祖普南杰求赏一事为题，对当时清朝与哲孟雄的关系进行了探讨。1821 年，第七代哲孟雄王祖普南杰亲赴拉萨朝圣，并向驻藏大臣和西藏地方政府请求赏封帕里宗本和亚东等地，再次遭到严词拒绝。文章结合多语种史料，就哲孟雄王再三请赏和屡次被拒的原因进行了分析，认为哲孟雄王出于历史传统和政治、经济、生产、文化需求多次提出上述需求，但清政府根据处理宗藩关系的基本原则，只赏金银不封土地。在英印侵略势力逐渐东扩之际，急需清政府和西藏地方援助的哲孟雄王未能如愿得到支持，结果逐渐被英国殖民者蚕食。

二、考古

考古研究方面的藏文成果一直以来数量不多，今年夏吾卡先先后完成了两篇文章，他也是为数极少能用藏文发表论著的西藏考古学者之一。夏吾卡先的两篇文章分别是《西喜马拉雅山麓藏文早期石刻研究综述》（རི་བོ་ཧི་མ་ལ་ཡའི་ནུབ་རྒྱུད་ཀྱི་རྡོ་བརྐོས་ཡིག་རྙིང་གི་ཞིབ་འཇུག་གནས་བབ།《青海民族大学学报》第 4 期）和《都兰吐蕃墓钦萨拉姆石刻文之再考》（གཏེར་ལམ་རྫོང་ནས་ཐོན་པའི་མཆིམས་ཟ་ལྷ་མོའི་རྡོ་ནར་ཡི་གེའི་སྐོར་ལ་བསྐྱར་དུ་དཔྱད་པ།《西藏研究》第 4 期）。前文分 19 世纪末到 20 世纪初、20 世纪末到 21 世纪等先后两期，对国际学术界对分布在今西藏西部、新疆南部、巴基斯坦、印度、阿富汗等地的藏文石刻文献的研究状况进行了梳理，就其中的主要成果、观点和不足做了初步的探讨。后文以相关学者对都兰吐蕃墓钦萨拉姆石刻文的研究为切入点，对这部石刻发现地的不同说法、录文不准问题、石刻文字的内容等进行了再探讨，认为从所刻文字和周围的环境等多种因素来看，将这部石刻认定为墓葬出土的碑文是牵强的。作者重新录文，并结合相关文献资料和考古证明，对这部石刻的几种可能性来源进行了探讨。

三、地理

地理方面的研究仍然是以地名研究为主。山南是雅隆悉补野政权的发源地，在后期的历史中以文化厚重著称。达瓦的《西藏山南市扎囊县域主要地名考略》（ཟླ་བ། སྣ་ཁ་གྲུ་ནང་ཁུལ་གྱི་གྲགས་ཆེའི་ས་མིང་ལོ་རྒྱུས་མདོ་ཙམ་གླེང་བ།《西藏大学学报》第 2 期）一文，对山南扎囊县的一些古地名进行了研究，比如该县较为著名的地名如གྲ་ནང་། གྲ་ཕྱི། རྣམ་སྲས་གླིང་། བསམ་ཡས། ཟུང་མཁར། སྒྲགས།，以及一些影响较大的山名如ཧས་པོ་རི། མཆོད་དཀར་ལ། རྒྱ་གར་རི། སྨན་རི། དགེ་རྒྱས་རི། གྱེ་མོང་འགུལ་བཙན等，介绍了这些地名的出处、文献记载、民间传说，以及行政区划的变化等，同时对地名和当地文化的关系进行了探讨。

白玛旺庆和古格 · 其美多吉的《“雅隆”与“青砻”地名考辨》（སྒྲགས་པ་པདྨ་དབང་ཆེན། ཀུ་གེ་འཆི་མེད་རྡོ་རྗེ། ཡར་ལུང་དང་འཕྱིང་ལུང་ཞེས་ཡུལ་ཚན་སོ་སོར་གོ་དགོས་མིན་སྐོར་གྱི་དོགས་སློང་ཐུན་ཏུ།《西藏大学学报》第 2 期）一文，对历史地名“雅隆”与“青砻”的关系进行了考辨，指出学界通常对这两个地名判断不清，比如将青砻认定为雅隆的一个部分，或者将两者混同为一。文章认为，两者的关系在历史上有一个不断变化和反复的过程，但两个地名本质上仍是各有所指。

杨昌加的《象雄领域考略》（གཡུང་དྲུང་སྐྱབས། ཞང་ཞུང་གི་ཡུལ་ཁམས་ལ་དཔྱད་པ།《中国藏学》第1期）一文，对象雄一词的含义以及象雄郭、普、帕三个地理概念的具体范围进行了探讨。苯教文献中，关于象雄有象雄郭、象雄普、象雄帕三种说法，本文认为可以将象雄分为“象雄文明治下的象雄郭、普、帕三区”和“象雄政治经济文化治下的象雄郭之郭、普、帕三区”两个概念。其中“象雄文明治下的象雄郭、普、帕三区”之象雄普指伊朗、伊拉克等阿拉伯地区，象雄帕指阿富汗、巴基斯坦、克什米尔等喜马拉雅南麓地区，象雄郭即喜马拉雅北麓以穹窿银城为核心的青藏高原地区。而“象雄政治经济文化治下的象雄郭之郭、普、帕三区”，即喜马拉雅北麓以穹窿银城为核心的青藏高原地区又分为郭、普、帕三区，西迄吉尔吉特、东至川西，自西向东依次分为象雄郭之普、帕、郭三区。

四、文献

本年度藏文文献方面的研究成果是较为乐观的，尤其是敦煌文书研究和传统史籍的挖掘和研究更加突出。

（一）敦煌文献

夏吾拉旦的《敦煌文献 P. T. 1257 号之〈汉藏佛经名录〉写勘人“白央”考》（ཤ་བོ་རབ་བརྟན། ཏུན་ཧོང་ཡིག་རྙིང་P. T. 1257ལས་བྱུང་བའི་དཔལ་དབྱངས་ཞེས་པར་དཔྱད་པ།《中国藏学》第2期）一文，对敦煌文献 P. T. 1257 号《汉藏佛经名录》中写经、校勘人“白央”的身份进行了考证，认为这里的白央，就是西藏历史上第一批出家僧人——“七试人”之一的芭·白央（ཨ་ཙཱ་སྦ་དཔལ་དབྱངས།）。作者指出，吐蕃占领敦煌等地后，芭·白央远赴该地传播佛教，并在翻译佛经和抄写、校勘经文方面作出了突出贡献。

万么才旦的《敦煌藏文文献中的“夏”文化初探》（པདྨ་ཚེ་བརྟན། ཏུན་ཧོང་ཡིག་རྙིང་ཁྲོད་ཀྱི་ཤགས་ཀྱི་རིག་གནས་ལ་དཔྱད་པ།《中国藏学》第2期）一文就“ཤགས”——论辩文进行了研究。文章认为，敦煌文献中收录有大量带有论辩性质的语录、诗歌和文章，比如苏毗论辩文、琼保·邦色苏孜与娘·芒布结尚囊之间的对歌、赤都松之歌、钦陵王孝杰论战等，这些论辩作品内容丰富、形式活泼、特点鲜明，多出现在大臣之间请功争权、敌我之间争取气势、君臣之间订立盟约的时候，说明当时这种论辩文化已经较为普及，并拥有了更多的社会功能。

卓玛才让的《试论敦煌古藏文契约文书的主要特点》（སྒྲོལ་མ་ཚེ་རིང་། ཏུན་ཧོང་ཡིག་རྙིང་ཁྲོད་ཀྱི་གན་རྒྱའི་ཡིག་ཆའི་སྐོར་ལ་རགས་ཙམ་དཔྱད་པ།《西藏研究》第 2 期）一文首先对敦煌文献中所存古藏文契约文书的整体状况进行了梳理，其后重点对古藏文契约文书的基本特点做了分析。敦煌古藏文契约文书，大致可以分为买卖契约、借贷契约、租佃契约和租赁契约等四种，从契约文书的结构来看，主要包括立契时间、立契人、事由、违约、担保人、公证人、签字画押等七个要素。作者提供了藏文、汉文、回鹘文三种文字的契约文书，对这些文书的结构进行了对比研究，指出文书之间大同小异，说明契约文书的七要素是由契约行为的基本特征决定的。文章还就契约文书的文献价值进行了分析，认为通过这些文书，我们可以了解到历史上当地的政治经济文化状况。

才旦多杰的《从敦煌藏文文献试析吐蕃时期马文化》（ཚེ་བརྟན་རྡོ་རྗེ། ཏུན་ཧོང་བོད་ཡིག་ཡིག་རྙིང་ལས་འཕྲོས་ཏེ་བོད་བཙན་པོའི་དུས་ཀྱི་རྟའི་རིག་གནས་སྐོར་ལ་ཉུང་ཙམ་དཔྱད་པ།《西藏研究》第 4 期）一文认为，敦煌古藏文文献中涉及马的卷子数量可观，质量上乘，有助于了解吐蕃时期独具特色的马文化。作者认为，讨论马的敦煌古藏文文献，可以大致分为三个部分：马的起源、马的分类、马的治疗，其中前两种文献的主要特点是以精彩的神话故事来阐释，而后者则体现了严格的医治实践。

桑豆才让的《浅析敦煌藏文文献 P. T. 1081 号〈吐谷浑莫贺延部落奴隶李央贝诉状〉》（འཇམ་ཀང་གསང་བདག་ཚེ་རིང་། ཏུན་ཧོང་ཡིག་ཆP. T. 1081པའི་ཡང་དཔལ་ཁྲིམ་ཡིག་གང་ལ་གཏོགས་པའི་སྒྲུད་དོན་ཡི་གེའི་སྐོར་ལ་རགས་ཙམ་དཔྱད་པ།《攀登》第 1 期）一文，对敦煌文书 P. T. 1081 号《吐谷浑莫贺延部落奴隶李央贝诉状》进行了研读，指出诉状中提出的鼠年当为公元 856 年。从诉状内容，可以了解到吐蕃统治瓜州时期的社会状况，值得注意的是，当时奴隶买卖是合法的，且一个奴隶的价格基本与一匹马相等，说明当时底层人民社会地位之卑微。而诉讼结果也体现了当时法律的执行情况。同作者的《敦煌文献 P. T. 996 中有关“赤嘎”及其地名再析》（ཏུན་ཧོང་ཡིག་ཚགསP. T. 996པར་བྱུང་བའི་ཁྲི་ཀ་དང་འབྲེལ་བའི་ས་མིང་གི་སྐོར་ལ་གསར་དུ་དཔྱད་པ།《攀登》第 3 期）一文，根据敦煌文献 P. T. 996 中关于“赤嘎”的地名，重点探讨了相应的地名如“ཁྲི་ག”“ཁྲི་ག་ཞོང་པོང་།”“ཁྲི་ག་མཁར་གོང་།”“ཁྲི་ག་མོང་ཡོག”“སྨིན་པོ་རི།”“ཨན་ཆུང་དབེན་ས།”“ཙོང་ཀ”等，并就这些地名的相关范围进行了初步的探讨。

完么才让的《西域古藏文历史文献 TⅢ16 号尚立藏书信考释》（པདྨ་ཚེ་རིང་།

ལི་ཡུལ་ནས་རྙེད་པའི་བོད་ཀྱི་ལོ་རྒྱུས་ཡིག་རྙིང་TⅢ16པ་ཞང་ལྷ་བཟང་གི་འཕྲིན་ཡིག་ལ་དཔྱད་པ།《攀登》第1期）一文，对西域古藏文历史文献TⅢ16号进行了研究。该文书是一封写给尚立藏的书信，其中尚立藏是赞普赤祖德赞时期的吐蕃外相，一直在西域前线负责吐蕃的军事扩张事务。文章对文献原文做了注释和解读，指出文中提到的芒杰是外相韦・芒杰拉洛，达古为大臣达古，负责军事行动和装备供给。关于书信的时间，作者认为当在818—823年之间。

卡岗・扎西才让的《〈吐蕃文献词典〉一书内容及编纂特征》（ཁ་སྒང་བཀྲ་ཤིས་ཚེ་རིང་།《བཙན་པོའི་དུས་ཀྱི་ཡིག་རྙིང་ཚིག་མཛོད》ཅེས་པའི་ནང་དོན་དང་རྩོམ་སྒྲིག་ཁྱད་ཆོས་སྐོར་བརྗོད་པ།《西藏研究》第2期）一文，就目前编纂的《吐蕃文献词典》的内容及编纂特征进行了介绍。以金石铭文和简牍写卷为代表的吐蕃文献内容丰富，种类繁多，学界的相关研究也取得了丰硕的成果。文章主要对收入词典的吐蕃文献做了大的分类，之后就不同文献的编号方法及其含义做了解释，最后从文献题名、字词构成、书写方法和语法结构等角度出发，就该词典的编排体例做了介绍。

（二）历史文献

按照古文献记载和民间的口述传承，藏族最初由四个氏族发展而来，后来随着部族迁徙分布到青藏高原的各个角落。完德加和卡毛友的《〈董氏父系族谱〉及其塔米民俗》（བན་དེ་སྐྱབས་དང་མཁའ་མོ་ཡག　ཐྲོམ་མིའི་ཡུལ་སྲོལ་དང་འབྲེལ་བའི་《འདུར་གྱི་ལྡོང་གི་ཕ་རབས་དབུས་ཕྱོགས་བཞུགས་སོ་》ཞེས་པའི་དཔེ་རྙིང་ངོ་སྤྲོད།《青海民族大学学报》第3期）一文，通过对木里藏族地区发现的古藏文文献《董氏父系族谱》的解读，结合作者多次实地调研，对地处青藏高原东缘四川、云南等地自称“塔米”的族群进行了研究。文章通过对当地民俗，特别是相关民间仪轨的考察，指出这里的人还保留着共同的文化特征，其来源于古氏族“董”的说法具有一定的依据。

米玛次仁致力于发现和研究新文献，比如其《藏文历史文献〈觉木隆教法史〉史料价值探析》（གྲ་བཞི་མིག་དམར་ཚེ་རིང་།《སྐྱོར་ལུང་ཆོས་འབྱུང་》གི་ལོ་རྒྱུས་དཔྱད་གཞིའི་རིན་ཐང་ལ་དཔྱད་པ།《西藏大学学报》第2期）一文，对珍藏于哲蚌寺郭莽扎仓的藏文历史文献《觉木隆教法史》进行了介绍，指出该书的作者是郭莽扎仓第42任堪布霍尔饶旦平措，撰于1789年。该文献记录了觉木隆寺的发展、历任堪布和寺院文物，基本涉及寺院历史文化的方方面面，同时对与该寺关系密切的派系家族的兴衰，以及元朝封赐觉木隆百户的历史进行了阐述。同作者的

《藏文文献〈钦氏史〉探微》（《མཆིམས་པའི་ལོ་རྒྱུས་》ཞེས་པའི་དཔེ་རྙིང་ལ་དཔྱད་པ།《中国藏学》第3期）对现存哲蚌寺的藏文古籍《钦氏史》做了文献学研究。作者介绍，这部《钦氏史》为手抄本，共6叶11面，2600多字，从封底的标号来看，大致在五世达赖喇嘛（1617—1682）时期收藏于哲蚌寺。该书由那塘寺第七任堪布钦・囊喀扎口述、赛乌・扎巴喜饶笔录，成书于1283年。《钦氏史》记录了公元11—13世纪钦氏家族的历史，包括族系传承、分流娘堆以及钦氏研习《俱舍论》的过程。

达琼的《吐蕃兵律写卷中的相关使节内容解读》（པད་གཞུང་གླ་བ་ཆུང་བདག་དམག་ཁྲིམས་ཡིག་རྙིང་ཡིག་ཆ་ལས་ཕོ་ཉའི་སྐོར་གྱི་ནང་དོན་རགས་ཙམ་གླེང་བ།《西藏大学学报》第3期）一文对新发现的吐蕃兵律写卷进行了再研究，在对相关词汇做进一步解释的基础上，重点就其中关于使节的法条记载及其反映的问题做了梳理，认为当时吐蕃与周边地区和政权来往密切，互遣使者频繁，其间难免有旅途落难、敌使来降、立功有赏、获罪受罚等情况出现，而兵律中对使者做出相应规定，体现了吐蕃制度的严谨性。

西道加的《西藏档案馆所藏〈红史〉版本比较研究》（ཤུག་རྡོར་སྐྱབས། བོད་ལྗོངས་ཡིག་ཚགས་ཅུས་སུ་ཉར་པའི་《དེབ་དམར་》གྱི་པར་གཞི་འགའ་དང་དེ་དག་གི་ཁྱད་ཆོས་སྐོར་གླེང་བ།《青海师范大学学报》第3期）一文对藏文史学名著《红史》的不同版本进行了对比研究。文章指出，目前铅印本《红史》是东噶先生根据多种版本校勘出版的，按照先生在序言中的介绍，西藏档案馆藏有两部不同版本的《红史》。作者介绍了目前西藏档案馆所藏5种版本的《红史》并对各版本的特点进行了对比研究，认为前两部所漏内容较多，而后两部内容相对全面且大致雷同，东噶先生提到的西藏档案馆两个版本应该是指后两种。

（三）其他文献

金石文献方面，索南才让的《吐蕃告身法令丽江格子碑再考》（བསོད་ནམས་ཚེ་རིང་། བོད་བཙན་པོའི་ཡིག་ཚངས་བཀའ་ག་ཅིག་ས་འཇང་གི་རྡོ་རིང་བསྐྱར་དཔྱད།《西藏大学学报》第4期）一文，对著名的古藏文金石文献之一——丽江格子碑进行了再探讨。文章在重新录文和对碑文进行分析的基础上，指出该碑立于吐蕃赞普赤德祖赞时期，是如今发现最早的吐蕃时期碑文。从碑文内容分析，告身制度在吐蕃王朝实行较早，是吐蕃王朝的基础制度之一。

简牍文书方面，多杰尖措的《评介吐蕃木简内容》（སྒ་ཏྲ་རྡོ་རྗེ་རྒྱལ་མཚན། ལི་ཡུལ་ནས་རྙེད་པའི་བཙན་པོའི་དུས་ཀྱི་ཁྲམ་ཡིག་གི་ནང་དོན་རགས་གླེང་།《西藏大学学报》第1期）

一文，根据西域出土的吐蕃简牍文书的介绍和分析，讨论了吐蕃统治西域时期的政治、经济和文化制度。

（四）文献学

本年度关于历史典籍的文献学研究主要是由叶拉太完成的。他的《藏族古代史学学术文献遗产之形成》（མེ་དྲུ་ཡུལ་ལྷ་ཐར། བོད་ཀྱི་གནའ་རབས་ལོ་རྒྱུས་རིག་གཞུང་ཡིག་ཆའི་བྱུང་ཚུལ།《攀登》第 4 期）一文，对藏族古代史学学术文献遗产的形成原因和过程进行了分析和梳理，认为具有一定规模的史学文献体系之建立，大致是由个人撰史传统的形成、撰史方法的变化、文献资料的丰富、历史典籍分类系统化等四个因素促成的。而在《藏族古代史学文献类型分析》（བོད་ཀྱི་གནའ་རབས་ལོ་རྒྱུས་ཡིག་ཚང་གི་རིགས་དབྱེ།《西藏大学学报》第 3 期）中，利用文献学的方法对藏文古代史学文献进行了分类，认为史籍不仅仅是记录了历史，更是体现了不同时代不同作者的治史方法。从现存藏文传统史籍的类型来看，可以分为王统记、编年史、专门史、世系史、法嗣、传记、家族史、教法史、圣迹志、游记、公文档案、金石铭文、目录、传、诏令、遗教、大事记、书信、历算、教派史等十余种。在《试论藏族古代史论遗产的发掘整理与研究方法》（བོད་ཀྱི་གནའ་རབས་ལོ་རྒྱུས་དཔྱད་བརྗོད་ཀྱི་ཤུལ་བཞག་ཡིག་ཆ་འཚོལ་སྡུད་དག་སྒྲིག་དང་ཞིབ་འཇུག་བྱེད་ཐབས།《青海民族大学学报》第 4 期）一文中，作者以史学和文献学的基本理论与方法，就藏族古代史论遗产的发掘与整理进行了探讨，在此基础上提出了研究藏文古代史论的 5 种方法，认为在传统藏文文献中，数量可观的史论性著作进行全方位的整理和研究，在文献学领域意义重大。

另有图书馆学研究方面的成果，比如尕藏尖措的《西藏档案馆馆藏历史档案数字化整理实证调查研究》（སྐལ་རྒྱམ། བོད་སྡོངས་ཡིག་ཚགས་ཁང་དུ་ཉར་བའི་བོད་ཀྱི་ལོ་རྒྱུས་ཡིག་ཚགས་དེང་རབས་གྲངས་འཛིན་ཅན་དུ་ལེགས་སྒྲིག་བྱེད་གནས་སྐོར་ཞུང་གླེང་བ།《中国藏学》第 3 期）一文，对目前西藏档案馆藏历史档案文献的数字化整理工作进行了回顾和展望。对传统纸质文献的数字化整理是文献工作未来发展的必然趋势，西藏自治区顺应时代要求，扎实开展了西藏档案馆藏历史档案的数字化整理工作，文章就这项工作的报批立项、推进过程、预期目标、面临的困难、阶段性成就等进行了介绍和梳理。

总体上看，2017 年度的藏文历史、考古、地理、文献研究取得了丰硕的成果，也体现出新的特点，主要表现为：

1. 历史研究方面除了吐蕃史研究依然保持强势外，宋、元、明代史研究呈现出相对均衡的状态，说明不同阶段的研究选择正在逐渐被认可，但此判断仍需经过未来几年的进一步追踪观察。清代研究也相对可观，但主题明显集中，亟待进一步拓展。值得注意的是，藏文成果中甚少民国藏史和当代藏史研究，需要从人才队伍建设方面给予关注。

2. 考古研究方面，由于人才队伍和专业背景所限，用藏文研究、撰写考古文章的学者相对较少，这在根本上限制了双语考古研究的发展。

3. 地理研究方面，地名研究有少量成果，但古代交通方面的研究明显减少。客观上讲，由于涉及地方史和民间文化，藏文研究在这方面其实应有优势，但由于种种原因，历史地理研究薄弱的状态长期以来没有改变。

4. 文献研究方面，敦煌文献研究成果颇丰，这也得益于近年来各大高校对这一方向研究生的培养。因为参与研究的人数多，选择新卷子研究抑或对同一卷子进行再研究就成为可能，产量和质量自然有所提高。古籍文献的挖掘、整理和研究进程依然强劲，成果也比较喜人，只是其中金石文献方面的研究明显减少，期待来年有所改观。

藏医药与科技研究

藏医药部分

2017年，藏医药研究的学术成果分布于医学史、文献研究、基础研究、临床研究、方药研究、医学教育、藏医药现状和政策研究等各个领域。以中国知网、中国版本图书馆、中国藏文学术期刊网为数据来源，并参考中国藏学研究中心图书馆提供的藏学论文和图书资料要目，通过文献检索发现，发表藏医药研究相关论文数量较多的期刊主要有《中国藏医药》《藏医药教育与研究》《中国藏学》《西藏科技》《中国民族医药杂志》《中国民族民间医药》《中国中药杂志》《亚太传统医药》等学术期刊；学术专著的出版数量较上年度减少，主要由四川民族出版社出版。

一、医学史

学术论文主要是对藏医药的起源、古代医家、特定地域藏医药发展历史等方面的考证和介绍，本年度发表的论文较少。

有关藏医药起源介绍，本年度有2篇论文发表：保罗等的《藏医学的起源及其相关问题研究》（《西藏研究》第3期），介绍了从远古时期生活在西藏高原的先民探索原始医疗实践至吐蕃时期藏医学体系成熟的历程，总结了藏医学“源于中国西藏、扎根在雪域高原、流往异国他乡、世人普遍公认”的发展特征。项智多杰等的《从古藏语“吉”“敏吉”看藏医学的起源》（《西藏大学学报》社科版第3期），分析了古藏语“吉”“敏吉”以及后世的“索瓦热巴”的演进过程，提出现代藏医学与西藏高原上的远古医疗知识、苯教巫医、象雄医学、吐蕃医学的一脉相承，起源可追溯至4500—5300多年前的昌都卡若文化时代，以及3900年前的原始苯教巫医和象雄医学时期。

介绍古代医家的论文有：次仁杰布的《塔布拉吉生平及其藏医传承浅谈》（《中国藏医药》第1期）。

介绍特定地域藏医药发展历史的论文有：尕玛多丁等的《玉树地区藏医发展情况及医学先贤们的功绩略谈》（《中国藏医药》第2期）和久美等的《玉树苏莽多隆寺藏医源流史略》（《中国藏医药》第1期）。

二、文献研究

主要是对藏医药古籍文献的考证介绍和古籍文献中相关论述的研究分析。

考证或介绍古籍文献起源、流传或基本内容的代表性论文有：尕玛多丁等的《藏文大藏经医典〈八心集〉起源及其著者瓦跋塔略考》（《亚太传统医药》第10期），通过对藏医经典和史料的考证，结合汉语文献中有关古印度早期吠陀文明时代四大吠陀起源的记载，论述了收录于藏文大藏经的阿育吠陀医学巨著《八心集》及其著者瓦跋塔（Vagbhata）的有关历史。南杰草的《简析吐蕃时期藏医杂疗方之油脂涂擦剂》（《西藏科技》第4期），从《敦煌古藏文手卷选集》P. t. 1057号藏医杂疗方文献中筛选了一部分有关油脂涂擦剂的写本，通过注解和相关资料对写本进行翻译，并与《四部医典》和相关藏医药文献对比作了初步分析。罗辉等的《〈四部医典〉北京木刻版的初步介绍》（《中医文献杂志》第1期），对《四部医典》各版本中唯一一个在内地印刻的版本——北京木刻版《四部医典》的起源、存世现状和特征作了初步研究和分析，认为该版本具有重要的文献版本价值。其他还有：才让南加的《藏医古籍文献〈迭布纪要〉探微》（《中国藏学》藏文版第1期），仁增等的《阿输吠陀医典〈妙闻集〉书名藏译探讨》（《中国民族医药杂志》第6期），多杰仁青等的《〈四续〉释难〈月光之小段〉的作者及该书特色探究》（《中国藏医药》第3期），等等。

研究古籍文献中某一专题内容的代表性论文有：登巴达吉等的《〈敦煌藏医残卷〉中所述喉阻医疗文献内容明释》（《中国藏医药》第3期），以喉阻病为例，介绍了《敦煌藏医残卷》文献的整理和研究方法，提出古藏文翻译、解释名词术语、注解全书、研究内容的研究步骤。拉毛吉的《〈四部医典〉及藏医古籍中的灸法比较研究》（《中国藏学》藏文版第3期），对《月王药诊》《四部医典》《蓝琉璃》以及敦煌出土的藏医文献中记载的施灸部位、数量、方法等进行了比较分析。贡保东知等的《〈四部医典〉与〈阿维森纳医典〉中取脉部位和季节对脉搏的影响比较探讨》（《时珍国医国药》第7期）认为，藏医经典《四部医典》与阿拉伯医学经典《阿维森纳医典》都记载了丰富的脉学内容并具有对比性，对两者经典的取脉部位和季节对脉搏影响的异同点进行了比较分析。张传领等的《藏医药古籍〈月王药诊〉中药用种子植物特征分析》（《亚太传统医药》第10期），采用文献整理和数据挖掘比对方法对《月王药诊》中的药用种子植物特征进行研究，整理统计出《月王药诊》中种子药用植物88科212属311种，这些植物在种类和生活型上有较好的多样性，在属的分布特征上呈现多样化，以北温带分布类型稍占优势，整体分布类型与西藏和青海的相似程度高。其他还有，其美才宗的《探讨〈四部医典〉中的医患关系》（《西藏科技》第9期），东改措等的《基于〈四部医典〉探讨藏医饮食禁忌及合理饮食疗法》（《亚太传统医药》第3期），才旦多杰的《〈月王药诊〉与〈四续〉两书所述五脏疾病医疗内容比较研究》，等等。

三、基础研究

基础研究类论文按照内容可分为藏医药理论研究、藏医文化学研究和藏医药基础知识介绍三类。本年度发表的论文较上年略多，且藏医药理论研究文献的比例增加，基础知识介绍类文献比例降低，提示藏医基础研究学术水平的提升。

（一）藏医药理论研究

有关藏医药理论的研究类论文，涉及的领域包括藏医药基础理论、哲学基础、诊断学、心理学、术语翻译等。代表性论文有：罗辉等的《藏医体质量表的研制和初步评价》（《北京中医药大学学报》第12期），运用国际通用量表研制的程序化方法，以藏医理论为指导，基于藏医《四部医典》和其他古籍的记载，通过专家咨询、语言测试和人群横断面调查等方法，研制了藏医体质量表，对该量表的条目分析、内部一致性信度和内容效度评价显示，量表具有较好的性能，提示运用量表研制方法对藏医体质进行规范化研究具有可行性。文成当智等的《藏医五源学说与现代物理学认识物质本质的哲学思考》（《中华中医药杂志》第4期），从宏观和微观层次对藏医五源学、世界起源、五源形成六味等藏医基础理论对物质本质的认识，与现代物理学“自然界中四种基本相互作用力”作用于物质的认识进行比较，发现藏医五源学与四种基本相互作用力对物质的形成、衍变等方面具有殊途同归的特点，且在微观上两者的子层面具有很多相似之处，认为这对量化藏医五源或探讨夸克之六味等方面可提供新的科学依据。王杭的《基于语料库视角的藏医术语翻译研究》（《西藏大学学报》社科版第1期）认为，当前国内关于藏医术语的翻译研究缺少系统化的可参照资源，研究视野狭窄，指出语料库翻译学可为翻译研究提供真实丰富的语料，也为翻译实践提供有益参考，并提出利用网络语料促进藏医术语翻译实践的建议。其他还有：罗杰的《藏医诊断方法之望、问、切三诊的应用价值》（《藏医药教育与研究》第2期），边巴次仁等的《试论藏医疾病分类体系》（《中国病案》第1期），秦大平等的《治未病思想在中医学及藏医学发展中的指导意义》（《新中医》第2期），拉毛才让的《浅述藏医心理学的理论依据》（《中国民族医药杂志》第4期），娘毛才让的《藏药药性理论及其对现代藏药药性理论研究的启示》（《现代养生》第12期），等等。

（二）藏医文化学研究

此为本年度藏医药研究的一个亮点，各学者从不同角度探讨藏医文化现象和特征。例如，王静等的《医学人类学视野下的藏羌彝走廊民族医药文化特色初探》（《中华中医药杂志》第1期），以医学人类学视野从环境、社会、心理及文化等方面，探讨藏羌彝走廊中藏、羌、彝医药对健康和疾病独特的认知，并对其文化特色进行了研究。华青加的《用医学人类学观点解读藏医治疗中的咒治仪轨》（《中国藏医药》第1期），用医学人类学的观点解读了《四部医典》咒语疗法的历史、与苯教的渊源、实施的过程和方法以及地方性知识对治疗仪轨的影响等。拉目加等的《基于藏医药视角下的温泉养生医疗文化探讨》（《中国疗养医学》第12期），从藏医药理论和临床角度对温泉的养生医疗文化进行了初步的探讨，对温泉的概述、医疗、养生、注意事项等方面做了简要的介绍，为研究温泉和对温泉感兴趣者提供参考。

（三）藏医基础知识介绍

对藏医相关理论和知识介绍类的论文在基础研究文献中所占比例较以往有所下降，主要是关于藏医生理、病理、诊断、治疗、养生、文化等知识的介绍。例如，杨毛才让等的《藏医老年保健与疾病治疗方法初探》（《中国藏学》藏文版第2期），德吉卓嘎等的《胚胎发育的不同阶段及其保健方法》（《西藏大学学报》藏文版第1期），完么安建的《藏医学概论》（《中西医结合心血管病电子杂志》第15期），李加的《浅述藏医临床用药原则》（《中国民间疗法》第9期），次仁德吉等的《浅谈藏医体质学》（《中国民族医药杂志》第12期），等等。

四、临床研究

临床研究是藏医药学术研究的重要领域，相关的成果较多，按研究内容主要可分为五类：藏医药专家学术思想和临床经验研究、疾病的藏医诊疗、藏医药临床疗效评价研究、藏医特色疗法介绍、藏医临床护理。

（一）藏医药专家学术思想和临床经验研究

本年度有一篇探讨藏医药专家学术思想和临床经验传承和研究方法的论文发表，即周洛等的《探讨藏医药专家的学术思想与临床经验继承方法》（《藏医药教育与研究》第2期），该文分为藏医药专家学术思想与临床经验继承工作的重要性、应继承的内容和继承的方法三部分，提出既要传承各医家独立的学术思想和诊疗经验，也要传承他们的医德，继承方法上可从医家个人、病种和药物三个角度开展研究工作，应用现代科技将专家的学术思想和临床经验数据化，以便存储、分析和利用。另还有数篇研究名老藏医学术思想的论文，均以藏文发表。例如索南项秀等的《木觉·克珠嘉措医学学术思想刍谈》（《中国藏医药》第3期），介绍藏医大师木觉·克珠嘉措的生平，总结其主要学术思想，包括对内外五行学说的认识和临床应用、对疾病寒热和药物温凉性质的认识等，并介绍了其对于乙肝、肺心病、腹水的诊疗经验。其他还有：扎西东主等的《著名藏医旦正加教授学术思想》（《中国藏医药》第1期），普布扎西等的《洛桑伊妮大师对肾寒症遣方布药探讨》（《中国藏医药》第2期），达瓦索朗等的《藏医大师钦绕诺布创建的医算学位帽简述》（《中国藏医药》第2期），等等。

（二）疾病的藏医诊疗

本年度有一部学术专著的出版：四川省阿坝州藏医院、阿坝州藏医药研究所编著的《二十二个优势病种藏医临床诊疗方案》由四川民族出版社出版，该书由阿坝州藏医院、阿坝州藏医药研究所的专家学者总结临床实践经验，并结合藏医学经典著作《四部医典》的论述，对22种藏族地区常见疾病的诊断、病因、症状、治疗方法、护理、疗效评价等，以通俗易懂的方式，总结出一套具有藏医特色的疗法。

学术论文主要是藏医临床医生和研究者对疾病的病因病机、病型、诊断、治疗等方面的认识、体会或临床研究总结。近年来，数据挖掘、系统生物学、循证医学等现代科研方法在藏医药领域的应用不断增加，其中以成都中医药大学民族医药学院张艺教授团队为代表，本年度发表的论文有：李海娇等的《基于中医传承辅助平台的藏医药治疗胃痛用药规律分析》（《成都中医药大学学报》第4期），泽翁拥忠等的《基于数据挖掘的藏药治疗痛风的核心药物关联规则分析》（《时珍国医国药》第12期），王静等的《基于关联规则和熵方法的藏医药治疗“真布病”组方用药规律分析》（《中华中医药学刊》第11期），更藏加等的《基于藏医宏观信息的高原红细胞增多症藏医证型分类的研究思路初探》（《辽宁中医杂志》第9期），等等。其他团队如青海大学藏医学院、中国藏学研究中心藏医药研究所学者发表的论文有：仁青东主等的《藏药复方治疗慢性萎缩性胃炎的配伍规律研究》（《中国中医基础医学杂志》第7期），王茜的《慢性结石性胆囊炎的影像学表现与藏医证型的相关性研究》（《中国民族医药杂志》第1期），等等。

常规的藏医疾病诊疗理论探讨或经验总结类论文仍占多数，涉及的病种广泛，覆盖临床各科常见多发疾病，且以藏医的优势病种居多。例如，桑珠群培等的《藏医“萨顿”病与西医脑梗死和脑溢血的鉴别诊断》（《藏医药教育与研究》第2期），针对当前部分藏医医师和学者将藏医“萨顿”病等同于西医脑梗死和脑溢血的认识，考证藏医经典《四部医典》对“萨顿”病病性、治疗的相关论述，提出该病有别于西医的脑梗死和脑溢血，而与癫痫病更为相似。其他还有：罗辉等的《论藏医对非酒精性脂肪性肝病的认识和治疗》（《中华中医药杂志》第8期），郑丽娟等的《基于藏医白脉理论的中风病诊疗规律探析》（《世界科学技术—中医药现代化》第2期），巴桑次仁的《藏医对痛风病的临床诊疗评价》（《藏医药教育与研究》第1期），拉加太等的《藏医对坐骨神经的病机与病症分析》（《藏医药教育与研究》第2期），仁青达杰等的《结合蓄、发、息探析培根病的发病机理》（《中国藏医药》第1期），旦正项秀的《血隆病诊治体会》（《中国藏医药》第3期），索南才旦的《藏医治疗神经性嗅觉障碍的临床体会》（《中国民族医药杂志》第12期），等等。

（三）藏医药临床疗效评价研究

常见的研究类型包括随机对照试验、临床病例观察。从各文献的方法学质量看，高质量的临床研究仍相对较少。

1. 随机对照试验：本方法将研究对象随机分组，对不同组别患者实施不同的干预，以比较疗效差异，在藏医药领域中主要用于比较某种特定藏医疗法与其他疗法的疗效，部分研究得到了各级课题的资助。本年度发表的藏医随机对照试验研究论文较少。代表性论文有：德吉等的《藏医尼如哈疗法治疗肝性脑病临床疗效观察》（《中医临床研究》第10期），由国家中医临床研究基地业务建设科研专项课题资助，评价藏医尼如哈（药物灌肠）疗法治疗肝性脑病的临床疗效，选择40例肝性脑病患者随机分为治疗组20例和对照组20例，治疗组采用尼如哈疗法加常规藏西结合治疗方案，对照组单纯采用常规藏西结合治疗，比较两组患者精神状态、数字连接实验及扑翼样震颤的改善情况和肝功的变化情况，结果显示，两组在改善精神状态、数字连接实验及扑翼样震颤方面均具有较好的临床疗效，且治疗组优于对照组，治疗组患者治疗后谷丙转氨酶及谷草转氨酶均显著下降，疗效优于对照组，故认为藏医尼如哈疗法可以明显改善肝性脑病患者的症状与体征，具有改善肝功能的作用。嘎玛泽多等的《甘露清血散治疗查培病的临床疗效评价和安全性研究》（《中医临床研究》第11期），采用随机、双盲对照临床试验，评价甘露清血散治疗查培病（慢性高原红细胞增多症）的临床疗效及安全性，选择100例慢性高原红细胞增多症患者随机分为对照组和试验组各50例，试验组服用甘露清血散，对照组服用二十五味余甘子，疗程为2个月，结果显示：甘露清血散及二十五味余甘子治疗查培病均有效，并能改善查培病的临床症状，改善患者生活质量，甘露清血散较二十五味余甘子在降低患者红细胞压积方面更显效，且两组药均符合安全性的要求。其他还有：肖佼等的《藏药十八味欧曲膏治疗慢性湿疹35例》（《中医外治杂志》第1期），贡保东知等的《藏医头泻疗法治疗斑秃病的30例临床疗效观察》（《中国民族医药杂志》第1期），吉先才让等的《藏医多秀疗法治疗偏瘫（萨志布）的临床观察研究》（《中医临床研究》第12

期)，仁青措等的《藏药配合热敷疗法治疗肩周炎临床疗效观察》(《中西医结合心血管病电子杂志》第21期)，普化才让等的《藏医外治呷贡森坚温敷疗法治疗甲状腺结节的临床疗效》(《世界最新医学信息文摘》第72期)，拉巴普尺等的《藏药仁青常觉治疗胃癌前病变的临床研究》(《临床医药文献电子杂志》第36期)，等等。

2. 临床病例观察：包括采用自身前后对照设计进行干预措施的疗效评价，以及临床医生对所治疗患者病历资料的回顾性总结，这一类型的研究论文相对较多。代表性的研究如：桑罗等的《藏药利胆消石散治疗胆结石的临床疗效》(《中国民族医药杂志》第5期)，采用名老藏医格桑巴珠治疗胆石症的经验方利胆消石散治疗64例患胆石症伴胆囊炎患者，比较治疗前后的胆囊结石直径，差异具有统计学意义。东继芳等的《藏医药治疗寻常型银屑病33例疗效观察》(《中国民族民间医药》第4期)，对33例寻常型银屑病患者利用藏药五味甘露散加减浸浴联合内服藏药的临床疗效进行观察，显示藏医药治疗寻常型银屑病具有一定临床疗效。其他还有：扎西东智的《藏药五味甘露药浴治疗天峻地区类风湿性关节炎的疗效研究》(《西藏科技》第2期)，公巴扎西的《藏医内服药与外用涂擦药联合治疗痛风病的疗效观察》(《西藏科技》第5期)，索南仁欠的《藏药油脂涂擦治疗腰肌劳损120例》(《中国民族医药杂志》第4期)，日洒等的《藏医药综合治疗类风湿性关节炎101例疗效观察》(《中国民族医药杂志》第12期)，万玛的《藏医治疗索隆病50例临床研究》(《亚太传统医药》第4期)，等等。

(四) 藏医特色疗法

除药物治疗外，饮食、起居、外治法也是藏医独具特色的疗法，本年度有论文介绍藏医蒸汗、灌肠、滴鼻、火灸、放血等疗法的临床应用。例如，周拉友的《藏医尖滋治疗慢性腹泻的临床应用》(《中国民族医药杂志》第3期)，介绍了藏医传统灌肠疗法“尖滋”治疗慢性腹泻的药物制备、操作技术、流程、疗程等。罗尔吾的《浅谈藏医棉火灸疗法治疗麦哇技术》(《中国民族医药杂志》第7期)，介绍了藏医棉火灸疗法治疗麦哇（带状疱疹）的适应证、技术操作方法、临床应用和疗效情况。其他还有：仁青吉的《刍议藏医蒸汗疗法》(《藏医药教育与研究》第1期)，昂毛等的《浅谈藏医外治疗法之“琪撒”热敷的用料及作用》(《藏医药教育与研究》第1期)，卡着杰的《灸后不放血和放血后可灸的认识探讨》(《中国藏医药》第3期)，党措吉等的

《浅谈藏医滴鼻疗法治疗鼻窦炎的护理》(《中国民间疗法》第12期)，江永求卓等的《浅谈藏医浓且（油疗法）的护理》(《中国民族医药杂志》第7期)，等等。

（五）藏医护理

包括藏医护理实践的效果评价研究、常见疾病的藏医护理实践知识等。如：江永求卓等的《洛君患者的藏医护理》(《中国民族医药杂志》第4期)，评价了“洛君”（肺结核）患者藏医护理的效果，对52例患者存在的相关护理问题，实施藏医饮食、起居、行为及外治护理，总有效率达96.15%，认为加强对患者的临床观察，及时把握治疗中的重点环节，及时实施与疾病和身心相关的全方位的藏医护理对策，有助于提高临床好转率。贡巴的《藏医达日卡（放血疗法）的护理操作规范》(《中国民族医药杂志》第10期)，介绍了藏医放血疗法的适应证、禁忌证以及具体的护理操作方法，包括放血前的准备、护理操作及流程、不良反应处理和放血后的饮食起居护理等，对临床具有实用价值。其他还有：尼玛的《浅析藏医“肝病涂特”的临床护理》(《藏医药教育与研究》第2期)，朋毛卓玛等的《藏医对白癜风的认识及护理方法》(《中国民族医药杂志》第8期)，张帅的《老年人高血压病（查隆堆仓病）的藏医护理》(《实用临床护理学电子杂志》第45期)，赵飞的《喜马拉雅山矿盐藏医热熨疗法在痹症护理中的应用》(《世界最新医学信息文摘》第88期)，奎萍的《藏药外敷治疗类风湿性关节炎的护理体会》(《实用临床护理学电子杂志》第39期)和《藏医汽浴配合牵引治疗腰椎间盘突出症的护理方法及效果》(《中西医结合心血管病电子杂志》第21期)，党措吉等的《隆性兑仓患者的藏医护理》(《中国民族医药杂志》第4期)，拉毛德吉的《藏医擦窭疗法治疗疼痛的疗效观察与护理》(《中国民族医药杂志》第4期)，等等。

五、方药研究

关于藏医方剂或药物的研究，本年度共有一部专著的出版，以及200余篇学术期刊论文的发表，内容丰富。关于藏药复方或单味药物的化学成分、药理作用等的研究历来是研究的重点与热点，发表的论文约占本年度全部藏医药论文的半数以上。

专著方面：阿坝州藏医院、阿坝州藏医药研究所藏药制剂中心编著的

《藏药制剂验方汇编》，由四川民族出版社出版，该书参考《四部医典》等藏医文献，挖掘、收集了藏药系列配方制剂，供藏医临床实践和教学工作使用。

论文方面：按照文章内容可大致分为八个学科：藏药单味药或复方的文献研究、药物化学、药物鉴定学、药理学、药物炮制学、制剂分析学、药物资源学和药用植物栽培学。以下按学科类别对发表的论文进行简要综述：

（一）方药文献研究

主要包括对藏药或方剂的知识介绍、文献考证、理论研究和文献研究综述四类：

1. 知识介绍类：本类论文数量较少。代表性论文有：看召本的《藏族传统配饰天珠的药用价值略考》（《中国藏学》第4期），介绍了天珠在藏药中的应用、正品来源、新旧鉴别、化学成分、炮制工艺及药物的性味功效等。其他还有：吉先才让的《浅议蒺藜的药用价值》（《中国民族民间医药》第1期），完代加布的《檀香酥油剂配方制作及其功效探讨》（《中国藏医药》第2期），索朗次仁等的《浅谈藏医“盐”的食用方法与利弊》（《藏医药教育与研究》第1期），等等。

2. 文献考证类：此为通过研究历代本草文献记载，考证药物的名称、基源、产地、功效等内容。代表性论文有：刘治民等的《藏药“榜嘎”的本草考证》（《世界科学技术—中医药现代化》第4期），查阅了《月王药诊》《四部医典》《晶珠本草》等藏医药专著及相关汉译本，对藏药榜嘎的名称、基源、产地及采收季节、功能主治等进行本草考证，提出藏药榜嘎的基源主要为船盔乌头 Aconitum naviculare Stapf 或甘青乌头 A. tanguticum（Maxim.）Stapf 的干燥全草，为“榜嘎”的规范应用以及质量标准提升提供了依据。吴立宏等的《藏药白花龙胆的名实研究》（《世界科学技术—中医药现代化》第2期），运用本草学和分类学方法对古今涉及白花龙胆（སྤང་རྒྱན་དཀར་པོ）的文献进行分析，发现敦煌吐蕃医药文献中的榜间（སྤང་རྒྱན）即是其后《月王药诊》《四部医典》等典籍中的白花龙胆，主治音哑、咳嗽等肺部疾病；大花龙胆 Gentiana szechenyii Kanitz 和高山龙胆 Gentiana algida Pall. 是白花龙胆的两个基原，从古至今前者则是其主流品种，认为结合田野和市场调查，使白花龙胆名实相符，可为该藏药制剂的现代化研究和用药安全提供基原和文献依据。其他还有：东知多杰等的《藏药材悬钩木的本草考证》（《中国民族医药杂志》第8期），李莹等的《传统药用植物甘松的植物学名考》（《中药材》第6期），卢年华等的《藏药湿生扁蕾及扁蕾的相关本草考证》（《西部中医药》第6期），等等。

3. 理论研究：主要为研究方剂中药物配伍规律或治疗机制的论文。例如，扎西次旦的《浅析常用藏药的八十四种藏方中含榜那（黑乌头）的配伍规律》（《西藏科技》第1期），通过统计84个藏医常用方剂中各药物的出现频率，分析配伍规律，研究发现：含有榜那（黑乌头）的有21个，其配方中均有诃子、麝香、苦奎那布，认为诃子和麝香可抑制榜那的毒性，苦奎那布对榜那的配方有一定的作用。尕藏扎西等的《藏药安神丸治疗心隆病的机理初探》（《时珍国医国药》第8期），采用文献研究与实地调查方法相结合对藏药安神丸的机理和配制进行探讨，认为《工竹札记》记载的心隆病方剂中安神丸的使用率高于其他药物，符合藏医药理论的配伍规律，以及从药物的药味、药性、效能来平衡宿主于心脏的“恰协隆”病的治疗目的，故认为该方是治疗心隆病的首选药物之一。其他还有：旦增尼玛等的《浅谈藏医治疗热病七种汤类的配伍原理分析》（《藏医药教育与研究》第1期），文昌东主等的《〈后补续〉中的烈香杜鹃方剂之组方原理及其临床应用价值探析》（《中国藏医药》第1期），等等。

4. 文献研究综述：采用数据挖掘技术对现有的文献进行整理分析，是本年度藏药文献综述研究的亮点之一。代表性研究有：左芳等的《基于数据挖掘的含翼首草藏药组方用药规律研究》（《中国中药杂志》第16期），利用中医传承辅助平台（V2.0.1）软件构建数据库，采用关联规则、apriori算法等数据挖掘方法，探讨分析《中国医学百科全书·藏医学》《藏医成方制剂现代研究与临床应用》《常用藏成药诠释》等含翼首草组方中翼首草用药规律，分析方中单味药物频次、药物组合频次、关联规则与核心药物组合等，共纳入方剂215首，研究发现：高频药物包括矮紫堇、藏黄连、麻花秦艽等，高频药物组合包括翼首草与矮紫堇、藏黄连、麻花秦艽等的组合；含翼首草处方主治疾病主要为外感湿热秽毒类病证、发热类、关节炎等疾病，如瘟毒、肺炎以及流行性感冒、类风湿关节炎等，所用药物多具清热解毒、消炎、祛风除湿等功效，亦常与清热类药物配伍运用，组方法度清晰。王振华等的《基于CNKI数据资料剖析藏药镰形棘豆的文献特征和研究现状》（《西部中医药》第7期），以CNKI数据库为资料来源，分析国内期刊收录的镰形棘豆及“莪达夏”的文献，研究发现：藏药镰形棘豆的相关研究文献自1984年开始至2016年5月共有117篇，以南京、甘肃、福建、青海等地的高校以及研究所等研究机构为主；镰形棘豆的研究取得诸多成果，但临床应用及制剂研究不足，需要进一步推进该方面的研究。其他还有：徐文龙等的《基于文献数据挖掘的七十味珍珠丸与二十五味珍珠丸的现代研究进展对比和分析》（《中国民族民间医药》第4期），杨文娟等的《基于数据挖掘技术的含诃子藏药组方规律分析》（《中国中药杂志》第6期），程阳阳等的《〈中国药典〉收载民族药成方制剂的统计与分析》（《中成药》第4期），等等。

有关藏药研究的传统文献综述文献数量较多，内容主要是梳理各种藏药或复方的研究文献，介绍研究进展。例如，张琳等的《秦岭部分高海拔太白七药的研究进展》（《中南药学》第12期），卢杰等的《濒危藏药植物马尿泡研究概况》（《Agricultural Science & Technology》第12期），张景瑜等的《抗高原缺氧藏药的研究进展》（《中国民族民间医药》第22期），潘雅婧等的《藏药柳茶的药用功效研究进展》（《世界科学技术—中医药现代化》第10期），陈静等的《藏药土木香化学成分、药理活性及其藏药方的研究进展》（《西部中医药》第10期），杨鹏等的《藏药陇蜀杜鹃研究进展》（《中兽医医药杂志》第5期），等等。

（二）药物化学研究

中药化学的研究方法普遍地被用于藏药单味药或复方的成分定性和定量分析，通过提取、分离和鉴定，研究各药物的化合物组成及其含量。这一领域历来是藏药学研究的重点。代表性的研究有：尤蓉蓉等的《藏药印度獐芽菜石油醚部位化学成分及体外活性研究》（《中国中药杂志》第19期），采用各种柱色谱以及重结晶等方法对印度獐芽菜石油醚萃取部位进行化学成分研究，通过理化性质和波谱数据分析鉴定了15个化合物，其中7个化合物为首次从该植物中分离得到，2个化合物为首次从獐芽菜属中发现，对5个量大酮类物质进行体外抗肿瘤和抗氧化应激损伤活性筛选，发现其在最高浓度时均无明显作用。陈星等的《反相高效液相色谱法同时测定藏药五味黄连丸中6种有效成分的含量》（《海峡药学》第12期），采用RP－HPLC测定藏药复方五味黄连丸（黄连、红花、诃子、渣驯膏、麝香）中药根碱、表小檗碱、黄连碱、巴马汀、小檗碱和山柰素的含量，建立了操作简单、快速、结果准确的测定方法，可用于五味黄连丸的质量控制。孙明霞等的《中药指纹图谱在藏药研究中的应用》（《中兽医医药杂志》第3期）通过检索、整理和分析CNKI、万方、PubMed数据库收录的相关文献发现，中药指纹图谱在现有藏药基础研究领域应用很广泛，但在藏药新药的开发研究中应用较少，多数研究还停留在基础研究水平，故建议加大其在藏药新药研究中的应用，为藏成药的开发奠定基础。其他还有：李海丽等的《ICP－MS法测定苞叶雪莲中重金属元素含量》（《上海农业学报》第3期），格央等的《薄层色谱法检查藏药二十味沉香丸中士的宁的限量方法研究》（《中国民族医药杂志》第5期），白文婷等的《藏药宽筋藤极性部位的化学成分研究》（《中药材》第3期），刘辅玥等的《短穗兔耳草的化学成分研究》（《西北药学杂志》第3期），魏华等的《藏药川木香的化学成分研究》（《中国药师》第5期），张盾等的《濒危藏药桃儿七ISSR－PCR反应体系的建立与优化》（《分子植物育种》第4期），等等。

（三）药物鉴定学研究

传统的文献考证、基源鉴定、性状鉴定、显微鉴定、理化鉴定方法以及现代中药鉴定技术如DNA分子遗传标记、指纹图谱鉴定等，被广泛地应用于研究藏药单药或藏药复方的来源、品种、质量、质量变化规律等，为藏药生药品种和真伪的鉴别、藏药产品的开发利用等提供科学依据。代表性研究如：

1. 传统鉴定方法：索朗次仁等的《传统藏药鉴定方法之火试法》（《中国民族医药杂志》第1期），结合传统藏药材鉴定方法及教学经验，以火试方法对18种藏药材进行初步鉴定，结果准确，故认为火试鉴定法方法灵活、简便，是有效的藏药材鉴定方法之一，对快速鉴定部分藏药材具有重要的实际意义。项智等的《藏药“君西”的药学及矿物学鉴别研究》（《中药材》第11期），比较分析藏药“君西”的藏药学和矿物学鉴别特征，选取青海、西藏、四川、甘肃12个典型产地的君西样品，应用藏药学传统鉴定方法及现代矿物学鉴定方法进行鉴定，从感官、切片显微等方面总结“君西”的主要鉴别特征，研究认为：现代矿物学的术语和鉴别方法能够更好地描述“君西”的特征，切片显微技术的应用能够为更准确地鉴定“君西”提供技术支持，矿物学鉴别技术的引入可为藏药“君西”药材科学鉴定规范的形成及矿物药的深入研究提供参考。郑立等的《藏药康定独活的生药学研究》（《中药与临床》第6期），对康定独活的性状特征、横切面与粉末显微鉴定特征、大类化学成分种类、总香豆素含量进行研究，找出了康定独活药材的性状及显微鉴别特征，确定该药材的大类化学成分，建立了康定独活总香豆素含量测定方法。其他还有：白马扎西等的《岩白菜鉴认浅析》（《中国藏医药》第1期），项智等的《石类之精华——寒水石的产源及鉴别探讨》（《中国藏医药》第2期），格桑顿珠的《几种藏药的鉴别疑点分析》（《藏医药教育与研究》第2期），吕培霖等的《藏药大车前草的生药学研究》（《中国民族民间医药》第15期），马羚等的《藏药高山龙胆的形态组织学研究》（《中药材》第3期），张蕾等的《三种藏药材的鉴定研究》（《中兽医医药杂志》第2期），等等。

2. 现代鉴定技术：贺水莲等的《应用DNA条形码鉴定滇西北4种传统藏药绿绒蒿》（《西部林业科学》第5期），利用DNA条形码对4种绿绒蒿（美丽绿绒蒿、滇西绿绒蒿、全缘叶绿绒蒿及总状绿绒蒿）进行分子鉴定研究，研究发现，4个条形码片段都具有较高的遗传多样性，绿绒蒿属种间存在相当高的遗传分化，4个种的分辨率很高，4个条形码片段都可以找到特异性鉴定位点，从而快速区分4个种，故认为应用这一方法进行鉴定有利于保证药材在市场上的流通与监管，从源头上保证药材的质量与效果。其他还有：任瑶瑶等的《藏药臭蒿及其近缘种药材的ITS2 DNA条形码鉴别》）（《中国中药杂志》第7期），黄聪琳等的《应用ITS2条形码鉴定藏药镰形棘豆》（《中国中医药信息杂志》第2期），邓余等的《斑唇马先蒿的化学成分分离与鉴定》（《中国药学杂志》第24期），等等。

（四）藏药药理学研究

学者们运用现代科学方法，尝试阐明藏药单药或复方对机体的作用及其作用的规律，主要包括对药效学和毒理学的研究。

1. 药效学研究：近年来在中药领域研究较热的新兴学科——网络药理学的研究方法在藏药领域也得到了应用。例如，聂佳等的《藏药三果汤防治高原红细胞增多症作用机制的网络药理学研究》（《中药材》第6期），共预测得到三果汤潜在靶点193个和70条信号通路，其中有24个靶点和25条通路与高原红细胞增多症（HAPC）有关，故认为三果汤多元酚、黄酮类和萜类等成分可能通过参与细胞增殖、氧化反应、内分泌代谢、炎症反应等过程，增强机体免疫功能及低氧应激能力，从而多靶点、多通路协同发挥抗HAPC的作用。传统的药效学研究论文，例如，王日康等的《七十味珍珠微丸对东莨菪碱致记忆障碍小鼠学习记忆功能的影响及机制研究》（《中药药理与临床》第3期），将70只昆明小鼠随机分为空白组、模型组、吡拉西坦组、七十味珍珠丸组、七十味珍珠微丸组，通过腹腔注射东莨菪碱制造小鼠学习记忆障碍模型，比较各组与学习记忆功能和机制相关的指标，研究发现，七十味珍珠微丸可改善东莨菪碱所致的小鼠学习记忆障碍，作用机制可能与其增加抗氧化酶水平从而降低脑内氧化应激水平有关。其他还有：朱艳媚等的《藏药十八味党参丸抑制 CIA 大鼠滑膜组织炎性因子表达和细胞凋亡诱导》（《中国高原医学与生物学杂志》第 4 期），闫清伟等的《藏药七十味珍珠丸改善 APP/PS1 小鼠学习记忆能力》（《中国生物化学与分子生物学报》第 12 期），何丹丹等的《藏药印度獐牙菜抗四氯化碳诱导的大鼠肝纤维化的作用》（《中华中医药杂志》第 10 期），李胜等的《藏药四味黄芪散对慢性低氧损伤大鼠的影响》（《中国中西医结合杂志》第 10 期），夏青等的《藏医名方联用对脑缺血再灌注大鼠血流变特性及急性血瘀小鼠微循环的影响》（《现代中药研究与实践》第 4 期），等等。

2. 毒理学研究：藏药尤其是矿物药的安全性一直为公众所关注，也是藏药学术界的主要研究内容之一。开展毒理学研究，获得藏药的安全性证据，有助于解答公众疑虑，为临床安全合理用药提供依据。代表性研究有：赵静等的《藏药佐太中汞在小鼠体内的蓄积》（《中成药》第 7 期），给予小鼠不同剂量和不同时间的佐太后，观察汞在体内的蓄积情况，结果显示：小鼠灌胃佐太后，汞在不同组织中产生蓄积，且表现出剂量和时间依赖性，提示佐太及其复方制剂不宜过量、长期使用。张斌斌等的《佐太和 HgS 对药物代谢酶和转运体基因表达的影响》（《中国中药杂志》第 21 期）通过小鼠实验发现，佐太和 HgS 在 300mg · kg – 1 的剂量下对肝脏代谢基因的表达没有产生明显的影响，而 1/10 等汞量的 $HgCl_2$ 则明显上调或改变 Ⅰ 相、Ⅱ 相药物代谢基因和转运体基因的表达。周莉等的《藏药红花如意丸对雌鼠生育力与早期胚胎发育的影响》（《中国新药杂志》第 1 期），观察红花如意丸对 SD 雌鼠生育力与早期胚胎发育的影响，评价其对动物生殖的毒性或干扰作用，结果显示：红花如意丸对 SD 大鼠生育力与早期胚胎发育毒性的最大无毒性反应剂量是大鼠等效剂量的 10. 4 倍，临床剂量的 62. 5 倍。其他还有：娘毛才让的《藏药二十五味儿茶膏皮肤用药安全性实验研究》（《世界最新医学信息文摘》第 55 期），吴国泰等的《藏药唐古特乌头总生物碱的急性毒性及抗炎镇痛作用》（《中国民族民间医药》第 10 期），等等。

（五）藏药炮制学

与上年度的论文以藏药炮制学理论探讨或知识介绍为主相比，本年度有 2 篇原创研究的论文发表，分别评价不同炮制方法对药物有效成分含量、药效的影响：费文波等的《不同藏医炮制方法对诃子中诃子酸含量的影响》

(《Journal of Chinese Pharmaceutical Sciences》第3期)，以诃子酸含量为指标，采用HPLC测定生药诃子、茜草制诃子和白狼毒制诃子中的诃子酸含量，探索其炮制前后成分含量的变化规律，结果显示：与生品比较，诃子藏医特殊制后诃子酸的含量均有一定的变化，其中茜草制诃子中诃子酸的含量降低50.18%，白狼毒制诃子中诃子酸的含量下降17.32%，提示诃子经过特殊炮制之后有效成分含量发生变化，配伍不同方剂，临床用途随之变化。王树林等的《不同炮制方法炮制藏药"君西"对大鼠胃溃疡的影响》(《西部中医药》第5期)，探讨不同方法炮制藏药"君西"对大鼠胃溃疡的影响，研究发现：不同方法炮制的"君西"对大鼠乙酸型胃溃疡具有一定的治疗作用，其中传统热制、传统滋补制、传统"灰"制、现代奶制效果更优。其他理论探讨或知识介绍类的文章如：项措卓玛等的《初探藏药炮制中的铁粉煅灰的工艺流程》(《中国民族医药杂志》第12期)，介绍了藏药铁粉的特征和铁粉煅灰工艺的具体流程（祛毒、去氧化、煅灰）。其他还有：仁青罗布等的《浅谈藏药寒水石的传统炮制方法》(《西藏科技》第10期)，项智等的《寒水石奶炮制不同实践特色探讨》(《中国藏医药》第3期)，等等。

（六）藏药制剂分析

按研究内容可分为藏药制剂的质量标准、提取工艺研究和现状分析三个部分。

1. 质量标准研究：例如李翔等的《二十五味肺病丸质量标准的研究》(《中成药》第7期)，采用TLC法定性鉴别藏木香、獐牙菜、余甘子、毛诃子，HPLC法定量测定土木香内酯、齐墩果酸、甘草酸、羟基红花黄色素A，结果显示，TLC斑点清晰，阴性无干扰；土木香内酯、齐墩果酸、没食子酸、羟基红花黄色素A分别在一定范围内线性关系良好，故认为该方法简便快速，可用于二十五味肺病丸的质量控制。类似的研究还有：东知多杰等的《藏药材勒哲的质量标准研究》(《中国民族医药杂志》第6期)，宋霞等的《珍珠丸系列品种的HPLC整体质量控制研究》(《青海科技》第3期)，格央等的《藏药多刺绿绒蒿质量标准研究》(《西藏科技》第5期)，古桑德吉等的《藏药二十五味獐牙菜丸质量标准提高》(《中国民族民间医药》第7期)，等等。

2. 提取工艺研究：例如曹馨元等的《藏药甘肃马先蒿有效成分提取工艺研究》(《中国药房》第10期)，以毛蕊花糖苷、异毛蕊花糖苷及干膏得率为综合评价指标，通过单因素试验及正交试验对提取溶剂、溶剂量、提取时间及提取次数进行考察，确定了最优提取工艺，该工艺下以青海产甘肃马先蒿中毛蕊花糖苷及异毛蕊花糖苷含量相对较高，该研究为甘肃马先蒿提取物的开发利用、药材品质评价的研究提供了一定的依据。其他还有：吕秀梅等的《均匀设计法优化藏药多血康提取工艺》（《中国药房》第10期），尼玛才让等的《藏药愈心安神滴丸成型工艺研究》（《青海师范大学学报》自然科学版第1期），叶菊等的《响应面法优化蓝花荆芥中总黄酮提取工艺》（《广西师范大学学报》自然科学版第1期），郭敏等的《藏药羌活鱼中总黄酮的提取工艺研究》（《西部中医药》第1期），等等。

3. 现状分析：邝婷婷等的《基于药品标准的藏药制剂品种、主治和用药特点研究》（《中国药房》第16期），研究法定药品标准中藏药制剂的品种、主治和用药特点，共纳入458种制剂，描述了各制剂被相关标准的收载情况、命名特征、剂型、药味数、主治疾病、药物分类（植物药、动物药、矿物药、其他）、高频用药、“三果”应用情况等，认为藏药制剂的品种丰富、药味数适中、固体制剂较多、临床应用广泛、植物药占多数、常用“三果”，但有国药准字号的制剂较少。

（七）藏药资源学研究

可分为藏药资源保护现状和藏药材资源学调查两类。

1. 藏药资源保护现状：关晓燕等的《青海濒危中藏药材资源持续利用研究》（《青海科技》第1期），分析了青海省濒危珍稀中藏药材的资源分布特征与现状、资源可持续利用存在的主要问题，提出应重点加大对野生资源的抚育和人工种植基地的培育，扩大资源量，提高中藏药产业发展的技术创新能力，提高资源利用度，创造青海中藏药产业发展的可持续发展模式。李照青等的《西藏濒危藏药植物资源可持续利用对策探讨》（《农业开发与装备》第5期），基于文献及在对羊齿天门冬、独一味、卷叶黄精等藏药植物进行实地调查的基础上，对西藏濒危藏药植物资源的开发现状、存在的问题及可持续利用对策进行了探讨，提出加强农牧民的藏药材资源保护意识、加快藏药产业立法进程、建立种质资源库、培训藏药材培植专业技术人才、加大对藏药资源利用的研发投入、加强与国际的技术交流等相关对策。其他还有：娘毛才让的《青藏高原藏药濒危现状及其资源保护策略》（《人人健康》第16期），完玛仁青的《浅谈青海藏药药用植物资源保护》（《临床医药文献电子杂志》第A2期），唐晓琴等的《西藏工布江达县珍稀藏药植物资源特征及其保护》（《中药材》

第3期)，等等。

2. 藏药材资源学调查：学者们采用实地调查、模型预测、遥感和GIS技术等方法开展藏药材资源分布的调查。代表性研究如：林丽等的《气候变化背景下藏药黑果枸杞的潜在适生区分布预测》(《中国中药杂志》第14期)，基于黑果枸杞149个分布数据及当代(1950—2000年)和未来(21世纪20—80年代)的气候数据，同时考虑3种温室气体排放场景，应用最大熵模型和地理信息系统软件，定量地预测黑果枸杞在我国的潜在适生区及其适生等级，确定了黑果枸杞当代适生区的分布、总面积、相对稳定区域等，认为气候变化对黑果枸杞适生区总面积及生境适宜度均会产生不同程度的双面影响，通过以气候变化为主导因素的黑果枸杞潜在适生区分布预测，为保护、开发与利用黑果枸杞资源提供指导。唐晓琴等的《藏药植物辐冠党参资源特征及可持续利用对策》(《Agricultural Science & Technology》第8期)，通过野外实地线路调查、样点—样方套—样方调查、市场调查及专家走访对西藏高原13个县的藏药植物辐冠党参资源进行了调查与分析，描述了各县辐冠党参分布面积排序、平均干重、生物量的情况，提出建立药用植物生态产业的保护区、人工栽培、更新观念、合理开发利用等建议。其他还有：李彪等的《青藏高原甘南地区龙胆科藏药植物资源调查研究》(《曲靖师范学院学报》)，张海龙等的《运用MaxEnt模型预测藏药桃儿七的潜在地理分布》(《甘肃科技》第16期)，唐策等的《基于最大熵模型的藏药翼首草生态适宜性研究》(《中国中药杂志》第10期)，洪道鑫等的《藏药狭叶红景天的资源现状调查》(《中国中药杂志》第6期)，周传猛等的《基于熵权法模糊物元模型的独一味(Lamiophlomis-rotata)适宜性分布》(《中国沙漠》第1期)，等等。

(八) 药用植物栽培学研究

本年度发表的论文较少，主要是开展藏药材种植研究，探讨与藏药材种植和生长相关的技术、环境、影响因素等。例如：泽仁旺姆等的《不同浓度赤霉素浸种对藏药植物密生波罗花种子萌发的影响》(《西藏科技》第11期)，采用10mg/kg至40mg/kg的赤霉素溶液对密生波罗花种子进行浸种催芽，结果表明，用不同浓度溶液的赤霉素对密生波罗花种子浸种24h后发芽势均有显著影响，其中以40mg/kg处理促进作用最大，对发芽率也均有显著影响，其中以40mg/kg处理发芽率最高。尹秀等的《盐胁迫和干旱胁迫对藏药甘青青兰种子萌发的影响》(《种子》第4期)，采用甘青青兰种子为实验材料，分别以不同盐浓度和 PEG－6000 浓度处理种子，观察不同浓度盐胁迫和干旱胁迫对种子萌发的影响。其他还有：刘淑艳等的《移栽措施对工布乌头群落物种多样性的影响》（《草地学报》第 6 期），孙宁阳等的《不同处理对藏药波棱瓜种子萌发的影响》（《江苏农业科学》第 7 期），李燕等的《甘南藏区植物独一味生长适宜性分析研究》（《农业科技与信息》第 7 期），达娃顿珠的《藏药材原产地保护与原产地人工种植栽培基地建设的现实意义》（《西藏科技》第 4 期），何文娟的《甘南高寒冷凉区藏药独活标准化栽培技术规程》（《农民致富之友》第 2 期）。

六、医学教育

藏医药教育方面的论文，主要是对藏医药学专业的人才培养、学科建设、教学内容和方法等问题的研究与思考。例如，央嘎等的《藏医药研究生学位论文内容的分析——以西藏藏医学院为例》（《西藏科技》第 3 期），回顾了西藏藏医学院历年的研究生学位论文及研究方向，发现在导师建设、研究方向、培养机制等方面的不足之处，剖析该院研究生培养存在的问题并提出建议。切羊让忠等的《藏医药人才培养中加强医学人文素质的重要性》（《中医药导报》第 22 期），回顾藏医药学人才培养史，探讨藏医药教育中人文素质的优势，阐述藏医药人才培养中要加强医学生人文素质教育的重要性，并提出了加强医学人文素质的建议。其他还有：卓玛的《藏医临床教学中存在的问题及分析》（《中国民族医药杂志》第 8 期）和《藏医住院医师规范化培训模式的探讨》（《中国民族医药杂志》第 12 期），谭萍芬等的《藏药营销班人才培养模式研究——以藏医学院和江西中医药大学合作办学藏药营销班为例》（《现代交际》第 19 期），闫慧茜等的《藏医的医德及其古今教育》（《中国民族医药杂志》第 6 期），松桂花的《浅析药事管理法规教学在藏医药高等教育中的必要性》（《中国民族医药杂志》第 1 期），等等。

七、现状和对策

有学者对藏医药事业或藏药产业的现状、发展、政策等进行了探讨和研究。

（一）藏医药事业

本年度发表的论文从不同角度和层面探讨藏医药学的传承和发展问题，介绍藏医药相关领域的现状，探讨促进发展的策略。例如，杨文娟等的《“一带一路”视野下传统医药的互联共存——以印度阿育吠陀医药、中医药和藏医药为例》（《辽宁中医杂志》第9期），从三种传统医学形成与发展的历史文化渊源出发，比较其医学理论、诊治方法、三果汤的应用，提出了在“一带一路”重大历史机遇下，三大传统医药体系相互合作与交流，进一步提高和完善各自的理论体系及诊疗技术，促进传统医药的传承与发展的期望。多吉次仁的《藏医药学的传统继承与现代化发展》（《临床医药文献电子杂志》第24期）认为，就藏医药学的发展趋势而言，藏医药学数据库的建立、“大数据”理念的引入以及藏医药学标准数字化管理的实现等，是藏医药学传承和现代化发展过程中急需解决的问题。《亚太传统医药》杂志编译的《藏医药在欧洲的应用、发展及监管》（《亚太传统医药》第1期）介绍了藏医药在欧洲的传播发展历程以及欧洲藏药产业质量标准化、安全应用和监管方面的现状。尕藏扎西等的《现代科技革命对藏医药发展的影响》（《中医药导报》第13期）阐述了现代科学技术的发展对藏医药发展的冲击，以及对藏医病因病机、诊断、治疗、理论、藏药现代化的促进作用，提出应吸收和借鉴现代科技的新理论、新技术、新方法，推动藏医学成为系统化、规范化、科学化的医学科学体系。其他还有：周毛吉等的《青海省藏医药科研现状调查研究报告》（《中国民族医药杂志》第7期），才让南加等的《浅谈蒙古国传统医学发展现状及其与藏医学的关系》（《青藏高原论坛》第3期），尕藏加措的《浅谈甘南藏医药学的发展与创新》（《中国卫生产业》第14期），熊佳敏等的《新媒体对受众藏医药文化认知的影响——基于拉萨市居民的实证研究》（《纳税》第32期），松桂花的《试论传统医学科学现代化——以藏医为例》（《西藏科技》第10期），白玛央珍的《强化管理 发挥藏医药特色优势》（《中医药管理杂志》第22期），次仁卓嘎等的《藏药制剂员工的基本素养问题探讨》（《西藏科技》第11期），等等。

（二）藏药产业

本年度发表的文章以探讨青海省藏药产业发展的居多，例如德吉等的《“一带一路”下青海省藏药产业的发展思路》（《畜牧与饲料科学》第3期），通过对青海省藏药产业发展的现状和优势、劣势进行分析，提出了藏药产业发展的相关对策，以期为青海省藏药产业的持续健康发展提供参考。据陶燕铎的《青海省藏药发展现状与机遇》（《青海科技》第3期）介绍，青海把藏药产业列为青海特色经济和支柱产业之一，予以政策上的扶持，目前藏药产业总产值已初具规模，文章阐述了藏药产业对青海经济的影响，分析了藏药产业当前存在的问题，并提出关于藏药产业发展的对策。其他还有研究藏药企业发展或藏药生产业务的相关问题，例如，张焱宁等的《企业人力资源流动与双元技术创新模式选择的关系——基于青海省藏药产业的一项探索性分析》（《中国商论》第10期），李丽等的《青海藏药企业品牌战略环境分析及实施对策》（《江苏商论》第4期），周怀谷的《新零售模式下的甘肃中医藏药产业体系创新性研究》（《商业经济》第5期），韩达斌等的《青海省藏药生产企业新修订药品GMP认证检查缺陷项目分析与对策研究》（《中国药事》第1期），等等。

科技部分

藏学领域的科技论文，主要介绍藏族传统科学技术方面的研究进展。本年度所发表论文和出版专著的内容涵盖传统天文历算、手工业、物理、农业、非物质文化遗产、传统科技发展的思考等。具体如下：

（一）天文历算

天文历算属于藏族传统文化“小五明”之一，又称“历算明”。本年度发表的论文主要是介绍藏族天文历算的历史、发展、内容、代表人物等。例如：贡巴扎西的《略谈桑珠嘉措教授对传承发展藏族天文历算学做出的贡献》（《西北民族大学学报》藏文版第1期），介绍了当代著名天文历算学家桑珠嘉措教授对藏族天文历算学在理论、实践和人才培养方面所做的贡献。索郎桑姆的《藏族传统天文历算中的二十八宿体系研究》（《西藏大学学报》社科版第4期），以藏族天文历算中的物候历谚语、《虎耳譬喻经》（藏文版）、《白琉璃论》等文献为研究对象，从命名、观测与研究三个方面收集并整理了藏族天文历算中二十八宿体系的起源和演变过程，认为时轮历思想传入之前，藏族天文历算中已经有了对二十八宿的系统命名和对某些星宿的初步观测，对二十八宿的系统研究始于公元9世纪印度佛经《虎耳譬喻经》传入西藏地区后。牟金保的《藏族天文历算的演进历程》（《咸阳师范学院学报》第6期），根据黄明信《西藏的天文历算》一书的第五部分藏文历算典籍《经眼录》以及崔臣群觉的《天文星算学发展简史》，把藏族天文历算演进历程大致分为藏族天文历算的萌芽、体系形成、繁荣发展以及持续发展四个时期，介绍了各个时期的天文历算家及著作，提出现有藏族天文历算是以物候历为基础，吸收《时轮历》、五行运算、《时宪历》等历法历算内容，通过多次变革而形成的一种藏民族特有的天文历算体系。其他还有：南加（ནམ་རྒྱལ）的《藏族物候历法之历史渊源探析》（《中国藏学》藏文版第4期）、傅千吉等的《藏族天文历算中的〈时宪历〉传入藏区的渊源及其发展探析》（《西藏大学学报》社科版第4期），等等。

（二）传统手工业

本年度发表的两篇论文分别关注藏族传统陶瓷、印刷术的历史和传承现状。据陈熙的《德格麦宿黑陶技艺的传承和现状》（《艺术教育》第19期）介绍，麦宿黑陶是藏族传统文化中最古老的制陶艺术，从原料的采集加工到黑陶的成型与烧制都保留着古老的制作方法。作者通过实地考察找寻古老技艺的传承人，探寻黑陶的传承方式和发展现状，试图探索黑陶可持续发展的运营模式。苏发祥的《论木刻雕版印刷术在西藏的发展及其影响》（《中央民族大学学报》哲社版第4期），介绍了西藏雕刻艺术和藏纸、木刻雕版印刷术从内地传入西藏的发展历程以及木刻雕版印刷术在西藏的影响，认为无论从科技史还是文化发展史的视角，木刻雕版印刷术在西藏的应用都具有划时代的意义。

（三）传统物理

王春英的《藏族原始计量方法探析》（《自然科学史研究》第1期），以计量方法为例研究藏族传统文化中的物理思想，在查阅文献资料、走访和调研的基础上，对藏族地区解放前后的长度、面积、容积和重量的计量方法进行了初步梳理、归纳和分析，认为这些计量方法是藏族社会生产力方式、社会制度、文化融合、市场经济发展过程中早期阶段的产物，尽管单位复杂多样且量制混乱，但仍处于不断提高的过程，在一定程度上推进了社会的发展和进步。

（四）古代农业

拉勒达的《远古藏族农业起源及年代》（《青海民族大学学报》藏文版第2期），介绍了人类原始农业的起源、文献记载的远古藏族农业起源年代的两种认识以及现代科学、考古的相关发现。其他相关的论文还有：厚宇德的《少数民族对华夏农业文明的特殊贡献——以农作物的培育及传播为例》（《兰州学刊》第6期），对古代西藏的农业活动有所涉及。

（五）非物质文化遗产

本年度出版专著1部，为张蕊主编的《西藏非物质文化遗产传承人口述实录》（海豚出版社）。该书以西藏有代表性的22位自治区级非物质文化遗产传承人为访谈对象，历时三年，通过大量田野考察而形成，全书共涉及8类22项非遗保护项目，内容涵盖西藏音乐、歌舞、绘画、手工制作、医药等多个方面，基本上呈现了西藏非遗保护名录的特征特色。书中还有数百幅配图，展示每一传承艺术的制作场景、传授过程等，将西藏非遗文化表现得更为立体。

（六）传统科技发展思考

孙英敏等的《藏区传统科技与现代科技融合发展机制、模式与对策研究》（《科学管理研究》第4期），探讨了藏族地区传统科技与现代科技的发展现状，藏族地区科技与传统的融合状况，分析了传统科技与现代科技融合的发展机制，提出藏族地区可实施的发展模式和相关对策建议。

台湾、香港藏学研究

台湾和香港近年来在藏学研究方面，与大陆藏学界蓬勃发展的情况大相径庭，在港台地区多见哲学、宗教方面的研究，尤其是对佛教教义的注疏、阐发，也有少数关于历史、社会方面的研究。港台地区的藏学研究呈不断减弱之势，除了进行藏学研究的人员、机构逐渐减少外，许多原本涉及藏学研究的刊物近几年陆续停刊，其他刊物在2017年刊载的藏学论文数量也有所下降。从2017年出版的论文、图书分析，台湾和香港藏学研究主要涉及哲学、宗教、历史、政治、社会、文学等领域。

一、哲学、宗教

美国哈佛大学哈佛燕京图书馆馆员马小鹤与台湾铭传大学应用中国文学系汪娟教授的《不空译〈尊胜咒〉综考》（《敦煌学》第33辑），将题为不空译的BD.03907（中国国家图书馆藏）、P.4501（法国国家图书馆藏）与近似的《尊胜咒》译本进行比较，集中观察不空依据不同梵本或在不同时间，选择不同的汉字去音译梵文，造成的梵咒异文。唐代不空（Amoghavajra，705—774）所译《佛顶尊胜陀罗尼咒》（简称《尊胜咒》）不仅具有诸多异本，广为流播，而且对唐代社会及信众有一定的影响力。文章详细比较了五种《尊胜咒》译本的差别，并认为造成差异的原因主要包括：早期佛经多依靠口头传播，容易造成译语不同；梵文原本自身存在差别；译者在不同的译本中、甚至是在同一个译本中选取不同的译词来对应同一个梵文字词，这或是因为对音节的取舍不同，或是音值对应的差异，或是音译用字的不同；传抄过程中造成的讹误；传授过程中添加批注的标音、断句与口授，造成对译本的修改。

台湾佛光大学佛教学系助理教授林纯瑜所作的《〈维摩诘经〉敦煌藏文写本残卷 PT610、PT611 研究》（《台大佛学研究》第 33 期），首先对比了 13 种甘珠尔传本中对应《维摩诘经》的经文，尝试通过各个版本之间的差异来构建《维摩诘经》甘珠尔传本的传承体系，分析两份敦煌藏文《维摩诘经》的写本残卷 PT610、PT611 和各甘珠尔传本之间的文句异同和关系。作者得出结论认为，依据书写类型判断，PT610 的年代早于 PT611，而从词汇、语法、句子结构等方面观察，PT610 与现存甘珠尔传本之间的差异明显，当不属同一体系。另外，作者推测 PT611 或许是廷邦玛（Them spangs ma）传承体系的先祖，但其并未显示出与蔡巴（Tshal pa）传承有任何关联。通过检视 PT610 和 PT611，作者认定《维摩诘经》不只存在一种藏文译本，且藏译本内容经历过大幅调整。

台湾法鼓文理学院佛教学系陈怡静的硕士学位论文《藏译三部〈三摩地资粮品〉之译注与研究》，研究对象是西藏大藏经丹珠尔中收录的三种《三摩地资粮品》，三部文本的作者分别是觉贤、黑尊者以及阿底峡。觉贤把三摩地支分分成九支，每一项都有详细说明，是三部当中分量最大，也是唯一有引用经论的；黑尊者把三摩地支分分成七支（第八支为补充），七支之下又分成七种项目；阿底峡则是以偈诵的方式撰写，把三摩地支分分成十三支。论文讨论了三位作者的背景、宗义思想与传承，并对三部译本的内容进行研究，包括各自的特色、支分的异同比较、所指的“三摩地”定义、宣说的对象、三部之间是否有相互影响、与其他论典的三摩地资粮的比较，以及禅定术语与非禅定术语的语词讨论、翻译等。

台湾法鼓文理学院佛教学系吴宛真的硕士学位论文《藏译本〈阿毘达磨俱舍论〉〈破执我品第九〉之译注与研究》，关注的是部派佛教时期集大成之作的《俱舍论》，第九品《破执我品》主要阐述立论者（世亲）如何一一驳斥“有我见”。其内容主要分为：阐述世亲论主总破主张“离蕴有我”者；别破犊子部（Vātsīputrīya；gNas ma bu pa）；别破某学派；别破胜论派（Vaiśeṣika；Bye brag pa）。世亲除了总破外道所主张的“离蕴有我”之外，主要篇幅在于别破犊子部、某学派及胜论派等三种学说对“补特伽罗”的错误认知。论文对藏译本《破执我品第九》进行译注，参考现有的汉文译本、汉文注疏、梵文原本及藏文注疏等，将此品翻译、整理成更易理解的白话文。而由于本品第三部分的内容，即“别破某学派”的部分，世亲并未明确指出此部分所要破除的是何学派的主张，对此，后代注疏者持有不同看法，因此作者也尝试在自己的研究中考察该问题。

台湾法光佛教文化研究所兼任教授刘嘉诚的《论月称利他为先的菩萨瑜伽行思想》（《玄奘佛学研究》第28期），从中观学派缘起性空的二谛中道观出发，探讨月称对菩萨瑜伽行的见解。首先就世间缘起的层面，月称将世俗谛视为菩萨行的基础，他对“世俗”一词的语义解释，隐含有肯定世间知识与世间道德的意蕴，显示出月称对世间广行积集善根的重视。月称主张，利他的“菩萨行”优先于自利的二乘行，唯有以利他的“菩萨行”为最优位，才能在利他中成就利己。除了善巧世俗谛方便，还须在胜义谛上有观诸法为空的智慧，修习止观双运的“瑜伽行”，积累智慧资粮。

台湾铭传大学应用中国文学系博士候选人许绢惠的《吐蕃的佛教措施与归义军前期的佛经发展》（《敦煌学》第33辑），以史籍《贤者喜宴》为主要材料，辅以敦煌文献中相关的社会文书，从佛教的视角来观察吐蕃赞普的佛教措施在朝代更迭后是否仍具有影响力，并进一步窥探敦煌归义军前期如何应对吐蕃时期遗留下来的佛教问题。文章分别从吐蕃赞普松赞干布、赤德祖赞、赤松德赞和赤祖德赞时期的佛教环境与佛教措施入手，观察其对敦煌产生的影响。这类影响主要反映在归义军前期僧尼的社会生活与民众经济上，张议潮对于吐蕃对敦煌的佛教措施，既有继承也有变更，奠定了敦煌归义军时期佛教发展的基础，其后的归义军节度使继续发展，使得敦煌归义军时期的佛教有了独特的面貌。

台湾淡江大学中国文学系谢京恩的博士学位论文《清高宗佛教信仰与政策之研究》，从清高宗宫廷世系背景着手，自清初诸帝起观察，综合涉及佛教信仰之背景，以“信仰视域”为主要核心，综合相关文献依次探讨佛教信仰与政策关系。着重以清高宗所涉及之汉传佛教与藏传佛教两大部分择要观察，同时结合实际案例，更广泛地说明清高宗之佛教信仰及其作用。作者确定清高宗有一定的藏传佛教信仰，同时指出，清高宗对于汉传佛教政策之严苛限制，不应被视为是一种“灭佛”行为。但他对待汉传佛教和藏传佛教的确存在差别，其佛教信仰的历程也有起伏强弱的时间点和侧重处。分析重要帝王人物之佛教信仰与政治作为，须更谨慎考量涉及信仰问题的文献诠解，并不能一概而论。

台湾辅仁大学宗教学系兼任副教授许明银在《金刚乘佛教的救度方法》

(《新世纪宗教研究》第15卷第4期)一文中，从金刚乘佛教的地位、印度佛教的三大主轴、五蕴及其对应的曼荼罗（坛城）、两种成就法、金刚乘佛教尊格的象征表现等五个方面着手讨论，认为金刚乘佛教由藏传佛教直接继承，其中的存在论、实践论、身体观等都保存在藏传佛教中，金刚乘佛教的即身成佛的成就法和解脱理论，鲜见于其他宗派。

吴泓哲在《超凡即圣——从密教观点探讨民间视李靖为毗沙门天王之思考进路》(《汉学研究集刊》第25期）中指出，随着佛教东传至各个国家，诸佛菩萨的造像也为适应当地的文化传统而有所改变，其中“毗沙门天王”的形象转变非常值得注意。作为佛教护法，其形象不免要与当地民众所认为的“护法”能力结合，所以其与不同文化圈内的武将、英雄这类形象结合，是可以预想的发展方式。文章透过佛教里密教系统中的“三密相印”以及有关佛教宇宙观——“天”的两种理论，讨论李靖成为“毗沙门天王”的可能原因。

邱君亮的《汉藏弥陀极乐净土法门之比较》(台湾文津出版社有限公司)，一般认为，弥陀净土法门属于汉传佛教净土宗法门，实际上在藏传佛教中也有净土法要。作者借由介绍、比较汉、藏弥陀净土法门，来彰显二者的内容与异同。首先从考察历史文献入手，包括相关经典的源流及内容，再介绍极乐净土依、正庄严，表明信、愿、行之修持要领与法要，最后从历史文献、经典内容的关系及修持作比较、分析其异同，增强了对汉、藏弥陀净土法门的认识。

Jampa Mackenzie Stewart 著，张秀惠、江涵芠译的《法界遍智全知法王：龙钦巴传》(台湾橡树林文化)，汇集了14世纪的西藏和不丹关于龙钦巴前生后世的多种生平记载。书中记载了龙钦巴自我放逐到不丹的十年中发生的故事，据称这些内容此前并不为人所知，譬如女尼毒害事件、护法惹呼拉的故事等。龙钦巴的事迹至今仍为人津津乐道，受人敬仰。

陈家伦在《面对外来佛教：佛教全球化对台湾汉传佛教僧尼的影响》(《新世纪宗教研究》第16卷第1期）中观察到，1980年代前后，台湾佛教进入一个新的发展阶段。在台湾社会的政治自由化和宗教去管制化的双重带动下，许多本土新兴的佛教势力蓬勃发展；与此同时，外来佛教陆续来台，使得台湾成为各种佛教传统汇聚的显著据点。在佛教全球化的脉络下，台湾佛教增加了多元性和异质性，给台湾僧尼提供了更多的宗教选择，扩大了僧尼之间在教理认知及实践方面的差异。文章透过问卷调查，探讨外来佛教对台湾汉传佛教僧尼所产生的影响，并借以检视当代台湾佛教变迁的样貌。调查内容包括：僧尼出国参与宗教活动的经验、对于世界知名佛教人物著作的阅读状况、对外来佛教特有的观念和实践的认知、影响僧尼个人修行的佛教人物或著作，以及如何评价汉传佛教、南传佛教和藏传佛教的优缺点等。分析结果显示，外来佛教已经通过各种途径对台湾汉传佛教僧尼产生了程度不一的影响。

二、历史、政治、社会

台湾中国文化大学史学系林冠群教授《再论唐代吐蕃军事占领区之建制》（《台湾东亚文明研究学刊》第14卷第1期），在作者前文《唐代吐蕃军事占领区建制之研究》的基础上，吸收了学界提出的不同意见并作出回应，再次对唐代吐蕃军事占领区的建制进行讨论。唐代吐蕃自身的建制及其通过历次军事行动所征服的异域，都是依据青藏高原的地形地势所划分的地理区域，再按照自身的建制概念划定行政区划。吐蕃由本部往东北攻下青海一带，由玉树地区东南而下直抵川边及云南北境，由青海一带往东北方向占领河陇地区，往西北经略西域的部分地区。作者认为，吐蕃疆域由吐蕃本部及 bDe khams 和 mDo khams 地区组成。

刘学铫在《从使者往来看唐蕃关系》（《中国边政》第209期）一文中提到，唐代与吐蕃关系密切，为甥舅之国，自唐太宗贞观年间，双方即有密切往来，并缔结和亲关系，有唐一代双方使者往来不绝，除初期唐蕃关系颇为融洽外，之后往来不甚和谐。作者据新旧《唐书》所载，辅以《册府元龟》和《资治通鉴》，认为唐蕃间虽有绵密之使者往来，但关系并非十分融洽，且往往扣留对方所派使者，文章主要利用既有的文献材料，从使者往来看唐蕃关系。

此外，刘学铫还有一篇《贡桑诺尔布、河源操子与崇正学堂》（《中国边政》第210期），讨论的是清季民初内蒙古的贡桑诺尔布，他首开办学之风，且曾聘日本女子河源操子为教师，此女乃是日本间谍，在日俄战争时，为日本提供颇多情报；辛亥武昌首义之后，贡桑诺尔布嗣袁世凯任之为蒙藏事务局、蒙藏院总裁。就培植蒙古人材而言，贡桑诺尔布居功甚伟，文章围绕贡桑诺尔布其人、河源操子及崇正学堂等相关事宜，就既有资料加以叙述。

台湾政治大学中国文学系杨明璋副教授的《唐宋之际文殊菩萨的侍从变化考论》（《敦煌学》第33辑）一文，通过唐宋时期的各式文献，特别是同一时期的中、日神异传说考察文殊侍从的变化，以及同时期民众的信仰经验，利用多种具有文学性的小说或传说性材料，进行宗教信仰的讨论，讨论了以下问题：一般认为的最早出现在文殊菩萨图像中的善财童子与文殊菩萨的关系；驭狮者从昆仑奴到于阗王的转变含义、驭狮者的身份问题；作为文殊菩萨化身的大圣老人，加入文殊图像当中的原因及象征意义；佛陀波利与文殊菩萨的关系。

村上信明的《乾嘉时期清朝与达赖喇嘛的关系：以会见礼仪为中心》（《成大历史学报》第53期），指出在18世纪末以前，驻扎西藏的清朝官员会见达赖喇嘛时，以藏传佛教的传统行叩头礼。18世纪末时，清廷废止官员在西藏进行叩头礼仪，但清朝官员不行叩头礼之后也必须尊崇达赖喇嘛的宗教权威。相对而言，嘉庆帝对清朝官员轻视达赖喇嘛之事并不关心。嘉庆帝对达赖喇嘛的敬意流于形式，清廷与西藏地方的关系虽然表面上与乾隆时期相同，但本质上已有相当的差距。

台湾成功大学建筑学系黄瑞国的硕士学位论文《1980年后“新型藏传佛学院”的空间变化研究——以色达五明佛学院为例（1980－2015）》，采用历史文献分析以及参与式观察法的田野调查，研究目的在于通过对“色达喇荣五明佛学院”1980年后的研究来分析“新型藏传佛学院”的空间变化过程。色达喇荣五明佛学院延续了“文革”时期的“临时传法空间”，又建立在新的地缘关系的土壤上，短短十年内得以迅速发展，而这个阶段，原本的临时传法空间得以固化，并形成了藏传佛学院的基本结构。这样的基本结构在觉姆与汉人的进入下，出现了“性别空间”和“汉藏交融”的新的藏传佛学院的空间结构。传统传播媒介逐渐被互联网取代，宗教市场经济发展迅猛，色达喇荣五明佛学院借助不断变动的社会土壤，将五明佛学院的空间扩张到汉地，甚至传播到海外。2008年之后，宗教政策开始放宽，色达喇荣五明佛学院的精英阶层抓住契机，学院的空间再次迎来新一轮的扩张潮，不仅原有的木制建筑开始被混凝土建筑取代，还兴建了不少商业建筑，也进行多人合住模式的探索。

金兆鸿在《青海民族概说》（《中国边政》第209期）一文中总结，青海古称西海，自远古以来就是众多民众聚居（牧）之地区。《禹贡》称其地本西戎所居，夏殷周三代时为西羌所踞，西汉时为张掖、武威、金城、陇西四郡之西塞外，及蜀之北徼外，属先零羌等诸羌地，西汉季世王莽时始置西海郡，东晋时为鲜卑吐谷浑所据，十六国时期鲜卑族秃发部之南凉也曾兼有其地，其地向为氐、羌、鲜卑诸族混居之处，隋大业五年（609）平吐谷浑，将其地（清海）置西海、河源等郡；隋末天下大乱，吐谷浑复据其地，唐太宗贞观九年（635）击破之，吐谷浑降唐，且与唐和亲，及高宗龙朔三年（663），吐蕃攻灭吐谷浑占有其地，元时为贵德州及吐蕃、朵甘思等处宣慰司，自唐至元有颇多中亚、波斯等广义西域的穆斯林进入青海地区，明武宗正德四年（1509），卫拉特蒙古入据其地，清固始汗自西北入青海。可知青海一地自古以来就是多民族聚居（牧）之地。

孟鸿的《近年海外藏情与达赖言行》（《中国边政》第209期）一文，2013—2016年媒体有关海外藏情与达赖言行，海外“西藏流亡政府”与十四世达赖喇嘛的动态与言行，从媒体报道看，尽管不再有激烈的行动和主张，而是转而提出看似温和的“中间道路”，但仔细推敲，其所谓的“在中华人民共和国框架内的高度自治”，实际上仍然是经过包装的“藏独”思维，而十四世达赖喇嘛希图维持其在国际媒体的曝光率，由于中国国力的持续增长，在国际事务上的话语权也逐渐增强，西方帝国主义操作“达赖牌”的边际效益日渐减小，即“投资”达赖喇嘛的“本益比”越来越低，十四世达赖喇嘛此时唯恐被边缘化，因而也改变诉求。

邱美玲、黄云龙在《西藏旅游资源特色与台湾游客喜好之研究》（《休闲研究》第7卷第1期）中谈到，西藏旅游资源丰富，具有独特的自然资源和人文景观，加之西藏自治区的全面建设发展，交通日渐便利，近几年吸引了大量台湾游客前往西藏旅游。文章讨论西藏旅游资源特色，并通过调查分析台湾游客对西藏旅游资源的喜好，认为西藏旅游对台湾游客的吸引力主要包括自然生态、国家公园、世界遗产、高山湖泊、藏传佛教、青藏铁路、西藏节庆、人文风俗八个方面。

三、文化、文学

台湾中原大学商业设计研究所徐逢甫的硕士学位论文《藏传佛教中的〈咕噜咕咧佛母〉涵义及特征图案设计创作与应用研究》，以藏传佛教的“咕噜咕咧佛母”为讨论对象，该佛母又称“作明佛母”“三界自在空行母”“怀柔佛母”，在汉传佛教经典中称为“酤罗菩萨”。咕噜咕咧佛母出自阿弥陀佛莲华部，属于“息、增、怀、诛”中的怀爱法。研究分为三部分：第一，借助佛教实体文物及典籍，来了解这一形象的发展脉络，并分析象征性装饰物的特征和符号涵义；第二，以案例分析的方式，分析古典佛教图像转化为现代佛教图像的例子；第三，透过各文献图例及文本的分析，尝试以重组绘制的方式将“咕噜咕咧佛母”的整体形象及法物特色呈现在插画图案设计上，重新诠释传统造型。

刘珍如、吴淑明、林东龙在《藏传佛教八吉祥图纹应用于糕饼之创作》（《东方学报》第37期）中认为，由于宗教及社会文化的影响，藏族人相信，将具有吉祥寓意的物品用于祭祀、供佛，将能得到同样的加持与祝福。作者将藏传佛教八吉祥图纹应用于糕饼上，维持传统结构要求，重新绘制适用于食品创作的图纹。八吉祥图纹在汉地被演化为象征身体各器官之投射，作者以相对应的天然养生食材，调制成八种不同颜色之糕饼，符合现今时代潮流的养生概念，辉映藏传佛教之图纹特色，具有实质及历史文化意义。

台湾中原大学商业设计研究所赵珈彣的硕士学位论文《藏传八吉祥图案应用于大中华生活圈文创商品之创作》，以藏传佛教八吉祥图案的创新运用为主，探讨将八吉祥图案寓意应用于平面设计之方式。针对藏传佛教八吉祥图案的由来、意义、发展、设计，从设计者的角度分析了这几个面向对于当地民众及宗教的影响。图纹经由设计运用于生活，这些代表吉祥、祝福、避邪、镇煞等意义的图案，通过现代文创的手法，以贴近生活、随手可及的物品的形式，提供对于宗教图案的意义更为浅显易懂的呈现。

陈伯轩在《人生/人身难得——次仁罗布小说的时空意识与身体意象》（《高雄师大国文学报》第26期）中分析，次仁罗布1992年发表第一篇小说《罗孜的船夫》，这篇小说的题材与结构相当明确简单，却彰显了一个二元对立的时空结构与文化情境。次仁罗布的小说深受佛教基本教义的影响，显现了一种世俗的肉身与灵魂的二元观。在此观念中，心识或灵魂的掌握与修持才是最为重要的，肉身不过是暂居的臭皮囊。无论美仪与陋相，都是身体成住坏空的一个暂定的阶段。全文按照上述的两个问题依次展开，第一部分先以文本分析的方式解读《罗孜的船夫》，确立此篇小说当中的时间与空间的二元对立结构，再援引其他小说内容作为佐证与论述依据。第二部分则讨论有关身体书写的篇章片段，并借助佛教基本教义来使读者理解身心二元对立下的身体形象。

傅正明所著《狂慧诗僧：邱阳创巴传奇三部曲》（台湾允晨文化实业股份有限公司），记录的是邱阳创巴仁波切（Chögyam Trungpa Rinpoche，1939—1987）即第11世创巴活佛，藏传佛教著名的狂慧大师和特立独行的浪漫诗僧。自20个世纪60年代起，邱阳创巴在西方以英文传法并写作。《狂慧诗僧》是以创巴为主人公的文学传奇三部曲。作者在创巴的丰富著述、有关传记和回忆录的基础上略加虚构，重塑了这位狂慧诗僧的艺术形象，展示了主人公周围多姿多彩的人物画廊。第一部《生死劫》，描写创巴出离西藏、流亡印度、留学英国，从一个侧面折射了20世纪60年代英美世界的精神风貌。第二部《金刚舞》，描写创巴在美国立足，与各界人士的广泛交往和艺术活动，尤其是他传授金刚乘密法的故事，进而追溯主人公的思想发展，广泛反映了70年代到80年代美国的社会生活和时代精神。第三部《彩虹梦》，描写创巴以佛教为本，融合西方灵修和东方禅宗，发展藏戏和禅剧，吸收多种文化传统的“香巴拉训练”，进一步展示主人公及其周围众多人物在美国和加拿大等地的人生际遇。

学界动态

学界动态

1 月

10—20 日

以中国藏学研究中心总干事郑堆为组长的“西藏、青海藏传佛教寺庙管理方式”调研组，分别走访了西藏拉萨、日喀则，青海海东、黄南、海南等地的十余座寺庙。调研组以访谈、座谈会等形式，对西藏和青海寺庙现有管理模式及新举措、新做法进行了调查了解，并将两地在寺庙管理模式创新方面进行横向比较，获得了相关工作的第一手资料。

11—17 日

由中国藏学研究中心藏医药研究所副所长仲格嘉任组长的专题调研组，赴四川省石渠县开展包虫病防治现状的调研。调研组深入高寒缺氧的石渠疫区，与当地政府、基层医务人员、农牧民、包虫病患者及家属、寺院僧尼等进行座谈或访谈，并形成调研报告上报。该报告得到了中央领导的高度评价和肯定性批示。

16—17 日

由四川大学和西藏大学联合主办的“西藏经济建设与社会发展”学术研讨会在四川大学召开。来自四川大学、西藏大学、四川省社会科学院、武警警官学院以及云南民族大学等单位的 30 余位专家学者参加。

会议期间，与会专家学者围绕西藏经济建设与社会发展中的资源、基础设施建设、文化与宗教、人口流动、扶贫等若干热点议题展开研讨。

24 日

中共中央政治局委员、中央统战部部长孙春兰莅临中国藏学研究中心，看望慰问中心干部职工。中央统战部副部长巴特尔、张裔炯、林智敏等领导陪同慰问。孙部长一行在藏研中心党组书记安七一、总干事郑堆陪同下，前往部分科研人员办公室与科研人员亲切交谈。

2 月

2 日

在中国社会科学研究评价中心网站公示的《中文社会科学引文索引（CSSCI）来源期刊及集刊（2017—2018）目录》中，《中国藏学》《西藏大学学报》（社科版）、《青海民族研究》等涉藏学术期刊入选核心期刊，《西藏民族大学学报》（哲社版）首次入围扩展版来源期刊。

3 月

7—15 日

中国藏学研究中心“甘南藏传佛教寺庙管理方式”调研组前往甘南州进行实地调研。调研组对拉卜楞寺、尕尔娘寺、多河寺、卡加曼寺、阿木去乎寺和贡巴寺进行了调研，并先后召开 9 次现场座谈会。此外调研组在兰州、合作和夏河等地，与当地相关职能部门进行了 8 次座谈。同时，邀请部分高校和研究机构的相关专家学者举行了 3 次座谈会。调研组还与近百位僧人、驻寺干部和群众进行了一对一的访谈和交流。中心调研组在此次调研活动中，了解了甘肃省藏传佛教寺庙管理的基本情况。

8—15 日

以中国藏学研究中心总干事郑堆为组长的专项调研组就西藏的宗教工作开展实地调研活动。调研组以座谈会、实地调查、个别访谈等形式，分别与西藏大学，西藏社科院的相关专家，西藏自治区统战部、民宗部门和佛协的相关人士进行座谈。调研组还深入基层，走访拉萨市、山南市部分寺庙的驻寺干部和僧尼，了解西藏宗教工作尤其是寺庙管理方式的相关政策和具体做法。

此次调研过程中，调研组共召集座谈会 10 次、走访寺庙 7 座、个别访谈 5

次，受访干部与僧尼多达50余人次。通过此次调研活动，调研组对西藏的宗教工作情况有了一定的了解，为藏研中心今后开展相关学术研究积累了资料。

23日

中国藏学研究中心举行以聚焦“西藏文化保护”为主题的中国记协境外记者活动中心第104期新闻茶座。来自美国、英国、法国、俄罗斯等12个国家的驻京记者，英国、比利时、新加坡、印度4国驻华使馆新闻官，港澳台驻京记者及内地各大新闻媒体的记者近百人与藏研中心的专家学者就共同关心的西藏文化保护问题进行交流。

24日

来自中国社会科学院世界宗教研究所、中国藏学研究中心、西藏大学、拉萨大昭寺、青海博物馆、台北故宫博物院、香港中文大学、日本高野山大学、尼泊尔梵语大学等机构的40余位国内外专家学者在上海召开研讨会，就抢救、整理梵、藏文等佛教经典等展开讨论。此次讨论的文献涵盖丰富，包括西藏、四川、内蒙古等地及尼泊尔、印度等国早年流散的珍贵佛典；内容包括贝叶经、纯金银锻造佛经、泥经写体、错金银写体、神秘的贡唐王朝的记载、象雄文化的珍品，也有以清朝贵族供奉的金、银和宝石镶嵌的珍贵材质为载体的佛教文献等，以及藏传佛教密宗《四续部》的《事部》《行部》《瑜伽部》和《无上瑜伽部》等文献和图像造像等。此外，还有许多文献题记中存世量极少的十多种喜马拉雅南麓藏族聚居区的地方史料。

25日

法国学者、作家索尼娅·布雷斯勒的法语新著《发现西藏》在第37届巴黎图书博览会上正式与读者见面。这是她继《深入西藏之旅》之后关于西藏的第二本著作，为法语读者打开了了解西藏的一扇窗口。

布雷斯勒是哲学与认知学博士。2007年，布蕾斯勒首次赴西藏旅游，2012年应邀访问西藏，随后历时一年用法文撰写并出版了《深入西藏之旅》。新作《发现西藏》由法国东方书局与浙江出版集团联合出版。

27日至4月21日

中国藏学研究中心举办由康噶·崔臣格桑教授主讲的“古籍文献的解读和研究方法——以青绛白央大师《俱舍论释》解读为例（续）”专题学术讲座。中国藏学研究中心、中央民族大学藏学院、中国人民大学国学院的学者和师生参加。

4 月

2 日

中央民族大学藏学研究院“藏传佛教史学术工作坊”举办学术研讨会。中央民族大学哲学与宗教学学院教授班班多杰，国家翻译局藏文翻译室主任达哇才让，中国社会科学院研究员扎洛，中国佛教协会秘书长桑杰扎西，中国藏学研究中心副研究员吉美桑珠等藏学专家、学者参加研讨。与会专家针对该团队所研究课题内容、实施方案、学术问题和注意事项等方面均提出了各种宝贵的建议和建设性意见。

5 日至 6 月 5 日

中国藏学研究中心宗教研究所研究员李学竹赴德国莱比锡大学参与《释量论庄严疏成量品》整理校勘研究项目。

6 日

西藏民族大学数据分析中心和网络舆情分析研究中心揭牌仪式暨研讨会在拉萨举行。学校党委书记、副校长杜建功同志为两个中心揭牌，校党委副书记、副校长欧珠致辞。仪式由党委副书记、副校长刘凯同志主持。

研讨会上，学校进一步研究部署了两个中心建设工作，明确了中心建设的宗旨、思路、功能等问题。学校信息化建设和网络安全工作领导小组成员单位负责人、信息工程学院专家学者及网络中心工作人员等 30 余人参加了此次活动。

12—14 日

中国藏学研究中心举办第二届外事外宣工作专题培训班，邀请来自中宣部、外交部、清华大学、中国人民大学和藏研中心的 7 位专家学者从中央涉藏外宣政策、当前国际涉藏舆情、涉藏外宣技巧等方面作专题讲座，近 400 人次到会听课。

19 日

青海民族大学民族学与社会学学院海外藏学文献翻译学科团队举办海外藏学研究专题讲座“日本藏学研究”。民族学与社会学学院尕藏杰、宗喀巴研究院特聘研究员井内真帆、藏学院更尕三位老师分别作了题为《日本藏学研究历史及现状》《日本收藏的藏文文献》《敦煌出土藏文文献〈生死法物语〉研究价值》的学术报告。

20 日

中国藏学研究中心召开新一届学术委员会换届暨课题立项会议。藏研中心党组书记安七一，总干事郑堆，副总干事柳应华，党组成员、当代所所长廉湘民及新一届学术委员会成员参加。

会议选举藏研中心总干事郑堆研究员担任藏研中心学术委员会主任。藏研中心党组成员、当代所所长廉湘民担任学术委员会副主任，藏研中心科研办主任李德成担任学术委员会秘书长。郑堆主任代表新一届学术委员会发表讲话。

新一届学术委员会委员按学科分组听取了 2017 年度中心所级课题的汇报，并对申报课题进行现场评议与投票。

22—23 日

由深圳博物馆主办的“汉藏佛教艺术研讨会”在深圳召开。清华大学尚刚教授、沈卫荣教授，浙江大学谢继胜教授，四川大学霍巍教授、熊文彬教授以及深圳博物馆、台北故宫博物院、西藏博物馆、香港中文大学文物馆、法门寺博物馆等研究汉藏佛教艺术、汉藏佛教对比研究与西藏考古研究的 16 位专家学者参加研讨。专家学者结合深圳博物馆近期举办的“曼荼罗：法门寺与唐代密教艺术”“祥云托起珠穆朗玛：藏传佛教艺术精品”等展览展品进行交流。

25—26 日

由中国藏学研究中心主办，四川省民族研究所、四川省民族研究会协办，中国藏学研究中心社会经济研究所、中国藏学杂志社、科研业务办公室，四川凉山藏学会联合承办的“藏区精准脱贫学术研讨会”在四川省凉山彝族自治州西昌市举行。来自北京、青海、甘肃、四川、西藏、广东等高校及科研机构的专家学者和政府官员 60 余人参加。

会议围绕宏观层面的贫困与反贫困、藏族地区精准脱贫模式和长效机制、藏族地区贫困与反贫困的专题研究等主题展开研讨。与会专家者交流了各自研究成果，发表了基于不同领域、不同调查研究的观点。

27 日至 5 月 15 日

中国藏学研究中心“滇川藏三省（区）结合部交通互联互通情况”调研课题组一行 9 人对云南迪庆州，四川甘孜州、凉山州，西藏昌都市交通互联互通情况进行调研。

5 月

5 日

中央民族大学宗教研究院成立仪式在北京举行。国内众多研究机构和高校的相关专家学者出席。成立仪式由中央民族大学哲学与宗教学学院院长刘成友教授主持。黄泰岩校长、牟钟鉴教授、国家宗教局陈宗荣副局长、中央统战部二局马利怀局长为研究院成立揭牌。

中央民族大学宗教研究院由牟钟鉴、班班多杰教授担任名誉院长，游斌教授担任院长，并聘请洛杉矶罗耀拉玛丽蒙特大学的亚太研究中心主任王蓉蓉担任国际推广院长。

成立仪式后，游斌院长为中央民族大学教授杨圣敏、北京大学教授赵敦华、中国人民大学教授杨慧林等20余位学术委员会委员、各中心主任、校内客座研究员颁发了聘书。之后，与会代表就中央民族大学宗教研究院的定位、愿景与规划进行了研讨。

6 日

由中央民族大学中国少数民族研究中心和民族学与社会学学院联合举办的“清代西藏与哲孟雄关系研究”研讨会在中央民族大学举行。中国社会科学院民族学与人类学研究所罗贤佑研究员、乌兰研究员，中国藏学研究中心张云研究员、黄维忠编审，中国社会科学院边疆研究所孙宏年研究员等专家学者参加。

本次会议围绕中国社会科学院近代史研究所扎洛研究员和敖见副编审翻译的《哲孟雄王统史》一书，对清代西藏与哲孟雄关系展开讨论。

8 日

青海省少数民族古籍文献整理研究与人才培训基地揭牌仪式暨首届培训班开班典礼在青海师范大学举行。青海省民宗委副主任张宗寿、校党委书记张雄伟、副校长扎布等相关领导以及首届培训班学员和民师院150余名师生出席揭牌仪式。

本次培训班邀请了北京故宫博物院罗文华研究员、中央民族大学张铁山教授和中国藏学研究中心周华研究员等专家学者授课。培训旨在提高基层少数民族古籍文献工作人员的业务素质和技能。

12 日

中国藏学研究中心与西南民族大学座谈交流会在西南民族大学举行。西南民族大学西南民族研究院、藏学学院相关负责人及专家与中国藏学研究中心相关研究人员参加座谈。中国藏学研究中心总干事郑堆、西南民族大学校长曾明出席会议并讲话。曾明校长为郑堆研究员颁发了西南民族大学藏学二级学科博士授权点（藏传佛教与藏族文化方向）博士生导师聘书（续聘）。

双方就学科建设和智库建设进一步加强合作的领域和事项进行商讨，并达成共识。会议还就国家重大文化工程项目中的中华大典藏文卷的编目工作、国家社科基金重大招标项目的联合申报、2017 年“珠峰奖”的评审等事宜进行研讨。

13 日

为纪念仓央嘉措诞辰 344 周年，由西藏仓央嘉措文化研究协会主办，西藏嘎吉林文化旅游发展有限公司协办的首届西藏仓央嘉措文化节活动在拉萨举办。

首届西藏仓央嘉措文化节活动内容包括西藏仓央嘉措文化论坛，西藏仓央嘉措文博馆开馆仪式，藏汉文诗歌、书法大赛作品展等。正式面向公众开放的仓央嘉措文博馆收集了近百种有关仓央嘉措的史料文献和相关出版物，集中介绍了仓央嘉措的生平事迹及其母系嫡传后裔等情况。

13 日

国家语言文字工作委员会系统支持的首个民族语言文字网站——西藏藏语言文字网在拉萨改版上线。西藏藏语言文字网是自治区最早设有“藏文版”和“中文版”两个版本并同步更新相关内容的网站。

14—21 日

由中国藏学研究中心当代研究所王小彬研究员任团长的藏学家代表团访问意大利和德国。访问期间，代表团与当地官员、议员、学者、媒体人士进行广泛交流，并与我驻外使领馆进行座谈。

17—26 日

由中国藏学研究中心总干事郑堆任团长的中国藏文化交流团访问斯洛伐克、乌克兰、瑞典三国。访问期间，交流团与三国议会议员、政府官员、专家学者、大学师生、媒体界人士等广泛交流，进一步加强了中东欧方向的涉藏外宣工作。

17 日

青海省社会科学院在西宁召开“青海宗教关系研究中心”成立仪式暨选题征询会议。省委常委、统战部长公保扎西和杨逢春副省长共同为“青海宗教关系研究中心”揭牌。与会领导向研究中心特聘顾问和研究员颁发了聘书。揭牌仪式后，在陈玮教授的主持下，与会专家学者对提交的宗教关系研究选题进行了认真讨论，初步确定了10项调研课题。

19 日

藏传佛教第十三届高级学衔、第五届中级学衔授予暨第四届经师资格证书颁发仪式在北京西黄寺中国藏语系高级佛学院举行。

中国佛教协会副会长、藏传佛教学衔工作指导委员会主任、中国藏语系高级佛学院院长嘉木样·洛桑久美·图丹却吉尼玛活佛，分别向13名获得“拓然巴”高级学衔的学僧和16名获得“智然巴”中级学衔的学僧颁发了学衔证书，向24位经师资格获得者颁发了经师资格证书。

26 日

中华全国新闻工作者协会组织奥地利新闻代表团一行6人访问中国藏学研究中心。代表团就我国对西藏传统文化的保护与发展工作及我国民族宗教政策进行了解。

31 日

著名民族宗教文物收藏家、鉴赏家，辽宁省阜新市政协文史馆馆长海春生向西藏大学图书馆捐赠20函北京木刻版藏文古籍。捐赠仪式在中国藏学研究中心举行。西藏大学西热桑布研究馆员、才项南杰副研究馆员、更尕易西副研究馆员和贡布多加出席捐赠仪式，仪式由图书馆樊海平副馆长主持。

海春生先生此次捐赠的藏文古籍，均属于清康熙、雍正、乾隆三朝时期北京地区雕版印刷的版本，涉及医药、文学、历法、宗教等多方面。其中不乏珍本、孤本，部分书籍为罕见的藏文古籍经折装形式。

5—7 月

中国藏学研究中心组织7支调研团队，由领导班子成员带队，分赴上海、四川、云南、西藏、陕西、甘肃、青海等地开展调研工作，先后与17家涉藏研究机构和14所高校进行座谈，听取意见建议，密切双方联系。

6 月

3 日

中国藏学研究中心总干事郑堆、科研办主任李德成等一行四人前往青海师范大学民族师范学院开展学术交流活动。扎布副校长、民族师范学院副书记吉太加、多旦教授等专家参加交流活动。

扎布副校长向郑堆总干事介绍了学校的校区建设、发展目标、发展理念、发展方向、办学特色、学科建设等情况，并围绕民族师范学院专业建设、民族教育国家标准建设、学术研究、学生就业、藏汉双语教材和专家文库建设情况以及历代班禅文集整理工作进展情况作了重点说明。

郑堆代表中国藏学研究中心向青海民族大学捐赠国家级重大社科项目成果《西藏通史》一套8卷13册。

6—11 日

由中国藏学研究中心、中国驻尼泊尔大使馆、中国西藏文化保护与发展协会、尼泊尔阿尼哥协会联合举办的“中国西藏文化·加德满都论坛”在尼泊尔首都加德满都举行。中国藏学家代表团，尼泊尔政界、经济界、学术界、新闻界人士，以及旅尼友好藏胞等共100余人参加开幕式。

6日上午，论坛开幕。中国驻尼泊尔大使于红、中国藏学研究中心副总干事安七一、尼泊尔副总理兼财政部长马哈拉、尼泊尔前总理尼帕尔、尼泊尔阿尼哥协会主席塔姆等出席开幕式并致辞。马哈拉副总理、安七一副总干事为论坛开幕式点灯。开幕式上，安七一副总干事向尼泊尔副总理兼财政部长马哈拉赠送了中华大藏经《甘珠尔》，于红大使向塔姆主席赠送《西藏通史》。与会嘉宾为“今日西藏”图片、图书展剪彩，并与参会学者共同参观了图片展。

6—7日，来自中国藏学研究中心的12位学者与15位尼泊尔学者参加“中国西藏文化·加德满都论坛”，围绕中尼文化交流、传统文化的保护与发展、西藏教育、医疗、脱贫攻坚、藏传佛教活佛转世、尼泊尔的佛教艺术等主题进行对话和交流，进一步增进了尼泊尔学术界对中国保护与发展民族文化以及西藏经济社会发展情况的了解，同时中国学者深入了解了尼泊尔文化的历史渊源，密切了两国学术界的联系，形成了许多学术共识，巩固了中尼友好的社会基础。

9—10日，中国藏学研究中心副总干事安七一带领部分学者到蓝毗尼开展学术交流活动。中方学者访问了蓝毗尼佛教大学、蓝毗尼国际研究学会图书馆、中华寺，并赠送了藏研中心编纂出版的《西藏通史》《萨迦五祖文集》《诸佛菩萨圣像赞》等书籍。访问期间，代表团与蓝毗尼议员、地区行政官、检察官、军警总监及蓝毗尼开发委员会秘书长、总设计师等当地官员和学者进行了座谈。

19 日

意大利佛罗伦萨美蒂奇国际学院学者巴伦迪博士一行 4 人到中国藏学研究中心进行学术访问。双方就进一步加强相互联系、推动学术交流进行探讨。

22—28 日

来自英国的藏胞勒龙（Lelung）活佛在中国藏学研究中心与中心学者就保护和抢救古籍文献交流座谈。

29 日

人力资源和社会保障部、国家卫生计生委和国家中医药管理局在北京联合举办国医大师、全国名中医表彰大会。青海省藏医院主任医师尼玛荣获“国医大师”称号。青海省藏医院主任医师桑杰、西藏日喀则市藏医医院主任医师朗嘉、西藏自治区山南市藏医医院主任医师格桑平措、西藏藏医学院教授旺堆获得“全国名中医”荣誉称号。

30 日

由青海师范大学、春晖计划留德博士团共同主办，留德人才交流协会、青海师范大学生命与地理科学学院共同承办的“中德青藏高原资源利用与生态环境保护学术论坛”在青海师范大学召开。来自德国、俄罗斯、澳大利亚 6 位国外专家，6 位教育部春晖计划留德博士团成员，以及中国科学院地理科学与资源研究所、西北高原生物研究所、北京师范大学、兰州大学、青海大学等省内外高校和研究机构的数位学者参会并作报告。报告场次达 22 场，参会总人数 200 余人。

论坛主要围绕青藏高原生态环境保护和资源利用两个方向展开。各位专家就退化高寒草地生态系统恢复与重建、地上/地下生物多样性关联与生态系统功能、高寒草地植物物候对模拟增温的响应、土壤微生物多样性与生物化学过程的关系、气候变化背景下高寒牧区适应策略、极端气候防灾减灾应对措施等多个科学问题作了深入交流。

7 月

1 日

青海民族大学举办第三届青藏高原法治论坛。来自中山大学、同济大学、西北政法大学、西藏民族大学等高校的50余位专家学者围绕“一带一路”建设过程中我国遇到的涉外法律问题、民族宗教问题、青藏高原生态环境保护、三江源国家公园体制改革、青海非物质文化遗产保护等问题展开交流。

6 日

由甘肃省文化厅主办，西北民族大学承办的“‘一带一路’建设背景下西部少数民族非物质文化遗产传承与发展”论坛在兰州召开。西北民族大学党委书记邓光玉，甘肃省文化厅副巡视员王春生、公共文化处副处长刘卫华，中央民族大学、兰州大学、中国艺术研究院、中国艺术人类学学会、敦煌研究院等高校、研究机构的相关专家学者参加。

论坛旨在搭建“一带一路’建设背景下西部少数民族非物质文化遗产传承与发展”交流平台，研讨“一带一路”西部少数民族传统手工艺与文化产业发展、非物质文化遗产传承人的培养、少数民族非物质文化遗产的艺术人类学研究等议题，更好地服务“一带一路”建设。

6 日

中国藏学研究中心接待了中国共产党中央委员会对外联络部组织的意大利议会“中国之友”协会代表团一行6人。代表团就我国的民族宗教政策、西藏及涉藏工作重点省相关情况进行交流，表示希望进一步增强友好往来。

6—7 日

由青海民族大学主办，青海民族大学宗喀巴研究院承办的第三届宗喀巴学术研讨会在青海民族大学召开。来自中国社会科学院、中国藏学研究中心、北京大学、中央民族大学、河南大学、内蒙古师范大学、西藏大学、西北民族大学、青海师范大学、甘南民族学院、青海民族大学等科研机构和高校的专家学者参加。

开幕式由宗喀巴研究院副院长扎西才让主持，青海民族大学副校长马成俊教授、塔尔寺寺管委员会副主任罗藏昂秀分别致辞。宗喀巴研究院院长何峰教授、北京大学萨尔吉教授作了主题发言。40余位专家学者围绕宗喀巴大师生平、哲学思想、因明逻辑、艺术特征、文学特色、文化传承及宗喀巴大师思想的影响和传播情况开展了研讨。

8—9 日

第三届藏传佛教教义新阐释研讨会在西藏佛学院举行。来自西藏自治区区内外的藏学专家学者以及西藏佛学院全体教职学员共计500余人参加。本次研讨会就"勤学佛法、争做新时代僧尼""人生暇满难得、珍爱生命"等主题内容分成三个小组进行讨论。

10 日

中国藏学研究中心宗教研究所研究员李学竹赴奥地利科学院开展《入中论》校勘工作。

15 日

西藏自治区文联组织开展的《西藏文学》创刊40周年系列文学活动在拉萨举办。来自内地的作家、文学研究专家以及《西藏文学》的作者、读者近50人参加交流。此次系列活动不仅有围绕西藏文学创作现状进行的专题研讨，还有著名诗人哨兵和中国社科院文学研究所《文学评论》副主编刘艳在西藏图书馆举办的文学讲座等。

15—16 日

由兰州大学历史文化学院藏缅阿尔泰研究所主办的首届藏蒙医学学术研讨会在兰州大学召开。来自中国中医科学院、西藏自治区藏医研究所、青海省藏医学院、西南民族大学、西北民族大学、成都中医药大学、甘肃藏医学院、青海金诃藏药集团、青海省中藏药管理局等全国近10所高等院校与研究机构的专家学者参加。与会专家学者就有关藏蒙医学的研究，结合历史学、人类学、传统医学等学科进行交流。

18 日至 9 月 2 日

由中国藏学研究中心副总干事柳应华任组长的专题调研组一行8人，赴西藏拉萨、日喀则、阿里、那曲、山南就高高海拔地区群众生存发展和搬迁、重大疾病现状、西藏产业发展等课题进行实地调研。

19 日

由西藏大学和西南财经大学联合主办，西藏大学财经学院承办的第四届西藏经济与金融发展论坛——城市化与西藏城镇化在拉萨举办。来自西南财经大学、西藏大学的70余位专家、教师参加。

论坛由西藏大学财经学院贡秋扎西院长主持，西藏大学杨丹副校长出席论坛并致欢迎辞。参会专家围绕城市化这一主题展开主旨演讲。当天下午，论坛就西藏城镇化问题举办了圆桌会议，与会专家和教师就西藏城镇化问题进行探讨和交流。

19 日

由西藏大学主办，西藏大学科研处、西藏大学教育学院、西藏大学医学院承办、华南师范大学协办的以“高原脑科学”为主题的“西藏大学第二届高原脑科学高峰论坛暨西藏大学——华南师范大学高原脑科学研究中心揭牌仪式”在拉萨举行。西藏大学纪建州校长、华南师范大学刘鸣校长、中国心理学会白学军理事长、华南师范大学脑科学与康复医学研究院翁旭初常务副院长以及来自国内 14 个知名高校和科研院所的专家学者和西藏大学教育学院、医学院的 30 余名师生参加会议。

19—26 日

国务院新闻办公室组织云南歌舞团和西藏专家交流团到英国、爱尔兰两国开展“感知中国——中国西部文化行”活动。西藏专家交流团在英国伦敦、爱丁堡和爱尔兰都柏林进行了为期 6 天的访问。交流团与英国、爱尔兰两国有关媒体、研究机构、政府部门、高校等开展交流，增进了解，促进合作。

21—23 日

由西北民族大学和青海省河南蒙古族自治县人民政府主办，西北民族大学蒙古语言文化学院、河南自治县文体广电旅游局、西北民族大学中国语言文学学科、西北民族大学民族学学科承办的蒙藏关系及蒙藏文化交流国际学术研讨会在河南县召开。来自中国、俄罗斯、蒙古、英国、美国、奥地利等国家的 100 余名专家学者参加会议。

会议期间，专家学者以历史文献、语言文学、宗教文化为主题，开展“一带一路”视野下的蒙藏文化交流国际学术研讨会分组讨论，并考察了宁木特镇亲王府和县黄河南历史文化博物馆。

22—23 日

由中国逻辑学会因明专业委员会、杭州佛学院及中国藏学研究中心主办，浙江大学佛教资源与研究中心承办的第二届国际因明学术研讨会暨第 13 届全国因明学术研讨会在杭州召开。来自美国、德国、日本、印度及国内各大高校和科研机构的百余位专家学者参加。浙江大学人文部主任黄华新教授、浙江省民宗委副主任莫新福博士、杭州佛学院常务副院长刚晓法师，中国藏学研究中心总干事、因明专委会主任郑堆先后致辞。

本届研讨会分别对印度因明与比较逻辑、汉传因明、藏传因明及清辨与因明等四大议题进行探讨。与会代表桂绍隆、郑伟宏、达哇、S. R. Bhatt 教授分别进行大会发言。

23 日

尼泊尔阿尼哥协会主席塔姆到中国藏学研究中心访问。双方就尼泊尔藏胞情况、中心与尼泊尔学术交流常态化等进行交流。

28 日至 8 月 15 日

由中国藏学研究中心社会经济所科研人员组成的中国藏学研究中心课题组，赴西藏那曲市班戈县、日喀则市南木林县、山南市扎囊县、拉萨市曲水县进行调研。课题组先后与西藏自治区发改委、扶贫办等相关部门和班戈县委政府、扎囊县委政府等市县座谈 6 次，走访自治区厅局 4 个，访谈农牧民群众 160 余人，与 20 多位各级干部交流，取得了第一手调研资料。

8 月

1—2 日

中国故宫博物院藏传佛教文物研究所所长、研究员罗文华带队在四川甘孜州石渠县真达乡嘛达村嘛达寺内一座长期封闭的护法殿发现保存完整的明代壁画和泥塑雕像。这是迄今为止当地发现的最为重要的藏传佛教遗存之一。石渠的发现是甘孜州最北明代藏传佛教壁画和雕塑分布点，也是首次在石渠发现明代藏传佛教经堂。

7 日

由外交部组织，来自德国、意大利、拉脱维亚等六国的 7 名经济学家、政治学家、汉学家等组成的“周边和欧洲部分国家专家学者访问团”来中国藏学研究中心进行学术交流。中心学者以“中国共产党的西藏政策与实践”“西藏及其历史”为题发表学术演讲，并与外国专家学者就进一步开展学术合作进行探讨。

8 日

国家新闻出版广电总局正式批准西藏农牧学院创办《高原农业》期刊。《高原农业》由《西藏农牧学院学报》发展而来，主要刊载以高原种植业、畜牧业为主的高原农业科研成果，促进学术交流，推动成果转化，提高高原农业发展水平，服务西藏经济社会发展。

9日

由文化部恭王府博物馆、中央民族大学哲学与宗教学学院、国医健康联盟（北京）医学研究中心联合主办，北京古旺今来艺术文化有限公司承办的“相由心生——唐卡艺术精品展”在中国国家博物馆举行开幕仪式。中国藏学研究中心党组书记安七一，文化部恭王府博物馆馆长孙旭光，中国国家博物馆副馆长李六三，中医药大学党组书记徐安龙，北京大学宗教文化研究院名誉院长楼宇烈，北京大学教授宋向光，西藏美术家协会主席韩书力，中国社会科学院世界宗教研究所黄夏年等以及来自北京藏学界、书画界、佛教界、学术界等有关部门的领导、专家学者近百人出席开幕式并参观展览。

12—15日

由新疆社会科学院杂志社主办、《西域研究》编辑部承办的“历史上的新疆与西藏关系”学术讨论会在乌鲁木齐召开。来自全国各地的相关专家、学者50余人参加。

文物出版社原总编葛承雍教授、中国藏学研究中心历史研究所所长张云研究员、新疆社会科学院原副院长苗普生研究员、敦煌研究院民族宗教文化研究所所长杨富学研究员和新疆社会科学院院长王欣教授作了大会主题发言。之后，研讨会分组围绕历史上的新疆与西藏关系；历代中央政府治理新疆、西藏比较研究；中外文化交流视野下的新疆与西藏；吐蕃对唐代西域政局的影响；藏传佛教在新疆的传播；解放军挺进阿里与西藏和平解放等六大议题进行研讨。

13—15日

“中国西藏·扎西德勒”西藏文化月活动在非洲尼日利亚进行。来自中国驻尼使领馆、中国文化中心汉语班、马来西亚驻尼使领馆、尼日利亚艺术界等近百位嘉宾参加活动。

此次活动共展出了50余种近百件西藏原创特色文创产品。西藏的民族传统艺人还邀请了当地参观者进行藏文书法、西藏非遗风筝制作、藏族编织、藏棋以及藏族木雕板拓片等技艺体验互动。

14—23日

以中国藏学研究中心宗教研究所所长周炜为团长的中国藏文化交流团先后访问蒙古国、俄罗斯和日本。在出访期间，交流团通过座谈交流、举办“今日西藏”报告会、走访寺庙、接受采访、讲经义诊等形式，介绍西藏发展进步情况，生动解读藏文化和经济发展现状。

14 日

中宣部邀请的蒙古记者团一行 14 人到中国藏学研究中心进行访问。中心学者向记者团介绍了中央政府治藏政策和方略，以及西藏经济社会发展和文化保护情况。

14 日

由中国和平统一促进会组织的大洋洲统促会联合访问团一行 27 人访问中国藏学研究中心。藏研中心党组书记安七一主持座谈，并介绍了海外藏胞的发展状况等。

18—21 日

由中国藏学研究中心及中国西藏文化保护与发展协会共同主办的第四届中国藏学研究珠峰奖评审会在中国藏学研究中心举办。中国藏学研究中心党组书记安七一，总干事郑堆，副总干事柳应华、华彦龙，党组成员、当代研究所所长廉湘民以及中国藏学研究珠峰奖评审委员会全体成员参加。

第四届珠峰奖评审会经过四天的评审工作，最终评选出一、二、三等奖共 53 项，青年优秀成果奖共 4 项。《西藏通史》被评选为特别奖，拉巴平措（藏族）、诺章·吴坚（藏族）、蒲文成、多识·洛桑图丹琼排（藏族）、赛仓·罗桑华丹（藏族）、陈庆英 6 位对我国藏学事业的发展作出杰出贡献、在国内外具有较大影响、德高望重的著名藏学家获得中国藏学研究珠峰奖荣誉奖。

18—19 日

由青藏高原生态畜牧业协同创新中心主办，西南民族大学承办的以“新时期、新阶段、青藏高原草牧业发展新思路”为主题的第三届青藏高原论坛在西南民族大学召开。来自兰州大学、中国科学院内蒙古草业研究中心等全国 20 余家高校、科研机构和企事业单位的 80 余名专家学者参加。本次研讨会围绕青藏高原现代草牧业的发展展开讨论，共有 12 名专家作了大会报告。

21 日

中国藏学研究中心藏文文献资源数据中心在藏研中心正式成立。中央西藏工作协调小组办公室副主任、中国西藏文化保护与发展协会副会长斯塔，中国藏学研究中心党组书记安七一，中央统战部七局副局长张利芳等领导及第四届“中国藏学研究珠峰奖”评审委员会全体成员，中国藏学研究中心部分学者参加成立仪式。郑堆主持成立仪式。斯塔与安七一共同为中国藏学研究中心藏文文献资源数据中心揭牌。

中国藏学研究中心自 2015 年开始启动藏文古籍文献收集整理工作，目前已收集到北京、西藏自治区以及青海、甘肃、四川等地藏族地区的40000余函（部）藏文古籍文献资料。数据中心成立后，将进一步整合资源，积极开展藏文文献的收集整理、编纂、研究和开发利用工作；借助大数据等前沿技术做好录入、归档；逐步建立健全存储、保护、查询和使用系统，以期逐步发展成为我国最大、最权威的藏文文献资源数据中心。

25日

中国藏学研究中心接待了中国共产党中央委员会对外联络部组织的奥地利自由党代表团一行3人。中心学者向代表团介绍了西藏经济社会发展的良好态势和民族区域自治制度对推动西藏发展的重要意义，回答了代表团的问题。

28—29日

由中国社会科学院当代中国研究所主办，西藏大学西藏经济文化研究中心、中国少数民族社会经济协同发展创新中心联合协办的“治边稳藏战略与西藏文化发展”学术研讨会在拉萨举办。中国社会科学院、中国人民大学、湖南社会科学院、新疆维吾尔自治区党史研究室、西藏自治区党委宣传部、西藏自治区直属机关工委、西藏自治区政府研究室、西藏自治区社会科学院、西藏大学、拉萨市行政学院等相关机关、院所专家参加。

西藏大学党委副书记、校长纪建洲出席并致开幕辞。中国社会科学院当代中国研究所副所长武力作主旨发言，西藏自治区社会科学院党委书记、副院长车明怀作主旨报告，西藏大学党委委员、副校长张兴堂主持开幕式。

与会专家分别围绕“治边稳藏战略及实践”“政治与经济建设”“社会治理”“文化建设”作了相关报告。会议期间，与会领导专家还参观了西藏大学藏文古籍典藏室、藏文信息技术研发中心、唐卡展览室。

28—29日

由四川大学中国西部边疆安全与发展协同创新中心（CWF）主办的以“西部边疆安全与发展”为主题的第五届西部边疆安全与发展研讨会在成都召开。来自全国90多所高校和科研院所的200余位专家学者参加。

研讨会分6个分论坛，分别围绕西藏和涉藏工作重点省经济社会发展分论坛、“一带一路”背景下的中国新疆与中亚分论坛、非传统安全前沿与边疆安全方略分论坛、西部贫困与精准扶贫实践分论坛、历史与现实：边疆理论与治理实践分论坛及南亚与“一带一路”建设等主题进行研讨。

9 月

1 日

中国藏文化交流团在新西兰最大城市奥克兰举办中国西藏文化主题展，以图片展结合文艺演出，多方位展示西藏自治区的自然景观、风土人情和经济发展。

主题展期间，交流团还举行新闻发布会，与当地媒体会面并解答有关西藏发展的问题。奥克兰是交流团此行访问的最后一站。此前，交流团访问了澳大利亚的悉尼与堪培拉，与澳政府官员、智库、媒体记者等举行了多场交流活动。

8 日

中国藏语系高级佛学院建院 30 周年纪念大会在北京举行，中央统战部常务副部长张裔炯出席会议并讲话，国家宗教局局长王作安主持会议。中央和国务院有关部门、有关团体负责人，西藏和涉藏工作重点省藏语系佛学院代表等 180 多人参加纪念会。

10 日

由全国藏语媒体协作会主办，中共四川省委《四川党的建设》杂志社承办的第十七届全国藏语媒体协作会议暨首届全国藏语媒体融合发展研讨会在成都举办。来自北京、西藏及青海、甘肃、云南、四川四省的 60 多家藏语媒体单位的 100 余人参加。

参会代表对 2016 年 7 月至 2017 年 6 月期间各媒体发表的 310 篇藏文参评作品进行评审。会议逐条讨论审定了各媒体提交送审的 220 条新词术语，统一规范、公开发布了 128 条。

10—11 日

由浙江大学汉藏佛教艺术研究中心主办的“边地考古、艺术与社会：第一届喜马拉雅跨区域研究青年学者工作坊”研讨会在杭州召开。来自弗吉尼亚大学、莱比锡大学、西北师范大学、重庆大学、中国社会科学院、西南民族大学、西北民族大学、中国藏学研究中心等国内外学术机构近 20 名青年学者参加。浙江大学谢继胜教授、复旦大学纳日碧力戈教授担任点评人。青年学者们围绕跨喜马拉雅地区考古学、艺术史、民族史等领域展开研讨。

11—13 日

由青海民族大学与中国社会科学院近代史研究所联合主办，青海民族大学民族学与社会学学院承办的 2017 “转型与治理：近代中国与西北边疆”学术研讨会在西宁召开。来自中国社科院、近代史所、民族学与人类学所、中国边疆研究所，厦门大学、暨南大学等高校和科研机构的省内外专家学者 48 人参加大会。

本次近代史学会设有六场专题，分别聚焦于近代藏族地区社会研究、青海治理研究、近代西北研究、中国近代史研究、边疆治理研究和近代新疆研究。

14—15 日

由中国社会科学院中国边疆研究所主办的“边界问题与治边稳藏”学术研讨会在北京召开。来自中国社科院、外交部、中国改革开放论坛、清华大学、复旦大学、中国藏学研究中心、上海市社科院、军科院等多家智库和科研单位的 30 多名专家学者围绕“边界问题和治边稳藏”议题进行研讨。

15 日

中国藏学研究中心接待了由中宣部组织的俄罗斯记者团。记者团就十四世达赖“中间道路”、藏传佛教僧人入寺年龄及其在寺院生活学经情况进行提问。中心学者深刻剖析了十四世达赖“中间道路”的实质，介绍了藏传佛教僧人入寺、学经、生活等有关问题。

18 日

驻印度孟买总领馆组织的印度耆那教代表团一行 8 人访问中国藏学研究中心。代表团与中心学者就宗教研究等进行了学术交流，并参观了西藏文化博物馆。

22—24 日

由西藏解剖学会主办，西藏大学医学院承办的西藏解剖学会成立大会暨 2017 年西藏解剖学会学术交流会在拉萨召开。来自国内各个省市的 140 余名人体解剖学、组织学与胚胎学、医学影像学、医学教育学等领域的专家学者参加。

学术交流会期间，16 位专家作学术报告。会议还安排了展示专区，先后对数十件解剖学相关设备、制作标本、模型、图片等进行了展示交流。

25 日

由《西藏大学学报》编辑部和西藏大学文学院主办的南京大学中国社会科学研究评价中心与西藏自治区学术期刊负责人座谈·培训会在拉萨召开，30

余名相关人员参会。

与会代表就藏学研究的热点、办刊质量提升、编辑梯队建设等方面提出了建设性意见。

27 日

西藏大学入选由教育部、财政部、国家发展和改革委员会公布的世界一流学科建设高校名单。

29 日

民族医药学科发展研讨会在西南民族大学召开。国家民委原专职委员、中国民族医药协会常务副会长、秘书长李文亮，西藏自治区藏医医院原院长、国医大师占堆主任医师，国家民委特聘藏医药专家、中国民族医药协会副秘书长孙亚丽等专家学者受邀参加。

会议期间，与会专家就“藏药的现代研究与二次开发”“藏药专业的办学历程与经验”“民族医药学科体系的建立与思考”“瑶医药的发展历程与保护”“彝族医药的传承与整理”等主题展开讨论。

30 日

西藏大学珠峰研究院揭牌仪式在西藏大学举行。

第十二届全国政协常委、经济委员会副主任，北京大学国家发展研究院名誉院长、教授，北京大学新结构经济学研究中心主任林毅夫，自治区人大常委会副主任、西藏大学党委书记尼玛次仁分别致辞，并为西藏大学珠峰研究院揭牌。

西藏大学珠峰研究院是由西藏大学、西南财经大学及其他对口支援高校共建的高层次、跨学科研究平台，将为西藏长足发展和长治久安提供人才和智力支持。

30 日

由中国西藏文化保护与发展协会、中国藏学研究中心联合出品的国内首部民族志纪录电影《凡尘净土》在拉萨首映。中国藏学研究中心专门组织专家学者参与了该片的制作、评审和宣传等相关工作。

该影片曾作为第六届北京（国际）藏学研讨会唯一指定观摩影片首次放映，引起海内外专家学者热烈反响。被国际藏学专家、国外友人和电影节评委誉为“融入藏文化之魂的纯净心灵之作”。

影片已荣获第五届温哥华国际华语电影节“红枫叶”最佳纪录片大奖，第26届中国金鸡百花电影节民族影展优秀奖等国内外奖项。这是西藏电影史上由本土团队创作、本土导演执导的纪录电影首次荣获国际电影节大奖。

10 月

6—7 日

以“身心健康——跨越界线”为主题的世界中联藏医药专业委员会第三届学术年会暨藏医心身医学学术研讨会在美国哈佛大学医学院召开。来自国内藏医药界包括西藏自治区藏医院、西藏藏医学院、中国藏学研究中心、成都中医药大学、青海大学、青海师范大学、青海民族大学、青海久美藏药药业有限公司、青海省果洛州喜马拉雅藏医药学会等机构的40余名藏医药学者参会。

大会举办了6场专题会议、1次圆桌讨论会议，共有36位学者（国内学者9名，国外学者27名）作了专题演讲，报告内容涉及藏医基础理论、临床实践、诊疗方法、国际传播、藏药现代研究、藏医与现代科学相结合的心身疾病研究等，展示了各自研究领域的最新成果。

18 日

中国藏语系高级佛学院交流团应台湾传统伦理文化发展协会邀请抵达台湾，开展佛教文化交流访问。此次交流团成员主要由第十四届“拓然巴”高级学衔班的萨迦派和格鲁派学员组成。中国藏语系高级佛学院一行在台湾陆续开展辩经展示、汉藏融合祈福法会、参访座谈等系列活动。

23 日

国内首部古藏文抄本文献注解本——《古藏文苯教手抄珍本文献》出版发行，这也是古藏文抄本文献领域迄今为止最为系统、全面的古籍文献。

《古藏文苯教手抄珍本文献》内容主要涉及佛教未传入之前的吐蕃本土文化传统，包括创世纪神话、古老的三界宇宙观、山神崇拜、各种原始苯教教义以及藏族古代各种祭祀仪式颂文等。《古藏文苯教手抄珍本文献》首次对苯教抄本文献进行了逐行对照转录，并对文献中的合成字和缩写字做了破解还原，一些苯教特殊术语、数字替代字、特殊符号等疑难字符得到注释和解读。

28—29 日

由中国西藏文化保护与发展协会、中国藏学研究中心联合主办，中国藏学研究中心历史研究所、甘肃省武威市人民政府联合承办的纪念凉州会谈770周年学术研讨会在甘肃省武威市举行。来自北京、江苏、西藏、甘肃、四川、陕西等地高校、科研院所的30余名专家学者及相关领导参加。

研讨会围绕“凉州会谈的历史及意义”“元朝中央政府治理西藏”“蒙藏关系史研究”“武威地区相关历史、事件和人物研究”等主题展开研讨，近20名专家学者作了主题报告。此外，会议还以丝绸之路及蒙古、藏、西夏政教关系史的视角，对武威各个历史时期的重要文化遗存以及杰出人物展开讨论。

28—30日

由中国社会科学院民族文学研究所和西北民族大学共同主办的“2017年中国多民族《格萨尔》研讨会”在兰州举行。全国《格萨（斯）尔》工作领导小组办公室主任、中国社科院《格萨尔》研究中心主任诺布旺丹研究员，全国《格萨（斯）尔》工作领导小组办公室原主任杨洪恩研究员，中国比较文学学会常务理事、中国多民族文学研究会会长、四川大学文学院徐新建教授等专家学者以及来自青海、新疆、内蒙古、甘肃等地相关专家、说唱艺人等参加。

会议期间，专家学者共同探讨了《格萨尔抄本世家》《全球化语境下格萨尔新的学术话语体系的构建》《中国文学整体中的格萨尔》《玛纳斯诗学》《格萨尔风物传说的文化旅游价值》等研究专题。

28日至11月2日

中国藏学研究中心宗教研究所德吉卓玛研究员受邀赴台湾参加“2017年纪念涵静老人学术研讨会暨庆祝中华宗教哲学研究社成立四十周年学术研讨会”。

30日

世界上最长的藏戏主题钢笔画《卓瓦桑姆》在拉萨举办首展。此幅画卷经世界纪录认证（WRCA）审核，被认证为“世界上最长的藏戏主题钢笔画”。作品内容以传统藏戏《卓瓦桑姆》为背景，涵盖了藏戏鼻祖唐东杰布画像、藏戏服饰、面具、舞蹈动作、首饰，以及藏戏演出的场景等。

30日

阿根廷中国文化发展基金会会长钟清教授来访中国藏学研究中心。双方就藏医人才培养，在阿推广藏医药和宣传西藏文化等方面开展交流座谈。

11月

2日

“保护与发展——叶星生西藏绘画与藏品展”在广州举办。来自广东、北京、港澳等地的专家学者300余人参加开幕式。展览以“保护、传承、发展、创新”为主线，分为“画说西藏”“保护、传承”“发展、创新”“拓绘经典”和“般若智慧”五个部分，共展出叶星生美术作品及藏品近500件，展览面积约3600平方米。

3日

第八届全国藏医药高级研修班在北京藏医院正式开班。中国藏学研究中心副总干事柳应华、华彦龙，中国藏学研究中心科研办主任李德成，藏医药研究所副所长登巴达吉，北京藏医院党委书记王维强，北京藏医院院长朱亚春，北京藏医院副院长、藏医药研究所副所长仲格嘉等出席了开班典礼。本次研修班特聘青海省著名藏医当增老师讲授藏医《愈撅疗法》和《疫病学》。来自西藏、青海、四川、甘肃、内蒙古以及北京等六省区70余家医疗机构的150名学员参加现场培训，研修班还通过远程直播向全国8个网点开展网上同步教学。

3—5日

由西南民族大学、中国社会科学院历史研究所、中华炎黄文化研究会土司文化专业委员会以及四川省平武县人民政府联合主办，西南民族大学旅游与历史文化学院承办，西南民族大学西南民族研究院、《西南民族大学学报》（人文社科版）编辑部、《民族学刊》编辑部等部门协办的“第七届中国土司制度与土司文化国际学术研讨会”在西南民族大学召开。来自美国、德国、韩国、希腊、哈萨克斯坦、中国台湾和大陆的专家学者正式代表98人参加，列席人员37人。

本次研讨会以“中国土司制度与土司文化及其世界遗产保护与利用研究”为主题进行了分组讨论。

4—6日

由暨南大学区域发展研究中心、西藏自治区商务厅、西藏自治区综合发展研究院联合主办的“第二届中国区域发展高层论坛——拉萨论坛”在拉萨举行。本次论坛主题为“新时代民族地区经济发展暨西藏开放发展”，主要是针对新时代民族地区经济发展问题进行研究，共同探讨新机遇下西藏经济开放发展问题，为国家和西藏自治区提供决策建议。来自国内科研机构、高等院校的40余位专家学者参加。

西藏自治区商务厅副厅长王平、国务院发展研究中心研究员刘勇等6位专家作了主旨报告。与会专家学者还就我国民族地区尤其是沿边地区、西藏地区、东北地区的经济发展相关问题进行研讨，并达成了民族地区经济发展较为落后、发展不平衡的普遍性认识。同时也从地理环境、历史路径依赖、政府政策多个角度对上述现象的成因及相应解决办法进行了交流。

6—8 日

由中国藏语系高级佛学院和中国藏学研究中心联合举办的以“知恩报恩”为主题的第七届藏传佛教教义阐释研讨会在中国藏语系高级佛学院召开。来自汉传佛教院校、寺庙的法师，在京高校、研究机构的专家学者，西藏和涉藏工作重点省佛学院及寺庙的代表，中国藏语系高级佛学院师生代表近 200 人参加。

中国佛教协会副会长、中国藏语系高级佛学院院长嘉木样·洛桑久美·图丹却吉尼玛致辞，中国佛教协会副会长班禅额尔德尼·确吉杰布、中国佛教协会驻会副会长宗性出席并作主旨发言。中央统战部、中国藏学研究中心、中国佛教协会相关领导出席并致辞。中国藏学研究中心副总干事华彦龙讲话。

此次研讨会旨在引导藏传佛教僧众继承藏传佛教爱国爱教的光荣传统，感恩祖国，利乐众生，坚定不移维护祖国统一和民族团结。研讨会通过主旨发言、大会交流、分组讨论等形式深入开展藏传佛教教义教规阐释工作。

7—8 日

由中国藏学研究中心主办，青海师范大学承办的“全国首届藏文古籍文献整理与研究高层论坛”在西宁举行。中国藏学研究中心总干事郑堆、青海师范大学党委书记张雄伟、青海省社会科学院院长陈玮、青海省文联原副主席角巴东主先生等相关领导和来自北京、西藏、四川、甘肃、辽宁、内蒙古、青海等地高校、科研院所、古籍文献管理部门等近 50 名专家学者和 200 余名青海师范大学师生参加。中国藏学研究中心总干事郑堆在开幕式上致辞。22 名专家围绕大会的六个主题依次发言并相互交流。

10 日

由西南民族大学与中国社科院民族文学研究所主办的西南民族大学民族博物馆“格萨尔馆”在成都开馆。该馆分为石刻、唐卡、面具三个展区。其中石刻展区在四川丹巴县莫斯卡为主的格萨尔石刻群中，遴选了代表格萨尔王的 30 余块展示。

11—12 日

由中国藏学研究中心和云南民族大学联合主办，中国藏学研究中心科研办、中国藏学杂志社、《云南民族大学学报》编辑部、西藏大学期刊中心承办的第五届全国藏学期刊协调会在云南昆明召开。中国藏学研究中心党组成员、当代研究所所长廉湘民研究员，云南民族大学校长那金华等专家学者以及来自北京、西藏、云南、青海、甘肃等9省（区、市）30余家涉藏学术期刊（其中有14家藏文期刊）近70人参加。

开幕式由云南民族大学学报编辑部主任王东昕教授主持，云南民族大学校长、《云南民族大学学报》主编那金华教授，中国藏学研究中心党组成员、当代所所长廉湘民研究员在开幕式上先后致辞。

会议期间，南京大学中国学术期刊评价中心主任沈固朝教授，中国藏学研究中心党组成员、当代所所长廉湘民研究员，《西藏大学学报》主编拉巴次仁编审及中国藏学杂志社社长黄维忠编审作了会议专题报告。

15—16日

"藏研中心调研团组经验交流会"在中国藏学研究中心举行。中国藏学研究中心党组书记安七一，总干事郑堆，副总干事柳应华，副总干事华彦龙，党组成员、当代研究所所长廉湘民及中心的专家学者参加交流。

交流会分两天举行。来自中心五个研究所、西藏文化博物馆及北京藏医院的11名学者围绕13个调研课题进行主旨发言。

23日

中国藏学研究中心青年藏学会成立仪式暨2017年青年学术沙龙活动开幕式在藏研中心举行，本期沙龙主题为"新时代的藏学研究——藏研青年的思考与实践"。中国藏学研究中心党组书记安七一，总干事郑堆，副总干事柳应华、华彦龙，党组成员、当代研究所所长廉湘民，以及各部门负责人和中心青年学者50余人参加大会开幕式。

本次会议由中国藏学研究中心副总干事华彦龙主持。中国藏学研究中心总干事郑堆宣读了《关于成立中国藏学研究中心青年藏学会的决定》，宣布中国藏学研究中心青年藏学会正式成立。青年藏学会主席拉先加代表青年藏学会发言。中国藏学研究中心党组书记安七一致辞。

本次青年学术沙龙活动为期一天半，设置了"历史足迹""现实关注""文化交流"三个议题，由17名青年学者作专题演讲。

23日

《藏传佛教活佛转世专题展》在中国藏学研究中心西藏文化博物馆正式开展，班禅额尔德尼·确吉杰布和中国藏语系高级佛学院、雍和宫的60多位藏传佛教界人士前往参观。

展览全面介绍了活佛转世制度的历史演变，以及达赖、班禅等活佛转世的宗教仪轨和历史定制。

24 日

中国佛教协会西藏分会在拉萨举办《藏传佛教活佛转世管理办法》颁布实施 10 周年座谈会。自治区政协副主席珠康·土登克珠出席并讲话，自治区政协副主席索朗仁增主持。中央统战部七局、国家宗教事务局一司、中国佛教协会相关领导莅临指导座谈会。全区藏传佛教界代表人士、高僧活佛、西藏佛学院少年活佛等 80 余人出席。

26—28 日

由中国社会科学院学部主席团主办，中国社会科学院国际合作局、中国社会科学院民族学与人类学研究所承办的中国社会科学论坛暨“第 50 届国际汉藏语言暨语言学会议”在北京召开。来自美国、法国、芬兰、日本、澳大利亚、新加坡、中国内地以及香港、澳门、台湾地区的高校和科研院所的 200 余位学者参加。

会议围绕汉藏语系、南亚语系、南岛语系语言的热点问题展开讨论。

24—26 日

“藏羌彝走廊民族问题与社会治理协同创新中心”2017 年工作会在西南民族大学召开。中心围绕四川省和藏羌彝走廊民族问题与社会治理中亟待解决的重大现实问题，开展协同联合攻关研究。

“藏羌彝走廊民族问题与社会治理协同创新中心”是由西南民族大学牵头，兰州大学西北少数民族研究中心作为协同单位之一参与组建，于 2015 年 10 月获批为“四川 2011 协同创新中心”。

25—26 日

由陕西师范大学外国语学院、国外藏学研究中心举办的“首届藏学与喜马拉雅研究国际学术讨论会”在陕西师范大学召开。来自中国、俄罗斯、美国、日本、蒙古国等国家和地区的 65 位专家学者出席。

讨论会共分为：主题报告、佛苯教法译传研究、文本语言译传研究、唐宋元文化与历史、清代藏地政治经纬、清末以来的西藏史、考古与艺术的高原、走进藏学的人类学、百年藏学史的审视及跨文化旅行与理解等 10 个小组，60 余位专家学者围绕相关主题进行讨论。

28 日至 12 月 1 日

第一期全国藏学研究机构联络员培训班在中国藏学研究中心举办。来自西藏和涉藏工作重点省25家涉藏研究机构的联络员、藏研中心学者代表共70余人参加培训。

中国藏学研究中心总干事郑堆、中央统战部七局副局长徐志涛在开班式上致辞。培训班为期四天，徐志涛副局长，中国藏学研究中心党组书记安七一，党组成员、当代研究所所长廉湘民研究员，历史研究所所长张云研究员，宗教研究所德吉卓玛研究员，当代研究所王小彬研究员，社会经济研究所格桑卓玛副研究员，藏医药研究所罗布扎西副研究员等8位专家学者为学员授课。

28日至12月5日

由中国藏学研究中心副总干事柳应华任组长的专题调研组前往西藏拉萨市5个县区调研西藏高高海拔易地扶贫搬迁工作。

29日至12月3日

由中国藏学研究中心总干事郑堆任团长的中国藏学研究中心藏学家代表团访问日本。代表团先后与东京外国语大学亚非语言文化研究所、创价大学国际佛教学高等研究所签订了合作协议，在课题合作、资料交流和人才培养等方面达成了共识。代表团还与大谷大学著名藏学家康噶·崔臣格桑（白馆戒云）教授商谈了其向中心捐赠个人全部藏书事宜。

12月

2日

由龙谷大学世界佛教文化研究中心与中国藏学研究中心共同主办的“第三届中日藏学研讨会”在日本京都龙谷大学召开。来自中国藏学研究中心、龙谷大学、大谷大学、广岛大学、神户外国语大学、种智院大学、驹泽大学、关西大学等多所院校和研究机构的50多位学者参加。

会议围绕“西藏的宗教文化与梵文写本研究”的主题进行研讨，并邀请日本著名藏学家广岛大学名誉教授桂绍隆先生和神户外国语大学武内绍人教授作为评论专家。

4日

由中国藏学研究中心与中央社会主义学院共同举办的第3期涉藏理论政策研修班在中央社会主义学院举办。这是中国藏学研究中心围绕学习贯彻十九大精神、贯彻落实第六次西藏工作座谈会精神、学习涉藏理论政策、掌握科研业务知识、提高管理水平、了解前沿科技发展等内容，在中央社会主义学院成功举办的3期涉藏理论政策研修班之一。第1、第2期涉藏理论政策研修班分别于2月15—21日，6月27日至7月21日在社院举办，中心科研业务人员和管理人员接受了培训，对于提高全体干部职工政治素质和业务水平起到积极作用。

9日

由西藏民族大学文学院、西藏当代文学研究中心发起并主办的“新时代藏族文学高端论坛”在西藏民族大学举行。来自国内35家科研机构、高等院校的专家学者，以及西安咸阳本地作家评论家和西藏民族大学学者共60余人参加。论坛由大会主旨演讲、大会主题发言、分论坛研讨等环节组成，围绕新时代藏族文学创作与研究、中国少数民族文学研究与学科发展等论题展开研讨。

在大会主旨演讲环节，中国现代文学研究会会长、南京大学人文社科资深教授丁帆作了题为《中国少数民族文学研究与学科发展现状》的主旨报告。分论坛研讨共有60余位学者发言，就少数民族文学学科建设、少数民族文学研究方法、藏族作家作品、藏族文学创作现状及存在的问题、少数民族母语创作等问题展开讨论。

11日

西藏自治区区首部《西藏非物质文化遗产传承人图典》正式出版发行。该书系统介绍了全区350名代表性非遗传承人的简要情况、传习经历、取得的成就等。为外界了解西藏自治区非物质文化遗产提供了指南。

全书共36万字，以图文并茂的形式，系统介绍了西藏自治区350名代表性传承人的简要情况。其中包括民间文学类代表性传承人19人，传统音乐类17人，传统舞蹈类124人，传统戏剧类23人，曲艺类7人，传统美术类30人，传统技艺类75人，民俗类24人，传统医药类31人。

11日

西藏首部《汉藏对照金融术语词典》出版，这是迄今为止西藏收录词条最多、内容最全的汉藏金融工具书，填补了西藏金融机构汉藏对照金融术语词典类书籍的空白。

词典整理汇编历时四年，收录汉藏对照金融术语5000余条，经西藏自治区新词术语规范委员会专家组审定形成。

11—21日

以中国藏学研究中心历史研究所所长张云为团长的中国藏文化交流团访问

新加坡、斯里兰卡和缅甸三国。其间代表团参加了在三国举办的“中国藏文化图片展”开幕式，举办了学术讲座，与三国分管宗教、民族和文化事务的官员，宗教界领袖人物和相关大学和研究机构进行交流座谈，接受境外媒体采访，并为我国驻外使馆干部作了涉藏政策和知识的讲座。

12 日

由中央民族大学藏学研究院主办、藏学研究院研究生会承办的“第八届纪念宗喀巴大师学术讨论会”在中央民族大学召开。藏学研究院扎巴军乃教授致开场词，介绍了宗喀巴大师的生平事迹与举办学术会的重大意义。藏学研究院 2015 级本科藏语言文学班集体朗诵了宗喀巴大师的著作《缘起礼赞》。随后对专家筛选出的四篇优秀论文进行宣讲、讨论并点评。会议的最后，藏学研究院院长才让太致结束语。

13—18 日

由中国藏学研究中心副总干事柳应华任团长的藏医学术出访团出访阿根廷布宜诺斯艾利斯。访问期间，代表团分别在阿根廷中医学院举办藏学和藏医文化讲座，在布宜诺斯艾利斯市议政厅向当地市民作“今日西藏”专题讲座。代表团与阿根廷中国文化发展基金会、阿根廷中医学院就促进藏文化在阿根廷推广，双方互访、人才培养、典籍整理和翻译等进行探讨，并就 2019 年赴西藏开展针灸治疗白内障合作的可行性进行交流。

15 日

第七届西藏唐卡艺术博览会在拉萨举行。本届唐博会以唐卡画师技艺大赛为重点，共有 136 位画师参加比赛。跟往届相比，突出了西藏等级唐卡画师技艺大赛。唐博会已成为西藏唐卡画师展现各自技艺的重要平台，等级画师也极大地促进了西藏唐卡产业化发展。

西藏唐卡艺术博览会首办于 2010 年，截至目前，共授予 4 位“西藏唐卡艺术大师”，99 位西藏等级唐卡画师，累计接待国内外观众 80 余万人次。

16 日

由西藏大学珠峰研究院联合文学院、期刊中心、宗教研究科研创新团队等部门共同举办的民族学学科建设暨纪念著名藏学家东嘎·洛桑赤列教授 90 周年诞辰学术思想座谈会在拉萨举行。西藏大学艺术学院丹巴绕旦教授，西藏艺术研究所研究员、博士、西藏大学艺术学院博士生导师格桑曲杰，东嘎·洛桑赤列教授长子东嘎·晋美等专家学者共 30 余人参加座谈。与会专家围绕东嘎·洛桑赤列教授的学术思想和民族学科建设分享了最新的研究成果和发展建议。

21 日

由西藏民族大学文学院、西藏当代文学研究中心发起并主办的“新时代藏族文学高端论坛”在西藏民族大学举行。来自中国社科院、西藏和陕西两省区社科院等35所科研机构和高等院校的专家学者及本地作家评论家共60余人参加。

与会专家围绕新时代藏族文学创作与研究、中国少数民族文学研究与学科发展等论题展开研讨。

26 日

西藏自治区第八届西藏“新世纪文学奖”颁奖典礼暨西藏作协学习贯彻党的十九大精神座谈会在拉萨召开。年轻作家拉央罗布、多杰才君、达娃央金、陈跃军获得第八届“西藏新世纪文学奖”。

“西藏新世纪文学奖”是西藏作家协会于1997年创立的，旨在发现、培养文学新人，鼓励作家深入生活，推动西藏文学事业的繁荣发展。

人物介绍

人物介绍

廖东凡

廖东凡（1938.1—2017.2）男，汉族，湖南宁乡市人。著名藏学家、西藏民俗学家、民间文艺家。《中国西藏》杂志社原社长。2017年2月11日在北京逝世，享年79岁。

廖东凡1961年从北京大学中文系毕业，远赴“世界屋脊”西藏高原，在拉萨市歌舞队工作8年，后在堆龙德庆县的农牧民中生活了4年。1975年，廖东凡回到拉萨，任自治区群艺馆副馆长。由于他才华出众，5年后，被选举为自治区民间文艺家协会常务副主席。1985年，廖东凡调至北京中国民间文艺家协会，任书记处常务书记、民间文艺研究所所长。1990年，廖东凡调至中央统战部，任《中国西藏》杂志社社长、总编辑。在他担任主编兼杂志社社长期间，《中国西藏》发展迅速，由一种文版增加到汉、藏、英3种，并由季刊增为双月刊，发行到100多个国家和地区，受到国内外广大读者，特别是海外藏胞的欢迎。1999年退休后，廖东凡抱病记录了在西藏20多年亲眼所见、亲耳所闻、亲身经历的民俗风土人情，归纳成“西藏民间文化丛书”。2008年，这套十卷本、200多万字的丛书出版，全方位展现了西藏传统文化。

廖东凡先生一生挚爱西藏，笔耕不辍，作品浩繁。据统计，自1977年至2011年，先后在海内外出版《西藏史话》《雪域西藏风情录》《拉萨掌故》《西藏民间故事》等专著与合著40多部，近1000万字。其中《西藏民间故事》获全国民间文学一等奖，《雪域西藏风情录》获珠穆朗玛文学奖，已成为了解西藏民风民俗的必读书目。《世界屋脊上的神话和传说》获2005年全国少数民族文学奖。廖先生还编写了具有西藏特色的小型歌舞、戏曲、演唱节目共130多个，歌谣近百首。由他创作的歌舞节目有的至今仍在西藏高原广为流传。

黄明信

黄明信（1917.12—2017.5）男，汉族，湖北沔阳人。著名藏学家、国家图书馆研究馆员。曾任西藏天文历算学会副理事长、中国藏学研究中心干事、中国古民族文字研究会名誉会员。2017年5月29日在北京逝世，享年100岁。

黄明信1938年毕业于清华大学历史系，同年开始学习藏文。1941—1948年，任成都华西大学边疆研究所助理研究员。在此期间，入甘肃省拉卜楞寺学经，并考取了“绕降巴”学位。1950年，调入中央民族事务委员会参事室，在和平解放西藏协议谈判过程中，任首席代表李维汉翻译。1953年起在民族出版社任藏文编译室副主任。是第一、二、三次全国人民代表大会的藏文翻译组的主持人之一，先后主持《格西曲札藏文词典》和一些民族遗产的整理出版，包括对《五体清文鉴》的成书经过进行考证等。由于传统的藏文里佛学词汇丰富而现代词汇贫乏，新中国成立初期，在翻译宪法、毛泽东著作时遇到困难，黄先生参加了开创时期的工作，对藏文哲学社会科学名词术语的确定作出了一定贡献。1958—1978年在农场劳动，为农业一级工。1979年平反恢复工作后，在北京图书馆（现国家图书馆）善本部少数民族语文组任研究馆员，1988年离休，后返聘十年（至1998年）。

黄明信于藏传佛教，尤其是因明学方面，具有深厚研究功底。并长期致力于藏族历算学研究，是国内外为数不多的藏历学家之一，其《藏历的原理与实践》被公认为是填补学科空白的学术力作。1992年，获国务院政府特殊津贴。

黄明信一生出版和发表的学术论著主要有：《西藏文法四种合编（藏文）》（1956年）、《藏历的原理与实践（藏文）》（1987年）、《藏汉历算学词典（藏文）》（1987年）、《藏族历史人物年代手册（藏文）》（2000年）、《西藏的天文历算》（2002年）、《佛教文化大辞典》（2003年）、《黄明信藏学文集》（2007年）、《吐蕃佛教》（2010年）、《黄明信拉卜楞寺研究论集》（2011年）等。

蒲文成

蒲文成（1942.11—2017.6）男，汉族，青海省乐都县人。著名藏学家。历任青海省第八、九届人大常委会委员，第十届全国政协委员、第九届青海省政协副主席。2017年6月20日在西宁逝世，享年75岁。

蒲文成1960年5月参加工作。1960年5月至1963年9月先后任乐都县第一中学、第二中学教师；1963年9月至1968年7月在青海民族学院、青海大学师范学院学习；1968年7月至1979年9月任果洛州班玛县中学教师、教导主任；1979年9月至1982年12月在西北民族学院古藏文专业学习并获得硕士学位；1982年12月至1998年6月任青海省社会科学院民族宗教研究所副所长、所长；1998年6月至2003年1月任青海省社会科学院副院长；2003年1月至2008年1月任青海省政协副主席。曾担任国家哲学社会科学基金项目评委，中国民族学学会、中国宗教学会、中国统一战线理论研究会理事，第八、九届青海省人大常委会委员，青海省政府参事、省政协咨政、省知识分子联谊会副会长、省文史研究馆名誉馆长，玉树地震灾后恢复重建顾问、灾后重建规划委员会委员，青海省委党校、青海大学、青海师范大学、青海民族大学特邀教授等。蒲文成1990年被评为青海省优秀专家，1992年被评为全国有突出贡献专家和享受国务院特殊津贴专家。

蒲文成长期从事藏族史、藏传佛教、民族宗教理论与问题等多学科领域的研究，多次承担国家和青海省社科规划立项课题，深入藏族地区调查藏传佛教寺院、教派和社会宗教问题，研究藏传佛教各派的传播历史和现状，整理、译注藏文古籍等，成绩突出。先后出版著作（含合作）近21种，发表学术论文160余篇，其中15项成果获省级以上奖励，有的获全国“五个一工程”入选作品奖。为继承、弘扬藏族传统文化和促进民族文化交流作出了重要贡献。

2018年5月19日，蒲文成荣获第四届中国藏学研究珠峰奖荣誉奖。

央 珍

央珍（1963. 2—2017. 10）女，藏族。西藏拉萨人。著名藏族女作家。西藏作家协会理事、西藏青联常委。2017 年 10 月 12 日在北京逝世，享年 54 岁。

央珍 1985 年毕业于北京大学中文系，是改革开放后第一个考上北京大学的藏族学生。曾任《拉萨文学》《西藏文学》编辑、副主编，1994 年调入中国藏学研究中心工作，任《中国藏学》杂志汉文编辑部主任。1997 年加入中国作家协会。

央珍一生发表小说、散文、藏学论文 50 余万字。部分作品收入《中国当代藏族作家优秀作品集》《西藏新小说》《聆听西藏》等文集，并被译为英文、匈牙利文等出版。短篇小说《卍字的边缘》荣获中国作协“第三届全国少数民族文学创作骏马奖”。1994 年，《无性别的神》列入中国青年出版社 20 世纪 90 年代长篇小说系列丛书出版，是藏族文学史上第一部由女性创作的长篇小说，被誉为当代西藏文学的里程碑。1997 年，《无性别的神》荣获中国作家协会“全国少数民族第五届文学创作骏马奖”，并被改编为二十集电视连续剧《拉萨往事》。其纪念文集《拉萨的时间》，收入作者生前发表的小说、散文等，以及日记、遗作、访谈录等文字，展现了作者自 1980 年代至 2010 年代的创作风貌。

社会科学基金

2017 年度国家社科基金项目

国家社会科学基金（简称国家社科基金）设立于 1991 年，由全国哲学社会科学规划办公室负责管理。

2017 年国家社科基金年度项目和青年项目经过受理申报、通讯初评、会议评审、网上公示等程序，经全国哲学社会科学规划领导小组批准，7 月 4 日由全国哲学社会科学规划办公室将评审结果予以公布。

今年国家社科基金年度项目和青年项目继续采取适度限额申报的办法，最后正式受理有效申报 29440 项，比去年增加 1387 项。其中申报重点项目 2092 项，一般项目 20470 项，青年项目 6878 项。五大社科研究系统中，高校申报 26027 项，占申报总数的 88%，社科院申报 1251 项，党校系统申报 1194 项，军队系统申报 291 项，各级党政机关及其他申报 677 项。

今年公示的拟立项课题为 4293 项，有 4 项因需要核实相关情况暂不予立项，公布立项课题为 4289 项。今年立项总数比去年增加 372 项，平均立项率为 14.6%，比去年提高 0.6 个百分点。其中重点项目 343 项，每项资助 35 万元；一般项目 2850 项，青年项目 1096 项，资助强度均为 20 万元。全国各省区市和新疆生产建设兵团均有立项，立项数超过 100 项的包括教育部在京直属高校、江苏、上海、浙江、湖北、湖南、广东、山东、河南、四川、重庆、陕西、辽宁、福建、江西等 14 个省份。五大系统中，高校系统 3816 项，占立项总数的 89%；社科院系统 186 项，党校系统 126 项，军队系统 55 项，各级党政机关及其他 106 项。

以下为 2017 年国家社科基金年度项目立项名单（藏学相关）和 2017 年国家社科基金青年项目立项名单（藏学相关）。

2017 年国家社科基金年度项目立项名单（藏学相关）

序号	项目名称	负责人	工作单位	项目类别	所在学科
1	敦煌藏文文献《礼仪问答写卷》伦理思想研究	才项多杰	青海民族大学	重点项目	哲学
2	边疆治理视野下中国共产党治藏方略研究	普布次仁	西藏大学	重点项目	民族问题研究
3	对口援藏援疆政策实施效果评价体系研究	成艾华	中南民族大学	重点项目	民族问题研究
4	推进民族区域自治法治化若干重大问题研究	田钒平	西南民族大学	重点项目	民族问题研究
5	习近平总书记关于民族工作思想研究	乌小花	中央民族大学	重点项目	民族问题研究
6	达赖集团网络反宣渗透问题分析及对策研究	欧阳方兴	中共西藏自治区委员会网信办	重点项目	民族问题研究
7	古代藏族寺院法规搜集、译注与研究	周润年	中央民族大学	重点项目	民族问题研究
8	新发现国民政府驻藏办事处戴新三《拉萨日记》全本的整理与研究	王川	四川师范大学	重点项目	民族问题研究
9	中国西藏对南亚贸易史研究（1893—2016）	美朗宗贞	西藏大学	重点项目	民族问题研究
10	藏文木刻版历史文献调查研究	才航多杰	青海民族大学	重点项目	中国历史
11	西藏和平解放研究	宋月红	中国社会科学院	重点项目	中国历史
12	藏族神话资料搜集整理与研究	扎巴	中央民族大学	重点项目	中国文学
13	清代汉满蒙藏合璧碑文整理与研究	高娃	中央民族大学	重点项目	图书馆、情报与文献学
14	藏区绿色发展理念的实现路径研究	叶进	兰州理工大学	一般项目	马列·科社
15	家庭、家教、家风对藏族大学生价值观的影响研究	师晓娟	西藏大学	一般项目	马列·科社
16	十八大以来中国藏区基层党组织建设研究	黄金辉	四川大学	一般项目	党史·党建
17	青藏地区促进中等收入人群收入增长问题研究	李毅	青海民族大学	一般项目	应用经济
18	黄河重要水源涵养区跨区域协同保护与补偿问题研究	宗鑫	北方民族大学	一般项目	应用经济
19	连片特困地区精准扶贫绩效评估与路径优化研究	钱力	安徽财经大学	一般项目	应用经济
20	西藏自治区政府购买公共服务的途径和机制研究	康杰	西南民族大学	一般项目	政治学

续表1

序号	项目名称	负责人	工作单位	项目类别	所在学科
21	高僧（乡贤）与藏区基层社会法律秩序构建研究	牛绿花	西北师范大学	一般项目	法学
22	甘青藏区新型城镇化传统社会空间变迁、治理实践与区域稳定研究	骆桂花	青海民族大学	一般项目	社会学
23	精准扶贫背景下西部村落公共空间重构与协同治理研究	王玲	西华师范大学	一般项目	社会学
24	青海、河南蒙古部落社会身份结构转型研究	菅志翔	中央民族大学	一般项目	社会学
25	西藏文化产业政策体系构建对文化组织形式创新的调节机制研究	黄林	西藏民族大学	一般项目	社会学
26	气候变化背景下藏区冰川融化的社会影响及应对研究	周伟	河海大学	一般项目	社会学
27	甘宁青地区少数民族地区传统生态价值观及其现代意义的社会学研究	马国栋	宁夏医科大学	一般项目	社会学
28	清代雍和宫金瓶掣签满文档案整理翻译研究	赵令志	中央民族大学	一般项目	民族问题研究
29	从《民族区域自治法》配套立法现状看民族区域自治制度的完善与发展	王允武	西南民族大学	一般项目	民族问题研究
30	习近平总书记关于民族工作思想研究	袁志明	青海师范大学	一般项目	民族问题研究
31	川滇黔民族地区红军长征遗址资源的调查、保护及开发利用研究	项福库	长江师范学院	一般项目	民族问题研究
32	红军长征时期在川西北的文物遗存及其统筹保护利用研究	喇明英	四川省社会科学院	一般项目	民族问题研究
33	西南省会城市少数民族流动人口社会风险治理与民族工作创新研究	木永跃	云南大学	一般项目	民族问题研究
34	藏族传统文化与甘肃藏区“围寺而城”特色城镇发展研究	郭志合	长江师范学院	一般项目	民族问题研究
35	古代汉文史料藏译研究	加羊达杰	中国藏学研究中心	一般项目	民族问题研究
36	汉藏交流背景下的帕木竹巴·多杰嘉波与12世纪帕竹噶举教法的兴起及东传研究	曾汉辰	陕西师范大学	一般项目	民族问题研究
37	农地“三权分置”改革背景下藏区草场承包制引发社会冲突的调查研究	嘎尔让	四川大学	一般项目	民族问题研究

续表2

序号	项目名称	负责人	工作单位	项目类别	所在学科
38	吐蕃藏文敕令（BKAVGTSIKS）文本翻译与注解研究	拉巴扎西	西藏自治区社会科学院	一般项目	民族问题研究
39	西藏贫困户宗教消费对其精准脱贫的影响研究	杨涛	中国藏学研究中心	一般项目	民族问题研究
40	18世纪西藏地方历史发展趋势研究	罗布	西藏大学	一般项目	民族问题研究
41	甘肃鲁土司图像文化研究	王晓珍	西北民族大学	一般项目	民族问题研究
42	青海省藏区神山文化对生物多样性保护和生态服务价值提升的贡献研究	赵海凤	中国科学院地理科学与资源研究所	一般项目	民族问题研究
43	热贡唐卡传承现状调查研究	卓么措	青海民族大学	一般项目	民族问题研究
44	精准扶贫战略背景下青海藏区美丽乡村建设研究	张永琴	青海大学	一般项目	民族问题研究
45	青海少数民族易地搬迁村落可持续发展研究	费胜章	青海大学	一般项目	民族问题研究
46	供给侧结构性改革视域下青海边远藏区基本教育公共服务改进研究	苏静	青海民族大学	一般项目	民族问题研究
47	母语非汉语藏族中小学生汉语语用失误研究	铁生兰	青海师范大学	一般项目	民族问题研究
48	青藏高原农牧区留守妇女教育发展支持研究	张伯娟	青海民族大学	一般项目	民族问题研究
49	西北少数民族地区青少年社会主义核心价值观认同与培育研究	傅敏	西北师范大学	一般项目	民族问题研究
50	西藏农牧区学前双语教育现状调查研究	刘海红	西藏民族大学	一般项目	民族问题研究
51	西部民族地区网络舆情工作的困境及应对机制研究	杨志平	西北民族大学	一般项目	民族问题研究
52	新媒体语境下城市少数民族流动人口社会共识及应对研究	罗安平	西南民族大学	一般项目	民族问题研究
53	藏区生态环境与生态文明制度建设研究	张效科	青海师范大学	一般项目	民族问题研究
54	甘宁青少数民族生态移民社会关系重构与文化心理认同研究	束锡红	北方民族大学	一般项目	民族问题研究
55	青藏高原草地退化与牧民可持续生计研究	冯海英	中共青海省委党校	一般项目	民族问题研究

续表 3

序号	项目名称	负责人	工作单位	项目类别	所在学科
56	青海省民族地区贫困户“脱贫摘帽”后可持续生计问题研究	姜玉波	青海大学	一般项目	民族问题研究
57	文化产业推动藏羌彝文化走廊精准扶贫、脱贫的实现路径研究	李俊	西南民族大学	一般项目	民族问题研究
58	红军长征时期中国共产党的民族理论与政策转折发展研究	毕跃光	云南民族大学	一般项目	民族问题研究
59	中美关系中的涉藏问题研究	胡岩	中共中央党校	一般项目	民族问题研究
60	中印拉达克问题研究	朱卫	湖南文理学院	一般项目	民族问题研究
61	涉藏问题国际话语体系与中国的涉藏外宣研究	王林平	哈尔滨工程大学	一般项目	国际问题研究
62	民国保甲制度与甘南藏区基层社会变革研究	柳德军	山西大学	一般项目	中国历史
63	明朝时期中央政府与西藏地方使臣往来文献资料整理和研究	陈武强	西藏民族大学	一般项目	中国历史
64	晚清民国时期西南瘴疠调查与防治的资料整理与研究	付春	中共云南省委党校	一般项目	中国历史
65	古代藏族地理文献整理与地理思想研究	其美多吉	西藏大学	一般项目	中国历史
66	明清时期川滇藏交界区域军政管控与国家治藏战略研究	陆韧	云南大学	一般项目	中国历史
67	习近平总书记宗教观研究	王月清	南京大学	一般项目	宗教学
68	白马藏区苯教古藏文文献的释读与研究	拉先	西南民族大学	一般项目	宗教学
69	梵藏因明文献中的应成式演变研究	改玛本	西南民族大学	一般项目	宗教学
70	梵文佛传 LALITAVISTARA 与汉藏蒙译文比较研究	杨晓华	陕西师范大学	一般项目	宗教学
71	习近平总书记宗教观研究	毛胜	中共中央文献研究室	一般项目	宗教学
72	川西藏传佛教寺院社会化管理研究	曹群勇	贵州民族大学	一般项目	宗教学
73	梵藏汉佛教“止观”经论原典整理与研究	才项多杰	青海师范大学	一般项目	宗教学
74	甘青藏区的藏传佛教宁玛派俄巴及其社会影响研究	看本加	西北民族大学	一般项目	宗教学

续表 4

序号	项目名称	负责人	工作单位	项目类别	所在学科
75	雍和宫档案与清朝藏传佛教治理研究	孟秋丽	中国藏学研究中心	一般项目	宗教学
76	“三江并流”地区山神信仰藏文文献的搜集、整理与研究	阿错	云南民族大学	一般项目	宗教学
77	敦煌吐蕃禅宗文献整理研究	刀吉仁青	西北民族大学	一般项目	宗教学
78	宗喀巴《菩提道次第广论》的思想与五部大论关系研究	才让东智	青海民族大学	一般项目	宗教学
79	果洛地区格萨尔文化普查与研究	角巴东主	青海民族大学	一般项目	中国文学
80	藏羌彝走廊当代少数民族诗人群研究	石高峰	云南省社会科学院	一般项目	中国文学
81	新世纪藏族汉语文学“中国故事”话语实践研究	魏春春	西藏民族大学	一般项目	中国文学
82	佛本生故事与藏族文化关系研究	旦正	青海民族大学	一般项目	外国文学
83	社会网络理论视角下西藏时政外宣翻译研究	彭萍	西藏民族大学	一般项目	语言学
84	西藏地区手语使用状况调查及汉藏手语的语言比较研究	郑璇	重庆师范大学	一般项目	语言学
85	基于语料库的美国智库涉华政治话语的批评性分析	支永碧	苏州科技大学	一般项目	语言学
86	内地新疆班与西藏班“超用语”外语课堂教学研究	王平	嘉兴学院	一般项目	语言学
87	满族与蒙古族语言接触研究	胡艳霞	大连民族大学	一般项目	语言学
88	藏传佛教语言的厘定、规范及其历史意义研究	索南东主	青海师范大学	一般项目	语言学
89	藏缅语并列结构的类型学研究	范丽君	中国传媒大学	一般项目	语言学
90	汉藏语系语音重叠构词模式及韵律和谐研究	李春艳	天津大学	一般项目	语言学
91	内地藏族流动人口的信息需求与信息渠道使用研究	梁英	西南民族大学	一般项目	新闻学与传播学
92	少数民族网络社群与文化遗产活态传承创新研究	范小青	中央民族大学	一般项目	新闻学与传播学
93	中尼印藏族乡村影像的本土化表达与跨文化传播的多点民族志研究	陆双梅	云南师范大学	一般项目	新闻学与传播学

续表5

序号	项目名称	负责人	工作单位	项目类别	所在学科
94	苯教《大藏经》目录编译研究	才项南杰	西藏大学	一般项目	图书馆、情报与文献学
95	中国少数民族文献目录研究	李敏	郑州大学	一般项目	图书馆、情报与文献学
96	敦煌发现的《解深密经》藏译本整理及研究	确丹才让	西北民族大学	一般项目	图书馆、情报与文献学
97	吐蕃以来藏文训诂文献整理与研究	达琼	西藏自治区社会科学院	一般项目	图书馆、情报与文献学
98	“健康中国”背景下我国青藏牧区全民健身实施策略与路径研究	黄聪	陕西师范大学	一般项目	体育学
99	西藏寺院壁画中古代体育的源流及其发展形态研究	王兴怀	西藏民族大学	一般项目	体育学

2017年国家社科基金青年项目立项名单（藏学相关）

序号	项目名称	负责人	工作单位	项目类别	所在学科
1	青藏地区基层党组织建设与社会治理研究	刘进龙	青海民族大学	青年项目	党史·党建
2	西南民族地区贫困户“脱贫摘帽”后可持续生计实现机制创新研究	马文武	四川大学	青年项目	理论经济
3	连片特困地区基础设施减贫效应研究	魏雯	陕西省社会科学院	青年项目	应用经济
4	西南少数民族地区农村贫困家庭返贫抑制及可持续生计对策研究	赵朋飞	四川农业大学	青年项目	社会学
5	群体认同与群体参照共变视角下的回、藏民族外群体认同提升研究	李琼	西北师范大学	青年项目	社会学
6	藏文文献中的皇帝观念及其演变与民族认同到国家认同的构建研究	陈沛杉	阿坝师范学院	青年项目	民族问题研究
7	甘青汉藏边界的“汉式藏传佛教寺院”与“藏式汉传佛教寺院”现状调查及治理对策研究	靳艳娥	青海社会科学院	青年项目	民族问题研究
8	清末西藏方志整理研究	马天祥	西藏民族大学	青年项目	民族问题研究
9	滇盐古道周边区域经济共生与民族融合研究	李陶红	大理大学	青年项目	民族问题研究
10	甘肃汉藏交界地带的族群边界问题研究	温梦煜	兰州大学	青年项目	民族问题研究

续表

序号	项目名称	负责人	工作单位	项目类别	所在学科
11	三江源国家公园人地关系的人类学研究	李秀英	西北师范大学	青年项目	民族问题研究
12	蒙藏寓言类文字作品的搜集、整理与比较研究	敖道胡	内蒙古大学	青年项目	民族问题研究
13	西北藏区幼儿园双语教育问题研究	李莉	青海民族大学	青年项目	民族问题研究
14	少数民族地区医养结合养老服务体系构建研究	李长远	甘肃政法学院	青年项目	民族问题研究
15	“一带一路”背景下中国—尼泊尔族际互动机制研究	李静玮	四川大学	青年项目	民族问题研究
16	四川藏区水电移民可持续生计调查及扶持政策研究	张海霞	四川农业大学	青年项目	民族问题研究
17	旅游发展背景下三江源国家公园牧民参与共建机制研究	赵婷	青海大学	青年项目	民族问题研究
18	边境少数民族地区职业教育精准扶贫机制研究	杨舒涵	云南师范大学	青年项目	民族问题研究
19	西夏制度源流考论	高仁	宁夏大学	青年项目	中国历史
20	金川战役与清中叶川边的地方治理及社会变迁研究	徐法言	四川大学	青年项目	中国历史
21	明清香料流动与中外文化交融研究	涂丹	南京信息工程大学	青年项目	中国历史
22	国民政府驻藏办事处与治藏主权研究（1940—1949）	邹敏	四川师范大学	青年项目	中国历史
23	藏传佛教寺院制度变迁及其当代社会调适研究	夏吾交巴	中共青海省委党校	青年项目	宗教学
24	11—13世纪多民族佛教文化视域下的河西地区西夏石窟研究	贾维维	浙江大学	青年项目	宗教学
25	蒙古族高僧藏文诗学体系研究	元成	内蒙古师范大学	青年项目	中国文学
26	新疆出土古藏文木简整理与研究	多杰尖措	西藏大学	青年项目	图书馆、情报与文献学
27	藏棋在西藏文化建设中可持续发展研究	张治远	西藏民族大学	青年项目	体育学
28	四省藏区微型金融精准扶贫机制及政策研究	臧敦刚	四川农业大学	青年项目	管理学

国家社科基金重大项目介绍

国家社会科学基金重大项目是现阶段国家社科基金中层次最高、资助力度最大、权威性最强的项目类别，包括应用对策研究、重大基础理论研究和跨学科研究三类，根据全国哲学社会科学规划办公室发布的《国家社科基金重大项目招标公告》确定数个研究方向，每个研究方向原则上确立1—2项中标课题，资助经费根据课题研究的实际需要确定，平均资助额度为60万—80万元。

应用对策类重大项目设立于2004年，主要资助研究我国政治、经济、文化和社会发展中具有全局性、战略性、前瞻性的重大理论和实际问题，为党和政府决策服务。基础理论类重大项目设立于2010年，重点支持一批弘扬民族精神、传承民族文化、对学术发展和学科建设起关键作用的重大基础理论和文化研究课题，着力推出具有原创性或开拓性、具有重要文化传承价值的经典之作。从2011年起设立跨学科研究重大项目，旨在鼓励通过不同学科的视角、知识、方法和人员的交叉融合，研究解决单一学科难以解决的复杂性、前沿性、综合性问题。

2017年度国家社会科学基金重大项目立项331项，其中藏学相关类立项12项。

2017 年度国家社科基金涉藏重大项目立项名单（藏学相关）

序号	课题名称	首席专家	责任单位
1	构建中华各民族共有精神家园的少数民族视域研究	纳日碧力戈	复旦大学
		龚永辉	广西民族大学
2	中国西南少数民族灾害文化数据库建设	周琼	云南大学
3	西藏地方志资料的整理与研究	赵心愚	西南民族大学
4	英雄史诗《格萨（斯）尔》图像文化调查研究及数据库建设	杨嘉铭	西南民族大学
5	中国少数民族神话数据库建设	王宪昭	中国社科院民族文学研究所
6	“一带一路”背景下跨喜马拉雅合作研究	李涛	四川大学
7	甘青川滇藏族聚居区藏文地方志资料搜集整理暨《多康藏族史》编纂	叶拉太	青海民族大学
8	《敦煌本吐蕃历史文书》相关民族、人物、事件研究及分年、分类辑注	杨铭	西南民族大学
9	敦煌学学术史资料整理与研究	刘进宝	浙江大学
10	17—20 世纪喜马拉雅山区域史研究	扎洛	中国社科院近代史研究所
11	“一带一路”与藏传佛教发展研究	郑堆	西南民族大学
12	西藏本教通论	同美	西南民族大学

2017年度国家社科基金项目西部项目

经专家评审、社会公示并报全国哲学社会科学规划领导小组批准，7月4日由全国哲学社会科学规划办公室将2017年度国家社科基金西部项目评审立项结果予以公布。2017年西部项目共立项492项，每项资助强度为20万元。

从公示情况可以发现，2017年立项的西部项目总体上有以下几个特点：一是课题负责人整体实力较强、研究重点比较突出。492名课题负责人中具有高级专业职务的356人（高级169人、副高级187人），占总数的72%；具有博士学位的330人，占67%；担任博士生导师或硕士生导师的221人，占45%。从课题研究内容上看，突出了具有地域特色、民族特色、学科特色的研究，突出了传承中华优秀传统文化、推动文化繁荣发展的研究，突出了创新民族地区社会治理、维护边疆社会和谐稳定的研究。二是覆盖面和惠及面较广。涉及包括高校、社科院、党校、军队、党政机关等五大系统在内的近200家科研单位，基本上覆盖了西部地区具有一定科研能力的研究机构。从项目负责人构成上看，少数民族学者有128人（涉及14个少数民族），约占总数的26%；35岁以下的青年学者有112人，约占总数的23%。三是对基础研究和区域优势学科的扶持力度进一步加大。基础研究和综合研究占76%左右，特别是西部传统优势学科的立项数量较多。比如，民族问题研究立了102项，中国文学、中国历史、马列·科社和语言学分别立了46、42、40和35项。同时，对具有西部地域特色和科研资源优势的领域、对具有重要文化价值和传承意义的冷门学科也加大了扶持力度，围绕少数民族社会发展调查、生态环境治理、文化遗产抢救保护、历史文献挖掘整理、古代边疆社会治理、濒危语言整理和保护等方面的研究，确立了一批课题。

2017 年度国家社科基金重大项目立项名单（藏学相关）

序号	项目名称	负责人	工作单位
1	康巴藏区意识形态安全隐患与宣传思想工作规律研究	董子铭	四川师范大学
2	习近平治国理政思想在西藏的实践研究	毛奇	中共西藏自治区委员会党校
3	十八大以来社会稳定目标下的新疆与藏区宗教寺院管理比较研究	李硕	新疆大学
4	甘青川藏区基层社会主义核心价值观生活化践行机制研究	陈甘霖	中共甘肃省委党校
5	青海藏族地区红色文化及传承研究	李加才旦	青海民族大学
6	青藏地区高校青年教师德性养成的伦理文化环境研究	张磊	青海大学
7	“一带一路”建设中康区生态旅游资源开发研究	管恒善	青海广播电视大学
8	西南地区旅游精准扶贫与乡土文化传承的耦合机制研究	林移刚	四川外国语大学
9	青藏地区基层社会治理与公众参与研究	苏雪芹	青海民族大学
10	生态文明视域下牧区草地承包经营法律制度研究	王天雁	西北民族大学
11	从《清内阁蒙古堂档·策妄阿拉布坦档》看康雍时期准清关系	包青松	内蒙古大学
12	西藏方志文献研究	杨学东	西藏民族大学
13	互联网经济下少数民族特困地区精准扶贫脱贫模式创新研究	吴晓蓉	西南大学
14	藏族村寨旅游发展与村民受益关联性的案例比较与跟踪调查研究	王晓辉	四川大学
15	长江上游民族地区生态移民综合调查研究	廖海亚	四川省社会科学院
16	云南藏区“多民族共同体”发展模式研究	廖惟春	云南大学
17	泸沽湖周边多民族地区藏传佛教传播史研究	许瑞娟	云南民族大学
18	民国时期西藏社会发展	平措达吉	西藏大学
19	藏族民间情歌的社会和谐功能与情歌艺人的传承和保护研究	尤拉太	西藏大学
20	藏族民间皮革制作技艺调查与研究	米玛拉姆	西藏大学
21	藏族休闲民俗在西藏旅游发展中的传承与实践研究	邵卉芳	西藏民族大学
22	甘青川民间藏戏剧本文献搜集、整理和研究	官却扎西	甘肃民族师范学院
23	甘肃甘南藏区精准扶贫绩效评价实证研究	孙秉文	甘肃省委党校

续表 1

序号	项目名称	负责人	工作单位
24	汉藏边缘之“霍尔”人的格萨尔信仰与多元宗教对话共生研究	周毛先	西北民族大学
25	西藏及四省藏区中学“理科薄弱”问题调查及对策研究	胡红杏	西北师范大学
26	青藏铁路沿线地区遗产旅游与民族社区互动发展研究	陈金林	青海大学
27	草原旅游发展下的青海牧民生产生活现状调查研究	魏玮	青海大学
28	藏医树喻的文化内涵及其应用价值研究	尕藏多吉	青海大学
29	河湟世居少数民族民间手工艺传承现状和发展研究	郑纳	青海大学
30	藏区民族教育发展与精准扶贫问题研究	邢永萍	青海民族大学
31	青海世居少数民族家庭教育的经验研究	李艳	青海民族大学
32	甘青地区民族民间音乐文化共生研究	苏娟	青海民族大学
33	青海藏区“河湟文明”的形成与民族和谐研究	马生林	青海省社会科学院
34	藏族传统文化中的象征符号及其和谐理论研究	扎保	青海师范大学
35	都兰吐蕃墓历史文化研究	卓玛加	青海师范大学
36	青唐吐蕃王子政权研究	才旦多杰	中共青海省委党校
37	新发现藏文史籍《王统日月宝串》翻译与研究	阿贵	西藏大学
38	城镇化背景下藏区寺院与社区的关系研究	廖云路	西藏日报社研究室
39	西北民族地区互联网宗教的传播规律与引导策略研究	徐生菊	青海大学
40	藏族家庭与藏传佛教影响关系研究	阿忠荣	青海师范大学
41	藏传佛教后弘期因明史研究	冷智多杰	青海师范大学
42	藏族当代影视文学剧本研究	东主才让	西藏大学
43	《格萨尔》史诗在多民族文化中的传播和影响研究	王艳	西北民族大学
44	八思巴字蒙古语文献发掘整理及其语言研究	哈斯巴根	内蒙古师范大学
45	传播学视阈下的藏族文化外宣翻译研究	黄信	四川师范大学
46	基于语料库的《八大藏戏》词汇研究	索南才让	青海师范大学
47	汉、蒙、藏、满、英、梵、新蒙文七种文字合璧《大藏经》目录编制与比较研究	乌兰其木格	内蒙古师范大学

续表 2

序号	项目名称	负责人	工作单位
48	青海多民族花儿特色数据库云平台建设及深度学习挖掘研究	王青海	青海师范大学
49	藏区青少年心理健康及危机干预机制研究	程科	西南民族大学
50	康巴藏区传统体育文化传承与发展研究	陈波	成都师范学院
51	四川藏羌少数民族青少年体质演进及归因研究	关北光	乐山师范学院

论著索引

藏学图书要目

汉文部分

一、哲学宗教

1. 人文宗教研究．总第八辑 2016 年第 2 册/李四龙主编．—北京：宗教文化出版社
ISBN：978 –7 –5188 –0345 –3：CNY58.00
2. 中国佛学（总第 40 期）／《中国佛学》编委会编．—北京：社会科学文献出版社
ISBN：978 –7 –5201 –0238 –4：CNY69.00
3. 中国佛学（总第 41 期）／《中国佛学》编委会编．—北京：社会科学文献出版社
ISBN：978 –7 –5201 –1010 –5：CNY69.00
4. 宗教人类学．第 7 辑/陈进国主编．—北京：社会科学文献出版社
ISBN：978 –7 –5201 –0378 –7：CNY89.00
5. 菩萨戒品释/宗喀巴撰文；法尊译．—西宁：青海人民出版社
ISBN：978 –7 –225 –05306 –6：CNY28.00
6. 贤者喜宴．噶玛岗仓史/（明）巴卧·祖拉陈瓦著；周润年译注．—西宁：青海人民出版社
ISBN：978 –7 –225 –05302 –8：CNY198.00（全 2 册）

7. 贤者喜宴．吐蕃史/（明）巴卧·祖拉陈瓦著；黄颢，周润年译注．—西宁：青海人民出版社
ISBN：978－7－225－05302－8：CNY198.00（全2册）
8. 布顿佛教史/（元）布顿著；蒲文成译．—西宁：青海人民出版社
ISBN：978－7－225－05282－3：CNY42.00
9. 元代以来藏传佛教寺院管理研究/张生寅著．—西宁：青海人民出版社
ISBN：978－7－225－05256－4：CNY46.00
10. 认识本教/泽绒洛吾著．—西宁：青海人民出版社
ISBN：978－7－225－05251－9：CNY35.00
11. 觉囊派教法史/阿旺洛追扎巴著；索南才让译．—西宁：青海人民出版社
ISBN：978－7－225－05281－6：CNY36.00
12. 第二届宗喀巴学术研讨会论文集．2016/青海民族大学宗喀巴研究院编．—西宁：青海民族出版社
ISBN：978－7－5420－2894－5：CNY28.00
13. 吐蕃统治时期敦煌密教研究/赵晓星著．—兰州：甘肃教育出版社
ISBN：978－7－5423－3801－3：CNY145.00
14. 西藏宗教/尕藏加著．—北京：五洲传播出版社
ISBN：978－7－5085－3324－7：CNY48.00
15. 白话杂宝藏经/光亮编译．—拉萨：西藏藏文古籍出版社
ISBN：978－7－5700－0030－2：CNY59.00
16. 白话贤愚经/光亮编译．—拉萨：西藏人民出版社
ISBN：978－7－223－05726－4：CNY68.00
17. 仓央嘉措故里/罗洪忠著．—拉萨：西藏人民出版社
ISBN：978－7－223－05546－8：CNY38.00
18. 法尊法师全集/杨德能，胡继欧主编．—北京：中国藏学出版社
ISBN：978－7－80253－970－9：CNY2800.00（精装）
19. 中国因明学史/郑堆主编．—北京：中国藏学出版社
ISBN：978－7－80253－973－0：CNY68.00
20. 出走的生命：根敦群培的精神之旅/阿旺泽仁扎西著．—北京：中国藏学出版社
ISBN：978－7－80253－974－7：CNY28.00
21. 遇见晋美林巴/德兰根迥编著．—北京：宗教文化出版社

ISBN：978-7-5188-0066-7：CNY28.00

22. 元代北京汉藏佛教研究/胡雪峰主编.—北京：宗教文化出版社
ISBN：978-7-5188-0529-7：CNY98.00
23. 木讷记/多杰口述，张心若笔记.—北京：中央编译出版社
ISBN：978-7-5117-2958-3：CNY38.00（精装）
24. 西来的喇嘛/（法）雅克玲·泰夫奈著；耿昇译.—广州：广东人民出版社
ISBN：978-7-218-11655-6：CNY28.00
25. 藏传佛教信仰与民俗/才让著.—上海：上海古籍出版社
ISBN：978-7-5325-8563-2：CNY118.00
26. 藏传佛教在西域和中原的传播：《大乘要道密集》研究初编/沈卫荣著.—北京：北京师范大学出版社
ISBN：978-7-303-21975-9：CNY78.00（精装）
27. 东北藏传佛教历史源流和发展现状研究/王佳著.—哈尔滨：黑龙江教育出版社
ISBN：978-7-5316-9140-2：CNY45.00
28. 构建藏传佛教寺庙管理长效机制研究/普布次仁，达宝次仁，陆军著.—拉萨：西藏人民出版社
ISBN：978-7-223-05711-0：CNY35.00
29. 中国藏缅语民族文化起源神话研究/沈德康著.—北京：中国社会科学出版社
ISBN：978-7-5203-0316-3：CNY108.00
30. 喜马拉雅的社会与宗教/（法）石泰安著；耿昇译.—北京：中国藏学出版社
ISBN：978-7-80253-459-9：CNY76.00

二、梵文研究

1.《摩诃僧祇律》连词论稿/古艳睿等著.—成都：四川民族出版社
ISBN：978-7-5409-6916-5：CNY28.00
2. 梵与道：印中哲学和宗教比较研究/（以）伊萨玛·泰奥多，姚治华主编；叶首德译.—北京：宗教文化出版社

ISBN：978 -7 -5188 -0475 -7：CNY42.00

3. 梵汉对勘究竟一乘宝性论/黄宝生译注.—北京：中国社会科学出版社
ISBN：978 -7 -5203 -0889 -2：CNY99.00（精装）

4. 梵汉对勘唯识论三种/黄宝生译注.—北京：中国社会科学出版社
ISBN：978 -7 -5203 -1014 -7：CNY96.00（精装）

三、政治、军事、法律

1. 多杰才旦文集.藏学篇/多杰才旦著.—北京：中国藏学出版社
ISBN：978 -7 -80253 -872 -6：CNY78.00（精装）

2. 地域社会深描：藏羌彝走廊研究新视角/张曦，黄成龙主编.—北京：社会科学文献出版社
ISBN：978 -7 -5201 -0918 -5：CNY98.00

3. 西藏重点产业人才发展战略研究/黄宁燕著.—北京：科学技术文献出版社
ISBN：978 -7 -5189 -3650 -2：CNY32.00

4. 从地方性知识到生态文明：青藏边缘文化与生态的人类学调查/范长风著.—北京：中国发展出版社
ISBN：978 -7 -5177 -0624 -3：CNY58.00

5. 藏族古代法典译释考/周润年，喜饶尼玛等译著.—西宁：青海人民出版社
ISBN：978 -7 -225 -05290 -8：CNY48.00

6. 安多政教史/（清）智观巴·贡却乎丹巴饶吉著；吴均，毛继祖，马世林译.—西宁：青海人民出版社
ISBN：978 -7 -225 -05407 -0：CNY168.00（全2册）

7. 喜马拉雅藏族社会家庭与婚姻研究/（日）棚濑慈郎著.—西宁：青海人民出版社
ISBN：978 -7 -225 -05330 -1：CNY30.00

8. 国家视阈下藏区农牧民行为研究/马德君著.—西宁：青海人民出版社
ISBN：978 -7 -225 -05340 -0：CNY40.00

9. 发展观视域下的青海基层社会研究：一项湟中县的实证调查/郭连云著.—西宁：青海人民出版社
ISBN：978 -7 -225 -05304 -2：CNY42.00

10. 中国共产党海北藏族自治州历史大事记/中共海北州委党史研究室编.—西

宁：青海民族出版社

ISBN：978 -7 -5420 -2869 -3：CNY228.00（精装）

11. 卓尼县人民代表大会志．1949.9—2016.10/卓尼县人民代表大会志编纂委员会编．—兰州：甘肃人民出版社

ISBN：978 -7 -226 -05107 -8：CNY298.00（精装）

12. 西藏公众形象研究/索朗欧珠编著．—拉萨：西藏藏文古籍出版社

ISBN：978 -7 -80589 -943 -5：CNY38.00

13. 探究加强和促进民族团结法治化的成功经验：以拉萨市为例/边巴拉姆，钟慧等著．—拉萨：西藏人民出版社

ISBN：978 -7 -223 -05139 -2：CNY35.00

14. 传承弘扬"老西藏精神"/施俊伟著．—拉萨：西藏人民出版社

ISBN：978 -7 -223 -05724 -0：CNY45.00

15. 西藏改革开放实录．第一辑/中共西藏自治区委员会党史研究室编著．—拉萨：西藏人民出版社

ISBN：978 -7 -223 -05248 -1：CNY48.00

16. 中印涉藏关系史：1904～1914：以"麦克马洪线"问题为中心/（英）阿拉斯泰尔·兰姆著；梁俊艳译．—北京：社会科学文献出版社

ISBN：978 -7 -5201 -0013 -7：CNY289.00（精装）

17. 中印涉藏关系史（1914～1950）：以英帝国外交史为中心/（英）阿拉斯泰尔·兰姆著；梁俊艳译．—北京：社会科学文献出版社

ISBN：978 -7 -5201 -1628 -2：CNY289.00（精装）

18. 俄国与西藏：俄国档案文件汇编（1893～1914）/（俄）E.A. 别洛夫主编；陈春华编译；俄罗斯科学院东方学研究所，俄罗斯科学院远东研究所编．—北京：社会科学文献出版社

ISBN：978 -7 -5201 -0767 -9：CNY198.00（精装）

19. 论藏族社会的和谐稳定：以藏族和谐心理特质的研究为例/王庆著．—北京：社会科学文献出版社

ISBN：978 -7 -5097 -7838 -8：CNY99.00

20. 西藏基本公共服务能力提升与民生改善研究/郑洲著．—北京：社会科学文献出版社

ISBN：978 -7 -5201 -0278 -0：CNY89.00

21. 元代吐蕃地方行政体制研究/张云著．—北京：商务印书馆

ISBN：978－7－100－12805－6：CNY90.00

22. 拉萨法治发展报告.2017/车明怀主编.—北京：社会科学文献出版社
ISBN：978－7－5201－0837－9：CNY79.00

23. 中国少数民族法史通览. 第二卷. 藏族/张晋藩总主编；南杰·隆英强著.—西安：陕西人民出版社
ISBN：978－7－224－11338－9：CNY2600.00（精装，全10册）

24. 西藏的新生/谢忠著.—北京：人民出版社
ISBN：978－7－01－018448－7：CNY52.00

25. 新形势下西藏民事纠纷解决机制研究/张伟，何剑锋著.—拉萨：西藏人民出版社
ISBN：978－7－223－05660－1：CNY20.00

26. 生态移民：来自青藏高原的民族志报告/冯雪红等著.—北京：科学出版社
ISBN：978－7－03－055918－0：CNY68.00

27. 区域发展与综合治理：青藏地区社会文化调查研究/马成俊主编.—上海：上海文化出版社
ISBN：978－7－5535－0683－8：CNY90.00

28. 晚清美国驻华公使柔克义涉藏档案选编：中英文对照版/程龙编著；魏怡译.—北京：五洲传播出版社
ISBN：978－7－5085－3537－1：CNY48.00

29. 迪庆赤子/孙彬涛主编，中共迪庆州委党史研究室编.—昆明：云南民族出版社
ISBN：978－7－5367－7617－3：CNY39.00

四、经济社会

1. 西藏、青海牧区社会经济文化调查与区域发展研究/张海云，张兴年编著.—西宁：青海人民出版社
ISBN：978－7－225－05310－3：CNY49.00

2. 西藏经济问题研究. 一/陈爱东主编.—北京：中国大地出版社
ISBN：978－7－80246－891－7：CNY35.00

3. “旱码头”的前世今生：格尔木西藏基地/郭清主编.—西宁：青海人民出版社

ISBN：978 - 7 - 225 - 05416 - 2：CNY68.00

4. 明清川藏茶道的市场与社会/陈志刚著 . —兰州：兰州大学出版社
ISBN：978 - 7 - 311 - 05016 - 0：CNY36.00
5. 西藏非公有制经济发展及其扶持政策研究/王文令著 . —拉萨：西藏藏文古籍出版社
ISBN：978 - 7 - 5700 - 0016 - 6：CNY25.00
6. 西藏农村发展报告：脱贫攻坚专题/白玛朗杰主编 . —拉萨：西藏藏文古籍出版社
ISBN：978 - 7 - 5700 - 0014 - 2：CNY38.00
7. 西藏经济发展方式转变路径研究论文集/图登克珠编 . —昆明：云南大学出版社
ISBN：978 - 7 - 5482 - 3023 - 6：CNY42.80
8. “一带一路”战略下物流产业拉动西藏区域经济可持续发展研究/刘妤著 . —厦门：厦门大学出版社
ISBN：978 - 7 - 5615 - 6551 - 3：CNY54.00
9. 青海藏区普惠金融发展与农牧民增收问题研究/刘尚荣著 . —北京：中国经济出版社
ISBN：978 - 7 - 5136 - 4961 - 2：CNY54.00
10. 发达地区对口援藏与云南藏区提升自我发展能力研究/张体伟著 . —北京：中国社会科学出版社
ISBN：978 - 7 - 5203 - 0087 - 2：CNY68.00
11. 和谐社会视角下的青海藏区农（牧）区最低生活保障问题研究/李凤荣主编 . —北京：中国经济出版社
ISBN：978 - 7 - 5136 - 4962 - 9：CNY52.00
12. 公共产品供给促进反脆弱发展：甘孜藏区发展策略研究/李雪萍著 . —北京：中国社会科学出版社
ISBN：978 - 7 - 5203 - 1208 - 0：CNY96.00
13. 多元目标体系导向的西北民族地区旅游产业发展模式研究：以甘肃甘南藏族自治州为例/把多勋等著 . —北京：中国社会科学出版社
ISBN：978 - 7 - 5161 - 9525 - 3：CNY106.00
14. 年乃索麻村调查：藏族/李克强，侯超惠主编 . —北京：中国经济出版社
ISBN：978 - 7 - 5136 - 4613 - 0：CNY56.00

15. 西部欠发达地区社会治理及文化旅游融合发展研究：基于对青海省海南藏族自治州的调研/莫青平著 . —北京：经济日报出版社
ISBN：978 -7 -5196 -0130 -0：CNY28. 00
16. 发达地区对口援藏与云南藏区提升自我发展能力研究/张体伟著 . —北京：中国社会科学出版社
ISBN：978 -7 -5203 -0087 -2：CNY68. 00
17. 国家精准扶贫工作成效第三方评估方法案例：以阿坝师范学院对汶川县2017 年评估检查为例/肖幼林，何远祯主编 . —成都：西南交通大学出版社
ISBN：978 -7 -5643 -5853 -2：CNY82. 00
18. 西藏金融发展的实证研究/唐雨虹著 . —广州：世界图书出版广东有限公司
ISBN：978 -7 -5192 -2466 -0：CNY36. 00
19. 西藏经济增长问题研究/图登克珠主编 . —北京：科学出版社
ISBN：978 -7 -03 -053972 -4：CNY119. 00
20. 西藏旅游资源探析/张学梅，董珊编著 . —成都：电子科技大学出版社
ISBN：978 -7 -5647 -4557 -8：CNY35. 00
21. 西藏城乡一体化的发展：探索与思考/胡洁著 . —北京：光明日报出版社
ISBN：978 -7 -5194 -2580 -7：CNY45. 00
22. 西藏农牧民安居工程的效益评价及后续问题研究/魏刚著 . —北京：科学出版社
ISBN：978 -7 -03 -055784 -1：CNY90. 00
23. 茶马古道各民族商号及其互动关系/李旭著 . —北京：社会科学文献出版社
ISBN：978 -7 -5201 -1084 -6：CNY99. 00
24. 草场承包及经营流转过程中的公正：以西藏那曲为例/于明潇著 . —北京：中国藏学出版社
ISBN：978 -7 -80253 -975 -4：CNY22. 00

五、文化教育

1. 当代藏族大学生信仰问题研究/薛生海，娄仲俊著 . —西宁：青海人民出版社
ISBN：978 -7 -225 -05478 -0：CNY34. 90

2. 西藏教育六十年/周润年，塔娜著．—兰州：甘肃教育出版社
ISBN：978－7－5423－4093－1：CNY78.00
3. 珠落玉盘皆乐章：穿越甘南非物质文化遗产时空/尕藏才旦，全永康，马庆禄编著．—兰州：甘肃民族出版社
ISBN：978－7－5421－3538－4：CNY68.00
4. 舟曲非物质文化遗产保护研究/闵文义著．—兰州：甘肃文化出版社
ISBN：978－7－5490－1374－6：CNY50.00
5. 西藏民俗体育与游艺/丁玲辉，觉安拉姆著．—拉萨：西藏人民出版社
ISBN：978－7－223－05549－9：CNY36.00
6. 中国新华书店发展大系．西藏卷/《中国新华书店发展大系·西藏卷（1951—2017）》编纂委员会编．—拉萨：西藏人民出版社
ISBN：978－7－223－05565－9：CNY46.00
7. 西藏农牧区妇女教育现状分析与对策思考/嘎强琼达著．—北京：社会科学文献出版社
ISBN：978－7－5201－1215－4：CNY68.00
8. 藏语卫视与藏区发展：策略、机制与模式/韩鸿著．—北京：社会科学文献出版社
ISBN：978－7－5097－8095－4：CNY99.00
9. 藏族教育新论/周润年著．—北京：中央民族大学出版社
ISBN：978－7－5660－1350－7：CNY68.00
10. 青海藏区教育调查研究/李子华著．—长春：吉林大学出版社
ISBN：978－7－5692－0247－2：CNY45.00
11. 西部藏族大学生心理健康教育研究/陈永涌著．—北京：经济科学出版社
ISBN：978－7－5141－7769－5：CNY50.00
12. 西藏非物质文化遗产传承人口述实录/张蕊主编．—北京：海豚出版社
ISBN：978－7－5110－3151－8：CNY498.00（精装）
13. 梵学探幽：印度文化论集/李南著．—北京：中国大百科全书出版社
ISBN：978－7－5202－0086－8：CNY56.00
14. 青海藏族聚居区公共文化产品和服务供给研究/关桂霞著．—北京：中国社会科学出版社
ISBN：978－7－5203－1495－4：CNY46.00
15. 话说藏茶/奋·琼培著．—成都：四川民族出版社

ISBN：978－7－5409－7122－9：CNY128.00

16. 茶谱系学与文化构建：走进西藏茶叶消费空间的秘密/赵国栋著.—拉萨：西藏人民出版社
ISBN：978－7－223－05427－0：CNY65.00
17. 藏袍结构的人文精神：藏族古曲袍服结构研究/刘瑞璞，陈果，王丽琄著.—北京：中国纺织出版社
ISBN：978－7－5180－3296－9：CNY98.00

六、语言文字

1. 藏语语言学史稿/华侃等著.—北京：民族出版社
ISBN：978－7－105－15156－1：CNY60.00
2. 敦煌·对音·初探：基于敦煌文献的梵、藏汉对音研究/李建强著.—北京：中国社会科学出版社
ISBN：978－7－5161－8235－2：CNY76.00

七、文学艺术

1. 三江源：玉树篇章/梅卓主编.—西宁：青海人民出版社
ISBN：978－7－225－05339－4：CNY88.00
2. 当代藏族小说中的女性形象研究/于宏，胡沛萍著.—成都：四川大学出版社
ISBN：978－7－5690－0412－0：CNY48.00
3. 康巴藏族民间故事研究/王远明等著.—成都：四川大学出版社
ISBN：978－7－5690－0049－8：CNY46.00
4. 舟曲楹联文化纪事/王家安，李白成编著.—兰州：甘肃文化出版社
ISBN：978－7－5490－1372－2：CNY44.00
5. 藏书坊：西藏文学/诺布旺丹著.—北京：五洲传播出版社
ISBN：978－7－5085－3491－6：CNY48.00
6. 裕固族《格萨尔》故事类型研究/王军涛著.—拉萨：西藏人民出版社
ISBN：978－7－223－05640－3：CNY48.00
7. 冬行西藏/西藏自治区党委网信办编.—拉萨：西藏人民出版社

ISBN：978－7－223－05682－3：CNY60.00

8. 格萨尔研究论集/王沂暖著．—北京：中国藏学出版社

ISBN：978－7－80253－960－0：CNY32.00

9. 从长安到拉萨：2014 唐蕃古道考察纪行/陕西省考古研究院等编．—上海：上海古籍出版社

ISBN：978－7－5325－8361－4：CNY198.00（精装）

10. 唐五代涉蕃小说整理与研究/严寅春，王守芝著．—北京：民族出版社

ISBN：978－7－105－15045－8：CNY46.00

11. 土族《格萨尔》语言研究/王国明著．—北京：民族出版社

ISBN：978－7－105－15060－1：CNY52.00

12. 卓尼藏族创世史诗——舍巴/范学勇，杨世宏编著．—北京：民族出版社

ISBN：978－7－105－14819－6：CNY38.00

13. 文化身份的建构与书写：当代藏族女性文学研究/徐琴著．—广州：中山大学出版社

ISBN：978－7－306－06173－7：CNY46.00

14. 碰撞·融合·发展：《格萨尔》的文化变迁研究/臧学运著．—长春：吉林大学出版社

ISBN：978－7－5677－9777－2：CNY49.80

15. 清代藏事诗研究/顾浙秦著．—广州：中山大学出版社

ISBN：978－7－306－06184－3：CNY68.00

16. 唐卡里的神韵/耿占坤主编．—西宁：青海人民出版社

ISBN：978－7－225－05315－8：CNY35.00

17. 唐卡艺术：传承与创新/刘忠俊著．—成都：四川美术出版社

ISBN：978－7－5410－7432－5：CNY333.00（精装）

18. 西藏唐卡艺术博览会学术论文集/桑布主编．—成都：四川美术出版社

ISBN：978－7－5410－7300－7：CNY58.00

19. 藏羌原生民歌的创新研究与应用/陈辉，朱婷，佐世容编著．—成都：四川大学出版社

ISBN：978－7－5690－1358－0：CNY48.00

20. 西藏的画中传奇：专家笔谈万年山水/刘国松等著．—兰州：甘肃文化出版社

ISBN：978－7－5490－1279－4：CNY218.00（全5册）

21. “噶玛嘎孜”画派唐卡传承保护/康·格桑益希，登巴大吉著.—成都：四川民族出版社
ISBN：978－7－5409－7171－7：CNY280.00
22. 西藏艺术/刘志群著.—北京：五洲传播出版社
ISBN：978－7－5085－3492－3：CNY52.00
23. 西藏传统杂技艺术研究/丁玲辉，阿旺晋美著.—拉萨：西藏人民出版社
ISBN：978－7－223－04962－7：CNY32.00
24. 中国藏戏审美形态体系/刘志群主编.—拉萨：西藏人民出版社
ISBN：978－7－223－04910－8：CNY120.00
25. 西藏宗教舞蹈艺术/德门·强巴曲杰，龙康沃巴·丹增次仁著.—拉萨：西藏人民出版社
ISBN：978－7－223－05373－0：CNY40.00
26. 雪山的哺育：论西藏音乐与生活/罗念一编著.—拉萨：西藏人民出版社
ISBN：978－7－223－05394－5：CNY48.00
27. 梵呗/印巴尖措绘.—北京：文物出版社
ISBN：978－7－5010－5375－9：CNY420.00（精装）
28. 唐卡图像研究/罗桑开珠主编；中国唐卡文化研究中心编.—北京：文物出版社
ISBN：978－7－5010－4547－1：CNY480.00
29. 祥云托起珠穆朗玛：藏传佛教艺术精品/深圳博物馆.—北京：文物出版社
ISBN：978－7－5010－5088－8：CNY680.00（精装）
30. 当代藏族作家双语创作研究/德吉草著；丹珍草译.—北京：中央民族大学出版社
ISBN：978－7－5660－1443－6：CNY66.00
31. 康巴民族民间歌舞艺术调查与研究/林俊华，赵勇主编.—北京：中国书籍出版社
ISBN：978－7－5068－5307－1：CNY69.00
32. 青海藏族唐卡·娘本/胡雪涛著.—深圳：海天出版社
ISBN：978－7－5507－1253－9：CNY298.00（精装）
33. 热贡唐卡天然颜料调配技艺研究/卓么措，西合道著.—北京：学苑出版社
ISBN：978－7－5077－5355－4：CNY680.00（精装）

八、历史地理

1. 文成公主与唐蕃古道/崔永红主编；崔永红，毕艳君，解占录编著．—西宁：青海人民出版社
ISBN：978－7－225－05336－3：CNY35.00
2. 汉藏史集/（明）达仓宗巴·班觉桑布著；陈庆英译．—西宁：青海人民出版社
ISBN：978－7－225－05408－7：CNY45.00
3. 雪域之路：青藏高原的生态人文/邓本太著．—西宁：青海人民出版社
ISBN：978－7－225－05223－6：CNY56.00
4. 乐都历史人物传略/拉有清编著．—西宁：青海人民出版社
ISBN：978－7－225－05453－7：CNY38.00
5. 乐都姓氏探源/拉有清编著．—西宁：青海人民出版社
ISBN：978－7－225－05450－6：CNY28.00
6. 天边的香巴拉/夏坝丁真，热龚东灯编著．—成都：四川美术出版社
ISBN：978－7－5410－7602－2：CNY58.00
7. 解码西藏文明：风雪高原的艺苑奇葩/尕藏才旦编著．—兰州：甘肃民族出版社
ISBN：978－7－5421－2297－1：CNY58.00
8. 拉日巴传奇：唐卡艺术大师希热布传/迦叶著．—兰州：甘肃文化出版社
ISBN：978－7－5490－1482－8：CNY98.00
9. 舟曲金石叙录/郑炳林，马振颖编著．—兰州：甘肃文化出版社
ISBN：978－7－5490－1371－5：CNY54.00
10. 藏羌彝走廊·彝族文化产业博览会：文化高峰论坛论文集/毕节市民族和宗教事务委员会编．—成都：四川民族出版社
ISBN：978－7－5409－7110－6：CNY80.00
11. 西藏历史/陈庆英著．—北京：五洲传播出版社
ISBN：978－7－5085－3545－6：CNY54.00
12. 西藏民俗/陈立明著．—北京：五洲传播出版社
ISBN：978－7－5085－3477－0：CNY52.00
13. 走进历史深处：你所不知道的西藏故事/西藏自治区网信办网络新闻信息

传播处编著 . —拉萨：西藏藏文古籍出版社

ISBN：978 -7 -80589 -998 -5：CNY58.00

14. 吐蕃故都——琼结/琼结县文广局编 . —拉萨：西藏藏文古籍出版社

ISBN：978 -7 -80589 -930 -5：CNY15.00

15. 罗布林卡新宫南殿壁画解说/嘉措顿珠著 . —拉萨：西藏人民出版社

ISBN：978 -7 -223 -05393 -8：CNY28.00

16. 世界广说：大赡部洲广说情器普明镜/坚贝却吉单增赤列著；古格 · 其美多吉译注 . —拉萨：西藏人民出版社

ISBN：978 -7 -223 -05368 -6：CNY66.00

17. 西藏民族文化传播的历史、理论与现实/袁爱中著 . —拉萨：西藏人民出版社

ISBN：978 -7 -223 -05634 -2：CNY40.00

18. 藏史论隅/罗布著 . —拉萨：西藏人民出版社

ISBN：978 -7 -223 -05395 -2：CNY46.00

19. 老照片 · 新西藏 . 五/陈琳编著 . —拉萨：西藏人民出版社

ISBN：978 -7 -223 -05688 -5：CNY228.00

20. 多元一体国家中的西藏/张云著 . —北京：中国藏学出版社

ISBN：978 -7 -80253 -987 -7：CNY42.00

21. 罗布林卡/拉巴次仁主编；罗布林卡管理处编 . —北京：中国藏学出版社

ISBN：978 -7 -80253 -966 -2：CNY120.00

22. 英国外交部有关中国西藏事务档案 F. O. 535（1903—1908）词汇选：英汉 · 汉英对照手册/王远大译编 . —北京：中国藏学出版社

ISBN：978 -7 -80253 -940 -2：CNY18.00

23. 第六届北京国际藏学研讨会文集/郑堆主编 . —北京：中国藏学出版社

ISBN：978 -7 -80253 -990 -7：CNY78.00

24. 红军长征在藏区学术研讨会论文集/黄维忠主编 . —北京：中国藏学出版社

ISBN：978 -7 -80253 -945 -7：CNY35.00

25. 家屋与嘉绒藏族社会结构/李锦著 . —北京：社会科学文献出版社

ISBN：978 -7 -5201 -1207 -9：CNY89.00

26. 都兰吐蕃文化全国学术论坛论文集/青海藏族研究会编 . —北京：文物出版社

ISBN：978 -7 -5010 -4811 -3：CNY280.00

27. 五当召珍藏．唐卡 壁画/包头市五当召管理处编．—北京：文物出版社
ISBN：978－7－5010－4847－2：CNY398.00（精装）
28. 吐蕃丝绸之路/张云著．—南京：江苏人民出版社
ISBN：978－7－214－20612－1：CNY65.00
29. 丝绸之路与吐蕃文明/杨铭，李锋著．—北京：商务印书馆
ISBN：978－7－100－12962－6：CNY42.00（精装）
30. 吐蕃王朝历史军事地理研究/朱悦梅著．—北京：中国社会科学出版社
ISBN：978－7－5161－8984－9：CNY118.00
31. 扎坝藏族文史调查与研究辑要/焦虎三，仲昭铭编著．—成都：西南交通大学出版社
ISBN：978－7－5643－5440－4：CNY98.00
32. 藏区文化遗产的可持续发展评价模型研究：语境·评价·实证/李会云，田勇，陈谨著．—海口：海南出版社
ISBN：978－7－5443－7120－9：CNY38.00
33. 刘赞廷康区36部图志点校/四川省地方志编纂委员会编．—成都：四川党建期刊集团，四川民族出版社
ISBN：978－7－5409－6200－5：CNY450.00（精装，全2册）
34. 玉树地区藏文文献遗产整理保护初探/夏吾李加，还格吉著．—北京：民族出版社
ISBN：978－7－105－14888－2：CNY38.00
35. 川西南藏族图录集/李星星，袁晓文，刘俊波编著．—北京：民族出版社
ISBN：978－7－105－15012－0：CNY86.00
36. 归程：藏彝走廊尔苏藏族的神话民族志/李星星著．—北京：民族出版社
ISBN：978－7－105－14921－6：CNY30.00
37. 纳西族与藏族历史关系研究/杨福泉著．—北京：民族出版社
ISBN：978－7－105－14886－8：CNY48.00
38. 汉藏文献与西陲古族/杨铭著．—北京：民族出版社
ISBN：978－7－105－15209－4：CNY50.00
39. 香格里拉研究文集/格桑顿珠主编．—北京：民族出版社
ISBN：978－7－105－15030－4：CNY50.00
40. 藏学论文集：历史·社会·文化/郎维伟著．—北京：民族出版社
ISBN：978－7－105－14820－2：CNY40.00

41. 藏彝走廊中的回藏和谐民族关系研究/马尚林，罗凉昭著．—北京：民族出版社
ISBN：978－7－105－14991－9：CNY25.00
42. 雪域之光——藏族/袁晓文主编．—上海：上海锦绣文章出版社
ISBN：978－7－5452－1878－7：CNY160.00
43. 明清时期嘉绒藏族土司关系研究/邹立波著．—北京：中国社会科学出版社
ISBN：978－7－5161－9594－9：CNY98.00
44. 笔发江山气 帐含桃李风：怀念藏学宗师王尧先生/沈卫荣，徐忠良，任小波编．—上海：上海远东出版社
ISBN：978－7－5476－1216－3：CNY76.00
45. 中华民族历史背景下藏事论衡/车明怀．—北京：中国社会科学出版社
ISBN：978－7－5203－1684－2：CNY128.00
46. 宗山下的聚落：西藏早期城镇的形成机制与空间格局研究/周晶，李天，李旭祥著．—西安：西安交通大学出版社
ISBN：978－7－5605－9319－7：CNY78.00
47.《西藏赋》笺证/（清）和瑛著；孙文杰笺证．—北京：人民日报出版社
ISBN：978－7－5115－5088－0：CNY68.00（精装）
48. 梵室殊严：敦煌莫高窟第361窟研究/赵晓星著．—兰州：甘肃人民美术出版社
ISBN：978－7－5527－0347－4：CNY98.00
49. 自然之道：文化眼里的青藏牧民及其自然资源管理/范长风著．—北京：中国发展出版社
ISBN：978－7－5177－0705－9：CNY58.00
50. 西藏百万翻身农奴口述史/中共西藏自治区委员会宣传部，西藏自治区新旧西藏对比宣传教育工作领导小组办公室编．—拉萨：西藏人民出版社
ISBN：978－7－223－05433－1：CNY38.00

九、科学技术、藏医藏药

1. 出生、生命和死亡：根据西藏医学和大圆满教法/南开诺布著；Wilson Wei 译．—西宁：青海人民出版社
ISBN：978－7－225－05327－1：CNY42.00

2. 西藏基本医疗与公共卫生服务能力研究/程晓明等著．—北京：社会科学文献出版社

ISBN：978－7－5201－1032－7：CNY58.00

3. 藏区健康科普手册/刘圆主编．—北京：民族出版社

ISBN：978－7－105－14675－8：CNY56.00

4. 优质医疗资源下沉：华西甘孜藏族自治州模式/李为民主编．—北京：人民卫生出版社

ISBN：978－7－117－24251－6：CNY59.00

5. 西藏古建筑测绘图集．第二辑/西藏自治区文物保护研究所编著．—北京：科学出版社

ISBN：978－7－03－052622－9：CNY198.00（精装）

6. 西藏寺院建筑/邓传力主编．—拉萨：西藏藏文古籍出版社

ISBN：978－7－80589－824－7：CNY46.00

7. 四川藏区民居图谱·甘孜州康南卷/《四川藏区民居图谱》编员会编著．—成都：天地出版社

ISBN：978－7－5455－2209－9：CNY136.00

8. 四川藏区民居图谱·阿坝州嘉绒卷/《四川藏区民居图谱》编员会编著．—成都：天地出版社

ISBN：978－7－5455－3306－4：CNY168.00

9. 西藏乡土民居建筑文化研究/何泉著．—北京：中国建筑工业出版社

ISBN：978－7－112－21039－8：CNY48.00

10. 阿里传统建筑与村落/汪永平等编著．—南京：东南大学出版社

ISBN：978－7－5641－6976－3：CNY99.00

11. 日喀则城市与建筑/焦自云等著．—南京：东南大学出版社

ISBN：978－7－5641－6974－9：CNY89.00

12. 拉萨城市与建筑/焦自云，欧雷著．—南京：东南大学出版社

ISBN：978－7－5641－6844－5：CNY79.00

13. 江孜城市与建筑/汪永平，沈芳著．—南京：东南大学出版社

ISBN：978－7－5641－6975－6：CNY69.00

14. 青藏铁路与藏族文化和谐发展/东·华尔丹，冯雪红著．—北京：科学出版社

ISBN：978－7－03－053928－1：CNY99.00

15. 黄河首曲藏族传统文化与生态保护研究/杨勇著. —兰州：甘肃民族出版社
ISBN：978 -7 -5421 -3342 -7：CNY50.00

十、综合

1. 海北年鉴. 2015/海北藏族自治州地方志编纂委员会编. —西宁：青海民族出版社
ISBN：978 -7 -5420 -2870 -9：CNY168.00（精装）
2. 刚察年鉴. 2015/刚察县地方志编纂委员会编. —西宁：青海民族出版社
ISBN：978 -7 -5420 -2878 -5：CNY216.00（精装）
3. 青海年鉴. 2017/青海省地方志编纂委员会编. —西宁：青海年鉴社
ISBN：1009 -1408：CNY350.00（精装）
4. 果洛年鉴. 2015/果洛藏族自治州地方志编纂委员会编. —西宁：青海民族出版社
ISBN：978 -7 -5420 -2939 -3：CNY216.00（精装）
5. 贵德年鉴. 2015/贵德县地方志编纂委员会办公室编. —西宁：青海民族出版社
ISBN：978 -7 -5420 -2918 -8：CNY188.00（精装）
6. 阿坝州年鉴. 2016/. —成都：巴蜀书社
ISBN：978 -7 -5531 -0873 -5：CNY288.00（精装）
7. 甘南州年鉴. 2017/甘南藏族自治州地方史志办公室编. —兰州：甘肃文化出版社
ISBN：978 -7 -5490 -1486 -6：CNY268.00（精装）
8. 普兰年鉴. 2016/普兰县党史（地方志）办公室编. —拉萨：西藏人民出版社
ISBN：978 -7 -223 -05437 -9：CNY135.00
9. 迪庆年鉴. 2016/迪庆藏族自治州州志编纂委员会办公室编. —昆明：云南民族出版社
ISBN：978 -7 -5367 -7475 -9：CNY300.00（精装）
10. 中国藏学年鉴. 2015/《中国藏学年鉴》编辑委员会编. —北京：中国藏学出版社
ISBN：978 -7 -80253 -972 -3：CNY56.00（精装）

11. 墨脱县志/西藏自治区地方志编纂委员会总编，西藏自治区墨脱县地方志编纂委员会编撰．—北京：中国藏学出版社
ISBN：978－7－80253－944－0：CNY280.00（精装）
12. 洛隆县志/西藏自治区地方志编纂委员会总编，西藏自治区洛隆县地方志编纂委员会编撰．—北京：中国藏学出版社
ISBN：978－7－80253－996－9：CNY256.00（精装）
13. 白朗县志/西藏自治区地方志编纂委员会总编，西藏自治区白朗县地方志编纂委员会编撰．—北京：中国藏学出版社
ISBN：978－7－80253－994－5：CNY136.00（精装）
14. 英国收藏新疆出土古藏文文献叙录/胡静，杨铭编著．—北京：社会科学文献出版社
ISBN：978－7－5201－0766－2：CNY98.00
15. 扎囊年鉴.2017（总第2卷）/扎囊县地方志编纂委员会编．—郑州：中州古籍出版社
ISBN：978－7－5348－7502－1：CNY350.00（精装）
16. 安多年鉴.2016/西藏安多县年鉴编纂委员会编．—郑州：中州古籍出版社
ISBN：978－7－5348－6922－8：CNY262.00（精装）
17. 那曲地区年鉴.2016/《那曲地区年鉴》编纂委员会编．—郑州：中州古籍出版社
ISBN：978－7－5348－7121－4：CNY328.00（精装）
18. 林芝巴宜年鉴.2017（总第2卷）/林芝市巴宜区地方志办公室编．—郑州：中州古籍出版社
ISBN：978－7－5348－7282－2：CNY350.00（精装）
19. 贡嘎年鉴.2017（总第2卷）/贡嘎县地方志办公室编．—郑州：中州古籍出版社
ISBN：978－7－5348－7233－4：CNY350.00（精装）
20. 朗县年鉴.2017（总第2卷）/中共朗县县委办公室编．—郑州：中州古籍出版社
ISBN：978－7－5348－7446－8：CNY350.00（精装）
21. 琼结年鉴.2017（总第2卷）/琼结县地方志编纂委员会编．—郑州：中州古籍出版社
ISBN：978－7－5348－7467－3：CNY350.00（精装）

22. 拉萨城关年鉴.2017（总第6卷）/拉萨市城关区地方志办公室编.—北京：方志出版社
ISBN：978-7-5144-2582-6：CNY350.00（精装）
23. 拉萨堆龙德庆年鉴.2017（总第6卷）/拉萨市堆龙德庆区地方志办公室编.—北京：方志出版社
ISBN：978-7-5144-2488-1：CNY380.00（精装）
24.《格萨尔》手抄本、木刻本解题目录/李连荣编.—北京：中国社会科学出版社
ISBN：978-7-5161-9438-6：CNY182.00
25. 阿坝县年鉴.2015—2016/阿坝县地方志编纂委员会办公室编.—北京：开明出版社
ISBN：978-7-5131-3720-1：CNY230.00（精装）
26. 玉树市年鉴.2016/玉树市地方志办公室编.—长春：吉林大学出版社
ISBN：978-7-5692-0437-7：CNY298.00（精装）
27. 当雄县志/西藏自治区当雄县编译局编撰.—北京：方志出版社
ISBN：978-7-5144-2441-6：CNY280.00（精装）
28. 西藏统计年鉴.2017（总第29期）/西藏自治区统计局，国家统计局西藏调查总队编.—北京：中国统计出版社
ISBN：978-7-5037-8214-5：CNY280.00（精装）
29. 日喀则市志/西藏自治区地方志编纂委员会总编，西藏自治区日喀则市地方志编纂委员会编撰.—北京：方志出版社
ISBN：978-7-5144-2426-3：CNY260.00（精装）
30. 日喀则桑珠孜区年鉴.2017（总第1卷）/日喀则市桑珠孜区地方志办公室编.—北京：方志出版社
ISBN：978-7-5144-2871-1：CNY350.00（精装）
31. 江孜年鉴.2017（总第1卷）/江孜县地方志办公室编.—北京：方志出版社
ISBN：978-7-5144-2685-4：CNY350.00（精装）
32. 甘孜州年鉴.2016/甘孜州年鉴编纂委员会编.—北京：方志出版社
ISBN：978-7-5144-2345-7：CNY198.00（精装）
33. 萨嘎年鉴.2017（总第1卷）/萨嘎县地方志办公室编.—北京：方志出版社

ISBN：978－7－5144－2491－1：CNY350.00（精装）

34. 日喀则桑珠孜区年鉴.2017（总第1卷）/日喀则市桑珠孜区地方志办公室编.—北京：方志出版社

ISBN：978－7－5144－2871－1：CNY350.00（精装）

35. 曲水年鉴.2017（总第1卷）/曲水人民政府办公室编.—北京：方志出版社

ISBN：978－7－5144－2554－3：CNY350.00（精装）

36. 仁布年鉴.2017（总第1卷）/仁布县地方志办公室编.—北京：方志出版社

ISBN：978－7－5144－2598－7：CNY350.00（精装）

37. 达孜年鉴.2017/达孜县地方志办公室编.—北京：方志出版社

ISBN：978－7－5144－2583－3：CNY350.00（精装）

38. 当雄年鉴.2017（总第6卷）/当雄县编译局编.—北京：方志出版社

ISBN：978－7－5144－2552－9：CNY350.00（精装）

39. 江孜年鉴.2017（总第1卷）/江孜县地方志办公室编.—北京：方志出版社

ISBN：978－7－5144－2685－4：CNY350.00（精装）

40. 加查年鉴.2017（总第1卷）/加查县地方志编纂委员会编.—北京：方志出版社

ISBN：978－7－5144－2798－1：CNY350.00（精装）

41. 墨竹工卡年鉴.2017/墨竹工卡县人民政府办公室编.—北京：方志出版社

ISBN：978－7－5144－2490－4：CNY350.00（精装）

42. 尼木年鉴.2017（总第6卷）/尼木县人民政府办公室编.—北京：方志出版社

ISBN：978－7－5144－2489－8：CNY350.00（精装）

43. 浪卡子县志/浪卡子县志编纂委员会编.—北京：方志出版社

ISBN：978－7－5144－2660－1：CNY498.00（精装）

44. 自贡年鉴.2017/《自贡年鉴》编辑委员会编.—北京：方志出版社

ISBN：978－7－5144－2567－3：CNY218.00（精装）

45. 康马县志/西藏自治区地方志编纂委员会总编，西藏自治区康马县地方志编纂委员会编撰.—北京：中国藏学出版社

ISBN：978－7－80253－424－7：CNY198.00（精装）

46. 中国民族学 . 2017 第一期（第十九辑）/赵利生主编 . —兰州：甘肃民族出版社
ISBN：978 -7 -5421 -3220 -8：CNY35. 00
47. 民族问题研究 . 第五辑/贾东海，虎有泽主编 . —兰州：甘肃民族出版社
ISBN：978 -7 -5421 -3809 -5：CNY46. 00
48. 玉树州 2001 -2015 年金融统计年鉴/中国人民银行玉树州中心支行编 . —西宁：青海民族出版社
ISBN：978 -7 -5420 -2849 -5：CNY368. 00（精装）
49. 青海藏毯志/青海省地方志编纂委员会编 . —西宁：青海民族出版社
ISBN：978 -7 -5420 -2937 -9：CNY178. 00（精装）
50. 甘南藏族自治州金融志 . 1991—2014/甘南藏族自治州金融学会编 . —兰州：甘肃人民出版社
ISBN：978 -7 -226 -04924 -2：CNY168. 00（精装）
51. 中国民族文博 . 第六辑/陈丹主编 . —北京：民族出版社
ISBN：978 -7 -5497 -1619 -7：CNY70. 00
52. 中国民族博物馆研究 . 2016/顾群主编 . —北京：民族出版社
ISBN：978 -7 -105 -14821 -9：CNY40. 00
53. 中国民族博物馆研究 . 2017/顾群主编 . —北京：民族出版社
ISBN：978 -7 -105 -15214 -8：CNY48. 00
54. 汉语史与汉藏语研究 . 第一辑/张玉来主编 . —北京：中国社会科学出版社
ISBN：978 -7 -5203 -0785 -7：CNY85. 00
55. 安多研究 . 第十四辑/祁晓萍主编，甘肃省藏学研究所编 . —兰州：甘肃民族出版社
ISBN：978 -7 -5421 -4079 -1：CNY45. 00
56. 中国藏学文摘 . 2016 创刊号/拉巴次仁主编 . —拉萨：西藏人民出版社
ISBN：978 -7 -223 -05639 -7：CNY30. 00
57. 日喀则文史资料选辑 . 第二辑/日喀则市文史资料委员会编 . —拉萨：西藏人民出版社
ISBN：978 -7 -223 -05047 -0：CNY25. 00
58. 西南边疆民族研究 . 第 23 辑/何明主编 . —昆明：云南大学出版社
ISBN：978 -7 -5482 -3161 -5：CNY58. 00
59. 西北民族论丛 . 第十五辑/周伟洲主编 . —北京：社会科学文献出版社

ISBN：978 –7 –5201 –1025 –9：CNY79. 00

60. 民族史研究．第十三辑/彭勇主编．—北京：中央民族大学出版社
ISBN：978 –7 –5660 –1297 –5：CNY60. 00

61. 康巴研究．第六辑/凌立，林俊华主编．—北京：光明日报出版社
ISBN：978 –7 –5194 –3301 –7：CNY35. 00

62. 国外藏学研究集刊．第一辑/王启龙主编．—上海：上海古籍出版社
ISBN：978 –7 –5325 –8564 –9：CNY88. 00

藏文部分

ཆབ་སྲིད་དང་། དཔལ་འབྱོར། ཁྲིམས་ལུགས་ཀྱི་སྐོར།
（政治、经济、法律）

1. གནས་བབ་གསར་པའི་འོག་གི་ཏང་ནང་ལུགས་ཀྱི་ཆབ་སྲིད་འཚོ་བའི་སྐོར་གྱི་ཚད་གཞི་འགའ་ཞིག ཀྲུང་གོའི་གུང་ཁྲན་ཏང་གི་ཏང་ནང་ལུགས་ཀྱི་ལྟ་སྐུལ་སྲོལ་ཡིག/ཀྲུང་གོའི་མི་རིགས་ཡིག་སྒྱུར་ཅུས་ཀྱིས་བསྒྱུར། མི་རིགས་དཔེ་སྐྲུན་ཁང་། ༢༠༡༧ལོ།
ISBN：978 –7 –105 –14653 –6/D

2. འགལ་བའི་རྣམ་བཤད།/མོའོ་ཙེ་ཏུང་གིས་བརྩམས། ཀྲུང་གོའི་མི་རིགས་ཡིག་སྒྱུར་ཅུས་ཀྱིས་བསྒྱུར། མི་རིགས་དཔེ་སྐྲུན་ཁང་། ༢༠༡༧ལོ།
ISBN：978 –7 –105 –15131 –8/A · 120

3. ལག་ལེན་གྱི་རྣམ་བཤད།/མོའོ་ཙེ་ཏུང་གིས་བརྩམས། ཀྲུང་གོའི་མི་རིགས་ཡིག་སྒྱུར་ཅུས་ཀྱིས་བསྒྱུར། མི་རིགས་དཔེ་སྐྲུན་ཁང་། ༢༠༡༧ལོ།
ISBN：978 –7 –105 –15133 –2/A · 121

4. ཉེས་ཁྲིམས་རིག་པ།/ཀོའོ་མིན་ཞན་དང་མ་ཁེ་ཁྲང་གིས་བརྩམས། ཀྲུང་གོའི་མི་རིགས་ཡིག་སྒྱུར་ཅུས་ཀྱིས་བསྒྱུར། མི་རིགས་དཔེ་སྐྲུན་ཁང་། ༢༠༡༧ལོ།
ISBN：978 –7 –105 –14092 –3/D · 2742

5. ཏང་གི་སྐབས་བཅོ་བརྒྱད་པའི་ཀྲུང་ཞུ་ཚང་འཛོམས་གྲོས་ཚོགས་ཐེངས་ལྔ་པའི་ཡིག་ཆའི་སློབ་སྦྱོང་གི་དྲི་བ་བརྒྱ་ཙམ།/ཀྲུང་གོའི་མི་རིགས་ཡིག་སྒྱུར་ཅུས་ཀྱིས་བསྒྱུར། མི་རིགས་དཔེ་སྐྲུན་ཁང་། ༢༠༡༧ལོ།

ISBN：978 –7 –105 –14157 –9/D · 2758

6. རྩ་ཁྲིམས་རིག་པ།/ཀྲུའུ་ཀྲུང་ཡེས་བརྩམས། ཀྲུང་གོའི་མི་རིགས་ཡིག་སྒྱུར་ཅུས་ཀྱིས་བསྒྱུར། མི་རིགས་དཔེ་སྐྲུན་ཁང་། ༢༠༡༧ལོ།

ISBN：978 –7 –105 –14157 –9/D · 2758

7. ཀྲུང་ཧྭ་མི་དམངས་སྤྱི་མཐུན་རྒྱལ་ཁབ་ཀྱི་བཅའ་ཁྲིམས་ཕྱོགས་བསྒྲིགས། སྟོད་ཆ།/ཀྲུང་གོའི་མི་རིགས་ཡིག་སྒྱུར་ཅུས་ཀྱིས་བསྒྱུར། མི་རིགས་དཔེ་སྐྲུན་ཁང་། ༢༠༡༧ལོ།

ISBN：978 –7 –105 –14828 –8/D · 2867

8. ཀྲུང་ཧྭ་མི་དམངས་སྤྱི་མཐུན་རྒྱལ་ཁབ་ཀྱི་བཅའ་ཁྲིམས་ཕྱོགས་བསྒྲིགས། སྨད་ཆ།/ཀྲུང་གོའི་མི་རིགས་ཡིག་སྒྱུར་ཅུས་ཀྱིས་བསྒྱུར། མི་རིགས་དཔེ་སྐྲུན་ཁང་། ༢༠༡༧ལོ།

ISBN：978 –7 –105 –14828 –8/D · 2867

9. ཏང་གི་སྐབས་བཅོ་བརྒྱད་པའི་ཀྲུང་ཞུ་ཚང་འཛོམས་གྲོས་ཚོགས་ཐེངས་དྲུག་པའི་ཡིག་ཆའི་སློབ་སྦྱོང་གི་དྲི་བ་བརྒྱ་ཙམ།/ཀྲུང་གོའི་མི་རིགས་ཡིག་སྒྱུར་ཅུས་ཀྱིས་བསྒྱུར། མི་རིགས་དཔེ་སྐྲུན་ཁང་། ༢༠༡༧ལོ།

ISBN：978 –7 –105 –14857 –8/D · 2888

10. སྲིད་གཞུང་གི་ལས་དོན་སྙན་ཞུ།/ལིས་ཁེ་ཆེང་། ཀྲུང་གོའི་མི་རིགས་ཡིག་སྒྱུར་ཅུས་ཀྱིས་བསྒྱུར། མི་རིགས་དཔེ་སྐྲུན་ཁང་། ༢༠༡༧ལོ།

ISBN：978 –7 –105 –14859 –2

11. ཀྲུང་ཧྭ་མི་དམངས་སྤྱི་མཐུན་རྒྱལ་ཁབ་ཀྱི་དམངས་ཁྲིམས་ཀྱི་སྤྱི་འགྲོས་རྩ་སྒྲོལ།/ཀྲུང་གོའི་མི་རིགས་ཡིག་སྒྱུར་ཅུས་ཀྱིས་བསྒྱུར། མི་རིགས་དཔེ་སྐྲུན་ཁང་། ༢༠༡༧ལོ།

ISBN：978 –7 –105 –14866 –0/D · 2876

12. དམངས་དོན་གཏུག་བཤེར་བཅའ་ཁྲིམས་ཀྱི་དོན་འགྲེལ།/ཀྲུང་གོའི་ཁྲིམས་སྲོལ་དཔེ་སྐྲུན་ཁང་གིས་སྒྲིག ཀྲུང་གོའི་མི་རིགས་ཡིག་སྒྱུར་ཅུས་ཀྱིས་བསྒྱུར། མི་རིགས་དཔེ་སྐྲུན་ཁང་། ༢༠༡༧ལོ།

ISBN：978 –7 –105 –14961 –2/D · 2896

13. ཕྱོགས་ཡོངས་ནས་འབྱོར་འབྲིང་སྤྱི་ཚོགས་སྐྲུན་གྲུབ་པའི་རྒྱལ་ཁ་ཐུ་ཐག་ཆོད་པར་བླངས་ཏེ་དུས་རབས་གསར་པའི་ཀྲུང་གོའི་ཁྱད་ཆོས་ལྡན་པའི་སྤྱི་ཚོགས་རིང་ལུགས་ཀྱི་རྒྱལ་ཁ་རླབས་པོ་

ཆེ་བརྩོན་ལེན་བྱེད་དགོས།/ཀྲུང་གོའི་མི་རིགས་ཡིག་སྒྱུར་ཚུས་ཀྱིས་བསྒྱུར། མི་རིགས་དཔེ་སྐྲུན་ཁང་། ༢༠༡༧ལོ།

ISBN：978 –7 –105 –15100 –4/D · 2908

14. ཀྲུང་གོའི་གུང་ཁྲན་ཏང་གི་རྒྱལ་ཡོངས་འཐུས་མིའི་ཚོགས་ཆེན་ཐེངས་བཅུ་དགུ་པའི་ཡིག་ཆ་ཕྱོགས་བསྒྲིགས།/ཀྲུང་གོའི་མི་རིགས་ཡིག་སྒྱུར་ཚུས་ཀྱིས་བསྒྱུར། མི་རིགས་དཔེ་སྐྲུན་ཁང་། ༢༠༡༧ལོ།

ISBN：978 –7 –105 –15108 –0/D · 2916

15. ཀྲུང་གོའི་གུང་ཁྲན་ཏང་གི་སྒྲིག་ཡིག （རྒྱ་བོད་ཤན་སྦྱར།） /ཀྲུང་གོའི་མི་རིགས་ཡིག་སྒྱུར་ཚུས་ཀྱིས་བསྒྱུར། མི་རིགས་དཔེ་སྐྲུན་ཁང་། ༢༠༡༧ལོ།

ISBN：978 –7 –105 –15116 –5/D · 2924

16. ཀྲུང་གོའི་གུང་ཁྲན་ཏང་གི་སྒྲིག་ཡིག/ཀྲུང་གོའི་མི་རིགས་ཡིག་སྒྱུར་ཚུས་ཀྱིས་བསྒྱུར། མི་རིགས་དཔེ་སྐྲུན་ཁང་། ༢༠༡༧ལོ།

ISBN：978 –7 –105 –15121 –9/D · 2929

17. ཁེ་ལས་གསར་པའི་འབྱུང་ཁུངས་དང་འཕེལ་འགྱུར།/མི་རིགས་དཔེ་སྐྲུན་ཁང་། ༢༠༡༧ལོ།

ISBN：978 –7 –105 –14762 –5/F · 425

རིག་གནས་དང་སློབ་གསོའི་སྐོར།
（文化、教育）

1. བོད་རང་སྐྱོང་ལྗོངས་ཐེངས་བཞི་པའི་རྒྱལ་ཁབ་རྩ་ཆེའི་གནའ་དཔེའི་མིང་མཛོད་དུ་བཞུགས་པའི་དཔར་མཛོད།/བོད་རང་སྐྱོང་ལྗོངས་གནའ་དཔེ་སྲུང་སྐྱོབ་ལྟེ་གནས། མི་རིགས་དཔེ་སྐྲུན་ཁང་། ༢༠༡༧ལོ།

ISBN：978 –7 –105 –14667 –3/Z · 1527

2. བོད་ལྗོངས་མངའ་རིས་ས་ཁུལ་གྱི་བོད་ཡིག་གནའ་དཔེའི་དཀར་ཆག/བོད་རང་སྐྱོང་ལྗོངས་གནའ་དཔེ་སྲུང་སྐྱོབ་ལྟེ་གནས། མི་རིགས་དཔེ་སྐྲུན་ཁང་། ༢༠༡༧ལོ།

ISBN：978 –7 –105 –14667 –3/Z · 1527

3. བོད་ལྗོངས་མངའ་རིས་ས་ཁུལ་གྱི་རྩ་ཆེའི་གནའ་དཔེའི་དཔར་མཛོད།/བོད་རང་སྐྱོང་ལྗོངས་གནའ་དཔེ་སྲུང་སྐྱོབ་ལྟེ་གནས། མི་རིགས་དཔེ་སྐྲུན་ཁང་། ༢༠༡༧ལོ།

ISBN：978 –7 –105 –14667 –3/Z · 1527

4. བོད་ལྗོངས་ནག་ཆུ་ས་ཁུལ་གྱི་བོད་ཡིག་གནའ་དཔེའི་དཀར་ཆག/བོད་རང་སྐྱོང་ལྗོངས་གནའ་དཔེ་སྲུང་སྐྱོབ་ལྟེ་གནས། མི་རིགས་དཔེ་སྐྲུན་ཁང་། ༢༠༡༧ལོ།
ISBN：978－7－105－14670－3/Z・1530
5. བོད་ལྗོངས་ནག་ཆུ་ས་ཁུལ་གྱི་རྩ་ཆེའི་གནའ་དཔེའི་དཔར་མཛོད།/བོད་རང་སྐྱོང་ལྗོངས་གནའ་དཔེ་སྲུང་སྐྱོབ་ལྟེ་གནས། མི་རིགས་དཔེ་སྐྲུན་ཁང་། ༢༠༡༧ལོ།
ISBN：978－7－105－14671－0/Z・1531
6. ཀྲུང་གོའི་ཕྲུ་གུའི་ཤེས་བྱ་ཀུན་བཏུས། ཕྲུ་གུ་འཛུག་པའི་སྒོ།/ཀྲུང་གོའི་ཕྲུ་གུའི་ཤེས་བྱ་ཀུན་བཏུས་རྩོམ་སྒྲིག་ཁང་། མི་རིགས་དཔེ་སྐྲུན་ཁང་། ༢༠༡༧ལོ།
ISBN：978－7－105－14923－0/Z・1535
7. མཚོ་སྔོན་སློབ་ཆེན་བོད་ལུགས་གསོ་རིག་སློབ་གླིང་གི་དངོས་གཞི་སློབ་མའི་ཕུལ་བྱུང་མཐར་ཕྱིན་དཔྱད་རྩོམ་ཕྱོགས་བསྒྲིགས།/ཀླུ་བྱམས་རྒྱལ། མི་རིགས་དཔེ་སྐྲུན་ཁང་། ༢༠༡༧ལོ།
ISBN：978－7－105－15129－5/Z・1543
8. གཙུག་ལག་ཡོད་བཞི་མ།/མགོ་ལོག་རྣམ་རྒྱལ་གྱིས་བསྒྱུར། མི་རིགས་དཔེ་སྐྲུན་ཁང་། ༢༠༡༧ལོ།
ISBN：978－7－105－14642－0/B・770
9. བོད་རྒྱ་ཤན་སྦྱར་དགེ་ལྡན་ལེགས་བཤད་ཀྱི་འགྲེལ་པ།/བསོད་ནམས་གྲགས་པས་བརྩམས། ལིས་ཀྲུང་ལིན་གྱིས་བསྒྱུར། སི་ཁྲོན་མི་རིགས་དཔེ་སྐྲུན་ཁང་། ༢༠༡༧ལོ།
ISBN：978－7－5409－7121－2
10. འཇིག་རྟེན་མི་ཆོས་གཙང་མའི་ཀློག་དེབ།/སྦྱིན་པ་རིན་ཆེན། མི་རིགས་དཔེ་སྐྲུན་ཁང་། ༢༠༡༧ལོ།
ISBN：978－7－105－14634－5/D・2847
11. བཤད་ཆེ་ན་ཕ་གཏམ་བུ་ལ་གཏོད།/ཏོང་ལན་གྱིས་བརྩམས། མི་རིགས་དཔེ་སྐྲུན་ཁང་། ༢༠༡༧ལོ།
ISBN：978－7－105－14794－6/G・2049
12. གསར་འགྱུར་བཅར་འདྲི་དང་རྩོམ་འབྲི་རིག་པའི་སྒོ་འབྱེད།/ཟླ་བ་ཚེ་རིང་གིས་བརྩམས། མི་རིགས་དཔེ་སྐྲུན་ཁང་། ༢༠༡༧ལོ།
ISBN：978－7－105－14826－4/G・2052
13. ནུབ་ཕྱོགས་ལོ་ཙཱའི་ལོ་རྒྱུས་བསྡུས་མ།/ར་ས་བསྟན་འཛིན་ཆོས་གྲགས་ཀྱིས་བརྩམས། མི་རིགས་དཔེ་སྐྲུན་ཁང་། ༢༠༡༧ལོ།

ISBN：978 –7 –105 –14666 –6/H · 1040

14. མི་ཉག་ཡུལ་དུ་དར་བའི་གཉེན་སྟོན་གཏམ་ཡིག/སྔོ་རོང་ལྷ་མོས་སྒྲིག མི་རིགས་དཔེ་སྐྲུན་ཁང་། ༢༠༡༧ལོ།

ISBN：978 –7 –105 –14971 –1/I · 2856

15. དཀྱིལ་ལེན་རིག་པ་ལ་འཇུག་པའི་སྒོ།/རྡོ་རེས་ཀྱིས་བརྩམས། མི་རིགས་དཔེ་སྐྲུན་ཁང་། ༢༠༡༧ལོ།

ISBN：978 –7 –105 –14484 –6/J · 731

16. མགོ་ལོག་གི་དམངས་སྲོལ་རིག་གནས་ཕྱོགས་བསྡུས།/ཨ་གནམ་སངས་རྒྱས་རྒྱ་མཚོས་སྒྲིག་རྩོམ་བྱས། མཚོ་སྔོན་མི་རིགས་དཔེ་སྐྲུན་ཁང་། ༢༠༡༧ལོ།

ISBN：978 –7 –5420 –3109 –9

སྐད་བརྡ་དང་། རྩོམ་རིག ལོ་ཙཱའི་སྐོར།
（语言文学、翻译）

1. རྗེ་བློ་བཟང་དཔལ་ལྡན་གྱི་གསུང་འབུམ།/བློ་བཟང་དཔལ་ལྡན་གྱིས་བརྩམས། མི་རིགས་དཔེ་སྐྲུན་ཁང་། ༢༠༡༧ལོ།

ISBN：978 –7 –105 –14816 –5/H · 1050

2. བརྡ་སྤྲོད་རིག་པའི་དཀའ་གནད་གསེལ་བཀྲོལ་རིག་འཕྲུལ་ལྡེ་མིག/ལྷུགས་ཐར་རྒྱལ་གྱིས་བརྩམས། མི་རིགས་དཔེ་སྐྲུན་ཁང་། ༢༠༡༧ལོ།

ISBN：978 –7 –105 –14825 –7/H · 1051

3. བོད་ཡིག་སྐད་གདངས་ཀྱི་གཞི་གདངས་གྲུབ་ཆ་དབྱེ་ཞིབ།/སྨིན་པ་རྒྱ་མཚོས་བརྩམས། མི་རིགས་དཔེ་སྐྲུན་ཁང་། ༢༠༡༧ལོ།

ISBN：978 –7 –105 –14838 –7/H · 1053

4. དག་ཡིག་རིག་པའི་གབ་པ་མངོན་ཕྱུང་།/དཔའ་རིས་སངས་རྒྱས་ཀྱིས་བརྩམས། ཀྲུང་གོའི་བོད་རིག་པ་དཔེ་སྐྲུན་ཁང་། ༢༠༡༧ལོ།

ISBN：978 –7 –80253 –980 –8

5. བརྡ་སྤྲོད་སྦྱོར་བ་རྣམ་བཞི་རབ་གསལ།/དཔའ་རིས་སངས་རྒྱས་ཀྱིས་བརྩམས། ཀྲུང་གོའི་བོད་རིག་པ་དཔེ་སྐྲུན་ཁང་། ༢༠༡༧ལོ།

ISBN：978 –7 –80253 –979 –2

6. ཚོགས་གསུམ་གྱི་རྣམ་བཤད་དཔྱིད་ཀྱི་སྨྱུ་གུ་ཞེས་བྱ་བ།/དུང་དཀར་པ་ཚེ་དབང་རྡོ་རྗེས་བརྩམས། ཀྲུང་གོའི་བོད་རིག་པ་དཔེ་སྐྲུན་ཁང་། ༢༠༡༧ལོ།
ISBN：978－7－52110－006－8
7. བོད་ཀྱི་བརྡ་སྤྲོད།/གཉའ་ཟླ་བ་བློ་གྲོས་ཀྱིས་བསྒྲིགས། མཚོ་སྔོན་མི་རིགས་དཔེ་སྐྲུན་ཁང་། ༢༠༡༧ལོ།
ISBN：978－7－5420－2786－3
8. བོད་ཀྱི་དག་ཡིག/གཉའ་ཟླ་བ་བློ་གྲོས་ཀྱིས་བསྒྲིགས། མཚོ་སྔོན་མི་རིགས་དཔེ་སྐྲུན་ཁང་། ༢༠༡༧ལོ།
ISBN：978－7－5420－2787－0
9. ཐོག་ཁང་དམར་པོའི་རྨི་ལམ།/མགོ་ལོག་རྣམ་རྒྱལ་གྱིས་བསྒྱུར། མི་རིགས་དཔེ་སྐྲུན་ཁང་། ༢༠༡༧ལོ།
ISBN：978－7－105－14473－0/I・2763
10. སྙན་རྩོམ་དང་པའི་མེ་ཏོག/ཨོའུ་རྒྱ་ཚང་གིས་བརྩམས། མི་རིགས་དཔེ་སྐྲུན་ཁང་། ༢༠༡༧ལོ།
ISBN：978－7－105－14473－0/I・2763
11. བོད་ཀྱི་རྩོམ་རིག་ཞིབ་འཇུག/ལྷག་པ་ཆོས་འཕེལ་གྱིས་བརྩམས། མི་རིགས་དཔེ་སྐྲུན་ཁང་། ༢༠༡༧ལོ།
ISBN：978－7－105－14854－7/I・2843
12. ཚངས་སྲས་བཞད་པའི་སྒྲ་དབྱངས།/བསེ་ཚང་བློ་བཟང་དཔལ་ལྡན་གྱིས་བརྩམས། མི་རིགས་དཔེ་སྐྲུན་ཁང་། ༢༠༡༧ལོ།
ISBN：978－7－105－14930－8/I・2861
13. བོད་ཀྱི་སྙན་ངག་གི་བྱུང་འཕེལ་སྐོར་ལ་དཔྱད་པ།/བཀྲ་ཤིས་ཕུན་ཚོགས་ཀྱིས་བརྩམས། མི་རིགས་དཔེ་སྐྲུན་ཁང་། ༢༠༡༧ལོ།
ISBN：978－7－105－15004－5/I・2864
14. བོད་ཀྱི་དེང་རྩོམ་སྤྱི་བཤད།/ལྷག་པ་ཆོས་འཕེལ། བྱམས་པ་ཚུལ་ཁྲིམས། དོན་གྲུབ་ཚེ་རིང་བཅས་ཀྱིས་བརྩམས། མི་རིགས་དཔེ་སྐྲུན་ཁང་། ༢༠༡༧ལོ།
ISBN：978－7－105－15005－2/I・2865
15. རྩོམ་རིག་སྐད་ཆའི་སྒྲིག་གཞི་བཀོལ་སྟངས།/དཔལ་ལྡན་རྒྱ་མཚོས་བརྩམས། མི་རིགས་དཔེ་སྐྲུན་ཁང་། ༢༠༡༧ལོ།

ISBN：978－7－105－15068－7/I·2882

16. བོད་ཀྱི་ཡིག་གཟུགས་བྱུང་འཕེལ་དང་འབྲི་རྒྱུན་སྐོར་ཙམ་ཟད་གླེང་བ།/དཔལ་འབྱོར་གྱིས་བརྩམས། མི་རིགས་དཔེ་སྐྲུན་ཁང་། ༢༠༡༧ལོ།

ISBN：978－7－105－14764－9/J·744

17. བསྡུགས་འོས་བསྡུགས་པའི་ཚིག་འགྲེལ་གོ་སླའི་ངག་གི་ཕྲེང་བ།/དཀའ་ཆེན་ཚེ་དབང་གིས་འགྲེལ་བ་མཛད། ཀྲུང་གོའི་བོད་རིག་པ་དཔེ་སྐྲུན་ཁང་། ༢༠༡༧ལོ།

ISBN：978－7－80253－956－3

18. ཙ་ཀའི་དྲུག་འགྱུར། བྱམས་པ་བཀྲ་ཤིས་ཀྱི་རྩོམ་ཡིག་གཅེས་བསྡུས།/བྱམས་པ་བཀྲ་ཤིས་ཀྱིས་བརྩམས། ཀྲུང་གོའི་བོད་རིག་པ་དཔེ་སྐྲུན་ཁང་། ༢༠༡༧ལོ།

ISBN：978－7－80253－952－5

19. ཀུ་ཤུ་དམར་པོ། ཕོང་རྒྱ་ཞེལ་གྱི་སྙན་ངག་ཕྱོགས་བསྒྲིགས།/བསྟན་འཛིན་གྲགས་པས་བརྩམས། ཀྲུང་གོའི་བོད་རིག་པ་དཔེ་སྐྲུན་ཁང་། ༢༠༡༧ལོ།

ISBN：978－7－80253－981－5

20. གཡུ་རྩུང་དྲུག་དཀར། ཕོང་རྒྱ་ཞེལ་གྱི་སྙན་ངག་ལྷུག་རྩོམ་ཕྱོགས་བསྒྲིགས།/བསྟན་འཛིན་གྲགས་པས་བརྩམས། ཀྲུང་གོའི་བོད་རིག་པ་དཔེ་སྐྲུན་ཁང་། ༢༠༡༧ལོ།

ISBN：978－7－80253－982－2

21. གཏམ་གླེང་ལྡང་ཁྲུ། ཕོང་རྒྱ་ཞེལ་གྱི་འབོལ་རྩོམ་རྩོམ་ཕྱོགས་བསྒྲིགས།/བསྟན་འཛིན་གྲགས་པས་བརྩམས། ཀྲུང་གོའི་བོད་རིག་པ་དཔེ་སྐྲུན་ཁང་། ༢༠༡༧ལོ།

ISBN：978－7－80253－932－7

22. བོད་ཀྱི་སྙན་གཞུང་། དཔའ་རྩེས་བསྒྲིགས།/མཚོ་སྔོན་མི་རིགས་དཔེ་སྐྲུན་ཁང་། ༢༠༡༧ལོ།

ISBN：978－7－5420－3012－2

23. བོད་ཀྱི་དེང་རབས་སྙུང་ཐུང་། སྟོད་ཆ།/ཆོས་སྐྱོང་གིས་བསྒྲིགས། མཚོ་སྔོན་མི་རིགས་དཔེ་སྐྲུན་ཁང་། ༢༠༡༧ལོ།

ISBN：978－7－5420－3013－9

24. བོད་ཀྱི་དེང་རབས་སྙུང་ཐུང་། སྨད་ཆ།/ཆོས་སྐྱོང་གིས་བསྒྲིགས། མཚོ་སྔོན་མི་རིགས་དཔེ་སྐྲུན་ཁང་། ༢༠༡༧ལོ།

ISBN：978－7－5420－3013－9

25. བོད་ཀྱི་དེང་རབས་སྙན་ངག སྟོད་ཆ་དང་སྨད་ཆ།/དཔལ་ལྡན་གྱིས་བསྒྲིགས། མཚོ་སྔོན་མི་རིགས་དཔེ་སྐྲུན་ཁང་། ༢༠༡༧ལོ།

ISBN：978 –7 –5420 –3086 –3

26. བོད་ཀྱི་དེང་རབས་ལྷུག་རྩོམ། སྟོད་ཆ་དང་སྨད་ཆ།/བྱ་གཞུང་དབྱངས་སྐྱས་བསྒྲིགས། མཚོ་སྔོན་མི་རིགས་དཔེ་སྐྲུན་ཁང་། ༢༠༡༧ལོ།

ISBN：978 –7 –5420 –3084 –9

27. བོད་ཀྱི་བཤད་པ།/ཚེ་རྒྱལ་གྱིས་བསྒྲིགས། མཚོ་སྔོན་མི་རིགས་དཔེ་སྐྲུན་ཁང་། ༢༠༡༧ལོ།

ISBN：978 –7 –5420 –3011 –5

28. བོད་ཀྱི་ལེགས་བཤད།/རིན་ཆེན་རྡོ་རྗེས་བསྒྲིགས། མཚོ་སྔོན་མི་རིགས་དཔེ་སྐྲུན་ཁང་། ༢༠༡༧ལོ།

ISBN：978 –7 –5420 –2788 –7

29. ང་དང་ངའི་སྙིང་སྡུག་འཇིགས་མེད་ནོར་བུ།/སེང་རྡོར་གྱིས་བརྩམས། མཚོ་སྔོན་མི་རིགས་དཔེ་སྐྲུན་ཁང་། ༢༠༡༧ལོ།

ISBN：978 –7 –5420 –3111 –2

30. མཚོ་སྔོན་རྩོམ་རིག་དཔེ་ཚོགས། ཁག་གསུམ་པ། དོག་སོ་ས།/པད་མ་རིག་འཛིན་གྱིས་བརྩམས། མཚོ་སྔོན་མི་རིགས་དཔེ་སྐྲུན་ཁང་། ༢༠༡༧ལོ།

ISBN：978 –7 –5420 –3003 –0

31. མཚོ་སྔོན་རྩོམ་རིག་དཔེ་ཚོགས། ཁག་གསུམ་པ། གྲོང་གསེབ་ཀྱི་གཏམ་རྒྱུད།/ཚེ་ལོ་ཐར་གྱིས་བརྩམས། མཚོ་སྔོན་མི་རིགས་དཔེ་སྐྲུན་ཁང་། ༢༠༡༧ལོ།

ISBN：978 –7 –5420 –3006 –1

32. མཚོ་སྔོན་རྩོམ་རིག་དཔེ་ཚོགས། ཁག་གསུམ་པ། རྗེ་བོའི་ཟིན་ཐོ།/འབའ་གདུགས་སྐྱེས་བརྩམས། མཚོ་སྔོན་མི་རིགས་དཔེ་སྐྲུན་ཁང་། ༢༠༡༧ལོ།

ISBN：978 –7 –5420 –3004 –7

33. མཚོ་སྔོན་རྩོམ་རིག་དཔེ་ཚོགས། ཁག་གསུམ་པ། དབྱངས་ཀྱི་མེ་ཏོག/རྒྱ་གྲོལ་གྱིས་བརྩམས། མཚོ་སྔོན་མི་རིགས་དཔེ་སྐྲུན་ཁང་། ༢༠༡༧ལོ།

ISBN：978 –7 –5420 –3005 –4

34. ཀྲུང་གོའི་བོད་ཀྱི་དེང་རབས་རྩོམ་རིག་གཅེས་བཏུས། （༡༩༩༠—༡༩༩༩） རྩོམ་རིག་དཔྱད་བརྗོད།/《སྦྲང་ཆར》རྩོམ་སྒྲིག་ཁང་གིས་བསྒྲིགས། མཚོ་སྔོན་མི་རིགས་དཔེ་སྐྲུན་ཁང་། ༢༠༡༧ལོ།

ISBN：978 –7 –5420 –3024 –5

35. ཀྲུང་གོའི་བོད་ཀྱི་དེང་རབས་རྩོམ་རིག་གཅེས་བཏུས། （༡༩༩༠—༡༩༩༩） སྙན་ངུ

འཇོམས་པ།/《སྦྲང་ཆར་》རྩོམ་སྒྲིག་ཁང་གིས་བསྒྲིགས། མཚོ་སྔོན་མི་རིགས་དཔེ་སྐྲུན་ཁང་། ༢༠༡༧ལོ།

ISBN：978 –7 –5420 –3018 –4

36. ཀྲུང་གོའི་བོད་ཀྱི་དེང་རབས་རྩོམ་རིག་གཅེས་བཏུས། (༡༩༩༠—༡༩༩༩) གཞོན་ནུ་མའི་གོམ་སྒྲ།/《སྦྲང་ཆར་》རྩོམ་སྒྲིག་ཁང་གིས་བསྒྲིགས། མཚོ་སྔོན་མི་རིགས་དཔེ་སྐྲུན་ཁང་། ༢༠༡༧ལོ།

ISBN：978 –7 –5420 –3023 –8

37. ཀྲུང་གོའི་བོད་ཀྱི་དེང་རབས་རྩོམ་རིག་གཅེས་བཏུས། (༡༩༩༠—༡༩༩༩) ཕལ་པའི་ཁྱིམ་ཚང་གི་སྐྱིད་སྡུག/བཀྲ་ཤིས་དཔལ་ལྡན་གྱིས་བརྩམས། མཚོ་སྔོན་མི་རིགས་དཔེ་སྐྲུན་ཁང་། ༢༠༡༧ལོ།

ISBN：978 –7 –5420 –3026 –9

38. མཚོ་ནུབ་བོད་ཀྱི་རྩོམ་རིག་དཔེ་ཚོགས། རླུང་དང་འདྲེས་པའི་གཏམ།/ཁ་བ་རི་ཡིས་བརྩམས། མཚོ་སྔོན་མི་རིགས་དཔེ་སྐྲུན་ཁང་། ༢༠༡༧ལོ།

ISBN：978 –7 –5420 –3059 –7

39. མཚོ་ནུབ་བོད་ཀྱི་རྩོམ་རིག་དཔེ་ཚོགས། ཚྭ་འདམ་མཆོད་བསྟོད། (སྟོད་ཆ་དང་སྨད་ཆ།) /བློ་འབུམ་རྒྱལ་གྱིས་གཙོ་སྒྲིག་བྱས། མཚོ་སྔོན་མི་རིགས་དཔེ་སྐྲུན་ཁང་། ༢༠༡༧ལོ།

ISBN：978 –7 –5420 –3061 –0

40. མཚོ་ནུབ་བོད་ཀྱི་རྩོམ་རིག་དཔེ་ཚོགས། དབྱངས་ཀྱི་ང་རོ།/འདམ་འཛིལ་ལིས་བརྩམས། མཚོ་སྔོན་མི་རིགས་དཔེ་སྐྲུན་ཁང་། ༢༠༡༧ལོ།

ISBN：978 –7 –5420 –3060 –3

41. མཚོ་ནུབ་བོད་ཀྱི་རྩོམ་རིག་དཔེ་ཚོགས། རླུང་དང་མེ་ཏོག/ཁ་བ་ལྷ་མོས་བརྩམས། མཚོ་སྔོན་མི་རིགས་དཔེ་སྐྲུན་ཁང་། ༢༠༡༧ལོ།

ISBN：978 –7 –5420 –3063 –4

42. མཚོ་ནུབ་བོད་ཀྱི་རྩོམ་རིག་དཔེ་ཚོགས། རྒྱང་ལྟའི་ཁྲོད་ཀྱི་ལྷ་རི།/ཀུ་ནག་པ་བ་རེས་ཀྱིས་བརྩམས། མཚོ་སྔོན་མི་རིགས་དཔེ་སྐྲུན་ཁང་། ༢༠༡༧ལོ།

ISBN：978 –7 –5420 –3065 –8

43. མཚོ་ནུབ་བོད་ཀྱི་རྩོམ་རིག་དཔེ་ཚོགས། འབྲོག་མོ།/བདེ་སྐྱིད་སྒྲོལ་མས་བརྩམས། མཚོ་སྔོན་མི་རིགས་དཔེ་སྐྲུན་ཁང་། ༢༠༡༧ལོ།

ISBN：978 –7 –5420 –3064 –1

44. མཚོ་ནུབ་བོད་ཀྱི་རྩོམ་རིག་དཔེ་ཚོགས། རྡོད་ཐག་ཁྲ་ཁྲ།/སོག་བུ་ཡེ་ཤེས་སྐྱབས་ཀྱིས་བརྩམས། མཚོ་སྔོན་མི་རིགས་དཔེ་སྐྲུན་ཁང་། ༢༠༡༧ལོ།

ISBN：978 –7 –5420 –3066 –5

45. བོད་ཀྱི་རྩོམ་རིག་ཞིབ་འཇུག་དེབ་ཚོགས། བུད་མེད་རྩོམ་པ་པོས་གསར་རྩོམ་སློང་བ།/ལྷགས་རྡོར་རྒྱལ་དང་བོ་ཤུལ་གྲགས་པ་འབྱུང་གནས་གཉིས་ཀྱིས་བསྒྲིགས། མཚོ་སྔོན་མི་རིགས་དཔེ་སྐྲུན་ཁང་། ༢༠༡༧ལོ།

ISBN：978 –7 –5420 –3009 –2

46. ཀྲུང་གོའི་བོད་ཀྱི་དེང་རབས་རྩོམ་རིག་གཅེས་བཏུས། （༡༩༩༠—༡༩༩༩） ཞོ་སྟོན།/《སྦྲང་ཆར་》རྩོམ་སྒྲིག་ཁང་གིས་བསྒྲིགས། མཚོ་སྔོན་མི་རིགས་དཔེ་སྐྲུན་ཁང་། ༢༠༡༧ལོ།

ISBN：978 –7 –5420 –3020 –7

47. ཀྲུང་གོའི་བོད་ཀྱི་དེང་རབས་རྩོམ་རིག་གཅེས་བཏུས། （༡༩༩༠—༡༩༩༩） ཤི་གསོན།/《སྦྲང་ཆར་》རྩོམ་སྒྲིག་ཁང་གིས་བསྒྲིགས། མཚོ་སྔོན་མི་རིགས་དཔེ་སྐྲུན་ཁང་། ༢༠༡༧ལོ།

ISBN：978 –7 –5420 –3019 –1

48. ཀྲུང་གོའི་བོད་ཀྱི་དེང་རབས་རྩོམ་རིག་གཅེས་བཏུས། （༡༩༩༠—༡༩༩༩） ཆུ་ལེན་བུ་མོ།/《སྦྲང་ཆར་》རྩོམ་སྒྲིག་ཁང་གིས་བསྒྲིགས། མཚོ་སྔོན་མི་རིགས་དཔེ་སྐྲུན་ཁང་། ༢༠༡༧ལོ།

ISBN：978 –7 –5420 –3021 –4

49. ཀྲུང་གོའི་བོད་ཀྱི་དེང་རབས་རྩོམ་རིག་གཅེས་བཏུས། （༡༩༩༠—༡༩༩༩） འདྲེ་ཁང་ཏོ།/《སྦྲང་ཆར་》རྩོམ་སྒྲིག་ཁང་གིས་བསྒྲིགས། མཚོ་སྔོན་མི་རིགས་དཔེ་སྐྲུན་ཁང་། ༢༠༡༧ལོ།

ISBN：978 –7 –5420 –3017 –7

50. ཀྲུང་གོའི་བོད་ཀྱི་དེང་རབས་རྩོམ་རིག་གཅེས་བཏུས། （༡༩༩༠—༡༩༩༩） རྩོམ་རིག་གསར་རྩོམ་གྱི་རྣམ་བཤད།/《སྦྲང་ཆར་》རྩོམ་སྒྲིག་ཁང་གིས་བསྒྲིགས། མཚོ་སྔོན་མི་རིགས་དཔེ་སྐྲུན་ཁང་། ༢༠༡༧ལོ།

ISBN：978 –7 –5420 –3025 –2

51. ཀྲུང་གོའི་བོད་ཀྱི་དེང་རབས་རྩོམ་རིག་གཅེས་བཏུས། （༡༩༩༠—༡༩༩༩） ཆེས་ཐོག་མའི་དབྱངས་རྟ།/《སྦྲང་ཆར་》རྩོམ་སྒྲིག་ཁང་གིས་བསྒྲིགས། མཚོ་སྔོན་མི་རིགས་དཔེ་

སྐྲུན་ཁང་། ༢༠༡༧ལོ།

ISBN：978 –7 –5420 –3022 –1

52. བོད་ཀྱི་གླུ་གཞས།/ཚེ་རྒྱལ་གྱིས་བསྒྲིགས། མཚོ་སྔོན་མི་རིགས་དཔེ་སྐྲུན་ཁང་། ༢༠༡༧ལོ།

ISBN：978 –7 –5420 –2789 –4

53. ཧོར་གླིང་གཡུལ་འགྱེད། སྟོད་ཆ/ནག་པོ་སྐལ་བཟང་གིས། མཚོ་སྔོན་མི་རིགས་དཔེ་སྐྲུན་ཁང་། ༢༠༡༧ལོ།

ISBN：978 –7 –5420 –3028 –3

54. ཧོར་གླིང་གཡུལ་འགྱེད། སྨད་ཆ/ཚེ་རྒྱལ་གྱིས་བསྒྲིགས། མཚོ་སྔོན་མི་རིགས་དཔེ་སྐྲུན་ཁང་། ༢༠༡༧ལོ།

ISBN：978 –7 –5420 –3027 –6

55. གླིང་རྗེ་གེ་སར་རྒྱལ་པོའི་སྒྲུང་། ག་ཞའི་སྨན་རྫོང་།/སྒྲུང་མཁན་བླ་བ་གྲགས་པས་སྒྲ་ཕབ། བསོད་ནམས་ཚེ་རིང་གིས་ཡི་གེར་ཕབ་ནས་དག་སྒྲིག་བྱས། ཀྲུང་གོའི་བོད་རིག་པ་དཔེ་སྐྲུན་ཁང་། ༢༠༡༧ལོ།

ISBN：978 –7 –80253 –992 –1

56. གསར་དུ་རྙེད་པའི་གེ་སར་སྒྲུང་དཔེ་ལག་བྲིས་མ་ཁག་གསུམ།/ལྷུན་གྲུབ་དབང་མོ་དང་། ཚེ་རིང་སྒྲོལ་མ། འདན་མ་འཇམ་དབྱངས་ཚུལ་ཁྲིམས། སྨན་ཤུལ་རིན་ཆེན་རྡོ་རྗེ་བཅས་ཀྱིས་འཚོལ་སྡུད་དང་དག་སྒྲིག་བྱས། ཀྲུང་གོའི་བོད་རིག་པ་དཔེ་སྐྲུན་ཁང་། ༢༠༡༧ལོ།

ISBN：978 –7 –80253 –898 –6

57. གླིང་གེ་སར་རྒྱལ་པོའི་སྒྲུང་ལས། ཞིང་བསང་། གཟི་རྫོང་། དངུལ་རྫོང་བཅས་བཞུགས་སོ།/སེ་ཁྲིན་ཞིང་ཆེན་གེ་སར་སྒྲུང་ལས་དོན་ཚོགས་པའི་གཞུང་ལས་ཁང་གིས་བསྒྲིགས། མི་རིགས་དཔེ་སྐྲུན་ཁང་། ༢༠༡༧ལོ།

ISBN：978 –7 –105 –14835 –6/I · 2889

58. བོད་ཀྱི་ཟློས་གར་ཆེན་པོ་བརྒྱད། བར་ཆ/དཔའ་རིས་བསོད་ནམས་ཚེ་རིང་གིས་བསྒྲིགས། མཚོ་སྔོན་མི་རིགས་དཔེ་སྐྲུན་ཁང་། ༢༠༡༧ལོ།

ISBN：978 –7 –5420 –2781 –8

59. བོད་ཀྱི་གཏམ་རྒྱུད། སྟོད་ཆ་དང་སྨད་ཆ/དོན་གྲུབ་ཚེ་རིང་གིས་བསྒྲིགས། མཚོ་སྔོན་མི་རིགས་དཔེ་སྐྲུན་ཁང་། ༢༠༡༧ལོ།

ISBN：978 –7 –5420 –2783 –21

60. སྣང་ཚོར་རོ་མཉམ།/ཡོན་ཏན་བཟང་པོས་བརྩམས། མི་རིགས་དཔེ་སྐྲུན་ཁང་། ༢༠༡༧ལོ།

ISBN：978－7－105－14856－1/I・2844

61. དབྱི་སུའོ་ཡི་གཏམ་རྒྱུད་བཞི་བརྒྱ་པ།/ལྷ་མོ་སྐྱིད་ཀྱིས་བསྒྱུར། མི་རིགས་དཔེ་སྐྲུན་ཁང་། ༢༠༡༧ལོ།

ISBN：978－7－105－14998－8/I・2861

ལོ་རྒྱུས་དང་གནའ་རྫས་རྟོག་ཞིབ། སྒྱུ་རྩལ་གྱི་སྐོར།
（历史、考古、艺术）

1. སྡེ་པ་གཞུང་གི་ལོ་རྒྱུས་ཉིན་བྱེད་སྣང་བ།/དོར་བུས་བརྩམས། མི་རིགས་དཔེ་སྐྲུན་ཁང་། ༢༠༡༧ལོ།

ISBN：978－7－105－15179－0/K・2642

2. བོད་ཀྱི་ལོ་རྒྱུས་སྤྱི་དོན་པདྨ་རཱ་གའི་ལྡེ་མིག/ཐུབ་བསྟན་ཕུན་ཚོགས་ཀྱིས་བརྩམས། མི་རིགས་དཔེ་སྐྲུན་ཁང་། ༢༠༡༧ལོ།

ISBN：978－7－105－07973－8/K・833

3. གངས་ཅན་བོད་ཀྱི་གྲགས་ཅན་མི་སྣ་འགའི་འཁྲུངས་འདས་ཀྱི་ལོ་ཚིགས་གསལ་བར་སྟོན་པའི་རེའུ་མིག་དྭངས་གསལ་འཕྲུལ་གྱི་མེ་ལོང་ཞེས་བྱ་བ་བཞུགས་སོ།།/ཁམས་སྤྲུལ་བསོད་ནམས་དོན་གྲུབ་ཀྱིས་བརྩམས། མི་རིགས་དཔེ་སྐྲུན་ཁང་། ༢༠༡༧ལོ།

ISBN：978－7－105－14913－1/K・2596

4. མཉམ་མེད་དྭགས་པོ་ལྷ་རྗེའི་རྣམ་ཐར། དྭགས་པོ་རིན་པོ་ཆེའི་འཁོར་འདུས།/མཚོ་སྔོན་ཞིང་ཆེན་བོད་ཀྱི་གསོ་རིག་ཞིབ་འཇུག་ཁང་། བོད་ཀྱི་གསོ་བ་རིག་པའི་གནའ་དཔེ་ཕྱོགས་བསྒྲིགས་དཔེ་ཚོགས་རྩོམ་སྒྲིག་ཚོགས་པ། མི་རིགས་དཔེ་སྐྲུན་ཁང་། ༢༠༡༧ལོ།

ISBN：978－7－105－15183－7/R・519

5. བྲག་དཀར་བློ་བཟང་དཔལ་ལྡན་གྱི་གསུང་ཉེར་མཁོ་ཕྱོགས་བསྒྲིགས། （པོད་༡－༢༤）/སེར་གཙུག་ནང་བསྟན་དཔེ་རྙིང་འཚོལ་བསྡུ་ཕྱོགས་བསྒྲིགས་ཁང་གིས་བསྒྲིགས། ཀྲུང་གོའི་བོད་རིག་པ་དཔེ་སྐྲུན་ཁང་། ༢༠༡༧ལོ།

ISBN：978－7－105－15183－7/R・519

6. རྒྱལ་མོ་རོང་གི་མཁས་ཆེན་འགའི་རྣམ་ཐར་ཕྱོགས་བསྒྲིགས།/བཙན་ལྷ་ངག་དབང་ཚུལ་ཁྲིམས་དང་སྒྲོལ་དཀར་སྐྱིད་ཀྱིས་བསྒྲིགས། ཀྲུང་གོའི་བོད་རིག་པ་དཔེ་སྐྲུན་ཁང་། ༢༠༡༧ལོ།

ISBN：978－7－80253－956－3

7. བསྟན་པ་ཕྱི་དར་ལས་སྣང་འདུལ་སྐོར་གྱི་ཞིབ་འཇུག/དབང་ཆེན་བཀྲ་ཤིས་ཀྱིས་བརྩམས། ཀྲུང་གོའི་བོད་རིག་པ་དཔེ་སྐྲུན་ཁང་། ༢༠༡༧ལོ།
ISBN：978 –7 –80253 –976 –1

8. གངས་མཚོ་གནས་གསུམ་གྱི་ལམ་ཡིག་དང་གནས་བཤད།/ཨོའུ་རྒྱ་བློ་བཟང་འཇམ་དཔལ་རྒྱ་མཚོས་བརྩམས། ཀྲུང་གོའི་བོད་རིག་པ་དཔེ་སྐྲུན་ཁང་། ༢༠༡༧ལོ།
ISBN：978 –7 –80253 –958 –7

9. འཛམ་གླིང་གེ་སར་རྒྱལ་པོའི་རྣམ་ཐར་སྟོང་ཐང་ཆེན་མོའི་བསྡུས་དོན་དང་བྲིས་ཆ། སྟོད་ཆ་དང་སྨད་ཆ།/ཨུ་པོ། ཚེ་རིང་དབང་རྒྱལ། ངག་དབང་སྒྲོལ་མ་སོགས་ནས། སི་ཁྲོན་མི་རིགས་དཔེ་སྐྲུན་ཁང་། ༢༠༡༧ལོ།
ISBN：978 –7 –5409 –7123 –6

10. གླིང་ཏུ་པ་འཇམ་དབྱངས་ཆོས་ཀྱི་བློ་གྲོས་ཀྱི་གསུང་རྩོམ་བཞུགས་སོ།། པོད་དང་པོ།/འཇམ་དབྱངས་ཆོས་ཀྱི་བློ་གྲོས་ཀྱིས་བརྩམས། མཚོ་སྔོན་མི་རིགས་དཔེ་སྐྲུན་ཁང་། ༢༠༡༧ལོ།
ISBN：978 –7 –5420 –3029 –0

11. གངས་ལྗོངས་རལ་པ།/མགོན་པོ་རྒྱལ་མཚན། མི་རིགས་དཔེ་སྐྲུན་ཁང་། ༢༠༡༧ལོ།
ISBN：978 –7 –105 –14765 –6/J · 745

12. གངས་ལྗོངས་རལ་པ། （རྒྱ་བོད་ཤན་སྦྱར།） /མགོན་པོ་རྒྱལ་མཚན། མི་རིགས་དཔེ་སྐྲུན་ཁང་། ༢༠༡༧ལོ།
ISBN：978 –7 –105 –14766 –3/J · 746

13. བོད་ཀྱི་རི་མོའི་སློབ་དེབ་ལག་ལེན་ཞུན་ཐིགས། （བོད་རྒྱ་ཤན་སྦྱར།） /བསྟན་པ་རབ་བརྟན་གྱིས་བརྩམས། ངག་དབང་འཇིགས་མེད་ཀྱིས་བསྒྱུར། ཀྲུང་གོའི་བོད་རིག་པ་དཔེ་སྐྲུན་ཁང་། ༢༠༡༧ལོ།
ISBN：978 –7 –80057 –754 –6

14. བོད་ཀྱི་ཡིག་གཟུགས་ཐོན་མིའི་མཛུབ་རིས། པོད་དང་པོ་ནས་བདུན་པ། （དེབ་གྲངས་བདུན།） /འགྱུར་མེད་ཚུལ་ཁྲིམས་ཀྱིས་བྲིས། ཀྲུང་གོའི་བོད་རིག་པ་དཔེ་སྐྲུན་ཁང་། ༢༠༡༧ལོ།
ISBN：978 –7 –80253 –998 –3

15. ལན་ཕར་གྱི་ཕྱི་མོ་འཕགས་བོད་ལོ་པཎ་གྱི་ཕྱག་རྒྱུན་ཀེ་ཏ་ཀ།/འགྱུར་མེད་ཚུལ་ཁྲིམས་ཀྱིས་བྲིས། ཀྲུང་གོའི་བོད་རིག་པ་དཔེ་སྐྲུན་ཁང་། ༢༠༡༧ལོ།
ISBN：978 –7 –80253 –997 –6

16. བོད་ཀྱི་རིག་གནས་སྒྱུ་རྩལ་སྐོར་གྱི་ཕྱག་རྩོམ་གྱི་དཀར་ཆག་ཕྱོགས་བསྒྲིགས།/སྒྲོལ་མས་སྒྲིག་རྩོམ་བྱས། ཀྲུང་གོའི་བོད་རིག་པ་དཔེ་སྐྲུན་ཁང་། ༢༠༡༧ལོ།
ISBN：978 – 7 – 80253 – 995 – 2
17. ལཱུའི་མ་ཕྱི།/ཚེ་དན་ཞབས་དྲུང་གིས་ཕྲིས། མཚོ་སྔོན་མི་རིགས་དཔེ་སྐྲུན་ཁང་། ༢༠༡༧ལོ།
ISBN：978 – 7 – 5420 – 2946 – 1
18. བོད་ཡིག་དབུ་ཅན་དབུ་མེད་ཀྱི་མ་ཕྱི།/ཚེ་དན་ཞབས་དྲུང་གིས་ཕྲིས། མཚོ་སྔོན་མི་རིགས་དཔེ་སྐྲུན་ཁང་། ༢༠༡༧ལོ།
ISBN：978 – 7 – 5420 – 2876 – 1
19. གངས་ཅན་ལྗོ་ཏའི་དབུ་མེད་ཡི་གེའི་གཟབ་གཤར་འཁྱུགས་གསུམ་གྱི་མ་ཕྱི་ཐོན་མའི་ཕྱག་སོར་བསྐྱོད་པའི་མཛུབ་རིས་ཞེས་བྱ་བ་བཞུགས་སོ།།/ཚེ་དན་ཞབས་དྲུང་གིས་ཕྲིས། མཚོ་སྔོན་མི་རིགས་དཔེ་སྐྲུན་ཁང་། ༢༠༡༧ལོ།
ISBN：978 – 7 – 5420 – 2945 – 4

སྨན་དང་རྩིས་ཀྱིས་སྐོར།
（医药、历算）

1. གངས་ལྗོངས་སྨན་རྩིས་རིག་མཛོད་ཆེན་མོ། （པོད་༡ – ༡༣༠） /བོད་ལྗོངས་སྨན་རྩིས་ཁང་གིས་བསྒྲིགས། ཀྲུང་གོའི་བོད་རིག་པ་དཔེ་སྐྲུན་ཁང་། ༢༠༡༧ལོ།
ISBN：978 – 7 – 80253 – 919 – 8
2. གངས་ལྗོངས་སྨན་རྩིས་རིག་མཛོད་ཆེན་མོའི་ཟབ་དོན་སྒོ་བརྒྱ་འབྱེད་པའི་ལྡེ་མིག་བསླགས་པས་ཀུན་ཤེས། （རྩིས་རིག་སྐོར） /བོད་ལྗོངས་སྨན་རྩིས་ཁང་གིས་བསྒྲིགས། ཀྲུང་གོའི་བོད་རིག་པ་དཔེ་སྐྲུན་ཁང་། ༢༠༡༧ལོ།
ISBN：978 – 7 – 80253 – 968 – 6
3. གངས་ལྗོངས་སྨན་རྩིས་རིག་མཛོད་ཆེན་མོའི་ཟབ་དོན་སྒོ་བརྒྱ་འབྱེད་པའི་ལྡེ་མིག་བསླགས་པས་ཀུན་ཤེས། （གསོ་རིག་སྐོར།） /བོད་ལྗོངས་སྨན་རྩིས་ཁང་གིས་བསྒྲིགས། ཀྲུང་གོའི་བོད་རིག་པ་དཔེ་སྐྲུན་ཁང་། ༢༠༡༧ལོ།
ISBN：978 – 7 – 80253 – 950 – 1
4. བོད་ཀྱི་གསོ་རིག་ལས་འབྲས་ནད་སྐོར་གྱི་དཔྱད་གླེང་།/ལྷེ་རོང་རྗེ་སྐྱབས་ཚེ་རིང་གིས་བརྩམས།

ཀྲུང་གོའི་བོད་རིག་པ་དཔེ་སྐྲུན་ཁང་། ༢༠༡༧ལོ།

ISBN：978 –7 –80253 –959 –4

5. ནད་གཞི་སྔོན་འགོག་དང་ནད་མེད་བདེ་ཐང་སྐྱོར་གྱི་རྒྱུན་ཤེས།/མཁའ་འགྲོ་འབུམ་གྱིས་བརྩམས། ཀྲུང་གོའི་བོད་རིག་པ་དཔེ་སྐྲུན་ཁང་། ༢༠༡༧ལོ།

ISBN：978 –7 –80253 –967 –9

6. རྗེ་བཙུན་བློ་གསལ་རྒྱ་མཚོའི་གསུང་འབུམ།/དགེ་འདུན་འཇིགས་མེད་ཀྱིས་བསྒྲིགས། མི་རིགས་དཔེ་སྐྲུན་ཁང་། ༢༠༡༧ལོ།

ISBN：978 –7 –105 –15052 –6/K · 2624

7. ཀན་སུའུ་ཞིང་ཆེན་༢༠༡༥ལོའི་བོད་ཀྱི་གསོ་བ་རིག་པའི་རིག་གཞུང་བགྲོ་གླེང་ཚོགས་འདུའི་དཔྱད་རྩོམ་ཕྱོགས་བསྒྲིགས།/ཀན་ལྷོ་བོད་རིགས་རང་སྐྱོང་ཁུལ་བོད་ཀྱི་གསོ་རིག་ཚོགས་པ་དང་ཐེ་བོ་རྫོང་བོད་སྨན་ཁང་གིས་བསྒྲིགས། མི་རིགས་དཔེ་སྐྲུན་ཁང་། ༢༠༡༧ལོ།

ISBN：978 –7 –105 –14211 –8/R · 485

8. བོད་ཀྱི་གསོ་རིག་ལ་མཁོ་བའི་སྨྲ་རིག་པ།/དཀོན་མཆོག་རྒྱལ་མཚན་གྱིས་བརྩམས། མི་རིགས་དཔེ་སྐྲུན་ཁང་། ༢༠༡༧ལོ།

ISBN：978 –7 –105 –14300 –9/R · 489

9. གྲུབ་པ་ལུས་དང་འབྲེལ་བའི་ཚན་རིག་རྣམ་བཤད།/དོན་གྲུབ་ཀྱིས་བརྩམས། མི་རིགས་དཔེ་སྐྲུན་ཁང་། ༢༠༡༧ལོ།

ISBN：978 –7 –105 –14813 –4/R · 505

10. བོད་ཀྱི་གསོ་བ་རིག་པ་ལས་སྨན་གྱི་སྐོར།/བོད་ཡིག་ཚིག་མཛོད་ཆེན་མོའི་རྩོམ་སྒྲིག་ཁང་གིས་བསྒྲིགས། མི་རིགས་དཔེ་སྐྲུན་ཁང་། ༢༠༡༧ལོ།

ISBN：978 –7 –105 –14824 –0/R · 514

11. གསོ་རིག་བྱུང་ཚུལ་དྲི་མེད་བཻཌཱུརྱའི་མེ་ལོང་། ཁོག་འབུགས་ལེགས་བཤད་བཻཌཱུརྱའི་ཆུ་རྒྱུན།/མཚོ་སྔོན་ཞིང་ཆེན་བོད་ཀྱི་གསོ་རིག་ཞིབ་འཇུག་ཁང་། བོད་ཀྱི་གསོ་བ་རིག་པའི་གནའ་དཔེ་ཕྱོགས་བསྒྲིགས་དཔེ་ཚོགས་རྩོམ་སྒྲིག་ཚོགས་པ། མི་རིགས་དཔེ་སྐྲུན་ཁང་། ༢༠༡༧ལོ།

ISBN：978 –7 –105 –14901 –8/R · 507

12. བོད་ཕྱིའི་རང་བྱུང་སྨུ་གུ་སྐྱེ་བསུའི་ཚད་ལྡན་ལག་རྩལ།/དཀོན་མཆོག་རྒྱལ་མཚན་གྱིས་བརྩམས། མི་རིགས་དཔེ་སྐྲུན་ཁང་། ༢༠༡༧ལོ།

ISBN：978 –7 –105 –14962 –9/R · 509

13. བོད་སྨན་འདུལ་སྦྱོང་ལག་ལེན།/ཀརྨ་ཚོགས་གཉིས་དང་བཙུན་ཐར་རྒྱལ་གཉིས་ཀྱིས་

བརྩམས། མི་རིགས་དཔེ་སྐྲུན་ཁང་། ༢༠༡༧ལོ།

ISBN：978 -7 -105 -15059 -5/R · 511

14. བོད་ཀྱི་གསོ་རིག་ཞིབ་འཇུག་སློབ་མའི་སྐྱིད་སྲིང་ཇུས་གཞི།/ཀླུ་བྱམས་རྒྱལ་གྱིས་བསྒྲིགས། མི་རིགས་དཔེ་སྐྲུན་ཁང་། ༢༠༡༧ལོ།

ISBN：978 -7 -105 -15128 -8/R · 513

15. གྲངས་རིག་དབྱེ་ཞིབ་འཁྲིད་ཡིག/རྣམ་རྒྱལ་མཚོས་བརྩམས། མི་རིགས་དཔེ་སྐྲུན་ཁང་། ༢༠༡༧ལོ།

ISBN：978 -7 -105 -14212 -5/O · 23

16. ཕྱི་དུས་ཀྱི་འཁོར་ལོའི་ཚེས་ཞག་ལྔ་བསྡུས་སྐར་གཙན་གཟའ་ལྔ་ཉིན་ཞག་མ་དང་བཅས་པའི་མགྱོགས་རྩིས་མིའུ་ཐུང་སྒྱུ་མའི་གོམས་འགྲོས་ཞེས་བྱ་བ་བཞུགས་སོ།།/ཚེ་ཏན་ཞབས་དྲུང་གིས་བརྩམས། མཚོ་སྔོན་མི་རིགས་དཔེ་སྐྲུན་ཁང་། ༢༠༡༧ལོ།

ISBN：978 -7 -5420 -2944 -7

ཆོས་ལུགས་དང་མཚན་ཉིད་རིག་པ།

（哲学与宗教）

1. རྗེས་དྲན་དད་པའི་མཆོད་སྤྲིན།/བློ་བཟང་བཟོད་པས་བརྩམས། མི་རིགས་དཔེ་སྐྲུན་ཁང་། ༢༠༡༧ལོ།

ISBN：978 -7 -105 -14665 -9/B · 773

2. དམ་ཆོས་སྙིང་ཐུན།/སངས་རྒྱས་དོན་གྲུབ་ཀྱིས་བརྩམས། མི་རིགས་དཔེ་སྐྲུན་ཁང་། ༢༠༡༧ལོ།

ISBN：978 -7 -105 -14718 -2/B · 772

3. གེ་སར་དང་མོས་ཡིག་ཆ་ཞིབ་འཇུག/ལྷ་མཆོག་རྒྱལ་དང་པདྨ་རྒྱལ་གཉིས་ཀྱིས་བརྩམས། མི་རིགས་དཔེ་སྐྲུན་ཁང་། ༢༠༡༧ལོ།

ISBN：978 -7 -105 -14809 -7/B · 777

4. ཁམས་གསུམ་ཆོས་ཀྱི་རྒྱལ་པོ་ཙོང་ཁ་པ་ཆེན་པོ་ལ་བརྟེན་པའི་བླ་མའི་རྣལ་འབྱོར་དངོས་གྲུབ་ཀུན་འབྱུང་།/མཁྱེན་བརྩེ་ངག་དབང་བཟོད་པ་རྒྱ་མཚོས་བསྒྲིགས། མི་རིགས་དཔེ་སྐྲུན་ཁང་། ༢༠༡༧ལོ།

ISBN：978 -7 -105 -14877 -6/B · 784

5. བྱང་ཆུབ་ལམ་རིམ་ཆེན་མོ།/རྗེ་ཙོང་ཁ་པ་བློ་བཟང་གྲགས་པས་བརྩམས། མི་རིགས་དཔེ་སྐྲུན་ཁང་། ༢༠༡༧ལོ། །

ISBN：978 –7 –105 –15038 –0/B · 793

6. ལམ་གཙོ་རྣམ་གསུམ་གྱི་གཞུང་འགྲེལ་བློ་བཟང་རྒྱལ་བའི་ཐུགས་བཅུད།/ལྷ་རམས་དགེ་བཤེས་འཇམ་དཔལ་བློ་ཤེས་ཀྱིས་བརྩམས། མི་རིགས་དཔེ་སྐྲུན་ཁང་། ༢༠༡༧ལོ།

ISBN：978 –7 –105 –13820 –3/B · 714

7. ཞིང་ཆེན་བཞིའི་བོད་ཁུལ་གྱི་དགོན་སྡེ་དང་རི་ཆུའི་མིང་བོད་རྒྱ་ཤན་སྦྱར།/ཀྲུང་གོའི་མི་རིགས་ཡིག་བསྒྱུར་ཙུས་ཀྱིས་བསྒྱུར་སྒྲིག་བྱས། མི་རིགས་དཔེ་སྐྲུན་ཁང་། ༢༠༡༧ལོ།

ISBN：978 –7 –105 –13639 –1/B · 657

8. བོན་གྱི་རྣམ་གྲངས་ཀུན་བཏུས།/བོད་ཡིག་ཚིག་མཛོད་ཆེན་མོའི་རྩོམ་སྒྲིག་ཁང་གིས་བསྒྲིགས། མི་རིགས་དཔེ་སྐྲུན་ཁང་། ༢༠༡༧ལོ།

ISBN：978 –7 –105 –14789 –2/K · 2576

9. ལྷ་རིག་དཔེ་ཚོགས། གསུང་ངག་རིན་པོ་ཆེ་ལམ་འབྲས་བུ་དང་བཅས་པའི་གླེགས་བམ། (དེབ་༡ – ༥༩) /རྫོང་སར་ཁམས་བྱེ་ལྷ་རིག་ཐུབ་བསྟན་སློབ་གླིང་གིས་བསྒྲིགས། ཀྲུང་གོའི་བོད་རིག་པ་དཔེ་སྐྲུན་ཁང་། ༢༠༡༧ལོ།

ISBN：978 –7 –80253 –334 –9/B · 248

10. ཚད་མ་རིག་པ་བྱུང་འཕེལ་གྱི་ལོ་རྒྱུས།/བློ་བཟང་ཆོས་གྲགས་ཀྱིས་བརྩམས། ཀྲུང་གོའི་བོད་རིག་པ་དཔེ་སྐྲུན་ཁང་། ༢༠༡༧ལོ།

ISBN：978 –7 –80253 –983 –4

11. སྐྱབས་མགོན་སྐལ་ལྡན་རྒྱ་མཚོའི་ཉེ་བའི་སྲས་ཆེན་མཁན་ཆེན་བློ་བཟང་ལུང་རྟོགས་ཆོས་ཀྱི་རྒྱ་མཚོ་དཔལ་བཟང་པོའི་རྣམ་ཐར་བཞུགས་སོ།།/འཇིགས་མེད་དམ་ཆོས་རྒྱ་མཚོས་མཛད། མཚོ་སྔོན་མི་རིགས་དཔེ་སྐྲུན་ཁང་། ༢༠༡༧ལོ།

ISBN：978 –7 –5420 –2932 –4

12. མཚོ་སྔོན་མཁས་དབང་རིན་བྱོན་གྱི་གསུང་འབུམ་ནོར་བུའི་བང་མཛོད། མཁན་ཆེན་སྐུ་ཕྲེང་རིམ་བྱོན་གྱི་གསུང་འབུམ། རིགས་དང་དཀྱིལ་འཁོར་རྒྱ་མཚོའི་མངའ་བདག་རྗེ་བློ་བཟང་ལུང་རིགས་རྒྱ་མཚོའི་རྣམ་པར་ཐར་པ་བཞུགས་སོ།།/མཁན་ཆེན་བློ་བཟང་དཔལ་ལྡན་རྒྱ་མཚོས་མཛད། མཚོ་སྔོན་མི་རིགས་དཔེ་སྐྲུན་ཁང་། ༢༠༡༧ལོ།

ISBN：978 –7 –5420 –2934 –8

13. མཚོ་སྔོན་མཁས་དབང་རིན་བྱོན་གྱི་གསུང་འབུམ་ནོར་བུའི་བང་མཛོད། མཁན་ཆེན་ཆོས་ཀྱི་

རྗེ་དགེ་འདུན་རྒྱ་མཚོའི་གསུང་ཐོར་བུ་དང་ཟླ་མཚོད་ཊཱི་ཀཱ་ཚིག་དོན་གསལ་བའི་སྒྲོན་མེ་ཞེས་བྱ་བ་བཞུགས་སོ།། / མཁན་ཆེན་དགེ་འདུན་རྒྱ་མཚོ་དང་གཡུ་རྫོང་བསམ་གཏན་རྒྱ་མཚོས་མཛད། མཚོ་སྔོན་མི་རིགས་དཔེ་སྐྲུན་ཁང་། ༢༠༡༧ལོ།

ISBN：978－7－5420－2931－7

14. མཚོ་སྔོན་མཁས་དབང་རིན་བྱོན་གྱི་གསུང་འབུམ་ནོར་བུའི་བང་མཛོད། བསྡུས་གྲྭའི་ལེགས་བཤད་གྲངས་མེད་སྐལ་བཟང་གི་བློ་གྲོས་ཀྱི་པད་ཚལ་བཞད་པའི་ལུང་རིགས་ཀྱི་ཉི་མ་ཞེས་བྱ་བ་བཞུགས་སོ།། / མཁན་ཆེན་དགེ་འདུན་རྒྱ་མཚོས་མཛད། མཚོ་སྔོན་མི་རིགས་དཔེ་སྐྲུན་ཁང་། ༢༠༡༧ལོ།

ISBN：978－7－5420－2933－1

15. མཚོ་སྔོན་མཁས་དབང་རིན་བྱོན་གྱི་གསུང་འབུམ་ནོར་བུའི་བང་མཛོད། མཁན་ཆེན་སྐུ་ཕྲེང་རིམ་བྱོན་གྱི་གསུང་འབུམ། （པོད་དང་པོ།） དཔལ་ལྡན་བླ་མ་དམ་པ་དགེ་འདུན་རྒྱ་མཚོ་དཔལ་བཟང་པོའི་རྣམ་པར་ཐར་བ་འདོད་དགུའི་འབྱུང་གནས་དཔག་བསམ་ལྗོན་ཤིང་ཞེས་བྱ་བ་བཞུགས་སོ།། / བདེ་ཆེན་པཎྜི་ཏ་ངག་དབང་འཇམ་དབྱངས་དཔལ་ལྡན་གྱིས་མཛད། མཚོ་སྔོན་མི་རིགས་དཔེ་སྐྲུན་ཁང་། ༢༠༡༧ལོ།

ISBN：978－7－5420－2930－0

英文部分

Sanskrit manuscripts in China II: proceedings of a panel at the 2012 Beijing seminar on Tibetan studies, August 1 to 5/edited by Horst Lasic, Xuezhu Li. -Beijing: China Tibetology Publishing House, 2017

藏学论文资料要目

汉文部分

一、政治、法律

1. 美国《西藏政策法》研究——历史追溯、立法分析与政策评估/肖杰、谷泓《中国藏学》2017：1
2. 民国时期西藏宗教法制的政治学研究——以《喇嘛转世办法》为例/宁珠达美《中国藏学》2017：1
3. 嵌入能力：一个民族地区社会政治稳定的研究框架——以西藏自治区为例/王向文《西藏大学学报》（社科版）2017：2
4. 论习近平宗教工作思想在西藏的实践/张兴堂《西藏大学学报》（社科版）2017：2
5. 藏族婚姻习惯法司法适用研究——以西藏那曲尼玛县为例/青措加、多杰措《西藏大学学报》（社科版）2017：2
6. 藏区社会稳定的影响因素、评估维度与治理机制创新研究/马成俊、羊中太、傅利平/《西南民族大学学报》（人文社科版）2017：1
7.《泰晤士报》对中国西藏和平解放进程的关注和态度/张皓《青海民族研究》2017：1
8. 青海省冬虫夏草采集管理法律问题调研报告——以杂多县、泽库县为样本/

王立明《青海民族研究》2017：1

9. 近代藏边民间司法职能探析——以甘青藏族聚居区为考察中心/高晓波《青海民族研究》2017：1
10. 藏区社会治理机制设计模型研究/羊中太《青海民族研究》2017：2
11. 藏族神山圣湖环境保护的法治思考/边巴拉姆、王恒《西藏民族大学学报》（哲社版）2017：1
12. 西方涉藏“误读”现象解析/韩青玉《西藏民族大学学报》（哲社版）2017：1
13. 印度的地缘政治纠葛及其出路——从印度对北京“一带一路”国际合作高峰论坛态度谈起/牛治富、任莉萍《西藏民族大学学报》（哲社版）2017：3
14. 中国共产党早期民族统战工作的典范——以长征时期朱德与格达活佛的交往为范例/李荟芹《西藏民族大学学报》（哲社版）2017：3
15. 毛泽东与“珠峰”归属问题的解决/周振《西藏民族大学学报》（哲社版）2017：3
16. 西藏边境县服务型政府建设影响因素实证研究/曹迪《西藏发展论坛》2017：2
17. “治边稳藏”重要战略思想的哲学底蕴/毛奇《西藏发展论坛》2017：2
18. 西藏政务数据灾备体系建设研究/李国栋《西藏发展论坛》2017：2
19. “貌合神离”的西藏羌姆与著作权法——兼论我国民间文学艺术作品法律保护现状/王松帅《西藏发展论坛》2017：3
20. 论中国的边疆观与边疆治理的互动关系/王江成《青海民族大学学报》（社科版）2017：2
21. “依法治藏”的若干理论问题初探/陈烨《西北民族大学学报》（哲社版）2017：3
22. 清末甘肃循化厅少数民族诉讼策略探析/李守良《中国边疆史地研究》2017：2
23. 清末甘肃循化厅应对少数民族诉讼策略探析/马成俊《中国边疆史地研究》2017：2
24. “假活佛”现象的法律分析：从历史到当代/华热·多杰《青藏高原论坛》2017：2
25. 藏族“赔命价”习惯法在刑事司法中的作用——以果洛藏族自治州为例/

加央卓玛《青藏高原论坛》2017：2

26. 国家关于藏传佛教事务的法律规制/沈桂萍《青藏高原论坛》2017：2
27. 青藏高原旅游法制建设与生态保护的思考/才让塔、陆礼彬《青藏高原论坛》2017：2
28. 西藏非公有制经济的法治保障困境及现实对策研究/陈烨《青藏高原论坛》2017：2
29. 政府购买法律服务实证研究——青海省各级政府购买法律服务的困境与对策/穆清《青藏高原论坛》2017：2
30. 杜鲁门政府涉藏心理战探析/温强《四川师范大学学报》（社科版）2017：1
31. “双联户”：西藏自治区基层组织形式的创新/邱泽奇、许英康《中央社会主义学院学报》2017：1
32. 摆平：藏区基层政府纠纷调解的运作逻辑——以四川省甘孜藏族自治州G县大调解团解决牦牛纠纷为例/周晓露、李雪萍《中南民族大学学报》（人文社科版）2017：2
33. 群体取向下的“部落”实用主义与司法理性的冲突与调适——以安多藏族传统纠纷解决观为例/熊征《广西大学学报》（哲社版）2017：1
34. 做好西藏民族工作的“三个根本”思想——胡锦涛中国特色民族理论研究/于衍学《贵州大学学报》（社科版）2017：2
35. 中印边界锡金段的历史由来与法律依据——兼议印度非法越界行为的国际法律责任/曾皓《中国藏学》2017：3
36. 刍议西藏自治区法律援助制度建设/柳杨《西藏大学学报》（社科版)2017：3
37. 建设法治边疆与依法治藏刍议/孙勇、孙昭亮《西藏大学学报》(社科版）2017：3
38. 转型时期的西藏民事司法调解制度研究/张伟《西藏大学学报》（社科版）2017：3
39. 论习近平“治国必治边、治边先稳藏”战略思想的科学内涵与重大意义/王少明、普布次仁《西藏大学学报》（社科版）2017：4
40. 中国共产党有关西藏政教制度的认知与政策研究/徐百永《中国边疆史地研究》2017：4
41. 中国共产党在四川藏区的主体价值引领及强化维度/胡雅娟、夏达《西南

民族大学学报》（人文社科版）2017：9
42. “更加慎重稳进”方针与果洛建政——中华人民共和国初期青海藏区的民族工作实践/方素梅《西南民族大学学报》（人文社科版）2017：11
43. 中央治藏新方略研究述论/郎维伟、赵书彬《西藏研究》2017：4
44. 我国内地西藏班（校）政策创办动因考察/喻永庆《西藏研究》2017：4
45. 拉萨农村社会管理现状调查与对策/方晓玲《西藏研究》2017：5
46. 论以毛泽东同志为核心的第一代中央领导集体对中国共产党治藏方略形成的历史贡献/王少明、普布次仁《西藏研究》2017：6
47. 西藏冬虫夏草资源法律保护研究/唐池《西藏民族大学学报》（哲社版）2017：4
48. 促进西藏各类干部努力工作与事业发展的思考/王跃、张雷雷《西藏民族大学学报》（哲社版）2017：5
49. 试论西藏建立容错纠错机制的必要性及措施/陈敦山《西藏民族大学学报》（哲社版）2017：5
50. 青藏高原文化土壤与藏族本土法治文化的关系——从文化土壤与法治文化的关系谈起/南杰·隆英强《青海社会科学》2017：5
51. 中国共产党认同：青海藏区社会变迁进程中的乡村治理/冯彩莉、张晓红《青海社会科学》2017：6
52. 因俗而治下的司法判决执照论析——以清末甘肃循化厅少数民族诉讼为视角/李守良《青海民族研究》2017：3
53. “共治共享”社会治理模式下的探索与实践——以拉萨民族团结进步法治化为中心/边巴拉姆、邵煜捷《西北民族大学学报》（哲社版）2017：4
54. 习近平治藏方略的生成逻辑/杨力源《西北民族大学学报》（哲社版）2017：4
55. 西南地区少数民族的化夷策略——以四川白马土司对白马藏族“化夷”之道为例/黄梅《西北民族大学学报》（哲社版）2017：5
56. 从援藏到建藏：入藏人才结构变迁/李玲艳《西北民族大学学报》（哲社版）2017：6
57. 中印边界问题的前世今生与中国的和平发展/孟庆龙《四川大学学报》（哲社版）2017：4
58. 学者的角色：美国的中国西部边疆研究者与对华政策制订/励轩《北方民族大学学报》2017：6

59. 当代中国的长期建藏思想/徐志民《当代中国史研究》2017：5
60. 云南迪庆解放初期的民族工作/和冬梅《中国国家博物馆馆刊》2017：11
61. 当代青藏地区民族和谐交往与社会稳定之建构/马燕《青海师范大学学报》（哲社版）2017：4
62. 我国藏区刑罚适用的经济分析/马德《青藏高原论坛》2017：3
63. 民族地区牧民权益保护视角下的矿产资源生态补偿制度研究——以柴达木循环经济试验区为例/多杰昂秀《青藏高原论坛》2017：3
64. 西藏生物遗传资源获取管制存在的问题与解决路径/李一丁《青藏高原论坛》2017：3
65. 农村基层民主选举参与效果的影响因素与对策分析——以西藏林芝市朗县第八届村委会选举为例/陆豪、曹素芳《西藏发展论坛》2017：4
66. 推进基层治理法治化推动平安西藏建设再上新台阶——以林芝市基层治理法制化建设为例/郝少敬、欧小琼《西藏发展论坛》2017：4
67. 拉萨文化产业发展的现状分析及法律对策/龚燕《西藏发展论坛》2017：5
68. 基于胜任力的高校党员领导干部素质结构研究——以西藏大学为例/常晶《西藏发展论坛》2017：5
69. 西藏政府治理能力现代化问题的思考/熊英《西藏发展论坛》2017：6
70. 对青海藏区维稳工作长效机制的若干问题思考/马兰花《攀登》2017：5

二、经济

1. 西藏林业碳汇经济价值评估及实现机制探讨/李艳梅、孙丽云、杨涛《中国藏学》2017：1
2. 西藏特色农产品高端品牌原型形成机制研究——基于供应链视角/曹佛宝、狄方耀、杨建州《中国藏学》2017：1
3. 从生计资本角度分析西藏牧区贫困成因——以班戈县为例/格桑卓玛《中国藏学》2017：2
4. 基于贫困脆弱性与可持续生计的我国藏区扶贫开发的长效性思考/久毛措《中国藏学》2017：2
5. 南木林县贫困成因及精准脱贫成效研究/陈默《中国藏学》2017：2
6. 贫困遗存的可能状态及治理方式/王文长《中国藏学》2017：2
7. 辨证施治：四川藏区农牧民致贫原因的实证调查与分析/袁晓文、陈东《中

国藏学》2017：2
8. 四川藏区与彝区精准脱贫两个样本的调查分析/何文海《中国藏学》2017：2
9. 西藏县域多维贫困度测定及贫困空间分布特征研究/王茹、周璇、杨松柳、鲜逸峰《西藏研究》2017：1
10. 新常态经济环境变化及对西藏的影响分析/朱尔茜《西藏研究》2017：1
11. 以习近平总书记脱贫重要思想为指导坚决打赢“十三五”时期西藏脱贫攻坚战/苟灵《西藏研究》2017：1
12. 西藏农牧区贫困代际传递的总体特征和空间差异研究/杨阿维、张建伟《西藏研究》2017：2
13. 西藏珠峰大本营旅游收益的共享机制研究/杨涛《西藏研究》2017：3
14. 政府与市场：双向建构西藏地区新型社区建设长效机制/段小力《西藏研究》2017：3
15. 财政支出、TFP 增长率与经济增长的实证研究——以西藏自治区为例/秦君玲、郑家兴《西藏大学学报》（社科版）2017：1
16. 西藏经济中长期可持续发展的战略选择/朱尔茜《西藏大学学报》（社科版）2017：1
17. 西藏旅游扶贫与农牧民增收问题研究/图登克珠《西藏大学学报》（社科版）2017：1
18. 西藏农牧区贫困统计指标体系研究/杨新玲、张静、柳婷婷《西藏大学学报》（社科版）2017：1
19. 西藏社会主义新农村建设研究/辛馨、张晓莉《西藏大学学报》（社科版）2017：1
20. 西藏地区农村公共服务资源配置效率分析——基于 DEA 模型的实证检验/尚杰、任跃旺《西藏大学学报》（社科版）2017：1
21. 中国特色、西藏特点的城镇化道路研究/王松磊、杨剑萍、王娜《西藏大学学报》（社科版）2017：1
22. 新常态下区域物流与区域经济互动关系研究——基于西藏 1995—2014 年面板数据/刘妤、顾正刚《西藏大学学报》（社科版）2017：1
23. 创新驱动：西藏藏毯企业发展路径研究/汪丽、唐亚军《西藏大学学报》（社科版）2017：2
24. 对实施“四省一区”藏区精准脱贫的多维审视/陈良兵、李秀铎《西藏大

学学报》（社科版）2017：2

25. 拉日铁路在南亚大通道建设中的区位优势与作用研究/李庆华、蒋刚亮《西藏大学学报》（社科版）2017：2
26. 西藏边境人口较少民族地区特色小城镇建设调查研究——以错那县勒布地区门巴民族乡为例/郭志合、陈立明《西藏大学学报》（社科版）2017：2
27. 现代化转型下的西藏乡村资源分配研究——一种组织传播的视角/廖云路、汪凡智《西藏大学学报》（社科版）2017：2
28. “互联网+”区域属性视阈下西藏原生态产品产业发展探析/姜安印、李秀芬《西藏大学学报》（社科版）2017：2
29. 全域旅游视角下拉萨市旅游产品创新性开发研究/胡海燕、扎旺《西藏大学学报》（社科版）2017：2
30. 西藏融入国家“一带一路”战略建设面向南亚大通道基本思路研究/德吉央宗《西藏大学学报》（社科版）2017：2
31. 连片特困民族地区旅游精准扶贫机制研究——以四川藏区为例/李佳、田里、王磊《西南民族大学学报》（人文社科版）2017：6
32. “一带一路”背景下西藏建设面向南亚开放重要通道的战略选择/图登克珠《西藏民族大学学报》（哲社版）2017：1
33. “一带一路”建设中西藏面临的机遇及发展思路/杜幼康《西藏民族大学学报》（哲社版）2017：1
34. “一带一路”战略下西藏经济发展面临的几大难点/沈开艳《西藏民族大学学报》（哲社版）2017：1
35. 构建“中尼印经济走廊”面临的困难、挑战及对策思考/孙建中《西藏民族大学学报》（哲社版）2017：1
36. 宏观视角的西藏文化产业发展策略分析/赵国栋《西藏民族大学学报》（哲社版）2017：1
37. 基于SWOT分析的西藏商务旅游发展对策研究/余正军《西藏民族大学学报》（哲社版）2017：1
38. 科技创新推动西藏文化产业发展策略研究/雒伟群、党红恩、赵尔平《西藏民族大学学报》（哲社版）2017：1
39. 论人类命运共同体的打造与西藏南亚通道建设的基本途径/牛治富《西藏民族大学学报》（哲社版）2017：1
40. 民心相通基础上的不丹与中国西藏的经济文化交流/崔海亮《西藏民族大

学学报》（哲社版）2017：1

41. 西藏参与“一带一路”建设不应轻视亚东通道/毛阳海《西藏民族大学学报》（哲社版）2017：1
42. 西藏的南亚通道建设与印度学知识产业链/张忞煜《西藏民族大学学报》（哲社版）2017：1
43. 试论繁荣哲学社会科学对服务西藏经济社会发展的作用/陈敦山《西藏民族大学学报》（哲社版）2017：2
44. 迪庆藏族自治州茨中村藏族民众的生计方式调查/宋秀芳、武保林《西藏民族大学学报》（哲社版）2017：2
45. 处理好“十三对关系”全面推进西藏经济社会长足发展/刘凯、陈敦山《西藏民族大学学报》（哲社版）2017：3
46. “一带一路”战略背景下中国西藏与南亚相邻国家旅游合作与发展问题探析/闫红瑛《西藏民族大学学报》（哲社版）2017：3
47. 关于西藏“互联网+”战略实施的探讨/陈爱东、谭天明、朱桦《西藏民族大学学报》（哲社版）2017：3
48. 西藏错那县门巴族聚居区特色产业发展状况调查/陈立明、赵勇《西藏民族大学学报》（哲社版）2017：3
49. 西藏矿产资源开发与农牧民生计问题研究/李继刚《西藏民族大学学报》（哲社版）2017：3
50. 甘青川藏四省交界藏区的贫困现状与发展困境——基于青海班玛县达卡乡的家庭调查/丁赛、完玛冷智、扎洛《青海民族研究》2017：2
51. 推进青海农牧区生产生活方式转变研究/马起雄、杨军、甘晓莹《青海社会科学》2017：2
52. 人文地理学视野下少数民族地区自然资源价值重构与开发——以西藏朗县矿水资源开发为例/柯涌晖、赵明《西北民族大学学报》（哲社版）2017：2
53. 畜牧业的式微与石刻业的兴盛——青海和日村藏族生态移民后续产业民族志/冯雪红、王玉强《西北民族研究》2017：2
54. 甘南藏区农村精准扶贫问题研究——基于阿木去乎镇的调查/刘荣《西北民族研究》2017：2
55. 能值—生态足迹模型支持的甘肃藏族高寒牧区可持续研究/余翠、李文龙等《兰州大学学报》（自然科学版）2017：3

56. 主体功能区建设背景下青藏社会旅游文化产业发展调查研究——以贵德温泉地热资源开发利用为视点/张海云《贵州民族研究》2017：5
57. 基于地缘优势的少数民族经济发展研究——以西藏地区为例/张睿、杨建红《贵州民族研究》2017：6
58. 西部地区民族村寨旅游业内涵式发展的战略举措——基于阿坝藏族羌族自治州的实证分析/许从付、刘晓鹰《贵州民族研究》2017：6
59. 社会分层视角下四川藏区贫困代际传递形成机理研究/张淑芳《民族学刊》2017：2
60. 四川藏区精准扶贫实效调查研究/陈云霞《民族学刊》2017：3
61. 基于SWOT分析法的西藏特色文化产业人才开发研究/张传庆、王赫《西藏发展论坛》2017：1
62. 西藏发展文化生态旅游的对策建议/王子瑜、张世聪《西藏发展论坛》2017：1
63. 新常态环境下西藏经济发展的现状分析/张治强《西藏发展论坛》2017：1
64. 西藏农牧业特色产业精准帮扶模式与经验研究/段阳、吴春宝《西藏发展论坛》2017：2
65. 浅析西藏昌都的可持续发展/周晓红《西藏发展论坛》2017：2
66. "一带一路"背景下中国西藏与印度边境贸易问题初探/罗翠云《西藏发展论坛》2017：3
67. 边疆安全视角下推进西藏扶贫工作的思考/陈敦山、王潇《西藏发展论坛》2017：3
68. 对西藏扶贫开发工作成效第三方评估的思考/杨新玲、图登克珠《西藏发展论坛》2017：3
69. 西藏城市社区建设的重大意义及主要成效/陈丽《西藏发展论坛》2017：3
70. 融入丝绸之路经济带建设背景下西藏在社会稳定中开放发展分析/陈朴《西藏发展论坛》2017：3
71. 青藏地区农牧民专业合作社发展研究——基于青海省门源县的调查与分析/格日措《青藏高原论坛》2017：2
72. 西藏扶贫工作的发展历程及经验启示——以农牧区改革为视角/尼玛次仁、吴春宝《青藏高原论坛》2017：2
73. 民国时期甘宁青药材贸易探析/吉秀秀《青藏高原论坛》2017：2
74. 当代中尼贸易发展述论/梁俊艳《中国藏学》2017：3

75. “一带一路”背景下西藏边境旅游扶贫开发思路及模式研究/徐宁、图登克珠、蒙媛、卓嘎措姆《中国藏学》2017：4
76. 新时期西藏打赢脱贫攻坚战的思考/徐伍达《中国藏学》2017：4
77. 藏族散居区精准扶贫的问题与对策研究——以越西县保安藏族乡和甘洛县则拉乡磨房村为例/韩正康《中国藏学》2017：4
78. 精准扶贫视域下农村公共品供给绩效评价研究——基于14个连片特困地区的实证分析/张建伟、杨阿维《西藏大学学报》（社科版）2017：3
79. 西藏旅游业发展对经济增长影响研究/张爱儒、李子美《西藏大学学报》（社科版）2017：4
80. 西藏融入“一带一路”倡议的定位、认知与路径探讨/韦仁忠、朱金春《西藏大学学报》（社科版）2017：3
81. 西藏中小企业融资需求特殊性研究/张涵、刘佳、贡秋扎西《西藏大学学报》（社科版）2017：3
82. 西藏金融业供给侧结构性改革的必要性及路径选择/西绕甲措《西藏大学学报》（社科版）2017：3
83. 论西藏创新生态系统的特征与维护/藏才旦《西藏大学学报》（社科版）2017：3
84. 民族特色产业政策视域下西藏扎囊县氆氇手工业发展路径研究/刘玉《西藏大学学报》（社科版）2017：3
85. 西藏上市公司财务报告质量现状评述/杨慧《西藏大学学报》（社科版）2017：4
86. 西藏上市医药企业股票价格波动特征实证研究/邵永同《西藏大学学报》（社科版）2017：4
87. 西藏异地扶贫搬迁策略在农区的实践与牧区的困境/占堆、李梦珂、鞠效昆《西藏大学学报》（社科版）2017：4
88. “一带一路”背景下中国西藏与尼泊尔金融合作研究——基于跨境人民币业务视角/达瓦萨珍、王发莉、才央卓玛《西藏大学学报》（社科版）2017：4
89. 医疗人才组团式援藏对口支援模式主要做法与成效分析/田昕、于亚滨《西藏研究》2017：4
90. 西藏藏毯产业动态演进及政策研究/唐亚军、汪丽《西藏研究》2017：4
91. 西藏引导民间资本投资文化产业研究/于骥、郭超利、向伟《西藏研究》

2017：4
92. 青藏铁路通车对西藏沿线区域居民收入和经济发展影响分析/德吉央宗、索朗吉、格桑曲珍《西藏研究》2017：5
93. 推进精准扶贫：达嘎村易地搬迁实证分析/吴右《西藏研究》2017：5
94. 西藏2016年经济形势分析与2017年展望/杨亚波、李超、连成国《西藏研究》2017：5
95. 西藏全面建成小康社会的路径选择分析/徐伍达《西藏研究》2017：5
96. 管理团队援藏模式在西藏国企推广的建议——以中国电建公司援助西藏天路公司为例/张传庆、赵筱丽《西藏研究》2017：6
97. 四川藏区人力资源与生产力层次结构和产业结构的关联性分析/张琪、张明善《西藏研究》2017：6
98. 西藏环境资源型产业发展路径分析——以白朗县蔬菜产业为例/邓亚净、方晓玲、多庆《西藏研究》2017：6
99. 自然保护区类社区脱贫响应及其可持续途径研究——以川滇连片特困藏区为例/沈茂英、徐知之《西藏研究》2017：6
100. PPP模式视阈下的西藏投融资体制创新初探——兼论国家投资与社会投资的关系/张志恒、张彦、袁姣《西藏民族大学学报》（哲社版）2017：4
101. 公路建设对社会发展和国防巩固的作用研究——以西藏民主改革前后的实践为例/狄方耀、冯岗《西藏民族大学学报》（哲社版）2017：4
102. 基于比较优势的西藏产业优化发展研究/杨昆、高晓光、朱普选《西藏民族大学学报》（哲社版）2017：4
103. 试论处理好西藏企业增产提效与惠及民生关系的必要性与对策/张传庆《西藏民族大学学报》（哲社版）2017：4
104. 西藏发展绿色经济路径探讨/赵莹《西藏民族大学学报》（哲社版）2017：4
105. 西藏旅游目的地品牌评价体系构建及营销策略研究/陈刚《西藏民族大学学报》（哲社版）2017：4
106. 西藏南亚通道由“物理通道”向“跨越式通道”转变的关键是开放型本地化产业链构建/周勇《西藏民族大学学报》（哲社版）2017：4
107. 西藏农村的用水制度研究——囊色林村、柳务村的案例分析/扎洛《西藏民族大学学报》（哲社版）2017：4
108. 新时期旅游援藏面临挑战、存在问题与政策建议/田祥利《西藏民族大学

学报》（哲社版）2017：4

109. 精准扶贫视角下西藏民生建设策略分析/史本林、禄树晖、赵茜、陈东东《西藏民族大学学报》（哲社版）2017：5

110. 生态旅游发展对西藏乡村农牧民家庭的生计影响——以林芝鲁朗镇扎西岗村为例/陈娅玲、余正军、杨昆《西藏民族大学学报》（哲社版）2017：5

111. 西藏生态旅游资源开发现状与生态旅游发展思路研究/德吉央宗《西藏民族大学学报》（哲社版）2017：5

112. “一带一路”视野下的西藏发展/方素梅《西藏民族大学学报》（哲社版）2017：6

113. 试论西藏扶贫搬迁与安置地共同发展的困境与创新策略/杨玲《西藏民族大学学报》（哲社版）2017：6

114. 正确处理西藏生态保护与富民利民关系的路径/丹曲《西藏民族大学学报》（哲社版）2017：6

115. 云南藏区水电开发中的当地居民参与调查——以梨园水电站为例/彭泽军《云南民族大学学报》（哲社版）2017：6

116. 西藏寺院旅游收入分配问题研究/王亚欣、李泽锋《广西民族研究》2017：4

117. “一带一路”背景下西藏发展与稳定研究/孟亚伟《民族论坛》2017：4

118. 民国时期青藏旅游流网络研究/章杰宽《青海民族研究》2017：3

119. 青南地区藏族民营企业发展现状研究/王士勇、邵媛《青海民族研究》2017：3

120. 旅游资源规模化开发与农牧民生计方式转换——基于西藏“国际旅游小镇”的案例研究/杨明洪、刘建霞《民族学刊》2017：3

121. 汉藏交界地带的城堡文化资本与旅游形象定位——以青海贵德古城为例/张海云《青海民族大学学报》（社科版）2017：4

122. 国际环青海湖赛事对青海民族地区旅游业影响的实证分析/周晓丽、马小明《西北民族大学学报》（哲社版）2017：4

123. 青南藏区藏族民营企业持续发展能力的调查与评析/景芳、王士勇《青海师范大学学报》（哲社版）2017：5

124. 跨越大渡河：明至清初四川南路入藏茶道的市场变迁/王海兵《中华文化论坛》2017：5

125. 甘南农村低保制度实施情况调查——来自卓尼县关洛村的田野报告/安文珺、王建新《青藏高原论坛》2017：3

126. 论旅游业发展背景下藏传佛教文化资源的保护与开发——以甘南藏族自治州为例/刘凡《青藏高原论坛》2017：3

127. 深度融入中国“一带一路”倡议是推动尼泊尔经济加速发展的重要机遇/闫红瑛、狄方耀《西藏发展论坛》2017：4

128. 西藏对外贸易的发展现状、问题及对策建议/余娇娇《西藏发展论坛》2017：4

129. 西藏经济增长与环境污染关系的实证研究/张艳、洪业应《西藏发展论坛》2017：4

130. 促进西藏农牧民就业创业与精准脱贫问题探讨/侯霞《西藏发展论坛》2017：5

131. 内部控制与上市公司可持续发展——来自西藏上市公司的经验数据/马锦、乔鹏程《西藏发展论坛》2017：5

132. 试论“十三五”时期西藏沿边开放对西藏经济的影响/张冰乐、林琦《西藏发展论坛》2017：6

133. 西藏自治区金融机构发展与辖区经济发展匹配研究——以西藏辖区银行业为基础分析/王书碧、玉珍、旦增曲珍《西藏发展论坛》2017：6

134. 浅析西藏商业银行普惠金融工作的实践与探索——以农行昌都分行为例/杨东《西藏发展论坛》2017：6

135. 基于AHP－SWOT模型的青海省特色文化产业发展策略研究——以黄南藏族自治州热贡文化产业为例/马玉琴、郭华《攀登》2017：4

136. 青海生态畜牧业合作社创新发展研究——基于对“拉格日”合作社的调查/李玉红《攀登》2017：4

三、社会

1. 交友、礼物与交换——西藏地区藏汉民众交往情况调查分析/苏发祥、乔小河《中国藏学》2017：1

2. 西藏城郊失地农民市民化研究/方晓玲《西藏研究》2017：1

3. 西藏多民族嵌入式社区的实证研究（上、下）/胡洁《西藏研究》2017：2－3

4. 西藏自治区人口演变对于教育影响的预测/李艾琳、何景熙《西藏研究》2017：2
5. 滇藏交界地带藏族天主教徒的信仰实践与身份认同研究/丁莉霞《西藏研究》2017：2
6. 牧区农村藏族妇女家庭分工与生态建设能力提升研究——来自川西北牧区的个案调查/沈茂英、龙涛《西藏研究》2017：3
7. 异质型村庄共同体何以维系——一个滇西北民族村寨的互惠实践研究/王晓《西藏研究》2017：3
8. 乡土传统复建与边缘族群的认同策略——对“东纳拉卜则”祭场再造和仪式复原的人类学分析/尕藏尼玛、付吉力根《西藏大学学报》（社科版）2017：1
9. “自我”与“他者”的区分和混融——以香格里拉的族群关系为例/吴银玲《西南民族大学学报》（人文社科版）2017：5
10. 命以镌石——拉萨嘛呢石刻艺人的日常生活史调查/苏发祥、琼英《西南民族大学学报》（人文社科版）2017：6
11. 山神、庙宇、土司与康东社会秩序——基于四川康定鱼通地区的田野调查/郭建勋《西南民族大学学报》（人文社科版）2017：6
12. 川甘青结合部藏族聚居区绿色包容性发展研究/钟海燕、郑长德《西南民族大学学报》（人文社科版）2017：6
13. 藏族传统纠纷解决观与藏区群体性事件干预机制/熊征《中央民族大学学报》（哲社版）2017：3
14. 藏彝走廊多元文化视阈下的藏传佛教与民族社区互动研究——基于丽江市永宁乡的研究/孟皓、王碧陶《云南民族大学学报》（哲社版）2017：3
15. 嘉绒藏区“女子当家”制度及其养老内涵——基于四川阿坝麦村的分析/林蓉《中南民族大学学报》（人文社科版）2017：3
16. 滇西藏区地方社会中的天主教——作为分类体系的宗教与村落生活“秩序”的践行/胡梦茵、黄剑波《华东师范大学学报》（哲社版）2017：2
17. 西藏在建设“南亚大通道”中的地位和作用/王学海《西藏民族大学学报》（哲社版）2017：1
18. “自媒体”环境下西藏地区的舆情呈现及其应对/刘小三《西藏民族大学学报》（哲社版）2017：1
19. 民族学视野下的传统游牧生活——基于甘南碌曲的调查/李晓丽《西藏民

族大学学报》（哲社版）2017：1

20. 网络环境下信息传递方式对西藏社会发展的影响/石方夏、泽玉《西藏民族大学学报》（哲社版）2017：1
21. 比较分析西藏区域科技创新的物质环境及对策建议/高晓光《西藏民族大学学报》（哲社版）2017：2
22. 手机媒体对西藏乡村民主政治生活影响的民族志观察——以拉萨市曲水县才纳乡协荣村为例/刘新利、梁亚鹏《西藏民族大学学报》（哲社版）2017：2
23. 大众传媒与西藏边线社会文化变迁研究——以西藏日报大型专题报道《雪域边线行》为例/袁爱中、潘荣《西藏民族大学学报》（哲社版）2017：2
24. 城乡一体化背景下西藏农牧区公共服务供给研究/朱新林《西藏民族大学学报》（哲社版）2017：3
25. 试论西藏农牧民转移就业的几个问题/毛阳海、赵毅、董改改《西藏民族大学学报》（哲社版）2017：3
26. 草原生态失衡与游牧民定居政策的博弈——以甘南碌曲为例/李晓丽《西北民族大学学报》（哲社版）2017：1
27. 四川藏区新型农村合作医疗筹资问题研究/张淑芳《西北民族大学学报》（哲社版）2017：2
28. 基于旅游影响感知的民族地区居民聚类研究——以甘南藏族自治州为例/梁旺兵、魏欣《西北民族大学学报》（哲社版）2017：3
29. 藏传佛教与安多藏区的社会控制/杨红伟《中国边疆史地研究》2017：2
30. 藏传佛教与农村社区治理探析——以金川县腾龙寺田野调查为例/施义《青海民族研究》2017：1
31. 从粮袋餐桌试析西藏农牧民的生计变迁/罗绒战堆、曾薇《青海社会科学》2017：2
32. 论青海藏区公共文化产品特质及功能/索南旺杰、关桂霞《青海社会科学》2017：2
33. 青海藏传佛教寺院与村社的关系探析——以黄南州同仁县瓜什则寺及其周边村社为例/曲卓、索端智《青海社会科学》2017：3
34. 浅谈八廓街东孜苏藏式四合院建筑的历史变迁——以八廓街东孜苏帕拉南院为例/尼玛仓觉《西藏艺术研究》2017：1
35. 商品交换与和谐民族关系构建——基于三江并流“核心区”的历史人类学

考察/王晓《青海民族大学学报》（社科版）2017：1

36. 当代青藏地区民族交往的演变过程及特点/马燕《青海民族大学学报》（社科版）2017：2
37. 热贡十二“雪喀”社会变迁研究/索南旺杰《青海民族大学学报》（社科版）2017：2
38. 青海藏区政府公共文化服务差距的调查研究/关桂霞《青海民族大学学报》（社科版）2017：2
39. 松潘、巴塘、中甸——记三个西部城镇的研究/王铭铭、翟淑平《西北民族研究》2017：2
40. 表演着的个体与社会关系——热贡唐卡传承人的主体塑造过程分析/李航《青藏高原论坛》2017：1
41. 兴海县河卡镇藏族社会民居文化变迁调查研究/羊进拉毛《青藏高原论坛》2017：2
42. 在“圣”与“俗”之间：西藏一妻多夫制婚姻问题研究述论/杨帆、杨成洲《青藏高原论坛》2017：2
43. 门当画派与洛扎县发展唐卡文化产业可行性研究/刘冬梅《青藏高原论坛》2017：1
44. 对青藏高原藏区绿色发展的思考/卓玛措、乔菊先《青藏高原论坛》2017：2
45. 互嵌式居住模式在构建和谐民族社区中的积极作用——基于青海省农牧区多民族互嵌式居住状况的调研/华热·多杰、达哇才让《青海师范大学学报》（哲社版）2017：2
46. 青海藏区人力资本存量分析/任善英《青海师范大学学报》（哲社版）2017：3
47. 青海湖朝圣仪式的人类学考察/曾吉卓玛、仁欠扎西《青海师范大学学报》（哲社版）2017：3
48. 西部民族地区患者择医的文化因素探析——基于青海省藏医院的医学人类学调查/马得汶《西北师范大学学报》（社科版）2017：1
49. 牧区族群的生计变迁与心理适应——以甘南夏河县桑科乡 X 村为例/路宏、胡政平《甘肃社会科学》2017：2
50. 拉萨市国内游客特征研究/赵剑波、杨雪丰等《华中师范大学学报》（自然科学版）2017：3

51. 云南德钦藏族日常生活中的宗教消费——基于奔子栏村的观察访谈/刘婷《北方民族大学学报》（哲社版）2017：2
52. 旅游资源规模化开发与农牧民生计方式转换——基于西藏“国际旅游小镇”的案例研究/杨明洪、刘建霞《民族学刊》2017：3
53. 西藏特色文化产业人才发展战略研究/张传庆《民族论坛》2017：1
54. 西藏非物质文化遗产发展的创新性途径/张锦花、次旦卓嘎《西藏艺术研究》2017：1
55. 浅析西藏农牧民群众思想教育的影响因素及对策思考/欧珠《西藏发展论坛》2017：3
56. 藏传佛教法器市场化现状及其影响分析——基于成都市武侯祠市场的调查/张秋梅、陈睿《中国藏学》2017：3
57. 西藏基本公共服务发展水平的比较研究/安玉琴、徐爱燕、袁悦《西藏大学学报》（社科版）2017：3
58. 康定如何表征汉藏关系——文化认同在城市景观中的实践/郑少雄《中央民族大学学报》（哲社版）2017：6
59. 论藏彝走廊回、藏民族的和谐社会关系/马尚林《西南民族大学学报》（人文社科版）2017：7
60. 滇藏川毗连地区族际文化互动的空间特性研究/王丽萍、周智生《西南民族大学学报》（人文社科版）2017：8
61. 海外藏胞跨境迁移的历程和走向/朱鹏《西南民族大学学报》（人文社科版）2017：9
62. 社会结构中的灾难认知——从三岩藏族的碉房看灾难的本土感知/王正宇《西南民族大学学报》（人文社科版）2017：12
63. 浅谈藏北牧户家庭分化原因及影响——以那曲地区尼玛县军仓乡 4 村为例/索朗加措《西藏研究》2017：4
64. 反思与超越：传统西藏一妻多夫制婚姻中的伦理议题探究/杨成洲、杨帆《西藏研究》2017：4
65. 基于拉萨藏族居民对游客消极态度的整合威胁分析/桑森垚《西藏研究》2017：6
66. 入藏旅游者餐饮感知评价研究——以拉萨玛吉阿米餐厅为例/庞玮、陈立明《西藏研究》2017：6
67. 西藏俊巴渔村村民生计方式变迁调查/马宁、周园朝《西藏民族大学学报》

（哲社版）2017：5

68. “放管服”改革中提高西藏（地）市县（区）政府承接能力的思考/王彦智《西藏民族大学学报》（哲社版）2017：5

69. 居边生息：西藏边境地区家庭发展状况/刘中一《西藏民族大学学报》（哲社版）2017：6

70. 家族、村落与地域——川滇藏交界区的神山信仰与圈层整合/王晓《青海民族研究》2017：3

71. 藏族社会结构初探——以果洛牧民社会分析为例/中根千枝、尕藏杰《青海民族研究》2017：4

72. 西藏卡契（ཁ་ཆེ）、“藏回”辨析/杨晓纯《青海民族研究》2017：4

73. 跨族裔善财：当代仁波切与汉裔居士檀越——囊谦某新建宗教地景启示/王媛《西北民族研究》2017：3

74. 市场、寺院与神山——“贸易之城”独克宗的社会结构及交易模式的演变/吴银玲《西北民族研究》2017：4

75. 历史地理视野下的云南民族格局——基于GIS的藏彝走廊与汉族走廊研究/杨宇亮、速绍华、党安荣《贵州民族研究》2017：11

76. 民族、婚姻、伙有共耕与上帝：基督教嵌入藏区傈僳族社会之阐释——以滇西北德钦县霞若乡为例/叶远飘《广西民族研究》2017：4

77. 何去何从：隆务河流域“蔡孜德裕”人之身份认同调查研究/周毛先《青海社会科学》2017：4

78. 道路认同：三江源生态移民理念的价值指向/武永亮、张梦媛《青海社会科学》2017：5

79. 多元文化视阈下的公共空间——金沙江流域藏族村落历史变迁考察/夏吾交巴《青海社会科学》2017：5

80. 青海省青南地区藏传佛教寺院青少年入寺问题研究/陈玮、谢热、靳艳娥、罡拉卓玛《青海社会科学》2017：5

81. 社会流动下的藏族婚姻变化——以青海化隆县三个藏族脑山村为个案/拉毛措、文斌兴、索南努日、旦正加《青海社会科学》2017：6

82. 藏族地区“菩提心”思想的现实文化意义/仁增才郎、陈通《中央社会主义学院学报》2017：4

83. 云南藏区和谐民族关系构建内源性动力研究——以迪庆藏民族发展演变为分析视角/李志农、顿云《思想战线》2017：5

84. 三江源藏族生态移民社会融入实证研究——以青海省泽库县和日村为个案/束锡红、聂君、樊晔《中南民族大学学报》(人文社科版)2017：4
85. 从藏彝走廊、茶马古道到“路学”——晚近康区学术话语的空间嬗变/陈静静《西北民族大学学报》(哲社版)2017：4
86. “居寺养老”模式可行性研究——基于甘青地区藏传佛教尼姑寺院的调查/旺姆卓玛、陈通《西北民族大学学报》(哲社版)2017：6
87. 论青藏高原牧区对麻风病的社会建构——以青海玉树巴塘乡为例/叶远飘《青海民族大学学报》(社科版)2017：4
88. 木里民族关系现状调查/苏发祥、李继群、格桑翁姆《青海民族大学学报》(社科版)2017：4
89. 我国边疆族群认同要素的构建与维系——以西藏珞巴族为例/吴春宝《青海民族大学学报》(社科版)2017：4
90. 嵌入模式对青藏高原少数民族文化认同的影响/李姝睿《青海师范大学学报》(哲社版)2017：4
91. 川藏公路与鲁朗社区的旅游中心化/孙九霞、王学基《广西民族大学学报》(哲社版)2017：6
92. 滇西北藏族互利共生型生态智慧研究——以奔子栏村为例/李志农、张辉《广西民族大学学报》(哲社版)2017：6
93. 藏族网民对网络文化的使用习惯、特点与认同研究/王万宏《民族学刊》2017：4
94. 少数民族文化艺人在大城市生活的碰撞和调适——西藏堆谐艺人在成都生计问题调查/李仲良、海宁、康晓卓玛《民族学刊》2017：4
95. 生态语境下青海传统村落保护路径探究/索南多杰《青藏高原论坛》2017：3
96. 基础设施建设与公共产品供给向寺院延伸：青海河南县“六大工程”评议/尕藏扎西《青藏高原论坛》2017：3
97. 跨文化交流中的唐卡、文化表征与身份认同——西藏昌都嘎玛乡唐卡画师社群的社会交往互动过程/刘冬梅《民间文化论坛》2017：5
98. 西藏农牧区基层纠纷若干问题研究/韩德辉《西藏发展论坛》2017：6
99. 基层公安民警心理健康影响因素及其调适——以青海藏区为例/陈志红《攀登》2017：4

四、历史

1. 清初康区的政治军事格局与世纪之交的“西炉之役”/赵心愚《中国藏学》2017：1
2. 康有为忧思蒙藏与国家统一/张双智《中国藏学》2017：1
3. 青瓦达孜遗址考古侧记/霍巍《中国藏学》2017：2
4. 暗军考——吐蕃王朝军政体制探例/任小波《中国藏学》2017：2
5. “白哈尔神”传入吐蕃时间考辨/杨卫《中国藏学》2017：2
6. 阿里地区历史移民研究/达瓦次仁、图纳·布莱尔《西藏研究》2017：1
7. 嘉绒藏族地区的旧方志编纂/曾现江《西藏研究》2017：1
8. 整饬、因循与苟且：驻藏大臣讷钦筹藏探论/康欣平《西藏研究》2017：1
9. 吐蕃石狮子考古调查及相关文化研究/夏吾卡先《西藏研究》2017：2
10. 《金史·结什角传》笺证/齐德舜《西藏研究》2017：2
11. 九世班禅与拉卜楞寺间的史实考究/罗藏才让《西藏研究》2017：2
12. “合尊法宝”的身份及其作品考辨/帕毛多日杰《西藏研究》2017：3
13. 浅述玉树在中华民族多元一体进程中的历史地位/罗桑开珠《西藏研究》2017：3
14. 试析民国中央政府管理西藏宗教事务基本经验/次旦扎西、顿拉《西藏研究》2017：3
15. 元明中央政府治藏宗教政策不同特点成因探析/李文萍《西藏研究》2017：3
16. 汉晋时期藏西“高原丝绸之路”的开通及其历史意义/霍川、霍巍《西藏大学学报》（社科版）2017：1
17. 藏区社会30年代对红军长征的支持及其伟大意义/王川、朱晓舟《西藏大学学报》（社科版）2017：1
18. 清廷选择张荫棠查办藏事原因探微/康欣平《西藏大学学报》（社科版）2017：1
19. 卫藏与康区历史关系发展演变过程探讨/黄辛建《西藏大学学报》（社科版）2017：1
20. 情报搜集与外交推进：1913—1922年英帝国在康定设领事馆之用意及启示/赵艾东《西藏大学学报》（社科版）2017：2

21. 历代中央政府治藏方略解析——以西藏地方摄政制度为例/巴桑《西藏大学学报》（社科版）2017：2
22. 青藏高原及其周边地区的民族构成与文化互动/刘志扬《民族研究》2017：2
23. 明代松潘的“黑人”和“白人”/旷天全、黎小龙《民族研究》2017：2
24. 川西北嘉绒藏人与象雄琼氏渊源关系探讨/石硕《民族研究》2017：3
25. 瞻对：小地方、大历史——清代川藏大道上的节点与风云之地/石硕《西南民族大学学报》（人文社科版）2017：1
26. 述论清代甘孜藏区的设治特点及演变状况/秦和平《西南民族大学学报》（人文社科版）2017：2
27. 长征期间红军藏传佛教政策的形成与影响/任家乐《西南民族大学学报》（人文社科版）2017：2
28. 红军长征在藏区筹粮问题研究/喜饶尼玛、李双《西南民族大学学报》（人文社科版）2017：4
29. 拉萨布达拉山李麟汉文摩崖的几个问题/赵心愚《西南民族大学学报》（人文社科版）2017：4
30. 囊索制度与部落社会关系初探——以热贡十二部落社会历史为例/索南旺杰《西南民族大学学报》（人文社科版）2017：5
31. 圣人之道为体　喇嘛之道为用——清朝边疆政治与族群政治架构议/吴启讷《中央民族大学学报》（哲社版）2017：1
32. 民国时期滇藏川毗连地区藏传佛教寺院的嬗变及对地方社会的影响/周智生、李灿松《中央民族大学学报》（哲社版）2017：1
33. 民国时期内地人眼中的藏族妇女——以近代妇女期刊的有关刊载为例/央珍、强俄巴·次央《中央民族大学学报》（哲社版）2017：3
34. 茶税、等级与现代世界体系——试论清末到民国的边茶与印茶之争/舒瑜《中央民族大学学报》（哲社版）2017：3
35. 打箭炉“查勘地界”与清朝对康区东部政策的调整/赵心愚《中央民族大学学报》（哲社版）2017：3
36. 英国外交部有关中国西藏档案（六—九）/王远大《西藏民族大学学报》（哲社版）2017：1－4
37. 中央政府对班禅世系敕封述论/颉起胜《西藏民族大学学报》（哲社版）2017：1

38. 清代进藏西方人笔下的扎什伦布/阿音娜《西藏民族大学学报》（哲社版）2017：1
39. 试论民国前期康区“土流并置”的成效/裴儒弟《西藏民族大学学报》（哲社版）2017：2
40. 班禅右旋白螺作琉球册封使镇船法物/夏敏《西藏民族大学学报》（哲社版）2017：2
41. 藏地史前“十二小邦”考/曾丽容《西藏民族大学学报》（哲社版）2017：2
42. 关于旧西藏译仓的几个问题/郑舒心、喜饶尼玛《西藏民族大学学报》（哲社版）2017：3
43. 转型时期藏区社会治理机制创新研究——以热贡十二族社区为例/傅利平、羊中太、马成俊《西北民族研究》2017：1
44. 岷州攒都沟藏族土司世系及相关史事研究——以新发现的“攒都沟后土司宗图”为中心/李志明、洲塔《青海民族研究》2017：2
45. 青海玉树大日如来佛堂的考古调查与新发现/霍巍《青海民族研究》2017：2
46. 刘文辉稳藏安康思想的形成与发展/文艳林《青海民族研究》2017：2
47. 论清代中期对青海蒙藏民族的经济管控——以《那彦成青海奏议》为中心/韩牧容、那木拉《青海民族研究》2017：2
48. 吐蕃高僧益西央考辨/华青道尔杰《青海民族研究》2017：2
49. 拓殖高原、永久定居、麦作传入：对当前青藏高原史前考古重大争论的回应/吕红亮《青海民族研究》2017：2
50. 近代甘宁青对外贸易的地域性差异/吴孟显《青海民族大学学报》（社科版）2017：1
51. 旧西藏的基巧堪布初探——以十三世达赖喇嘛时期为中心/喜饶尼玛、杨扬《青海民族大学学报》（社科版）2017：1
52. 文物考古所见古代青海与丝绸之路/霍巍《青海民族大学学报》（社科版）2017：1
53. 西汉藩属制度（奉职贡）的形成与实践/李大龙《青海民族大学学报》（社科版）2017：1
54. “康”的概念与内涵的历史演变研究/曹海霞《青海民族大学学报》（社科版）2017：2

55. 关于发放堪布土登口粮契约的几个问题——以三件英藏敦煌藏文文书为例/陆离《青海民族大学学报》（社科版）2017：2
56. 慕寿祺与西北边疆问题研究——以《甘宁青史略》为中心的考察/王梅《西北民族大学学报》（哲社版）2017：1
57. 交流与融洽——民国入藏大员眼中的在藏汉人/钟宇海《西北民族大学学报》（哲社版）2017：1
58. 青海河南亲王与拉卜楞寺/艾丽曼《青海师范大学学报》（哲社版）2017：1
59. 简论羌人对青海农牧业发展的开拓地位/丁柏峰《青海师范大学学报》（哲社版）2017：2
60. 宋元时期藏区寺院经济发展的原因/杨惠玲《西北师范大学学报》（社科版）2017：1
61. 明代汉藏交通的兴衰演变——以明朝使臣入藏活动为中心的探讨/李淮东《中国边疆史地研究》2017：2
62. 清代安多藏区的法制建设与社会控制/张科《中国边疆史地研究》2017：2
63. 清末甘南藏区部落纠纷解决形态研究——以光绪十六年卡家与沙沟的争佃冲突为中心/阮兴《中国边疆史地研究》2017：2
64. 西藏危机与西康建策：从西藏危机看国民政府、西藏与西康的互动/张践《西南边疆民族研究》（半年刊）2017：1
65. 唐蕃会盟与吐蕃佛教/霍巍《世界宗教研究》2017：1
66. 历史上滇藏川毗连地区藏传佛教寺院的空间分布及其形成机制/王丽萍、周智生《宗教学研究》2017：2
67. 清代康区绿营驻军的日常生活与族际互动/李建艳、李沛容《贵州民族研究》2017：4
68. 《〈使至塞上〉与崔希逸破吐蕃事无关》求疵/陈铁民《历史研究》2017：2
69. 丝绸之路上的疑似吐蕃佛塔基址——青海都兰考肖图遗址性质刍议/仝涛《中山大学学报》（社科版）2017：2
70. 西藏西部的丝绸与丝绸之路/仝涛《中国国家博物馆馆刊》2017：2
71. 从《西陲古地与羌藏文化》探析李文实先生文史研究特色/陈强《青藏高原论坛》2017：1
72. 略论贵德县境内的明长城/许红梅《青藏高原论坛》2017：1

73. 明代“贵德十屯”边墙调查/薛舒凡《青藏高原论坛》2017：1
74. 青海达玉藏族部落考述/叶静珠穆《青藏高原论坛》2017：1
75. 唐代吐蕃军事战争研究/贺冬《青藏高原论坛》2017：1
76. 吐蕃赋税徭役制度管窥/姚婧媛《青藏高原论坛》2017：1
77. 先秦时期青海地区古羌畜牧业考略/勉卫忠《青藏高原论坛》2017：1
78. 关于恩兰·达扎鲁恭身份的藏汉史料解析/帕毛多日杰《青藏高原论坛》2017：2
79. 清初固始汗与甘丹颇章政权建立/完德加《青藏高原论坛》2017：2
80. 吐蕃赞普赤松德赞王妃蔡邦氏梅脱仲小考/罗央《西藏艺术研究》2017：1
81. 扎囊境内重要历史地名考/达瓦《西藏艺术研究》2017：1
82. 青海藏族阿柔部落与蒙古族之间的文明互动/昂毛吉《攀登》2017：2
83. “热振事件”再审视——热振大师殉国和西藏两寺起义70周年祭/杨克林、王小彬、依苏《中国藏学》2017：3
84. 论加德满都博达（Bodhnath）圣地的讲述及实践/才贝《中国藏学》2017：3
85. 1918—1921年西藏协助尼泊尔修缮斯瓦扬布佛塔——兼论近代西藏与尼泊尔的文化交流/邱熠华《中国藏学》2017：3
86. 俺答汗代三世达赖喇嘛求封事宜考/魏建东《中国藏学》2017：3
87. 从赞普到土司：唃厮啰家族家国之间的政治嬗变研究/齐德舜《中国藏学》2017：3
88. 法王图道南杰（一）——《哲孟雄王统史》译注节选/图道南杰、扎洛、敖见《中国藏学》2017：3
89. 国家认同与全民抗战——以藏族民众的抗日活动为例/钟宇海、喜饶尼玛《中国藏学》2017：3
90. 居米旁大师的王权学说——《国王修身论》释读/杨毛措《中国藏学》2017：3
91. 乾隆晚期驻藏大臣“匿压表贡”事件研究/张曦《中国藏学》2017：3
92. 唐论惟贞墓志及论氏家族源流事迹再考/李宗俊《中国藏学》2017：3
93. 西康建省“划界”的争论——以1939年前后四川靖化县绰斯甲一地是否划入西康省为中心的历史文献/王川《中国藏学》2017：3
94. 凉州会谈及其历史意义/张云《中国藏学》2017：4
95. 从萨迦班智达《致蕃人书》到忽必烈《优礼僧人诏书》/李德成《中国藏

学》2017：4

96. 论萨迦班智达的家国情怀——再读《致蕃人书》和《萨迦格言》/班玛更珠《中国藏学》2017：4

97. 南宋末代皇帝赵显在西藏活动的历史及其影响/车明怀《中国藏学》2017：4

98. “统领释教大元国师”印考释/谢光典《中国藏学》2017：4

99. 康区被称作“人区”考——兼对藏文史籍中“黑头人”概念的考察/石硕、刘欢《中国藏学》2017：4

100. 大司徒绛曲坚赞军事思想探析/布桑、拉巴次仁《西藏大学学报》（社科版）2017：3

101. 哥老会与晚清西藏变局/刘丽玲《西藏大学学报》（社科版）2017：3

102. 论民国西康省义敦县之复治及其意义/陈鹤《西藏大学学报》（社科版）2017：4

103. 琼氏部落东迁对嘉绒地区的文化影响/德倩旺姆《西藏大学学报》（社科版）2017：4

104. 危机与契机：清朝初期治藏政策演进动因探析/周燕《西藏大学学报》（社科版）2017：4

105. 文物视野下清朝中原文化向西藏传播载体研究/李军《西藏大学学报》（社科版）2017：4

106. 茶叶传入西藏相关问题研究/赵国栋、李许桂、石确次仁《西藏研究》2017：4

107. 嘉峪关黑山岩画中的塔形图研究/龙忠《西藏研究》2017：4

108. 明清时期藏地的陕商研究/刘立云《西藏研究》2017：4

109. 悉立考/达瓦次仁《西藏研究》2017：4

110. 1717 年准噶尔部袭扰西藏探析——以清宫满文奏报为中心/张发贤《西藏研究》2017：5

111. 旁观者之眼：外媒视角下的吴忠信主持十四世达赖坐床/冯翔《西藏研究》2017：5

112.《有泰日记》驻藏部分史料价值再析/康欣平《西藏研究》2017：6

113. 清末川边改土归流时期巴塘“凤全事件”的起因及其影响/李何春《西藏研究》2017：6

114. 19 世纪中叶巴黎外方传教会内部关于成立西藏传教会的分歧与结局/刘瑞

云、陈建明《世界宗教研究》2017：6

115. 20世纪初德国的涉藏活动和西藏政策考析/赵光锐《中国边疆史地研究》2017：3

116. 二十世纪四十年代甘南藏区保甲制度之推行/柳德军《历史研究》2017：5

117. 略论纳西族与理塘巴塘之关系/杨福泉《中央民族大学学报》（哲社版）2017：4

118. 恩威并济：清代藏区司法的基本方略/冯志伟《中央民族大学学报》（哲社版）2017：4

119. 浅析民国时期中国留美学生对“西藏问题”的研究/张连义《中央民族大学学报》（哲社版）2017：5

120. 拉隆·贝吉多杰生平事迹考述/扎西龙主《中央民族大学学报》（哲社版）2017：6

121. 丝绸之路沿线所出古藏文契约文书概说/杨铭、贡保扎西《西南民族大学学报》（人文社科版）2017：7

122. 19世纪后期英国博物学家普拉特两访打箭炉（康定）及启示/赵艾东《四川大学学报》（哲社版）2017：5

123. 吴三桂与五世达赖喇嘛——清初西南边疆多元关系之一角/罗布《思想战线》2017：5

124. “天下共主”：想象藏文明的方式/陈波《文化纵横》2017：5

125. 柔克义及其《喇嘛之乡》/顾媛媛《西藏民族大学学报》（哲社版）2017：4

126. 晚清驻藏大臣文海筹藏析论/康欣平《西藏民族大学学报》（哲社版）2017：4

127. 决心与行动：抗战前后西藏反对英印侵略门隅的斗争/张发贤、陈立明《西藏民族大学学报》（哲社版）2017：5

128. 清初对藏治理的增强与藏事诗诗化表现及背后的观念变化/顾浙秦《西藏民族大学学报》（哲社版）2017：5

129. 护送金城公主入蕃和亲使杨矩考略/胡晓兵《西藏民族大学学报》（哲社版）2017：6

130. 简述东方学家朱塞佩·图齐的“人文共通体”/操林英《西藏民族大学学报》（哲社版）2017：6

131. 历代汉藏茶马贸易市场的形成与变动/田茂旺《西藏民族大学学报》（哲社版）2017：6
132. 论明朝官营茶马贸易体系的弊端/赵海静、阴海燕《西藏民族大学学报》（哲社版）2017：6
133. 唐蕃古道路网结构的考古发现与重构/余小洪、席琳《西藏民族大学学报》（哲社版）2017：6
134. 从帕里到噶伦堡：清末西藏亚东关初建与近代西藏关贸肇始/张永攀《青海民族研究》2017：3
135. 棍噶扎拉参呼图克图研究中的几个问题/王希隆、贺锦雷《青海民族研究》2017：3
136. 青海东部“家西番”的机缘与形成——以清代牌楼沟碑刻为中心/屈斌《青海民族研究》2017：3
137. 青海卓仓囊索政权历史补阙——历史记忆、民间叙事与乡土文化共同体建构/王志强《青海民族研究》2017：3
138. 生计与越界：清中期青海边地的族际互动与社会控制/王海兵《青海民族研究》2017：4
139. 质疑与求证：实证史学与多学科交叉研究路径——揭示汉藏历史新面貌的唐代吐蕃研究/徐君、林冠群《青海民族研究》2017：4
140. 水以载史——从水利视角看巴塘城镇史/翟淑平《西北民族研究》2017：4
141. 前吐蕃时期多康藏区藏系部族/叶拉太《青海民族大学学报》（社科版）2017：4
142. 新见唐崔汉衡墓志与唐蕃关系考论/王庆昱《青海民族大学学报》（社科版）2017：4
143. 中华文化认同：河湟汉藏边缘地区多元场域中的民族交融/杨玢《青海社会科学》2017：5
144. 哈里森·福曼的青海、甘南藏区之行及其影响（1932—1937）/张发青《华东师范大学学报》（哲社版）2017：4
145. 滇茶销藏陆海通道的兴起及其背景/刘志扬《中山大学学报》（社科版）2017：5
146. 九世班禅到内地后的舆情与北京民国政府政策论析（1923—1927）/孙宏年《云南师范大学学报》（哲社版）2017：6

147. “五世而斩”与“绵延千年”：汉藏家族对比研究——以北宋真定曹氏家族和唃厮啰土司家族为例/齐德舜《中南民族大学学报》（人文社科版）2017：4
148. 清代果洛部落的夹坝问题与清政府的治理/王海兵《北方民族大学学报》2017：4
149. 藏尼游记（五—十）/欧阳无畏、韩敬山《西藏民族大学学报》（哲社版）2017：1－6
150. 黄慕松与九世班禅返藏研究/魏少辉《西北民族大学学报》（哲社版）2017：5
151. 清代国家力量在牧区社会的进入——以乾隆年间处理果洛地方“夹坝”案件为例/王道品、童辉《西北民族大学学报》（哲社版）2017：5
152. “哲堪孜松”与1956年十四世达赖访印/李荟芹《西北民族大学学报》（哲社版）2017：5
153. 多维民族视域下的互动与抉择——民国时期祁连山北麓藏民研究/冯国昌《西北民族大学学报》（哲社版）2017：5
154. 罗卜藏丹津事件再研究/刘锦《西北民族大学学报》（哲社版）2017：6
155. 民国时期玉树藏区调查研究史述论/张福强《青海师范大学学报》（哲社版）2017：4
156. 民国西康藏族土司与宗教论析/王永康、于国庆《宗教学研究》2017：6
157. 宗教文化与青藏地区的民族关系——以藏传佛教对历史上汉藏蒙民族关系的影响为例/马燕《青藏高原论坛》2017：3
158. 蒙古国藏文文献考察——兼论蒙藏语言、服饰文化关系/多杰群智、更登《青藏高原论坛》2017：3
159. 九世班禅在内地的慈善活动及影响/李双《攀登》2017：5
160. 近代藏学研究机构与报刊考/刘莹、文厚泓《贵州民族研究》2017：10

五、生态环保

1. 藏区地方话语结构与生态保护实践研究——以青海藏区S村为研究个案/郭海青、贾伟《青海民族研究》2017：1
2. 为了：青海蓝，高原绿，一江清水向东流/何峰《青海民族研究》2017：2
3. 藏族生态伦理观的当代变迁——生态习惯法文化的视角/常丽霞、袁峥嵘

《西南民族大学学报》（人文社科版）2017：6

4. 放牧和刈割对草原地下净生产力和根系周转的影响/高英志、景馨等《西南民族大学学报》（自然科学版）2017：2
5. 放牧背景下青藏高原若尔盖盆地非流动性地表水的质量特征/赵琳、文勇立等《西南民族大学学报》（自然科学版）2017：3
6. 环境治理语境下区域环境政策衔接与协调途径的探讨/费广胜、王恒齐《青海社会科学》2017：1
7. 探索三江源生态保护与发展的新路径——UNDP—GEF 三江源生物多样性保护项目的启示/马洪波《青海社会科学》2017：1
8. 藏传佛教的生态内涵——以郭雪波的生态小说为例/丁燕《贵州民族研究》2017：2
9. 异质的治理：四川藏区农村环境问题的法律应对/赖虹宇、杨继文《贵州民族研究》2017：2
10. 西藏生态安全屏障保护与建设成效评估/王小丹、程根伟等《中国科学院院刊》2017：1
11. 论神山对青海藏区生态系统服务价值的贡献/赵海凤、张嘉馨等《民族论坛》2017：5
12. 青海湖环湖区水污染现状及法律对策研究/马芳《青藏高原论坛》2017：3
13. 尼洋河流域饮用水源水质综合评价/宗永臣《西藏科技》2017：8
14. 拉鲁湿地不同水质对水生植物种子萌发和幼苗存活的影响研究/明升平、史晓楠等《西藏科技》2017：8
15. 西藏高原沙化土地研究进展及问题对策/王星怡、方江平《西藏科技》2017：10
16. 浅谈藏传佛教文化中的生态自然保护意识/李晓霞《攀登》2017：4

六、宗教

1. 菩提心思想与进化论道德观共性初探/仁增才郎、陈通《中国藏学》2017：2
2. 清辨（ལེགས་ལྡན་འབྱེད）对瑜伽行派“所缘真如”说的批判/茅宇凡《西藏研究》2017：2
3. 大智法王班丹扎释年谱/李志明《西藏研究》2017：3

4. 史诗《格萨尔》分部本《地狱大解脱》中宗教思想论析/羊毛措《西藏研究》2017：3
5. 藏地朝圣五台山、鸡足山比较研究/钱光胜《西藏大学学报》（社科版）2017：2
6. 藏族量理摄类学认识体略观/夏吾李加《西藏大学学报》（社科版）2017：2
7. 大应法王札实巴考论/刘永文、齐玲玲、王令梅《西藏大学学报》（社科版）2017：2
8. 昆明官渡金刚宝座佛塔之文化解析/龙珠多杰《西藏大学学报》（社科版）2017：2
9. 藏族量理摄类学否定是与否定非略观/夏吾李加《西南民族大学学报》（人文社科版）2017：1
10. 萨迦果然巴大师的生平和思想/扎西朗甲、孙悟湖《西南民族大学学报》（人文社科版）2017：4
11. 论西藏宝座和法座的权威认同/嘎·达哇才仁《西南民族大学学报》（人文社科版）2017：6
12. 勃律与西藏苯教、藏传佛教关系考略/刘洁《中央民族大学学报》（哲社版）2017：2
13. 公元八世纪的苯佛关系及苯教新派的形成/才让太《中央民族大学学报》（哲社版）2017：2
14. 五台山文殊信仰与华严初祖崇拜/王颂《世界宗教研究》2017：1
15. 德格地区苯教寺院历史与现状研究/施义《宗教学研究》2017：2
16. 佛堂、嘛呢康、寺院：藏区宗教活动空间的同心圆理论阐释/王晓云《宗教学研究》2017：2
17. 近代安多藏区社会生活与藏传佛教论析/王亮、杨红伟《宗教学研究》2017：2
18. 果然巴大师的十二缘起思想/扎西郎甲《西北民族大学学报》（哲社版）2017：1
19. 近代藏密东传：汉藏文化交流的高潮/文厚泓《西北民族大学学报》（哲社版）2017：3
20. 藏传佛教道场圣迹文化的类型和特征/白佩君《青海民族大学学报》（社科版）2017：1
21. 全球化背景下的藏传佛教与藏传佛教研究/沈卫荣《文化纵横》2017：1

22. 八世班禅丹贝旺秋年谱（一、二）/陈庆英、陈立华《青海师范大学学报》（哲社版）2017：1－2
23. 吐蕃高僧吴法成生平三题/徐键《敦煌学辑刊》2017：1
24. 藏传佛教唐卡中的礼器研究/东主卓玛《青藏高原论坛》2017：1
25. 从《菩提道次第广论》看宗喀巴大师的佛教教育思想/何杰峰《青藏高原论坛》2017：1
26. 宁玛派密咒师研究综述/完麻加《青藏高原论坛》2017：1
27. 拉卜楞寺金座法王贡塘丹贝卓美生平研究——以《贡塘丹贝卓美传》为中心/李世福《青藏高原论坛》2017：2
28. 伏藏遗训《十万嘛呢宝训集》述略/德吉卓玛《青海师范大学民族师范学院学报》2017：1
29. 达波拉杰大师的佛教教育思想及其对我国民族地区当代学校教育的启示/何杰峰、周润年《西藏大学学报》（社科版）2017：3
30. 萨迦派“多吉普尔羌姆”仪式符号解读——以若尔盖求吉寺为例/顿珠卓玛《西藏大学学报》（社科版）2017：3
31. 宗教学视野下的金刚手研究/党措《西藏大学学报》（社科版）2017：4
32. 论吐蕃佛教戒律/德吉卓玛《西藏大学学报》（社科版）2017：4
33. 西藏流动穆斯林研究/次旦顿珠《西藏大学学报》（社科版）2017：4
34.《集量论·遣他品》中的声明问题例释/方岚《西藏研究》2017：4
35. 吐蕃时期的敦煌观音修行院之考/德吉卓玛《西藏研究》2017：4
36. 苯教象派创始人象帕及其影响刍议/松芳《西藏研究》2017：5
37. 对《正理门论》是否传于西藏的几点质疑/项智多杰《西藏研究》2017：6
38. 近代云南藏传佛教发展初探/邵逸舒、周润年、文厚泓《西藏研究》2017：6
39. 宁玛派密咒师的起源与发展/完麻加、周拉《西藏研究》2017：6
40. 冲突与调和——藏传佛教人骨法器在内地的流传及其影响/吴明娣、陈南《世界宗教研究》2017：5
41. 哲布尊丹巴转世考疑/金雷《世界宗教文化》2017：4
42. 宗喀巴成就伟业之原因分析/何峰《西北民族研究》2017：3
43. 弘化寺：一个藏传佛教寺院的兴衰与区域演变史/杨德亮《西北民族研究》2017：4
44. 试谈宗喀巴大师对佛教空性理论及其实践的贡献/蒲文成《青海民族研究》

2017：3

45. 藏传佛教石刻大藏经考述——以青海果洛石经墙为例/尕藏加《青海民族研究》2017：3
46. 近现代港台地区藏密居士传承述记/文厚泓、陈庆英《青海民族研究》2017：4
47. 试论宗喀巴大师两轮巡回辩论及其意义/扎西才让《青海民族研究》2017：4
48. 香日德寺：一座藏蒙交汇地带寺院的历史与现状/额尔登《青海民族研究》2017：4
49. 觉囊觉域流派稽考/德吉卓玛《西南民族大学学报》（人文社科版）2017：11
50. 《楞伽》宗旨与汉藏教理融通——以寂护和太虚的解释为中心/尹邦志《西南民族大学学报》（人文社科版）2017：12
51. 与社会主义社会相适应是藏传佛教发展的正道/豆格才让《中央社会主义学院学报》2017：4
52. 苯教后弘期发展及雍仲苯教的形成/杨黎浩《西藏民族大学学报》（哲社版）2017：5
53. 试析宗喀巴中观思想特点/索南才让《西藏民族大学学报》（哲社版）2017：5
54. 多罗那他大师判教思想论略/何杰峰《宗教学研究》2017：3
55. 18世纪西藏贵族与藏传佛教——以噶锡家族为中心/黄全毅《宗教学研究》2017：4
56. 论麦彭嘉措对萨迦派、格鲁派因明思想的承袭与发展/郑宏颖、阿旺嘉措《宗教学研究》2017：3
57. 帕姆珠巴多杰嘉波与息解派渊源初探/曾汉辰《宗教学研究》2017：3
58. 乃多噶举派创始人噶玛恰美之生平述略/尼玛东周《青海师范大学民族师范学院学报》2017：2
59. 青海佛教寺院志源流考/张子开《青海师范大学学报》（哲社版）2017：6
60. 藏传《圣大乘胜意菩萨经》的夏汉藏对勘研究/王龙《北方民族大学学报》2017：5
61. 新常态下藏传佛教活佛转世管理的困境与出路——以当今活佛转世乱象为例/张再生、仁增尖措、索端智《北方民族大学学报》2017：5

62. 苯教文献中的“九宫”纪年法探究/拉毛吉《北方民族大学学报》2017：6
63. 自然适应还是因势利导——引导藏传佛教与社会主义社会相适应的路径分析/狄鸿旭《西北民族大学学报》（哲社版）2017：4
64. 媒介生态环境视阈下的汉藏原生宗教传播史研究——以苯教和道教为例/颜亮《西北民族大学学报》（哲社版）2017：6
65. 论藏传佛教在西方的想象/韩青玉《内蒙古民族大学学报》（社科版）2017：4
66. 近代甘青藏传佛教状况探析/喜饶尼玛、文厚泓《青海社会科学》2017：4
67. 藏区宗教认同的形成及其历史表现特征/靳艳娥、谢热《青海社会科学》2017：6
68. 云南藏区宗教和谐建构背景下的宁蒗涉藏区域经验/冯天春、闫润清《云南社会科学》2017：5
69. 蒙古国卫拉特部族藏传佛教寺院分布及从教人员现状调查研究/部银枝《青藏高原论坛》2017：3
70. 藏传佛教对藏区生态文明建设的作用/文厚泓《边疆经济与文化》2017：8
71. 藏传佛教宁玛派密修殿的存在形式探析/完麻加、周拉《法音》2017：8

七、民俗、文化

1. 法尊法师对近代藏汉佛教文化交流的贡献/哈尔哇·嘉木样洛周《中国藏学》2017：1
2. 云南藏区藏语地名与地域文化/更敦阿错《西藏研究》2017：2
3. 中国西藏与南亚地区宗教文化交流史——追寻“班智达”与“罗杂哇”的足迹/旺多《西藏大学学报》（社科版）2017：1
4. 高原箭声：藏族的工布响箭和五彩神箭比较研究/杨建军、阎智力《西藏大学学报》（社科版）2017：1
5. 舟曲藏族下川习俗的人类学探析/马宁《西藏大学学报》（社科版）2017：1
6. 藏族望果节民俗特征分析——以山南贡嘎县吉纳望果节为例/旺宗《西藏大学学报》（社科版）2017：2
7. 对西藏舞狮文化的探讨/李绪稳、丁玲辉《西藏民族大学学报》（哲社版）2017：3
8. 考古视野下的青海古代冷兵器象征符号/刘丽《青海社会科学》2017：2

9. 西藏民居文化研究——基于西藏四种经济形态民居民俗的调查/张冀震、李晓丽《青海民族研究》2017：1
10. 青海藏族民歌中的藏传佛教及其功能/张敬《青海民族研究》2017：2
11. 魂山寄忆——藏区神山民族志影片摄制过程中的地境情感、生态审美及心境张力/郁丹、王玥玮《青海民族研究》2017：2
12. 萨谢（ས་དཔྱད）：藏族堪舆文化解析/龙珠多杰《青海民族研究》2017：2
13. 湟水流域藏族婚仪礼俗中的汉文化影响/羊措《青海民族大学学报》（社科版）2017：3
14. 卓尼藏族服饰及民族文化交流研究/周尚娟《西北民族大学学报》（哲社版）2017：1
15. 前吐蕃时代西藏西部丧葬习俗的考古发现及其特征/余小洪《西北民族大学学报》（哲社版）2017：1
16. 从嘉绒谚语看嘉绒藏族多元文化元素——以米亚罗四土话为例/叶南、斯琦《民族学刊》2017：2
17. 云南藏区藏族民间说唱艺术祝赞词初探/更敦阿错《青藏高原论坛》2017：1
18. 藏族堪舆学的历史渊源及其相关伏藏文献概述/还克加、拉姆布织《青藏高原论坛》2017：1
19. 木雅藏族服饰的特点研究/达瓦卓玛《青藏高原论坛》2017：2
20. 白马人文化研究述评/莫超《甘肃社会科学》2017：2
21. 安多玛曲龙头琴（扎念琴）弹唱文化研究/扎西东珠《西藏艺术研究》2017：1
22. 藏东南传统民居建筑文化及其保护传承问题刍议/阿贵、巴桑卓玛《西藏艺术研究》2017：1
23. 供养多闻天王祈福招运法会的民俗志考察——以甘肃省天祝藏族自治县天堂镇菊花村为例/秦图瓦加《西藏艺术研究》2017：1
24. 浅析藏式门帘/斯郎曲珍《西藏艺术研究》2017：1
25. 萨迦派“多吉普尔羌姆”仪式程式及象征解读——以若尔盖求吉寺为例/顿珠卓玛《中国藏学》2017：4
26. 文化空间与民族记忆：百年藏庄的保护与传承——以青海省化隆县塔加村为例/骆桂花、央宗《中国藏学》2017：4
27. 时空视角的少数民族传统社区文化变迁研究——以甲居和甘堡藏寨“建房

换工”习俗为个案/李文勇、何花、王娜《西藏大学学报》（社科版）2017：4

28. 拉萨雪顿节的现代变迁研究/蔡秀清、刘秋芝《西藏大学学报》（社科版）2017：4
29. 巫术干预与生殖崇拜——白马藏族十字三角服饰纹探源/张淑萍《西藏研究》2017：4
30. 伏藏传统学术源流考/诺布旺丹《西藏研究》2017：5
31. 西藏自治区非物质文化遗产传承人口述史数据库建设探讨/冯云《西藏研究》2017：6
32. 论木刻雕版印刷术在西藏的发展及其影响/苏发祥《中央民族大学学报》（哲社版）2017：4
33. 论藏族煨桑文的分类与文体特征/卓泽加《中央民族大学学报》（哲社版）2017：5
34. 云南藏族、纳西族生活中数学文化对比分析——以服饰、居民建筑为例/薛德军、孙诺拉木《中央民族大学学报》（自然科学版）2017：2
35. 信仰、符号与疾病治疗——丝路文化视野中的藏族护身符/看本加、林开强《西南民族大学学报》（人文社科版）2017：11
36. 西藏古代杂技价值与传承研究/罗帅呈、丁玲辉《西南民族大学学报》（人文社科版）2017：12
37. 藏族“央”概念探析——以阿尼玛卿“央拉”为例/才贝《青海民族研究》2017：3
38. 感知时光——对拉萨城传统节庆的田野调查/益西曲珍《西北民族研究》2017：4
39. 论藏族织绣艺术的文化特色与内涵/王世琴《贵州民族研究》2017：10
40. 青藏高原石砌技艺传统与石碉起源——对甘孜州丹巴中路乡罕额依村的分析/李锦、陈学义、陈卓玲《民族学刊》2017：6
41. 西藏新媒体平台上“非遗”报道的内容分析/李娜《西藏民族大学学报》（哲社版）2017：4
42. 夏尔巴人非物质文化遗产“芒羌”鸡爪谷酒酿制技艺的人类学探析/马宁《西藏民族大学学报》（哲社版）2017：4
43. 西藏非物质文化遗产传承人口述史的价值与方法研究/冯云《西藏民族大学学报》（哲社版）2017：6

44. 西藏山南藏族非物质文化遗产研究/杨娅《西藏民族大学学报》（哲社版）2017：6
45. 阿坝州藏族度烔节活态传承特质以及文化建构/巴桑、庄春辉、庄宗源《西藏艺术研究》2017：3

八、教育、体育

1. 西藏农牧区中小学现代远程教育藏汉双语教学资源共享模式研究/群诺、次仁白珍、拉姆《西藏研究》2017：3
2. MOOC 背景下西藏高校在线课程建设问题分析及优化建议研究/李静、李新房、孙淑文《西藏研究》2017：3
3. 四川藏区"9 +3"学生在蓉文化适应及对策研究/还格吉《西南民族大学学报》（人文社科版）2017：2
4. 人类学视域下民族地区双语教育问题研究/苏德、刘玉杰《中央民族大学学报》（哲社版）2017：3
5. 西藏地区基础教育公共服务均等化现状与评价——基于东、中、西三省的对比分析/王靖、杨若愚《西藏民族大学学报》（哲社版）2017：3
6. 本土协同：西藏中等职业教育发展路径审思/王毅《西藏民族大学学报》（哲社版）2017：3
7. 民族地区高校大学生社会主义核心价值观教育的现实障碍及对策/张浩《西藏民族大学学报》（哲社版）2017：3
8. 内地西藏班（校）初一新生适应情况调查报告——以重庆西藏中学初一新生为例/冯专《西藏教育》2017：1
9. 指导西藏大学学生创新性实验训练计划项目的实践经验与思考/郭小芳、德吉《西藏教育》2017：4
10. 艺术教育在西藏理工高校学生人文素质拓展方面的应用研究/李文博、鲁莉华等《西藏教育》2017：4
11. "一带一路"背景下西藏高职院校课程反思与探索/李典峻、程东亚、李玉、赵文韬《西藏教育》2017：5
12. 高校少数民族创新型应用人才培养的问题与对策——以西藏民族大学藏族学生参与"大学生创新创业训练计划"为例/胡漂《西藏教育》2017：6
13. 四川甘洛县则拉乡凉山村尔苏藏族传统体育与军训个案研究/王轩《青海

师范大学学报》(哲社版) 2017:2

14. 论骑射与舞蹈在体育史研究中的重要性——以青藏高原地区为例/逯克胜《青海师范大学学报》(哲社版) 2017:2
15. 青海藏族居住区寄宿制中学心理健康教育研究/赵慧莉、郑磊《青海师范大学学报》(哲社版) 2017:3
16. 全面建设小康社会背景下青海农牧民继续教育研究/吕军莉《青海师范大学学报》(哲社版) 2017:3
17. 青海藏族地区义务教育学校国家课程适应性研究/李晓华、李悦《青海师范大学学报》(哲社版) 2017:3
18. 藏族地区“民考民”考生专业选择的利益诉求/赵九霞、马德山、范忠雄《民族论坛》2017:1
19. 反思与展望:西藏高校毕业生就业政策改革十年/朱华鹏、王琳、周圣良《西藏大学学报》(社科版) 2017:3
20. 西藏古代休闲体育文化研究/陈波《西藏大学学报》(社科版) 2017:3
21. 西藏偏远地区“撤点并校”个案调查研究——以西藏那曲县A教学点为例/仁青扎西、达娃《西藏大学学报》(社科版) 2017:3
22. 制度改革与风险规避:西藏大学生就业保障机制研究/肖彩波、刘红卫《西藏大学学报》(社科版) 2017:4
23. 藏棋文化的传承和保护/马少龙、尚涛《西藏研究》2017:4
24. 藏棋——“久棋”源考/刘强《西藏研究》2017:6
25. 藏族大学生反事实思维方式与英语学习成就动机相关性研究/魏娜《西藏民族大学学报》(哲社版) 2017:4
26. 西藏高校藏族学生英语教育认同实证研究/尹辉、李葆卫、王孟娟《西藏民族大学学报》(哲社版) 2017:4
27. 西藏高校毕业生就业问题与对策研究/周毓华、冉永忠、陈鹏辉、李杉《西藏民族大学学报》(哲社版) 2017:6
28. 西藏数学教育研究的现状分析/牟金保《西藏民族大学学报》(哲社版) 2017:6
29. “一带一路”背景下的西藏高校教师队伍建设研究/付娇娇、程东亚《民族教育研究》2017:5
30. 甘孜藏族自治州学前教育的现状、问题及对策/捌马阿末、巴登尼玛《民族教育研究》2017:5

31. 藏族大学生的自我概念与跨文化人际适应/李昊、侯玉波《民族教育研究》2017：5
32. 西藏高校毕业生就业政策及其价值取向分析/陈进、韩利君等《民族教育研究》2017：6
33. 基于教师指导性干预的藏族学生三语教学模式研究/纪兰芬《青海师范大学学报》（哲社版）2017：4
34. 青海藏区寄宿制学生情绪智力与心理健康关系研究/马存芳《青海师范大学学报》（哲社版）2017：4
35. 围棋与藏棋“密芒”的比较研究/马小明、尚涛《青海师范大学学报》（哲社版）2017：4
36. 甘孜州职业教育发展现状研究/王士勇、张效科、尕丹才让《青海师范大学学报》（哲社版）2017：6
37. 西藏职业教育发展困境与对策初探/瑜措珍嘎、王士勇等《青海师范大学民族师范学院学报》2017：2
38. 民族地区高校创业教育发展路径研究——以西藏地区高校为例/薛杨《内蒙古师范大学学报》（教育科学版）2017：11
39. 锅庄舞与学校体育文化融合研究/尼玛欧珠《西藏艺术研究》2017：3
40. 西藏中小学学生思想道德行为状况的调研及对策——基于四市两区六校1200份问卷的调研数据/王玉珍《西藏教育》2017：8
41. 胜任力视角下中职教师职业成熟度现状及影响因素分析——以山南市S中职学校为例/李明金、艾敬敬《西藏教育》2017：9
42. 西藏高校教师队伍人才断层问题探析与对策研究/王巧《西藏教育》2017：9
43. 西藏学前教育供给侧结构性改革的理性思考/夏双辉《西藏教育》2017：11
44. 西藏高校计算机专业人才培养有效途径探索/赵尔平、党红恩、刘炜《西藏教育》2017：11
45. 西藏藏族中学生生活事件调查研究——以山南市1365名中学生为例/项耀明、巴桑《西藏教育》2017：11
46. 当前社会思潮对西藏大学生思想素质形成的影响及对策/卢少鹏《西藏教育》2017：12
47. 西藏幼儿园转岗教师培训需求及满意度的调查分析——以“粤藏同心幼教

培训工程”幼儿园转岗教师培训项目为例/刘恬、徐斯亮等《西藏教育》2017：12

九、文学

1. 汉藏“猴子的心忘在家”故事比较/林继富《中国藏学》2017：1
2. 辨析差异正本清源——对当代藏族文学及研究的几个问题的思考/于宏、胡沛萍《西藏研究》2017：2
3. 《西藏文学》高原文化身份认同与内容建构论析/魏春春《西藏研究》2017：3
4. 性别文化视域下的原型传承：藏族当代诗歌的父亲与母亲形象/徐美恒《西藏研究》2017：3
5. 藏族传统修辞理论《诗镜》中的罗摩故事研究/仁欠卓玛《西藏大学学报》（社科版）2017：2
6. 藏族高僧传记文学的价值探析——以土观·洛桑却吉尼玛所著三部高僧传为例/徐长菊《西藏大学学报》（社科版）2017：2
7. 论和瑛《西藏赋》对汉大赋的突破与超越/严寅春《西藏民族大学学报》（哲社版）2017：1
8. 当代藏族文学文献类型概述/于宏、胡沛萍《西藏民族大学学报》（哲社版）2017：2
9. 史诗《格萨尔》岭国大将年查阿丹琐议/甲央齐珍《西藏民族大学学报》（哲社版）2017：2
10. 《格萨尔》对“层累说”的补充价值/伦珠旺姆、胡学炜《西北民族研究》2017：1
11. 跨族际文学比较研究的理论创新——兼谈《汉藏民间叙事传统比较研究：基于民间故事类型的视角》的贡献/王丹《西北民族研究》2017：2
12. 《格萨尔》中蕴含的审美思想研究/万雯雯、孔建平《贵州民族研究》2017：2
13. 跨文化语境下藏族史诗《格萨尔》英译比较研究/刘彭恺《贵州民族研究》2017：2
14. 两种语言间的徘徊：现代藏族汉语诗歌的精神世界/冯雪燕《贵州民族研究》2017：4

15. 论藏缅语民族谷种起源神话的结构与实质/沈德康《贵州民族研究》2017：4
16. 历史神话与真实：藏族古典文献的事实构建与想象表述——朗氏家族史的文献创作、社会诗学与宗教哲学观念/杨公卫（尼玛扎西）《民族学刊》2017：1
17. 史诗传奇与萨迦小说中的神话结构——读杜梅齐尔的《从神话到小说——哈丁古斯的萨迦》/田蕾、张原《民族学刊》2017：3
18. 十九世纪一位藏传佛教活佛笔下的“世界图景”与“他者”——以《世界广说》为中心的讨论/看本加《青海社会科学》2017：3
19. 生命个体的孤独存在——论江洋才让《灰飞》中的孤独意识/雷庆锐《青海师范大学学报》（哲社版）2017：2
20. 论当代藏族女作家汉语小说的多元仪式美/倪金艳《青藏高原论坛》2017：1
21. 青海本土文献研究价值刍议——以《吴敬亭诗文集》为例/孙中强《青藏高原论坛》2017：1
22. 探索民族民间叙事传统比较研究的新范式——读《汉藏民间叙事传统比较研究：基于民间故事类型的视角》/李晓城《青藏高原论坛》2017：1
23. 藏地探险小说的文化传播现象及效应研究/殷昊翔《西藏大学学报》（社科版）2017：4
24. 论认知诗学对藏族文学研究的方法论意义/邓忠、吴永强《西藏大学学报》（社科版）2017：4
25. 视界融合：助推西藏文学发展/陈国恩《西藏大学学报》（社科版）2017：4
26. “我们与他们”——热贡“蔡孜德裕”之《格萨尔》文化与族群边界探析/周毛《西藏研究》2017：4
27. 藏族谚语中的辩证思想初探/益西旦增《西藏研究》2017：4
28. 从残缺到完美：论阿来小说人物形象塑造的转变/徐美恒《西藏研究》2017：5
29. 历史之足迹：清代藏尼通道纪行诗试论/顾浙秦《西藏研究》2017：5
30. 仓央嘉措诗歌新出译本三种——兼谈诗歌复译问题/荣立宇《西藏研究》2017：6
31. 草原游牧文化的呈现与藏地故乡情结的镂刻——评龙仁青的小说/郭茂全

《西藏研究》2017：6

32. 根敦群培的域外行游与异域书写——以《智游佛国漫记》为中心/增宝当周《西藏研究》2017：6
33. 藏地叙事的民族审美建构——论次仁罗布的长篇小说《祭语风中》/冯清贵《民族文学研究》2017：2
34. 嘉绒藏区民间文化与作家创作/丹珍草《民族文学研究》2017：5
35.《格萨尔》史诗的当代传承及其文化表现形式的多样性/丹珍草《西北民族研究》2017：3
36.《格萨尔》史诗的集体记忆及其现代性阐释/诺布旺丹《西北民族研究》2017：3
37. 百年“格萨尔学”的发展历程/李连荣《西北民族研究》2017：3
38. 论当代《格萨尔》研究的局限与超越/意娜《西北民族研究》2017：3
39. 白马藏区“阿尼格萨”研究/杨士宏、杨峰《中央民族大学学报》（哲社版）2017：4
40. 当代中国藏族女作家汉语写作研究的困境与出路/徐寅《西北民族大学学报》（哲社版）2017：6
41. 现代语境中藏族文化发展探微——以万玛才旦创作为例/李美萍《西藏民族大学学报》（哲社版）2017：5
42. 民族文学国际传播中的文化传递——以《尘埃落定》英译本为例/蒋霞《民族学刊》2017：5
43. 第三代藏族汉语诗歌写作主题论析/祁发慧《贵州民族大学学报》（哲社版）2017：5
44. 宗教时空观与扎西达娃新时期小说叙事/林瑞艳《内蒙古民族大学学报》（社科版）2017：4
45. 传播与建构：藏地题材纪实影像论略/杨伟、杨远婴《民族艺术研究》2017：6
46. 格萨尔：文学生活的世代相承/徐新建、王艳《民族艺术》2017：6
47. 浅析《贵德分章本》的外围宗教文化——以说唱艺人华甲为例/仁增、拉青旺姆《青海师范大学民族师范学院学报》2017：2
48. 藏族哲理诗集与21世纪中国马克思主义的和谐效应探析——基于藏族青年的视角/安着吉、冯彩莉《攀登》2017：5

十、艺术

1. 夏鲁寺甘珠尔殿“释迦说法图”意蕴考释/王传播《中国藏学》2017：1
2. 万玛才旦电影中的佛教景观/郁丹、刘冬梅《中国藏学》2017：1
3. 青海年都乎寺壁画制作材料与绘制工艺研究/李博《中国藏学》2017：2
4. 西藏芒康县扎金玛尼石刻造像与达琼摩崖造像调查报告/席琳、张建林、夏格旺堆、田有前、胡春勃、霍桑、次旺、扎多、王郢《西藏研究》2017：1
5. 《西藏一年》中传统与现代的表述变迁/李美萍《西藏研究》2017：1
6. 绘制西藏纪录片类型的新图景——《第三极》《天河》的纪录精神大转变/张建亮《西藏研究》2017：1
7. 基于壁画信息的西藏藏传佛教寺院建筑演变研究/邓传力、黄凌江、贾彬、蒙乃庆《西藏研究》2017：1
8. 拉卜楞寺院羌姆仪式的动态过程与认同功能/伦珠旺姆《西藏研究》2017：2
9. 藏传佛教艺术中的十一面观音研究——兼论千手千眼观音/卢素文《西藏研究》2017：3
10. 炳灵寺第70窟无量寿经变辨识/贺延军《西藏研究》2017：3
11. 藏传佛教图像与文本结合叙事方式的变迁——系列多罗那他祖师传记唐卡的单幅解读/王怡潇《西藏研究》2017：3
12. 论西藏考古新发现的吐蕃石狮及其造型艺术特征/余小洪、岳燕《西藏大学学报》（社科版）2017：1
13. 再探藏族“囊玛”艺术的起源与称谓——西藏聂拉木县充堆民间音乐实地考察与分析/格桑曲杰《西藏大学学报》（社科版）2017：1
14. 论阿吉拉姆戏剧艺术的象征手法与类型技法/觉嘎《西藏大学学报》（社科版）2017：1
15. 西藏题材绘画艺术中的粗犷审美创作范式研究/边巴琼达《西藏大学学报》（社科版）2017：2
16. 藏东地区吐蕃时期大日如来图像研究/张长虹《青海民族研究》2017：2
17. 纳木依藏族婚礼仪式音乐文化的功能阐释/刘文博《贵州民族研究》2017：2
18. 藏族锅庄舞的艺术底蕴及未来发展/袁婷婷《贵州民族研究》2017：4

19. 青海古代藏传佛教石雕造像艺术考略/宋卫哲《青海社会科学》2017：1
20.《塔洛》：现代社会的失魂落魄者/张涛《贵州大学学报》（艺术版）2017：2
21. 当我们在谈万玛才旦时我们在谈什么？——万玛才旦导演访谈/龚艳、万玛才旦、袁海燕《贵州大学学报》（艺术版）2017：2
22. 一个停滞的段落——《塔洛》的现代性焦虑与批评阐释的多元可能性/赵斌《贵州大学学报》（艺术版）2017：2
23. 拉卜楞寺“道得尔”与五台山佛乐的比较研究——以拉卜楞寺《色和》与殊像寺【万年欢】佛曲为例/银卓玛《中央音乐学院学报》2017：1
24. 和而不同：蒙古佛教藏语诵经音乐比较研究——以《无上瑜伽部大威德金刚十三尊成就仪轨》为例/楚高娃《中国音乐》2017：1
25. 综合运用中西方理论方法分析藏族传统音乐曲式结构/田联韬《中国音乐》2017：3
26. 尖扎藏族民间歌舞“则柔”艺术及其传承探析/华毛措、尕藏《中南民族大学学报》（人文社科版）2017：3
27. 玉树通天河流域赛康岩画调查与研究/王永军、黄亚琪《青海民族大学学报》（社科版）2017：3
28. 玉树通天河流域岩画的多样性风格研究/王永军、孙晓勇《青海师范大学学报》（哲社版）2017：3
29. 错那县扎同寺觉拉寺钦孜派风格壁画特点浅析——以贡嘎曲德寺钦孜钦莫亲绘壁画为参照贡觉顿珠/王俊《西藏艺术研究》2017：1
30. 第穆琍玛造像初步研究/陈为《西藏艺术研究》2017：1
31. 论“体系化”构建在藏族声乐艺术发展中的作用/旦增达娃《西藏艺术研究》2017：1
32. 唐卡的艺术语言：颜料及其着色技法/夏吾端智《青藏高原论坛》2017：1
33. 香格里拉市唐卡艺术传承现状调查/张玉《青藏高原论坛》2017：1
34.“琢骨为衣”——青海清代藏传佛教骨雕服饰艺术与文化探略/宋卫哲《青藏高原论坛》2017：2
35. 元代宫廷缂丝唐卡巨制——大都会艺术博物馆藏缂丝大威德金刚曼陀罗/邵彦《中国国家博物馆馆刊》2017：5
36. 敦煌莫高窟第 76 窟八塔变佛传图像源流探讨/陈清香《敦煌研究》2017：2

37. 藏戏与西方戏剧的比较研究/张翼《甘肃社会科学》2017：1
38. 生、神、身、伸：小论唐卡“拉如”/张馨凌《贵州社会科学》2017：1
39. 哲蚌寺措钦大殿内转经道壁画的年代、题材与风格初探/熊文彬、廖旸《中国藏学》2017：3
40. “一条腿背夫”岩画的释读与研究：青藏岩画与北方盐道的历史关系/张亚莎、张晓霞《中国藏学》2017：4
41. 明代佛教织绣与汉藏艺术交流/吴明娣、高燕宏《中国藏学》2017：4
42. 西藏夏鲁寺母虎本生壁画分析/孟瑜《中国藏学》2017：4
43. 夏鲁寺早期回廊形态考证——关于夏鲁寺一层大殿回廊建筑结构与壁画的调查/翟若普《中国藏学》2017：4
44. 西藏民间歌舞江孜“玛热卓”探析/才旦卓玛《西藏大学学报》（社科版）2017：3
45. 西藏阿里普兰观音碑考略/夏格旺堆《西藏大学学报》（社科版）2017：3
46. 西藏常啼菩萨精进求法本生故事壁画思想意涵考述——以塔波寺杜康殿和托林寺白殿为中心/王瑞雷《西藏大学学报》（社科版）2017：4
47. 西藏哲蚌寺措钦大殿二楼十六罗汉壁画初探——兼论与清宫同一题材唐卡之间的关系/熊文彬、孜强·边巴旺堆《故宫博物院院刊》2017：4
48. 藏传佛教后宏早期绘画的一种形式构成与过渡特征/廖旸《故宫博物院院刊》2017：6
49. 甘肃省西和县法镜寺石窟调查与研究/王百岁《敦煌学辑刊》2017：3
50. 传统藏戏的开放性结构/袁联波《西藏研究》2017：4
51. 广场 VS 舞台——藏戏表演场合变迁论/邵卉芳《西藏研究》2017：4
52. 萨班《乐论》所体现的音乐知识体系和审美特征研究/银珠桑毛《西藏研究》2017：5
53. 音乐地理学视角下的四川平武白马藏族音乐/杨扬《西藏研究》2017：5
54. 非物质文化遗产视野下西藏唐卡传承人的培养模式探析/马宁《西藏研究》2017：6
55. 寺院“格萨尔诵经调”与民间《格萨尔》唱腔变异研究/郭晓虹《青海师范大学学报》（哲社版）2017：4
56. 藏传佛教寺院仪式音乐鲁诵经调音乐形态分析/才让措《青海师范大学学报》（哲社版）2017：5
57. 瞿昙寺花儿会传说之缘起/徐世霞《青海师范大学民族师范学院学报》

2017：2

58. 西藏宫廷卡尔鲁歌曲古乐谱探析——基于相距三百余年的两个卡尔鲁乐谱版本的比较研究/郑龙吟《中央音乐学院学报》2017：4
59. 原生态文化传承：藏族锅庄舞健身文献论述与反思/陈波、何小军等《原生态民族文化学刊》2017：4
60. 康定锅庄文化遗产价值新阐释/夏毅榕《民族学刊》2017：1
61. 简述西藏博物馆藏二十一度母系列唐卡的艺术特征/巴桑潘多《法音》2017：7
62. 热贡唐卡艺术的传承与创新——以“和日庄园”唐卡为例/扎西杰布《遗产与保护研究》2017：5
63. 评论≠抨击批评≠非议——基于文艺评论语境的新年电视联欢晚会观感与随想/觉嘎《西藏艺术研究》2017：3
64. 论西藏传统音乐在高校教学实践中的传承——以囊玛、堆谐传习为例/才旦卓玛《西藏艺术研究》2017：3
65. 乾隆时期的藏传织绣佛像/高燕宏《西藏艺术研究》2017：3
66. 西藏音乐类非物质文化遗产保护与传承现状及对策研究/次珍、加拉、黄汉《西藏艺术研究》2017：3
67. 浅谈2017藏历火鸡新年电视联欢晚会的创作/巴桑次仁《西藏艺术研究》2017：3
68. 用舞台剧目演绎“西藏故事”——浅析现实题材与“中华民族新史诗”的艺术创作/刘一澜《西藏艺术研究》2017：3

十一、语言文字

1. 黑河与曲那（ཆུ་ནག）——青藏高原古藏缅语地名的底层性和连续性释例/刘铁程《中国藏学》2017：1
2. 略论藏文藻饰词/仁增、傅利平、桑杰《中国藏学》2017：1
3. 从仓央嘉措诗歌翻译到“正反合”诗歌翻译观/荣立宇《西藏研究》2017：2
4. 不丹宗喀方言书面化及其语法规则初探——与拉堆方言之比较研究/洛桑平措《西藏研究》2017：3
5. 藏语拉达克话的几个语音特征/周瓜克、拉郎草《西藏研究》2017：3

6. 现代藏语方言中汉语借词的应用及其语言场景研究——以西藏、青海藏语方言为例/多杰东智《西藏大学学报》（社科版）2017：1
7. 基于语料库视角的藏医术语翻译研究/王杭《西藏大学学报》（社科版）2017：1
8. 藏汉语码混用的情景因素分析/李永斌《西藏大学学报》（社科版）2017：2
9. 藏缅语标记型关系从句的多元构式及其演变/闻静《中央民族大学学报》（哲社版）2017：3
10. 藏缅语泛义动词、连词做状语标记的类型分析/闻静《贵州民族研究》2017：5
11. 于道泉本《仓洋嘉错情歌》的注释方法及学术意义/白林海《西藏民族大学学报》（哲社版）2017：1
12. 云南藏区藏语地名命名理据/更敦阿错《西藏民族大学学报》（哲社版）2017：2
13. 从“异语写作”到“母语回归”——Tibet Trans formed《西藏的变迁》汉译引发的翻译思考/郭彧斌、郑敏芳《西藏民族大学学报》（哲社版）2017：2
14. 西藏地名通名的语义类型和认知文化考察/张院利《西藏民族大学学报》（哲社版）2017：2
15. 藏文词典排序原理与查词典的方法/孟雯、江荻《西北民族大学学报》（哲社版）2017：3
16. 论汉文“吐蕃”的注音原则——基于藏文文献里的“吐蕃”拼读/南小民、巴桑《西藏大学学报》（社科版）2017：3
17. 清代“西番译语”记音式藏文对藏语历史语音研究的价值——以《白马译语》藏文注音为例/王振《中央民族大学学报》（哲社版）2017：5
18. 《尘埃落定》中“陌生化”成分的英译研究/蒋霞《西藏研究》2017：5
19. 《格萨尔》史诗1927年英译本的描述性翻译研究/弋睿仙、李萌《西藏研究》2017：6
20. 张澄基译《米拉日巴十万道歌集》在英语世界的译介与接受/李伟超《西藏研究》2017：6
21. 木雅语的趋向前缀/高扬、饶敏《中央民族大学学报》（哲社版）2017：6
22. 藏缅语“十”以下基数词的类型学特征/彭茹《云南师范大学学报》（哲社版）2017：5

23. 藏文辅音字母的动词构成能力分析/多杰才让、才智杰《西北民族大学学报》（自然科学版）2017：3

十二、科技、藏医

1. 藏族天珠图纹体系研究及其他（上）/黄勇《中国藏学》2017：2
2. 基于数字档案馆建设理念的西藏藏文档案文献遗产数字化资源共建研究/华林、石敏、李帅《西藏大学学报》（社科版）2017：1
3. 西藏高校档案信息化建设研究/孟高《西藏大学学报》（社科版）2017：1
4. 基于规则的现代藏文音节字检错研究/才让叁智、关白《西藏大学学报》（自然科学版）2017：1
5. 基于关联规则的藏文文献流通特征研究——以西藏大学图书馆为例/刘芳、胡志杰《西藏大学学报》（自然科学版）2017：1
6. 现代藏文信息熵及其属性/完么扎西、尼玛扎西《西藏大学学报》（自然科学版）2017：1
7. 藏文的信息熵与输入法键盘设计/完么扎西、尼玛扎西《北京大学学报》（自然科学版）2017：3
8. 丹巴民居传统技术建造手段研究/魏嘉《西南民族大学学报》（自然科学版）2017：4
9. 青海同仁地区藏传佛教经堂建筑营造特征及其环境适应性研究/李江、杨菁、吴葱《青海民族大学学报》（社科版）2017：2
10. 论甘南藏族传统建筑营造技艺及其传承——以迭部县为例/黄跃昊、熊炜《贵州民族研究》2017：1
11. 面向信息处理的藏文文本规范化方法研究/艾金勇《西北师范大学学报》（自然科学版）2017：2
12. 西藏近45年之气候变化特征浅析/赤曲《西藏科技》2017：1
13. 西藏气象装备保障体系建设现状研究及其发展分析/罗达标、沈旭等《西藏科技》2017：1
14. NCEP再分析资料格点数据对青藏高原重要气象要素特征的分析/奚凤、白玛央宗《西藏科技》2017：2、3
15. 西藏三个市市售牦牛酥油重金属含量比较及分析/刘娜、贾明宏等《西藏科技》2017：4

16. 浅析2017年阿里地区西南部札达县初雪成因和机理/珠杰桑布、白玛央宗、切尼仁增《西藏科技》2017：5
17. 藏医学的起源及其相关问题研究/保罗、项智多杰《西藏研究》2017：3
18. 浅谈佛教思想在《四部医典》中的体现/其美才宗《中国民族医药杂志》2017：1
19. 浅述藏医心理学的理论依据/拉毛才让《中国民族医药杂志》2017：4
20. 藏医的医德及其古今教育/闫慧茜、仁增《中国民族医药杂志》2017：6
21. 《四部医典》北京木刻版的初步介绍/罗辉、罗布扎西、登巴达吉《中医文献杂志》2017：1
22. 藏族天珠图纹体系研究及其他（下）/黄勇《中国藏学》2017：4
23. 藏族传统配饰天珠的药用价值略考/看召本《中国藏学》2017：4
24. 基于信息化生态理论的西藏信息化战略体系初探/陈建龙《西藏大学学报》（社科版）2017：3
25. 藏族天文历算中的《时宪历》传入藏区的渊源及其发展探析/傅千吉、高慧芳《西藏大学学报》（社科版）2017：4
26. 藏族传统天文历算中的二十八宿体系研究/索郎桑姆、格朗南木加、吉律《西藏大学学报》（社科版）2017：4
27. 基于初中藏语文教材语料库浅层句法分析/王文玲《西北民族大学学报》（自然科学版）2017：2
28. 融合藏族人名音节特征的性别自动识别/夏吾吉、华却才让等《西北民族大学学报》（自然科学版）2017：3
29. 基于PAS6600的藏语送气/不送气辅音气流信号研究/夏吾措《西北民族大学学报》（自然科学版）2017：3
30. 基于Android移动终端藏式桌球（吉韧游戏）的设计与实现/王文广、春燕、彭雪芳《西藏科技》2017：10
31. 日喀则市2014年气候特征分析/格桑卓玛、尼玛拉宗等《西藏科技》2017：12
32. 青稞种质资源研究进展/巴桑玉珍等《西藏农业科技》2017：3
33. 从古藏语“吉”“敏吉”看藏医学的起源/项智多杰、保罗《西藏大学学报》（社科版）2017：3
34. 精神卫生资源配置的空间均衡性及政府责任——兼论西藏地区精神卫生的特殊性/陈文贵、邬力祥、陈艳《西藏大学学报》（社科版）2017：3

35. 浅谈蒙古国传统医学发展现状及其与藏医学的关系/才让南加《青藏高原论坛》2017：3

十三、藏学学术史

1. 蒲文成先生访谈录/蒲文成、格桑翁姆、罗静萍《中国藏学》2017：1
2. 我的青少年时代——任乃强《筱庄笔记·身世录》录注（一）/任新建、何洁《中国藏学》2017：2
3. 怀揣一生使命　勇攀藏学珠峰——访中国民族语言学家瞿霭堂教授/普忠良《西藏研究》2017：2
4. 活态史诗《格萨尔》：中外合璧、大有可为——访杨恩洪研究员/郑敏芳、弋睿仙《西藏研究》2017：3
5. 苦难与救赎：藏族文学的精神溯源——访著名藏族作家次仁罗布先生/陈进、张照涵、胡艳丽《西藏大学学报》（社科版）2017：1
6. 人类学视野下藏学研究相关问题探讨——访北京大学王铭铭教授/更尕易西《西藏大学学报》（社科版）2017：2
7. 治学有境界，育才菩萨心——追忆王尧先生/张云《西藏民族大学学报》（哲社版）2017：1
8. 青藏高原在一带一路中所扮演的角色——与著名藏学家林冠群先生对话学报编辑部/杨黎浩、王航、王伟光《西藏民族大学学报》（哲社版）2017：2
9. 喜马拉雅地区族群历史与文化——与藏学家扎洛先生对话学报编辑部/王伟光、王航《西藏民族大学学报》（哲社版）2017：3
10. 尽唐卡画师的“本分”——藏族勉萨派唐卡艺术大师勉冲·罗布斯达访谈录/马宁《文化遗产》2017：2
11. 怀念黄明信先生/李恩奉《中国藏学》2017：3
12. 黄明信先生，永远激励我们奋进/萨仁高娃《中国藏学》2017：3
13. 回忆黄明信先生在国图/王梅堂《中国藏学》2017：3
14. 纪念黄明信先生/黄润华《中国藏学》2017：3
15. 纪念黄明信先生/申晓亭《中国藏学》2017：3
16. 谦虚求实、以学为业——纪念黄明信先生/柳森《中国藏学》2017：3
17. 答谢词/黄明信《中国藏学》2017：3
18. 黄明信先生与中国藏学研究中心的不解之缘/黄维忠《中国藏学》2017：3

19. 考察西康与《西康图经》——任乃强《筱庄笔记·身世录》录注（二）/任新建、何洁《中国藏学》2017：4
20. 西藏新闻传播研究的历史、现状与未来——访周德仓教授/周晓艳《西藏大学学报》（社科版）2017：3
21. 安多强巴与藏族传统文化/次旺扎西《西藏大学学报》（社科版）2017：4
22. 上穷阿里下多康纵横万里求古籍——洲塔教授的师承与藏文古籍文献研究之路/李志明《西藏研究》2017：5

十四、文献

1. 敦煌藏文儒家格言读物研究——以中村不折旧藏本《古太公教》为中心/萨尔吉、萨仁高娃《中国藏学》2017：1
2.《娘氏教法源流》译注（八、九）/娘·尼玛沃色、许渊钦《中国藏学》2017：1、4
3.《清内阁蒙古堂档》中与西藏有关档案目录编译（四、五）/彩虹《中国藏学》2017：1－2
4.《觉木隆教法史》初探/米玛次仁《中国藏学》2017：1
5.《格萨尔》手抄本和木刻本的传承与文本特点/李连荣《中国藏学》2017：1
6. 关于仁达吐蕃摩崖石刻的几个问题——仁达吐蕃摩崖石刻实地考察心得/巴桑旺堆《中国藏学》2017：2
7. P. T. 245号密宗超度仪轨之译解/才让《中国藏学》2017：2
8. P. T. 116中有关禅师语录的文献译注/牛宏《中国藏学》2017：2
9. 赞蒙赛玛噶之歌/朱丽双《中国藏学》2017：2
10.《钦氏史》史料价值探微/米玛次仁《西藏大学学报》（社科版）2017：1
11. 驻藏大臣和宁《西藏赋》自注辨正/王志华、王守芝《西藏大学学报》（社科版）2017：2
12. 敦煌藏文文书《吐蕃官吏呈请状》所记陆（ལུག་）、岸（ངན་）二部落考/陆离《西藏研究》2017：1
13. 敦煌文本P. T. 993吐蕃寺院稽考/德吉卓玛《西藏研究》2017：1
14. 阿坝州文管所藏小金清代至民国契约文书考析/黄清华《西藏研究》2017：2
15.《善巧至尊历辈夏尔·噶让噶居传——云中天雷》/阿莽·贡却坚赞、扎

洛、敖见《青海民族研究》2017：1

16. 波兰亚盖隆大学藏万历版《甘珠尔》／龙达瑞《西南民族大学学报》（人文社科版）2017：1
17. 法藏敦煌藏文文献 P. T. 55（4）号梦兆禳解译释/陈践《西藏民族大学学报》（哲社版）2017：1
18. 敦煌藏文文献《古太公家教》译释（上、下）/陈践《西藏民族大学学报》（哲社版）2017：2－3
19. 法藏敦煌吐蕃占卜文书 P. T. 351 研究/颜福、高倩《兰州大学学报》（社科版）2017：1
20. 藏传佛教《舞、线、描、乐、鼓、钹、铙诸窍诀在书》之古籍文献考释之一/更堆培杰《西藏艺术研究》2017：1
21. 仓央嘉措康熙三十九年三月满文题本/李勤璞《中国藏学》2017：4
22.《娘氏教法源流》译注（九）/娘·尼玛沃色、许渊钦《中国藏学》2017：4
23.《安多地区佛法传播史略》译考/达瓦拉措、拉先加《中国藏学》2017：4
24. 苯教《章格经》与东巴教《多格飒》文献之比较研究/仇任前、洲塔《西藏大学学报》（社科版）2017：3
25. 宕昌家藏苯教古藏文写本来源探析/王雨《西藏研究》2017：5
26. 英藏敦煌藏文文献 IOL Tib J506 号时日宜忌文书译释/陈践《西藏民族大学学报》（哲社版）2017：4
27. 敦煌本 P. 3288 3555A V°藏文星占文书研究之一——九曜和二十八宿名表释读/刘英华《西藏民族大学学报》（哲社版）2017：5
28. 英藏敦煌占卜藏文文献十二生肖命相残卷译释/陈践《西藏民族大学学报》（哲社版）2017：6
29. 试论吐蕃占领敦煌后期的鼠年变革——敦煌“永寿寺文书”研究/陈国灿《敦煌研究》2017：3
30. 敦煌本《六门陀罗尼经》研究——中唐敦煌密教文献研究之四/赵晓星、勘措吉、万玛项杰《敦煌研究》2017：5
31. 国家图书馆藏《藏蒙本草图解》考/张钫《青海民族研究》2017：3
32. 藏文手抄本琼史文献与琼氏部落的起源/德倩旺姆《青海民族研究》2017：4
33. 英国外交部有关中国西藏档案（九—十一）/王远大《西藏民族大学学

报》（哲社版）2017：4－6

34. 敦煌古藏文写本 P. T. 1055＋IOL Tib J 744《十二钱卜法》研究——敦煌汉、藏文术数书的比较历史学研究之三/陈于柱、张福慧《兰州大学学报》（社科版）2017：5

35. 藏族工艺学的历史渊源及其相关藏文伏藏文献概述/还克加《西藏艺术研究》2017：3

36.《章嘉·若白多吉文集》的内容分类及特点/牛宏《青藏高原论坛》2017：3

十五、书评、书讯

1. 研究清朝治藏和藏传佛教的珍贵史料——《避暑山庄与外八庙珍稀史料辑校》评介/边吉《中国藏学》2017：1

2. 藏戏研究的新收获——读《西藏藏戏形态研究》/丹曲《中国藏学》2017：2

3. 评赵心愚《清代西藏方志研究》/秦和平《民族研究》2017：2

4.《丝绸之路和唐蕃古道》出版发行/张传庆《西藏民族大学学报》（哲社版）2017：1

5.《茶谱系学与文化构建：走进西藏茶叶消费空间的秘密》出版发行/《西藏民族大学学报》（哲社版）2017：2

6. 西藏马克思主义大众化研究的拓荒之作——评崔海亮专著《西藏马克思主义大众化研究》/段刚辉《西藏民族大学学报》（哲社版）2017：3

7. 历史书写中的中心与边缘建构——读藏文版《嘉绒藏族历史明镜》/才让扎西《西北民族研究》2017：2

8. 历史再"叙述"与历史分析——读《嘉绒藏族研究资料丛编》/赛措吉《西北民族研究》2017：2

9. 圣俗嘉绒——《嘉绒藏族历史明镜》读记/苏婉《西北民族研究》2017：2

10.《中国青海省藏区基层社会变迁》/尕藏杰《青海民族大学学报》（社科版）2017：2

11. 系统论与建构论的双重诠释：清代甘青蒙藏地区施政的新解读——张兴年著《清代甘青蒙藏地区施政研究》评介/张科《青海民族研究》2017：2

12. 揭示青藏高原的人文价值——《文化高原》述评/南文渊、巨积兰、王晓

辉、戴嘉艳《青藏高原论坛》2017：1

13. 一种基于民族志和口述的内部视角　评《图像中隐藏的历史：热贡唐卡及艺人口述考察》/满却顿智《青藏高原论坛》2017：1
14.《青藏高原文化与语言研究》评介/李亚静《青藏高原论坛》2017：2
15. 评《蒙古族藏文文论体系研究》/陈岗龙《内蒙古社会科学》（汉文版）2017：4
16.《英藏黑水城藏文文献》读后/聂鸿音《西夏研究》2017：1
17. 复原红军在藏区的光辉历史、传承红色历史记忆的力作——《红色记忆》读后/黄源《中国藏学》2017：3
18. 略论《中国因明学史》之学术特色/沈海波《中国藏学》2017：4
19. 生活在别处——评吉米平阶的《北京藏人》/丹珍草《西藏研究》2017：5
20.《茶谱系学与文化构建：走进西藏茶叶消费空间的秘密》出版发行/《西藏民族大学学报》（哲社版）2017：4
21.《宗喀巴中观哲学诠释》出版发行《西藏民族大学学报》（哲社版）2017：4
22.《西藏民族文化传播的历史、理论与现实》出版发行《西藏民族大学学报》（哲社版）2017：5
23.《唐代涉蕃小说整理与研究》出版《西藏民族大学学报》（哲社版）2017：6
24. 从索观瀛个人生命史看嘉绒藏区社会变革——读《雪山土司王朝》/翟淑平《西北民族研究》2017：3
25. 两大板块与一个整体：金翅神鸟后裔们的命运——读《雪山土司王朝》和《我的阿爸多吉巴桑（苏永和）》/更尕益西《西北民族研究》2017：3
26. 人之历史与历史之人——评《我的阿爸多吉巴桑（苏永和）》一书/朝告才让《西北民族研究》2017：3
27. 探秘西方视野下的西藏宗教——读图齐的《西藏宗教之旅》/曾吉卓玛《青海师范大学民族师范学院学报》2017：2
28. “青海民俗文化论萃丛编”评介/蒲生华《青藏高原论坛》2017：3
29.《三江源藏族生态移民三村》评介/郑宇《广西民族研究》2017：5
30. 赵晓星著《吐蕃统治时期敦煌密教研究》出版/汪正一《敦煌研究》2017：4

十六、综合、动态

1. 2015年国内藏学图书要目（汉文部分）/黄维忠、周卫红、张东《中国藏学》2017：1
2. 2015年台湾、香港藏学研究论著要目/张宁《中国藏学》2017：1
3. 2016年全国藏学研究论文资料要目索引（上、下）/拥巴《中国藏学》2017：1－2
4. 中国藏学论点摘编/《西藏大学学报》（社科版）2017：1－2
5. 国外藏学研究（韩文）论著成果目录/王启龙、王丽《西藏民族大学学报》（哲社版）2017：1－2
6. “藏区精准脱贫学术研讨会”综述/旦正才旦《中国藏学》2017：2
7. “国际政治中的涉藏问题”专题研讨会综述/程早霞、江琼环《中国藏学》2017：1
8. “新史料、新视角与中国藏学研究暨首届中国藏学研究青年学者论坛”综述/裴儒弟《中国藏学》2017：1
9. 首届全国藏学编辑培训班在京顺利举办/央宗《中国藏学》2017：2
10. “近代边疆史料的搜集、整理与研究”学术研讨会综述/邱熠华《中国藏学》2017：2
11. 中国西藏文化·加德满都论坛综述/沈红宇《中国藏学》2017：3
12. 中国民族学学会2017年会“民族学人类学中国学派·理论与实践”学术研讨会在青海民族大学召开/《青海民族大学学报》（社科版）2017：3
13. 发挥学术组织引领功能　推动知识生产及学科整合——“民族地区生态文明建设理论与实践”学术研讨会综述/《中央民族大学学报》（哲社版）2017：3
14. 努力办好中国特色、西藏特点的社会主义大学——兼谈全国全区高校思想政治工作会议精神/普布次仁《西藏大学学报》（社科版）2017：2
15. 喜马拉雅区域经验与知识谱系构建/徐君、姚勇《中国藏学》2017：3
16. 纪念凉州会谈770周年学术研讨会综述/本刊记者《中国藏学》2017：4
17. 中国民族理论学会2017年学术年会综述/陈坤、赵红伟《民族研究》2017：4
18. 第十届中国民族研究西南论坛：“民族交融·文化变迁·国家认同”综述/

景连、李斌、王健《民族研究》2017：5

19. 民族地区精准扶贫与精准脱贫学术研讨会综述/马骍《民族研究》2017：6
20. 民族地区反贫困与社会治理研究论坛综述/王国勇、周芳苓、邹先菊《民族研究》2017：6
21. 西藏大学召开民族学学科建设暨纪念著名藏学家东嘎·洛桑赤列教授诞辰90周年学术思想座谈会/《西藏大学学报》（社科版）2017：4
22. 国家社科基金重大项目《藏文典籍文献的整理与全文数字化研究》开题报告会在我校举行/《西藏民族大学学报》（哲社版）2017：4
23. 海外藏族历史与宗教研究的动向与趋势路径——第14届国际藏学会研讨会述评/李晨升《西藏民族大学学报》（哲社版）2017：5
24. 第三届民族影视高端论坛在我校举行/《西藏民族大学学报》（哲社版）2017：6
25. 伯希和《古伯察、秦噶培〈鞑靼西藏旅行回忆录〉引言》/赫兹列特、柳陞祺《西藏民族大学学报》（哲社版）2017：6
26. 试论日本藏学研究的最新动态/乔旦加布《西藏研究》2017：4
27. 藏文文献典籍传承、保护及其数字化现状综述/阿贵、达瓦《西藏研究》2017：4
28. 夏尔巴人研究综述/武保林、聂金甜《西藏研究》2017：5
29. 国内藏族史学史研究述评/刘凤强《西藏研究》2017：6
30. 道路与族群第十六届人类学高级论坛会议综述/肖明远《青海民族研究》2017：3
31. 民族学人类学中国学派·理论与实践——中国民族学学会2017年年会会议综述/肖明远《青海民族研究》2017：3
32. 20世纪80年代以来国内藏族神话研究述评/王婷婷《民族学刊》2017：6
33.《青海社会科学》编辑部举办“藏区价值共识与‘五个认同’学术研讨会”/《青海社会科学》2017：4
34. 中国民族学学会2017年会“民族学人类学中国学派·理论与实践”学术研讨会/《西北民族研究》2017：3
35. 夏鲁寺文化艺术研究现状综述/杨鸿蛟、王瑞雷《西藏艺术研究》2017：3
36. 第二届“一带一路”文献与历史学术研讨会综述/李文昌、马少甫《中国史研究动态》2017：6
37. 宗教研究与翻译研究的交叉与融合——第四届宗教经典翻译理论与实践研

讨会综述/任东升、高玉霞《世界宗教研究》2017：4

38. 全国首届印度哲学与比较哲学研讨会综述/单虹泽《世界宗教研究》2017：4

39. 2017 中国宗教学会年会暨“草原丝路与宗教交流”学术会议综述/张径真、咏梅《世界宗教研究》2017：5

40. 首届“天台佛教”学术研讨会综述/张凯、白玉凯《世界宗教研究》2017：5

41. 传承中华优秀传统文化构建中国特色宗教研究理论新探索——第二届中国宗教学高峰论坛综述/朱展炎、盖建民《世界宗教研究》2017：6

42. “首届佛教史论坛：佛教史料与史学”工作坊综述/张旭《世界宗教研究》2017：6

43. “历史上新疆与西藏关系学术讨论会”综述/王文洲《西域研究》2017：4

藏 文 部 分

ཆབ་སྲིད་དང་དཔལ་འབྱོར་གྱི་སྐོར།

ཆོས་སྲིད་ཀྱི་ཁྲིམས་གཉིས་ཞིབ་བསྡུར་གྱིས་ལོག་གཡེམ་ལས་བྱུང་བའི་སྤྱི་ཚོགས་སྣང་ཚུལ་ལ་དཔྱད་པ།

ལྷ་ཁྲབ་བསྟན་འཛམ་དབྱངས། 《མཚོ་སྔོན་མི་རིགས་སློབ་ཆེན་རིག་དེབ》2017. 1

གནད་ལ་འཁེལ་བའི་དབུལ་སྐྱོར་གྱི་སྲིད་ཇུས་ལས་འབུམ་ནས་གྲོང་ཚོའི་ད་ལྟའི་གནད་དོན་གསུམ་གྱི་སྐོར་གྱི་སྙན་ཞུ།

སྐལ་བཟང་ཡེ་ཤེས། 《བོད་ལྗོངས་སློབ་གྲྭ་ཆེན་མོའི་རིག་དེབ》2017. 1

བོད་བཙན་པོའི་དུས་སྐབས་ཀྱི་ཁྲིམས་ལུགས་སྲིག་གཞི་དང་དེའི་ངོ་བོའི་སྐོར་གྱི་མཐའ་དཔྱོད།

བན་དེ་ཚེ་རིང་། 《བོད་ཀྱི་སློབ་གསོ》2017. 1

བོད་བཙན་པོའི་དུས་སྐབས་ཀྱི་རབས་བཅད་ཚུལ་ལ་རགས་ཙམ་དཔྱད་པ།

ཤ་བོ་རབ་བརྟན། 《རྒྱབ་བྱང་མི་རིགས་སློབ་ཆེན་རིག་དེབ》2017. 1

སྟག་རི་གཉན་གཟིགས་དུས་སྐབས་ཀྱི་བཙའ་ཁྲིམས་ཀྱི་རྣམ་པར་ཙུང་ཟད་དཔྱད་པ།

འབེ་བཟའ་ཉི་མ་ཚེ་རིང་། 《རྒྱབ་བྱང་མི་རིགས་སློབ་ཆེན་རིག་དེབ》2017. 1

སྐད་གཉིས་ཁྲིམས་དཔོན་གསོ་སྐྱོང་བྱེད་པ་ནི་གྲངས་ཉུང་མི་རིགས་ཀྱི་གཏུག་བཤེར་ཁེ་དབང་ལ་འགན་སྲུང་བྱེད་པའི་ནུས་ལྡན་བྱེད་ཐབས་ཤིག་ཡིན།

ཐང་ཡོན་གྱིས་བརྩམས། སྐལ་ལྡན་དོན་གྲུབ་ཀྱིས་བསྒྱུར། 《རྩེར་སྙེག》2017. 1

བོད་ཀྱི་གནའ་བོའི་ཚོང་འདུས་ཆེན་མོ་མཚོ་སྔ་ཡ་མ་རོང་ཚོང་འདུས་ཀྱི་ལོ་རྒྱུས་རགས་བཤད།

གཉལ་ཚེ་རིང་དབང་འདུས། 《སྔོ་ཁའི་རྩོམ་རིག་སྒྱུ་རྩལ》2017. 1

ཁ་བཏགས་ཀྱི་ཕ་ས་རན་དབྱི་གྲོང་རྫལ་གྱི་ཁྱད་ཆོས་གསར་པ།——རྒྱལ་ཡོངས་ཀྱི་ཆེས་ཆེ་བའི་བོད་རིགས་ཡོ་ཆས་ཐོན་སྐྱེད་རྟེན་གཞིར་རྟོག་དཔྱོད་དུ་བསྐྱོད་པའི་ཟིན་ཐོ། ཧྲིང་ཕིན་མའོ་ཡིས་བྲིས་ཤིང་པར་བརྒྱབ།

ཚེ་བརྟན་འབུམ་གྱིས་འདེམས་སྒྲུར་བྱས། 《མི་རིགས》2017. 1

མཚན་ཉིད་རིག་པ་དང་ཆོས་ལུགས་ཀྱི་སྐོར།

ཚད་མའི་ཆོས་ཐོག་ཆེན་མོ་འཛང་དགུན་ཆོས་སྐོར་གླིང་བ།

རྡོ་རྗེ་བཀྲ་ཤིས། 《ཀྲུང་གོའི་བོད་རིག་པ》2017. 1

《འགྲེལ་པ་བུདྡྷ་པ་ལི་ཏ་》ལས་མུ་བཞི་སྐྱེ་འགོག་གི་གཏན་ཚིགས་ཇི་ལྟར་འགྲེལ་ཚུལ་དང་དེའི་ནང་པའི་མཚན་ཉིད་སློབ་གཉེར་ཁྲིད་ཀྱི་གནས་བབས།

ཁ་སྣང་སྟག་འབུམ་རྒྱལ། 《བོད་ལྗོངས་ཞིབ་འཇུག》2017. 2

དངོས་སྨྲ་བ་དང་ཐལ་འགྱུར་བའི་ལུགས་ཀྱི་ཚད་མའི་མཚན་ཉིད་དང་དབྱེ་བ་སོགས་ཀྱི་ཁྱད་པར་མདོ་ཙམ་གླེང་བ།

ཚེ་བརྟན་སྒྲོལ་མ། 《བོད་ལྗོངས་ནང་བསྟན》2017. 2

ནང་པའི་ཚད་མ་རིག་པ་དང་ཕྱི་ཚུལ་གཏན་ཚིགས་རིག་པའི་མཚན་མཚོན་གྱི་རྣམ་གཞག་ལ་དཔྱད་པ།

ཁོ་ཚེ་ཚེ་རིང་དོན་གྲུབ། 《མཚོ་སྔོན་མི་རིགས་སློབ་ཆེན་རིག་དེབ》2017. 1

ཚད་མ་རྣམ་འགྲེལ་གྱི་ཚོ་སྒྲོག་གི་ལྷ་བར་རགས་ཙམ་དཔྱད་པ།

པདྨ་རིག་འཛིན། 《མཚོ་སྔོན་དགེ་འོས་སློབ་ཆེན་རིག་དེབ》2017. 1

འཛར་པན་དུ་ཚད་མ་རིག་པ་ཇི་ལྟར་དར་བའི་ལོ་རྒྱུས་དང་འབྲེལ་ནས་དེ་དང་བོད་བརྒྱུད་ཚད་མའི་བར་གྱི་ཁྱད་པར་སྐོར་རགས་ཙམ་གླེང་བ།

ཁ་སྣང་སྟག་འབུམ་རྒྱལ། 《མཚོ་སྔོན་དགེ་འོས་སློབ་ཆེན་རིག་དེབ》2017. 1

འཕགས་པ་ཀླུ་སྒྲུབ་ཀྱིས་མཛད་པའི་གཏན་ཚིགས་རིག་པའི་གཞུང་སྤྱི་དང་ཁྱད་པར་《ཐབས་ཀྱི་སྙིང་པོའི་སྐོར》ཀྱི་གཞུང་དོན་རགས་དཔྱད།

ཇར་ཚེ་རྗོར། 《བོད་ལྗོངས་སློབ་གྲྭ་ཆེན་མོའི་རིག་དེབ》2017. 2

བོད་ཀྱི་དགོན་སྡེའི་སློབ་གསོ་ལས་བར་སྐབས་གྲྭ་སྐོར་དུ་ཕེབས་སྲོལ་སྐོར་གླེང་བ།

ཚེ་དབང་རྣམ་རྒྱལ། 《བོད་ལྗོངས་སློབ་གྲྭ་ཆེན་མོའི་རིག་དེབ》2017. 2

《རིགས་ལམ་འཕྲུལ་ལྡེར་》མཇལ་བའི་གནད་འགག་ཟིན་བྲིས།

ཚེ་མོ་སྐྱིད། འབའ་གཞུང་བསོད་ནམས་འབུམ། 《བོད་ཀྱི་སློབ་གསོ》2017. 3

གནའ་བོའི་རྒྱ་གར་གྱི་མཚན་ཉིད་རིག་པའི་གྲུབ་མཐའ་ཁག་དབར་གྱི་རྩོད་པའི་སྐོར་གླེང་བ།

ཚེ་དབང་རྣམ་རྒྱལ། 《བོད་ལྗོངས་ཞིབ་འཇུག》2017. 1

མཚན་ཉིད་རིག་པ་དང་རིག་བྱེད་ཀྱི་བྱུང་བ་མདོར་ཙམ་གླེང་བ།

འཇམ་དབྱངས། སྨིན་ཀྲོད། 《བོད་ལྗོངས་ནང་བསྟན》2017. 1

བོད་ཀྱི་མི་ཆོས་འཕེལ་འགྱུར་ལས་མི་ཆོས་དང་ཀུན་སྤྱོད་བར་གྱི་འབྲེལ་བ་དང་ཁྱད་པར་ཅུང་ཙམ་གླེང་བ།

གསང་བདག་ལྷུན་གྲུབ། 《བོད་ཀྱི་སློབ་གསོ》2017. 2

རྒྱལ་བ་འབྲོམ་གྱིས་མཛད་པའི་མི་ཆོས་གནད་ཀྱི་ཕྲེང་བའི་བརྗོད་བྱ་དོན་གྱི་ལྷུ་ཁོག་ས་བཅད་དུ་འགྲེམས་ཚུལ་དཔྱད་དཔྱོད།

བསྟན་འཛིན་དོན་གྲུབ། 《བོད་ལྗོངས་སློབ་གྲྭ་ཆེན་མོའི་རིག་དེབ》2017. 1

བསྟན་པ་སྤྱི་དར་ལ་གྲགས་ཆེ་བའི་དཀར་ཆག་ལྡན་དཀར་མ་འདི་བཙན་པོ་ཁྲི་ལྡེ་སྲོང་བཙན་སད་ན་ལེགས་ཀྱི་སྐུ་དུས་སུ་བཞེངས་ཞེས་པའི་འདོད་ཚུལ་ཐད་ཀྱི་དོགས་དཔྱོད།

ཚུ་སྐྱེས་དགེ་འདུན་བསམ་གཏན། ཚེ་རིང་འཚོ། 《ཀྲུང་གོའི་བོད་རིག་པ》2017. 1

སྟག་ཚང་ལོ་ཙཱ་བའི་འགྱུར་ཆོས་དང་བརྩམས་ཆོས་སྐོར་ལ་རགས་ཙམ་དཔྱད་པ།

ཁམས་སྒྲོན་བྱམས་པ་བློ་བཟང་། 《ཀྲུང་གོའི་བོད་རིག་པ》2017. 1

ཇོ་ཡབ་སྲས་གསུམ་གྱི་གསུང་འབུམ་དཔེ་བསྡུར་མ་ལས་དཔར་ཤིང་མི་འདྲ་བའི་བར་གྱི་གནད་དོན་འགའ་གླེང་བ།

ལྷན་བཟང་པ་མཁར་བྱམས་ཐར། 《ཀྲུང་གོའི་བོད་རིག་པ》2017. 1

བོད་ཀྱི་རིག་གནས་སྡེ་ལས་བན་བོན་བསྟན་པའི་རིག་གནས་ཀྱི་རྣམ་གཞག་མདོ་ཙམ་གླེང་བ།

སྨིན་པ་དོན་གྲུབ། 《བོད་ལྗོངས་ཞིབ་འཇུག》2017. 1

《ན་བ་བརྒྱད་པའི་བཅའ་ཡིག་》གི་ནང་དོན་དང་དེའི་རིན་ཐང་ལ་དཔྱད་པ།

ཀ་རིང་རིན་ཆེན། 《བོད་ལྗོངས་ཞིབ་འཇུག》2017. 2

ཉེ་བར་མཁོ་བའི་རྫས་སྣ་ཚོགས་ཀྱི་སྦྱོར་ཐབས་ལག་ལེན་ཅི་རིགས་བསྟན་པ་ཤེལ་གྱི་ཕྲེང་བ།

འཇམ་མགོན་མི་ཕམ་རྒྱ་མཚོ། 《བོད་ལྗོངས་ནང་བསྟན》2017. 1

ཟླ་ཕུའི་རྟེན་རྙིང་རྣམས་ཚོ་བརྒྱལ་བར་གནས་པ་གྲིབ་ཚེ་མཆོག་གླིང་དུ་སྤྱན་དྲངས་པ།

རྒྱལ་དབང་འཇམ་དཔལ་རྒྱ་མཚོ། 《བོད་ལྗོངས་ནང་བསྟན》2017. 1

བསམ་གཏན་གྱི་སྐོར་གླིང་བ་དམ་པའི་གསུང་ལས་བཏུས་པ།

བཀྲ་ཤིས་རྒྱལ་མཚན། 《བོད་ལྗོངས་ནང་བསྟན》2017. 1

བསྟན་པའི་གཞི་མ་ཚུལ་ཁྲིམས་སྲུང་དགོས་ཚུལ།

ལྷུགས་པ་དཀའ་ཆེན་བློ་བཟང་ཕུན་ཚོགས། 《བོད་ལྗོངས་ནང་བསྟན》2017. 1

སྤྱོད་འཇུག་དར་ཊཱི་ཀ་ལེའུ་དགུ་དང་བཅུ་པའི་ས་བཅད།

མཁར་གདོང་པས་བསྒྲིགས། 《བོད་ལྗོངས་ནང་བསྟན》2017. 1. 2

གདན་རབས་དང་གདུང་རབས་སོགས་ཀྱི་ཁྱད་པར་གླིང་བ།

པ་སངས་སྒྲོལ་དཀར། 《བོད་ལྗོངས་ནང་བསྟན》2017. 2

ནང་བསྟན་གྱི་བསྟན་དོན་དང་རྫོངས་དད་བར་གྱི་ཁྱད་པར་གླིང་བ།

ཚེ་དབང་སྒྲོལ་མ། 《བོད་ལྗོངས་ནང་བསྟན》2017. 2

དབུ་སེམས་གཉིས་ཀྱི་དྲང་ངེས་འབྱེད་ཚུལ་གྱི་ཁྱད་པར་ཙུང་ཟད་གླིང་བ།

ཚེ་དབང་སྒྲོལ་མ། 《གངས་ལྗོངས་རིག་གནས》2017. 2

ས་སྐྱ་བས་བཅུ་ཕྲག་རིག་གནས་ཀྱི་རྣམ་གཞག་གྲུབ་པའི་ཐད་བཞག་པའི་མཛད་རྗེས་སྐོར་གླིང་བ།

སྒྲོལ་མ་བཀྲ་ཤིས། 《མི་རིགས》2017. 2

མ་ཅིག་ལབ་སྒྲོན་གྱི་བརྩམས་ཆོས་ཀྱི་བསླབ་བྱའི་རང་བཞིན་དང་དེའི་ཁྱད་ཆོས་སྐོར།

ཚེ་རིང་ཕུན་ཚོགས། 《བོད་ལྗོངས་སློབ་གསོ》2017. 2

མཁས་གྲུབ་ཁྱུང་པོ་རྣལ་འབྱོར་དང་ཤངས་པ་བཀའ་བརྒྱུད་ཀྱི་གྲུབ་མཐའ་གླིང་བ།

མདོ་སྔགས་བསྟན་འཛིན། 《བོད་ཀྱི་སློབ་གསོ》2017. 3

ལྟ་བ་མཁའ་ལྡིང་གཤོག་རླབས་ཀྱི་མགུར་གླུའི་སྒྲིག་གཞི་དང་འབྲེལ་ནས་གཞི་བདེ་གཟིགས་སྙིང་པོར་རགས་ཙམ་དཔྱད་པ།

གཅུབས་གསང་སྔགས་པདྨ་རིག་འཛིན། 《བོད་ཀྱི་སློབ་གསོ》2017. 3

སྒོ་མང་ཡིག་ཆ་གསར་བ་དང་འབྲེལ་བའི་དཔྱད་གླེང་།

ཁྱུང་སྤྲུག་བློ་བཟང་དར་རྒྱས། 《ཀན་ལྷོའི་མི་རིགས་རིག་གནས་ཞིབ་འཇུག》2017. 1

བོད་བརྒྱུད་ནང་བསྟན་ལས་སྔགས་གསར་རྙིང་མཉམ་གནས་ཀྱི་དངོས་ཡོད་སྣང་ཚུལ་ལ་དཔྱད་པ།

མཐའ་བ་བཀྲ་ཤིས་དོན་འགྲུབ། 《ཀན་ལྷོའི་མི་རིགས་རིག་གནས་ཞིབ་འཇུག》2017. 1

ཤེས་རབ་སྙིང་པོ་གང་ལས་བྱུང་བའི་ཁུངས་ལ་མདོ་ཙམ་དཔྱད་པ།

སྐལ་དཀར་ཚེ་རིང་། 《མཚོ་སྔོན་མི་རིགས་སློབ་ཆེན་རིག་དེབ》2017. 1

《བླ་བྲང་བཀྲ་ཤིས་འཁྱིལ་གྱི་འགྲེལ་ཡིག་》གི་ནང་དོན་དང་ལོ་རྒྱུས་དཔྱད་གཞིའི་རིན་ཐང་སྐོར་ལ་དཔྱད་པ།

ཀ་རིང་རིན་ཆེན། 《མཚོ་སྔོན་མི་རིགས་སློབ་ཆེན་རིག་དེབ》2017. 1

ཨ་རིའི་བོད་བརྒྱུད་ནང་བསྟན་གྱི་ཞིབ་འཇུག་སྐྱི་བཤད། ཧྲིང་ཙན་ཞིན་དང་དབྱང་ཙན་གྱིས་བརྩམས།

ཧྲིང་འཛིན་སྐྱིད་ཀྱིས་བསྒྱུར། 《མཚོ་སྔོན་མི་རིགས་སློབ་ཆེན་རིག་དེབ》2017. 1

སྤྱི་འགྱུར་རྙིང་མའི་ཁྲིད་ཡིག《ཀུན་བཟང་བླ་མའི་ཞལ་ལུང་》གི་བྱུང་ཚུལ་དང་། ནང་དོན།

ཁྱད་ཆོས་བཅས་ལ་དཔྱད་པ།

དོ་རྒྱ་བསོད་ནམས་རྡོ་རྗེ། 《མཚོ་སྔོན་མི་རིགས་སློབ་ཆེན་རིག་དེབ》2017. 2

རྗེ་ཙོང་ཁ་པའི་དཔལ་རྟེན་བསམ་བློའི་དངོས་ཡོད་དོན་སྙིང་ལ་དཔྱད་པ།

བསོད་ནམས་རྒྱལ་མཚན། 《མཚོ་སྔོན་མི་རིགས་སློབ་ཆེན་རིག་དེབ》2017. 2

བོད་མིའི་སྲུང་འཁོར་གྱི་རྣམ་གཞག་སྐོར་རགས་ཙམ་གླེང་བ།

གཡང་བརྟན་རྒྱལ། 《མཚོ་སྔོན་མི་རིགས་སློབ་ཆེན་རིག་དེབ》2017. 2

རྗེ་མར་པ་ལོ་ཙྪ་བ་ཆོས་ཀྱི་བློ་གྲོས་ལས་བརྒྱུད་པའི་གྲོང་འཇུག་གི་གདམས་པར་གསར་དུ་དཔྱད་པ།

མདོ་ལྷགས་བསྟན་འཛིན། 《མཚོ་སྔོན་དགེ་འོས་སློབ་ཆེན་རིག་དེབ》2017. 1

པོ་དོང་པ་ཋ་ཆེན་གྱི་གསུང་འབུམ་དང་དེའི་ཁྱད་ཆོས་སྐོར་མདོ་ཙམ་གླེང་བ།

བན་གོ། རྡོ་རྗེ་བཀྲ་ཤིས། 《བོད་ལྗོངས་སློབ་གྲྭ་ཆེན་མོའི་རིག་དེབ》2017. 1

《འཕགས་པ་ལང་ཀར་གཤེགས་པའི་མདོའི་》སྐོར་རོབ་ཙམ་གླེང་བ།

སྐལ་བཟང་སྒྲོལ་མ། 《བོད་ལྗོངས་སློབ་གྲྭ་ཆེན་མོའི་རིག་དེབ》2017. 1

སྙིང་མ་བའི་གཏེར་སྟོན་པའི་རིགས་རྣམ་སྐོར་ལ་ཐོག་མར་གླེང་བ།

དཔའ་མཁར་རྒྱལ། 《བོད་ལྗོངས་སློབ་གྲྭ་ཆེན་མོའི་རིག་དེབ》2017. 2

རྗེ་ཙོང་ཁ་པ་ཆེན་པོའི་གྲུབ་མཐའ་རིས་མེད་ཀྱི་དགོངས་པར་ཉུང་ཙམ་དཔྱད་པ།

སྒོ་མེ་མགོན་པོ་ཚེ་རིང་། 《རྩེར་སྙེག》2017. 2

བོད་དུ《སྦྱོད་འཇུག་》གི་འབྲེལ་བ་དར་སྤེལ་བྱུང་ཚུལ་ལ་རགས་ཙམ་དཔྱད་པ།

ལྷ་མོ་སྐྱབས། 《རྩེར་སྙེག》2017. 2

མདོ་སྨད་ཁྲ་ཧི་ཁ་བ་དགོན་གྱི་རྗེ་ཙ་ཐང་གཞན་ཕན་ཆེན་མོའི་ངག་རྒྱུན་དང་འབྲེལ་ནས་རྗེ་བླ་མའི་

རྟེན་ཐང་གི་འཕྲིན་ལས་སྐོར་བརྗོད་པ།

བྱ་བཞི་བསམ་པའི་དོན་གྲུབ། 《ཀྲུང་གོའི་བོད་རིག་པ》2017. 1

བོད་བཙན་པོའི་རྒྱལ་རབས་སྐབས་ཀྱི་བན་བོན་གྱི་འགལ་རྗོད་སྐོར་གླེང་བ།

སྒྲོལ་རྩེ་རྒྱལ། 《བོད་ལྗོངས་ཞིབ་འཇུག》2017. 2

དཔལ་ཁྱབ་བསྟན་གསེར་མདོག་ཅན་དགོན་གྱི་རྟེན་གཙོ་བྱམས་མགོན་བཞེངས་པའི་ལོ་རྒྱུས།

གསེར་མདོག་དགོན་གྱི་ལོ་རྒྱུས་ལས་ངག་དབང་གིས་བཏུས། 《བོད་ལྗོངས་ནང་བསྟན》2017. 2

དཀྱུ་རོང་ཨོ་རྒྱན་འཇིགས་བྲལ་ཆོས་དབྱིངས་རྡོ་རྗེ་མཆོག་གི་ཆོས་སྲིད་སྐོར་གྱི་མཛད་རྗེས་ལ་དཔྱད་པ།

པད་མ་རྒྱལ། 《ཀྲུང་གོའི་བོད་རིག་པ》2017. 1

གཡའ་བཟང་དགོན་པའི་གདན་རབས་རིམ་བྱོན་དང་དེ་དག་གི་ཁྲིར་བཞུགས་ལོ་ཚིགས་སྐོར་ལ་དཔྱད་པ།

ཕུར་བུ་རྡོ་རྗེ། འཆི་མེད་ཚེ་རིང་། 《བོད་ལྗོངས་ཞིབ་འཇུག》2017. 1

ལུང་རྟོགས་མངའ་བདག་བྱང་སེམས་སྤྲུལ་བུ་བའི་རྣམ་ཐར།

ཡོངས་འཛིན་ཡེ་ཤེས་རྒྱལ་མཚན། 《བོད་ལྗོངས་ནང་བསྟན》2017. 1

བཤེས་གཉེན་ཆེན་པོ་ལྷ་ལུང་དབང་ཕྱུག་མཆོག་གི་རྣམ་ཐར།

ཡོངས་འཛིན་ཡེ་ཤེས་རྒྱལ་མཚན། 《བོད་ལྗོངས་ནང་བསྟན》2017. 2

ལོ་ཆེན་རིན་ཆེན་བཟང་པོའི་རྟོགས་བརྗོད།

རྨེ་རུ་ཚེ་རིང་དོན་གྲུབ། 《བོད་ལྗོངས་ནང་བསྟན》2017. 2

ལྕང་སྐྱ་རོལ་པའི་རྡོ་རྗེའི་ལོ་རྩྭའི་མཛད་རྗེས་སྐོར་རགས་ཙམ་གླེང་བ།

ཚེ་རིང་གཡང་འཛོམས། 《གངས་ལྗོངས་རིག་གནས》2017. 1

སྒྲ་སྒྱུར་མར་པའི་སློབ་གཉེར་བརྒྱུད་རིམ་ལ་དཔྱད་པ།

ཟླ་བ་དགྲ་འདུལ། 《བོད་ཀྱི་སློབ་གསོ》2017. 2

དགེ་བའི་བཤེས་གཉེན་ཆེན་པོ་ཚེ་ཏན་ཞབས་དྲུང་ཚང་གི་གསུང་ཟིན་ལ་བརྟེན་ནས་རྗེ་ཙོང་ཁ་པ་ཆེན་པོའི་《རྟག་ངུའི་རྟོགས་བརྗོད་》གླེང་བ།

ཆུ་སྐྱེས་དགེ་འདུན་བསམ་གཏན། 《ནུབ་བྱང་མི་རིགས་སློབ་ཆེན་རིག་དེབ》2017. 1

རྗེ་བསམ་འགྲུབ་རྒྱ་མཚོས་བོད་ཀྱི་སྐད་རྩིས་རིག་པ་གོང་སྤེལ་མཛད་ཚུལ་ཕྱོགས་མཐོང་ཙམ་གླེང་བ།

ཐོ་དེའུ་སྒོམ་པ་བཀྲ་ཤིས། 《ནུབ་བྱང་མི་རིགས་སློབ་ཆེན་རིག་དེབ》2017. 1

མཁས་དབང་བསམ་འགྲུབ་རྒྱ་མཚོ་མཆོག་གི་མཛད་པ་མདོར་བསྡུས།

བསྟན་འཛིན་དང་སྟོབས་རྒྱལ། 《ནུབ་བྱང་མི་རིགས་སློབ་ཆེན་རིག་དེབ》2017. 1

སྡེ་བ་གསེར་ཁྲི་སྐུ་ཕྲེང་གསུམ་པ་རྗེ་བཙུན་འཇམ་དབྱངས་ཐུབ་བསྟན་ཉི་མ་དཔལ་བཟང་པོའི་རྣམ་ཐར་མདོར་བསྡུས།

ཆབ་མདོ་ལྷ་ཐོག་མཛོ་རྫི་དགོན་དང་རྫེ་དྲུང་སྐུ་ཕྲེང་རིམ་བྱོན་སོགས་ཀྱི་སྐོར།

ཚེ་རིང་ཆོས་མཚོ། 《**བོད་ལྗོངས་ནང་བསྟན**》2017. 2

གངས་དཀར་བསྟན་མའི་ལྷ་ཁང་གི་གནས་ཡིག

བསོད་ནམས་དོན་གྲུབ། 《**བོད་ལྗོངས་ནང་བསྟན**》2017. 2

རོང་པོ་དགོན་ཆེན་བདེ་ཆེན་ཆོས་འཁོར་གླིང་།

ཚེ་བརྟན་འདུམ་གྱིས་སྟུད་སྒྲིག་བྱས། 《**མི་རིགས**》2017. 1

བོད་ཀྱི་དགོན་སྡེའི་སློབ་གསོ་བཅོས་སྒྱུར་གྱི་བསམ་ཚུལ།

བསམ་གྲུབ་ཚེ་རིང་། 《**བོད་ཀྱི་སློབ་གསོ**》2017. 2

བོད་ཀྱི་དགོན་སྡེ་བྱུང་འཕེལ་སྐོར་རགས་ཙམ་གླེང་བ།

གཡང་འདུམ་ཚེ་རིང་། 《**བོད་ཀྱི་སློབ་གསོ**》2017. 3

ཨན་ཆུང་གནམ་རྫོང་གི་ལོ་རྒྱུས་རགས་བསྡུས།

དཔའ་རྩེ་བྱམས། 《**བོད་ཀྱི་སློབ་གསོ**》2017. 3

"ཏཱ་ལའི་བླ་མ" ཞེས་པའི་མཚན་གསོལ་སའི་ཆོས་སྡེ——ཆབ་ཆ་ཐེག་ཆེན་ཆོས་འཁོར་གླིང་གི་དགོན་གནས་ལ་དཔྱད་པ།

ཆབ་འགག་རྟ་མགྲིན། 《**མཚོ་སྔོན་མི་རིགས་སློབ་ཆེན་རིག་དེབ**》2017. 1

དགེ་འཕེལ་ཆོས་འཁོར་སྣང་གི་ཆགས་གནས་འཛིག་གསུམ་སྐོར་མདོ་ཙམ་བརྗོད་པ།

ལྷུན་གྲུབ་རྒྱལ་མཚན། 《**མཚོ་སྔོན་མི་རིགས་སློབ་ཆེན་རིག་དེབ**》2017. 2

《རྫོང་དཀར་ཆ་རྒྱན》གྱི་ཡིག་ཆའི་རིན་ཐང་ལ་ཐོག་མར་དཔྱད་པ།

ཀ་རིང་རིན་ཆེན། 《**མཚོ་སྔོན་དགེ་འོས་སློབ་ཆེན་རིག་དེབ**》2017. 1

བོན་གྱི་ཡིག་རྙིང《སྨུ་ཡེ་ཕྲ་ཕུད་ཕྱིའི་མཐར་ཐུག》ལ་རོབ་ཙམ་དཔྱད་པ།

ཁྲ་ཀོ་ཚེ་རིང་། 《**བོད་ལྗོངས་ཞིབ་འཇུག**》2017. 2

བོན་གྱི་གསས་ཁང་རིག་གནས་ལ་དཔྱད་པ། **སྒོམ་པ་རྒྱལ།** 《**བོད་ཀྱི་སློབ་གསོ**》2017. 3

གཡུང་དྲུང་བོན་གྱི་དགོན་ཆེན་ཏུ་ལག་གཡུང་དྲུང་གླིང་གི་སྐོར་མདོ་ཙམ་གླེང་བ།

རྡོ་རྗེ་ཚེ་དབང་། 《**སྤང་རྒྱན་མེ་ཏོག**》2017. 1

བོད་ཀྱི་དམངས་ཁྲོད་ལྷ་པའི་བྱེད་ནུས་དང་དེས་སྤྱི་ཚོགས་ལ་ཐེབས་པའི་ཤུགས་རྐྱེན་སྐོར་རོབ་ཙམ་གླེང་བ། ——མདོ་སྨད་ཀྱི་རེབ་གོང་དང་། གཅན་ཚ། བ་ཡན། ཡ་རྫི་བཅས་ཀྱི་ལྷ་པ་གཞིར་བཟུང་བ། **རྡོ་རྗེ་ཚེ་བརྟན།** 《**མཚོ་སྔོན་མི་རིགས་སློབ་ཆེན་རིག་དེབ**》2017. 2

བོད་ཀྱི་ཐོའུ་ཐེན་དང་མོས་རིག་གནས་སྐོར་གྱི་དོགས་དཔྱོད།

འབའ་སྟོད་ཚེ་དབང་རྡོ་རྗེ། 《**མཚོ་སྔོན་མི་རིགས་སློབ་ཆེན་རིག་དེབ**》2017. 1

ནང་པའི་གྲུབ་མཐའ་བཞིའི་དུས་གསུམ་གྱི་དགོངས་པ་དང་བརྡ་སྤྲོད་གཞུང་གི་དུས་གསུམ་བར་གྱི་ཁྱད་པར་ལ་དཔྱད་པ། ཉིང་འཛིན་རྒྱལ། 《ཀྲུང་གོའི་བོད་རིག་པ》2017.4

བོད་བརྒྱུད་ནང་བསྟན་གྱི་ལྟ་སྤྱོད་ཉམས་ལེན་ལ་བརྟེན་ནས་ཞི་བདེ་འཆམ་མཐུན་ཡོང་བར་འབད་དགོས། ཚོགས་གཙོ་སྐུ་གཞོན་བློ་བ་ཚེ་རིང་། 《བོད་ལྗོངས་ནང་བསྟན》2017.3

མཆོད་ལྔ་བཅུ་དྲུག་སོགས་ཀྱི་ངོ་སྤྲོད་མདོར་བསྡུས།

མཁར་གདོང་པ། 《བོད་ལྗོངས་ནང་བསྟན》2017.3

ནང་ཆོས་ཀྱི་ཕྱག་འཚལ་བའི་རིག་གནས་ཀྱི་འབྱུང་ཁུངས་དང་དབྱེ་བ་བཤད་པ།

ཏཱ་རེ་སྐྱིད། 《བོད་ལྗོངས་ནང་བསྟན》2017.3

ནང་བསྟན་ནས་གསུངས་པ་ལྟར་ཀུན་སྤྱོད་སློབ་གསོའི་སྐོར་ཚུང་ཟད་གླེང་བ།

ཚེ་དབང་བཀྲ་ཤིས། 《བོད་ལྗོངས་ནང་བསྟན》2017.3

སེམས་ཙམ་པའི་དབང་མངོན་གྱི་རྐྱེན་གསུམ་རྣམ་གཞག་སྐོར་མདོ་ཙམ་གླེང་བ།

ཚེ་བརྟན་སྒྲོལ་མ། མགོན་པོ་སྐྱབས། 《གངས་ལྗོངས་རིག་གནས》2017.3

སྤྱོད་འཇུག་ལས་བྱུང་བའི་ཀུན་སྤྱོད་དང་རིགས་ཤེས་ཀྱི་འབྲེལ་བའི་སྐོར་ལ་རགས་ཙམ་དཔྱད་པ།

འབའ་སྨད་རྒྱལ་ལོ་ཚེ་རིང་། 《གངས་ལྗོངས་རིག་གནས》2017.3

སྡེ་དགེ་དཔལ་སྤུངས་སྤར་ཁང་དམ་ཆོས་བང་མཛོད་ཆེན་མོ།

ཀརྨ་རྒྱལ་མཚན་གྱིས་བྲིས། ཀརྨ་བཀྲ་ཤིས་རྣམ་རྒྱལ་གྱིས་པར་བླངས། 《མི་རིགས》2017.3

བསྡུ་བའི་དངོས་པོ་བཞིའི་གོ་དོན་དང་སློབ་གསོའི་རིན་ཐང་སྐོར་རགས་ཙམ་གླེང་བ།

བརྩོན་ཐར་རྒྱལ། 《བོད་ལྗོངས་སློབ་གསོ》2017.3

བྱམས་ཆོས་སྡེ་ལྔའི་མཛད་པ་པོ་དང་དེའི་ངོས་འཛིན་སྐོར་རགས་ཙམ་གླེང་བ།

ཀུར་མགོན་ཚེ་རིང་། 《མཚོ་སྔོན་མི་རིགས་སློབ་ཆེན་རིག་དེབ》2017.3

ཐུབ་ཕྱོགས་ནང་བསྟན་ཞིབ་འཇུག་ཁྲོད་ཀྱི་ཀུན་སྤྱོད་རིག་པའི་དཔྱད་འབྲས་དང་འབྲེལ་ནས་ལས་འབྲས་སྐོར་ཚུང་ཟད་གླེང་བ།

རིན་ཆེན་རྡོ་རྗེ། 《མཚོ་སྔོན་མི་རིགས་སློབ་ཆེན་རིག་དེབ》2017.3

དབུ་མ་ཐལ་འགྱུར་བའི་ཀུན་རྫོབ་ཀྱི་འཛིན་མཚམས་སྐོར་རགས་ཙམ་གླེང་བ།

ར་ས་བསྟན་འཛིན་ཆོས་གྲགས། 《མཚོ་སྔོན་མི་རིགས་སློབ་ཆེན་རིག་དེབ》2017.3

པཎ་ཆེན་བློ་བཟང་ཆོས་ཀྱི་རྒྱལ་མཚན་ལགས་ཀྱིས་གྲུབ་མཐའ་རིས་མེད་ཀྱི་བསམ་བློ་གླེང་བའི་རྒྱུ་རྐྱེན་ལ་དཔྱད་པ། ཚེ་རིང་བྱམས། 《རྩེར་སྣེག》2017.4

མིང་སྲིད་མཆོད་རྟེན་གྱི་དཀར་ཆག་མཐོང་བ་དོན་ལྡན།

འབྲོག་ལྷུན་ལྷ་བ། 《ཐང་རྒྱན་མེ་ཏོག》2017.3

དུས་རབས་བཅུ་དྲུག་པའི་མཇུག་ཏུ་སོག་པོར་བོད་བརྒྱུད་ནང་བསྟན་བསྐྱར་དུ་དར་བའི་རྒྱུ་རྐྱེན་ལ་དཔྱད་པ། བློ་བཟང་དོན་འགྲུབ། 《མཚོ་སྔོན་མི་རིགས་སློབ་ཆེན་རིག་དེབ》2017.3

བསྟན་པ་ཕྱི་དར་གྱི་དགོན་སྡེ་ཐོག་མ་སྦུ་རང་འཁོར་ཚགས་དགོན་གྱི་གྲུབ་མཐའི་འཕེལ་འགྱུར་དང་ས་གནས་སྲིད་དབང་གི་འབྲེལ་བ་གླེང་བ།

བཀའ་འབུམ་རྒྱལ། གུ་རུ་སྐྱིད། 《མཚོ་སྔོན་མི་རིགས་སློབ་ཆེན་རིག་དེབ》2017.4

དམ་པའི་ཆོས་ཐོག་མར་བོད་དུ་ཇི་ལྟར་དར་བའི་ཚུལ་ལ་དཔྱད་པ་གཟུར་གནས་དགེས་པའི་གཏམ། ཁ་ཕྱུག་པདྨ་དབང་རྒྱལ། 《མཚོ་སྔོན་མི་རིགས་སློབ་ཆེན་རིག་དེབ》2017.4

འཕགས་བོད་དུ་དཔལ་དུས་ཀྱི་འཁོར་ལོའི་ཆོས་བྱུང་བའི་སྐོར་གྱི་དཔྱད་གླེང་།

ཡོངས་ཁང་ཕུན་ཚོགས་རྡོ་རྗེ། 《བོད་ལྗོངས་སློབ་གྲྭ་ཆེན་མོའི་རིག་དེབ》2017.3

《མཁའ་འགྲོ་ཡེ་ཤེས་མཚོ་རྒྱལ་གྱི་རྣམ་ཐར་》ལས་འཕྲོས་ཏེ་བོད་བཙན་པོའི་དུས་ཀྱི་བན་བོན་གྱི་འབྲེལ་བར་དཔྱད་པ། མང་མཁར་བློ་ཕུན། 《རྩེར་སྙེག》2017.3

རྗེ་ཙོང་ཁ་པ་ཆེན་པོའི་མཛད་འཕྲིན་ལས་གྲྭ་སྐོར་མཛད་རིམ་གཉིས་རགས་ཙམ་གླེང་བ།

བཀྲ་ཤིས་ཚེ་རིང་། 《ཀྲུང་གོའི་བོད་རིག་པ》2017.4

ལྷ་འགྲོ་བའི་མགོན་པོ་དང་བཤེས་གཉེན་བཟང་ཆེན་པ་དང་འདུལ་འཛིན་མཚོ་སྣ་བ་ཆེན་པོ་བཅས་ཀྱི་རྣམ་ཐར།

དཀའ་ཆེན་ཡེ་ཤེས་རྒྱལ་མཚན་གྱིས་མཛད། ལམ་རིམ་ལྷ་བརྒྱུད་ལས་བཏུས། 《བོད་ལྗོངས་ནང་བསྟན》2017.3

རྗེ་མི་ལའི་དངོས་སློབ་ངམ་རྫོང་སྟོན་པའི་མཛད་རྣམ།

ར་སེ་དཀོན་མཆོག་རྒྱ་མཚོ། 《བོད་ལྗོངས་ནང་བསྟན》2017.3

སྒོ་མང་ལྷ་རམས་པ་སྐལ་བཟང་རྒྱ་མཚོ་མཆོག་གི་རྣམ་ཐར་མདོར་བསྡུས།

བཀྲ་ཤིས་ཚེ་བརྟན། 《བོད་ལྗོངས་ནང་བསྟན》2017.3

རྒྱལ་ཚབ་ཚ་རྗེར་ངག་དབང་ཚུལ་ཁྲིམས་ཀྱི་ལོ་རྒྱུས་དང་མཛད་རྗེས་ལ་དཔྱད་པ།

དཔལ་ལྡན་རྒྱ་མཚོ། 《གངས་ལྗོངས་རིག་གནས》2017.3

ཀུན་མཁྱེན་ཀློང་ཆེན་རབ་འབྱམས་པ་དྲི་མེད་འོད་ཟེར་མཆོག་གི་མཛད་རྣམ་མདོར་ཙམ་གླེང་བ།

ཟླ་འབུམ་བཀྲ་ཤིས། 《མི་རིགས》2017.3

འདུལ་བ་སྨད་འདུལ་གྱི་དོགས་དཔྱོད།

བསོད་ནམས་གཡུང་དྲུང་། 《བོད་ཀྱི་སློབ་གསོ》2017.5

ཙ་མི་ལོ་ཙཱ་བས་བསྒྱུར་པའི་《གྲུབ་ཆེན་བརྒྱད་ཅུ་རྩ་བཞིའི་རྣམ་ཐར་》གྱི་ཡིག་ཚང་ཁྲད་ཆོས་

འགའ་ཞིག་གླེང་བ། འབྱུར་མེད། 《མཚོ་སྔོན་མི་རིགས་སློབ་ཆེན་རིག་དེབ》2017.4

ལྷོ་མོ་ཞབས་དྲུང་དཀར་པོའམ་ཚ་ཀན་ནོ་མོན་ཧན་གྱི་བླ་རབས་འབྱུང་དགོས་པའི་རྒྱུ་རྐྱེན་ལ་རོབ་ཙམ་དཔྱད་པ། ཁྱུང་རྩེ་བཀྲ་ཤིས། 《བོད་ལྗོངས་སློབ་གྲྭ་ཆེན་མོའི་རིག་དེབ》2017.3

དགེ་བའི་བཤེས་གཉེན་ཆེན་པོ་ཤེས་རབ་རྒྱ་མཚོའི་རྒྱལ་གཅེས་ཐུགས་དགོངས།
གཡང་རྡོ་ཚེ་བརྟན་གྱིས་བརྩམས། ཡེ་ཤེས་སྒྲོལ་མ་སོགས་ཀྱིས་བསྒྱུར། 《རྩེར་སྙེག》2017.3

གྲུབ་ཐོབ་མེ་ལོང་རྡོ་རྗེ་དང་མཁའ་འགྲོ་ཡེ་ཤེས་མཚོ་རྒྱལ་གྱི་ཤོད་རྒྱུན།
སྒྲགས་བློ་བཟང་གིས་བསྡུས། 《སྤང་རྒྱན་མེ་ཏོག》2017.3

སྤྲ་ལ་ཕྱུག་བདེ་ཆེན་དགོན་དང་དེའི་གདུང་རབས་སོགས་ཀྱི་སྐོར།
བྲོ་ལགས། 《བོད་ལྗོངས་ནང་བསྟན》2017.3

འཕན་སྟོད་གྲུབ་དགོན་བྱང་ཆུབ་གླིང་གི་ལོ་རྒྱུས།
ངག་དབང་ཆོས་དར་གྱིས་མཁོ་འདོན་བྱས། 《བོད་ལྗོངས་ནང་བསྟན》2017.3

ལྷ་སའི་བར་སྐོར་བྱང་ལམ་དུ་ཡོད་པའི་བྱམས་ཁང་དང་རྒྱལ་བ་བྱམས་པའི་ལོ་རྒྱུས།
ནམ་བཟང་། 《བོད་ལྗོངས་ནང་བསྟན》2017.3

མངའ་རིས་མཐོ་ལྡིང་དགོན་པར་ཡུལ་དངོས་བརྟག་དཔྱད་དུ་བསྐྱོད་པའི་མཐོང་ཐོས།
ཁྲི་ཁྲི་སངས་རྒྱས་སྐྱབས། 《བོད་ཀྱི་དམངས་སྲོལ་རིག་གནས》2017.3

ཚག་ལའི་སྔོ་བྱང་གཉིས་ཀྱི་དགོན་སྡེ་ཁག་ལ་རྟོག་ཞིབ་བྱས་པའི་སྙན་ཞུ།
ཤྲི་ཐར་དོན་གྲུབ། 《མཚོ་སྔོན་མི་རིགས་སློབ་ཆེན་རིག་དེབ》2017.4

མདོ་སྨད་ཧླེ༔ཚ་དགོན་པའི་གྲྭ་ཤག་གི་འགྱུར་ལྡོག་སྐོར་གྱི་ཡུལ་དངོས་རྟོག་ཞིབ།
ལྷུན་གྲུབ་རྡོ་རྗེ། 《མཚོ་སྔོན་མི་རིགས་སློབ་ཆེན་རིག་དེབ》2017.4

གླང་སྣ་དགོན་པའི་ལོ་རྒྱུས་དང་གནས་བབ་སྐོར་རགས་ཙམ་གླེང་བ།
སྐལ་བཟང་དབང་མོ། 《རྩེར་སྙེག》2017.3

རྗེ་ཙོང་ཁ་པ་ཆེན་པོ་བསྙེན་པར་རྫོགས་པའི་གནས་རྣམ་རྒྱལ་མཆོད་ཁང་གི་ལོ་རྒྱུས་མདོར་བསྡུས།
གཡག་དཀར་པོ། 《སྔོ་ཁའི་རྩོམ་རིག་སྒྱུ་རྩལ》2017.3

གནས་ཆེན་པྲེ་ཏ་པུ་རི་དང་པྲེ་ཏ་པུ་རིའི་དགོན་གྱི་ངོ་སྤྲོད།
ཀུ་གེ་འཆི་མེད་རྡོ་རྗེ། 《སྤང་རྒྱན་མེ་ཏོག》2017.3

མི་ཉག་བཞག་བྲ་ལྷ་རྩེའི་ཆོས་ལུགས་རིག་གནས་བརྟག་དཔྱད།
རྡོ་དཀར་ཚེ་དཔལ་སྟོབས་ལྡན། 《བོད་ཀྱི་དམངས་སྲོལ་རིག་གནས》2017.3

འབྲོང་པ་རྫོང་གཙང་སྟོད་བྱེ་མ་གཡུང་དྲུང་གི་སྐོར་རགས་ཙམ་གླེང་བ།

མདོག་གཞུང་ཀུན་དགའ་རྒྱལ་མཚན། 《**སྦྲང་རྒྱན་མེ་ཏོག**》2017. 3

མཉམ་མེད་ཤེས་རབ་རྒྱལ་མཚན་ཞིབ་འཇུག་གི་གནས་སྟངས་གླེང་བ།

སྐལ་བཟང་བཀྲ་ཤིས། 《**རྩེར་སྙེག**》2017. 4

སྐབས་བདུན་པའི་བོད་བརྒྱུད་ནང་བསྟན་གྱི་ཆོས་དོན་དགོངས་འགྲེལ་དཔྱད་གླེང་ཚོགས་འདུའི་སྤྱི་བཤད།

ཚེ་རིང་སྐྱིད། 《**ཀྲུང་གོའི་བོད་རིག་པ**》2017. 4

སྤྱི་ཚོགས་ཀྱི་སྐོར།

མདོ་སྨད་ཀླུ་ཚང་ས་ཁུལ་གྱི་གཉེན་སྒྲིག་ལུགས་སྲོལ་བཅོས་བསྒྱུར་བཏང་བའི་དགེ་མཚན་སྐོར་གླེང་བ།

གཡང་དཀར་སྒྲོལ་མ། 《**མཚོ་སྔོན་མི་རིགས་སློབ་ཆེན་རིག་དེབ**》2017. 4

ཀན་སུའུ་དཔའ་རིས་འབྲོག་ཁུལ་དུ་བསྐྱོད་པའི་བརྟག་དཔྱད་ཐེབ་ཐོ།

སངས་རྒྱས་དོན་གྲུབ། 《**མཚོ་སྔོན་མི་རིགས་སློབ་ཆེན་རིག་དེབ**》2017. 4

དཔལ་འབྱོར་གྱི་སྐོར།

དབུལ་ཕོངས་ཀྱི་གཉོམ་ཞན་རང་བཞིན་དང་རྒྱུན་བསྲིང་འཚོ་ཆོས་ལ་དམིགས་པའི་རང་རྒྱལ་བོད་ཁུལ་གྱི་དབུལ་སྐྱོར་གསར་སྤེལ་གྱི་ཡུན་ཕན་རང་བཞིན་གྱི་བསམ་གཞིག

ལྷུགས་མོ་འཚོས་བཙམས། རྡོ་ཆེན་གྱིས་བསྒྱུར། 《**ཀྲུང་གོའི་བོད་རིག་པ**》2017. 3

སི་ཁྲོན་བོད་ཁུལ་གྱི་རོང་འབྲོག་པ་དབུལ་པོར་གྱུར་པའི་རྒྱུ་རྐྱེན་ལ་དོན་དངོས་ཁུངས་སྐྱེལ་གྱིས་བརྟག་དཔྱད་དང་དབྱེ་ཞིབ་བྱས་པ།

ཡོན་ཞའོ་ལྷུན་དང་ཁྲིན་ཧྲུང་གིས་བཙམས། ཡེ་ཤེས་སྒྲོལ་མས་བསྒྱུར།

《**ཀྲུང་གོའི་བོད་རིག་པ**》2017. 3

བོད་ཁུལ་གནད་ཁེལ་དབུལ་སྐྱོར་སྐོར་གྱི་རིག་གཞུང་དཔྱད་གླེང་ཚོགས་འདུའི་བསྡུས་བཤད།

ཏ་མགྲིན་ཚེ་བརྟན། 《**ཀྲུང་གོའི་བོད་རིག་པ**》2017. 3

ལོ་རྒྱུས་ཀྱི་སྐོར།

རྒྱལ་རབས་གསང་བ་ཆོས་ལུགས་དང་འབྲེལ་ཏེ་ཉ་པ་ཏིའི་གཏམ་རྒྱུད་དང་ཀཻའི་བྱུང་རབས་ལ་དཔྱད་པ།

གཡང་མོ་མཚོ། 《ཀྲུང་གོའི་བོད་རིག་པ》2017. 1

ཙོང་ཁ་རྒྱལ་རབས་སྐབས་ཀྱི་ཆོས་སྲིད་རིག་གནས་སྣང་ཚུལ།

ཚེ་བརྟན་རྡོ་རྗེ། 《ཀྲུང་གོའི་བོད་རིག་པ》2017. 1

ས་སྐྱ་པའི་སྐབས་སུ་བྱུང་བའི་སྟག་ཚང་རྫོང་ཁའི་དར་རྒྱུད་ལ་ཐོག་མར་དཔྱད་པ།

ལྷུན་གྲུབ་རྒྱལ་མཚན། 《ཀྲུང་གོའི་བོད་རིག་པ》2017. 1

བོད་ཀྱི་ལོ་རྒྱུས་སྙིང་གི་ཐང་མཚམས་ལ་དཔྱད་པ།

རྡོ་རྗེ། 《ཀྲུང་གོའི་བོད་རིག་པ》2017. 2

འབྲས་ལྗོངས་རྒྱལ་པོ་གཙུག་ཕུད་རྣམ་རྒྱལ་གྱིས་གསོལ་རས་བསླངས་པ་ལས་འཕྲོས་ཏེ་དུས་རབས་19པའི་དུས་སྟོད་ཀྱི་ཆིང་རྒྱལ་རབས་དང་འབྲས་ལྗོངས་བར་གྱི་འབྲེལ་བར་དཔྱད་པ།

ཨ་རྒྱན། བཀྲ་ཤིས། 《ཀྲུང་གོའི་བོད་རིག་པ》2017. 2

བོད་ཀྱི་ལོ་རྒྱུས་ཡིག་ཚང་ཁྲོད་ཀྱི"ཐང་མཚམས"ཞེས་པའི་བརྡ་རྙིང་ལ་དཔྱད་པ།

ལྷང་ཙང་བསོད་ནམས་ཚེ་རིང་། ཟླ་བ་ལྷ་མོ། 《བོད་ལྗོངས་ཞིབ་འཇུག》2017. 1

ཡོན་རྒྱལ་རབས་སྐབས་ཀྱི་དབུ་བླར་དཔྱད་པ། ——གཡུ་པཀྵི་དང་འགྲོ་མགོན་འཕགས་པ་གཉིས་དམིགས་སུ་བཟུང་ནས་བཤད་པ།

བཀྲ་གོ། 《བོད་ལྗོངས་ཞིབ་འཇུག》2017. 1

བོད་ཀྱི་ལོ་རྒྱུས་སྙིང་གི་ཡབ་འབངས་ཏུས་དྲུག་ཁྲོད་ཀྱི་སྐར་མ་འོད་ཆེན་ཞིག——ཆོས་སྲིད་གཉིས་ཀྱི་ཐད་ནས་སྤུ་རྒྱལ་བཙན་པོའི་སྐབས་སུ་སྣུབས་ཏུས་ཀྱི་དར་ཚུལ་དང་དར་རྒྱུན་སྐོར་གླེང་བ།

འཇུར་མེད། 《བོད་ལྗོངས་ཞིབ་འཇུག》2017. 2

བོད་བཙན་པོའི་རྒྱལ་རབས་ཀྱི་ཐང་མཚམས་ལམ་ལུགས་ལ་རགས་ཙམ་དཔྱད་པ།

ཀུན་བཟང་ལྷ་མོ། 《བོད་ཀྱི་དམངས་སྲོལ་རིག་གནས》2017. 2

རྒྱལ་ཕྲན་སིལ་མའི་དུས་ཀྱི་ས་མིང་བྱང་ཀ་རྣམ་བརྒྱད་ཅེས་པའི་གནས་ཡུལ་སྐོར་རགས་ཙམ་གླེང་བ།

བསྟན་པ་ཆོས་གྲགས། 《བོད་ལྗོངས་སློབ་གསོ》2017. 2

བོད་གནའ་བོའི"དམུ"ཞེས་པའི་ཐ་སྙད་ལ་དཔྱད་པ།

འབྲུག་མོ་རྒྱལ། པདྨ་དབང་རྒྱལ། 《བོད་ཀྱི་སློབ་གསོ》2017. 1

《རྒྱལ་རབས་གསལ་བའི་མེ་ལོང་》གི་རྩོམ་པ་པོའི་སྐོར་གྱི་དོགས་གཞི་དང་བརྩམས་གྲུབ་ཀྱི་དུས་ལ་ཅུང་ཟད་དཔྱད་པ།

རྟ་མགྲིན་ཐར། 《བོད་ཀྱི་སློབ་གསོ》2017. 2

བོད་ཀྱི་ལོ་རྒྱུས་ལས་རྟེན་གར་བའི་དུས་ཟིན་སྐོར་རགས་ཙམ་གླེང་བ།

སྒྲོལ་མ་དོན་གྲུབ། 《བོད་ཀྱི་སློབ་གསོ》2017. 2

སྤྱང་ལྡིའུ་བོན་གསུམ་གྱིས་ཆབ་སྲིད་ཇི་ལྟར་བསྐྱངས་པ།

ཚེ་རིང་སྒྲོལ་མ། 《བོད་ཀྱི་སློབ་གསོ》2017. 3

སྡེ་སྲིད་སངས་རྒྱས་རྒྱ་མཚོའི་དུས་སྐབས་ཀྱི་བོད་ཀྱི་སྤྱི་ཚོགས་གནས་བབ་ངོ་སྤྲོད་མདོར་བསྡུས།

སྐལ་བཟང་སྒྲོལ་མ། 《བོད་ཀྱི་སློབ་གསོ》2017. 3

མདོ་སྨད་ཀན་ལྷོ་ཡུལ་གྱི་ཚོ་བའི་ལོ་རྒྱུས་དང་ཁྱད་ཆོས་སྐོར་གྱི་བསམ་ཚུལ་འགའ་གླེང་བ།

རྒྱ་ཡེ་ཆོས་འཕེལ་སོགས། 《ཧྲུབ་ཅུང་མི་རིགས་སློབ་ཆེན་རིག་དེབ》2017. 1

མདོ་ཁམས་སུ་ཁེང་ལོག་བྱུང་ཚུལ་སྐོར་ལ་རགས་ཙམ་དཔྱད་པ།

ཀྱི་སྐྱ་རྡོ་རྗེ་དབང་ཆེན། 《ཧྲུབ་ཅུང་མི་རིགས་སློབ་ཆེན་རིག་དེབ》2017. 1

མདོ་སྨད་གཙོས་ཞེས་བྱ་བའི་ཡུལ་མིང་ཐོགས་ཚུལ་ལ་གསར་དུ་དཔྱད་པ།

གཙོས་ཤེས་རབ་རྒྱ་མཚོ། 《ཀན་ལྷོའི་མི་རིགས་རིག་གནས་ཞིབ་འཇུག》2017. 1

མདོ་སྨད་ཀན་ལྷོ་ཁུལ་ཐེ་བོ་རྫོང་གི་ས་གནས་ལོ་རྒྱུས་སྐོར་རོབ་ཙམ་གླེང་བ།

ཤ་བོ་སླུ་བྱམས། 《ཀན་ལྷོའི་མི་རིགས་རིག་གནས་ཞིབ་འཇུག》2017. 1

བོད་ཀྱི་དཀར་ཟས་རིང་ལུགས་ཀྱི་ལོ་རྒྱུས་དང་འབྲེལ་བའི་དོགས་དཔྱོད་འགའ།

སྙིང་བྱམས་རྒྱལ། 《མཚོ་སྔོན་མི་རིགས་སློབ་ཆེན་རིག་དེབ》2017. 1

ཞིང་ལ་སྤྱ་བ་ཟོ་དང་ཞིང་ཞེས་པ་ལས་འཕྲོས་ཏེ་བོད་ཀྱི་ཞིང་ལ་སྤྱ་བའི་བྱུང་བར་དཔྱད་པ།

ལ་ལི་ཏ། 《མཚོ་སྔོན་མི་རིགས་སློབ་ཆེན་རིག་དེབ》2017. 2

ཏུན་ཧོང་ཡིག་རྙིང་ལས་བྱུང་བའི་ཙོང་ཀ་ཆེ་ཆུང་སྐོར་གྱི་དོགས་དཔྱོད།

གངས་འཚོ། 《མཚོ་སྔོན་མི་རིགས་སློབ་ཆེན་རིག་དེབ》2017. 2

དར་མ་འུ་དུམ་བཙན་གྱིས་ཆོས་བསྣུབས་ཞེས་པའི་དཔྱད་ཞིབ།

ཁྲོ་གོ་ཚེ་རིང་། 《མཚོ་སྔོན་དགེ་འོས་སློབ་ཆེན་རིག་དེབ》2017. 1

ལྷ་ཐེ་བཙན་པོས་དབུལ་ཕྱུག་ལན་གསུམ་བསྙམས་ཞེས་པའི་འབྲེལ་ཡོད་གནད་དོན་འགར་དཔྱད་པ།

བཀྲ་ཤིས་རྒྱལ། 《མཚོ་སྔོན་དགེ་འོས་སློབ་ཆེན་རིག་དེབ》2017. 1

ལོ་རྒྱུས་ཡིག་ཚང་རིག་པའི་ངོས་ནས《དེབ་ཐེར་དཔྱིད་ཀྱི་རྒྱལ་མོའི་གླུ་དབྱངས》སྐོར་རགས་ཙམ་གླེང་བ།

ལྷགས་མོ་བྱམས། 《མཚོ་སྔོན་དགེ་འོས་སློབ་ཆེན་རིག་དེབ》2017. 2

《སྐྱོར་ལུང་ཆོས་འབྱུང་》གི་ལོ་རྒྱུས་དཔྱད་གཞིའི་རིན་ཐང་ལ་དཔྱད་པ།

གྲ་བཞི་མིག་དམར་ཚེ་རིང་། 《བོད་ལྗོངས་སློབ་གྲྭ་ཆེན་མོའི་རིག་དེབ》2017. 2

བོད་པའི་རུས་མིང་གི་ཐོག་མའི་ཁྱད་ཆོས་དང་དེའི་རིན་ཐང་སྐོར་གྱི་དཔྱད་པ།

དགྲ་འདུལ། 《བོད་ལྗོངས་སློབ་གྲྭ་ཆེན་མོའི་རིག་དེབ》2017. 2

ཤར་ཕྱོགས་རྒྱ་ནག་རྒྱལ་པོས་རྗེ་ཙོང་ཁ་པར་ཆབ་ཤོག་ཕུལ་བའི་ཞལ་བཤུས་དང་འཇམ་མགོན་ཙོང་ཁ་པ་ཆེན་པོས་གོང་མ་དྷ་མིང་རྒྱལ་པོར་སྩལ་བའི་ཆབ་ཤོག་གཉིས་ཀྱི་སྐོར་རགས་ཙམ་གླེང་བ།

ཚྫུང་སྨུག་བློ་བཟང་དར་རྒྱས། 《བོད་ལྗོངས་སློབ་གྲྭ་ཆེན་མོའི་རིག་དེབ》2017. 2

རྒྱ་བཟའི་ཡར་སྔོན་ནས་བོད་ཡུལ་ན་ཆང་རག་དར་ཡོད་ཚུལ་ལ་རགས་ཙམ་དཔྱད་པ།

འབོ་ར་བན་དེ་སྒོམ། 《རྩེར་སྙེག》2017. 1

ཞང་ཞུང་གི་ཡུལ་ཁམས་ལ་དཔྱད་པ།

གཡུང་དྲུང་སྐྱབས། 《ཀྲུང་གོའི་བོད་རིག་པ》2017. 1

ཡར་ཀླུང་གཙང་པོ་དང་འབྲེལ་བའི་གནད་དོན་འགར་ཙུང་ཟད་དཔྱད་པ།

ལྷག་པ་བཀྲ་ཤིས། ཚེ་རིང་རྡོ་རྗེ། 《བོད་ལྗོངས་སྤྱི་ཚོགས་ཞིབ་འཇུག》2017. 1

ཟླ་དོར་གཉན་པོ་ཁྲི་རྒྱལ་ཟིལ་ཕྱོགས་ཀྱི་རི་ལག་སྡེ་དགེ་ཁྲི་ལ།

ཀརྨ་རྒྱལ་མཚན་གྱིས་བྲིས། ཀརྨ་བཀྲ་ཤིས་དང་རྣམ་རྒྱལ་གྱིས་པར་བླངས།

《མི་རིགས》2017. 2

སྔོ་ཁ་གྲ་ནང་ཁུལ་གྱི་གྲགས་ཆེའི་ས་མིང་ལོ་རྒྱུས་མདོ་ཙམ་གླེང་བ།

ཟླ་བ། 《བོད་ལྗོངས་སློབ་གྲྭ་ཆེན་མོའི་རིག་དེབ》2017. 2

ཡར་ལུང་དང་འཕྱིང་ལུང་ཞེས་ཡུལ་ཚན་སོ་སོར་གོ་དགོས་མིན་སྐོར་གྱི་དོགས་སློང་ཐུན་བུ།

སྒྲགས་པ་པདྨ་དབང་ཆེན། ཀུ་གེ་འཆི་མེད་རྡོ་རྗེ། 《བོད་ལྗོངས་སློབ་གྲྭ་ཆེན་མོའི་རིག་དེབ》2017. 2

དཔོན་ཞང་རྗེ་རིང་དང་དེའི་ལོ་རྒྱུས་དོན་སྙིང་རགས་ཙམ་བཤད་པ།

ཀུན་བཟང་སྐྱིད། 《བོད་ཀྱི་སློབ་གསོ》2017. 3

བོད་ལྗོངས་ཡིག་ཚགས་ཁང་དུ་ཉར་བའི་བོད་ཀྱི་ལོ་རྒྱུས་ཡིག་ཚགས་དེང་རབས་གྲངས་འཛིན་ཅན་དུ་ལེགས་སྒྲིག་བྱེད་གནས་སྐོར་ཙུང་གླེང་བ།

སྐལ་རྒྱམ། 《ཀྲུང་གོའི་བོད་རིག་པ》2017. 3

《མཆིམས་པའི་ལོ་རྒྱུས་》ཞེས་པའི་དཔེ་རྙིང་ལ་དཔྱད་པ།

གྲ་བཞི་མིག་དམར་ཚེ་རིང་། 《ཀྲུང་གོའི་བོད་རིག་པ》2017. 3

ལང་ཏྲུའི་གྲོས་མོལ་དང་དེའི་ལོ་རྒྱུས་ཀྱི་དོན་སྙིང་།

ཀྲང་ཡུན་གྱིས་བརྩམས། སྐལ་བཟང་འཚོས་བསྒྱུར། 《ཀྲུང་གོའི་བོད་རིག་པ》2017. 4

ལོ་རྒྱུས་ཡིག་རྙིང་དུ་འཁོད་པའི་རྗེ་ལ་སྟེ་བ་གཉའ་ཁྲི་བཙན་པོ་ཞེས་པའི་སློག་འགྲེལ།

ལ་ལི་ཏ། 《ཀྲུང་གོའི་བོད་རིག་པ》2017. 4

ཙོང་ཁ་རྒྱལ་རབས་ཚུགས་སྐབས་ཀྱི་རྫོ་ཐང་དཔོན་པོ་ཆེའི་རགས་དཔྱད།

ཁ་བོ་མཁའ་འབུམ། 《མཚོ་སྔོན་མི་རིགས་སློབ་ཆེན་རིག་དེབ》2017.4

བཙན་པོ་ཁྲི་སྲོང་ལྡེ་བཙན་སྐབས་ཀྱི་རྫོ་རིང་ལས་བྱུང་བའི་ཨི་ལྡན་གྱི་རྣམ་དབྱེའི་དཔྱད་ཞིབ།

སྒོག་ཏུ་གནམ་ལྷ་ཚེ་རིང་། 《མཚོ་སྔོན་མི་རིགས་སློབ་ཆེན་རིག་དེབ》2017.4

བོད་ཀྱི་ཆོས་འབྱུང་ལོ་རྒྱུས་ཁག་ཏུ་འཁོད་པའི་གོ་དན་གྱི་མཚན་གྱི་བསྒྱུར་ལུགས་དང་མཚན་གྱི་རྣམ་གྲངས་ལ་དཔྱད་པ། **སྐལ་བཟང་དར་རྒྱས།** 《ཀྲུང་གོའི་བོད་རིག་པ》2017.4

ཞང་ཁྲི་སུམ་རྗེ་དང་བོད་བཙན་པོའི་དུས་ཀྱི་གཙུག་ལག་ཁང་འགའི་དཔྱད་པ།

གཡུ་རྫོག་པདྨ་དབང་རྒྱལ། 《མཚོ་སྔོན་མི་རིགས་སློབ་ཆེན་རིག་དེབ》2017.3

སྐྱུར་མོ་ལུང་ལྷ་མོའི་རྒྱལ་ཁབ་རིམ་པའི་རྒྱུན་འཛིན་པ་བསྟན་དར་ལགས་ཀྱི་ངོ་སྤྲོད་ཉིང་བསྡུས།

ནོར་བཟང་། 《གངས་ལྗོངས་རིག་གནས》2017.3

དུས་རབས་ཀྱི་མིག་དཔེ་བློ་མཐུན་སྐལ་བཟང་ལགས།

ཟླ་མཚོ་སྐྱིད། 《རྩེར་སྙེག》2017.3

དམངས་ལ་བློ་སེམས་དཀར་བའི་གུང་ཁྲན་ཏང་ཡོན་བློ་མཐུན་རྒྱ་མཚོ།

དཔལ་ཆེན་རྡོ་རྗེ། 《རྩེར་སྙེག》2017.4

ཏུན་ཧོང་ཡིག་རྙིང་གི་སྐོར།

ཏུན་ཧོང་ཡིག་རྙིང་P. T. 1257ལས་བྱུང་བའི་དཔལ་དབྱངས་ཞེས་པར་དཔྱད་པ།

ཁ་བོ་རབ་བརྟན། 《ཀྲུང་གོའི་བོད་རིག་པ》2017.2

ཏུན་ཧོང་ཡིག་རྙིང་ཁྲོད་ཀྱི་ཤགས་ཀྱི་རིག་གནས་ལ་དཔྱད་པ།

པདྨ་ཚེ་བརྟན། 《ཀྲུང་གོའི་བོད་རིག་པ》2017.2

ཏུན་ཧོང་བོད་ཡིག་ཡིག་རྙིང་ཁྲོད་བཞུགས་པའི་ཤེས་རབ་སྙིང་པོའི་ཤོག་དྲིལ་སྐོར་ལ་ཚེ་སོང་དུ་དཔྱད་པ། **ནོར་བུ་དབང་ལྡན།** 《ཀྲུང་གོའི་བོད་རིག་པ》2017.2

ཕྲ་རན་སིར་ཉར་བའི་ཏུན་ཧོང་ཡིག་རྙིང་ལས་བྱུང་བའི་གསེར་འོད་ཟ་སྒྲའི་ཤོག་ཧྲུལ་ལ་དཔྱད་པ།

རྟ་མགྲིན། 《ཀྲུང་གོའི་བོད་རིག་པ》2017.2

ཕྲ་རན་སིར་ཉར་བའི་ཏུན་ཧོང་ཡིག་རྙིང་ལས《དགོངས་ལྡེམ་དགོངས་ཀྱི་རྣམ་གཞག》ཅེས་པར་དཔྱད་པ། **བླ་ནག་པ་ཡེ་ཤེས་བཟང་པོ།** 《བོད་ལྗོངས་ཞིབ་འཇུག》2017.1

ཏུན་ཧོང་ཡིག་རྙིང་ཁྲོད་ཀྱི་གན་རྒྱའི་ཡིག་ཆའི་སྐོར་ལ་རགས་ཙམ་དཔྱད་པ།

སྒྲོལ་མ་ཚེ་རིང་། 《བོད་ལྗོངས་ཞིབ་འཇུག》2017.2

ཕྲ་རན་སིར་ཉར་བའི་ཏུན་ཧོང་བོད་ཡིག་ཡིག་ཆ་ལས་དམངས་ཁྲོད་སྒྲོད་ཡིག་གི་རིགས་དབྱེ་སྐོར་

དམངས་སྲོལ་ཀྱི་སྐོར།

རྒྱང་འཁོར་ཚེ་ཕུན། 《ཀྲུང་གོའི་བོད་རིག་པ》2017. 2

ཇོ་བོ་རྗེའི《རོ་སྙིག་གི་ཚིག》ཞེས་པ་ལས་འཕྲོས་ཏེ་བོད་ཀྱི་ཕྱུར་སྦྱོང་གི་སྐོར་ལ་དཔྱད་པ།

མཁའ་འབུམ་རྒྱལ། མགོན་པོ་ཚེ་རིང་། 《བོད་ལྗོངས་ཞིབ་འཇུག》2017. 2

མིའི་རིགས་ཀྱི་གྲོགས་པོ།བོད་རིགས་ཀྱི་གཅེས་ནོར། ——གླིང་སྒྲུང《ཞེ་ཡུའི་ཁྲི་རྫོང》ནང་གི་ཁྲིའི་བཤད་པ་དང་འབྲེལ་ཏེ་བོད་ཁྲིའི་རིག་གནས་སྐོར་གླེང་བ།

རྒྱང་འཁོར་ཚེ་ཕུན། 《བོད་ལྗོངས་ཞིབ་འཇུག》2017. 2

དབུས་གཙང་ཁུལ་གྱི་གཉེན་སྟོན་ལས་བསུ་སྐྱེལ་བྱེད་སྟོའི་སྐོར་གླེང་བ།

རྒྱང་འཁོར་ཚེ་ཕུན།མིག་དམར་ལྷ་མོ། 《བོད་ལྗོངས་སྒྱུ་རྩལ་ཞིབ་འཇུག》2017. 1

སྟོད་ལུང་རྩམ་པ།

ཟེར་གྲོལ། 《གངས་ལྗོངས་རིག་གནས》2017. 1

བོད་པའི་རོལ་རྩེད་ཤོའི་བྱུང་བ་དང་དེའི་མཚོན་དོན་ལ་དཔྱད་པ།

པ་སངས་པན་ཐོགས། 《གངས་ལྗོངས་རིག་གནས》2017. 2

བོད་ལྗོངས་ལྷོ་ཁ་གྲོང་ཁྱེར་གྱི་མོན་པའི་དངོས་མེད་རིག་གནས་ཤུལ་བཞག་སྲུང་སྐྱོབ་ལས་དོན་སྐོར་རགས་ཙམ་གླེང་བ། བག་རྡོ། 《གངས་ལྗོངས་རིག་གནས》2017. 2

གཞིས་རྩེའི་ཞིང་ཁུལ་གྱི་བཟའ་གསུམ་གཉེན་སྲོལ་སྐོར་ལ་རགས་ཙམ་གླེང་བ།

ཚང་བདག《བོད་ཀྱི་དམངས་སྲོལ་རིག་གནས》2017. 2

ཤར་པའི་དམངས་སྲོལ་ལས་འདྲེན་ཐང་ཁུལ་གྱི་དམངས་སྲོལ་ཁག་གཅིག་གླེང་བ།

ཕུན་ཚོགས་ཡོན་ཏན། 《བོད་ཀྱི་དམངས་སྲོལ་རིག་གནས》2017. 2

མདོ་སྨད་བྱ་མདོ་བོན་སྐོར་སྡེ་བའི་བྱིས་པའི་བང་སྐྲ་ལེན་སྟངས་སྐོར་ལ་རགས་ཙམ་དཔྱད་པ།

པད་མ་རྒྱལ། 《བོད་ཀྱི་དམངས་སྲོལ་རིག་གནས》2017. 2

གྲངས་ཀ་བདུན་དང་འབྲེལ་བའི་རིག་གནས་ཀྱི་མཐའ་ལ་དཔྱད་པ།

ཉིང་འཛིན་རྒྱལ། 《བོད་ཀྱི་དམངས་སྲོལ་རིག་གནས》2017. 2

བོད་ཀྱི་དུར་ལས་སྐོར་རགས་ཙམ་གླེང་བ།

སྐར་མ་མཚོ། 《བོད་ཀྱི་སློབ་གསོ》2017. 3

བླ་བྲང་ལྷ་སྡེ་ཁོ་ཚེའི་གཟུ་སྟོན་མདོ་ཙམ་བཤད་པ།

ཟམ་ཚ་ཚེ་རིང་དོན་གྲུབ། 《ཀན་ལྷོའི་མི་རིགས་རིག་གནས་ཞིབ་འཇུག》2017. 1

བོད་མིའི་དམ་བཅའ་ལས་མཚོན་པའི་རིག་གནས་སྣང་ཚུལ་སྐོར་གླེང་བ།

བན་དེ་མཁར། 《རྩེར་སྙེག》2017. 2

ཀན་ལྷོ་རྨ་ཆུའི་གཉེན་སྲོལ་ལས་རྟེན་འབྲེལ་ལ་བརྟག་ཚུལ་རགས་ཙམ་གླེང་བ།

འབྲི་གུང་ཁུལ་གྱི་བྱིས་པ་གསོ་སྐྱོང་སྐོར་གྱི་སྲོལ་རྒྱུན་གོམས་སྲོལ་ལ་དཔྱད་པ།

ཚེ་སྒྲོན། 《ཐང་རྒྱན་མེ་ཏོག》2017.3

རིག་གནས་ཀྱི་སྐོར།

བོད་ཀྱི་སྲོལ་རྒྱུན་ཤེས་རིག་ལས་དུས་ཀྱི་རྣམ་གཞག་འཛོག་ཚུལ་ལ་རགས་ཙམ་དཔྱད་པ།

མགོན་པོ་བཀྲ་ཤིས། 《ཀྲུང་གོའི་བོད་རིག་པ》2017.1

ད་རྒྱའི་གསར་འགྱུར་རྩོམ་སྒྲིག་དང་ཚགས་པར་གསར་འགྱུར་རྩོམ་སྒྲིག་སྐོར་རགས་ཙམ་གླེང་བ།

ཚེ་རིང་ཆོས་སྒྲོན། 《གངས་ལྗོངས་རིག་གནས》2017.1

རྩོམ་སྒྲིག་འགན་འཁུར་པའི་འགན་ཁུར་སྐོར་མདོ་ཙམ་བརྗོད་པ།

སྟག་འབུམ་ཐར། 《བོད་ཀྱི་སློབ་གསོ》2017.3

རྩོམ་སྒྲིག་དཔེ་སྐྲུན་ཁྲིད་གནས་པའི་གནད་དོན་འགའ་ཞིག་གླེང་བ།

འཇམ་དབྱངས་མཁའ་འགྲོ་ཚེ་རིང་། 《མཚོ་སྔོན་མི་རིགས་སློབ་ཆེན་རིག་དེབ》2017.2

དཔེ་བསྒྱུར་སྐོར་རགས་གླེང་།

དཔལ་འཛོམས། 《བོད་ལྗོངས་སློབ་གྲྭ་ཆེན་མོའི་རིག་དེབ》2017.2

བོད་སྐད་སྙན་སྒྲོན་གྱི་སྒྲའི་འབྱིན་ལུགས་སྐོར་རགས་ཙམ་གླེང་བ།

འབྲུག་མོ་རྒྱལ། 《རྩེ་ར་སྙེག》2017.1

སྙན་སྒྲོན་པའི་སྐད་ཆའི་ཁྲིད་ཀྱི་རྗེས་འཇུག་གི་སྒྲའི་འགྱུར་ཚུལ་རབ་ཙམ་གླེང་བ།

ཚེ་རིང་སྒྲོལ་མ། 《རྩེ་ར་སྙེག》2017.1

བོད་སྐད་སྒྱུན་བྱེད་ཀྱིས་མཚོ་སྔོན་བོད་ཁུལ་དུ་སྐད་ཆའི་ཤན་ཤུགས་ཐེབས་པར་རགས་ཙམ་གླེང་བ།

ཁྲིན་སི་ཡན། 《རྩེ་ར་སྙེག》2017.1

ཨ་མདོ་བོད་སྐད་རླུང་འཕྲིན་འཕེལ་རིམ་སྐོར་གྱི་བསམ་གཞིག

དབྱངས་ཅན། 《རྩེ་ར་སྙེག》2017.2

བོད་ཀྱི་ཇའི་རིག་གནས་དང་དེའི་སྐོར་གྱི་བསམ་གཞིག

ནོར་བུ་ཚེ་རིང་། 《ཀྲུང་གོའི་བོད་རིག་པ》2017.4

གྲངས་གཞིའི་དཔེ་མཛོད་ཁང་དང་སྲོལ་རྒྱུན་དཔེ་མཛོད་ཁང་གི་ཁྱད་པར་ལ་ཅུང་ཟད་དཔྱད་པ།

སྤེན་པ་པན་ཐོགས། 《གངས་ལྗོངས་རིག་གནས》2017.3

ད་བའི་རྩོམ་སྒྲིག་པའི་བྱང་ཚད་གོང་མཐོར་གཏོང་བའི་སྐོར་རགས་ཙམ་གླེང་བ།

ཚེ་བརྟན་རྡོ་རྗེ། 《གངས་ལྗོངས་རིག་གནས》2017.3

རྒྱང་སྒྲོག་བརྙན་འཕྲིན་གྱིས་དམངས་སྲོལ་རིག་གནས་བརྒྱུད་སྤེལ་བྱ་ཐབས་ཅུང་ཟད་གླེང་བ།
མིག་དམར་རྒྱལ་པོ། 《བོད་ཀྱི་དམངས་སྲོལ་རིག་གནས》2017.3

ཀོང་པོའི་བེ་ཤུའི་ལོ་རྒྱུས་དང་བཟོ་རྩལ་གྱི་ཁྱད་ཆོས་སྐོར་ལ་རགས་ཙམ་གླེང་བ།
འབའ་ལུགས། 《བོད་ལྗོངས་སློབ་གསོ》2017.4

མཚོ་སྔོན་བོད་སྐད་རླུང་བརྙན་འཕྲིན་གྱི་ད་ལྟའི་གནས་ཚུལ་དང་མ་འོངས་འཕེལ་ཕྱོགས་ཐད་ཀྱི་བསམ་ཚུལ། ལྷུགས་ཐར་རྒྱལ། 《མཚོ་སྔོན་མི་རིགས་སློབ་ཆེན་རིག་དེབ》2017.3

བོད་ཀྱི་རྩོམ་རིག་དུས་དེབ་ལས་པར་ཞུས་སྤུས་ཀའི་གནད་དོན་ཐད་ཀྱི་བསམ་གཞིག
བཀྲ་ཤིས་དོན་གྲུབ། 《རྩེར་སྙེག》2017.3

བོད་ཀྱི་རིག་གནས་དར་སྤེལ་ཁྲིད་བརྙན་འཕྲིན་གྱི་ནུས་པ་རགས་ཙམ་གླེང་བ།
ལྷུགས་ཐར་རྒྱལ། 《རྩེར་སྙེག》2017.4

བོད་ཀྱི་ན་ཆུང་བྱིས་པའི་དཔེ་ཚའི་རྩོམ་ཞུས་སྤུས་ཀ་མཐོར་འདེགས་གཏོང་ཐབས་སྐོར་གླེང་བ།
བསོད་ནམས་བཀྲ་ཤིས། 《རྩེར་སྙེག》2017.4

སློབ་གསོའི་སྐོར།

དེ་སྔའི་རྩེ་རིག་གནས་སློབ་གྲྭའི་སྐོར་རགས་ཙམ་གླེང་བ།
ཚེ་རིང་སྒྲོལ་མ། 《བོད་ལྗོངས་ཞིབ་འཇུག》2017.1

བློ་སྦྱོང་བའི་གཏམ་པདྨ་དཀར་པོའི་འཁྲི་ཤིང་།
རྗེ་བཙུན་ཤེས་རབ་རྒྱ་མཚོ། 《གངས་ལྗོངས་རིག་གནས》2017.2

སློབ་སྟོན་སློབ་གསོར་སྣ་མང་རིག་གནས་སློབ་གསོ་གཏོང་ཐབས་སྐོར་གྱི་ཐོག་མའི་གཏམ།
ལྷུགས་འཚོ། 《གངས་ལྗོངས་རིག་གནས》2017.2

བོད་ཀྱི་གསོ་རིག་ལས་བསྟན་པའི་མི་ཆོས་སློབ་གསོ་སྐོར་གླེང་བ།
ཆོས་དབྱིངས་རང་གྲོལ། 《མི་རིགས》2017.2

མིག་སྔའི་ནག་ཆུའི་སློབ་གསོའི་ཁྲོད་འགན་འཁྲི་ལེགས་ཁུར་མ་བྱུང་བའི་གནད་དོན་སྐོར་རགས་ཙམ་གླེང་བ། བསྟན་ཆོས། 《བོད་ལྗོངས་སློབ་གསོ》2017.1

རང་སྐྱོང་ལྗོངས་ཀྱི་ཀྲུའུ་ཞི་ཆེ་དགྲ་ལྷས2017ལོའི་ལྗོངས་ཡོངས་ཀྱི་སློབ་གསོའི་ལས་དོན་ཚོགས་འདུའི་ཐོག་གནང་བའི་གལ་ཆེའི་གསུང་བཤད་གནད་བསྡུས།
འདི་ག་རྩོམ་སྒྲིག་ཁང་། 《བོད་ལྗོངས་སློབ་གསོ》2017.2

ཁྲིམ་ཚང་སློབ་གསོ་ལས་དུ་ཕྲུག་གི་ཀུན་སྤྱོད་མཐོར་འདེགས་སྐོར་རགས་ཙམ་གླེང་བ།

ཚུང་བདག《བོད་ལྗོངས་སློབ་གསོ》2017. 2

གྲོང་ཁྱེར་གྱི་བོད་རིགས་བྱིས་པ་རྣམས་རང་གི་སྐད་ཡིག་ལ་དང་ཞེན་ཆུང་བའི་རྒྱུ་རྐྱེན་སྐོར་གླེང་བ།

དཔའ་མོ་སྐྱིད། རྡོ་རྡོ། 《བོད་ལྗོངས་སློབ་གསོ》2017. 2

བོད་ཀྱི་སྲོལ་རྒྱུན་སློབ་གསོ་རིག་པ་ལས་དགེ་སློབ་ཀྱི་མཚན་ཉིད་ལ་དཔྱད་པ།

སྐལ་བཟང་ལྷུན་གྲུབ། 《བོད་ལྗོངས་སློབ་གསོ》2017. 2

བོད་ཁུལ་གྱི་སྐད་གཉིས་སློབ་གསོའི་གནས་བབ་ལ་རྟོག་དཔྱོད་བྱས་པ།

སུམ་ཧྲ་དོན་གྲུབ་ཚེ་རིང་། 《བོད་ཀྱི་སློབ་གསོ》2017. 1

བོད་ཁུལ་གྱི་སྐད་གཉིས་སློབ་གསོའི་རྨང་གཞི་འཛུགས་སྐྲུན་སྐོར་བརྗོད་པ།

སུམ་ཧྲ་དོན་གྲུབ་ཚེ་རིང་། 《བོད་ཀྱི་སློབ་གསོ》2017. 2

མི་རིགས་སློབ་གྲྭ་ཆེན་མོའི་སློབ་མ་རྣམས་ཀྱི་སྐྱོན་ཡོན་ལ་གཞིགས་ནས་སློབ་མའི་ཕུགས་བསམ་གཏན་འདུན་རྟག་བརྟན་དུ་གཏོང་ཐབས་ཕྲན་ཙམ་བརྗོད་པ།

ལྷ་རྒྱལ་ཚེ་རིང་། 《ནུབ་བྱང་མི་རིགས་སློབ་ཆེན་རིག་དེབ》2017. 1

བོད་ཀྱི་བྱིས་སྐྱོང་སློབ་གསོའི་སྐོར་གྱི་བསམ་གཞིག

ཙག་པ་ཀུན་བཟང་རྡོ་རྗེ། 《མཚོ་སྔོན་མི་རིགས་སློབ་ཆེན་རིག་དེབ》2017. 2

དུས་སྐབས་གསར་པའི་མི་རིགས་སློབ་ཆེན་གྱི་སློབ་མར་ཆབ་སྲིད་བསམ་བློའི་བྱ་བ་གཏོང་ཐབས་ཐད་ཀྱི་བསམ་ཚུལ།

ཚེ་རིང་རྡོ་རྗེ། 《རྩེར་སྣེག》2017. 2

ཀུན་སྤྱོད་ཀྱི་སྐོར་མདོར་བསྡུས།

རྡོ་དགོན་གསང་བདག་རྡོ་རྗེ། 《སྤང་རྒྱན་མེ་ཏོག》2017. 1

བླ་མའི་འཛིག་རྟེན་གྱི་རྩོད་རྙོག

ཡེ་ཤེས། 《སྤང་རྒྱན་མེ་ཏོག》2017. 1

སློབ་ཆུང་སློབ་མར་ཀུན་སྤྱོད་སློབ་གསོ་གཏོང་སྟངས་སྐོར་རགས་ཙམ་གླེང་བ།

བསོད་ནམས་དཔལ་སྒྲོན། 《གངས་ལྗོངས་རིག་གནས》2017. 1

སློབ་ཆུང་སློབ་མའི་བོད་ཡིག་ཡིག་གཟུགས་སློབ་ཁྲིད་སྐོར་གྱི་བསམ་ཚུལ།

མཐུ་སྟོབས། 《གངས་ལྗོངས་རིག་གནས》2017. 1

གླུ་གཞས་ལ་བརྟེན་ནས་སློབ་ཆུང་སློབ་མར་བོད་ཡིག་སྦྱོང་བའི་སྤྲོ་སེམས་སྐུལ་བ་བྱེད།

ཀུང་ཡན། 《མི་རིགས》2017. 1

སློབ་ཆུང་སློབ་མས་བོད་ཡིག་སྦྱོང་འདོད་ཀྱི་སྤྲོ་སེམས་སློང་ཐབས་སྐོར་ཅུང་ཟད་གླེང་བ།

ཚེ་རིང་ཆོས་སྒྲོན། 《མི་རིགས》2017. 2

རྒྱ་བོད་ལོ་ཙཱའི་སློབ་ཁྲིད་ཁྲོད་ལྷག་པའི་གནད་དོན་དང་དེ་དག་སེལ་ཐབས་སྐོར།

རོབ་ཙམ་གླེང་བ། དཀོན་མཆོག་སྐྱབས། 《བོད་ཀྱི་སློབ་གསོ》2017. 1

བོད་རིགས་སློབ་འབྲིང་སློབ་མའི་སློབ་ཐབས་ལ་ཅུང་ཙམ་དཔྱད་པ།

རྣ་སྒྲོལ་དཀར་སྐྱབས། འཕགས་པ་སྐྱབས། 《བོད་ཀྱི་སློབ་གསོ》2017. 1

བསླབ་ཚན་གསར་པ་ལེགས་བཅོས་ལས་སློབ་ཁྲིད་བདག་དམ་ལམ་ལུགས་བཅོས་སྒྱུར་དང་སློབ་ཁྲིད་ལ་དཔྱད་འཛོག་བྱེད་ཚུལ་སྐོར་གླེང་བ།

ལྷ་མཁར་ཚེ་རིང་། 《བོད་ཀྱི་སློབ་གསོ》2017. 2

སློབ་གྲྭ་ཆུང་འབྲིང་གི་སློ་དབྱངས་སློབ་ཁྲིད་ཁྲོད་དུ་དམངས་གླུའི་སློབ་ཁྲིད་ལ་དོ་སྣང་བྱ་དགོས་པའི་བསམ་གཞིག རིན་ཆེན་སྐྱིད། 《བོད་ཀྱི་སློབ་གསོ》2017. 3

མཐོ་འབྲིང་བོད་སྐད་ཡིག་སློབ་ཁྲིད་ཁྲོད་ཀྱི་སྐད་ཆའི་སྒྱུ་རྩལ་སྐོར་གླེང་བ།

དོན་འགྲུབ། 《བོད་ཀྱི་སློབ་གསོ》2017. 3

བོད་ཡིག་གི་སློབ་ཁྲིད་བྱེད་ཐབས་དྲུག

སྟོན་པ། 《བོད་ཀྱི་སློབ་གསོ》2017. 3

《ཧ་》ཞེས་པའི་སློབ་ཚན་གྱི་རྩོམ་རིག་གི་སྒྱུ་རྩལ་ཁྱད་ཆོས་སྐོར་གླེང་བ།

སངས་རྒྱས་བཀྲ་ཤིས། 《བོད་ཀྱི་སློབ་གསོ》2017. 3

འཆམ་མཐུན་གྱི་དགེ་སློབ་འབྲེལ་བའི་གལ་ཆེན་རང་བཞིན་དང་དེ་འཛུགས་སྐྲུན་བྱེད་ཐབས།

དབང་ཆེན་ཚེ་རིང་། 《བོད་ཀྱི་སློབ་གསོ》2017. 3

བོད་རྒྱ་སྐད་གཉིས་འཆད་ཁྲིད་ལེགས་ཉེས་དབྱེ་འབྱེད་ལས་བརྩམས་པའི་འཆར་སྣང་།

དབང་གྲགས་ཚེ་རིང་། 《བོད་ཀྱི་སློབ་གསོ》2017. 3

དགེ་རྒན་གྱི་ཚད་གཞི་གླེང་བ།

བན་ཟུལ་གདུགས་དཀར་རྒྱལ། 《བོད་ཀྱི་སློབ་གསོ》2017. 3

བོད་ཀྱི་ཨང་གཞི་སློབ་གསོའི་འཕེལ་རྒྱས་ཐད་ཀྱི་བསམ་གཞིག་ཕྲན་བུ།

ཚེ་འདུམ་རྒྱལ། 《བོད་ཀྱི་སློབ་གསོ》2017. 3

བོད་ཀྱི་སྲོལ་རྒྱུན་རིག་གནས་རྒྱུན་འཛིན་དར་སྤེལ་བྱ་དགོས།

འདུམ་ཐར་ཚེ་རིང་། 《བོད་ཀྱི་སློབ་གསོ》2017. 3

བོད་ཀྱི་སྐད་ཡིག་འཛིན་སྐྱོང་སྤེལ་གསུམ་ཇི་ལྟར་བྱེད་པ།

བསོད་ནམས་ཉི་མ། 《བོད་ཀྱི་སློབ་གསོ》2017. 3

དགེ་རྒན་གྱི་ལས་རིགས་ནི་སུ་ཞིག་གི་གཉེར་བྱ་ཡིན།

ཆོས་འཁོར་ཚེ་དཔལ་སྐྱབས། 《བོད་ཀྱི་སློབ་གསོ》2017. 3

བོད་ཀྱི་སློབ་གྲྭའི་སློབ་གསོའི་སྐོར་རོབ་ཙམ་གླེང་བ།

ཚེ་མགོན་རྒྱལ། 《བོད་ཀྱི་སློབ་གསོ》2017. 3

ཕ་མས་དུས་རྒྱུན་བྱིས་པར་རྩེད་རོགས་བྱ་དགོས་པའི་སྐོར་གྱི་བསམ་གཞིག

མཁའ་འགྲོ་མཚོ། 《བོད་ཀྱི་སློབ་གསོ》2017. 3

ཆུང་འབྲིང་སློབ་མའི་གནས་ཚུལ་ཇི་ལྟར་རྒྱུས་ལོན་བྱ་དགོས་པའི་སྐོར་གླེང་བ།

སྟག་ལྷ་འབུམ། 《བོད་ཀྱི་སློབ་གསོ》2017. 3

སློབ་གྲྭ་ཆུང་འབྲིང་གི་བོད་ཡིག་དགེ་རྒན་ལ་ཚང་དགོས་པའི་ཆ་རྐྱེན་འགའ།

ལྷུགས་བྱམས་རྒྱལ། 《བོད་ཀྱི་སློབ་གསོ》2017. 3

སློབ་ཆུང་སློབ་མའི་སྐད་ཡིག་སློབ་སྦྱོང་གི་སྤྲོ་སྣང་འཕེལ་ཐབས་སྐོར་གླེང་བ།

སྙིང་མོ་ཚེ་རིང་། 《བོད་ཀྱི་སློབ་གསོ》2017. 3

སློབ་ཆུང་སློབ་མའི་བསམ་གཞིག་གི་ནུས་པ་སོགས་སྐྱེད་སྲིང་བྱ་དགོས་པའི་སྐོར་གླེང་བ།

ཕག་མོ་སྒྲོལ་མ། 《བོད་ཀྱི་སློབ་གསོ》2017. 3

མཐོ་རྒྱུགས་སྐད་ཡིག་གི་རྒྱུགས་གཞིའི་དཔྱད་པ།

ལྷ་མཚོ་སྒྲོལ་མ། 《བོད་ཀྱི་སློབ་གསོ》2017. 3

སློབ་གསེང་བྱ་འགུལ་གྱི་ཕན་ནུས་གླེང་བ།

ཚེ་སྐྱབས་རྒྱལ། 《བོད་ཀྱི་སློབ་གསོ》2017. 3

སློབ་མའི་སློབ་སྦྱོང་གི་སྤྲོ་བ་སློང་ཐབས་གླེང་བ།

གཡུང་དྲུང་བསོད་ནམས། 《བོད་ཀྱི་སློབ་གསོ》2017. 3

འཛིན་གྲྭ་དང་འཛིན་བདག་གི་སྐོར་གླེང་བ།

ཁ་བོ་འཚོ། 《བོད་ཀྱི་སློབ་གསོ》2017. 3

སློབ་མའི་རྩོམ་འབྲིའི་ནུས་པ་ཇི་ལྟར་མཐོར་འདེགས་སུ་གཏོང་བ།

སྐྱབས་ཚང་ཨོ་རྒྱན་སྒྲུང་། 《བོད་ཀྱི་སློབ་གསོ》2017. 3

ཚད་ལྡན་གྱི་འཛིན་བདག་ཅིག་ཇི་ལྟར་བྱ་དགོས།

འབྲུག་མོ་སྐྱིད། 《བོད་ཀྱི་སློབ་གསོ》2017. 3

བོད་ཀྱི་མཐོ་རིམ་སློབ་གསོའི་བསླབ་གཞི་བཅོས་སྒྱུར་སྐོར་གྱི་བསམ་གཞིག

བློ་བཟང་དོན་འགྲུབ། སེང་གཞུང་སྙིང་བྱམས་རྒྱལ། 《རྩེར་སྙེག》2017. 2

བོད་ཀྱི་སྲོལ་རྒྱུན་ལུས་རྩལ་རིག་གནས་ཀྱི་ཁྱད་ཆོས་སྐོར་གླེང་བ།

དབང་ཆེན་ཚེ་རིང་། 《རྩེར་སྙེག》2017. 1

སློབ་ཆུང་དུ་ཀུན་སྤྱོད་སློབ་གསོ་སྤེལ་སྐབས་དོན་གསུམ་ལ་གཙིགས་ཆེན་བྱ་དགོས།

ཡེ་ཤེས་བསྟན་འཛིན། 《བོད་ལྗོངས་སློབ་གསོ》2017. 3

《ཁ་ཆེ་ཕ་ལུ་》དང་《སློབ་བུའི་བསླབ་བྱ་》ཞེས་པ་ལས་ཕ་མའི་བཀའ་དྲིན་ཇི་ལྟར་གཞལ་དགོས་པའི་བསླབ་བྱའི་སྐོར་རགས་ཙམ་གླེང་བ།

ངག་དབང་རིག་འཛིན། 《བོད་ལྗོངས་སློབ་གསོ》2017.3

བོད་ཀྱི་གནའ་དེང་སློབ་གསོའི་ཁྲོད་ཀྱི་དགེ་རྒན་གྱི་མཚན་ཉིད་སྐོར་གླེང་བ།

ཕྲིན་རྡོད། 《བོད་ལྗོངས་སློབ་གསོ》2017.3

སློབ་ཆུང་དུ་ཁྲིམ་ཚང་སློབ་གསོ་དང་སློབ་གྲྭའི་སློབ་གསོ་བར་གྱི་འབྲེལ་བ་ཐག་གཅོད་ཇི་ལྟར་བྱ་དགོས་མིན་སྐོར། བསོད་ནམས་རྒྱལ་པོ། 《བོད་ལྗོངས་སློབ་གསོ》2017.4

རང་ལྗོངས་སུ་འབྲིང་རིམ་ལས་རིགས་སློབ་གསོ་ཇི་ལྟར་གཉེར་ཕྱོགས་ཐད་ཀྱི་ལྟ་ཚུལ་ཕྲན་བུ་གླེང་བ། བསྟན་འཕེལ། 《བོད་ལྗོངས་སློབ་གསོ》2017.4

སློབ་གསོ་ནི་མི་རིགས་ཤིག་གི་བླ་སྲོག་རེད།

རྒྱལ་མོ་འབྲུག་པ། 《བོད་ཀྱི་སློབ་གསོ》2017.4

ཕྱིར་བལྟས་ཤུལ་ལམ་དཀའ་སྟུག་ཆེ་ན་ཡང་། །ཕྱོན་བལྟས་མདུན་ལམ་ཡངས་པོ་བརྟན་ལ་བྲེལ། །
——《བོད་ཀྱི་སློབ་གསོ་》སྤེལ་ནས་ལོ་འཁོར་དྲུག་ཅུ་ལོན་པའི་རྗེས་དྲན་དུ།

ནོར་བུ་ཚེ་རིང་། 《བོད་ཀྱི་སློབ་གསོ》2017.4

《བོད་ཀྱི་སློབ་གསོ་》དང་འབྲེལ་ནས་གླེང་པའི་གཏམ་ཐོར་བུ།

དོར་ཞི་གདོང་དྲུག་སྙེམས་བློ། 《བོད་ཀྱི་སློབ་གསོ》2017.4

བོད་རྒྱ་སྐད་གཉིས་མཐོ་རིམ་སློབ་གསོའི་སྐོར་གྱི་བསམ་གཞིག་དང་ལག་ལེན།

སྟོང་སྐར་ཚེ་རིང་ཐར། 《བོད་ཀྱི་སློབ་གསོ》2017.4

ཕྲུ་གུའི་ལུས་སེམས་འཕེལ་རྒྱས་ཀྱི་ཆོས་ཉིད་དང་བོད་ཁུལ་གྱི་སློབ་ཐོན་སློབ་གསོ།

ས་ཡུལ་ཁྲི་བོ་རྒྱལ་མཚན། 《བོད་ཀྱི་སློབ་གསོ》2017.4

ཕྲུ་གུའི་ལུས་སེམས་འཕེལ་རྒྱས་ཀྱི་ཆོས་ཉིད་དང་བོད་ཁུལ་གྱི་སློབ་ཐོན་སློབ་གསོ།

ས་ཡུལ་ཁྲི་བོ་རྒྱལ་མཚན། 《བོད་ཀྱི་སློབ་གསོ》2017.5

གཞི་རིམ་སློབ་ཐོན་སློབ་གསོའི་ལྟ་ཞིབ་དང་བསམ་གཞིག

གཅན་རོང་བསྟན་འཛིན། 《བོད་ཀྱི་སློབ་གསོ》2017.5

རྗེ་མཉམ་མེད་བླ་མ་དང་ཡོང་གི་སློབ་གསོའི་བསམ་བློ——རྗེ་རིན་པོ་ཆེའི་རྣམ་ཐར་ལ་མཇལ་རྗེས། ཧེ་ཤུལ་བསྟན་པ་འབྲུག་གྲགས། 《བོད་ཀྱི་སློབ་གསོ》2017.5

བོད་རིགས་སློབ་ཆེན་སློབ་མའི་ལས་སྒོ་གསར་འཚོལ་གྱི་འདུ་ཤེས་དང་མིག་སྔའི་གནས་བབ་རོབ་ཙམ་གླེང་བ། དཔལ་ཆེན་རྡོ་རྗེ། 《མཚོ་སྔོན་མི་རིགས་སློབ་ཆེན་རིག་དེབ》2017.3

བོད་ཀྱི་ཁྲིམ་ཚང་སློབ་གསོའི་གལ་ཆེན་རང་བཞིན་སྐོར་རགས་ཙམ་གླེང་བ།

སྙམ་སྐྱིད་མཚོ། 《མཚོ་སྔོན་མི་རིགས་སློབ་ཆེན་རིག་དེབ》2017.3

སློབ་ཁྲིད་བཅོས་སྒྱུར་ཁྲོད་ཀྱི་དགེ་སློབ་ཀྱི་འབྲེལ་བའི་སྐོར་གླེང་བ།

ཚོགས་དྲུག《མི་རིགས》2017.3

སློབ་ཁྲིད་གསར་པ་བཅོས་བསྒྱུར་བྱེད་པའི་ནང་ནུས་ལྡན་གྱིས་སློབ་ཁྲིད་བྱེད་པའི་སྐོར་གླེང་བ།

རྣམ་རྒྱལ་སྒྲོལ་མ། 《མི་རིགས》2017.4

སློབ་འབྲིང་སློབ་མའི་རྩོམ་འབྲིའི་ནུས་པ་སྐྱེད་སྲིང་བྱེད་ཐབས་སྐོར་གྱི་བསམ་གཞིག

བཀྲ་ཤིས་བཟང་པོ། 《བོད་ལྗོངས་སློབ་གསོ》2017.3

སློབ་གྲྭ་འབྲིང་ཆུང་ཁག་ཏུ་བོད་ཡིག་ཡིག་གཟུགས་འབྲི་སྦྱོང་བྱེད་ཐབས་ཐད་ཀྱི་བསམ་ཚུལ་ཕྲན་བུ། རྒྱ་མཚོ། 《བོད་ལྗོངས་སློབ་གསོ》2017.3

སློབ་འབྲིང་སློབ་མའི་བོད་སྐད་ཡིག་སློབ་སྦྱོང་གི་གོམས་གཤིས་སྐྱེད་སྲིང་སྐོར་རགས་ཙམ་གླེང་བ།

ཐུབ་བསྟན། 《བོད་ལྗོངས་སློབ་གསོ》2017.3

བོད་ཀྱི་སློབ་ཆུང་དམའ་རིམ་སློབ་མས་གྲངས་རིག་སློབ་སྦྱོང་བྱེད་པའི་གོམས་གཤིས་ཇི་ལྟར་གསོ་སྐྱོང་བྱེད་ཐབས་སྐོར་གླེང་བ། པད་མ་ལྷ་མོ། 《བོད་ལྗོངས་སློབ་གསོ》2017.3

ཡིག་རྙིང་གི་བརྡའི་རྣམ་གཞག་ལས་འཕྲོས་ཏེ་ཚིག་ཕྲད་སློབ་ཁྲིད་ལ་ངེས་པར་དོ་སྣང་བྱ་དགོས་པ་འགའ་ཞིག་ལ་དཔྱད་པ་། རིན་ཆེན་སྒྲོལ་མ། 《བོད་ལྗོངས་སློབ་གསོ》2017.3

དེང་སྐབས་སློབ་གྲྭ་འབྲིང་ཆུང་གི་སློབ་མའི་ཡིག་གཟུགས་འབྲི་སྦྱོང་ཐད་ལྷག་པའི་གནད་དོན་དང་དེའི་སེལ་ཐབས་སྐོར། བསྟན་འཛིན་ལྷུན་གྲུབ། 《བོད་ལྗོངས་སློབ་གསོ》2017.3

སློབ་འབྲིང་བོད་སྐད་ཡིག་བསླབ་གཞིར་འཁོད་པའི་འགྱུར་རྩོམ་སྐོར་རགས་ཙམ་གླེང་བ།

རིན་ཆེན་སྒྲོལ་མ། 《བོད་ལྗོངས་སློབ་གསོ》2017.3

སློབ་ཆུང་སློབ་མའི་སློབ་སྦྱོང་གི་མོས་པ་འཕེལ་ཐབས་སྐོར་རགས་ཙམ་གླེང་བ།

ཟླ་ཆུང་། 《བོད་ལྗོངས་སློབ་གསོ》2017.3

སེམས་དང་སེམས་བྱུང་གི་རྣམ་གཞག་ལས་འཕྲོས་ཏེ་མཐོ་འབྲིང་སློབ་མས་རང་འགུལ་གྱིས་བོད་སྐད་ཡིག་སློབ་སྦྱོང་བྱེད་པའི་ཐབས་ལམ་སྐོར་གླེང་བ།

བསྟན་པ་ཡེ་ཤེས། 《བོད་ལྗོངས་སློབ་གསོ》2017.4

《རིན་པོ་ཆེ་གསུམ་གྱི་གཏམ་གྱི་སྦྱོར་བ་》ཞེས་པའི་སློབ་ཚན་ཁྲིད་སྐབས་དོ་སྣང་བྱ་དགོས་པའི་གནད་དོན་ཕྲན་བུ། བུ་གཞོན། 《བོད་ལྗོངས་སློབ་གསོ》2017.4

སློབ་མའི་དཔེ་ཀློག་གི་གལ་ཆེའི་རང་བཞིན་དང་ཇི་ལྟར་དཔེ་ཀློག་བྱེད་ཐབས་སྐོར་རགས་ཙམ་གླེང་བ། ལྷུགས་འཚོ། 《བོད་ལྗོངས་སློབ་གསོ》2017.4

སློབ་ཆུང་སྐད་ཡིག་ལས་སློབ་ཚན་བསྒྱུར་མའི་གནད་དོན་འགའ་གླེང་བ།

ཡེ་ཤེས་སྒྲོལ་དཀར། 《བོད་ལྗོངས་སློབ་གསོ》2017.4

བོད་ཀྱི་སྲོལ་རྒྱུན་རིག་གནས་ཁྲིད་དགེ་རྒན་གྱི་མཚན་ཉིད་ཇི་ལྟར་བསྟན་ཚུལ་སྐོར་ཙུང་ཟད་གླེང་བ།

དབང་འཛོམས། 《བོད་ལྗོངས་སློབ་གསོ》2017.4

བུ་བཙོལ་ཁང་གི་འཛིན་གྲྭ་ཆེ་བར་གསལ་བྱེད་སུམ་ཙུའི་སློབ་ཁྲིད་བྱེད་ཐབས་ཀྱི་བསམ་གཞིག་ཐོར་བུ།

གནམ་གང་སྒྲོལ་མ། 《བོད་ལྗོངས་སློབ་གསོ》2017.4

བུ་བཙོལ་ཁང་གི་བྱིས་པར་སློབ་ཆུང་ལྟར་གྱི་སློབ་ཁྲིད་བྱེད་པའི་སློབ་གསོའི་སྣང་ཚུལ་དང་དེ་སེལ་ཐབས་སྐོར་རོབ་ཙམ་གླེང་བ།

སྐར་མ་མཚོ། 《བོད་ལྗོངས་སློབ་གསོ》2017.4

འབྲས་རང་མ་དམིགས་པའི་རྟགས་ཀྱི་སློབ་ཁྲིད་ནང་འཇིག་རྟེན་མི་ཆོས་ཀྱི་སློབ་གསོ་ཇི་ལྟར་བྱུང་འབྲེལ་བྱེད་ཐབས་སྐོར།

བཀྲ་ཤིས་ཚེ་བརྟན། 《བོད་ལྗོངས་སློབ་གསོ》2017.5

སློབ་ཁྲིད་ཀྱི་འདུ་ཤེས་ལ་འགྱུར་བ་གཏོང་རྒྱུ་ནི་མིག་སྔའི་སློབ་གསོའི་དོ་གནད་ཅིག་ཏུ་མཐོང་།

ཟླ་དགོས། 《བོད་ལྗོངས་སློབ་གསོ》2017.5

སློབ་ཆུང་སློབ་མའི་རྩོམ་ཡིག་ལ་དཔྱད་གཏམ་ཇི་ལྟར་འབྲི་དགོས་པའི་སྐོར་ཙུང་ཟད་གླེང་བ།

ཉི་ཕན། 《བོད་ལྗོངས་སློབ་གསོ》2017.5

དམའ་འབྲིང་བོད་ཡིག་སློབ་ཁྲིད་ཀྱི་སྤུས་ཚད་ཇི་ལེགས་སུ་གཏོང་བའི་ཐབས་ལམ་འགའ་གླེང་བ།

རྣར་བུ་དགྲ་འདུལ། 《བོད་ལྗོངས་སློབ་གསོ》2017.5

དམའ་འབྲིང་སློབ་མའི་བོད་སྐད་ཡིག་གི་ལྷ་ཀློག་དབྱེ་ཞིབ་ནུས་རྩལ་གོང་མཐོར་གཏོང་ཐབས་ཀྱི་བསམ་གཞིག

ཕུར་བུ་དོན་གྲུབ། 《བོད་ལྗོངས་སློབ་གསོ》2017.5

སློབ་ཆུང་ལོ་རིམ་མཐོ་བའི་བོད་སྐད་ཡིག་སློབ་ཁྲིད་ཁྲིད་གསར་གཏོད་རང་བཞིན་གྱི་སློབ་གསོ་སྤེལ་ཐབས་སྐོར་གླེང་བ།

བསྟན་འཛིན་སྐལ་བཟང་། འཕགས་མོ་དཔལ་ལྡན། 《བོད་ལྗོངས་སློབ་གསོ》2017.5

སློབ་ཆུང་ལོ་རིམ་དང་པོའི་སློབ་མར་བོད་ཡིག་ཡིག་གཟུགས་སློབ་ཁྲིད་བྱེད་ཐབས་ཐད་རགས་ཙམ་གླེང་བ།

ཉི་མ་བསྟན་འཛིན། 《བོད་ལྗོངས་སློབ་གསོ》2017.5

《གཉའ་ཁྲི་བཙན་པོ་ནི་བོད་རང་གི་མི་ཞིག་ཡིན——སྤུར་རྒྱལ་གདུང་རབས་ཀྱི་རྩ་བའི་འབྱུང་ཁུངས་སྐོར་ལ་དཔྱད་པ་》ཞེས་པའི་སློབ་ཚན་གླེང་བརྗོད་བྱེད་ཐབས་སྐོར་ཙུང་ཟད་གླེང་བ།

ཟླ་བཟང་། 《བོད་ལྗོངས་སློབ་གསོ》2017.5

སློབ་ཁྲིད་ཁྲིད་ཀྱི་འཛོམ་བྱའི་གནད་དོན་འགའ་གླེང་བ།

པ་སངས་སྒྲོལ་དཀར། 《བོད་ལྗོངས་སློབ་གསོ》2017.5

སློབ་གྲྭ་ཆུང་འབྲིང་སློབ་མར་བསམ་སྤྱོད་སློབ་གསོ་བྱེད་ཐབས་སྐོར་རགས་ཙམ་གླེང་བ།

ཚེ་རིང་། 《བོད་ལྗོངས་སློབ་གསོ》2017.5

མི་གཤིས་སློབ་གསོའི་གོ་དོན་དང་དེ་དར་སྤེལ་གཏོང་ཐབས་སྐོར་རགས་ཙམ་གླེང་བ།

ཚེ་དབང་བསྟན་འཛིན། 《བོད་ལྗོངས་སློབ་གསོ》2017.5

ཚད་ལྡན་གྱི་འཛིན་གྲྭའི་ཀྲུའུ་རེན་ཞིག་ཇི་ལྟར་བྱ་དགོས་མིན་སྐོར་གླེང་བ།

གཡང་ཁོག་པད་འབྱུང་། 《བོད་ལྗོངས་སློབ་གསོ》2017.5

འཛིན་གྲྭའི་ཀྲུའུ་རེན་གྱིས་ངེས་པར་སྒྲུབ་དགོས་པའི་བྱ་བ་བཞིའི་སྐོར་ཙུང་ཟད་གླེང་བ།

ཚེ་རིང་བཀྲ་ཤིས། 《བོད་ལྗོངས་སློབ་གསོ》2017.5

མཐོ་འབྲིང་སློབ་མའི་རྩོམ་འབྲིའི་ནུས་པ་སྐྱེད་སྲིང་བྱེད་ཐབས་སྐོར་གྱི་བསམ་ཚུལ་འགའ།

སྒྲོལ་དཀར། 《བོད་ལྗོངས་སློབ་གསོ》2017.5

སློབ་མའི་རྩོམ་ཡིག་ཁྲིད་ནོར་འཛོལ་སླ་བའི་རྒྱུན་སྤྱོད་དག་ཆ་འགའ་ཞིག་བཤད་པ།

བསོད་ནམས་ཚེ་རིང་། 《བོད་ལྗོངས་སློབ་གསོ》2017.5

དགེ་རྒན་ཞིག་ཡིན་ན་ཇི་འདྲ་བ་ཞིག་ཡིན་དགོས།

ལྷུགས་ཐར་རྒྱལ། 《བོད་ཀྱི་སློབ་གསོ》2017.4

ས་པཎ་གྱི་འཆད་ཉན་གྱི་རྩ་དོན་ལ་དཔྱད་པ།

སྟོབས་ལྡན། 《བོད་ཀྱི་སློབ་གསོ》2017.4

སློབ་ཆེན་དུ་རྒྱུགས་འཛུད་པའི་ཚད་དང་བསྡུན་ནས་སི་ཁྲོན་བོད་རིགས་ས་ཁུལ་གྱི་འཁྲིད་ཐབས་རིགས་དང་པོའི་ཕན་ནུས་སྐོར་གླེང་བ།

འདབ་པ་བློ་བཟང་ཆོས་འཕེལ། 《བོད་ཀྱི་སློབ་གསོ》2017.4

སྒྲ་སྣང་ལྡན་པར་དངོས་ལུགས་སློབ་ཁྲིད་བྱེད་པའི་ཐབས།

བསོད་ནམས་སྐྱིད། 《བོད་ཀྱི་སློབ་གསོ》2017.4

སྲིད་འཛིན་རིག་པའི་བོད་ཡིག་སློབ་དེབ་བསྒྱུར་པའི་སྐྱོང་ཚོར་རགས་ཙམ་གླེང་བ།

ཁ་སྣང་བཀྲ་ཤིས་ཚེ་རིང་། 《བོད་ཀྱི་སློབ་གསོ》2017.5

ཀན་ལྷོའི་སྐད་གཉིས་སློབ་གསོ་གླེང་བ་དཔྱོད་ལྡན་དགྱེས་པའི་འཛུམ་ཟེར།

སངས་རྒྱས་བཀྲ་ཤིས། བཀྲ་ཤིས་སྒྲོལ་མ། 《བོད་ཀྱི་སློབ་གསོ》2017.5

སློབ་ཆེན་གྱི་བོད་ཡིག་བརྡ་སྤྲོད་འཁྲིད་ཕྱོགས་ཀྱི་བསམ་ཚུལ་ཐོར་བུ།

རྣམ་རྒྱལ་ཚེ་བརྟན། 《བོད་ཀྱི་སློབ་གསོ》2017.5

བསླབ་ཚན་བཅོས་སྒྱུར་འོག་གི་ཐབས་ལམ་དང་པོའི་རིགས་ཀྱི་འཁྲིད་ཐབས་གསར་བའི་དཔྱད་འཇོག

བརྩོན་པ་ཚེ་རིང་། 《བོད་ཀྱི་སློབ་གསོ》2017.5

སྐད་ཡིག་གི་སྐོར།

དེང་རབས་བོད་ཀྱི་ཡིག་སྐད་དང་ཡུལ་སྐད་སོ་སོའི་བརྗོད་སྒྲོད་ཀྱི་སྣང་ཚུལ་ཞིབ་ཏུ་བསྡུར་ནས་དཔྱད་པ། སུམ་ཛྙཱ་དོན་གྲུབ་ཚེ་རིང་། 《ཀྲུང་གོའི་བོད་རིག་པ》2017. 2

བོད་ཀྱི་ཡི་གེའི་སྐུང་ཡིག་གི་རྣམ་གཞག་ལས་སྐུང་ཡིག་གི་ངོ་བོ་དང་བྱུང་འཕེལ། དབྱེ་བའི་རྣམ་གྲངས་སྐོར་བཤད་པ། ཧུད་ལྷ་བུ་ཆུང་། 《བོད་ལྗོངས་ཞིབ་འཇུག》2017. 1

བོད་ཀྱི་ཡི་གེའི་སྟེབ་སྦྱོར་ལས་མིང་གི་སྟེབ་སྦྱོར་སྐོར་རོབ་ཙམ་གླེང་བ། ཚེ་དབང་རིག་འཛིན། 《བོད་ལྗོངས་ཞིབ་འཇུག》2017. 2

སྒྲ་ལ་འཇུག་པ་ཞེས་བྱ་བའི་བསྟན་བཅོས་བཞུགས་སོ། ས་པཎ་ཀུན་དགའ་རྒྱལ་མཚན། 《གངས་ལྗོངས་རིག་གནས》2017. 2

ས་པཎ་གྱི《མཁས་འཇུག》ལས་རྩོམ་པའི་རྣམ་བཞག་སྐོར་གྱི་བསམ་གཞིགས། པ་སངས་སྒྲོལ་དཀར། 《གངས་ལྗོངས་རིག་གནས》2017. 2

བོད་ཡིག་ལ་རྒྱན་ཡིག་གསར་བ་སྣོན་པའི་དགོས་དབང་གླེང་བ། ཀུ་རུ་སྐྱབས། 《བོད་ལྗོངས་སློབ་གསོ》2017. 2

སྐད་རིགས་ཀྱི་ཐོག་ནས་ཤར་པའི་མི་རིགས་ཀྱི་གཏོགས་ཁོངས་ལ་དཔྱད་པ། རྒྱང་འཁོར་ཚེ་ཕུན། 《བོད་ལྗོངས་སློབ་གྲྭ་ཆེན་མོའི་རིག་དེབ》2017. 1

སྐད་གདངས་རིག་པ་མདོ་ཙམ་གླེང་བ། སྒྲོལ་དཀར་ཚེ་རིང་། 《རྩེར་སྙེག》2017. 2

དབྱངས་ཀྱི་གྲངས་ངེས་སྐོར་ལ་བསྐྱར་དུ་དཔྱད་པ——《གསེར་ཏོག་སུམ་རྟགས》ལས་ཨ་ཡིག་དབྱངས་གསལ་གཉིས་ཀར་འདོད་པའི་དོགས་དཔྱོད་ཅེས་པའི་ལན་དུ་ཕུལ། ཕུར་བུ་པན་ཐོགས། 《བོད་ལྗོངས་ཞིབ་འཇུག》2017. 2

སླར་བསྡུའི་སྒྲ་དོན་གྱི་སྦྱོར་ཚུལ་ཅུང་ཟད་འཆད་པ། འཇམ་དབྱངས། 《གངས་ལྗོངས་རིག་གནས》2017. 2

《ར་ཕྲུག་དང་སྤྱང་ཀི་》ཞེས་པ་ལས་འཕྲོས་ཏེ་བོད་ཡིག་ཅིས་དེབ་ཀྱི་དག་ཆ་གླེང་བ། ཚེ་སྐྲབ་ལྷ་མོ། 《མི་རིགས》2017. 1

བྱ་ཅེད་ལས་གསུམ་དང་དེ་འབྲེལ་གྱི་གནད་དོན་འགའ་ཤས་ཆེད་དུ་གླེང་བ། ལྷག་རྒྱལ། 《བོད་ལྗོངས་སློབ་གསོ》2017. 2

ཡང་འཇུག་ད་ཡིག་བསྐྱངས་པ་ཞེས་པའི་སྐྱང་ཚུལ་ལ་ཐོག་མར་དཔྱད་པ།

ཚེ་བརྟན་རྒྱལ་པོ། 《བོད་ལྗོངས་སློབ་གསོ》2017. 2

བྱེད་སྒྲའི་ཚིག་སྦྱད་ཀྱི་དཔེར་བརྗོད་ཁ་ཤས་ལ་དཔྱད་པ།

དཀོན་མཆོག་རྒྱལ། 《བོད་ཀྱི་སློབ་གསོ》2017. 2

རྒྱ་བོད་བརྡ་སྤྲོད་གཞིབ་བསྡུར་ལས་མིང་གི་གོ་དོན་དང་དབྱེ་བ་ལ་དཔྱད་པ།

པད་མ་འཚོ། 《བོད་ཀྱི་སློབ་གསོ》2017. 3

སྔོན་འཇུག་གི་འཇུག་ཡུལ་དུ་གྱུར་པའི་མིང་གཞི་གང་ཡིན་པ་དང་མུ་བཞི་ལ་བརྟེན་ནས་གང་གིས་འཕུལ་བ་དང་མི་འཕུལ་བའི་དབྱེ་བ་འབྱེད་པ།

ཚེ་རིང་དོན་གྲུབ། 《བོད་ཀྱི་སློབ་གསོ》2017. 3

རྣམ་དབྱེ་དྲུག་པ་འབྲེལ་སྒྲ་ལ་ཉུང་ཟད་དཔྱད་པ།

འབྲས་ཚལ་བསྟན་པ་རབ་རྒྱས། 《བོད་ཀྱི་སློབ་གསོ》2017. 3

བོད་ཀྱི་བརྡ་སྤྲོད་རིག་པའི་འཕེལ་འགྱུར་སྐོར་མདོ་ཙམ་བརྗོད་པ།

ཚེ་རིང་དོན་གྲུབ། 《མཚོ་སྔོན་མི་རིགས་སློབ་ཆེན་རིག་དེབ》2017. 1

《ལུང་སྟོན་པ་སུམ་ཅུ་པ》དང་《སྒྲ་སྒོ་མཚོན་ཆ》གཉིས་བསྡུར་ཏེ་བརྡ་སྤྲོད་རིག་པའི་འཕེལ་འགྱུར་ལ་དཔྱད་པ།(2、3)

ལྷགས་ཐར་རྒྱལ། 《མཚོ་སྔོན་དགེ་འོས་སློབ་ཆེན་རིག་དེབ》2017. 1

བོད་སྐད་ཚིག་ཕྲད་ཀྱི་གཞུང་དོན་སྤྱི་ཕོག་གཏན་ལ་འབེབས་པ་སྐད་ཀྱི་དེ་ཉིད་གསལ་བྱེད་ལེགས་བཤད་གསེར་གྱི་མེ་ལོང་།

ཏད་ལྷ་ཐེ་ཚང་། 《བོད་ལྗོངས་སློབ་གྲྭ་ཆེན་མོའི་རིག་དེབ》2017. 1

བརྡ་སྤྲོད་ཀྱི་སྒྲིག་གཞིའི་ངོས་ནས་བོད་སྐད་ཀྱི་ཚིག་གི་གྲུབ་ཚུལ་ལ་དཔྱད་པ།

ཀུ་ཏུ་སྐྱབས། 《རྩེར་སྙེག》2017. 1

བོད་ཡིག་གི་རྩོམ་སྒྲིག་པས་ངེས་པར་དུ་རྟོགས་དགོས་པའི་ལས་ཚིག་གི་གནད་དོན་སྐོར་རགས་ཙམ་གླེང་བ།

སྟག་འབུམ་ཐར། 《རྩེར་སྙེག》2017. 2

གསར་དུ་རྙེད་པའི་བརྡ་གསར་རྙིང་གི་རྣམ་གཞག་ལི་ཤིའི་གུར་ཁང་གི་པར་རྙིང་ཞིག་ལ་དཔྱད་པ།

བསོད་ནམས་དོན་གྲུབ། 《ཀྲུང་གོའི་བོད་རིག་པ》2017. 2

བོད་སྐད་ཀྱི་སྐད་བརྡ་རིག་པའི་བརྡ་ཆད་གཅིག་གྱུར་བྱེད་དགོས།

དཀོན་མཆོག་རྒྱ་མཚོ། 《ནུབ་བྱང་མི་རིགས་སློབ་ཆེན་རིག་དེབ》2017. 1

བོད་ཡིག་རིག་མཛོད་ལས་སྐྱབ་ཁྲིད་ཀྱི་དོན་མཐུན་དངོས་པོའི་མིང་མདོ་ཙམ་གླེང་བ།

བློ་འབུམ་བཀྲ་ཤིས། 《ནུབ་བྱང་མི་རིགས་སློབ་ཆེན་རིག་དེབ》2017. 1

དགེ་རྒན་གྱི་སྐྱུང་ཡིག་ལ"དགེན"དང་"དགེ""རྒན"གསུམ་ལས་གང་སྤྱད་ན་འགྲིག་མིན་སྐོར་

གླེང་བ། པདྨ་དབང་རྒྱལ། 《རྟུབ་བྱང་མི་རིགས་སློབ་ཆེན་རིག་དེབ》2017. 1

བོད་མིའི་མིང་འདོགས་ཀྱི་ཡི་གེ་དབྱངས་དང་གཡང་གཉིས་ཀྱི་སྦྱོད་སྟངས་གླེང་བ།

བསོད་ནམས་དབང་ཕྱུག《མཚོ་སྔོན་མི་རིགས་སློབ་ཆེན་རིག་དེབ》2017. 1

བོད་སྐད་ཁྲིད་ཀྱི་ཟུར་ཆག་སྐད་དོད་ཀྱི་སྐོར་ཅུང་ཟད་གླེང་བ།

ལྷག་རྒྱལ། 《བོད་ལྗོངས་སློབ་གྲྭ་ཆེན་མོའི་རིག་དེབ》2017. 2

བོད་ཀྱི་སྲོལ་རྒྱུན་བཟོ་དག་གི་སྒྲིག་སྟངས་སྐོར་རོབ་ཙམ་གླེང་བ།

ཨ་བསེ་རིན་ཆེན་བཀྲ་ཤིས། 《རྩེར་སྙེག》2017. 1

རྫས་འགྱུར་རིག་པའི་བརྡ་ཆད་གཅིག་གྱུར་དང་ཚད་ལྡན་དུ་གཏོང་དགོས་པའི་སྐོར་གླེང་བ།

མཆོག་གསུམ། 《མཚོ་སྔོན་དགེ་ཐོས་སློབ་ཆེན་གྱི་རིག་གཞུང་དུས་དེབ》2017. 2

ཨ་མདོའི་ཁ་སྐད་དང་ཡིག་སྐད་གཉིས་ཀྱི་སྒྲ་གདངས་ཀྱི་ཁྱད་པར་སྐོར་གླེང་བ།

ཀུན་ཁྱབ་བློ་བྱམས། 《ཀྲུང་གོའི་བོད་རིག་པ》2017. 2

གཅན་ཚའི་རོང་སྐད་ཀྱི་སྒྲ་གདངས་ཁྱད་ཆོས་ལ་དཔྱད་པ།

ཤ་བོ་འཚོ། 《རྟུབ་བྱང་མི་རིགས་སློབ་གྲྭ་ཆེན་མོའི་རིག་གཞུང་དུས་དེབ》2017. 1

ཨ་མདོའི་བླ་བྲང་སྟོ་རྒྱུད་ཀྱི་རོང་སྐད་འགའི་རྗེས་འཇུག་སྔ་ལྡན་གྱི་སྒྲའི་འགྱུར་བ།

དཀོན་མཆོག་རྒྱ་མཚོ། 《ཀན་ལྷོའི་མི་རིགས་རིག་གནས་ཞིབ་འཇུག》2017. 1

དེང་རབས་བོད་ཀྱི་ཡུལ་སྐད་དག་གི་བརྡ་སྤྲོད་ཀྱི་ངོ་བོ་དང་། འགྲུབ་རྐྱེན། ཁྱད་ཆོས་སྐོར་མདོ་ཙམ་བརྗོད་པ།

སྲུམ་ལྷ་དོན་གྲུབ་ཚེ་རིང་། 《མཚོ་སྔོན་མི་རིགས་སློབ་ཆེན་རིག་དེབ》2017. 2

བོད་ཡུལ་ཤར་མཐའི་ཁྲོམ་མིའི་ཡུལ་སྐད་ལ་ཐོག་མར་དཔྱད་པ།

བན་དེ་སྐྱབས། 《མཚོ་སྔོན་མི་རིགས་སློབ་ཆེན་རིག་དེབ》2017. 2

བོད་ལྗོངས་སྟག་རྩེ་སྐད་ཀྱི་སྒྲ་གདངས་སྐོར་ལ་རོབ་ཙམ་དཔྱད་པ།

འཛིགས་བྱེད་སྐྱབས། 《མཚོ་སྔོན་མི་རིགས་སློབ་ཆེན་རིག་དེབ》2017. 2

དེང་རབས་བོད་པའི་ཡུལ་སྐད་སྣ་ཚོགས་ཀྱི་སྒྲ་གདངས་ལ་དཔྱད་པ་པདྨ་དཀར་པོའི་ཕྲེང་བ།

སྲུམ་ལྷ་དོན་གྲུབ་ཚེ་རིང་། 《མཚོ་སྔོན་དགེ་ཐོས་སློབ་ཆེན་རིག་དེབ》2017. 1

ཨེ་པའི་ཡུལ་སྐད་ཀྱི་ཁྱད་ཆོས་ལ་ཅུང་ཟད་དཔྱད་པ།

ཕུར་བུ་ཕན་ཐོགས། 《བོད་ལྗོངས་སློབ་གྲྭ་ཆེན་མོའི་རིག་དེབ》2017. 2

ཨམ་སྐད་ཁྲིད་ཐྲ་ཡིག་གི་འཇུག་ཚུལ་གཞན་ཡོད་པར་དཔྱད་པ།

ཀུན་ཁྱབ་བློ་བྱམས། བློ་བཟང་རྒྱ་མཚོ། 《རྩེར་སྙེག》2017. 1

བོད་ཀྱི་རིག་གནས་དང་འབྲེལ་ཏེ་རིག་གནས་དང་སྐད་ཆའི་ལྟ་བའི་སྐོར་གྱི་དཔྱད་ཞིབ།

ལུ་གྲུ་སྐྱིད། 《གངས་ལྗོངས་རིག་གནས》2017.3

ཚིག་དང་ཤད་བྱུང་ཚུལ་སྐོར་གྱི་དོགས་སློང་།

བསྟན་པ། 《བོད་ལྗོངས་སློབ་གསོ》2017.3

སྲོང་བཙན་སྔོན་དུ་བོད་ལ་ཡི་གེ་ཡོད་མེད་སྐོར་རགས་ཙམ་གླེང་བ།

འཆི་མེད་ཚེ་རིང་། 《བོད་ལྗོངས་སློབ་གསོ》2017.4

ལ་བཏགས་ཅན་གྱི་ཡི་གེ་ཟླ་ཡིག་གི་ཀློག་གདངས་མི་འདྲ་བའི་སྐོར་ལ་ཅུང་ཟད་དཔྱད་པ།

དཀོན་མཆོག་རྒྱལ་མཚན། 《བོད་ལྗོངས་སློབ་གསོ》2017.4

བོད་ཡིག་ཀུན་ཁྱབ་མིང་མཛོད་ཀྱི་སྒྲིག་ཚུལ་དང་ཁྱད་ཆོས།

དཔའ་རིས་སངས་རྒྱས། 《བོད་ཀྱི་སློབ་གསོ》2017.4

བོད་སྐད་ཀྱི་ཚིག་གི་གྲུབ་ཆ་ངོས་འཛིན་ཐབས་གླེང་བ——སློབ་གསོ་སྐད་བརྡ་རིག་པའི་མཐོང་སྣེ་ནས་དཔྱད་པ།

ཀུ་རུ་སྐྱབས། 《བོད་ཀྱི་སློབ་གསོ》2017.4

བོད་ཀྱི་སྐད་ཡིག་བགྲོ་གླེང་ཚོགས་འདུ་དང་བོད་རྒྱ་སྐད་བརྡ་རིག་པའི་དབྱར་སྦྱོང་འཛིན་གྲྭ་སྐབས་གཉིས་པ་ལས་འཕྲོས་པའི་བསམ་གཞིག

བདེ་ཆེན་འཚོ། འཇིགས་བྱེད་སྐྱབས། 《མཚོ་སྔོན་མི་རིགས་སློབ་ཆེན་རིག་དེབ》2017.3

《བརྡ་སྤྲོད་བློ་གསར་ཉེར་མཁོ》ལ་ཅུང་ཟད་དཔྱད་པ།

བསམ་གཏན་བློ་བཟང་། 《བོད་ལྗོངས་སློབ་གསོ》2017.3

ས་ཡིག་དང་བྱ་བའི་འབྲེལ་བ་རགས་ཙམ་གླེང་བ།

ལྷུགས་ཐར་རྒྱལ། 《མཚོ་སྔོན་མི་རིགས་སློབ་ཆེན་རིག་དེབ》2017.4

《བརྡ་སྤྲོད་བློ་གསལ་དགའ་སྟོན》གྱི་བརྗོད་སྙིང་དང་ཁྱད་ཆོས་རགས་ཙམ་གླེང་བ།

ཁ་བྱུག《བོད་ལྗོངས་སློབ་གྲྭ་ཆེན་མོའི་རིག་དེབ》2017.3

བོད་ཀྱི་ཡི་གེའི་སྦྱེབ་སྦྱོར་ལས་ཚིག་གི་སྦྱེབ་སྦྱོར་སྐོར་རོབ་ཙམ་གླེང་བ།

ཚེ་དབང་རིག་འཛིན། མིག་དམར་ཚེ་རིང་། 《བོད་ལྗོངས་སློབ་གྲྭ་ཆེན་མོའི་རིག་དེབ》2017.3

བོད་ཀྱི་བརྡ་སྤྲོད་ལས་ལ་དོན་གྱི་ཞུགས་བསྟན་ཕྲད་ལ་ཅུང་ཟད་དཔྱད་པ།

ལྷ་རྒྱལ་རྡོ་རྗེ། 《རྩེར་སྙེག》2017.3

བཙན་ལྷ་ངག་དབང་ཚུལ་ཁྲིམས་ཀྱིས་མཛད་པའི《བརྡ་དཀྲོལ་གསེར་གྱི་མེ་ལོང་》གི་ངོ་སྤྲོད།

དབང་ཆེན་ཚེ་རིང་། 《བོད་ཀྱི་སློབ་གསོ》2017.4

སྒྲ་བྱེ་བྲག་ཏུ་རྟོགས་པར་བྱེད་པ་ཆེན་མོའི་གྲུབ་རྐྱེན་ལ་དཔྱད་པ།

བཙུན་པ་ཚེ་རིང་། 《མཚོ་སྔོན་མི་རིགས་སློབ་ཆེན་རིག་དེབ》2017. 3

མིང་གཅིག་དབྱེ་བ་དུ་མར་འཇུག་པའི་ཚུལ་ལ་དཔྱད་པ།

ཀུ་ཧྲག་རྣམ་རྒྱལ། 《རྩེར་སྣེག》2017. 3

ཨམ་སྐད་ཁྲོད་ཀྱི་བརྡ་ཆད་ཁག་ཅིག་ལ་དཔྱད་པ།

ཀུན་ཁྱབ་བློ་བྲམས། ཆོས་འཚོ་སྐྱིད། 《བོད་ཀྱི་སློབ་གསོ》2017. 5

《ཨམ་སྐད་ཁྲོད་ཟླ་ཡིག་གི་འཇུག་ཚུལ་གཞན་ཡོད་པར་དཔྱད་པ་》ཞེས་པ་བསླགས་རྗེས་ཀྱི་དྲན་འཆར།

ལྷུགས་ཐར་རྒྱལ། 《རྩེར་སྣེག》2017. 4

ལེགས་སྦྱར་སྒྲ་རིག་པ་དང་བོད་ཀྱི་རིག་གཞུང་འབྲེལ་བའི་སྐོར་གནད་བསྡུས་གཉེན་ནུའི་དོ་ཤལ——དེང་གི་ལེགས་སྦྱར་སྒྲ་རིག་མཆོག་གྱུར་ཀན་གླིང་དཔོན་པཎྜ་སྐལ་བཟང་མཆོག་ལ་བཅར་འདྲི་ཞུས་པའི་ཟིན་ཐོ།

བསོད་ནམས་རྣམ་རྒྱལ། 《བོད་ལྗོངས་སློབ་གྲྭ་ཆེན་མོའི་རིག་དེབ》2017. 3

ཡིག་སྦྱར་གྱི་སྐོར།

དེང་རབས་ཐ་སྙད་གསར་པ་བོད་ཡིག་ཏུ་སྒྱུར་ཐབས་སྐོར་གླེང་བ།

མིག་དམར་རྒྱལ་པོ། 《བོད་ལྗོངས་ཞིབ་འཇུག》2017. 1

བོད་སྐད་སྒྲ་སྦྱོར་སྐོར་གྱི་གནས་དོན་ལ་སྦྱོང་བ་རགས་ཙམ་དཔྱད་པ།

ཉི་མ་ཚེ་རིང་། 《གངས་ལྗོངས་རིག་གནས》2017. 1

མིང་བརྡའི་གནས་སྐབས་དང་བསྟུན་ནས་ཡིག་སྒྱུར་བྱེད་དགོས་པའི་སྐོར་གྱི་དཔྱད་གླེང་ཐོར་བུ།

བསྟན་པ་ཡར་འཕེལ། 《གངས་ལྗོངས་རིག་གནས》2017. 1

འགྱུར་མིང་གཅིག་གྱུར་ཡོང་བར་དོ་སྣང་བྱེད་དགོས་པའི་སྐོར་རགས་ཙམ་གླེང་བ།

བསོད་ནམས་ཟླ་བ། 《གངས་ལྗོངས་རིག་གནས》2017. 2

ཁྲིམས་དོན་ཡིག་རིགས་སྒྱུར་སྐབས་དོ་སྣང་བྱ་དགོས་པའི་གནད་དོན་འགའ་གླེང་བ།

འཚམས་རིས། 《བོད་ལྗོངས་སློབ་གསོ》2017. 1

ལོ་རྒྱུས་བའི་བྱང་ཚད་མཐོར་འདེགས་གཏོང་ཐབས་སྐོར་རོབ་ཙམ་གླེང་བ།

ཀུན་ཐར་སྐྱིད། 《བོད་ལྗོངས་སློབ་གསོ》2017. 1

རྒྱ་བོད་ཡིག་སྒྱུར་ཐད་མ་ཡིག་གི་གོ་དོན་ཞིབ་མོར་རྟོགས་དགོས་ཚུལ་སྐོར་གླེང་བ།

སྟོབས་ལྡན་བཀྲ་ཤིས། 《བོད་ཀྱི་སློབ་གསོ》2017. 3

བོད་སྐད་ཆེད་སྒྲིག་ལེ་ཚན་གྱི་ལོ་ཙཱའི་ཚད་གཞི་འགར་ཙུང་ཟད་དཔྱད་པ།

བཀྲ་ཤིས་ལྷ་མོ། 《བོད་ཀྱི་སློབ་གསོ》2017. 3

ནང་པའི་ཐ་སྙད་གཙོ་བོ་བདེན་པ་བཞི་དང་ཕར་ཕྱིན་དྲུག་ཇི་ལྟར་རྒྱ་སྐད་དུ་ལོ་ཙཱ་བྱེད་ཚུལ་སྐོར།

ཀ་དམ་པ་ཚེ་སྐྱོང་། 《མཚོ་སྔོན་དགེ་འོས་སློབ་ཆེན་རིག་དེབ》2017. 1

ལོ་ཙཱའི་རིག་པ་བོད་དུ་དར་བའི་ལོ་རྒྱུས་དང་དེའི་རིན་ཐང་རགས་ཙམ་གླེང་བ།

མགོན་སྐྱིད་སྒྲོལ་མ། 《རྩེར་སྙེག》2017.

རྒྱ་བོད་ལོ་ཙཱའི་ཁྲོད་ཀྱི་བརྗོད་ཆད་གསར་བའི་སྒྱུར་ཐབས་སྐོར་ཙུང་གླེང་བ།

ཤ་བོ་བསོད་ནམས། 《རྩེར་སྙེག》2017. 2

བོད་སྐད་གློག་བརྙན་སྒྱུར་སྒྲུན་སྐོར་གྱི་བསམ་གཞིག་འགའ་གླེང་བ།

པདྨ་རྒྱལ། 《རྩེར་སྙེག》2017. 2

བོད་ཀྱི་དམ་ཆོས་ལོ་ཙཱ་བརྟག་པའི་སྐོར་མདོ་ཙམ་གླེང་བ།

རྣམ་རྒྱལ་ཚེ་བརྟན། 《ཀྲུང་གོའི་བོད་རིག་པ》2017. 4

རྩོམ་རིག་ལོ་ཙཱའི་ཁྲོད་ཀྱི་རིག་གནས་ཀྱི་ཁྱད་པར་སྐོར་རོབ་ཙམ་གླེང་བ།

ཡོན་ཏན་སྒྲོལ་མ། 《གངས་ལྗོངས་རིག་གནས》2017. 3

རྒྱ་བོད་ཁྲིམས་ལུགས་ལོ་ཙཱ་བར་འཛོམས་དགོས་པའི་མཐུན་རྐྱེན་སྐོར་རགས་ཙམ་གླེང་བ།

འཚམས་རིས། 《གངས་ལྗོངས་རིག་གནས》2017. 3

རྫས་འགྱུར་རིག་པ་བོད་འགྱུར་བྱེད་དགོས་པའི་གལ་ཆེན་རང་བཞིན་མདོ་ཙམ་གླེང་བ།

ཕྲིན་བསོད། 《གངས་ལྗོངས་རིག་གནས》2017. 3

ལོ་ཙཱ་བར་ལྡན་དགོས་པའི་བྱང་ཚད་དང་བླང་བྱ་འགའ་རགས་ཙམ་གླེང་བ།

རྡོ་རྗེ་དཔལ། 《མི་རིགས》2017. 3

བོད་སྐད་རྒྱང་སྒྲིག་བརྙན་འཕྲིན་ལས་བྱེད་པས་རྒྱ་བོད་ཡིག་སྒྱུར་བྱེད་དུས་ཡིག་སྒྱུར་གྱི་རྩ་དོན་གསུམ་བརྩི་སྲུང་བྱེད་དགོས་པའི་ཐད་རགས་ཙམ་གླེང་བ།

སྐལ་བཟང་ཆོས་གྲགས། 《མི་རིགས》2017. 4

དོར་ཞི་གདོང་དྲུག་སྙེམས་བློའི་ལོ་ཙཱའི་བསམ་བློའི་སྐོར་མདོ་ཙམ་གླེང་བ།

འབྲུག་རྒྱལ་ཚེ་རིང་། 《བོད་ལྗོངས་སློབ་གསོ》2017. 3

ཁྲིས་སྲུང་ལོ་ཙཱ་བར་ཚང་དགོས་པའི་ཆ་རྐྱེན་སྐོར་རགས་ཙམ་གླེང་བ།

བཀྲ་ཤིས་བཟང་མོ། 《བོད་ལྗོངས་སློབ་གསོ》2017. 4

《སྒྲ་སྦྱོར་བམ་གཉིས》ཀྱི་དབུར་འཁོད་པའི་ཚིག་དུམ་ལས་གཞུང་ལུགས་འདི་ཉིད་ཇི་ལྟར་བྱུང་ཚུལ་སྐོར་གླེང་བ།

ཕུར་བསྟན། 《བོད་ལྗོངས་སློབ་གསོ》2017. 4

འཁྲིམ་འགྲུལ་བདེ་འཇགས་ཤེས་བྱའི་ཡིག་སྒྱུར་ཁྲིད་ལྷག་པའི་གནད་དོན་འགའ་གླེང་བ།

བྱ་ཆུང་། 《བོད་ལྗོངས་སློབ་གསོ》2017. 4

ལོ་ཆེན་འགོས་ཆོས་གྲུབ་དང་ཁོང་གི་རྒྱ་བོད་སྒྲ་བསྒྱུར་གྱི་དགོངས་པ་སྙིང་བསྡུས་གླེང་བ།

བསོད་ནམས་སྟོབས་རྒྱལ།བསོད་ཆོས།ཚེ་རྡོར། 《བོད་ལྗོངས་སློབ་གསོ》2017. 5

བོད་ཀྱི་ལོ་རྒྱུའི་དཔྱད་བརྗོད་སྐོར་རགས་གླེང་།

དགེ་འདུན་ཚེ་རིང་། 《བོད་ལྗོངས་སློབ་གསོ》2017. 5

བོད་ལྗུལ་གྱི་སློབ་བྱང་ཡིག་སྒྱུར་ཁྲིད་གནས་པའི་གནད་དོན་དང་དེའི་ཐད་ཀྱི་བསམ་གཞིག

ཐེ་བྲག་ཕྱག་རྡོར་ཚེ་རིང་། 《མཚོ་སྔོན་མི་རིགས་སློབ་ཆེན་རིག་དེབ》2017. 3

ཉིས་སྟོང་ལོ་ཚུན་ཆད་ཀྱི་བོད་ཡིག་གི་ལོ་རྒྱུའི་དཔྱད་རྩོམ་གྱི་དབྱེ་ཞིབ་དང་ཕྱིར་རྟོག

བླ་མོ་འཚོ། 《མཚོ་སྔོན་མི་རིགས་སློབ་ཆེན་རིག་དེབ》2017. 4

ལོ་རྒྱུའི་དཔྱད་བརྗོད་དང་འབྲེལ་བའི་གཞུང་ལུགས་སྐོར་རགས་ཙམ་གླེང་བ།

ཚེ་བརྟན་རྡོ་རྗེ། ཚེ་བརྟན་སྒྲོལ་དཀར། 《བོད་ལྗོངས་སློབ་གྲྭ་ཆེན་མོའི་རིག་དེབ》2017. 3

དཔལ་ལྡན་རྒྱུད་བཞིའི་རྒྱ་འགྱུར་བཞི་པོའི་དཔྱད་བསྡུར།

ལྷ་མོ་ཚེ་རིང། 《རྩེ་ར་སྙེག》2017. 3

དོར་ཞི་གདོང་དྲུག་སྙེམས་བློའི་ལོ་རྒྱུའི་བསམ་བློའི་སྐོར་མདོ་ཙམ་གླེང་བ།

འབྲུག་རྒྱལ་ཚེ་རིང་། 《རྩེ་ར་སྙེག》2017. 3

དཔལ་དོན་གྲུབ་རྒྱལ་གྱི་ལོ་རྒྱུའི་བསམ་བློར་དཔྱད་པ།

སློང་རྒྱལ་དཔལ་ཆེན་རྒྱལ། 《རྩེ་ར་སྙེག》2017. 4

སྙན་ངག་བསྒྱུར་ཐུབ་པའི་རང་བཞིན་ལ་དཔྱད་པ།

ཤ་བོ་གཡང་སྐྱིད། 《རྩེ་ར་སྙེག》2017. 4

སྙན་ངག་ལོ་རྒྱ་ལས་དཔེ་རྒྱན་དང་གཟུགས་རྒྱན་གཉིས་ཀྱི་སྒྱུར་སྟངས་སྐོར་ལ་མདོ་ཙམ་དཔྱད་པ།

པདྨ་སྐྱིད། 《ཟླ་ཟེར》2017. 3

རྩོམ་རིག་གི་སྐོར།

བོད་དེང་རབས་རྩོམ་རིག་གི་རྩོམ་པ་པོའི་དཔྱང་སྟེའི་འཕེལ་འགྱུར་དང་རྒྱུ་རྐྱེན་ལ་དཔྱད་པ།

ལི་ཐང་སྒྲོལ་མ་བཀྲ་ཤིས། 《གངས་ལྗོངས་རིག་གནས》2017. 2

རྩོམ་རིག་གཤིབ་བསྡུར་ལས་ཤུགས་རྐྱེན་ཞིབ་འཇུག་དང་ཆ་མཉམ་ཞིབ་འཇུག་གཉིས་ཀྱི་སྐོར་མདོ་

ཙམ་གླེང་བ།　　　　　　　　སྒྲོལ་དཀར་འཚོ། 《གངས་ལྗོངས་རིག་གནས》2017. 2

བོད་ལྗོངས་ཉིན་རེའི་བོད་ཡིག་ཚགས་པར་གྱི་《སྙུག་གསར་》ཞེས་པའི་ཞར་བཀོད་པར་ངོས་ཀྱི་བྱུང་བ་དང་དེའི་རྩོམ་ལུས་སྐོར་ཅུང་ཟད་གླེང་བ།

ཀླུ་མ་ཚལ་ཟླ་བ་ཚེ་རིང་། 《བོད་ལྗོངས་ཞིབ་འཇུག》2017. 2

བོད་ཀྱི་རྩོམ་རིག་ལོ་རྒྱུས《བོད་ཀྱི་རྩོམ་རིག་གི་བྱུང་བ་བརྗོད་པ་རབ་གསལ་མེ་ལོང་》གི་དུས་མཚམས་དབྱེ་ཚུལ་ལས་འཕྲོས་པའི་བསམ་གཞིག

ཆུང་ཐག《བོད་ལྗོངས་སློབ་གསོ》2017. 1

འབྲོམ་སྟོན་པའི་རྩོམ་རིག་བརྩམས་ཆོས་ཀྱི་རིན་ཐང་སྐོར་རོབ་ཙམ་གླེང་བ།

ཁ་བྱུའི་བདེ་ལེགས་རྡོ་རྗེ། 《བོད་ལྗོངས་སློབ་གསོ》2017. 2

"རྩོམ་རིག" ཅེས་པའི་ཐ་སྙད་ལ་རགས་ཙམ་དཔྱད་པ།

ངག་དབང་རིག་འཛིན། 《བོད་ཀྱི་སློབ་གསོ》2017. 2

དོན་གྲུབ་རྒྱལ་གྱི་བརྩམས་ཆོས་དང་འབྲེལ་ཏེ་བོད་ཀྱི་དངོས་ཡོད་རིང་ལུགས་ཀྱི་རྩོམ་རིག་གི་བྱུང་བ་མདོ་ཙམ་བརྗོད་པ།　　　　སེང་གེ་རྒྱལ། 《བོད་ཀྱི་སློབ་གསོ》2017. 3

རྩོམ་རིག་སྐད་ཆའི་ཞིབ་འཇུག་བྱེད་ཐབས་སྐོར་ལ་དཔྱད་པ།

དཔལ་ལྡན་རྒྱ་མཚོ། 《ནུབ་བྱང་མི་རིགས་སློབ་ཆེན་རིག་དེབ》2017. 1

གནའ་རབས་རྩོམ་རིག་གི་ཁྱད་ཆོས་དང་དེང་ཕྱིས་ཀྱི་རྩོམ་རིག་ལ་ཐེབས་པའི་ཤུགས་རྐྱེན་སྐོར་གླེང་བ།　　　　ཁ་བྱུའི་བདེ་ལགས་རྡོ་རྗེ། 《ནུབ་བྱང་མི་རིགས་སློབ་གྲྭ་ཆེན་མོའི་རིག་གཞུང་དུས་དེབ》2017. 1

བོད་ཀྱི་གནའ་རབས་རྩོམ་རིག་ལས་ཕྱིན་དང་འབྲེལ་བའི་རིག་གནས་ཀྱི་སྣང་ཚུལ་ལ་དཔྱད་པ།

ཚེ་ལོ་རྒྱལ། 《མཚོ་སྔོན་མི་རིགས་སློབ་ཆེན་རིག་དེབ》2017. 1

རྩོམ་རིག་བརྩམས་ཆོས་ལ་གོ་བ་ལེན་སྟངས་སྣ་ཚོགས་ཡོད་ལུགས་སྐོར་ཅུང་ཟད་གླེང་བ།

ལྷག་རྒྱལ། 《མཚོ་སྔོན་དགེ་འོས་སློབ་ཆེན་རིག་དེབ》2017. 2

དཀའ་སྡུག་དང་ཡིད་འབྱུང་ནི་བོད་ཀྱི་རྩོམ་རིག་གི་བསམ་བློའི་འབྱུང་རྩ་ཡིན——བོད་རིགས་རྩོམ་པ་པོ་མཁས་ཅན་ཚེ་རིང་ནོར་བུ་ལགས་ལ་བཅར་འདྲི་ཞུས་པའི་ཟིན་ཐོ།

བཅར་འདྲི་ཨུ་མཁན་ཁྲིན་ཅིང་སོགས། སྐལ་རྣམ་གྱིས་བོད་ཡིག་ཏུ་བསྒྱུར།
《བོད་ལྗོངས་སློབ་གྲྭ་ཆེན་མོའི་རིག་དེབ》2017. 1

རྟོགས་བརྗོད་རྩོམ་རིག་ལས་འཕྲོས་པའི་གནད་དོན་འགའ་གླེང་བ།

ཕྱིན་པ་དོན་གྲུབ། 《བོད་ལྗོངས་སློབ་གྲྭ་ཆེན་མོའི་རིག་དེབ》2017. 1

བོད་ཀྱི་ཞིང་དཔར་གྱི་ལོ་རྒྱུས་དང་འབྲེལ་བར་བསྟན་འགྱུར་ནང་གི་རྟོགས་བརྗོད་དཔག་བསམ་

འཁྲི་ཤིང་སྐོར་ལ་དཔྱད་པ།

ནོར་བཟང་ཨ་རྒྱན། 《བོད་ལྗོངས་སློབ་གྲྭ་ཆེན་མོའི་རིག་དེབ》2017. 2

བོད་ཀྱི་རྣམ་ཐར་གློས་གར་ཐད་ཀྱི་ལྷ་ཚུལ་རགས་གླེང་།

བསམ་ཁོ་སྐྱིད། 《བོད་ཀྱི་དམངས་སྲོལ་རིག་གནས》2017. 2

བོད་འགྱུར་བརྩམས་སྒྲུང་གི་གལ་ཆེན་རང་བཞིན་དང་དེའི་གནས་བབ་ཐད་ཀྱི་བསམ་ཚུལ་ཕྲན་བུ།

ཕུན་ཚོགས་སྐལ་བཟང་། 《བོད་ལྗོངས་སྒྲུ་རྩལ་ཞིབ་འཇུག》2017. 1

བོད་ཀྱི་དེང་རབས་བུད་མེད་ཀྱི་སྒྲུང་རིང་ཐོག་མ《ཕྱུར་པ་》ཞེས་པའི་རྩོམ་ཐབས་དང་བསམ་བློའི་ཁྱད་ཆོས་སྐོར་རགས་ཙམ་གླེང་བ།

མཁའ་འགྲོ་བཟང་མོ། 《གངས་ལྗོངས་རིག་གནས》2017. 2

དོན་གྲུབ་རྒྱལ་གྱི་བརྩམས་ཆོས་ལས་སྐྱེ་གར་འདུ་ཤེས་ཀྱི་སྐོར་གླེང་བ།

གཅོད་པ་འཚོ། 《བོད་ཀྱི་སློབ་གསོ》2017. 3

བོད་ཀྱི་དུས་རབས་གསར་པའི་སྙན་ངག་གི་རིན་ཐང་སྣང་ཚུལ་ཐད་ཀྱི་མཐའ་དཔྱོད།

འབའ་སྨད་རྒྱལ་ཡོ་ཚེ་རིང་། 《ཀྲུང་གོའི་བོད་རིག་པ》2017. 2

བོད་ཀྱི་བསང་ཡིག་གི་བྱུང་འཕེལ་རགས་ཙམ་གླེང་བ།

སྒྲོལ་རྩེ་རྒྱལ། 《ཀྲུང་གོའི་བོད་རིག་པ》2017. 2

《ཞུ་འཕྲིན་པོ་ཏ་གཞོན་ནུ་དོན་གྲུབ་》ཀྱི་ཁྱད་ཆོས་རགས་ཙམ་གླེང་བ།

མ་ཅིག་སྐྱབས། 《བོད་ཀྱི་སློབ་གསོ》2017. 3

《ས་སྐྱ་ལེགས་བཤད་》ལས་རིག་གནས་སློབ་གསོའི་སྐོར་ཅུང་ཙམ་གླེང་བ།

སྒྲོལ་མ་དོན་གྲུབ། 《བོད་ཀྱི་སློབ་གསོ》2017. 3

བིས་པ་ངག་དབང་མི་ཕམ་བློ་བས་མཛད་པའི《ཕ་མའི་དྲིན་ལན་བསབ་པའི་སྙིང་པོ་བསྡུས་པ》ལ་ཅུང་ཟད་དཔྱད་པ།

བན་དེ་མཁར། 《བོད་ཀྱི་སློབ་གསོ》2017. 3

ཐོན་མིའི་ཡིག་སྲུད་ཀྱི་འབྲེལ་ཡོད་གནད་དོན་སྐོར་གླེང་བ།

རྡོ་རྡོ། 《མཚོ་སྔོན་མི་རིགས་སློབ་ཆེན་རིག་དེབ》2017. 2

སྙན་ངག་གི་ཡིག་གཟུགས་དང་རོལ་དབྱངས་ཀྱི་མཛེས་ཉམས་བསྐྱར་འཚོལ།

དཔལ་ལྡན་རྒྱ་མཚོ། 《མཚོ་སྔོན་དགེ་འོས་སློབ་ཆེན་རིག་དེབ》2017. 2

བོད་ཀྱི་ལེགས་བཤད་རྩོམ་གྱི་རྩོམ་ཐབས་འཕོ་འགྱུར་སྐོར་རགས་ཙམ་གླེང་བ།

མིག་དམར། 《བོད་ལྗོངས་སློབ་གྲྭ་ཆེན་མོའི་རིག་དེབ》2017. 1

ཁ་ཡ་ན་ཟླའི་སྙན་ངག——ཀན་གོང་ཨོ་རྒྱན་རྡོ་རྗེ་ལགས་ཀྱི་སྙན་ངག《འཆི་ལམ་དུ་སྐྱོད་བཞིན་པའི་ཁྱོད་རང》གི་བསླགས་ཚོར་ཞུང་དུ།

འཆི་མེད། 《སྦྲ་ཁའི་རྩོམ་རིག་སྒྱུ་རྩལ》2017. 2

སྙན་ངག་དང་སྙན་ངག་པ། སྙན་ངག་སློག་པ་པོའི་སྐོར་གྱི་བསམ་གཞིགས།

འབའ་སྨད་རྒྱལ་ཡོ་ཚེ་རིང་། 《ཟླ་ཟེར》2017. 2

《ཞུ་འཕྲིན་ཕོ་ཉ་གཞོན་ནུ་དོན་གྲུབ》ཅེས་པའི་རྩོམ་གྱི་སྒྲོམ་གཞིར་དཔྱད་པ།

གཙོད་པ་འཚོ། 《ཟླ་ཟེར》2017. 2

ཐུགས་སའི་དགེ་བཤེས་འཇམ་དབྱངས་དོན་ཡོད་ཀྱི་གསུང་མགུར་རི་ཆོས་སོ་བཞི་མའི་སྒྱུ་རྩལ་ཁྱད་ཆོས་སྐོར་གླེང་བ།

ཚེ་རིང་མཚོ་མོ། 《གངས་ལྗོངས་རིག་གནས》2017. 2

《ཕུ་བོས་ནུ་བོར་གདམས་ཤིང་བསྟན་པའི་མདོ》ལས་འཕྲོས་པའི་ཁྲིམས་ཀྱི་འདུ་ཤེས་གླེང་བ།

ཚེ་བརྟན་དཔལ། 《མི་རིགས》2017. 1

བོད་ཀྱི་འཕྲིན་ཡིག་གི་བྱུང་འཕེལ་དང་རིགས་དབྱེ་ལ་དཔྱད་པ།

རྣམ་རྒྱལ་རྡོ་རྗེ། 《མཚོ་སྔོན་མི་རིགས་སློབ་ཆེན་རིག་དེབ》2017. 1

བོད་ཀྱི་དེང་རབས་རྩོམ་རིག་ལས་ལྷུག་རྩོམ་གྱི་སྐོར་རགས་ཙམ་གླེང་བ།

རིག་འཛིན་སྐྱབས། 《ཟླ་ཟེར》2017. 1

སྒྲིང་བུའི་ཡུལ་སྐོར་རྩོམ་རིག་གསར་རྩོམ་གྱི་ཁྱད་ཆོས་གླེང་བ།

ཡུམ་ཆེན་སྐྱབས། 《ཟླ་ཟེར》2017. 1

རམས་ཚེ་རྡོའི་ལྷུག་རྩོམ《དགུ་རོང་ཉི་མ་དགུ་ཤར》ཞེས་པ་བཀླགས་རྗེས།

ཁ་དྲག་དབང་ཆེན་ཚེ་རིང་། 《ཟླ་ཟེར》2017. 2

བོད་ཀྱི་དམངས་ཁྲོད་སྒྲུང་གཏམ《རོ་སྒྲུང》ལ་ལྡན་པའི་རིན་ཐང་གི་སྐོར་ལ་རགས་ཙམ་དཔྱད་པ།

གཡང་སྐྱིད། 《གངས་ལྗོངས་རིག་གནས》2017. 2

བོད་ཀྱི་དམངས་སྒྲུང་མི་ལ་ཅོའུ་ཅོའུ་ནི་ཐེའུ་རང་ལས་ས་ཐེའུ་ཡིན་མིན་གྱི་དོགས་དཔྱོད།

གཏུགས་དཀར་སྐྱབས། 《ཤར་རྒྱན་མེ་ཏོག》2017. 2

ལ་གཞས་ལས་མངོན་པའི་བོད་མིའི་རང་གཤིས་ཀྱི་སྐོར་རོབ་ཙམ་གླེང་བ།

ཡུལ་ལྷ་ཐར། 《བོད་ལྗོངས་སྒྱུ་རྩལ་ཞིབ་འཇུག》2017. 1

བོད་ཀྱི་དམངས་ཁྲོད་གླུ་གཞས་ཀྱི་མཚོན་བྱེད་ཁག་ཅིག་གི་སྐོར་ལ་རགས་ཙམ་གླེང་བ།

ཉི་མ་སྒྲོན་ལགས། 《གངས་ལྗོངས་རིག་གནས》2017. 1

བཤད་པ་ཞེས་པའི་ངག་རྩོམ་གྱི་རྩོམ་རིག་སྐད་ཆའི་ཁྱད་ཆོས་དང་རྗོད་སྟངས་སྐོར་གླེང་བ།

ལྡེའུ་ཚེ་བརྟན་རྡོ་རྗེ། 《གངས་ལྗོངས་རིག་གནས》2017. 1

བོད་ཀྱི་བསྟོད་གླུའི་སྐོར་རོབ་ཙམ་གླེང་བ།

སྙིང་མོ་ཚེ་རིང་། 《བོད་ཀྱི་དམངས་སྲོལ་རིག་གནས》2017. 2

ཨ་ཁྲུ་དར་རྒྱས་ཀྱི་སྐྱོ་གླུའི་སློབ་གསོའི་རིན་ཐང་ལ་ཞིབ་ཙམ་དཔྱད་པ།

མཁའ་འགྲོ་འཚོ། 《བོད་ཀྱི་དམངས་སྲོལ་རིག་གནས》2017. 2

པ་སྣམ་རྫོང་སྣ་འཕུར་ཤར་གི་ཞོ་གླུའི་ཁྱད་ཆོས་ལ་ཞིབ་ཟད་དཔྱད་པ།

བསོད་ནམས་མཆོག་སྐྱིད། 《སྲང་རྒྱན་མེ་ཏོག》2017. 1

གཙང་ཁུལ་གྱི་དམངས་ཁྲོད་བྱིས་གླུའི་སྐོར་ལ་རགས་ཙམ་གླེང་བ།

ཚུང་བདག《སྲང་རྒྱན་མེ་ཏོག》2017. 2

བོད་ཀྱི་གཏམ་དཔེའི་ཁྲོད་ཀྱི་འཛོམ་བྱའི་ནང་དོན་སྐོར་རགས་ཙམ་གླེང་བ།

སངས་རྒྱས་རྒྱ་མཚོ། པ་སངས་ཚེ་རིང་། 《བོད་ལྗོངས་སློབ་གསོ》2017. 1

བོད་དམངས་ཁྲོད་ཀྱི་གཏམ་དཔེའི་སྐོར་རགས་ཙམ་གླེང་བ།

རྡོ་རྗེ་སྒྲོལ་མ། 《བོད་ཀྱི་སློབ་གསོ》2017. 3

དམངས་ཁྲོད་རྩོམ་རིག་ལས་ཨ་མདོའི་གཏམ་དཔེ་ལ་ཞིབ་ཙམ་དཔྱད་པ།

རིག་སྨན་བསོད་ནམས་ཚེ་རིང་། 《ནུབ་བྱང་མི་རིགས་སློབ་ཆེན་རིག་དེབ》2017. 1

བོད་ཀྱི་གཏམ་དཔེ་ལ་དཔྱད་པ།

སྟོང་སྐར་བསོད་ནམས་གཡང་འབྲུང་། 《ལྷོ་ཁའི་རྩོམ་རིག་སྒྱུ་རྩལ》2017. 1

ལེགས་སྦྱར་བོད་འགྱུར་རྩོམ་རིག་གི་བྱུང་འཕེལ་དང་འབྲེལ་ཏེ་བོད་ཀྱི་རྩོམ་རིག་ལོ་ཙྪ་འཕེལ་རྒྱས་གཏོང་ཐབས་སྐོར་གླེང་བ། ཤ་བོ་བསོད་ནམས། 《བོད་ཀྱི་སློབ་གསོ》2017. 3

བོད་ཀྱི་རྩོམ་རིག་ལོ་རྒྱུས་ལས་གནའ་རབས་རྩོམ་རིག་གི་དུས་མཚམས་ངོས་འཛིན་སྐོར་གྱི་གཞན་ལུགས་འགའ་ལ་དོགས་དཔྱོད།

ཁ་བྱུའི་བདེ་ལེགས་རྡོ་རྗེ། 《གངས་ལྗོངས་རིག་གནས》2017. 3

བོད་ཀྱི་སྐྱེས་རབས་བསྟན་བཅོས་ཐོག་མ་《བཀའ་གདམས་བུ་ཆོས་》ཀྱི་བརྗོད་བྱའི་བསྟན་དོན་གླེང་བ། ཁྱུང་རྩེ་བཀྲ་ཤིས། 《མཚོ་སྔོན་མི་རིགས་སློབ་ཆེན་རིག་དེབ》2017. 3

དགའ་ལྡན་ཕོ་བྲང་དུས་སྐབས་སུ་བོད་ལ་སྒྲུང་གཏམ་བྱུང་ཚུལ་དང་དེ་ལས་ཐོན་པའི་ཉམས་མྱོང་བཤད་པ། ཆབ་འགག་ཏ་མགྲིན། 《ཀྲུང་གོའི་བོད་རིག་པ》2017. 3

སྒྲུང་གཏམ་གྱི་རྩོམ་མགོ་འཛིན་ལུགས་གླེང་བ།

བཀྲ་ལྷ། 《ཀྲུང་གོའི་བོད་རིག་པ》2017. 3

སྒྲུང་གཏམ《བཙུན་ཡག》དང《སྡོམ་པ་སྲུང་བ》གཉིས་ཀྱི་མཚོན་བྱེད་ཐབས་ཀྱི་གཤིབ་བསྡུར།

བཀྲ་ཤིས་དཔལ་རྒྱལ། 《གངས་ལྗོངས་རིག་གནས》2017. 3

ལོ་རབས་བདུན་ཅུའི་དུས་སྨད་དང་ལོ་རབས་བརྒྱད་ཅུའི་བོད་ཀྱི་བརྩམས་སྒྲུང་གསར་རྩོམ་སྐོར་གྱི་བསམ་གཞིག

ཚེ་བརྟན་སྒྲོལ་དཀར། བསྟན་འཛིན་བཟང་པོ། 《བོད་ལྗོངས་སློབ་གསོ》2017.4

བརྩམས་སྒྲུང་《མག་མོག་གི་ནུབ་ཁའི་ཉི་མ་》དང་《སྒོ་བརྒྱབ་པའི་འཇིག་རྟེན་》གཉིས་བསྡུར་ནས་དཔྱད་པ། འབྲུག་ཐར་རྒྱལ། 《མཚོ་སྔོན་མི་རིགས་སློབ་ཆེན་རིག་དེབ》2017.4

བོད་ཀྱི་སྒྲུང་གཏམ་གསར་རྩོམ་གྱི་གནས་བབ་དང་དེའི་ཚུ་ཚད་མཐོར་འདེགས་གཏོང་བའི་ཐབས་ལམ་སྐོར་གླེང་བ།

བཀྲ་ཤིས་དོན་གྲུབ། 《བོད་ལྗོངས་སློབ་གྲྭ་ཆེན་མོའི་རིག་དེབ》2017.3

རྩོམ་ལུས་དབྱེ་སྟངས་ཁྲོད་ཀྱི་བརྩམས་སྒྲུང་དང་དེའི་གཞུང་ལུགས་རགས་ཙམ་གླེང་བ།

ལྷུགས་རྫོར་རྒྱལ། 《རྩེར་སྙེག》2017.4

སྒྲུང་གཏམ་གྱི་སྒྱུ་རྩལ——བསྟན་པ་ཡར་རྒྱས་ཀྱི་སྒྲུང་རིང་གསར་བ་《ཁ་སང་གི་ཚོ་བ་》ཞེས་པ་དཔེར་བརྗོད་པ། བྱ་མདོ་དོན་གྲུབ་ཚེ་རིང་། 《ལྗོ་ཁའི་རྩོམ་རིག་སྒྱུ་རྩལ》2017.1

འཇིག་རྟེན་ཆོས་བརྒྱད་ལས་འདས་པའི་ཆོས——ཚེ་དབང་རྣམ་རྒྱལ་གྱི་སྒྲུང་ཐུང་《གད་སྙིགས་》ལ་རགས་ཙམ་དཔྱད་པ།

འབྲོང་བུ་རྡོ་རྗེ་རིན་ཆེན། 《ལྗོ་ཁའི་རྩོམ་རིག་སྒྱུ་རྩལ》2017.2

སྟག་འབུམ་རྒྱལ་གྱི་སྒྲུང་གཏམ་དུ་འཕོད་པའི་ཁྱིའི་རྟོག་བརྟན་གླེང་བ།

རྡོ་ཕྲིས་ཀླུ་འབུམ་རྒྱལ། 《ལྗོ་ཁའི་རྩོམ་རིག་སྒྱུ་རྩལ》2017.3

སྒྲུང་གཏམ་གྱི་ཚིག་སྦྱོར་ལས་དཔེ་འཇལ་གྱི་གལ་ཆེན་རང་བཞིན་སྐོར་བཤད་པ།

བཀྲ་ཤིས་དོན་གྲུབ། 《ཟླ་ཟེར》2017.3

ལྷ་བྱམས་རྒྱལ་གྱི་སྒྲུང་གཏམ《ང་ནི་ཡར་འབྲོག་གཡུ་མཚོའི་ནང་གི་ཉ་ཞིག་ཡིན》ཞེས་པར་ཉུང་ཟད་དཔྱད་པ། དགྲ་ལྷ་བཀྲ་ཤིས། 《ཟླ་ཟེར》2017.3

《གཞོན་ནུ་མ་ཞིག་གི་ཕྱོ་ག》ཞེས་པའི་སྒྲུང་ཐུང་གི་ཁྱད་ཆོས་ཉུང་ཟད་གླེང་བ།

དཔལ་ལྡན་རྒྱལ། 《ཟླ་ཟེར》2017.3

ཚེ་རིང་དོན་གྲུབ་ཀྱི་སྒྲུང་གཏམ་ཁྲོད་ཀྱི་ཆོས་ལུགས་པའི་སྣང་བརྙན་ལ་དཔྱད་པ།

བཀྲ་ཤིས་དབང་རྒྱལ། 《གངས་དཀར་རི་བོ》2017.1

《བྱི་ལའི་གཏམ་རྒྱུད》ཅེས་པའི་བརྩམས་སྒྲུང་བསླགས་རྗེས།

ཕོད་རི་ཕུན་ཚོགས་ལྷུན་གྲུབ། 《གངས་དཀར་རི་བོ》2017.2

སྒྲུང་གཏམ་གྱི་དབྱེ་བ་གླེང་བའི་གཏམ།

བཀྲ་ལྷ། 《གངས་དཀར་རི་བོ》2017.4

དྲན་གདུང་དང་ཕངས་སེམས།

བཀྲ་ཤིས་དོན་གྲུབ། 《གངས་དཀར་རི་བོ》2017.5

ཀྲུང་དབྱང་མི་རིགས་སློབ་ཆེན་དུ་སྐད་ངག་མེ་ལོང་སྐོར་གྱི་དཔྱད་གླེང་ཚོགས་འདུ་བསྡུས།
《ཀྲུང་གོའི་བོད་རིག་པ》2017.3

བོད་ཀྱི་བསང་ཡིག་སྤྱི་གྲུབ《རྒྱུགས་བརྟན་ལྷ་བསང》རགས་ཙམ་གླེང་བ།
མགོན་པོ་ཚེ་རིང་། 《མཚོ་སྔོན་མི་རིགས་སློབ་ཆེན་རིག་དེབ》2017.3

ཡིད་འོང་ཀུན་སྟོའི་ནོར་འཛིན་གཞིར། །སྐད་ངག་སྒྲུབ་ལྡན་འཛོམས་བྱུང་། །
ཆས་པ་ཏ་མཁྱེན་ཚེ་རིང་། 《ཟླ་ཟེར》2017.3

རྙིང་བ་དཀོན་རྫེའི་རང་མོས་སྐད་ངག་གི་དོན་གནད་ལ་རགས་ཙམ་ལྟ་བ།
འབོ་རའི་སྒྲ་འབུམ་བཀྲ་ཤིས། 《གངས་དཀར་རི་བོ》2017.4

ལེགས་བཤད་རྩོམ་རིག་གིས་བོད་ཀྱི་རྩོམ་རིག་སྤྱིར་ཐེབས་པའི་ཤུགས་རྐྱེན་སྐོར་རགས་ཙམ་གླེང་བ།
སྒྲོལ་དཀར་འཚོ། 《བོད་ལྗོངས་སློབ་གསོ》2017.3

《བསླབ་བྱ་ཨ་རུ་རྣམ་པར་རྒྱལ་བའི་དགའ་ཚལ》གྱི་བརྗོད་བྱ་དང་རྩོམ་ཉམས་ལ་དཔྱད་པ།
ངག་དབང་རྒྱ་མཚོ། 《མཚོ་སྔོན་མི་རིགས་སློབ་ཆེན་རིག་དེབ》2017.3

《ས་སྐྱ་ལེགས་བཤད》ལས་སྲིད་སྐྱོང་ལུགས་སྐོར་ལ་ཅུང་ཟད་དཔྱད་པ།
མཁའ་མོ་མཚོ། 《རྩེར་སྙེག》2017.3

བོད་ཀྱི་དམངས་ཁྲོད་ངག་ཐོག་གི་ཚིག་རྒྱུན་ཅུང་ཟད་གླེང་བ།
ལྷག་རྒྱལ། 《བོད་ཀྱི་སློབ་གསོ》2017.5

ཨ་མདོའི་དམངས་ཁྲོད་ངག་རྩོམ་ལ་རགས་ཙམ་དཔྱད་པ།
དཀའ་ཐུབ་རྒྱལ། 《རྩེར་སྙེག》2017.4

བོད་ལྗོངས་ཁུལ་གྱི་དམངས་གཞས་སྐོར་གླེང་བ།
རྡོ་རྗེ། 《བོད་ཀྱི་དམངས་སྲོལ་རིག་གནས》2017.3

འཕན་ཡུལ་དཔལ་འཁོར་གླིང་ཤང་གི་གཞས་ཆེན་བྱུང་འཕེལ་དང་འཛིན་སྐྱོང་སྐོར་གླེང་བ།
སྐལ་བཟང་རྒྱལ་མཚན། 《བོད་ཀྱི་དམངས་སྲོལ་རིག་གནས》2017.3

འཕན་ཡུལ་དཔལ་འཁོར་གླིང་ཤང་གི་ཞིང་ལས་དང་འབྲེལ་བའི་གཞས་ཆེན་རིག་གནས་སྐོར་ལ་མདོ་ཙམ་གླེང་བ། སྐལ་བཟང་རྒྱལ་མཚན། 《ཐང་རྒྱན་མེ་ཏོག》2017.3

བོད་ཀྱི་དམངས་གཞས་ཀྱི་སྤྱིའི་ཁྱད་ཆོས་རགས་ཙམ་གླེང་བ།
བསྟན་འཛིན་སྐལ་བཟང་། 《ཐང་རྒྱན་མེ་ཏོག》2017.3

སྒྱུ་རྩལ་གྱི་སྐོར།

ཞོ་བྲང་པོ་ཏ་ལའི་རྙིས་བསྐངས་ལྷ་ཁང་གི་ལྡེབས་རིས་སྐོར་རགས་ཙམ་གླེང་བ།

སྨན་གྲོང་ནོར་བུ་ཁྲིད་ཐར། 《བོད་ལྗོངས་སྒྱུ་རྩལ་ཞིབ་འཇུག》2017. 1

བོད་བརྒྱུད་ནང་བསྟན་གྱི་སྒྱུ་རྩལ་རྒྱུན་འཛིན་ལས་སྒྲུབ་བྱེད་ལག་རྩལ་གྱི་འཕོ་འགྱུར་སྐོར་གླེང་བ——རེབ་གོང་ཐང་ག་གཞིར་བྱས་པ།

སྒྲོལ་མ་འཚོ། གཡང་མོ་སྐྱིད། 《བོད་ལྗོངས་སྒྱུ་རྩལ་ཞིབ་འཇུག》2017. 1

བོད་ལྗོངས་དཔེ་མཛོད་ཁང་གིས་བཟོ་སྐྲུན་བྱས་པའི་ཐང་གའི་སྨན་མང་རིག་མཛོད་དང་སྦྲགས་ཏེ་སྨན་ཐང་ལུགས་ཀྱི་ཐང་གའི་ཁྱད་ཆོས་རོབ་ཙམ་གླེང་བ།

ལྷུགས་ཐར་རྒྱལ། 《གངས་ལྗོངས་རིག་གནས》2017. 1

མདོ་སྨད་ཁྲི་ཀའི་ཇོང་མགོའི་གནའ་བོའི་བྲག་བརྐོས་རི་མོ་ལ་ཐོག་མར་དཔྱད་པ།

སྣ་མེ་མགོན་པོ་ཚེ་རིང་། 《བོད་ཀྱི་དམངས་སྲོལ་རིག་གནས》2017. 2

རྒྱལ་ཡོངས་བོད་ཀྱི་ཡིག་གཟུགས་བགྲོ་གླེང་ཚོགས་འདུ་སྐབས་དང་པོ་ལས་འཕྲོས་པའི་བསམ་གཞིག

རྡོ་རྗེ་ཐར། 《མཚོ་སྔོན་མི་རིགས་སློབ་ཆེན་རིག་དེབ》2017. 2

སྐལ་བཟང་རྡོ་རྗེ་ཡིས་བྲིས་པའི་གནའ་རབས་ཀྱི་ཡིག་གཟུགས་བདམས་བཀོད།

《མི་རིགས》2017. 1

དྲི་བསུང་འཕྱུལ་བའི་ལོ་ངོ་སྟོང་གི་ལག་རྩལ།

ལིའོ་ཀྲའེ་ཅེ་ཡིས་བྲིས། ཀྲང་རྩམ་རྩན་གྱིས་པར་བླངས།

སྐལ་བཟང་ཐུབ་བསྟན་གྱིས་བསྒྱུར། 《མི་རིགས》2017. 2

བོད་ཀྱི་རྙིས་གར་ཨ་ཅེ་ལྷ་མོའི་བྱུང་འཕེལ་སྐོར་མདོ་ཙམ་གླེང་བ།

སྐྱིད་པོ་རྒྱལ། 《བོད་ཀྱི་སློབ་གསོ》2017. 3

གསར་དུ་རྙེད་པའི་སྲིད་དང་འཇགས་རྒྱངས་སྐོར་གྱི་གནའ་དཔེ་ཞིག་ལས་འཕྲོས་པའི་དཔྱད་གཏམ།

ལྷག་པ་ཚེ་བརྟན། ཚེ་སྒྲོན། 《བོད་ལྗོངས་སློབ་གྲྭ་ཆེན་མོའི་རིག་དེབ》2017. 1

བོད་ཀྱི་སྲོལ་རྒྱུན་རོལ་ཆ་སྒྲ་སྙན་གྱི་བྱུང་བ་བརྗོད་པ།

བཀྲ་ཤིས་བླ་བ། 《བོད་ལྗོངས་སྒྱུ་རྩལ་ཞིབ་འཇུག》2017. 1

ཛ་བའི་དམངས་སྲོལ་འཁྲབ་སྟོན་རྒྱ་གྲགས་ལ་དཔྱད་པ།

རྡོ་ཐུལ་བསྟན་པ་འབྲུག་གྲགས། 《བོད་ཀྱི་དམངས་སྲོལ་རིག་གནས》2017. 2

བོད་ཀྱི་བྱིས་པའི་སླུ་གཞས་ཀྱི་ཁྱད་ཆོས་དང་རིན་ཐང་བཤད་པ།

པདྨ་རྒྱལ། 《རྩེར་སྙེག》2017. 2

ན་སྒྲིང་གི་གླིང་ཕྲ་བདེ་ཆེན་རོལ་མོའི་འབྱུང་འཕེལ་ལོ་རྒྱུས་དང་རྒྱུན་འཛིན་སྐོར་རགས་ཙམ་གླེང་བ།

ངག་དབང་རྡོ་རྗེ། 《ཐང་རྒྱན་མེ་ཏོག》2017. 1

གནའ་བོའི་རོལ་མོའི་བསྟན་བཅོས་ལས་འཕྲོས་ཏེ་བོད་སྐད་སྙན་སྒྲོན་སྒྱུ་རྩལ་སྐོར་ཅུང་ཟད་གླེང་བ།

མིག་དམར་རྒྱལ་པོ། 《བོད་ལྗོངས་སྒྱུ་རྩལ་ཞིབ་འཇུག》2017. 1

བོད་སྐད་བརྙན་འཕྲིན་འཁྲབ་ཚན་གྱི་སྒྲ་སྦྱོར་སྐོར་མདོ་ཙམ་གླེང་བ།

ཉི་སྒྲོལ། 《བོད་ལྗོངས་སློབ་གྲྭ་ཆེན་མོའི་རིག་དེབ》2017. 1

གློག་བརྙན《ཐར་ལོ་》དང་འབྲེལ་ཏེ་གློག་བརྙན་འཁྲབ་གཞུང་བཅོས་སྒྲིག་བྱེད་སྟངས་ལ་རགས་ཙམ་དཔྱད་པ།

རྡོ་ཆེན་པ་ཏ་མགྲིན་སྐྱབས། 《སྟོ་ཁའི་རྩོམ་རིག་སྒྱུ་རྩལ》2017. 2

སྡེ་དགེ་དཔེ་ཕར་དགོན་པའི་ལྷ་གསར་ཁང་གི་རྩ་ཆེན་ལྡེབས་རིས་རྙིང་པ་ངོ་སྤྲོད།

ཀརྨ་རྒྱལ་མཚན་གྱིས་བྲིས། ཀརྨ་བཀྲ་ཤིས་རྣམ་རྒྱལ་གྱིས་པར་བླངས། 《མི་རིགས》2017. 4

བོད་མི་རིགས་ཀྱི་སྒྱུ་རྩལ་བདུད་རྩི——ལི་ཐང་བྱམས་ཆེན་ཆོས་འཁོར་གླིང་གི་བཅོ་ལྔ་མཆོད་པའི་བཟོ་རྩལ།

དགེ་འདུན་བསྟན་འཛིན་གྱིས་བྲིས། ཕུན་ཚོགས་བཀྲ་ཤིས་དང་ཚེ་རིང་དབང་འདུས་ཀྱིས་པར་བླངས། 《མི་རིགས》2017. 4

ཕོ་བྲང་པོ་ཏ་ལའི་གསང་བདེ་འཇིགས་གསུམ་གྱི་བློས་བསླངས་ཁང་གི་ལྡེབས་བྲིས་སྤྱིའི་ཁྱད་ཆོས་སྐོར་ཅུང་ཙམ་གླེང་བ།

བཀྲ་ཤིས་ཚེ་བརྟན། 《མཚོ་སྔོན་མི་རིགས་སློབ་ཆེན་རིག་དེབ》2017. 3

བོད་དུ་དར་བའི་རྒྱ་གར་གྱི་རི་མོའི་འབྲི་ལུགས་ཀྱི་འཕེལ་རིམ་ལ་གསར་དུ་དཔྱད་པ།

ཡ་ཆེ་ཤ་བོ་དོན་གྲུབ། 《མཚོ་སྔོན་མི་རིགས་སློབ་ཆེན་རིག་དེབ》2017. 4

མདོ་སྨད་བླ་བྲང་གི་རྣམ་ཐར་གྱི་བྱུང་འཕེལ་གླེང་བ།

དཀའ་ཐུབ་རྒྱལ། 《བོད་ཀྱི་དམངས་སྲོལ་རིག་གནས》2017. 3

རེབ་གོང་ཡུལ་གྱི་འཇམ་མོ་སྡེ་བའི་འཆམ་གྱི་སྐོར་རགས་ཙམ་གླེང་བ།

ཀུན་དགའ། 《བོད་ཀྱི་དམངས་སྲོལ་རིག་གནས》2017. 3

འབྲི་གུང་རྡོ་རྗེ་གར་འཆམ་གྱི་སྐོར་ལ་དཔྱད་པ།

རྡོ་རྗེ། 《མཚོ་སྔོན་མི་རིགས་སློབ་ཆེན་རིག་དེབ》2017. 3

གེ་སར་སྒྲུང་གི་སྐོར།

གསོ་རིག་དང་སྐར་རྩིས་ཀྱི་སྐོར།

དྭགས་པོ་ཐོར་འབུམ་སྐོར་ལ་དཔྱད་པ་བྱེས་སློའི་ཅོལ་ཚུང་།

ཚེ་རིང་རྣམ་རྒྱལ། ཁང་སར་བསོད་ནམས་འཆི་མེད། 《ཀྲུང་གོའི་བོད་རིག་པ》2017. 1

བོད་ཀྱི་གསོ་བ་རིག་པ་ལས་གྲས་པའི་གསོ་ཐབས་སྐོར་གྱི་ཐོག་མའི་དཔྱད་གླེང་།

གཡང་མོ་ཚེ་རིང་། དཀོན་མཆོག་རྒྱལ་མཚན། 《ཀྲུང་གོའི་བོད་རིག་པ》2017. 2

བོད་ལུགས་གསོ་རིག་གི་གཉིད་ཀྱི་ཤེས་བྱ་ཙུང་ཟད་གླེང་བ།

མཚམས་གཙོད། 《བོད་ལྗོངས་ཞིབ་འཇུག》2017. 1

སྲོག་འཛིན་རླུང་ལ་དཔྱད་པ།

བཀྲ་ཤིས་ཚེ་བརྟན། སྟོབས་རྒྱལ། 《བོད་ལྗོངས་ཞིབ་འཇུག》2017. 1

གསུར་དུག་པགས་བྱེར་ནད་ཀྱི་བརྟག་བཅོས་གླེང་བ།

ཉི་མ་གྲགས་པ། 《གངས་ལྗོངས་རིག་གནས》2017. 1

གསོ་དཔྱད་ལས་ལྷའི་མཆོག་གསུར་གཏར་གའི་ལག་ལེན་སྐོར་ཙུང་ཟད་གླེང་བ།

ལྷ་པོ། 《གངས་ལྗོངས་རིག་གནས》2017. 1

མངལ་མ་ཆགས་གོང་གི་བདེ་སྲུང་རིག་པའི་སྐོར་གླེང་བ།

སྲིན་པ་ཚེ་རིང་། 《གངས་ལྗོངས་རིག་གནས》2017. 2

སྐྱེ་མའི་དཀའ་བྱེད་གངས་ཅན་རིག་པའི་ངོ་ཤལ།

ཡེ་ཤེས་མིག་དམར། 《གངས་ལྗོངས་རིག་གནས》2017. 2

བོད་ལུགས་གསོ་རིག་ལས་རྟ་སྨུགས་ནད་ཀྱི་རྒྱུ་རྐྱེན་བརྟག་བཅོས་སྐོར་གླེང་བ།

པག་མོ་དོན་གྲུབ། 《མི་རིགས》2017. 1

བྱང་ཐོག་ཡུལ་ཐིག་གབ་པ་མངོན་སྤྱང་།

རྣམ་པ། ཐུབ་བསྟན་བསམ་འགྲུབ། 《མི་རིགས》2017. 1

བོད་ལུགས་གསོ་རིག་གི་ནད་ཐོག་ལག་ལེན་དང་གཞུང་ལུགས་ཟུང་འབྲེལ་གྱིས་བད་ཁྲག་གི་གོ་དོན་ལ་རགས་ཙམ་དཔྱད་པ།

ལྷ་སྨུག་ཡག 《མཚོ་སྔོན་དགེ་འོས་སློབ་ཆེན་རིག་དེབ》2017. 2

བོད་ཀྱི་གསོ་རིག་ཁྲིད་ཀྱི་རིག་བྱེད་གཏམ་རྒྱུད་ལ་དཔྱད་པ།

ལྷ་མོ་ཚེ་རིང་། 《མཚོ་སྔོན་དགེ་འོས་སློབ་ཆེན་རིག་དེབ》2017. 2

བོད་ཀྱི་གསོ་རིག་དང་འབྲེལ་ནས་བུད་མེད་ཀྱི་ལུས་ཁམས་གྲུབ་ཚུལ་གྱི་ཁྱད་ཆོས་སྐོར་རགས་ཙམ་གླེང་བ།

དངོས་གྲུབ་འཚོ། 《མཚོ་སྔོན་དགེ་འོས་སློབ་ཆེན་རིག་དེབ》2017. 2

དཀར་པོ་ཆིག་ཐུབ་ཀྱི་འཇུག་སྒོ་ལ་དཔྱད་པ།

ལྷ་རྒྱལ་ཐར། 《མཚོ་སྔོན་དགེ་འོས་སློབ་ཆེན་རིག་དེབ》2017. 2

གནའ་བོའི་བོད་ཀྱི་གསོ་རིག་དང་འབྲེལ་བའི"ལམ་གཅིག་བརྒྱུད་གཅིག"ལ་དཔྱད་པ།

ཐུབ་བསྟན་ཕུན་ཚོགས། 《བོད་ལྗོངས་སློབ་གྲྭ་ཆེན་མོའི་རིག་དེབ》2017. 1

དམུ་ཆུ་མཆིན་ཟགས་ནད་ལ་རྩིང་གི་འོར་ཁུང་བརྗོལ་བའི་བཅོས་ཐབས་ཀྱི་ཞིབ་འཇུག་ཉམས་མྱོང་། བདེ་ཆེན་དཔལ་སྒྲོན་སོགས། 《བོད་ལྗོངས་སློབ་གྲྭ་ཆེན་མོའི་རིག་དེབ》2017. 1

མངལ་སྲུམ་འཕེལ་འགྱུར་གྱི་གནས་སྐབས་སོ་སོའི་བདེ་སྲུང་བྱ་ཐབས་སྐོར་རགས་ཙམ་གླེང་བ།

བདེ་ཆེན་སྒྲོལ་དཀར། ཚེ་སྒྲོལ་མ། 《བོད་ལྗོངས་སློབ་གྲྭ་ཆེན་མོའི་རིག་དེབ》2017. 1

བོད་ལུགས་གསོ་བ་རིག་པའི་མོ་ནད་ཆུང་ཚབས་དང་ཕྱི་ལུགས་གསོ་རིག་གི་བུད་མེད་རྐན་དུས་ཟླ་མཚན་སྐམ་ཆད་དང་འབྲེལ་བའི་ཕྱོགས་བསྡུས་ནད་གཞིའི་དབར་གྱི་འབྲེལ་བར་དཔྱད་པ།

ཚེ་དབྱངས། 《བོད་ལྗོངས་སློབ་གྲྭ་ཆེན་མོའི་རིག་དེབ》2017. 2

དྭགས་པོ་ལྷ་རྗེ་ཡི་ལོ་རྒྱུས་དང་སྨན་བརྒྱུད་སྐོར་མདོ་ཙམ་བརྗོད་པ།

ཚེ་རིང་རྒྱལ་པོ། 《ཀྲུང་གོའི་བོད་ཀྱི་གསོ་རིག》2017. 1

མདོ་སྟོད་འབྲོང་པ་རྗེ་དགོན་པའི་གསོ་རིག་གི་ལོ་རྒྱུས་མདོར་བསྡུས་སུ་བརྗོད་པ།

འགྱུར་མེད། དགེ་ལེགས་རྒྱ་མཚོ། 《ཀྲུང་གོའི་བོད་ཀྱི་གསོ་རིག》2017. 1

བོད་སྨན་གསོ་བཅོས་ཁྲིད་ཀྱི་ཐུགས་བཅོས་ཚོ་གའི་ལག་ལེན་ལ་གསོ་རིག་མིའི་རིགས་རིག་པའི་ལྟ་སྟངས་ཀྱི་སྒོ་ནས་དཔྱད་པ། དཔའ་ཆེན་རྒྱལ། 《ཀྲུང་གོའི་བོད་ཀྱི་གསོ་རིག》2017. 1

གསོག་ལྷང་ཞི་གསུམ་དང་སྦྱར་ཏེ་བད་ཀན་ནད་ཀྱི་འགྱུར་ཚུལ་ལ་དཔྱད་པ།

རིན་ཆེན་དར་རྒྱས། ཟླ་མདོ་ལྷ་ཟླ་མས་རྒྱལ། 《ཀྲུང་གོའི་བོད་ཀྱི་གསོ་རིག》2017. 1

མགོ་ཀླད་ཀྱི་ངོས་འཛིན་དང་འབྲེལ་ཏེ་ནད་རྟགས་གཙོ་ཕལ་གྱི་རིགས་ལམ་དང་དེའི་གལ་ཆེན་རང་བཞིན་སྐོར་གླེང་བ། ཀུ་རུ་རྡོ་རྗེ། བསམ་གྲུབ་རྒྱལ། དཀོན་མཆོག་རྒྱལ་མཚན། 《ཀྲུང་གོའི་བོད་ཀྱི་གསོ་རིག》2017. 1

མོ་ནད་ཕལ་བ་བརྒྱད་ལས་མཚན་མའི་ནད་ཀྱི་རྣམ་གཞག་ལ་དཔྱད་པ།

ཕག་མོ་མཚོ། 《ཀྲུང་གོའི་བོད་ཀྱི་གསོ་རིག》2017. 1

དགེ་རྒན་ཆེན་མོ་རྟ་མགྲིན་རྒྱལ་གྱི་རིག་གཞུང་དགོངས་དོན།

བཀྲ་ཤིས་དོན་གྲུབ། བསོད་ནམས་རྡོ་རྗེ། 《ཀྲུང་གོའི་བོད་ཀྱི་གསོ་རིག》2017. 1

ཕྱི་རྒྱུད་ད་ཡིས་སྦྱོར་བའི་སྦྱོར་སྡེའི་རིགས་ལམ་དང་ནད་ཐོག་བེད་སྤྱོད་རིན་ཐང་ལ་དཔྱད་པ།

ཐུན་ཁྲང་དོན་གྲུབ། བཀྲ་ཤིས་ཚེ་དཔལ། 《ཀྲུང་གོའི་བོད་ཀྱི་གསོ་རིག》2017. 1

སྔོ་སྦྱོར་བདུད་རྩི་གསང་བ་འཆི་མེད་སྐུ་གསུང་ཐུགས་ཀྱི་སྦྱོར་བ་ཞེས་པའི་གནའ་དཔེ་སྐོར་ལ་དཔྱད་པ། ཚེ་རིང་རྣམ་རྒྱལ། ཁང་སར་བསོད་ནམས་འཆི་མེད། 《ཀྲུང་གོའི་བོད་ཀྱི་གསོ་རིག》2017. 1

འབའ་སམ་སྨན་མར་གྱི་སྦྱོར་བཟོའི་ལག་ལེན་སྐོར་རགས་ཙམ་གླེང་བ།

བན་དེ་ཚེ་རིང་། ཉི་མ་ཚེ་རིང་། 《ཀྲུང་གོའི་བོད་ཀྱི་གསོ་རིག》2017. 1

ལི་ག་དུར་གྱི་ངོས་འཛིན་སྐོར་ལ་རགས་ཙམ་དཔྱད་པ།

པདྨ་བཀྲ་ཤིས། རིག་འཛིན་དབང་རྒྱལ། 《ཀྲུང་གོའི་བོད་ཀྱི་གསོ་རིག》2017. 1

རེབ་གོང་མདོ་བ་ཚ་ཚན་གྱི་བྱུང་འཕེལ་ལོ་རྒྱུས་དང་ངོས་འཛིན་སྐོར་གླེང་བ།

ཕག་མོ་མཚོ། 《ཀྲུང་གོའི་བོད་ཀྱི་གསོ་རིག》2017. 1

ཡུལ་ཤུལ་ས་ཁུལ་དུ་གསོ་རིག་དར་ཚུལ་དང་སྔོན་བྱོན་མཁས་དབང་དག་གི་མཛད་རྣམ་ཕྲན་ཙམ་བརྗོད་པ། ཀརྨ་སྟོབས་ལྡན། དབྱངས་དགའ། 《ཀྲུང་གོའི་བོད་ཀྱི་གསོ་རིག》2017. 2

དཔག་བསམ་ལྗོན་ཤིང་ལ་དཔྱད་པ། ཚེ་རིང་རྣམ་རྒྱལ། ཁང་སར་བསོད་ནམས་འཆི་མེད། 《ཀྲུང་གོའི་བོད་ཀྱི་གསོ་རིག》2017. 2

མཁས་དབང་མཁྱེན་རབ་ནོར་བུས་མཛད་པའི་སྨན་རྩིས་དབུ་ཞྭའི་སྐོར་ཙུང་ཙམ་གླེང་བ།

ཟླ་བ་བསོད་ནམས།སྟོབས་རྒྱལ། ཚེ་རིང་ལྷ་མོ། 《ཀྲུང་གོའི་བོད་ཀྱི་གསོ་རིག》2017. 2

ཟླ་མཚན་དང་ས་བོན་དམར་པོ་གཉིས་ཀྱི་འབྲེལ་བར་ཙུང་ཟད་དཔྱད་པ།

ཤ་བོ་ཟླན་ཐར། བསོད་ནམས་ཕུན་ཚོགས། 《ཀྲུང་གོའི་བོད་ཀྱི་གསོ་རིག》2017. 2

མཁས་དབང་ཀློ་བཟང་དཔྱིད་གཉེན་མཆོག་གི་མཁའ་གྲང་ནད་པར་སྨན་སྤྱོད་ཚུལ་ལ་དཔྱད་པ།

ཕུར་བུ་བཀྲ་ཤིས། བསྟན་འཛིན་ཚེ་སྒྲོན། ཚེ་རིང་སྐྱིད། 《ཀྲུང་གོའི་བོད་ཀྱི་གསོ་རིག》2017. 2

ནད་ཐོག་སྨན་བཅོས་ཀྱི་མྱོང་བྱུང་གནད་བསྡུས།

དབང་གྲགས་བསོད་ནམས།རྡོ་རྗེ་སྐྱིད། 《ཀྲུང་གོའི་བོད་ཀྱི་གསོ་རིག》2017. 2

གཉན་རིམས་ནད་ཀྱི་ངོས་འཛིན་དང་གསོ་ཚུལ་ལ་དཔྱད་པ།

རིག་འཛིན་རྒྱལ། དཔལ་ཆེན་གསང་བདག་ཀླུ་བཟང་རྡོ་རྗེ། 《ཀྲུང་གོའི་བོད་ཀྱི་གསོ་རིག》2017. 2

མཆིན་གྲུམ་ནག་པོའི་ནད་ཀྱི་ངོས་འཛིན་ཚུལ་ལ་དཔྱད་པ།

མགོན་པོ་སྐྱབས། 《ཀྲུང་གོའི་བོད་ཀྱི་གསོ་རིག》2017. 2

སྨྲ་དཀར་ནད་ཀྱི་བཅོས་ཐབས་ཕྱོགས་བསྡུས།

སྒྲུང་མ་སྐྱབས། དྲན་ཁྲང་དོན་གྲུབ། 《ཀྲུང་གོའི་བོད་ཀྱི་གསོ་རིག》2017. 2

 རྐང་འབམ་ནད་ཀྱི་ངོས་འཛིན་སྐོར་གླེང་བ།

སླིང་མོ་ཚེ། 《ཀྲུང་གོའི་བོད་ཀྱི་གསོ་རིག》2017. 2

རྒྱུ་རྫོལ་གྱི་ཆུ་ཞིམ་པའི་ངོས་འཛིན་སྐོར་ལ་དཔྱད་པ།

བློ་བཟང་བརྟོན་འགྲུས། རིན་ཆེན་རྒྱལ། 《ཀྲུང་གོའི་བོད་ཀྱི་གསོ་རིག》2017. 2

འདུས་པ་སྨུག་པོའི་ནད་ཀྱི་རྣམ་འགྱུར་འཕེལ་རིམ་ལ་རགས་ཙམ་དཔྱད་པ།

རིག་སྒྲོན། དབང་ཆེན་ཚེ་བརྟན། 《ཀྲུང་གོའི་བོད་ཀྱི་གསོ་རིག》2017. 2

ཙཱན་མར་ཁུའི་སྦྱོར་བཟོ་དང་ཕན་ནུས་ལ་རགས་ཙམ་དཔྱད་པ།

པདྨ་སྐྱབས། 《ཀྲུང་གོའི་བོད་ཀྱི་གསོ་རིག》2017. 2

ཅོང་ཞིའི་འབྱུང་ཁུངས་དང་ངོས་འཛིན་སྐོར་གྱི་དཔྱོད་གླེང་།

སྣང་ར་དབང་གྲགས། ཟླ་མདོ་ཟླ་ཟླ་མས་རྒྱལ། 《ཀྲུང་གོའི་བོད་ཀྱི་གསོ་རིག》2017. 2

བཤལ་བཅོས་ཀྱི་བྱུང་འཕེལ་དང་ཁྱད་ཆོས་སྐོར་རོབ་ཙམ་གླེང་བ།

བསོད་ནམས་མཚོ། དབང་ལྡན་དོན་འགྲུབ། 《ཀྲུང་གོའི་བོད་ཀྱི་གསོ་རིག》2017. 2

དཔལ་དུས་ཀྱི་འཁོར་ལོ་རྒྱ་གར་དབུས་སུ་དར་བའི་ལོ་ཚིགས་དང་དེ་འབྲེལ་མི་སྣའི་སྐོར་གྱི་དོགས་གཅོད་འགའ། ལྷ་མོ་སྐྱིད། 《བོད་ལྗོངས་ཞིབ་འཇུག》2017. 1

མདོ་སྨད་དུ་བོད་ཀྱི་ལི་ཐོ་དར་ཚུལ་ཅུང་ཟད་བརྗོད་པ་བློ་གསལ་མགུལ་རྒྱན།

བློ་བཟང་བསྟན་འཛིན། 《ཀན་ལྷོའི་མི་རིགས་རིག་གནས་ཞིབ་འཇུག》2017. 1

སྲོལ་རྒྱུན་བོད་ཀྱི་དུས་བརྟག་གནམ་དཔྱད་ཀྱིས་ཞིང་འབྲོག་ཐོན་སྐྱེད་སོགས་ལ་ནུས་པ་ཇི་ལྟར་ཐོན་ཚུལ་སྐོར་ཅུང་ཟད་གླེང་བ།

རྣམ་རྒྱལ། ནོར་བུ་དོན་གྲུབ། 《བོད་ལྗོངས་སློབ་གྲྭ་ཆེན་མོའི་རིག་དེབ》2017. 2

ཏུན་ཧོང་ཤོག་དྲིལ་དང་ཟླ་རྒྱལ། རྒྱུད་བཞི། ཤེལ་དཀར་མེ་ལོང་བཅས་ཁྲོད་ཀྱི་མེ་དམིགས་བསྡུར་དཔྱོད། ལྷ་མོ་སྐྱིད། 《ཀྲུང་གོའི་བོད་རིག་པ》2017. 3

ཁྲིས་པའི་ན་ཚའི་བརྟག་བཅོས་སྐོར་ལ་དཔྱད་པ།

སྒྲོལ་མ་འཚོ། 《ཀྲུང་གོའི་བོད་རིག་པ》2017. 3

སྣང་རྫོང་ནད་སྟོད་མི་སྣའི་མཁལ་འགྲམས་ནད་ཀྱི་ནད་ཐོག་དཔྱེ་ཞིབ།

ཕུན་ཚོགས་ཐུབ་བརྟན། པདྨ་ཆོས་གྲགས། 《གངས་ལྗོངས་རིག་གནས》2017.3

རྩ་བའི་རོ་དྲུག་རགས་ཙམ་གླེང་བ། **ཚེ་དཔལ་འཚོ།** 《མི་རིགས》2017.3

མཁྲིས་སྨན་གྱི་རྒྱུ་རྐྱེན་དང་རྟགས་བཅོས་སྐོར་རགས་ཙམ་གླེང་བ།

ཧོང་ཧོང་། 《མི་རིགས》2017.4

དཔྱད་དང་སྨན་དཔྱད་ཅེས་པའི་ཐ་སྙད་གཞིར་བཟུང་སྟེ་བོད་ཀྱི་གསོ་བ་རིག་པའི་འབྱུང་ཁུངས་སྐོར་གླེང་བ།

དབང་དྲག་རྡོ་རྗེ། དཔལ་སྒྲོ། 《མཚོ་སྔོན་མི་རིགས་སློབ་ཆེན་རིག་དེབ》2017.4

ཏུན་ཧོང་གསོ་རིག་ཡིག་རྙིང་ལས་མགུལ་འགགས་གསོ་བའི་ཚིག་དོན་གསལ་བཀྲོལ།

བསྟན་པ་དར་རྒྱས། རྡོར་བུ་བཀྲ་ཤིས། 《ཀྲུང་གོའི་བོད་ཀྱི་གསོ་རིག》2017.3

གཞུང་དྲི་མེད་གཟི་བརྗིད་ཀྱི་འགྲེལ་བ་ཉི་མའི་འོད་ཟེར་གྱི་མཛད་པ་པོ་ལ་དཔྱད་པ།

བདེ་སྐྱིད་མཚོ་མོ། ཕུར་བུ་བཀྲ་ཤིས། 《ཀྲུང་གོའི་བོད་ཀྱི་གསོ་རིག》2017.3

རྒྱུད་བཞི་དཀའ་བའི་གནད་བཀྲོལ་ཟླ་ཟེར་གྱི་དུམ་བུའི་མཛད་པ་པོ་དང་གཞུང་གི་ཁྱད་ཆོས་སྐོར་ལ་དཔྱད་པ།

རྡོ་རྗེ་རིན་ཆེན། ཚེ་རིང་རྣམ་རྒྱལ། 《ཀྲུང་གོའི་བོད་ཀྱི་གསོ་རིག》2017.3

ཟླ་རྒྱལ་དང་རྒྱུད་བཞི་གཉིས་ལས་བསྟན་པའི་དོན་ནད་གསོ་བའི་ནང་དོན་བསྡུར་དཔྱད།

ཚེ་བརྟན་རྡོ་རྗེ། 《ཀྲུང་གོའི་བོད་ཀྱི་གསོ་རིག》2017.3

ཕུང་པོ་གཟན་སྐྱུར་གྱི་རྣམ་བཤད་ལས་ལུས་ཀྱི་རྣམ་གཞག་སྐོར་རྒྱུད་བཞི་དང་འབྲེལ་ནས་དཔྱད་པ། **སྒྲོལ་དཀར་ཚེ་རིང་།** 《ཀྲུང་གོའི་བོད་ཀྱི་གསོ་རིག》2017.3

སྟོང་ནག་བསྟན་འཛིན་རབ་རྒྱས་དང་ཕོང་གི་གསང་སྨན་ཉི་ཤུའི་ངོས་འཛིན་སྐོར་རོབ་ཙམ་གླེང་བ། **སངས་རྒྱས་རྒྱལ།** 《ཀྲུང་གོའི་བོད་ཀྱི་གསོ་རིག》2017.3

མི་བསྐྱོད་མཁས་གྲུབ་རྒྱ་མཚོ་མཆོག་གི་གསོ་རིག་གི་དགོངས་བཞེད་སྐོར་གླེང་བ།

བསོད་ནམས་དབང་ཕྱུག བསྟན་སྲུང་གྲགས་པ།

《ཀྲུང་གོའི་བོད་ཀྱི་གསོ་རིག》2017.3

རླུང་ནད་ཀྱི་རིགས་དབྱེ་དགར་ཚུལ་སྐོར་གྱི་བསྡུར་དཔྱད།

འབྲུག་རྩེ་རྒྱལ། དཀོན་མཆོག་རྒྱལ་མཚན། 《ཀྲུང་གོའི་བོད་ཀྱི་གསོ་རིག》2017.3

ཁྲག་རླུང་ནད་ཀྱི་བརྟག་བཅོས་སྦྱོར་ཟིན།

ལན་གྲོ་ཏ་མགྲིན་དབང་ཕྱུག《ཀྲུང་གོའི་བོད་ཀྱི་གསོ་རིག》2017.3

ཚང་ཞི་འོ་འདུལ་གྱི་ལག་ལེན་མི་འདྲ་བའི་ཁྱད་ཆོས་ལ་དཔྱད་པ།

སྣང་ར་དབང་གྲགས། བྱ་མདོ་ཀླུ་བྱམས་རྒྱལ།

《ཀྲུང་གོའི་བོད་ཀྱི་གསོ་རིག》2017. 3

སྨན་གྱི་རོའི་ངོས་འཛིན་དང་ཉེས་གསུམ་སེལ་ཚུལ་སྐོར་ལ་ཅུང་ཙམ་དཔྱད་པ།

ཚེས་དབྱིངས་རང་གྲོལ། 《ཀྲུང་གོའི་བོད་ཀྱི་གསོ་རིག》2017. 3

བསྲེགས་རྗེས་མི་གཏར་གཏར་རྗེས་བསྲེག་ཏུ་རུང་ཞེས་པའི་གོ་དོན་ལ་དཔྱད་པ།

མཁའ་འགྲོ་སྐྱབས། 《ཀྲུང་གོའི་བོད་ཀྱི་གསོ་རིག》2017. 3

ནད་གཞི་ངོས་འཛིན་གྱི་མི་ནོར་བའི་གཟེར་ཕྱོགས་བསྡུས།

འབྲུག་མོ་སྐྱིད། 《ཀྲུང་གོའི་བོད་ཀྱི་གསོ་རིག》2017. 3

ནད་རིགས་སོ་སོའི་གསོ་ཚུལ་གནད་བསྡུས།

ཤ་བོ་གཡང་འབུམ། 《ཀྲུང་གོའི་བོད་ཀྱི་གསོ་རིག》2017. 3

བོད་ཀྱི་གནམ་རིག་སྐར་རྩིས་ལས་དུས་བརྟག་གནམ་དཔྱད་ཀྱི་བྱུང་འཕེལ་སྐོར་ཆེ་ལོང་ཙམ་གླེང་བ།

རྣམ་རྒྱལ། 《ཀྲུང་གོའི་བོད་རིག་པ》2017. 3

ཁོར་ཡུག་སྲུང་སྐྱོབ་ཀྱི་སྐོར།

བོད་བརྒྱུད་ནང་བསྟན་ལས་འཕྲོས་ཏེ་ཁོར་ཡུག་སྲུང་སྐྱོབ་སྐོར་གླེང་བ།

དཀར་འཚོ་སྐྱིད། 《མཚོ་སྔོན་མི་རིགས་སློབ་ཆེན་རིག་དེབ》2017. 3

སེལ་གྱི་རིག་གནས་ཀྱིས་སྐྱེ་ཁམས་སྲུང་སྐྱོང་ལ་ཐེབས་པའི་ཕན་ཡོན་སྐོར་རགས་ཙམ་གླེང་བ།

ལྷ་མོ་ཚེ་རིང་། 《རྩེར་སྙེག》2017. 3

ཟླུང་ཆུའི་རྒྱུད་ཀྱི་ཁོར་ཡུག་སྲུང་སྐྱོབ་སྐོར་མདོ་ཙམ་གླེང་བ།

དགེ་འདུན་མཚོ། 《ཏུབ་ཐང་མི་རིགས་སློབ་གྲྭ་ཆེན་མོའི་རིག་གཞུང་དུས་དེབ》2017. 1

མི་སྣའི་སྐོར།

གཙང་བྲིས་དབུ་ཆེ་མངའ་རིས་བ་བསོད་ནམས་དར་རྒྱས་ལགས་ཀྱི་ལོ་རྒྱུས་མདོར་བསྡུས།

ཤེས་རབ་རྒྱལ་མཚན། 《བོད་ལྗོངས་སྨན་རྩིས་ཞིབ་འཇུག》2017. 1

ཨ་ལོ་གཞོན་པས་བསྐྱངས་པའི་འབག་དཀར་ལྷ་མོའི་ལོ་ཆུང་རྒྱུན་འཛིན་པ་བསམ་གྲུབ།

སྐེ་གཞུང་ནོར་བཟང་། 《གངས་ལྗོངས་རིག་གནས》2017. 1

བསྟན་འཛིན་ཕུན་ཚོགས་ལགས་ཀྱི་མི་ཚེའི་བཤུལ་ལམ།

སློངས་དཔོན་མིན་རིག་གནས་ཡོངས་བཤེར་སྲུང་སྐྱོབ་པུའུ་ནས་མཁོ་འདོན་བྱས།
《གངས་ལྗོངས་རིག་གནས》2017. 2

བོད་ཀྱི་རིག་གནས་འཛིན་སྐྱོང་སྤེལ་གསུམ་ལ་མཛད་རྗེས་ཆེ་བའི་སྤྱར་དཔོན་བཀྲ་ཤིས་རྡོ་རྗེའི་སྐོར་བགོད་པ། འཇམ་དབྱངས་ཆོས་སྒྲོན། 《མི་རིགས》2017. 1

བོད་སྐད་ཀྱི་བརྡ་སྤྲོད་སློབ་གནས་བརྟན་རི་བོའི་རིག་གཞུང་དཔྱད་འབྲས་གླེང་བ།
ཀུ་རུ་སྐྱབས། 《མཚོ་སྔོན་མི་རིགས་སློབ་ཆེན་རིག་དེབ》2017. 2

ཙོང་ཁ་རྒྱལ་རབས་ཚུགས་སྐབས་ཀྱི་ཙོང་ཁ་རིག་འཛིན་རྒྱས་དཔྱད།
ཆེ་བརྟན་རྡོ་རྗེས་བརྩམས། ལས་རབ་རྡོ་རྗེས་བསྒྱུར། 《རྩེ་ར་སྐྱེག》2017. 1

སྣ་ཚོགས།

མིའི་རིགས་རིག་པའི་གཞུང་ལུགས་དང་འབྲེལ་བའི་བོད་ཀྱི་ཤེས་རིག་ཞིབ་འཇུག་སྐོར་གླེང་བ།——པེ་ཅིན་སློབ་གྲྭ་ཆེན་མོའི་མིའི་རིགས་རིག་པའི་དགེ་རྒན་ཆེ་མོ་ཕང་མེན་མེན་ལ་བཅར་འདྲི་ཞུས་པའི་ཐེན་ཐོ།
ཀུན་དགའ་ཡེ་ཤེས། སྲིད་འཛོམས། 《བོད་ལྗོངས་སློབ་གྲྭ་ཆེན་མོའི་རིག་དེབ》2017. 2

ཕྱོས་སྦྱོར་གནད་བསྡུས། ཆོས་བརྒྱད། 《བོད་ལྗོངས་ནང་བསྟན》2017. 1

ལྷག་བསམ་གྱི་འོད་མདངས་འཕྲུག་པའི་ཨ་སྐྱིད་རྫ་ཆས།
ལའེ་ཞོ་ཅེའེ་ཡིས་བྲིས་ཤིང་པར་བླངས། སྐལ་བཟང་ཐུབ་བསྟན་གྱིས་བསྒྱུར། 《མི་རིགས》2017. 1

བོད་ཡིག་གི་ཆ་འཕྲིན་སྒྲིག་གཅོད་ལག་རྩལ་སྐོར་རགས་ཙམ་གླེང་བ།
རྡོ་རྗེ་རབ་བརྟན། 《བོད་ཀྱི་སློབ་གསོ》2017. 3

2017ལོའི་རྒྱལ་ཡོངས་བོད་ཡིག་དུས་དེབ་ཏུ་སྤེལ་བའི་བོད་རིག་པའི་སྐོར་གྱི་དཔྱད་རྩོམ་དང་རྒྱུ་ཆའི་དཀར་ཆག་ཕྱོགས་བསྒྲིགས། （སྟོད་ཆ། སྨད་ཆ）
《ཀྲུང་གོའི་བོད་རིག་པ》2017. 1、2

དཔག་ཚད་ཀྱི་ཆེ་ཆུང་དང་འབྲེལ་ནས་བོད་ཀྱི་རིང་ཚད་ཀྱི་མཇལ་བྱེད་སྐོར་གླེང་བ།
འབྲུག་མོ་མཚོ། 《བོད་ཀྱི་སློབ་གསོ》2017. 5

བོད་ཀྱི་བཀའ་བསྟན་གྱི་དཀར་ཆག་ཐོག་མ་ལྡན་དཀར་མ་ལ་རགས་ཙམ་དཔྱད་པ།
བློ་རྒྱལ་དོན་འགྲུབ། 《རྩེ་ར་སྐྱེག》2017. 4

集刊类藏学论文要目

汉文部分

1. 近代英国媒体视野下英俄在西藏的“大博弈”——以《泰晤士报》为例/韩磊、郭永虎《西南边疆民族研究》第22辑
2. 提高工作水平视域下的云南藏区民族宗教工作队伍建设研究/李志农、和淇《西南边疆民族研究》第22辑
3. 权力运作与关系建构——藏边天主教传播实践的历史人类学研究/王晓《西南边疆民族研究》第22辑
4. 妈妈给的石头——“藏彝走廊”器物文化研究报告/罗杨《中国民族博物馆研究2017》
5. 走向融合与多元：后现代转向——读《羌在汉藏之间》/周爱华《中国民族博物馆研究2017》
6. 西藏问题之所在及中英噶厦两国三方之间关系的演变/张皓《元史及民族与边疆研究集刊》第三十二辑
7. 喜马拉雅山的雅济王朝之王统与外交——雅济国（Ya－tshe）跟西藏与元朝及德里·秃鲁黑王朝之关系/何启龙《元史及民族与边疆研究集刊》第三十三辑
8. 英印第一次侵藏战争前对藏哲边界地带的推进及与清朝的界务交涉研究/张永攀《华西边疆评论》第四辑
9. 陆兴祺与民国时期西南边疆治理（1912—1922）——兼述民国初期云南、

川边、四川对中央治藏政策的影响/孙宏年《华西边疆评论》第四辑

10. 康、滇、藏的角力：木里事件的发生及善后/钟荣帆《华西边疆评论》第四辑
11. 将西藏打造为丝绸之路经济带面向南亚开放大通道的构想/徐伍达《华西边疆评论》第四辑
12. 海东华严思想的地域性特征/金天鹤《人文宗教研究》总第八辑
13. 佛教与民族：1912－1949年间的汉藏关系/张梦洁《人文宗教研究》总第八辑
14. 社会教育与拉卜楞寺僧人宗教修行/李正元《宗教人类学》第7辑
15. 断裂、复兴与变迁——一个活佛的修行故事/李姝睿《宗教人类学》第7辑
16. 藏传佛教寺院教育与现代学校教育的组织体系比较研究/何杰峰《中国佛学》（总第40期）
17. 多罗那他对“宗义”思想的阐释——以《中观他空思想要论》为中心/何杰峰《中国佛学》（总第41期）
18. 对近年藏地电影发展的几点思考/朱晶进、赵忠波《视觉人类学论坛》第三辑
19. 毛泽东治藏方略的内容、特征及启示/杨力源、陶砥《中国民族学》第十九辑
20. 商业交往下青藏高原牧区民族互嵌的实践路径研究——以青海河南县赛尔龙乡为例/李静、于晋海《中国民族学》第十九辑
21. 青海地区藏族民营企业家群体的形成与特点/景芳、王士勇、何淑英《中国民族学》第十九辑
22. 藏民族居住区中学生内隐、外显自尊与心理健康关系研究——以青海省黄南州两所寄宿制中学为例/赵慧莉、董一郎《中国民族学》第十九辑
23. 白马藏族的族群认同：他者确认与自我表述——川甘交界地带白马藏族调查思考/王志豪、阿旺嘉措《中国民族学》第十九辑
24. 试论藏族史诗《格萨尔》在德格（sde－dge）地区的传播特征/丹曲《中国民族学》第十九辑
25. 吐蕃特的宏观医学史传统及始于16世纪的藏蒙医学时代/宗喀·漾正冈布《中国民族学》第十九辑
26. 十八大以来迪庆州香格里拉市文化旅游事业的发展与创新/江巴齐林《民

族问题研究》第五辑

27. 藏族传统文化中生态保护思想的研究/央宗卓玛《民族问题研究》第五辑
28. 甘南民族地区人口流动对当地社会的影响/丁玫《民族问题研究》第五辑
29. “一带一路”战略带动下云南迪庆藏族自治州全面建成小康社会调研报告/杨维《民族问题研究》第五辑
30. 习近平精准扶贫思想在民族地区的实践研究——以天祝藏族自治县为例/赵海萍《民族问题研究》第五辑
31. 西藏改革开放的历史进程和实践特色/朱晓明《西部发展研究》2017 年第 1 期
32. 对近年藏地电影发展的几点思考/朱晶进、赵忠波《西部发展研究》2017 年第 1 期?
33. “一带一路”背景下的西藏边境管理/吴文俊、王效禹、沈鹏《西部发展研究》2017 年第 1 期
34. 经济增长、城乡收入差异与西藏贫困发生率的实证分析/陈爱东、朱晓凤《西藏经济问题研究（一）》
35. 以协同创新的方式推动西藏文化产业的大发展/陈爱东《西藏经济问题研究（一）》
36. 关于西藏日喀则市新型农村专业合作组织发展的思考/陈爱东、巩雪茹、闫红英《西藏经济问题研究（一）》
37. 关于优化西藏住房公积金管理的探讨/唐静《西藏经济问题研究（一）》
38. 促进西藏文化产业发展的财税政策研究/廖治寅《西藏经济问题研究（一）》
39. 促进拉萨市新型农村经营组织发展的财税对策/李洁璐《西藏经济问题研究（一）》
40. 西藏绿色矿业发展研究/陈春霞《西藏经济问题研究（一）》
41. 西藏林芝地区冬季旅游业 SWOT 分析研究/张昆《西藏经济问题研究（一）》
42. 拉孜县农牧民专业合作经济组织发展研究/张净《西藏经济问题研究（一）》
43. “互联网 +” 推动西藏发展的机遇与对策/朱桦《西藏经济问题研究（一）》
44. 浅论阿来在《空山：机村传说》中对真实藏地的还原/张雪梅、曾虹佳

《地方文化研究辑刊》第十二辑

45. 民国时期西康边茶的生产及贸易研究/陈沛杉《地方文化研究辑刊》第十二辑
46. 四川省丹巴县嘉绒藏族民俗口述史（一）——节庆民俗篇/李钊《地方文化研究辑刊》第十二辑
47. 对瞿昙寺文物保护工作现状的思考/李福善《中国民族博物馆研究 2016》
48. 浅述甘青藏族服饰中的蒙藏文化交流/周尚娟《中国民族文博》第六辑
49. 吐蕃佛教本土化的途径和方式/苏金川《中国民族文博》第六辑
50. 马奈锅庄探析/穆慧贤《中国民族文博》第六辑
51. 试论噶玛嘎孜画派唐卡风格/苏昊《中国民族文博》第六辑
52. 探析藏族的茶文化/索南多杰《中国民族文博》第六辑
53. 卓克基嘉戎语的非实然结构/林幼菁《语言学论丛》第五十五辑
54. 汉藏语词汇语音结构的演变与轮回/庄会彬《汉语史与汉藏语研究》第一辑
55. 藏缅语助词“看”的类型学特征/邱月《民俗典籍文字研究》第二十辑
56. 明王朝经藏与南亚诸部交通史迹补释/张永攀《中国边疆学》第八辑
57. 民国时期西藏治理研究综述（2001－2016）/孙宏年《中国边疆学》第八辑
58. 唐梵新路与西域求法高僧/陈楠《民族史研究》第十三辑
59. 论傅清的政治命运和治藏贡献/杜望《民族史研究》第十三辑
60. 宗教长城：清王朝“宗教边控带”的构建——以农牧交界地带藏传佛寺群为中心的考察/安子昂《西北民族论丛》第十五辑
61. 民国时期河西走廊水利活动中的汉藏关系初探/张景平《西北民族论丛》第十五辑
62. 青海祁连县阿柔乡藏族宗教信仰调查/李积萍《西北民族论丛》第十五辑
63. 麦克马洪线与探险家：英人瓦德在近代中国西南探险活动中的动机、地理与政治/芦笛《西南边疆民族研究》第 23 辑
64. 五世达赖喇嘛致蒙古部三封书信研究/魏建东《西域历史语言研究集刊》第九辑
65. 准清争夺西藏的余韵：昭地立汗问题/乌兰巴根《西域历史语言研究集刊》第九辑
66. 18 世纪前期清朝、准噶尔、西藏、拉达克关系管窥——以拉达克喇嘛噶津

林沁爲中心/陈柱《西域历史语言研究集刊》第九辑

67. 被遗弃的历史碎片：1772 年大喇嘛罗卜藏坚赞奉乾隆皇帝之托忒文奏折/叶尔达《西域历史语言研究集刊》第九辑

68. 七十年来之西藏问题（一）/孙作朋原著，王启龙、杨黎浩校订《国外藏学研究集刊》第一辑

69. 藏文文本的生成与西藏历史叙事的创建/沈卫荣、侯浩然《国外藏学研究集刊》第一辑

70. 当代美国藏学研究评论——以洛培兹为例/杜永彬《国外藏学研究集刊》第一辑

71. 法国探险家弥皋对于康藏地区的科学考察/耿昇《国外藏学研究集刊》第一辑

72. 金城公主与“七七斋”习俗传入西藏/赵晓星《国外藏学研究集刊》第一辑

73. Cog ro 源流考：以庄浪地名沿革与吐蕃属卢氏家族史考证为中心/魏文《国外藏学研究集刊》第一辑

74. 论宋代河湟地区的佛教/张虽旺《国外藏学研究集刊》第一辑

75. 唃厮啰主政时期河湟吐蕃与西夏关系考述/魏玉贵（才让扎西）《国外藏学研究集刊》第一辑

76. 谦逊的供养人与菩萨王者——16 至 19 世纪内陆亚洲藏传佛教绘画俗家信众画像研究/沙怡然著，郭丽平译《国外藏学研究集刊》第一辑

77.《汉藏史集》中的汉藏关系史料辑考/阴海燕《国外藏学研究集刊》第一辑

78.《真禅内印顿证虚凝法界金刚智经》写绘风格探析/闫雪《国外藏学研究集刊》第一辑

79. “大金喇嘛法师宝记”满文碑文补证/石岩刚《国外藏学研究集刊》第一辑

80. 噶玛噶举黑帽四世若贝多杰与他的巨幅唐卡/谢光典《国外藏学研究集刊》第一辑

81. 论宗教文化的相对单一性对藏族的心理影响（上）/王启龙、向龙飞《国外藏学研究集刊》第一辑

82. 西藏文化现代化是历史的必然/格勒《国外藏学研究集刊》第一辑

83. 早期藏传佛教文献与艺术中的兜率天情节/克里斯蒂安·卢恰尼茨（Christian Luczanits）著，廖旸译《国外藏学研究集刊》第一辑

84. 玄奘时期中国及柬埔寨的密教传播者——那提/林藜光著，李雨璇译《国外藏学研究集刊》第一辑
85. 吐蕃时期“苯”作为宗教存在的早期证据/桑木旦·噶尔梅（Samten G、Karmay）著，曾丽容译《国外藏学研究集刊》第一辑
86. 俄罗斯科学院东方文献研究所藏古藏文写卷中的一件密教仪轨文献/亚历山大·佐林(Alwxander Zorin)著，操林英译《国外藏学研究集刊》第一辑
87. 甘南旅游要注重生态保护——第三届香巴拉旅游发展论坛上的发言/丹珠昂奔《安多研究》第十四辑
88. 古藏文文献与唐代吐蕃经济史的构建/王东《安多研究》第十四辑
89. 拉卜楞人文历史刍议/扎扎《安多研究》第十四辑
90. 浅析珠尔默特那木札勒事件/白希菊《安多研究》第十四辑
91. 20世纪50年代拉卜楞地区的社会改革概述/张利军《安多研究》第十四辑
92. 清末“改土归流”中的藏族实业教育探析/道杰吉《安多研究》第十四辑
93. 浅析达玛赞普禁佛事件的原因/邹玉霞《安多研究》第十四辑
94. 藏传佛教唐卡 艺术考释——以甘肃地区为例/丹曲《安多研究》第十四辑
95. 论“上师善知识”在藏传佛教修行中的地位和作用/徐东明《安多研究》第十四辑
96. 浅谈藏传佛教石刻文化/华锐·东智《安多研究》第十四辑
97. 舟曲县藏传佛教寺院概况/华锐吉，欧加《安多研究》第十四辑
98. 略论《格萨尔》的语言艺术/马进武《安多研究》第十四辑
99. 四川博物院藏格萨尔唐卡中的《霍岭大战》/张延清，许天海《安多研究》第十四辑
100. 论《格萨尔》中的自然禁忌对环境保护的意义/才太吉《安多研究》第十四辑
101. 《格萨尔》人性与神性的融合/张诺增尕玛《安多研究》第十四辑
102. 《察哈尔格西·罗桑楚臣传》中的训谕诗及其价值/董晓荣《安多研究》第十四辑
103. 白龙江流域藏族民间故事类型研究/傅千吉《安多研究》第十四辑
104. 多元文化背景下的藏族母语写作现状述评/才让卓玛《安多研究》第十四辑
105. 浅谈从事藏汉翻译必备之前提/瓦萨·哇玛多杰《安多研究》第十四辑
106. 试谈藏族寓言小说《猴鸟的故事》之思想内涵及其艺术特点/钟晓燕《安

多研究》第十四辑

107. 藏医学在华锐藏区的传播与发展/李才保《安多研究》第十四辑
108. 藏医传统放血疗法概述/林扎西卓玛《安多研究》第十四辑
109. 试论藏传佛教对藏医学的影响/陈星，李桑杰《安多研究》第十四辑
110. 西藏中部农业地区的亲属称谓调查与研究——以山南拉加里为例/白赛藏草《安多研究》第十四辑
111. 基于价值当量对水电开发影响生态系统服务价值的评价——以甘南九甸峡工程为例/刘巍文《安多研究》第十四辑
112. 民族地区生态移民可持续发展的动力机制研究——以天祝藏族自治县为例/宁银苹《安多研究》第十四辑
113. 城市化进程与西藏流动人口居留意愿关联性研究——以第六次全国人口普查数据为依据/孙海芳，王东《安多研究》第十四辑
114. 早期莲花生传说在吐蕃的形成——基于 IOL Tib J644 和 P. T. 307 的研究/雅各布·道尔顿著，赵学东译《安多研究》第十四辑
115. 浅论康巴民间故事的生成/曹清清《康巴研究》第六辑
116. 藏族民间故事财富地位论/赵春蓉《康巴研究》第六辑
117. 藏族民间狗故事的文化刍议/蒲华军《康巴研究》第六辑
118. 浅议格萨尔和支格阿鲁的英雄形象/阿各莫《康巴研究》第六辑
119. 康巴藏族民间故事对当代文学的滋养/王远明《康巴研究》第六辑
120. 当代康巴作家文学研究现状论析/朱茂青《康巴研究》第六辑
121. 康巴作家群中的“文化寻根”/邹星《康巴研究》第六辑
122. 论甘孜藏区女性文学创作现状/向秋卓玛《康巴研究》第六辑
123. 《康藏异闻》中牦牛形象及牦牛崇拜背后原因探析/孙东平《康巴研究》第六辑
124. 从言语表达和故事情节看《牛魔》中蕴含的佛教思想/郑琳《康巴研究》第六辑
125. 论扎西达娃《系在皮绳扣上的魂》的空间叙事/马迎春《康巴研究》第六辑
126. 彝族史诗《勒俄特依》英雄神话浅析——以支格阿龙为例/胡嘉辰《康巴研究》第六辑
127. 康定地区汉语方言探源/卫勤《康巴研究》第六辑
128. 藏羌彝走廊上的鱼通贵琼语的语音生态描写/梁艳《康巴研究》第六辑

129. 贵琼语中的小称标记/杨晓艳《康巴研究》第六辑
130. 康巴藏区藏族中学生语言态度调查/张喜洪《康巴研究》第六辑
131. 藏英习语中的隐喻文化对比研究/韦孟芬、姜蓉《康巴研究》第六辑
132. 近十年来民国时期西康教育研究概述/代维、周正龙《康巴研究》第六辑
133. 甘孜州牧区基础教育发展现状及思考——来自康定县贡嘎山乡玉龙西村的田野调查/张文文《康巴研究》第六辑
134. 藏区高校藏族文化教育研究/周新林、王善波《康巴研究》第六辑
135. 甘孜藏区双语教育开展情况的调研报告/刘庚豪《康巴研究》第六辑
136. 甘孜藏区中小学语言教育教学调查报告/沈群英《康巴研究》第六辑
137. 对“走进康巴藏族民间故事”活动设计的原型评价/龙梅、梁霞《康巴研究》第六辑
138. 一类模式下跨文化交际策略思考——以甘孜藏族自治州为例/刘丹利《康巴研究》第六辑
139. 浅谈英语、藏语、汉语在康巴藏区语言文化教学中的对比与结合——以“藏文”一类模式预科英语教学为例/姜蓉、韦孟芬《康巴研究》第六辑
140. 新媒体视域下康巴文化传播的媒介策略/张强《康巴研究》第六辑
141. 基于康巴文献馆的特色信息服务功能拓展与延伸/徐建林《康巴研究》第六辑
142. 提出“康巴学”概念的必要性/杨洪《康巴研究》第六辑
143. 藏英习俗文化差异之根源/代春、何学静《康巴研究》第六辑
144. 藏区顶礼民俗管窥/付挺刚《康巴研究》第六辑
145. 藏族雕版印刷技艺探析/黄惠烽《康巴研究》第六辑
146. 浅谈藏族翻译大师萨迦班智达·贡噶坚赞/泽仁邓珠《康巴研究》第六辑
147. 川西贵琼藏族“锅庄”的生态描写及其文化表征/吴明刚《康巴研究》第六辑
148. 初探康定市姑咱镇姑咱村丧葬道场仪式/杨红《康巴研究》第六辑
149. 民族地区红色旅游文化资源开发利用现状调查研究——以泸定县为例/易加超、殷艳君《康巴研究》第六辑
150. 甘孜藏区各族民众与红军长征/周正龙、代维《康巴研究》第六辑
151. 康巴民俗文化的幼儿园课程价值及内容选择/王莉娟《康巴研究》第六辑
152. 关于甘孜藏区唯一高校校名的社会调查/卢永芳《康巴研究》第六辑
153. 甘孜州干旱河谷地被植物调查/谢学强《康巴研究》第六辑

藏文部分

1. བོད་བརྒྱུད་ནང་བསྟན་གྱིས་སྤྱི་ཚོགས་རིང་ལུགས་ཀྱི་བསམ་པའི་དཔལ་ཡོན་འཛུགས་སྐྲུན་ཐད་ཐོན་པའི་དགེ་མཚན་འདོན་སྤེལ་གང་ལེགས་བྱེད་པ། དགྲ་འདུལ་གྱིས་བརྩམས། ལྷ་བྱམས་རྒྱལ་གྱིས་བསྒྱུར། བོད་བརྒྱུད་ནང་བསྟན་གྱི་དགོངས་འགྲེལ་སྐོར་གྱི་དཔྱད་རྩོམ་ཕྱོགས་བསྒྲིགས། དེབ་དྲུག་པ། ཀྲུང་གོའི་བོད་རིག་པ་དཔེ་སྐྲུན་ཁང་།
2. བོད་བརྒྱུད་ནང་བསྟན་གྱི་ཞི་མཐུན་བསམ་བློ་དང་སྤྱི་ཚོགས་རིང་ལུགས་ཀྱི་སྲོག་ཤིང་རིན་ཐང་ལྟ་བ་འཛུགས་སྐྲུན། ལི་ཏི་ཁྲིན་གྱིས་བརྩམས། སྐལ་བཟང་རྒྱལ་གྱིས་བསྒྱུར། བོད་བརྒྱུད་ནང་བསྟན་གྱི་དགོངས་འགྲེལ་སྐོར་གྱི་དཔྱད་རྩོམ་ཕྱོགས་བསྒྲིགས། དེབ་དྲུག་པ། ཀྲུང་གོའི་བོད་རིག་པ་དཔེ་སྐྲུན་ཁང་།
3. བྱང་ཆུབ་ལམ་རིམ་རྣམ་གྲོལ་ལག་བཅངས་ལས་བསྟན་པའི་མཛའ་མཐུན་བསམ་བློའི་སྐོར་རགས་ཙམ་དཔྱད་པ། གདུགས་དཀར་ཚེ་རིང་། བོད་བརྒྱུད་ནང་བསྟན་གྱི་དགོངས་འགྲེལ་སྐོར་གྱི་དཔྱད་རྩོམ་ཕྱོགས་བསྒྲིགས། དེབ་དྲུག་པ། ཀྲུང་གོའི་བོད་རིག་པ་དཔེ་སྐྲུན་ཁང་།
4. ཚེད་དུ་བརྗོད་པའི་ཚོམས་ལས་མཛའ་བཤེས་ཀྱི་ཚོམས་ཞེས་པའི་བོད་རྒྱ་ཤན་སྦྱར་དང་དེའི་འགྲེལ་བ། ཀླུ་མོ་འཚོ་ཡིས་འདེམས་སྒྲིག་བྱས། བོད་བརྒྱུད་ནང་བསྟན་གྱི་དགོངས་འགྲེལ་སྐོར་གྱི་དཔྱད་རྩོམ་ཕྱོགས་བསྒྲིགས། དེབ་དྲུག་པ། ཀྲུང་གོའི་བོད་རིག་པ་དཔེ་སྐྲུན་ཁང་།
5. སངས་རྒྱས་ཆོས་ལུགས་ཚད་མེད་བཞིའི་དགོངས་པས་བོད་ཀྱི་ཞི་མཐུན་སྤྱི་ཚོགས་འཛུགས་སྐྲུན་བྱེད་པར་ཕན་ནུས་ཆེན་པོ་ཡོད་ཚུལ་བརྗོད་པ། གདུགས་དཀར་ཚེ་རིང་། བོད་བརྒྱུད་ནང་བསྟན་གྱི་དགོངས་འགྲེལ་སྐོར་གྱི་དཔྱད་རྩོམ་ཕྱོགས་བསྒྲིགས། དེབ་དྲུག་པ། ཀྲུང་གོའི་བོད་རིག་པ་དཔེ་སྐྲུན་ཁང་།
6. མཐུན་པ་སྤུན་བཞིའི་རི་མོ་ལས་ནང་པའི་འཆམ་མཐུན་གྱི་བསམ་བློ་མདོར་ཙམ་གླེང་བ། ལྷ་བྱམས་རྒྱལ། བོད་བརྒྱུད་ནང་བསྟན་གྱི་དགོངས་འགྲེལ་སྐོར་གྱི་དཔྱད་རྩོམ་ཕྱོགས་བསྒྲིགས། དེབ་དྲུག་པ། ཀྲུང་གོའི་བོད་རིག་པ་དཔེ་སྐྲུན་ཁང་།
7. ནང་པ་སངས་རྒྱས་པའི་ཆོས་ཀྱི་སྙིང་པོ་བྱམས་སྙིང་རྗེ་དང་དྲིན་བཞི་གཙོ་བའི་སྐོར་གྱི་དགོངས་འགྲེལ་རྩོམ་ཡིག རབ་གོང་པ་འཇིགས་མེད་བསམ་གྲུབ། བོད་བརྒྱུད་ནང་བསྟན་གྱི་དགོངས

འགྲེལ་སྐོར་གྱི་དཔྱད་རྩོམ་ཕྱོགས་བསྒྲིགས། དེབ་དྲུག་པ། ཀྲུང་གོའི་བོད་རིག་པ་དཔེ་སྐྲུན་ཁང་།

8. བོད་བརྒྱུད་ནང་བསྟན་གྱི་གཞུང་ཆེན་མོའི་ཁྲིད་དུ་མཇལ་བཤེས་དང་འབྲེལ་བའི་ཆོམས་བཤད་པ། ཟླ་མོ་འཚོ། བོད་བརྒྱུད་ནང་བསྟན་གྱི་དགོངས་འགྲེལ་སྐོར་གྱི་དཔྱད་རྩོམ་ཕྱོགས་བསྒྲིགས། དེབ་དྲུག་པ། ཀྲུང་གོའི་བོད་རིག་པ་དཔེ་སྐྲུན་ཁང་།

9. བདག་གཞན་མཉམ་བརྗེའི་ལྟ་བ་དང་བསམ་བློ་ཡིས་སྤྱི་ཚོགས་ལ་ཐེབས་པའི་ཤུགས་རྐྱེན་མདོར་ཙམ་གླེང་བ། རྣམ་རྒྱལ་ཚེ་རིང་། བོད་བརྒྱུད་ནང་བསྟན་གྱི་དགོངས་འགྲེལ་སྐོར་གྱི་དཔྱད་རྩོམ་ཕྱོགས་བསྒྲིགས། དེབ་དྲུག་པ། ཀྲུང་གོའི་བོད་རིག་པ་དཔེ་སྐྲུན་ཁང་།

10. རྒྱ་ཡིག་བཀའ་བསྟན་དུ་བཞུགས་པའི་སངས་རྒྱས་འོད་དཔག་མེད་དང་ནུབ་ཕྱོགས་བདེ་བ་ཅན་གྱི་འབྲེལ་ཡོད་ཡིག་ཆ་སྐོར་གླེང་བ། བསེ་ཚང་སངས་རྒྱས་དོན་གྲུབ། མདོ་སྨད་ཞིབ་འཇུག གླེགས་བམ་བཅུ་གསུམ་པ། ཀན་སུའུ་མི་རིགས་དཔེ་སྐྲུན་ཁང་།

汉文《大藏经》中与阿弥陀佛及西方净土相关的文献概述/桑吉东知《安多研究》（藏文版），甘肃民族出版社。

11. མཚོ་སྔོན་གཏེར་ལམ་རྫོང་གི་བོད་བཙན་པོའི་དུས་ཀྱི་བང་སོ་ཨང་གསུམ་པའི་རྡོ་རིང་ཡི་གེར་བསྐྱར་དུ་དཔྱད་པ། ཀླུ་སྟོད་སྒྲོལ་མ་སྐྱབས། མདོ་སྨད་ཞིབ་འཇུག གླེགས་བམ་བཅུ་གསུམ་པ། ཀན་སུའུ་མི་རིགས་དཔེ་སྐྲུན་ཁང་།

再论青海都兰 3 号吐蕃墓葬碑文/卓玛加《安多研究》（藏文版），甘肃民族出版社。

12. བརྡ་རྙིང་ཡིག་ཆར་བཙན་པོ་དབྲ་རད་གསེར་ཞ་ན་བཞུགས་ཞེས་བྱུང་བའི་གསེར་ཞ་ཞེས་པའི་ས་མིང་ངོས་འཛིན་སྐོར་ལ་དཔྱད་པ། བློ་བཟང་བཀྲ་ཤིས། མདོ་སྨད་ཞིབ་འཇུག གླེགས་བམ་བཅུ་གསུམ་པ། ཀན་སུའུ་མི་རིགས་དཔེ་སྐྲུན་ཁང་།

敦煌藏文文献中“赛尔霞”一名探析/洛桑扎西《安多研究》（藏文版），甘肃民族出版社。

13. ཕྲ་རན་སེར་ཤར་བའི་ཏུན་ཧོང་ཡིག་རྙིང་དང་བོད་དམངས་ཁྲོད་ཀྱི་རྟའི་རིག་གནས་གཉིས་བསྡུར་ནས་དཔྱད་པ། འབྲུག་པ་མཁར། མདོ་སྨད་ཞིབ་འཇུག གླེགས་བམ་བཅུ་གསུམ་པ། ཀན་སུའུ་མི་རིགས་དཔེ་སྐྲུན་ཁང་།

法藏敦煌文献与藏族民间马文化之比较研究/周瓜克《安多研究》（藏文版），甘肃民族出版社。

14. འབྲས་སྤུངས་སྐུ་འབུམ་ཁམས་ཚན་གྱི་བྱུང་བ་དང་དེས་མདོ་སྨད་ནང་བསྟན་འཕེལ་རྒྱས་ལ་

ཐེབས་པའི་ཤུགས་རྐྱེན་སྐོར་གླེང་བ། བཀྲ་ཤིས་རྣམ་རྒྱལ། མདོ་སྨད་ཞིབ་འཇུག གླེགས་བམ་བཅུ་གསུམ་པ། ཀན་སུའུ་མི་རིགས་དཔེ་སྐྲུན་ཁང་།

哲蚌寺鲁本康参历史源流及其对安多地区佛教传播的影响研究/扎西郎甲《安多研究》（藏文版），甘肃民族出版社。

15. ལྷ་བླ་མ་ཡེ་ཤེས་འོད་ཀྱིས་སངས་རྒྱས་ཀྱི་བསྟན་པར་བྱ་བ་མཛད་པའི་ཚུལ་མདོ་ཙམ་གླེང་བ། རྡོ་རྗེ། མདོ་སྨད་ཞིབ་འཇུག གླེགས་བམ་བཅུ་གསུམ་པ། ཀན་སུའུ་མི་རིགས་དཔེ་སྐྲུན་ཁང་།

浅谈拉喇嘛益希沃对吐蕃佛教发展的功绩/多多《安多研究》（藏文版），甘肃民族出版社。

16. བོད་སྐད་ཀྱི་ལས་དང་བྱ་བའི་མིང་གི་ཚིགས་པ་ཐོག་མར་བཤད་པ། ལྷ་མོ་དོན་གྲུབ། མདོ་སྨད་ཞིབ་འཇུག གླེགས་བམ་བཅུ་གསུམ་པ། ཀན་སུའུ་མི་རིགས་དཔེ་སྐྲུན་ཁང་།

藏语动词短语之我见/拉毛东知《安多研究》（藏文版），甘肃民族出版社。

17. བྱ་ཚིག་དང་ཁྱད་ཆོས་བརྗོད་པའི་མིང་གི་མཚོན་སྟོབས་ལ་བརྟེན་ནས་ཞིབ་འབྲི་བྱེད་ཚུལ་སྐོར་གླེང་བ། སྟོབས་ལྡན། མདོ་སྨད་ཞིབ་འཇུག གླེགས་བམ་བཅུ་གསུམ་པ། ཀན་སུའུ་མི་རིགས་དཔེ་སྐྲུན་ཁང་།

浅谈动词和形容词在藏文描写中的妙用/多旦《安多研究》（藏文版），甘肃民族出版社。

18. བོད་རྒྱ་སྐད་གཉིས་ཀྱི་འབྲེལ་འདྲིས་ལས་བྱུང་བའི་གཡར་མིང་གི་སྒྲ་གཟུགས་གཉིས་ཀྱི་འགྱུར་ཚུལ་སྐོར་ལ་རོབ་ཙམ་དཔྱད་པ། ཚེ་དབང་ནོར་བུ། མདོ་སྨད་ཞིབ་འཇུག གླེགས་བམ་བཅུ་གསུམ་པ། ཀན་སུའུ་མི་རིགས་དཔེ་སྐྲུན་ཁང་།

论藏汉语言接触中借词的语音和字形变化——以拉卜楞方言为例/才昂闹日《安多研究》（藏文版），甘肃民族出版社。

19. ཨ་མདོའི་འབྲོག་སྐད་ལས་བྱ་ཚིག་གི་གཟུགས་འགྱུར་སྟངས་སྐོར་རོབ་ཙམ་གླེང་བ། ཁྲོ་ཁོ་སངས་རྒྱས་སྐྱབས། མདོ་སྨད་ཞིབ་འཇུག གླེགས་བམ་བཅུ་གསུམ་པ། ཀན་སུའུ་མི་རིགས་དཔེ་སྐྲུན་ཁང་།

试述藏语安多方言在牧区的动词形态变化/桑吉杰《安多研究》（藏文版），甘肃民族出版社。

20. བོད་རྒྱ་ཚིག་མཛོད་ཆེན་མོའི་མིང་མཐའི་པ་བ་སྦྱོར་ཚུལ་གླེང་བ། ཆོས་ཚ་སྟོབས་ལྡན་རྡོ་རྗེ། མདོ་སྨད་ཞིབ་འཇུག གླེགས་བམ་བཅུ་གསུམ་པ། ཀན་སུའུ་མི་རིགས་དཔེ་སྐྲུན་ཁང་།

浅谈后缀词“པ”“བ”在《汉藏大词典》中的使用方法/道布旦《安多研究》（藏文版），甘肃民族出版社。

21. བོད་གངས་ཅན་གྱི་གླུ་ནི་དགེ་བ་སྐྱེད་པའི་བསླབ་བྱ་ཡིན། དཔལ་རིས་སངས་རྒྱས། མདོ་སྨད་ཞིབ་འཇུག གླེགས་བམ་བཅུ་གསུམ་པ། ཀན་སུའུ་མི་རིགས་དཔེ་སྐྲུན་ཁང་།
论藏族歌的行善教育之功能/华锐桑杰《安多研究》（藏文版），甘肃民族出版社。

22. ཇ་ཆང་ལྷ་མོའི་བསྟན་བཅོས་ཀྱི་སྒྱུ་རྩལ་ཁྱད་ཆོས་སྐོར་རགས་ཙམ་གླེང་བ། རྡོ་རྗེ། མདོ་སྨད་ཞིབ་འཇུག གླེགས་བམ་བཅུ་གསུམ་པ། ཀན་སུའུ་མི་རིགས་དཔེ་སྐྲུན་ཁང་།
浅谈藏族《茶酒仙女典籍》的艺术特征/多杰《安多研究》（藏文版），甘肃民族出版社。

23. མཁས་དབང་དོན་གྲུབ་རྒྱལ་གྱི་ལོ་ཙཱའི་བསམ་བློ་དང་ལོ་ཙཱའི་རིན་ཐང་ལ་ཐོག་མར་དཔྱད་པ། སྙིང་རྒྱལ་དཔལ་ཆེན་རྒྱལ། མདོ་སྨད་ཞིབ་འཇུག གླེགས་བམ་བཅུ་གསུམ་པ། ཀན་སུའུ་མི་རིགས་དཔེ་སྐྲུན་ཁང་།
端智嘉的翻译思想和翻译价值初探/华青加《安多研究》（藏文版），甘肃民族出版社。

24. བོད་སིལ་བུའི་སྐབས་ཀྱི་རྣམ་མགུར་གྱི་བྱུང་འཕེལ་དང་ཁྱད་ཆོས་ལ་དཔྱད་པ། འཕོན་མགོན་པོ་སྐྱབས། མདོ་སྨད་ཞིབ་འཇུག གླེགས་བམ་བཅུ་གསུམ་པ། ཀན་སུའུ་མི་རིགས་དཔེ་སྐྲུན་ཁང་།
略谈吐蕃分裂时期道歌的发展历史及特点/贡保加《安多研究》（藏文版），甘肃民族出版社。

25. བརྩམས་སྒྲུང་ར་ལོ་དང་ཨ་ཁིའི་དངོས་བྲིས་གཉིས་བསྡུར་ནས་དཔྱད་པ། དཀོན་མཆོག་བཀྲ་ཤིས། མདོ་སྨད་ཞིབ་འཇུག གླེགས་བམ་བཅུ་གསུམ་པ། ཀན་སུའུ་མི་རིགས་དཔེ་སྐྲུན་ཁང་།
藏族中篇小说《热老》与《阿Q正传》的比较研究/贡去合扎西《安多研究》（藏文版），甘肃民族出版社。

26. བོད་ཀྱི་རྩོམ་རིག་ལོ་རྒྱུས་ཀྱི་དུས་མཚམས་འབྱེད་པའི་དགེ་མཚན་སྐོར་གླེང་བ། ཁ་གྱུའི་དགེ་ལེགས་རྡོ་རྗེ། མདོ་སྨད་ཞིབ་འཇུག གླེགས་བམ་བཅུ་གསུམ་པ། ཀན་སུའུ་མི་རིགས་དཔེ་སྐྲུན་ཁང་།
藏族文学史分期的合理性探析/格勒道吉《安多研究》（藏文版），甘肃民族出版社。

27. བོད་ཀྱི་རབ་རྟོག་བརྩམས་སྒྲུང་ལས་བྱིས་སྒྲུང་གི་སློབ་གསོའི་རང་བཞིན་ལ་རགས་ཙམ་དཔྱད་

པ། ཤ་བོ་སྐལ་བཟང་། མདོ་སྨད་ཞིབ་འཇུག གླེགས་བམ་བཅུ་གསུམ་པ། ཀན་སུའུ་མི་རིགས་དཔེ་སྐྲུན་ཁང་།

浅析藏族童话故事的教育意义/夏吾尕藏 《安多研究》（藏文版），甘肃民族出版社。

28. རྒྱ་བོད་ཡིག་སྒྱུར་ལས་སྣོན་སྒྱུར་གྱི་བསྒྱུར་ཐབས་སྐོར་ལ་རགས་ཙམ་དཔྱད་པ། སྒྲོལ་མ་སྐྱབས། མདོ་སྨད་ཞིབ་འཇུག གླེགས་བམ་བཅུ་གསུམ་པ། ཀན་སུའུ་མི་རིགས་དཔེ་སྐྲུན་ཁང་།

试述汉藏翻译中增译法的应用/卓玛加 《安多研究》（藏文版），甘肃民族出版社。

29. ཆོས་སྒྲུང་དམྱལ་གླིང་རྫོགས་པ་ཆེན་པོའི་པར་གཞི་ངོ་སྤྲོད། བསོད་རྒྱལ་འབུམ། མདོ་སྨད་ཞིབ་འཇུག གླེགས་བམ་བཅུ་གསུམ་པ། ཀན་སུའུ་མི་རིགས་དཔེ་སྐྲུན་ཁང་།

宗教型《格萨尔》史诗的版本整理与研究/索加本 《安多研究》（藏文版），甘肃民族出版社。

30. གེ་སར་སྒྲུང་ལས་སྔ་རབས་བོན་གྱི་རིག་གནས་སྐོར་གླེང་བ། རྡོ་རྗེ་འབུམ། མདོ་སྨད་ཞིབ་འཇུག གླེགས་བམ་བཅུ་གསུམ་པ། ཀན་སུའུ་མི་རིགས་དཔེ་སྐྲུན་ཁང་།

浅谈《格萨尔》史诗中的早期苯教文化/多杰本 《安多研究》（藏文版），甘肃民族出版社。

31. བཟང་དྲུག་ཅེས་པའི་རྒྱུ་མཚན་ལ་རགས་ཙམ་ལ་དཔྱད་པ། ལྷ་མོ་སྐྱིད། རྡོ་རྗེ། མདོ་སྨད་ཞིབ་འཇུག གླེགས་བམ་བཅུ་གསུམ་པ། ཀན་སུའུ་མི་རིགས་དཔེ་སྐྲུན་ཁང་།

六良药之原由考释/拉毛吉、道吉 《安多研究》（藏文版），甘肃民族出版社。

32. བོད་ཀྱི་ཉེ་རབས་ལས་རིགས་སློབ་གསོ་དང་སློབ་ཁྲིད་ཀྱི་རིན་ཐང་ལ་དཔྱད་པ། རྡོ་རྗེ་སྐྱིད། རྡོ་རྗེ་རབ་བརྟན། མདོ་སྨད་ཞིབ་འཇུག གླེགས་བམ་བཅུ་གསུམ་པ། ཀན་སུའུ་མི་རིགས་དཔེ་སྐྲུན་ཁང་།

近代藏族职业教育的现代启示/道杰吉、多杰拉旦 《安多研究》（藏文版），甘肃民族出版社。

33. སློབ་ཆུང་སྐད་ཡིག་སློབ་ཁྲིད་ཀྱི་གནད་དོན་སྐོར་རགས་ཙམ་གླེང་བ། རྒྱལ་མོའི་འཕགས་པ་སྐྱབས། མདོ་སྨད་ཞིབ་འཇུག གླེགས་བམ་བཅུ་གསུམ་པ། ཀན་སུའུ་མི་རིགས་དཔེ་སྐྲུན་ཁང་།

略谈中小学藏语文教学中存在的疑难问题/普化杰 《安多研究》（藏文

版），甘肃民族出版社。

34. བོད་རིགས་སྐྱེས་མའི་མིང་འདོགས་སྲོལ་གྱི་བསམ་བློའི་རིག་གནས་ལ་དཔྱད་པ། འཇིགས་བྱེད་སྐྱབས། མདོ་སྨད་ཞིབ་འཇུག གླེགས་བམ་བཅུ་གསུམ་པ། ཀན་སུའུ་མི་རིགས་དཔེ་སྐྲུན་ཁང་།

藏族女性起名文化及其思想探析/久仙加《安多研究》（藏文版），甘肃民族出版社。

35. ཤར་ཟུང་ཆུའི་ཡུལ་གྱི་བོད་པའི་གཉེན་སྒྲིག་སྟངས་སྐོར་རགས་ཙམ་བརྗོད་པ། བསོད་ནམས་ཕུན་ཚོགས། མདོ་སྨད་ཞིབ་འཇུག གླེགས་བམ་བཅུ་གསུམ་པ། ཀན་སུའུ་མི་རིགས་དཔེ་སྐྲུན་ཁང་།

松潘上部藏族婚俗探析/索朗朋措《安多研究》（藏文版），甘肃民族出版社。

36. ལོ་ཐོ་བྱུང་འཕེལ་གྱི་སྐོར་ལ་རོབ་ཙམ་དཔྱད་པ། ཟ་ཤུལ་བློ་བཟང་རྒྱ་མཚོ། མདོ་སྨད་ཞིབ་འཇུག གླེགས་བམ་བཅུ་གསུམ་པ། ཀན་སུའུ་མི་རིགས་དཔེ་སྐྲུན་ཁང་།

浅谈藏族日历的兴起/洛桑嘉措《安多研究》（藏文版），甘肃民族出版社。

37. གུང་ཐང་སྐུ་ཕྲེང་དྲུག་པ་ཆེན་པོས་ཨ་མཆོག་དང་མགོན་ཤུལ་བར་གནང་བའི་གྲོད་འདུམ་སློབ་སྐོར་རགས་ཙམ་གླེང་བ། ཐང་སྐོར་དབུས་སྐྱབས། མདོ་སྨད་ཞིབ་འཇུག གླེགས་བམ་བཅུ་གསུམ་པ། ཀན་སུའུ་མི་རིགས་དཔེ་སྐྲུན་ཁང་།

略论第六世贡唐仓解决阿木曲乎与贡西纠纷问题/欧加《安多研究》（藏文版），甘肃民族出版社。

38. བོད་རང་སྐྱོང་ལྗོངས་ཀྱི་ཏ་ལའི་ལོ་མའི་དཔེ་ཆ་སྲུང་སྐྱོབ་ཀྱི་ལས་དོན་སྐོར་གླེང་བ། བོད་རང་སྐྱོང་ལྗོངས་ཏ་ལའི་ལོ་མའི་དཔེ་ཆ་སྲུང་སྐྱོབ་ལས་དོན་འགོ་ཁྲིད་ཚོགས་ཆུང་གཞུང་ལས་ཁང་། བོད་ཀྱི་ཏ་ལའི་ལོ་མའི་དཔེ་ཆ་ཞིབ་འཇུག བོད་ལྗོངས་བོད་ཡིག་དཔེ་རྙིང་དཔེ་སྐྲུན་ཁང་།

西藏自治区贝叶经保护工作综述/西藏自治区贝叶经保护领导小组办公室课题组撰写，蒙巴太译《西藏贝叶经研究》，西藏藏文古籍出版社。

39. ཤིང་ཏ་ལའི་ལོ་མའི་སྟེང་དུ་བྲིས་པའི་འཕགས་པ་བཟང་པོ་སྤྱོད་པའི་སྨོན་ལམ་ཞེས་པའི་རྒྱ་དཔེའི་ངོ་སྤྲོད་རགས་བསྡུས། ཕུན་ཚོགས་ཚེ་བརྟན། བོད་ཀྱི་ཏ་ལའི་ལོ་མའི་དཔེ་ཆ་ཞིབ་འཇུག བོད་ལྗོངས་བོད་ཡིག་དཔེ་རྙིང་དཔེ་སྐྲུན་ཁང་།

略述梵文贝叶经写本《普贤行愿经》/平措次旦《西藏贝叶经研究》，西藏藏文古籍出版社。

40. སཾ་བོད་བརྡ་སྤྲོད་གཉིས་ཀྱི་རྣམ་དབྱེའི་རྣམ་གྲངས་བར་གྱི་འབྲེལ་བའི་སྐོར་རགས་ཙམ་གླེང་བ། སྤེན་པ་ཚེ་རིང་། བོད་ཀྱི་ཏ་ལའི་ལོ་མའི་དཔེ་ཆ་ཞིབ་འཇུག བོད་ལྗོངས་བོད་ཡིག་དཔེ་རྙིང་དཔེ་སྐྲུན་ཁང་།

简析梵藏语法中的判位词/边巴次仁《西藏贝叶经研究》，西藏藏文古籍出版社。

41. དེ་སྔ་མི་རིགས་ཕོ་བྲང་དུ་ཉར་ཚགས་བྱས་པའི་རྒྱ་དཔེ་བྲིས་མའི་ཡིག་གཟུགས་སྐོར་གྱི་ཞིབ་འཇུག ཡེ་ཧྲའོ་ཡུང་གིས་བརྩམས། དངོས་གྲུབ་ཚེ་རིང་གིས་བསྒྱུར། བོད་ཀྱི་ཏ་ལའི་ལོ་མའི་དཔེ་ཆ་ཞིབ་འཇུག བོད་ལྗོངས་བོད་ཡིག་དཔེ་རྙིང་དཔེ་སྐྲུན་ཁང་།

原民族宫所藏贝叶经写本字体研究/叶少勇著，欧珠次仁译《西藏贝叶经研究》，西藏藏文古籍出版社。

42. ལེགས་སྦྱར་གྱི་སྐད་དོད་ཏིརྠི་ཀ་སྟེ་མུར་འདུག་ཅེས་པའི་བརྡ་རྙིང་དང་འབྲེལ་བའི་དཔྱད་གླེང་། ཨེ་ཕུར་བཀྲ། བོད་ཀྱི་ཏ་ལའི་ལོ་མའི་དཔེ་ཆ་ཞིབ་འཇུག བོད་ལྗོངས་བོད་ཡིག་དཔེ་རྙིང་དཔེ་སྐྲུན་ཁང་།

初探梵文音译“ Tirthika”一词之含意/普布扎西《西藏贝叶经研究》，西藏藏文古籍出版社。

43. སཾསྐྲྀཏའི་སྐད་ཀྱི་བརྡ་སྤྲོད་གཞུང་ལུགས་འཕགས་ཡུལ་དུ་ཇི་ལྟར་དར་ཚུལ་སྐོར་གླེང་བ། སྤེན་རྒོད། བོད་ཀྱི་ཏ་ལའི་ལོ་མའི་དཔེ་ཆ་ཞིབ་འཇུག བོད་ལྗོངས་བོད་ཡིག་དཔེ་རྙིང་དཔེ་སྐྲུན་ཁང་།

梵文语法理论在印度的流传/边贵《西藏贝叶经研究》，西藏藏文古籍出版社。

44. ཐང་སན་བླ་མའི་མཛད་རྣམ་མདོར་བསྡུས། མུ་རུ་ཚེ་རིང་དོན་གྲུབ། བོད་ཀྱི་ཏ་ལའི་ལོ་མའི་དཔེ་ཆ་ཞིབ་འཇུག བོད་ལྗོངས་བོད་ཡིག་དཔེ་རྙིང་དཔེ་སྐྲུན་ཁང་།

唐玄奘传略/木如・次仁顿珠《西藏贝叶经研究》，西藏藏文古籍出版社。

45. ཏ་ལའི་ལོ་མའི་དཔེ་ཆ་བྲིས་མ《ཤེས་རབ་ཀྱི་ཕ་རོལ་དུ་ཕྱིན་པའི་མན་ངག་གི་བསྟན་བཅོས་མངོན་རྟོགས་རྒྱན་གྱི་ཚིག་ལེའུར་བྱས་པ》མཚམས་སྦྱོར། ཏ་ལའི་ལོ་མའི་དཔེ་ཆ་ཞིབ་འཇུག་ཁང་། བོད་ཀྱི་ཏ་ལའི་ལོ་མའི་དཔེ་ཆ་ཞིབ་འཇུག བོད་ལྗོངས་བོད་ཡིག་དཔེ་རྙིང་དཔེ་སྐྲུན་ཁང་།

梵文贝叶经写本《现观庄严论颂》推介/贝叶经研究所《西藏贝叶经研究》，西藏藏文古籍出版社。

英文部分

1. An Introduction to the New Publication of Sum pa Ye shes dpal ‘byor’s Collected Works/Hammg Kim. 《藏学学刊》第17辑

台湾、香港藏学研究论著要目

一、哲学、宗教

1.《不空译〈尊胜咒〉综考》/马小鹤、汪娟《敦煌学》第 33 辑
2.《〈维摩诘经〉敦煌藏文写本残卷 PT610、PT611 研究》/林纯瑜《台大佛学研究》第 33 期
3.《藏译三部〈三摩地资粮品〉之译注与研究》/陈怡静．—台湾法鼓文理学院佛教学系硕士学位论文
4.《藏译本〈阿毘达磨俱舍论〉〈破执我品第九〉之译注与研究》/吴宛真．—台湾法鼓文理学院佛教学系硕士学位论文
5.《论月称利他为先的菩萨瑜伽行思想》/刘嘉诚《玄奘佛学研究》第 28 期
6.《吐蕃的佛教措施与归义军前期的佛经发展》/许绢惠《敦煌学》第 33 辑
7.《清高宗佛教信仰与政策之研究》/谢京恩．—台湾淡江大学中国文学系博士学位论文
8.《金刚乘佛教的救度方法》/许明银《新世纪宗教研究》第 15 卷第 4 期
9.《超凡即圣——从密教观点探讨民间视李靖为毗沙门天王之思考进路》/吴泓哲《汉学研究集刊》第 25 期
10.《汉藏弥陀极乐净土法门之比较》/邱君亮著．—台湾：文津出版社有限公司
11.《法界遍智全知法王：龙钦巴传》/Jampa Mackenzie Stewart 著，张秀惠、江涵芰译．—台湾：橡树林文化出版社
12.《近代中观学研究》/丁建华《哲学与文化》44 卷 9 期
13.《面对外来佛教：佛教全球化对台湾汉传佛教僧尼的影响》/陈家伦《新世纪宗教研究》16 卷 1 期

二、历史、政治、社会

1.《再论唐代吐蕃军事占领区之建制》/林冠群《台湾东亚文明研究学刊》第14卷第1期
2.《从使者往来看唐蕃关系》/刘学铫《中国边政》第209期
3.《敦煌吐蕃时代买卖胡粉文书新解》/王进玉、王喆、王进聪《中华科技史学会学刊》第22期
4.《唐宋之际文殊菩萨的侍从变化考论》/杨明璋《敦煌学》第33辑
5.《贡桑诺尔布、河源操子与崇正学堂》刘学铫《中国边政》第210期
6.《乾嘉时期清朝与达赖喇嘛的关系：以会见礼仪为中心》/村上信明《成大历史学报》第53期
7.《1980年后“新型藏传佛学院”的空间变化研究——以色达五明佛学院为例（1980－2015）》/黄瑞国.—台湾成功大学建筑学系硕士学位论文
8.《青海民族概说》/金兆鸿《中国边政》第209期
9.《近年海外藏情与达赖言行》/孟鸿《中国边政》第209期
10.《西藏旅游资源特色与台湾游客喜好之研究》/邱美玲、黄云龙《休闲研究》7卷1期

三、文化、文学

1.《藏传佛教中的〈咕噜咕咧佛母〉涵义及特征图案设计创作与应用研究》/徐逢甫.—台湾中原大学商业设计研究所硕士学位论文
2.《藏传佛教八吉祥图纹应用于糕饼之创作》/刘珍如、吴淑明、林东龙《东方学报》第37期
3.《藏传八吉祥图案应用于大中华生活圈文创商品之创作》/赵珈彣.—台湾中原大学商业设计研究所硕士学位论文
4.《人生/人身难得——次仁罗布小说的时空意识与身体意象》/陈伯轩《高雄师大国文学报》第26期
5.《嘛呢石，静静地敲》/万玛才旦著.—台湾：大块文化出版股份有限公司
6.《西藏：雪域罗布》/吴美玲、林韵丰著.—台湾：台北艺术大学出版社
7.《狂慧诗僧：邱阳创巴传奇三部曲》/傅正明著.—台湾：允晨文化实业股份有限公司

后　记

经过《中国藏学年鉴》编辑部和中国藏学出版社的通力合作，《中国藏学年鉴 2017》终于和广大读者见面了。这是《中国藏学年鉴》项目启动以来正式出版的第 9 本年鉴，各部分编撰情况如下：

一、前言、后记（编辑部）

二、研究综述：

哲学宗教（拉先加）

梵文研究（李学竹）

政治法律（肖杰）

经济社会（杨晓纯）

生态环境（杨涛）

文化教育（杜冰梅汉文部分、南加才让藏文部分）

语言文字（尹蔚彬汉文部分、丹增罗布藏文部分）

文学（李连荣汉文部分、南加才让藏文部分）

艺术（张中亚）

历史考古地理文献（班玛更珠）

藏医药与科技研究（仲格嘉、罗辉）

台湾、香港藏学研究（张宁）

三、学界动态、人物介绍（王茜、沈红宇）

四、社会科学基金（谷泓、文果）

五、藏学图书要目（周卫红、李慧汉英文部分，索南多杰藏文部分）

六、藏学论文资料要目（永青巴姆汉文部分、卓玛藏文部分）

七、集刊类藏学论文要目（李慧汉文部分、索南多杰藏文部分）

八、台湾、香港藏学研究论著要目（张宁）

九、图片（姜航、格桑卓玛）

科研办协调处负责协调联系工作。

编撰出版《中国藏学年鉴》工作是一项学科跨度大、牵涉面广、要求高、难度大的工作，尽管编辑部的全体同志尽了最大努力，但依然存在诸多不足，敬请各位学界同仁和各位读者悉心指正，我们定当在日后工作中不断完善。

《中国藏学年鉴》编辑部

2019 年 11 月